MAX WILBERG

# Regenten-Tabellen

# Regenten-Tabellen

MAX WILBERG

WELTBILD VERLAG

Unveränderter fotomechanischer Nachdruck
der Auflage Frankfurt/Oder 1906

Genehmigte Lizenzausgabe für
Weltbild Verlag GmbH, Augsburg 1995
© by transpress Verlagsgesellschaft mbH
Verlagsvorwort: Dr. Gerrit Friese
Verlagslektor: Matthias Bethge
Umschlaggestaltung: Adolf Bachmann, Reischach
Umschlagbild: Archiv für Kunst und Geschichte, Berlin
Gesamtherstellung: Offizin Andersen Nexö,
Graphischer Großbetrieb Leipzig
Printed in Germany
ISBN 3-89350-709-4

# Vorwort zur Reprintausgabe
# von Max Wilbergs Regenten-Tabellen

Wenn mehrere Jahrzehnte nach dem Erscheinen eines Buches und nach dem Tod des Verfassers heute ein Nachdruck erscheint, so ist das in der Regel nicht nur eine Ehrung und Anerkennung für den Verfasser und sein Werk, sondern es dokumentiert, daß für das betreffende Werk immer noch oder neuerdings wieder ein größerer Bedarf besteht, daß gegenwärtig kein gleichwertiges oder besseres Buch über den betreffenden Gegenstand auf dem Markt ist und auch in der Zwischenzeit nicht geschrieben wurde, denn sonst hätte man wohl jenes aufgelegt.

Der vorliegende unveränderte Nachdruck der »Regenten-Tabellen« von Professor Dr. Max Wilberg erscheint nahezu 80 Jahre nach der Erstveröffentlichung und 50 Jahre nach seinem Tod.

Max Wilberg stammte aus Frankfurt an der Oder und gehörte neben dem Kaufmann Peter Philipp Adler (1726—1814)[1] und dem Landgerichtsdirektor Franz Bardt (1843—1897)[2] zu den drei weithin bekannt gewordenen Numismatikern, die diese Stadt hervorgebracht hat.

Als Sohn eines Pädagogen, Privatgelehrten und Schriftstellers am 8. Juni 1869 in Frankfurt an der Oder geboren, war Max Wilberg die spätere Laufbahn gewissermaßen vorgezeichnet. Er besuchte das dortige städtische Friedrichs-Gymnasium und studierte nach erlangter Reife an den Universitäten Marburg und Berlin alte Sprachen (Griechisch, Latein), Deutsch und Geschichte.

Nach Abschluß des Studiums sammelte er an verschiedenen privaten Erziehungsanstalten praktische Erfahrungen und kehrte mit 33 Jahren 1902 als »Kandidat des höheren Lehramts« in seine Vaterstadt und an das Friedrichs-Gymnasium zurück. Hier wirkte er 31 Jahre als Oberlehrer und schließlich Studienrat. Für seine langjährigen Verdienste um die Förderung des Erziehungswesens der Stadt Frankfurt wurde ihm 1915 der Professorentitel »mit dem Rang der Räte 4. Klasse« verliehen.[3]

Er blieb lange unverheiratet und lebte an der Seite seiner verwitweten Mutter. Als er nach ihrem Ableben eine Lebensgefährtin gefunden hatte, wurde sie ihm bald durch den Tod wieder entrissen. So widmete er sich mit ganzer Kraft seinem Beruf und wissenschaftlichen Studien in verschiedenen Interessengebieten.

Auf Grund einer Notverordnung und um jüngeren Kräften Platz zu machen, schied er am 29. Februar 1932 aus dem aktiven Schuldienst aus.[4] Seine Pensionistenzeit, in der er sich nun uneingeschränkt seinen wissenschaftlichen Neigungen widmen wollte, währte nur wenig über zwei Jahre. Am 14. Juni 1934, kurz nach der Vollendung seines 65. Lebensjahres, starb Max Wilberg während des Studiums von Momsens grundlegender Geschichte der römischen Münzen. — Der Lehrende war ewig ein Lernender geblieben!

In einem Nachruf der Frankfurter Oder-Zeitung werden seine Verdienste als Lehrer, Erzieher und Mensch folgendermaßen gewürdigt:

*»Er war im Schuldienst Praktiker. Gelehrsamkeit schätzte er, wo sie hingehörte, der Jugend gegenüber kam es ihm auf Lernen und Wissen an. Die Geschlechterfolgen, die durch seine Hände gegangen sind, wissen hierorts viel von seiner Lehrweise zu erzählen, wie er dem Gedächtnis nachhalf, wie er Lernstoff einprägte, wie er, von allem Schein weit entfernt, nur der Sache und der Pflicht lebte, wie er aber auch Mitschüler war, wie er seine Späße bei der Bennenung der Kleinen und Großen machte, wie er, kurz gesagt, aus der Klasse die Jugendgemeinde schuf. Nie war er zimperlich oder gar weichlich, er stellte seine Forderungen. Das wußten auch die Schüler. Für ihn war die Schule Leistungsanstalt. . . . Sein gütiger Blick, sein fester Händedruck, der warme Ton seiner Stimme werden den Lebenden unvergeßlich sein. Er war stadtbekannt und beliebt.«[5]*

Auch in numismatischen Zeitschriften wurde seiner gedacht. So würdigte ihn Julius Cahn in einem Nekrolog und betont: *»In ihm verliert die Wissenschaft der Münzkunde einen eifrigen Förderer und Freund, dem die Beschäftigung mit ihr ein gut Teil seiner Lebensfreude gewesen ist.«[6]*

Entsprechend seiner Ausbildung beschäftigte sich Wilberg zunächst in seiner Freizeit mit den altrömischen Lustspielen. Er übersetzte mehrere Stücke, kommentierte und publizierte sie. Einige wurden zu seiner großen Freude auch aufgeführt, so z. B. »Menaechmi«/»Die Zwillinge« von Titus Maccius Plautus (um 250 — 184 v. d. Z.) im Frankfurter Stadttheater.


[1]   Biographie siehe Fengler, H., in: Num. Beitr., Berlin (1976) 1, S. 58—62: 2 Porträts.

[2]   Nekrolog siehe Barfeldt, E., in: Berliner Münzblätter 18 (1897) 200, Sp. 2222.

[3]   Professor Max Wilberg, Studienrat, begeht 25jähriges Dienstjubiläum. In: Frankfurter Oder-Zeitung 2. 10. 1926.

[4]   Ein alter Schulmann scheidet aus dem Dienst. In: Frankfurter Oder-Zeitung 29. 2. 1932, mit Porträt.

[5]   Professor Max Wilberg gestorben. In: Frankfurter Oder-Zeitung 15. 6. 1934, mit Porträt.

[6]   J. C. (Julius Cahn): Max Wilberg gestorben. In: Deutsche Münzblätter N. F., Gotha Bd. 11, Jg. 54 (1934) 382/383, S. 207.

Dieses Lustspiel bildete die Vorlage für Shakespeares »Comedy of Errors«/»Komödie der Irrungen«.

Später, nachdem es ihm nicht vergönnt war, eine Familie zu gründen, fand er durch Freunde Zugang zur Frankfurter Freimaurerloge »Zum aufrichtigen Herzen«. Er blieb nicht nur Mitglied, sondern wurde deren »zugeordneter Meister vom Stuhl« und schrieb anläßlich der 150-Jahrfeier des Bestehens der Loge ein umfangreiches Werk über ihre Geschichte.

Daneben erwachte aber auch schon früh in ihm die Liebe zur Heimatgeschichte. Er wurde Mitglied des »Historischen Vereins für Heimatkunde zu Frankfurt a. d. Oder« und hielt als ausgezeichneter Kenner der Geschichte seiner Stadt auf den Zusammenkünften des Vereins zahlreiche Vorträge vor begeisterten Zuhörern. Der bereits erwähnte Franz Bardt, Vorstandsmitglied und Verwalter der umfangreichen Münzsammlung des Vereins, weckte schon in dem Schüler und Studenten das Interesse und die Liebe zur Numismatik. Er wurde sein Mentor.

Bereits 1867 veröffentlichte Bardt ein »Verzeichniß der Münzsammlung des Vereins« in den Mitteilungen des Historischen Vereins für Heimatkunde zu Frankfurt a. O., Heft 6—7, S. 21—32; es folgten 1880 ein »Zweites Verzeichniß« (ebenda Heft 16, S. 1—16) und 1895 ein »Drittes Verzeichniß« (Heft 18—20, S. 1—16). Als nach dem Tode Bardts die Münzsammlung einige Jahre vernachlässigt wurde und nach und nach in Unordnung geriet, übernahm Wilberg 1906 ihre Verwaltung, Vermehrung durch Tausch und Ankauf sowie Neuordnung. 1907 stellte er einen Nachtrag zusammen und veröffentlichte ihn in den Mitteilungen des Vereins Heft 23, S. 63—64.

Mittlerweile war das in vier Teilen veröffentlichte Verzeichnis unübersichtlich und durch Austausch und umfangreiche Neuerwerbungen unvollständig geworden, so daß Wilberg nach Vollendung seiner Ordnungsarbeiten ein neues Verzeichnis für »Die Münzsammlung des Vereins« anlegte und 1913 publizierte (ebenda Heft 26, S. 1—102, 1 Tafel). Die Sammlung umfaßte jetzt 971 Nummern, und zwar fast ausschließlich Münzen von Brandenburg-Preußen mit besonderer Berücksichtigung der Frankfurter Gepräge, einschließlich einiger Marken (Nr. 1—847), Denkmünzen (Medaillen) auf Frankfurter Ereignisse oder Persönlichkeiten (Nr. 848—875), daneben noch sonstige brandenburgisch-preußische Medaillen (Nr. 876—933) und Varia. — 1867 enthielt die Sammlung nur 192 für oder in Brandenburg geschlagene Münzen, 744 Nummern betrafen übrige preußische Provinzen, besonders aber andere deutsche Länder und Ausland.

Leider wurde die gesamte Münzsammlung am 8. März 1922 gestohlen[7]. Der Diebstahl konnte offenbar nie aufgeklärt werden.

---

7)      Berliner Münzblätter N. F., Bd. 7, Jg. 43 (1922), S. 354.

Auch das Frankfurter Friedrichs-Gymnasium besaß eine reichhaltige Münzsammlung, ein Vermächtnis des 1678 zu Bremen geborenen und an der Frankfurter Universität Viadrina als »Professor der Eloquenz« (Beredtsamkeit) lehrenden Nicolaus Westermann. Als Wilberg auch die Verwaltung dieser Sammlung übernahm, bestand sie nur noch aus den antiken Münzen, die übrigen waren 1857 verkauft worden. Diese Sammlung verwendete er ständig als Anschauungsmaterial für den Unterricht und legte auch hiervon ein Verzeichnis an, »in Rücksicht auf die Schüler unter Hinzufügung zahlreicher historischer und antiquarischer Notizen«, erschienen unter dem Titel »Die Münzen des Königlichen Friedrichs-Gymnasiums zu Frankfurt a. Oder.« im Programm des Friedrichs-Gymnasiums Nr. 91, S. 1—21, Ostern 1913 (Besprechung in Numismatisches Literatur-Blatt 34 (1913) 198/199, S. 1158). Aus Wilbergs speziellen Studien über die Münzen seiner Vaterstadt gingen zwei Arbeiten hervor, die er unter dem Titel »Die Münzen der Stadt Frankfurt a. Oder« veröffentlichte; eine mehr populär gehaltene Abhandlung erschien 1907 in der Frankfurter Oder-Zeitung und eine wissenschaftliche und umfangreiche 1910 in den Mitteilungen des Historischen Vereins für Heimatkunde zu Frankfurt a. Oder Heft 24, S. 27—38 (Besprechungen in Numismatisches Literatur-Blatt 2 1908).

Weitere kleinere numismatische Arbeiten von ihm erschienen zumeist in den Berliner Münzblättern, so unter anderem die Bearbeitung des Münzfundes von Wadelsdorf/Niederlausitz in Jg. 33 (1912), S. 476—480.

Wilbergs umfangreichstes numismatisches Werk war jedoch die Zusammenstellung der hier vorliegenden »Regenten-Tabellen«, das 1906 im Frankfurter Verlag von Paul Beholtz erschien. Wie er im Vorwort betont, ging es aus seinen frühen numismatischen Studien hervor, mit denen er 23 Jahre zuvor, das heißt bereits in seiner Zeit als Schüler begann, und das er zunächst allein für seine »Privat-Zwecke« anlegte. Wenn wir von 1906 23 Jahre zurückrechnen, so kommen wir auf das Jahr 1883. Sechs Jahre zuvor waren Hermann Grotes »Stammtafeln«, jenes grundlegende und auch neuerdings wieder nachgedruckte Nachschlagewerk für Numismatiker, Historiker und Genealogen erschienen, das dem jungen Wilberg wahrscheinlich aber nicht bekannt geworden war, so daß wir annehmen dürfen, daß die Anlage seiner »Regenten-Tabellen« unabhängig von Grotes Werk erfolgte.

Grote kam es in seinen »Stammtafeln« auf die visuelle Darstellung der genealogischen Verhältnisse der einzelnen Geschlechter und der Verwandtschaftsbeziehungen der Personen an, d. h. es stehen »waagerecht, nebeneinander (nur) diejenigen Personen, welche in gleichem Grade, lothrecht, untereinander (nur) diejenigen ..., welche in gleicher Linie mit einander verwandt sind«.

Wilberg dagegen verzeichnet die Regenten der einzelnen Herrschaftsgebiete und Linien in einfachen chronologischen Reihungen mit Angabe der Regierungszeiten und verzichtet auf die Darstellung der verwandtschaftlichen Beziehungen der einzelnen Regenten zueinander. Seine Tabellen haben dadurch zwar etwas weniger Informationswert, sind andererseits aber einfacher in der Benutzung für den Münzsammler, der zum Beispiel den auf einer ihm vorliegenden datierten Münze, den nicht oder nicht offenkundig verzeichneten Münzherrn (abgekürzt oder verschlüsselt in der Umschrift oder im Monogramm) ermitteln will. Wie wir bereits vermerkten, war Wilberg ein Praktiker!

Wie es dazu kam, daß Wilberg diese Tabellen 23 Jahre nach ihrer ersten Fassung veröffentlichte, ob aus eigenen Stücken oder durch Anregung von Freunden, die davon Kenntnis hatten, wissen wir nicht. Offensichtlich hat er sein Manuskript in der Zwischenzeit weiter vervollständigt, zumindest aber vor der Drucklegung überarbeitet, ergänzt und erweitert, denn es macht ganz und gar nicht den Eindruck eines Jugendwerkes. Wie dem auch sei, es fand unter den Numismatikern und Münzsammlern seine Verbreitung und Anerkennung. Viele griffen lieber zum »Wilberg« als zum »Grote«, weil sie damit schneller zur gesuchten Information kamen.

Andererseits zeichnen sich Wilbergs Tabellen gegenüber Grotes Werk durch zahlreiche Richtigstellungen, ferner durch die Aufnahme von mehr Herrschaftshäusern und geistlichen Institutionen sowie durch die Aktualisierung bis auf den neuesten Stand aus. Besonders hervorzuheben sind die Listen der Äbte und Äbtissinnen der münzprägenden Abteien, die bei Grote bis auf ganz wenige Ausnahmen fehlen. Auch solche Listen, wie beispielsweise die der Statthalter in der Mark Brandenburg, der Landvögte von Rügen, der schwedischen Statthalter in Pommern, der schwedischen Statthalter in Preußen, suchte man bisher vergebens. Diese Statthalter waren zwar keine Münzherren, hatten aber Einfluß auf das Münzwesen jener Gebiete. Sehr informativ sind auch seine kurzen Übersichten über die Teilungen einzelner Herrschaftshäuser in Linien, z. B. Tabelle 234 Pommern.

Paul Joseph, der Herausgeber der in Frankfurt am Main erscheinenden Frankfurter Münzzeitung anerkennt in seiner Rezension des Werkes im Jahrgang 6 (1906) 72, S. 553—554 besonders die »Unsumme von Arbeit . . ., die durch das Sammeln, Ordnen und Druckfertigmachen des Materials entstanden ist. Dem H. V. (Herrn Verfasser) gebührt Dank und Anerkennung aller, die sein bis auf die neueste Zeit fortgeführtes Werk benutzen werden«.

Auch seitens eines der Regenten aus den verzeichneten Herrscherhäusern erfolgte eine Anerkennung der immensen kompilatorischen Arbeit. Der Fürst Leopold zur Lippe (als Regent Leopold IV. von Lippe-Detmold, 1905—1918), dem Wilberg sein Buch gewidmet hatte, zeichnete ihn mit dem »Orden für Kunst und Wissenschaft, der Lippischen Rose am Ringe« aus[8].

Mit Recht bemängelt Paul Joseph, daß bei Wilberg verschiedene Häuser fehlen, die bereits in den genealogischen Tafeln von Grote aufgeführt sind, z. B. Weinsberg, Minzenberg, Breuberg, Büdingen.

Ein Werk mit einer solchen Summe von Einzeldaten wird immer Lücken und Fehler aufweisen, damit muß man sich abfinden. Wenn wir von unserer heutigen Warte an das Werk herangehen, so müssen wir berücksichtigen, daß die Forschungsergebnisse der letzten 80 Jahre hier fehlen. Wir dürfen also für manche erst neuerdings gründlicher erforschten Dynastenhäuser und geistlichen Institutionen die Erwartung nicht zu hoch schrauben. Trotz dieser unvermeidlichen Mängel wird die Nachauflage der Wilbergschen Regenten-Tabellen sicher heute wie ehedem von den Numismatikern und Münzsammlern dankbar aufgenommen werden. Vielleicht findet sich durch die neuerliche Verbreitung des Werkes ein interessierter, historisch und genealogisch versierter Numismatiker, der diese Tabellen bis auf unsere Zeit ergänzt und hier und dort, wo erforderlich, auch berichtigt. Das wäre sowohl dem Werk als auch uns allen als Nutzern zu wünschen.

---

[8]     Wie seine Verbindung zum Haus Lippe zustande kam, konnte der Verfasser dieses Vorwortes nicht ermitteln, möglicherweise resultiert sie aus seiner Zeit als Student oder junger Lehrer, bevor er wieder nach Frankfurt ging.

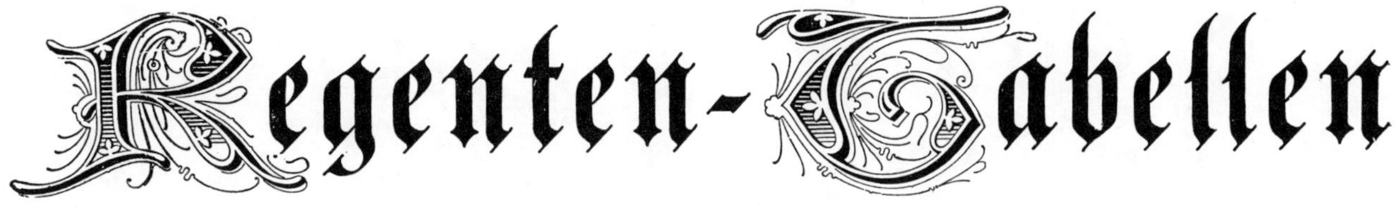

# Regenten-Tabellen

von

## Max Wilberg,

Oberlehrer am Königlichen Friedrichs-Gymnasium zu Frankfurt a. Oder.

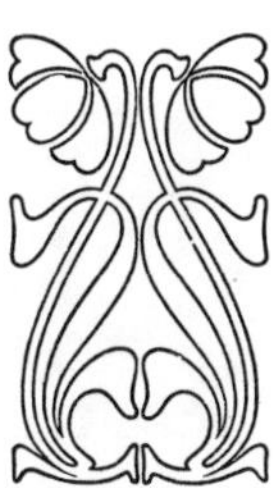

**Frankfurt a. Oder**

Druck und Verlag von Paul Beholtz

**1906.**

Seiner Durchlaucht

# Leopold

Fürsten zur Lippe

ehrfurchtsvoll

gewidmet

# Vorwort.

——

Die vorliegenden „Regenten-Tabellen" bieten eine Zusammenstellung der Herrscher von Ländern aller Erdteile und Zeiten. Sie sollen ein praktisches Nachschlagewerk für jedermann sein und auch — bei dem Mangel eines solchen übersichtlichen Buches — als Hülfsmittel bei der Aufstellung der Regentenreihen dienen, und zwar besonders dem Numismatiker und Münzensammler, wie sie denn überhaupt aus meinen numismatischen Beschäftigungen hervorgegangen sind.

Deshalb sind auch die Regentenreihen nach Möglichkeit vollständig gegeben; nur für das Altertum ist die Auswahl vorläufig auf die bekanntesten und historisch am meisten hervorragenden Fürsten beschränkt, soweit überhaupt Name und Zeit derselben feststehen. Doch sind die Regenten der letzten Periode eines Reiches immer vollständig aufgeführt worden. Geschlechter, die seit langem oder gar schon im Mittelalter ausgestorben sind, habe ich in der Regel nur dann aufgenommen, wenn ihre Besitzungen an noch blühende Dynastieen gelangten, da sich bei ihnen ohnehin ein chronologischer Zusammenhang meist nicht herstellen läßt. Dagegen habe ich bei den aufgeführten Dynastieen auch die Häupter der Nebenlinien mitaufgezählt, die, bisweilen ohne Landeshoheit, ja ohne jede Gerechtsame, „Regenten" also in der wirklichen Bedeutung des Wortes nicht gewesen sind, oft vielmehr weiter nichts als einfache Gutsbesitzer waren, und zwar deshalb, um den vollständigen Überblick über das Gesamthaus zu erhalten. Das ist der Fall gewesen bei einer Anzahl der deutschen Fürstenhäuser (s. z. B. bei Reuß), besonders bei den früher reichsunmittelbaren deutschen Standesherren.

Die Anlage des Buches ist, seinem Charakter entsprechend, geographisch-chronologisch, indem ich von dem ältesten Reiche der Erde, von dem wir wissen, Ägypten, zu dessen Nachbarn fortschreitend bis zum römischen Kaiserreich herabging. An Ostrom habe ich gleich die griechischen Fürstentümer um das ägäische Meer herum angeschlossen, und zwar in der Reihenfolge ihrer zeitlichen Entstehung, um damit die allmähliche Zerstückelung dieses Reiches zu veranschaulichen. Von dieser Einteilung, die ich bei den geistlichen Fürstentümern, die nach der Zeit ihrer Gründung geordnet sind ohne Rücksicht auf ihre geographische Lage (zumal es sich fast nur um deutsche handelt) streng befolgt habe, und die ich auch den außereuropäischen Gebieten, hier aber natürlich unter Berücksichtigung ihrer geographischen Lage, zu grunde gelegt habe, bin ich bei den deutschen Gebieten zu gunsten der geographischen Einteilung abgewichen, weil eine genau chronologische Anreihung die verschiedenen Länder in Nord und Süd völlig durcheinander gewürfelt haben würde. Die gewählte Anordnung[1]) läßt aber die geographische Lage erkennen, wozu noch hinzukommt, daß kleinere Gebiete sehr oft in die Hände der Nachbarn durch Erbschaft, Abtretung oder Belehnung übergingen. Dadurch wurden freilich die Familien, die sich über verschiedene Gebiete ausgebreitet haben, in ihrem Zusammenhange getrennt; aber da der Grundgedanke des Buches der ist, das Land und seine dasselbe beherrschenden Geschlechter zu geben, so trug ich kein Bedenken, das Nachteilige, das diese Einteilung an sich hat, letzteren zuzuerteilen, da ich sonst manche Gebiete mehrfach, nämlich unter den verschiedenen Dynastieen, hätte aufführen müssen. Die geographische Lage der Länder wäre damit dann ganz und gar unklar geworden. Übrigens weist das Verzeichnis II die Verzweigung desselben Geschlechtes über verschiedene Gebiete nach.

Die Namen habe ich möglichst übereinstimmend zu schreiben gesucht, ohne jedoch dabei allzu pedantisch zu verfahren. So habe ich z. B. das mittelalterliche „Reginar" für die früheren Zeiten statt des heutigen „Rainer" beibehalten. Namen, die Gemeingut mehrerer Völker geworden sind, habe ich natürlich in deutscher Sprache gegeben; sonst sind die weniger bekannten Namen der Herrscher von Ägypten, Babylonien und Assyrien in der einheimischen Sprache angeführt, obwohl uns die griechische oder römische Bezeichnung geläufiger ist. Denn einerseits haben die Griechen und Römer die Namen ausländischer Fürsten sich nach ihrem Geschmack zurecht gemacht und sie dadurch sehr oft gänzlich, bisweilen auch nur zum Teil verstümmelt, oder sie haben ihnen bekannt klingende Namen durch ihre eigenen mythologischen ersetzt, andrerseits hat aber die immer weiter dringende Forschung dieselben in ihrer ursprünglichen Form wiederhergestellt: und so habe ich sie denn unbedenklich in der

---

[1]) Indem ich mit den der Kultur zuerst erschlossenen linksrheinischen Gebieten begann, ging ich stromabwärts, dann über Ostfriesland, und Oldenburg nach Westphalen; von da an den Rhein zurückkehrend führte ich die östlich vom Rhein gelegenen Gebiete auf. Daran schließen sich die in Franken, Schwaben und Bayern gelegenen Länder, von wo aus ich über Tirol nach Österreich gelangte. Mähren und Böhmen bilden den Übergang zu Schlesien, an das sich Posen und Preußen anreihen. Hierauf folgen die pommerschen Gegenden. Über Brandenburg und Sachsen kam ich zu den thüringischen Ländern, dann nordwärts mich wendend zu den Ländern am Harze, Braunschweig und Anhalt. Mit Mecklenburg und den Elbherzogtümern wurden die deutschen Länder abgeschlossen; Schleswig bildet gleichzeitig den Übergang zum Norden Europas, zunächst zu Dänemark.

Fassung gegeben, wie die gleichzeitigen Denkmäler sie uns überliefern. Doch sind auch die griechischen oder römischen Bezeichnungen in Klammern beigefügt. Die Namen der Könige in den übrigen Reichen des Altertums sind in der lateinischen Form angeführt, um die allgemein und fast immer nur in dieser Form bekannten Namen nicht bis zur Unkenntlichkeit zu verzerren. Ebenso sind die Namen des Mittelalters und der Neuzeit, soweit sie nicht mit den deutschen übereinstimmen, in einheimischer Sprache angegeben worden.

Ich habe also „Chafra", „Menkaura" statt „Cheops", „Mycerinus", dagegen „Kambyses", „Artaxerxes" für „Kambudschija", „Artachschata" gesagt. Ferner habe ich z. B. die angelsächsische Form „Seazred" beibehalten, doch für das französische „François," das italienische „Francesco" unser deutsches „Franz" gesetzt. Die allzusehr abweichenden russischen Namen, wie „Iwan", „Feodor" u. a. habe ich lieber nicht durch unser „Johann", „Theodor" u. s. w. ersetzt.

In der Chronologie des Altertums bin ich hauptsächlich Dunckers „Geschichte des Altertums" gefolgt: sonst sind überall die Resultate der neusten Forschung zu grunde gelegt worden.

Die „Regenten-Tabellen" sind natürlich kein Quellenwerk, und können es auch nicht sein: sie sind lediglich Zusammenstellung. Doch habe ich in zweifelhaften Fällen stets meine eigene Ansicht gegeben, die freilich in nur wenigen auf eigener genauer Vergleichung der einschlägigen Werke beruht, meistenteils vielmehr sich auf die Autorität des Schriftstellers stützt, der mir am glaubhaftesten erschien. Ich hätte demnach wohl meine Quellen bei jedem einzelnen Lande nennen müssen; indessen habe ich das unterlassen erstens, weil, da ich die „Regenten-Tabellen" vor jetzt 23 Jahren allein für meine Privat-Zwecke anlegte, ich mir daher die Quellen in der Regel nicht notierte, und sie also von Ländern, die für mich weniger Interesse hatten, kaum noch weiß, ferner, weil durch die zahlreichen Wiederholungen, welche die Angabe der Quellen hervorgerufen hätte, das Buch unnötig an Umfang vermehrt und daher teurer geworden wäre. Doch will ich im allgemeinen anführen u. zw. für die deutschen Gebiete: Karl Hopf, Historisch-genealogischer Atlas. Gotha 1858, dessen Hauptquelle: Johann Hübners genealogische Tabellen (besonders in der 2. Auflage, 1712) ich sehr oft verglichen habe. Die Fortführung bis auf die Neuzeit geschah an der Hand des Gothaischen genealogischen Hofkalenders und des genealogischen Taschenbuches der gräflichen oder der freiherrlichen Häuser. Die Reihen der Erzbischöfe und Bischöfe sind (mit Verbesserungen) entlehnt aus Gams, Series episcoporum ecclesiae catholicae. Ratisbonae 1873, nebst continuatio, ibid. 1886. Die Äbte ferner schöpfte ich gleichfalls aus Hopfs Atlas. Für die Päpste im besonderen zog ich außer Gams und neben Heinemann, Die Reihenfolge der römischen Päpste. Berlin o. J. zu rate: Regesta Pontificum Romanorum ab condita ecclesia ad annum post Chr. n. MCXCVIII edidit Phil. Jaffé. Edit. 2, 2 vol. Lipsiae 1881—1888 und: August Potthast, regesta pontificum Romanorum inde ab a. post Chr. nat. MDCXCVIII ad a. MDCCCIV vol. 1 et 2, Berolini 1874 5. Außer allgemeinen Werken sodann, welche der Genealogie der Fürstenhäuser dienen, nämlich: Voigtel (neubearbeitet von Cohn), Stammtafeln zur Geschichte der europäischen Staaten. Braunschweig 1870, und: H. Grote, Stammtafeln. Leipzig 1877[2]), zu denen ich der Vergleichung halber auch numismatische Werke heranzog, wie z. B. Rentzmanns Legenden-Lexicon. Neue Ausgabe. Berlin 1881, benutzte ich im besonderen für eine Reihe von Ländern auch Spezial-Geschichten, so für Ägypten neben Lepsius' Ägyptischem Königsbuch, Berlin 1858: Wiedemann, Ägyptische Geschichte, Gotha 1884, ferner für deutsche Gebiete: Stälin. Wirtembergische Geschichte, Heyck, Die Herzöge von Zähringen, Freiburg i. B. 1891, Krones, Österreichische Geschichte, Wien 1882, Heinemann, Geschichte von Braunschweig und Lüneburg, Gotha 1884 u. a. Die Herzöge von Schlesien sind zusammengestellt nach: Grotefend, Stammtafeln der schlesischen Fürsten bis zum Jahre 1740. 2. Auflage. Breslau 1889. Die Regenten der außerdeutschen Länder sind sämtlich aus Spezialwerken geschöpft.

Wennschon ich mich bemüht habe, in den „Regenten-Tabellen" überall nur gesicherte Resultate zu bringen und überhaupt sie so vollkommen als möglich zu gestalten, so ist doch die Erreichung dieses Zieles für den einzelnen bei der überaus großen Menge und Verschiedenheit des Stoffes unmöglich. Wie recht da Grote mit der Behauptung hat, daß allen deutschen Geschlechtern vor 1200 erst noch eine monographische Behandlung zu teil werden müßte, bis ihre Chronologie über jeden Zweifel erhaben ist, habe ich sehr oft bei den Zahlen (auch Namen) sehen müssen, in deren Angabe die einzelnen Schriftsteller mitunter recht erheblich von einander abwichen. Ich bitte also, etwaige Irrtümer und Versehen mit der Mühseligkeit der Arbeit entschuldigen und mir Berichtigungen auf dem Wege der Verlagsbuchhandlung zugehen lassen zu wollen.

Für alle freundlichen Mitteilungen, die mir namentlich für die Reihen der geistlichen Fürsten zugegangen sind, spreche ich auch an dieser Stelle meinen verbindlichsten Dank aus.

Frankfurt a. Oder, im September 1906.

**Der Verfasser.**

---

[2]) Das Buch des sonst auch um die Numismatik hochverdienten Mannes ist indessen nur mit Vorsicht zu gebrauchen, da es trotz der Hunderte von Verbesserungen, Berichtigungen und Nachträgen (S. 527—548) noch eine Unsumme von Fehlern enthält; so fehlen bei Holstein die Linien zu Arröe und Norburg, die sonderburgischen Äste zu Franzhagen und der katholische Ast, und die Plöner Nebenlinie zu Rethwisch, ebenso bei Schwarzburg die Linien in Eisleben und Arnstadt (beide seit 1721); auch Hohenlohe und namentlich Schönburg sind mangelhaft. Recht häufig stimmen auch die Zahlen für denselben Herrscher nicht; so regiert z. B. Robert „II" von Frankreich nach S. 23 von 996—1033, nach S. 298 von 996—1031 20./7., nach S. 296, wo er Robert „I" heißt, von 996—1031; der Patriarch von Aquileja, Ludwig von Teck, regiert nach S. 470 von 1412—1439, nach S. 97 von 1418—1435; Max Emanuel ist Fürst der Niederlande nach S. 74 von 1711—1713, nach S. 271 von 1712—1714. Auch in den Namen finden sich Versehen: die Herzogin von Massa und Carrara Maria Beatrix (1790—1797 und 1816—1828), die S. 369 richtig angegeben ist, heißt S. 357 Maria Theresia.

# Inhaltsübersicht.

**Bemerkung:**

Ein † mit oder ohne Zahl nach der Regierungszahl bedeutet das Todesjahr des Herrschers (im letzteren Falle ist es unbekannt), woraus also hervorgeht, daß dieser freiwillig oder gezwungen abdankte oder entsetzt wurde.

~~~~~~

</div>
~~~~~~

# 1. Teil. Im Altertum blühende und aus diesen hervorgegangene Reiche.

## 1. Ägypten.

Bem.: Die mit * bezeichneten und in Klammern beigefügten Namen sind griechischen Ursprungs.

### I. Dynastie aus Tini (This).
#### 3892—3639 v. Chr.

Mena (Menes) . . . . . . 3892—3830
Tota (Athotis) . . . . . . 3830—3783
*Kenkenes . . . . . . 3783—3752
*Uenephes . . . . . . 3752—3729
*Usaphaïs . . . . . . 3729—3709
*Miebis . . . . . . 3709—3683
*Semempses . . . . . . 3683—3665
*Bieneches . . . . . . 3665—3639

### II. Dynastie aus Mennofer (Memphis).
#### 3639—3338 v. Chr.

*Boethos . . . . . . 3639—3601
*Kaiechos . . . . . . 3601—3562
Bainuter (Binothris, Biofris) . 3562—3515
*Tlas . . . . . . 3515—3498
*Sethenes . . . . . . 3498—3457
*Chaires . . . . . . 3457—3441
*Nephercheres . . . . . . 3441—3416
*Sesochris . . . . . . 3416—3368
*Cheneres . . . . . . 3368—3338

### III. Dynastie aus Mennofer (Memphis).
#### 3338—3124 v. Chr.

*Necherophes . . . . . . 3338—3310
*Tosorthros . . . . . . 3310—3281
*Tyris . . . . . . 3281—3274
*Mesochris . . . . . . 3274—3257
*Soyphis . . . . . . 3257—3241
*Tosertasis . . . . . . 3241—3222
*Uches . . . . . . 3222—3180
Snophru (Sephuris) . . . . 3180—3150
*Kerpheres . . . . . . 3150—3124

### IV. Dynastie aus Mennofer (Memphis).
#### 3124—2840 v. Chr.

Sor (Soris) . . . . . . 3124—3095
Chufu (Suphu, Cheops) . . . 3095—3032
Ratatef . . . . . . 3032—3031
Chafra (Cephren, Chabryes) . . 3031—2966
Menkaura (Mencheres, Mycerinus) 2966—2903
*Ratoises . . . . . . 2903—2878
*Bicheris . . . . . . 2878—2856
*Sebercheres . . . . . . 2856—2849
*Thamphthis . . . . . . 2849—2840

### V. Dynastie aus Mennofer (Memphis).
#### 2840—2592 v. Chr.

Usesurkaf (Usercheres) . . . 2840—2812
Sehura (?Sephres) . . . . 2812—2799
Noferkara (Nephercheres) . . . 2799—2749
Raensesur (Sisires) . . . . 2749—2742
*Cheres . . . . . . 2742—2722
*Rathures . . . . . . 2722—2678
Menkauhor (Mencheres) . . . 2678—2669
Assa Tatkara (Tatcheres) . . . 2669—2625
Unas (Onnos) . . . . . . 2625—2592

### VI. (Neben-) Dynastie aus Pilak (Philä, Elephantine). 2744—2546 v. Chr.

Ati (Athones) . . . . . 2744—2714
Pepi (Phiops) I. . . . . . 2714—2661
Merenra Mentuhotep (Mentu-ophis) I. . . . . . 2661—2654
Pepi (Phiops, Apappus) II. . 2654—2559
Mentuhotep (Mentesophis, Mentuophis) II. . . . 2559—2558
Königin Nitakert (Nitokris) . . 2558—2546

### VII. Dynastie aus Mennofer (Memphis). 2592—2522 v. Chr.

Asesa . . . . . . . . .

### VIII. Dynastie aus Mennofer (Memphis). 2522—2380 v. Chr.

### IX. (Neben-) Dynastie aus Ab (Heracleopolis). 2674—2565 v. Chr.

### X. (Neben-) Dynastie aus Ab (Heracleopolis). 2565—2380 v. Chr.

### XI. (Neben-) Dynastie aus Tape (Theben, Diospolis). 2423—2380 v. Chr.

### XII. Dynastie aus Tape (Theben, Diospolis) 2380—2167 v. Chr.

Amenemhat (Ammenemes) I. . 2380—2371
Sesurtasen (Sesortasis) I. . . 2371—2325
Amenemhat (Ammenemes) II. . 2325—2287
Sesurtasen (Sesortasis) II. . . 2287—2259
Sesurtasen (Sesortasis) III. . . 2259—2221
Amenemhat (Ammenemes, Möris) III. . . . . 2221—2179
Amenemhat (Ammenemes) IV. . 2179—2171
Königin Sebek-nofru (Sebek-nophris) . . . . 2171—2167

### XIII. (Neben-) Dynastie aus Tape (Theben, Diospolis). 2136—1684 v. Chr.

Sebakhotep I. — Sebakhotep II. — Nofrehotep — Sebakhotep III. — Sebakhotep IV. — Sebaknofru — Sebakhotep V.

### XIV. Dynastie aus Xoïs. 2167—1684 v. Chr.

Sebakamf. — Rahotep. — Ai. — Tia aken.

### XV. Dynastie der Hak-Schasu (Hyksos). 2101—1842 v. Chr.

Salatis (Salatis) . . . . 2101—2082
*Banoni . . . . . . 2082—2038
*Apachnan . . . . . . 2038—2001
Apopa (Apophis) . . . . . 2001—1941

*Anan . . . . . . . . 1941—1891
*Aseth . . . . . . . . 1891—1842

#### XVI. Dynastie der Hak-Schasu (Hyksos).
#### 1842—1591 v. Chr.

#### XVII. Dynastie aus Tape (Theben, Diospolis).
#### 1684—1591 v. Chr.

Aahmes (Amosis) I. u. Schwester
   *Nephros . . . . . . 1684—1659
Amenhotep (Amenophis) I. . . 1659—1646
Thutmes (Tuthmosis) I. . . . 1646—1625
Thutmes (Tuthmosis) II. u. Schw.
   *Mephre . . . . . . 1625—1603
Königin Haschop (Ramaka) . . 1603—1591

#### XVIII. Dynastie a. Tape (Theben, Diospolis).
#### 1591—1443 v. Chr.

Thutmes (Tuthmosis) III. . . 1591—1565
Amenhotep (Amenophis) II. . . 1565—1555
Thutmes (Tuthmosis) IV. . . 1555—1524
Amenhotep (Amenophis, Mem=
non) III. . . . . . . 1524—1488
Chuenaten Amenhotep IV. . . 1488—1476
Atefnuter Ai . . . . . 1476—1467
Tutanchamun . . . . . 1467—1455
Horemheb (Horos) . . . . 1455—1443

#### XIX. Dynastie aus Tape (Theben, Diospolis)
#### 1443—1269 v. Chr.

Ramessu (Ramses) I. . . . . 1443—1439
Seti Mienptah (Sethos) I. . . 1439—1388
Ramessu (Sestura, Sesostris) II.,
der Große . . . . . . 1388—1322
Mineptah (Menephthes) I. . . 1322—1302
Seti Mineptah (Sethos) II. . 1302—1281
Mineptah Siptah (Menephthes
Siphthos) II. . . . . . 1281—1276
Setnecht Merenra (Sethnechthes) 1276—1269

#### XX. Dynastie aus Tape (Theben, Diospolis).
#### 1269—1091 v. Chr.

Ramessu (Rhampsinitos) III. . 1269—1244
Ramessu IV. Hikma . . . 4 + x Jahre
Ramessu V. Amunhichopsef=Miamun.
Ramessu VI. Amunhichopsef=Nuterhiften.
Ramessu VII. Atamun=Nuterhiften.
Ramessu VIII. Sethichopsef=Miamun.
Ramessu IX. Chaem . . .=Miamun 15 + x Jahre
Ramessu X. Amunhichopsef . . 1 + x Jahre
Ramessu XI. Sipthah.
Ramessu XII. Miamun . . . 32 + x Jahre
Ramessu XIII. Chaen . . .=Mia=
mun=Nuterhiften . . . 16 + x Jahre

#### XXI. Dynastie aus Zanu (Tanis).
#### 1091—961 v. Chr.

Hirhor Sianum (Smerdes) . . 1091—1065
Pinotem (Phusemes) I. . . . 1065—1024
Mencheperra (Nephercheres) . 1024—1020
*Amenophthis . . . . . 1020—1011
Petuchanu (Osochor) I. . . 1011—1005
Pinotem (Psinaches) II. . . . 1005—996
Hor Petuchanu (Phusemes) II. 996—961

#### XXII. Dynastie aus Pibast (Bubastis).
#### 961—787 v. Chr.

Scheschonk (Sesonchis) I. . . 961—940
Usarken (Osorchon) I. . . . 940—925
Takelut (Takelothis) I. . . 1 + x Jahre
Usarken (Osorchon) II. . . 22 + x Jahre
Scheschonk (Sesonchis) II. . 1 + x Jahre
Takelut (Takelothis) II. . . 13 Jahre

Scheschonk (Sesonchis) III. . . 51 Jahre
Pechi (Pichi) . . . . 1 + x Jahre
Scheschonk (Sesonchis) IV. . 36 + x Jahre

#### XXIII. Dynastie aus Zanu (Tanis).
#### 787—729 v. Chr.

Petsibast (Petsubastis) . . . 787—747
Usarken (Osorchon) III. . . 747—739
Psimut (Psamus) . . . . 739—729
König Pianchi von Napata
(Äthiopien) . . . . 750—729

#### XXIV. Dynastie aus Sa (Saïs).
#### 729—685 v. Chr.

Tafnacht (Tnephachtos) . . . 729—722
Bokenranf (Bokchoris) . . . 722—716
Set (Sethos) . . . . . 716—685

#### XXV. Dynastie aus Napata (Äthiopien).
#### 716—664 v. Chr.

Schabak (Sebichos) . . . 716—704
Schabatok (Sebitichos) . . 704—692
Taharaka (Tarakos, Tearchos) . 692—664

#### XXVI. Dynastie aus Sa (Saïs).
#### 685—525 v. Chr.

*Stephinates . . . . . 685—678
*Nechepsos . . . . . 678—672
Neku (Nechao) I. . . . . 672—664
Psamtik (Psammetichos) I. . 664—610
Neku (Necho) II. . . . 610—595
Psamtik (Psammetichos) II. . 595—589
Uahabra (Uaphis, Apries,
Hophra) . . . . . 589—570
Aahmes (Amasis) II. . . 570—526
Psamtik (Psammenitos) III. . 526—525

#### XXVII. Dynastie der Perserkönige.
#### 525—405 v. Chr. (s. S. 5).

#### XXVIII. Dynastie aus Sa (Saïs).
#### 525—399 v. Chr.

Amenrut (Amyrtäus) I. . . . 525—519
Chebasch . . . . . um 487
Amenrut (Amyrtäus) II. . . um 460—um 450
*Pausiris . . . . um 440
Psamtik (Psammetichos) IV. . . um 400—399

#### XXIX. Dynastie aus Mendes.
#### 399—378 v. Chr.

Naifaurut (Nephorites) I. . . 399—393
Hakor (Achoris) . . . 393—380
*Psamuthis . . . . 380—379
Naifaurut (Nephorites) II. . 379—378

#### XXX. Dynastie aus Sabnuti (Sebennytos).
#### 378—340 v. Chr.

Nechtnebf (Nektanebos) I. . . 378—360
*Teos (Tachos) . . . 360—358
Nechtnebf (Nektanebos) II. . 358—340

#### XXXI. Dynastie der Perserkönige
#### 340—332 v. Chr. (s. S. 5).

#### XXXII. Dynastie der Macedonier.
#### 332—311 v. Chr.

Alexander der Große . . . 332—323
Philipp Arrhidäus . . . 323—317
Alexander II. Agus Posthumus 317—311
   Perdikkas, Reichsverweser . 323—321
   Ptolemäus Lagi, Statthalter . 323—306

#### XXXIII. Dynastie der Ptolemäer (Lagiden).
#### 306—30 v. Chr.

Ptolemäus I. Soter I. König 306 . 306—285
Ptolemäus II. Philadelphus . . 285—247
Ptolemäus III. Euergetes I. . 247—221
Ptolemäus IV. Philopator I. . 221—205
Ptolemäus V. Epiphanes . . 205—181

| | |
|---|---|
| Ptolemäus VI. Eupator . . . | 181 |
| Ptolemäus VII. Philometor . . | 181—146 |
| Kleopatra I. Vormünderin . | 181—174 |
| Ptolemäus Euergetes, Mitregent | 170—164/3 |
| Ptolemäus VIII. Philopator II. | 146 |
| Ptolemäus IX. Euergetes II. Physkon . . . | (170) 146—130 |
| Kleopatra II. (Schwester) u. III. (Nichte), Mitregentin . . . | 141—130 |
| Kleopatra II. (allein) . . . | 130—127 |
| Ptol. IX. Euerg. II. zuf. mit Kleop. II. u. III. . . . | 127—117 |
| Kleopatra III. Philadelpha . .) | 117—111 |
| Ptolemäus X. Soter II. Lathyros ʃ | 117—107/6 |
| Kleopatra IV. . . . . . . . | 107—89 |
| Ptolemäus XI. Alexander I., Mitregent (in Cypern seit 114) | 107—88 |
| Berenice III. (Gemahlin u. Nichte), Mitregentin . . . | 99—88 |
| Ptolemäus X. Lathyros (zum 2. Male) . . . | (117) 89—81 |
| Kleopatra Berenice III. Philopator . . . | 81 |
| Ptolemäus XII. Alexander II. (ihr Stiefsohn) . . . | 81 |
| Ptolemäus XIII. Auletes (unehel. Sohn Soters II.) . . . | 81—58 |
| Kleopatra VI. Tryphäna . . . | 58—57 |
| Berenice IV. (beider Tochter, Mitregentin 58—57) . . . | 57—55 |
| Ptolemäus XIII. Auletes (zum 2. Male) . . . | (81) 55—52 |
| Kleopatra VII. Philopator (Schwester Berenice IV.) . . | 52—49 |
| Ptolemäus XIV. Neos Dionysos (ihr Bruder, Mitregent; allein 8 Monate) . . . | 48, † Dez. 48 |
| Kleopatra VII. (zum 2. Male) . | 48—30 |
| Ptolemäus XV. Neoteros (ihr Bruder), Mitregent | 47—44 |
| Ptolemäus XVI. Cäsarion (Sohn Kleopatras VII., und des C. Julius Cäsar), Mitregent | 45—30 |
| Ägypten römische Provinz . | 30 v.—395 n. Chr. |
| Ägypten oströmische Provinz . | 395—640 |
| Ägypten unter der Herrschaft der Khalifen von Mekka | 640—870 |

Ägypten selbständig unter der

**I. Dynastie der Tuluniden.**
**870—904.**

**II. Dynastie der Iktschiden.**
**904—969.**

**III. Dynastie der Fatimiden.**
**969—1171.**

**IV. Dynastie der Ejubiden.**
**1171—1251.**

| | |
|---|---|
| Saladin Ibn Ejub . . . | 1171—1193 |
| Turanschah . . . . | 1250—1251 |

**V. Dynastie der baharidischen Mameluken.**
**1250—1382.**

| | |
|---|---|
| Moas Joegh . . . . | 1250—1260 |
| Bibars . . . . . | 1260—1277 |

**VI. Dynastie der circassischen Mameluken.**
**1382—1516.**

| | |
|---|---|
| Tumanbai . . . . . | 1516 |
| Unter türkischer Herrschaft 1516—1798, 1801—1811 | |
| Unter französischer Herrschaft . | 1798—1801 |

**Chediwen (Vicekönige):**
(Vasallen der türkischen Sultane.)

| | |
|---|---|
| Mehemed Ali, erblicher Vicekönig 1841 . . . . | 1811—1849 |
| Abbas I. . . . . . . | 1849—1854 |
| Saïd . . . . . . . | 1854—1863 |
| Ismaïl . . . . . . | 1863—1879 |
| Mehemed Tewfik . . . | 1879—1892 |
| Abbas II. Hilmi . . . | 1892— |

## 2. Babylonien.

| | |
|---|---|
| Unter der Herrschaft der Elamiten (Elymäer) 2300?—2000? v. Chr. | |
| Hammurabi . . . . . | um 2000? |
| Samsi-il-una . . . . | um 1970? |
| Karaindas . . . . . | um 1450 |
| Purnaparjas . . . . | um 1440 |
| Karachardas . . . . | um 1430 |
| Nazibuzas . . . . . | um 1415 |
| Karigalzu . . . . . | um 1400 |
| Merodach-Baladan . . | um 1360 |
| Bin-pal-idin . . . . | um 1200 |
| Marduk-nadin-ach . . | um 1100 |
| Nebu-Baladan . . . . | ?—850 |
| Unter assyrischer Herrschaft . | 850—630 |
| Nabunassar . . . . . | 747—733 |
| Nadios . . . . . . | 733—731 |
| Chinziros und Poros . . | 731—726 |
| Ilulaios . . . . . . | 726—721 |
| Mardokempados . . . | 721—709 |
| Arkaianos . . . . . | 709—704 |
| Interregnum . . . . . | 704—702 |
| Belibos . . . . . . | 702—699 |
| Apraanadios . . . . | 699—693 |
| Regebelos . . . . . | 693—692 |
| Mesessimordakos . . . | 692—688 |
| Interregnum . . . . . | 688—680 |
| Esarhaddon (Asaridinos) . | 680—667 |
| Saosduchinos . . . . | 667—647 |
| Kiniladanos . . . . . | 647—625 |
| Nabopolassar (befreit das Land) . | 630—605 |
| Nabu-kudurri-assur (Nebukadnezar) | 605—562 |
| Evilmerodach . . . . | 562—560 |
| Neriglissar . . . . . | 560—556 |
| Laborosoachod . . . . | 556—555 |
| Nabunahid (Nabonetus) . . | 555—538 |

Babylonien durch Cyrus von Persien erobert.

## 3. Assyrien.

| | |
|---|---|
| Samsi-Bin I. . . . . . | um 1800 vor Chr. |
| Nabudan . . . . . | um 1470 |
| Assur-bel-nisi . . . . | um 1450 |
| Assur-u-ballit . . . . | um 1400 |
| Pudiel . . . . . . | um 1390 |
| Bel-nirar . . . . . | um 1370 |
| Ben-nirar I. . . . . . | um 1350 |
| Salmanu-assur (Salmanassar) I. | um 1340 |
| Tuglat-Adar I. . . . . | um 1300 |
| Bel-kudur-assur . . . | um 1220 |
| Adar-pal-bitkur . . . | um 1200 |
| Assur-dajan I. . . . . | um 1180 |
| Mutakil-Nebu . . . . | um 1160 |
| Assur-ris-ilim . . . . | um 1140 |
| Tuglat-habal-assur (Tiglat-Pileser) I. | um 1120 |

| | | | |
|---|---|---|---|
| Samsi-Bin II. | 1080—1060 | Tuglat-habal-assar (Tiglat-Pileser) II. | 745—727 |
| Assur-dajan II. | um 920 | Salmanu-assur (Salmanassar) IV. | 727—722 |
| Ben-nirar II. | um 900 | Sar-ukin (Sargon) | 722—705 |
| Tuglat-Adar II. | 889—883 | Sin-achi-irib (Sanherib) | 705—681 |
| Assur-nasir-pal | 883—858 | Assur-ach-ibin (Assarhaddon) | 681—668 |
| Salmanu-assur (Salmanassar) II. | 858—823 | Assur-bani-habal (Sardanapal) V | 668—626 |
| Samsi-Bin III. | 823—810 | Assur-ibil-ili (Sarakon) | 626—606 |
| Ben-nirar III. | 810—781 | | |
| Salmanu-assur (Salmanassar) III. | 781—771 | | |
| Assur-danil III. | 771—753 | | |
| Assur-nirar II. | 753—745 | | |

Assyrien von Babylonien, Lydien und<br>Medien zerstört und Babylonien und Medien einverleibt.

---

# 4. Lydien.

I. Dynastie der Aktyaden.<br>?—?

II. Dynastie der Sandoniden.<br>?—689 v. Chr.

III. Dynastie der Mermnaden.<br>689—546.

| | | | |
|---|---|---|---|
| Ardys | 768—732 | Gyges | 689—653 |
| Sadyattes | 732—718 | Ardys | 653—617 |
| Melos | 718—706 | Sadyattes | 617—612 |
| Kandaules (Myrsilos) | 706—689 | Alyattes | 612—563 |
| | | Krösus | 563—546 |

Lydien durch Cyrus von Persien zerstört und<br>dessen Reiche einverleibt.

---

# 5. Medien.

Zuerst unabhängig,<br>geriet das Reich schon früh unter assyrische Hoheit,<br>die es um 640 gänzlich abschüttelte.

| | | | |
|---|---|---|---|
| Dejoces | 708?—655 v. Chr. | Cyaxares | 633—593 |
| Phraortes | 655—633 | Astyages | 593—558 |

Medien durch Cyrus von Persien zerstört und<br>dessen Reiche einverleibt.

---

# 6. Juden.

| | |
|---|---|
| Saul | 1055?—1033? v. Chr. |
| David | 1033?—993? |
| Salomo | 993?—953? |

Teilung des Reiches 953?

### 6a. Juda.

### 6b. Israel.

| | | | |
|---|---|---|---|
| Rehabeam | 953—932 | Jerobeam I. | 953—927 |
| Abiam | 932—929 | Nadab | 927—925 |
| Asa | 929—873 | Baesa | 925—901 |
| Josaphat | 873—848 | Ela | 901—899 |
| Jehoram | 848—844 | Simri | 899 |
| Ahasja | 844—843 | Omri | 899—875 |
| Königin Athalja | 843—837 | Thibni | 899—893 |
| Joas | 837—797 | Ahab | 875—853 |
| Amazia | 797—792 | Ahasja | 853—851 |
| Usia | 792—740 | Joram | 851—843 |
| Jotham | 740—734 | Jehu | 843—815 |
| Ahas | 734—728 | Joahas | 815—798 |
| Hiskia | 728—697 | Joas | 798—790 |
| Manasse | 697—642 | Jerobeam II. | 790—749 |
| Amon | 642—640 | Sacharja | 749—748 |
| Josia | 640—609 | Sallum | 748 |
| Joahas | 609 | Menahem | 748—738 |
| Jojakim | 609—598 | Pekahja | 738—736 |
| Jojachin | 598—597 | Pekah | 736—734 |
| Zedekia | 597—586 | Hosea | 734—732 |

Juda durch Nebukadnezar von Babylonien<br>586 zerstört.

Israel durch Sargon von Assyrien 722 zerstört.

## 7. Die Hohenpriester und Könige der Juden

nach der Rückkehr aus der babylonischen Gefangenschaft.

| | |
|---|---|
| Unter assyrischer Hoheit | 732—606 v. Chr. |
| Unter babylonischer Hoheit | 606 (586)—537 |
| Unter persischer Oberhoheit | 537—332 |
| Unter macedonischer Oberhoheit | 332—323 |
| Unter ägyptischer Oberhoheit | 323—198 |
| Unter syrischer Oberhoheit | 198—167 |

| | |
|---|---|
| Josua | 586—? |
| Jojakim | ?—? |
| Eliasab | ?—413 |
| Jojada | 413—373 |
| Jonathan (Johannan) | 373—341 |
| Jaddua | 341—321 |
| Onias I. | 321—300 |
| Simon I., der Gerechte | 300—291 |
| Eleasar | 291—276 |
| Manasse | 276—250 |
| Onias II. | 250—217 |
| Simon II. | 217—195 |
| Onias III. | 195—175 |
| Jason | 175—172 |

**Die Juden selbständig 167—63**

| | |
|---|---|
| Menelaus | 172—163 |
| Alcimus | 163—160 |

Familie der Makkabäer (Hasmonäer)

| | |
|---|---|
| Jonathan Makkabäus | 160—144 |
| Simon III. | 144—135 |

| | |
|---|---|
| Johannes Hyrkan I. | 135—106 |
| Aristobul I., **König 106** | 106—104 |
| Alexander I. Jannäus | 104—79 |
| Königin Alexandra | 79—70 |
| Hyrkan II., Hoherpriester | 70—49 |
| Aristobul II. | 70—63 |

Unter römischer Oberhoheit 63 v.—70 n. Chr.

| | |
|---|---|
| Hyrkan II., König | 63—40 |
| Alexander II. | 56—48 |
| Antigonus | 40—37 |

Dynastie der Idumäer 37 v.—70 n. Chr.

| | |
|---|---|
| Herodes | 37—4 |
| Archelaus | 4 v.—6 n. Chr. |
| Herodes Antipas, Tetrarch in Galiläa | 4 v.—39 n. Chr. |
| Philipp, Tetrarch in Galiläa | 4 v.—33 n. Chr. |
| Herodes Agrippa I. | 37—44 |
| Herodes Agrippa II. | 44—70 |

Judäa römische Provinz.

---

## 8. Rom. (Sagenhafte Könige.)

| | |
|---|---|
| Romulus | 753—715 v. Chr. |
| Numa Pompilius | 715—672 |
| Tullus Hostilius | 672—640 |
| Ancus Marcius | 640—616 |

| | |
|---|---|
| Tarquinius Priscus | 616—578 |
| Servius Tullius | 578—534 |
| Tarquinius Superbus | 534—510 |

Rom nach Vertreibung der Könige Republik.

---

## 9. Persien. (Altes Reich.)

Dynastie der Achämeniden.
558—330 v. Chr.

| | |
|---|---|
| Cyrus | 558—529 |
| Kambyses | 529—522 |
| Pseudo-Smerdis (Bardija Gaumata) | 522—521 |
| Darius I. Hystaspis | 521—485 |
| Xerxes I. | 485—465 |
| Artaxerxes I. Longimanus | 465—424 |
| Xerxes II. | 424 |
| Sogdianus | 424 |
| Darius II. Nothus | 424—405 |
| Artaxerxes II. Mnemon | 405—362 |
| Artaxerxes III. Ochus | 362—338 |
| Arses | 338—336 |
| Darius III. Kodomannus | 336—330 |

Unter macedonischer Herrschaft 330—312
Unter d. Herrschaft d. Seleuciden 312—256

Im Jahre 256 bildete sich, allmählich seine Grenzen bis an den Euphrat ausdehnend, das Reich **Parthien.**

Dynastie der Arsaciden.
256 v.—226 n. Chr.

| | |
|---|---|
| Arsaces I., | 256—253 |
| Arsaces II. Tiridates | 253—216 |
| Arsaces III. Artabanus I. | 216—196 |
| Arsaces IV. Prahapatius | 196—181 |
| Arsaces V. Phrahates I. | 181—144 |
| Arsaces VI. Mithradates I. | 144—136 |
| Arsaces VII. Phrahates II. | 136—127 |
| Arsaces VIII. Artabanus II. | 127—124 |
| Arsaces IX. Mithradates II. | 124—87 |
| Arsaces X. Mnaskires | 87—76 |
| Arsaces XI. Sanatrikes | 76—68 |
| Arsaces XII. Phrahates III. | 68—60 |
| Arsaces XIII. Mithradates III. | 60—54 |
| Arsaces XIV. Orodes I. | 54—36 |
| Arsaces XV. Phrahates IV. | 36 v.—4 n. Chr. |
| Arsaces XVI. Phrahatakes | 6 v.—4 n. Chr. |
| Arsaces XVII. Orodes II. | 4—5 |
| Arsaces XVIII. Venones I. (König von Armenien) | 14—17, † 20 |
| Arsaces XIX. Artabanus III. | 14—41 |
| Arsaces XX. Vardanes | 41—45 |
| Arsaces XXI. Gotarzes | 45—51 |
| Arsaces XXII. Venones II. | 51—52 |
| Arsaces Mithradates, Gegenkönig | 51 |
| Arsaces XXIII. Volageses I. | 52—90 |

Arſaces XXIV. Pacorus I. . . . 90—108
Arſaces XXV. Chosroes . . . 107—121
Parthamiſpites, König v. Armenien,
   Gegenkönig . . . . . 116—117
Arſaces XXVI. Volageſes II. . 121—149
Arſaces XXVII. Volageſes III. 149—191
Arſaces XXVIII. Artabanus III. 191—199
Arſaces XXIX. Pacorus II. . 199—209
Arſaces XXX. Volageſes IV. . 209—216
Arſaces XXXI. Artabanus IV. 216—226

Das Reich der Arſaciden zerſtört durch die

Dynaſtie der Saſſaniden 226—640 n. Chr.
Ardſchir Babekan . . . 226—240
Schapur (Sapores) I. . . 240—270
Hormuzd (Hormisdas) I. . 270—271
Bahram (Varanes) I. . . 271—275
Bahram (Varanes) II. . 275—283
Bahram (Varanes) III. . 283—284
Narſes . . . 284—301
Hormuzd II. Misdates . 301—309
Schapur (Sapores) II. . 309—381
Ardſchir II. . . 381—383
Schapur (Sapores) III. . 383—389

Bahram (Varanes) IV. . 389—399
Jezdegerd I. . . 399—419
Bahram (Varanes) V. . 419—440
Jezdegerd II. . . 440—457
Hormuzd (Hormisdas) III. . 457—460
Feruz (Peroſes) . . . 460—488
Balaſch (Jalas, Valens) . 488—491
Kobad (Cabades) I. . . 491—498
   Zambaſes . . . . . 498—501
Kobad (Cabades) I. (zum 2. Male) 501—531
Choſru I. Nuſchirwan . 531—579
Hormuzd (Hormisdas) IV. . 579—591
Choſru II. Parviz . . 591—628
Schiroes . . . 628—629
Ardſchir III. . . 629
Scheheriar (Sarbas) . 629
Jemanſchir Kesra . 629
Königin Turan-dokt (Tuvan) . 629—630
Hormuzd V. (Ghihan Scheda) . 630
Königin Azurmi-dokt . 630—631
Choſru III. . . 631—632
Farukzad (Schariar) . 632
Jezdegerd III. . . . 632—642, † 651

Das Reich von den Arabern zerſtört.

---

## 10. Macedonien.

Caranus
Comus
Tyrmas
Perdikkas I. . . . . —678 v. Chr.
Argäus . . . 678—640
Philipp I. . . 640—602
Aeropus I. . . 602—576
Alcetas . . . 576—547
Amyntas I. . . 547—498
Alexander I. . . 498—454
Perdikkas II. . . 454—413
Archelaus . . . 413—399
Aeropus II. . . 399—394
Oreſtes . . . 399
Pauſanias . . . 394—393
Amyntas II. . . 393—369
  Argäus, Gegenkönig . . 392—390
Alexander II. . . 369—368
Perdikkas III. . . 368—359
  Ptolemäus, Regent . . 368—365
Philipp II. . . 359—336

Alexander III., der Große . . 336—323
Philipp III. Arrhidäus . . . 323—317
Alexander IV. Agus Poſthumus 317—311
  Perdikkas, Reichsverweſer . . 323—321
  Antipater, Reichsverweſer . . 321—319
  Polyſperchon, Reichsverweſer . 319—309
Caſſander, König 306 . . . 320—297
Philipp IV. . . 297—296
Antipater . . . 296—294
Alexander V. . . 296—294
Demetrius I. Poliorcetes . 295—288, †284
Lyſimachus . . . 288—281
König Pyrrhus II. von Epirus,
   Gegenkönig . . . . 287, 274—272
Ptolemäus Keraunos von Ägypten 280
Meleager von Ägypten . . . 280—279
Antigonus I. Gonnatas . . 276—243
Demetrius II. . . . 243—232
Antigonus II. Doſon . . 232—220
Philipp V. . . . 220—179
Perſeus . . . . 179—168

Macedonien römiſche Provinz.

---

## 11. Pontus und Bosporus. (Bosporaniſches Reich.)

   Dynaſtie der Achämeniden.

Artabazes Hyſtaſpis (Bruder des
   Großkönigs Darius I. von Perſien —480 v. Chr.

Artabazes Sohn

Ariobarzanes I.
Mithradates I. . . . . . —363
Ariobarzanes II. . . . 363—337
Mithradates II. Ktiſtes . . 337—302
Mithradates III. Ariobarzanes . 302—266
Ariobarzanes III. . . 266—240?
Mithradates IV. . . . 240?—182

Pharnaces I. . . . 182—156
Mithradates V. Philopater . . 156—120
Mithradates VI. Eupator (d. Große) 120—63
Pharnaces II. . . . 63—47
Aſander, König von Bosporus . . 46—16
Darius, König von Pontus . . 39—36
Polemo I, König von Pontus . . 36—1
   König von Bosporus 16—1
Polemo II. . . . 38 n. Chr.—63

Bosporus und ein Teil von Pontus vom
Kaiſer Auguſtus zur römiſchen Provinz gemacht; der Reſt
gerät bis zur Zeit des Kaiſers Marcus Aurelius in
römiſche Abhängigkeit.

## 12. Epirus.

| Dynastie der Aaciden. | | Aacides | 331—312 |
|---|---|---|---|
| Alcetas | um 380 v. Chr. | Pyrrhus II. | 312—272 |
| Neoptolemus | —352 | Alexander II. | 272— |
| Arymbas | 352—342 | Pyrrhus III. | —216 |
| Alexander I. | 342—331 | Königin Deïdamia | um 200 |

Epirus von den Römern unterworfen.

## 13. Syrien.

| Dynastie der Seleuciden 311—64 v. Chr. | | Tryphon | 143—138 |
|---|---|---|---|
| Seleucus I. Nikator, König 306 | 311—281 | Antiochus VII. Sidetes | 139—131 |
| Antiochus I. Soter | 281—261 | Demetrius II. Nikator (zum 2. Male) | 130—126 |
| Antiochus II. Theos | 261—246 | Alexander II. Zebinas | 128—122 |
| Seleucus II. Callinicus Pogon | 246—226 | Antiochus VIII. Gryphus | 123—96 |
| Seleucus III. Keraunos | 226—222 | Antiochus IX. Cyzicenus | 114—95 |
| Antiochus III. (der Große) | 222—187 | Seleucus V. Nikator | 96—93 |
| Seleucus IV. Philopator | 187—176 | Antiochus X. Eusebes | 96—90 |
| Antiochus IV. Epiphanes | 176—164 | Antiochus XI. Philadelphus | 95—93 |
| Antiochus V. Eupator | 164—162 | Philippus Epiphanes | 93—85 |
| Demetrius I. Soter | 162—150 | Demetrius III. Euchairos | 93—87 |
| Alexander I. Balas | 150—145 | Antiochus XII. Dyonisus | 87—85 |
| Demetrius II. Nikator | 146—145 | Tigranes, König von Armenien | 85—68 |
| Antiochus VI. Dionysus | 145—142 | Antiochus XIII. Asiaticus | 68—64, † 58 |

Syrien römische Provinz.

## 14. Pergamum.

| Philetärus | 281—263 v. Chr. | Attalus II. | 159—138 |
|---|---|---|---|
| Eumenes I. | 263—241 | Attalus III. | 138—133 |
| Attalus I. | 241—197 | | |
| Eumenes II. | 197—159 | | |

Von Attalus III. den Römern testamentarisch vermacht, unter dem Namen „Asien" Provinz (130).

## 15. Bithynien.

| Bias | 378—328 v. Chr. | Prusias II. | 181—149 |
|---|---|---|---|
| Zipoithes, reißt sich 298 vom thracischen Reich des Lysimachus los | 328—278 | Nicomedes II. | 149—91 |
| Nicomedes I. gründet 264 Nicomedia | 278—250 | Nicomedes III. | 91—75 |
| Zeilas | 250—228 | Sokrates, Gegenkönig | 91 und 89—85 |
| Prusias I. | 228—181 | | |

Bithynien, von Nicomedes III. den Römern testamentarisch vermacht, römische Provinz.

## 16. Baktrien.

| Theodat I. | 254—243 vor Chr. | Eukratidas I. | 181—148 |
|---|---|---|---|
| Theodat II. | 243—221 | Eukratidas II. | 148—142 |
| Menander | 221—181 | | |

Das Reich durch die Parther und andere nomadische Völker zerstört.

## 17. Numidien.

| Gala, König von Ostnumidien †209 od. 208 v. Chr. | | Hiempsal II. | 81—63? |
|---|---|---|---|
| Masinissa, seit 201 König von ganz Numidien | 209(8)—149 | Juba I. | 63?—46 |
| Micipsa | 149—118 | Juba II. | 25 v. —23 n. Chr. |
| Adherbal | 118—112 | Ptolemäus I. | 23—? |
| Hiempsal I. | 118—117 | Juba III. | ?—? |
| Jugurtha | 118—105 | Ptolemäus II. | †40 |
| Gauda | 105—? | | |
| Hiarbas | ?—81 | | |

Numidien, teilweise schon seit 105 vor Chr., römische Provinz.

## 18. Römisches Kaiserreich.

I. Julisch=Claudische Familie.   31 vor—68 n. Chr.



II. Soldatenkaiser.



III. Dynastie der Flavier.   69—96.



IV. Nervas Adoptivfamilie.   96—192.



V. Soldatenkaiser.

| | |
|---|---|
| **Odenathus** (Palmyra) | 261—266 |
| **Herodianus** (Palmyra, Mitregent) | 261—266 |
| Marcus Fulvius **Macrianus** (Asien) | 262 |
| Marcus Fulvius **Macrianus** der Jüngere (Asien) | 262 |
| Caius Fulvius **Quietus** (Asien) | 262 |
| **Anicius Balista** (Asien) | 262 |
| Marcus Piauvonius **Victorinus** (Gallien) | 262—268 |
| Marcus Piauvonius **Victorinus** der Jüngere (Gallien) | 262—268 |
| Lucius **Aureolus** (Illyrien) | 263 |
| **Cornelius Celsus** (Ägypten) | 263 |
| **Saturninus** (Afrika) | 263 |
| **Trebellianus** (Isaurien) | 264 |
| **Moenius** | 266 |
| Septimia **Zenobia** (Palmyra, Regentin) | 266—271 |
| **Vhabalathus** Athenodorus (Palmyra) | 266—271 |
| **Herennianus** (Palmyra, Mitregent) | 267 |
| **Timolaus** (Palmyra, Mitregent) | 267 |
| Quintus Valens **Aelianus** (Oberrhein) | 267 |
| Marcus Cassianus Latinius **Posthumus** der Jüngere (Niederrhein) | 268 |
| Ulpius Cornelius **Lollianus** (Gallien) | 268 |
| Marcus Aurelius **Marius** (Gallien) | 268 |
| Lucius Pesuvius **Tetricus** (Gallien) | 268—274 |
| Lucius Pesuvius **Tetricus** der Jüngere (Gallien) | 268—274 |
| Marcus Aurelius **Claudius Gothicus** | 268—270 |
| **Censorinus** | 270 |
| Marcus Aurelius Claudius **Quintillus** | 270 |
| Lucius Domitius Valerius **Aurelianus** | 270—275 |
| Marcus **Firmius** (Ägypten) | 270 |
| Lucius Claudius **Domitianus** (Ägypten) | 273 |
| Marcus Claudius **Tacitus** | 275—276 |
| Marcus Annius **Florianus** | 276 |
| Marcus Aurelius Valerius **Probus** | 276—282 |
| **Bonosus** (Rhätien) | 280 |
| **Proculus** (Gallien) | 280 |
| **Saturninus** (Ägypten) | 280 |
| **Nigrinianus** | 282? |
| Marcus Aurelius **Carus** | 282—283 |
| Marcus Aurelius **Carinus** | 283—284, †285 |
| Marcus Aurelius **Numerianus** | 283—284 |
| Marcus Aurelius **Julianus** (Pannonien) | 283 |

Augusti des Westens:

| | |
|---|---|
| Marcus Aurelius Valerius **Maximianus** Herculeus | 286—305 |
| Quintus **Valens Aelianus** | 286 |
| Aulus **Pomponius Aelianus** | um 292 |
| Caius **Amandus** (Gallien) | 292 |
| **Carausius** (Britannien) | 288—293 |
| **Allectus** (Britannien) | 293—296 |
| Flavius Valerius **Constantinus** Chlorus | 305—306 |
| Flavius Valerius **Severus** | 306—307 |
| Marcus Aurelius Valerius **Maxentius** | 306—312 |
| Flavius Valerius **Constantinus** der Große | 307—323 |
| Caius Valerius **Maximianus** | 307—310 |

Augusti des Ostens:

| | |
|---|---|
| Caius Aurelius Valerius **Diocletianus** | 284—305, †312 |
| **Achilles** (Ägypten) | um 290 |
| Caius **Galerius** Valerius Maximianus | 305—311 |
| Caius Galerius Valerius **Maximinus** Daza | 307—313 |
| Caius Galerius Valerius **Licinius** | 307—323 |
| **Alexander** (Afrika) | 311 |
| Marcus Valerius **Valens** (Ägypt.) | 314 |
| **Martianus** | 323 |

| | |
|---|---|
| Flavius Valerius **Constantinus** der Große, Alleinherrscher | (307) 323—337 |
| Flavius Claudius **Constantinus** II. (Gallien) | 337—340 |
| Flavius Julius **Constantius** (Osten) | 337—361 |
| Flavius Julius **Constans** (Italien) | 337—350 |
| Flavius Claudius **Constantius Gallus** | 340 |
| Flavius **Nepotianus** (Rom) | 350 |
| **Vetranio** (Pannonien) | 350 |
| Flavius **Magnus Magnentius** (Gallien) | 350—353 |
| Magnus **Decentius** | 350—353 |
| Flavius Claudius **Julianus Apostata** | 361—363 |

Flavius **Jovianus** (Osten) . . . . . . 363—364
Flavius **Valentinianus** 1. (Westen) . . . 364—375
**Valens** (Osten) . . . . . . . 364—378
**Procopius** (Osten) . . . . . . . 365—366
**Gratianus** (Westen) . . . . . . . 367—383
**Valentinianus** II. (Osten) . . . . . 375—392
**Magnus Maximus** (Gallien) . . . 383—388
**Theodosius** der Große (Westen) . . . . 379—395
**Eugenius** (Pannonien) . . . . . . . 392—394

Teilung des Reiches 395.

## 18a. Weströmisches Kaiserreich.

**Honorius** . . . . . . . 395—423
**Johannes** . . . . . . . 423—425
Flavius Claudius **Constantius**
(Gallien) . . . . 407—411
Priscus **Attalus** (Rom) . . . . 409
**Maximus** (Spanien) . . . . 409
**Jovinus** (Gallien) . . . . . 411—413
**Sebastianus** (Gallien, Mitregent) . . 412
Placidius **Valentinianus** III. . . 425—455
Petronius **Maximus** (Gallien) . . 455
Maecilius **Avitus** . . . . 455—457
Julius Majorianus . . . . 457—461
**Livius Severus** . . . . . 461—464
Procopius **Anthemius** . . . 467—472

Anicius **Olybrius** . . . . . 472
Flavius **Glycerius** . . . . . 473—474
**Julius Nepos** . . . . . . 474—475
**Romulus Augustulus** . . . . 475—476

Das weströmische Kaiserreich von Odoakar, dem
Führer germanischer Söldner, zerstört.

### Patricii (Regenten):

Stilicho, Vandale . . . . . 395—408
Ricimer, Sueve . . . . . . 456—472
Gundbald, König der Burgunden . 472—474
Orestes . . . . . . . . 475—476
Odoakar, Heruler . . . . . 476—492

## 18b. Oströmisches (byzantinisches) Kaiserreich.

### I. Kaiser aus verschiedenen Häusern.

Arcadius . . . . . . . 395—408
Theodosius II. . . . . . . 408—450
Marcianus . . . . . . . 450—457
Leo I. Makelles . . . . . 457—474
Leo II., Mitregent . . . . 474
Zeno . . . . . . . . 474—491
   Basiliscus, Gegenkaiser . . 475—477
   Leontius I., Gegenkaiser . . 482—488
Anastasius I. . . . . . . 491—518
   Vitalianus, Gegenkaiser . . . 514
Justin I. . . . . . . . 581—527
Justinian I., der Große . . 527—565
Justin II. . . . . . . . 565—578
Tiberius II. . . . . . . 578—582
Mauritius . . . . . . . 582—602
Phokas . . . . . . . . 602—610

### II. Familie des Heraclius. 610—668.

Heraclius . . . . . . . 610—641
Heraclius Constantin III. . . . 641
Heracleonas . . . . . . 641—642
Constans II. . . . . . . 642—668

### III. Kaiser aus verschiedenen Häusern.

Constantin IV. Langbart . . . 668—685
Justinian II. Stumpfnase . . . 685—695
Leontius (II.) . . . . 695—698, †705
Tiberius III. Apsimaros . . . 698—705
Justinian II. Stumpfnase (z. 2. Male) 705—711
Philippicus Bardanes . . . 711—713
Anastasius II. Artemios . . . 713—716
Theodosius III., der Adramyttener 716—717
Leo III., der Isaurier (Syrier) . 717—741
Constantin V. Kopronymos . . 741—775
Leo IV., der Katschare . . . 775—780
Constantin VI. . . . . . . 780—797
Kaiserin Irene . . . 797—802, †803
Nicephorus I. . . . . . . 802—811
Stauracius . . . . . . . 811—812
Michael I. Rhangabes . . 811—813, †840
Theophylaktos, Mitregent . . . 811—813
Leo V., der Armenier . . . 813—820

Constantin, Mitregent . . . . 813—820
Michael II., der Stammler . . 820—829
Theophilus . . . . . . . 829—842
Michael III. . . . . . . 842—867
   Theodora, Regentin . . . 842—856
Constantin, Mitregent . . . . 856—866

### IV. Dynastie der Macedonier. 867—1056.

Basilius I. . . . . . . 867—886
   Constantin, Mitregent . . . 868—879
Leo VI., der Weise . . . . 886—912
Alexander . . . . . . . 912—913
Constantin VII. Porphyrogennetos 913—959
Romanus I. Lekapenos, Mitreg. 919—944, †948
Christophorus, Mitregent . . . 921—931
Stephan, Mitregent . . . 924—945, †963
Constantin, Mitregent . . . 924—945, †948
Romanus II., das Kind . . . 959—963
Nicephorus II. Phocas . . . 963—969
Johann I. Tzimisces . . . . 969—976
Basilius II., der Bulgarentöter . 976—1025
Constantin VIII., Mitregent . . 976—1028
Romanus III. Argyros . . . 1028—1034
Michael IV., der Paphlagonier . 1034—1041
Michael V. Kalaphates . . . 1041—1042
Constantin IX. . . . . . . 1042—1054
Kaiserin Theodora . . . . 1054—1056
Michael VI., d. Kriegerische 1056—1057, †1059
Isaak I. Komnenus . . 1057—1059, †1061

### V. Dynastie der Ducas. 1059—1078.

Constantin X. Ducas . . . 1059—1067
Romanus IV. Diogenes . . . 1067—1071
Andronicus, Mitregent . . . 1067—1070
Michael VII. Parapinakes . . 1071—1078
Constantin, Mitregent . . . 1074—1078
   Nicephorus Bryennius, Gegenkaiser 1078
Nicephorus III. Botoniates . . 1078—1081

### VI. Dynastie der Komnenen. 1081—1185.

Alexius I. . . . . . . . 1081—1118
Johann II. . . . . . . . 1118—1143
Manuel I. . . . . . . . 1143—1180
Alexius II. . . . . . . . 1180—1183
Andronicus I. . . . . . . 1183—1185

**VII. Dynaſtie Angelus. 1185—1204.**

| | |
|---|---|
| Iſaak II. | 1185—1195 |
| Alexius III. | 1195—1203 |
| Iſaak II. (zum 2. Male) | 1203—1204 |
| Alexius IV., Mitregent | 1203—1204 |
| Alexius V. Murzuphlus | 1204 |

Conſtantinopel von den Kreuzfahrern erobert;
Gründung des

## 19. Lateiniſchen Kaiſerreichs.

| | |
|---|---|
| Balduin I., Graf v. Flandern (IX.) | 1204—1205 |
| Heinrich von Anjou | 1206—1216 |
| Peter von Courtenay | 1217 |
| Jolantha, Mitregentin | 1217—1219 |
| Kuno von Bethune, Regent | 1216—1221 |
| Robert I. von Courtenay | 1221—1228 |
| Balduin II. | 1228 (1240)—1261 (1273) |
| Johann von Brienne, Regent und Titularkaiſer | 1229—1237 |
| Anſelm von Cayeux, Regent | 1237—1238 |
| Narjot von Touci, Regent | 1238—1240 |

**Titularkaiſer.**

| | |
|---|---|
| Balduin II. | (1228) 1261—1273 |
| Philipp I. von Courtenay | 1273—1283 |

| | |
|---|---|
| Katharina I. von Courtenay | 1283—1308 |
| Katharina II. von Valois | 1308—1346 |
| Philipp II. v. Anjou-Tarent, Mit-Tit. | 1313—1331 |
| Robert II. von Anjou-Tarent | 1346—1364 |
| Philipp III. von Anjou-Tarent | 1364—1373 |
| Jakob von Beaux | 1373—1383 |
| Ludwig I. von Anjou | 1383—1384 |
| Ludwig II. von Anjou | 1384 |

Wiedereroberung Conſtantinopels 1261 durch die

**VIII. Dynaſtie der Paläologen. 1261—1453**

| | |
|---|---|
| Michael VIII. | (1259) 1261—1282 |
| Andronicus II. | 1282—1328, † 1332 |
| Michael IX., Mitregent | 1295—1320 |
| Andronicus III. | 1328—1341 |
| Johann V. | 1341—1376 |
| Johann VI. Kantakuzenos, Gegenk. 1341, Mitregent 1347 | 1347—1355, † 1383 |
| Andronicus IV. | 1376—1379, † 1385 |
| Johann V. (zum 2. Male) | 1379—1391 |
| Johann VII. Gegenkaiſer | 1390 |
| Manuel II. | 1391—1423, † 1425 |
| Johann VIII. | 1423—1448 |
| Conſtantin XI. Dragaſes | 1448—1453 |

Oſtrom von den Türken zerſtört 1453.

## 20. Trapezunt.

**Dynaſtie der Komnenen. 1204—1462.**

| | |
|---|---|
| Kaiſer Alexius I. „Groß-Komnene“ | 1204—1222 |
| Andronicus I. Gidos | 1222—1235 |
| Johann I. Axuchos | 1235—1238 |
| Manuel I., der Streitbare | 1238—1263 |
| Andronicus II. | 1263—1266 |
| Georg | 1266—1280 |
| Johann II. „Kaiſer des Orients, Iberiens und der überſeeiſchen Lande“ | 1280—1297 |
| Alexius II. | 1297—1330 |
| Andronicus III. | 1330—1332 |

| | |
|---|---|
| Manuel II. | 1332 |
| Baſilius | 1332—1340 |
| Kaiſerin Irene | 1340—1341 |
| Kaiſerin Anna | 1341—1342 |
| Johann III. | 1342—1344, † 1361 |
| Michael | (1341) 1344—1349 |
| Alexius III. | 1349—1390 |
| Manuel III. | 1390—1417 |
| Alexius IV. | 1417—1447 |
| Johann IV. | 1447—1458 |
| David | 1458—1462, † 1466 |

Trapezunt von den Türken zerſtört 1462.

## 21. Nicäa.

**Dynaſtie der Laskariden. 1204—1261.**

| | |
|---|---|
| Kaiſer Theodor I. Laskaris | 1204—1222 |
| Johann III. Ducas Vatatzes | 1222—1254 |
| Theodor II. | 1254—1258 |

| | |
|---|---|
| Johann IV. | 1258—1261, † 1274 |
| Michael VIII. Paläologus | 1259—1261, † 1282 |

Nicäa mit dem oſtrömiſchen Kaiſerreiche
wiedervereinigt.

## 22. Theſſalonich.

**Dynaſtie Angelus.**

| | |
|---|---|
| Theodor Angelus Ducas, Kaiſer. | 1222—1230 |
| Manuel Angelus Ducas. | 1230—1240, † 1241 |

| | |
|---|---|
| Johann, Fürſt ſeit 1242 | 1240—1244 |
| Demetrius | 1244—1246 |

Theſſalonich von Johann III. Vatatzes von Nicäa erobert.

## 23. Epirus.

| | |
|---|---|
| Fürſt Michael I. Angelus | 1204—1214 |
| Theodor Angelus Ducas von Theſſalonich | 1214—1230 |
| Manuel Angelus Ducas v. Theſſalonich | 1230—1237, † 1241 |
| Michael II. | 1237—1271 |

Teilung des Landes 1271.

**Epirus.**

| | |
|---|---|
| Nicephorus I. | 1271—1296 |
| Thomas | 1296—1318 |
| Johann I. Orſini (Thomas Schwager), Graf von Cephalonia | † 1317 |
| Nikolaus | 1318—1323 |
| Johann II. | 1323—1335 |

**Theſſalien (Neopaträ).**

| | |
|---|---|
| Johann I. Sebaſtokrator | 1271—1296 |
| Conſtantin | 1296—1303 |
| Johann II. | 1303—1318 |

Mit Athen vereinigt 1319.

| | |
|---|---|
| Nicephorus II. . . . . . . . 1335—1358 | |
| Karl Thopia von Albanien, Herzog von Durazzo 1368 . . 1358—1388 | |
| Georg . . . . . . . . 1388—1392 | |

Albanien mit Epirus und Durazzo von den
Venetianern erobert.

## 24. Cephalonia.

| | |
|---|---|
| Margaretha Orsini (Schwester Nikolaus und Johann II. von Epirus), Gem. Wilhelm Tocco † 1335, erbt Cephalonia . . . . . . 1335—1357 | Leonhard II., Herr von Zante . . † 1414 |
| Leonhard I. . . . . . . . 1357—1381 | Karl II. . . . . . . . . 1429—1448 |
| Karl I. . . . . . . . 1381—1429 | Leonhard III. . . . 1448—1479, † 1494 |

Cephalonia von den Türken erobert 1479.

## 25. Lesbos.

| | |
|---|---|
| Maria Paläologa erhält Lesbos . 1355— | Dorinus . . . . . . . 1427—1444 |
| Gemahl Franz Gattilusio a. Genua, Fürst von Lesbos . . . —1401 | Dominicus . . . . . . . 1449—1458 |
| Jakob . . . . . . . . 1401—1427 | Nikolaus . . . . . . . 1458—1462 |

Lesbos von den Türken erobert 1462.

# 2. Teil. Mittelalter und Neuzeit.

## A. Europa.

1. Unmittelbar aus der Völkerwanderung hervorgegangene und nur in den ersten
Jahrhunderten des Mittelalters blühende Reiche.

## 26. Westgothen.

| | |
|---|---|
| König Alarich I. . . . . . 395—410 | Leovigild . . . . . . . 568—586 |
| Athaulf . . . . . . 410—415 | Ermengild, Mitregent . . . . 575—583 |
| | Reccared I. . . . . . . 586—601 |
| **Tolosanisches Königreich.** | Liuva II. . . . . . . . 601—603 |
| | Witerich . . . . . . . 603—610 |
| Wallia . . . . . . . . 415—419 | Gundemar . . . . . . 610—612 |
| Theoderich I. . . . . . . 419—451 | Sisebut . . . . . . . 612—620 |
| Thorismund . . . . . . 451—453 | Reccared II. . . . . . . 620—621 |
| Theoderich II. . . . . . . 453—466 | Svintila . . . . 621—630, † 635 |
| Eurich . . . . . . . 466—484 | Sisenand . . . . . . . 630—636 |
| Alarich II. . . . . . . 484—507 | Chintila . . . . . . . 636—640 |
| Geisalrich . . . . . . . 507—516 | Tulgan . . . . . . . 640—642 |
| Amalarich . . . . . . . 516—531 | Chindasvint . . . . 642—649, †652 |
| Theoderich der Große, König der Ostgothen, Vormund . . 516—526 | Reccesvint . . . . . . . 649—672 |
| Theudes . . . . . . . 531—548 | Wamba . . . . . . . 672—680 |
| Dietgisel . . . . . . . 548—549 | Ervich . . . . . . . 680—687 |
| Agila . . . . . . . . 549—553 | Egiza . . . . . . . 687—701 |
| Athanagild . . . . . . . 553—567 | Witiza . . . . . . . 701—710 |
| Liuva I. . . . . . . . 567—568 | Roderich . . . . . . . 710—711 |

Das Westgothenreich von den Arabern zerstört 711.

## 27. Sueven in Spanien.

| | |
|---|---|
| König Hermanrich . . . 408—438, † 441 | Theodemir . . . . . . um 558—570 |
| Rechila . . . . . . . 438—448 | Miro . . . . . . . 570—583 |
| Rechgiar (Richgar) . . . . 448—456 | Eborich . . . . . . . 583 |
| Rechimund . . . . . . 457—465 | Audifa . . . . . . . 583—585 |
| Remismund . . . . . . 465—? | |
| Ariomir . . . . . . . um 561 | |

Das Suevenreich von den Westgothen erobert 585.

## 28. Franken.

König Faramund . . . . . . . . . 420—428
Clodius . . . . . . . . . . . 428—448
Merowig . . . . . . . . . . . 448—458
Childerich I. . . . . . . . . . 458—481
Chlodwig I. („Allerchristlichster König" 496) . . 481—511
Teilung des Reiches unter seinen Söhnen 511.

| Paris. | Metz. | Soissons. | Orléans. |
|---|---|---|---|
| Childebert I. . . 551—558 | Theoderich I. . 511—534<br>Theodebert I. . 534—548<br>Theodobald . 548—553 | Chlotar I. . 511—558 (561) | Chlodimer . . 511—524 |

Chlotar I., Alleinherrscher . . . . . (511) 558—561
Teilung des Reiches unter seinen Söhnen 561.

| Paris. | Orléans. | Soissons. | Metz. |
|---|---|---|---|
| Charibert I. . . 561—567 | Gunthracham 561—567 (593) | Chilperich I. 561—567 (584) | Siegebert I. 561—567 (575) |

Neue Reichsteilung 567.

| Burgund. | Neustrien. | Austrasien. |
|---|---|---|
| Gunthracham . . (561) 567—593<br>Childebert II. v. Austrasien 593—596<br>Theoderich II. . . . 596—613<br>Siegbert II. . . . . 613 | Chilperich I. . . . (561) 567—584<br>Chlotar II. . . . 584—613 (628) | Siegebert I. . . . (561) 567—575<br>Childebert II. . . . . 575—596<br>Theodebert II. . . . . 596—612 |

Chlotar II., Alleinherrscher . . . . (584) 613—628
Dagobert I., Regent in Austrasien 622 . . . 628—638
Charibert II. in Aquitanien . . . . . . 626—636
Teilung des Reiches unter Dagoberts Söhnen 638.

| Neustrien. | Austrasien. |
|---|---|
| Chlodwig II. . . . . . . 638—656<br>Chlotar III. . . . . . 651—670<br>Childerich II. . . . . . 670—673<br>Theoderich III. . . . . . 656—670 | Siegebert III. . . . . . . 638—656<br>Childerich II. von Neustrien . . 656—673<br>Dagobert II. . . . . . . 673—678 |

Theoderich III., Alleinherrscher (von 670—678
  verjagt) . . . . . . . . 678—691
Chlodwig III. . . . . . . . . 691—695
Childebert III. . . . . . . . . 695—711
Dagobert III. . . . . . . . . 711—715
Chlotar IV., König von Austrasien . . 715—719
Chilperich II., König von Neustrien . . 715—719, †720
Theoderich IV. . . . . . . . . 720—737
  Interregnum . . . . . . 737—743
Bonifacius . . . . . . . . . 743
Childerich III. . . . . . . . . 743—752, †754
Die schwachen Könige werden beherrscht von ihren
Hausmeiern (maiores domus):

### Familie der Pipiniden:

Pipin von Heristal . . . . . . . 687—714
Karl Martell . . . . . . . . . 714—741
Karlmann . . . . . . . . . . 741—747
Pipin der Kleine, König 752 . . . . . 741—768
Karl der Große . . . . . . . . 768—814
Karlmann . . . . . . . . . . 768—771
Ludwig der Fromme . . . . . . . 814—840
Lothar . . . . . . . . . . 840—(855)
Ludwig II., der Deutsche . . . . . 840—(876)
Karl II., der Kahle . . . . . . . 840—(877)
Das Reich im Vertrage von Verdun 843 in Italien,
Deutschland, Frankreich geteilt.

## 29. Vandalen in Afrika.

König Geiserich (Genserich) . . . 429—477
Hunerich . . . . . . . . . 477—484
Gunthamund . . . . . . . . 484—496
Thrasamund . . . . . . . . 496—523

Hilderich . . . . . . . . . 523—530
Gelimer . . . . . . . . . 530—534

Das Vandalenreich durch die Oströmer
zerstört 534.

## 30. Burgunder.

König Gundwig . . . . . . . . . 452—473

Teilung des Reiches unter seinen Söhnen 473.

| Lyon. | Bisanz. | Genf. | Vienne. |
|---|---|---|---|
| Gundbald . 473—500 (516) | Godegisel . . 473—500 | Chilperich . . 473—486 | Godemar I. . . 473—486 |

Gundbald, Alleinherrscher . . . . (473) 500—516
Sigmund . . . . . . . . . . 516—524
Godemar II. . . . . . . . . 524—534

Das Burgunderreich von den Franken erobert 534.

---

## 31. Oftgothen.

| | | | |
|---|---|---|---|
| König Theoderich der Große . | 493—526 | Erarich . . . . . . . . | 541 |
| Athalarich . . . . . . | 526—534 | Totilas . . . . . . | 541—552 |
|   Amalasuntha, Regentin . . | 526—534 | Tejas . . . . . . | 552—553 |
| Theodahad . . . . . . | 534—536 | | |
| Witiges . . . . 536—540, † 542 | | | |
| Ildebald (Theodebald) . . | 540—541 | | |

Das Oftgothenreich von den Oströmern zerstört und als „Exarchat von Ravenna" zur Provinz gemacht 559.

---

## 32. Langobarden.

| | | | |
|---|---|---|---|
| König Alboin . . . . . | 568—573 | Bertrad (zum 2. Male) . . . | 672—688 |
| Kleph . . . . . . . | 573—575 | Kunibert . . . . . . | 688—702 |
|   Interregnum . . . . | 575—585 | Liutbert zu Mailand . . . . | 702 |
| Authari . . . . . . | 585—591 | Raginbert zu Pavia . . . . | 702 |
| Agilulf . . . . . . | 591—615 | Aribert II. zu Pavia . . | 702—713 |
| Adelwald . . . . . . | 615—625 | Ansbrand . . . . . . | 713 |
| Ariwald . . . . . . | 625—636 | Liutbrand . . . . . . | 713—744 |
| Rothari . . . . . . | 636—652 | Hildebrand, Mitregent . . | 736—744 |
| Rudwald . . . . . . | 652—654 | Rachis . . . . . . | 744—749 |
| Aribert I. . . . . . | 654—661 | Aiftulf . . . . . . | 749—756 |
| Bertrad zu Mailand . . . . | 661—662 | Desiderius . . . . . | 756—774 |
| Gundbert zu Pavia . . . . | 661—662 | | |
| Grimoald, Herzog von Benevent | 662—671 | | |
| Garuald . . . . . . | 671—672 | | |

Das Langobardenreich von Karl dem Großen erobert 774.

---

## 33. Benevent.

Grimoald I., Herzog . . . . . . . 651—662
(König der Langobarden 662—671.)
Rumuald II., Herzog . . . . . . 662—683
Garuald, König der Langobarden     671—672.
Grimoald II., Herzog . . . . . 683—690
Gisholf I. . . . . . . . 690—707
Rumuald II . . . . . . . 707—733
Gisholf II. . . . . . . . 733—749
Liutbrand . . . . . . . 749—756
Ariches I. . . . . . . . 756—787
Grimoald III. . . . . . . 787—806
Grimoald IV. . . . . . . 806—827
Sigonolf I. . . . . . . 827—833
Sighard . . . . . . . . . 833—840

Teilung des Landes 840.

| Benevent. | | Salerno. | |
|---|---|---|---|
| Radelchis I. . . . . . | 840—851 | Sigonolf II. . . . . . | 840—851 |
| Radelgar . . . . . | 851—854 | Sigo . . . . . . | 851—853 |
| Adelchis . . . . . | 854—878 | Ademar . . . . . . | 853—861 |
| Gaideris . . . . . | 878—881 | Waifhar . . . . . . | 861—880 |
| Radelchis II. . . . . | 881—884 | Waimar I. . . . . . | 880—900 |
| Ajo . . . . . . | 884—890 | Waimar II. . . . . . | 900—933 |
| Ursus . . . . . | 890—892 | Gisulf I. . . . . . | 933—978 |
| Unter oströmischer Herrschaft | 892—896 | Bandolf I., Fürst von Capua . | 978—981 |
| Guido, Herzog von Spoleto . | 896—897 | Bandolf II. . . . . . | 981 |

| | | | | |
|---|---|---|---|---|
| Radelchis II. (zum 2. Male) . . | 897—900 | | Manso, Herzog von Amalfi . . | 981—983 |
| Atenholt, Fürst von Capua . . | 900—910 | | Johannes . . . . . . . . | 983—994 |
|   Mit Capua vereinigt . . . | 910—1077 | | Waimar III. . . . . . . . | 994—1030 |
|   Mit dem Kirchenstaat vereinigt | 1077 | | Waimar IV. . . . . . . . | 1030—1052 |
| | | | Gisulf II. . . . . . . . | 1052—1077 |

Salerno von den Normannen erobert 1077.

---

**2. Durch den Einfluß des Christentums und durch die Kreuzzüge im Morgenlande und in den Ländern des Mittelmeeres begründete Reiche.**

### 34. Armenien.

| | | | | |
|---|---|---|---|---|
| Fürst Rupen I. . . . . . . | 1080—1095 | | Hethum II. . . . . . . . | 1289—1293 |
| Constantin I. . . . . . . | 1095—1099 | | Theodor III. . . . . . . | 1293—1295 |
| Theodor I. . . . . . . | 1099—1123 | | Hethum II. (zum 2. Male) . . . | 1295—1296 |
| Leo I. . . . . . . . | 1123—1141 | | Simpad . . . . . . . . | 1296—1297 |
| Theodor II. . . . . . . | 1141—1167 | | Constantin II. . . . . . . | 1297—1300 |
| Thomas, Vormund für Theodors II. | | | Hethum II. (zum 3. Male) 1300—1305, † 1308 | |
|   unmündigen Sohn (namens?) . | 1167—1169 | | Leo IV. . . . . . . . | 1305—1308 |
| Mileh (Mlech) . . . . . | 1169—1174 | | Aschin . . . . . . . . | 1308—1320 |
| Rupen II. . . . . . . . | 1174—1185 | | Leo V. . . . . . . . | 1320—1342 |
| Leo II., König 1198 . . . . | 1185—1219 | | Constantin III. . . . . . | 1342—1343 |
| Isabella . . . . 1219—1220, † 1251 | | | Guido . . . . . . . . | 1343—1345 |
| Philipp, Fürst von Antiochia . | 1220—1223 | | Constantin IV. . . . . . | 1345—1363 |
| Hethum I. . . . 1224—1269, † 1271 | | | Leo VI. . . . . . 1363—1375, † 1393 | |
| Leo III. . . . . . . . | 1269—1289 | | | |

Armenien von den Türken erobert 1375.

---

### 35. Tripolis (in Syrien).

| | | | | |
|---|---|---|---|---|
| Graf Raimund I. von St. Gilles | 1097—1105 | | Raimund II. . . . . . . . | 1137—1151 |
| Bertram von Toulouse . . . | 1105—1112 | | Raimund III. . . . . . . | 1151—1187 |
| Pontius . . . . . . . . | 1112—1137 | | | |

Tripolis mit Antiochia vereinigt 1187.

---

### 36. Antiochia.

| | | | | |
|---|---|---|---|---|
| Fürst Boemund I. . . 1098—1101, † 1111 | | | Boemund IV. . . . . . . | 1201—1205 |
| Boemund II. . . . . . | 1101—1131 | | Raimund II. . . . . . . | 1205—1208 |
|   Tankred, Fürst v. Galiläa, Regent | 1100—1112 | | Boemund IV. (zum 2. Male) . . | 1208—1216 |
|   Roger, Regent . . . . . | 1112—1119 | | Raimund II. (zum 2. Male) . . | 1216—1219 |
| Constantia . . . . . . | 1131—1136 | | Boemund IV. (zum 3. Male) . . | 1219—1233 |
| Raimund I., Graf von Poitou . | 1136—1149 | | Boemund V. . . . . . . | 1233—1251 |
| Reinhold von Châtillon . . . | 1152—1163 | | Boemund VI. . . . 1251—1268, † 1271 | |
| Boemund III. . . . . . | 1163—1201 | | | |

Antiochia von Ägypten erobert 1268.

---

### 37. Jerusalem.

| | | | | |
|---|---|---|---|---|
| Gottfried von Bouillon, „Beschützer des heiligen Grabes" | 1099—1100 | | Johann von Brienne, König in Tyrus | 1210—1229 |
| Balduin I., König 1100 . . . | 1100—1118 | | Friedrich (II., Kaiser) . 1229—1244, † 1250 | |
| Balduin II. . . . . . . | 1118—1131 | | Alice von Champagne, Regentin | 1229—1246 |
| Fulko, Graf von Anjou . . . | 1131—1142 | | Heinrich I., König von Cypern, Regent | 1247—1259 |
| Balduin III. . . . . . . | 1142—1162 | | Hugo III., König von Cypern, Regent | 1259—1269 |
| Amalrich I. . . . . . . | 1162—1174 | |   König in Tyrus | 1269—1277 |
| Balduin IV. . . . 1174—1183, † 1185 | | | Karl von Anjou, König von Neapel, König in Akkon . . . | 1278—1286 |
| Balduin V. von Montferrat . . | 1183—1186 | | Heinrich II., König von Cypern | 1286—1291 |
| Guido (Veit) von Lusignan 1186—1192, † 1194 | | | | |
| Heinrich, Graf von Champagne, König in Akkon | 1192—1197 | | | |
| Amalrich II., König in Akkon . . | 1198—1205 | | | |
| Jolantha von Montferrat 1206—1210, † 1219 | | | | |

Jerusalem im Besitz der Türken 1187—1229, 1239—1240 und seit 1244; Akkon 1291 von den Türken erobert.

---

## 38. Cypern.

König Richard Löwenherz von England verleiht Cypern als Königreich für seine Verzichtleistung auf Jerusalem an Haus Lusignan 1192—1489.

| | |
|---|---|
| Guido (Veit) | 1192—1194 |
| Amalrich | 1194—1205 |
| Hugo I. | 1205—1218 |
| Heinrich I. | 1218—1253 |
| Hugo II. | 1253—1267 |
| Hugo III. | 1267—1284 |
| Johann I. | 1284—1285 |
| Heinrich II. | 1285—1324 |
| Hugo IV. | 1324—1359 |
| Peter I. | 1359—1369 |
| Peter II. | 1369—1382 |
| Jakob I. | 1382—1398 |
| Janus | 1398—1432 |
| Johann II. | 1432—1458 |
| Charlotte | 1458—1460, † 1487 |
| Ludwig von Savoyen, Mitregent | 1459—1460 |
| Jakob II. | 1460—1473 |
| Jakob III. | 1473—1474 |
| Katharina Cornaro | 1474—1489, † 1510 |
| Mit Venedig vereinigt | 1489—1570 |

Cypern von den Türken erobert 1570.

## 39. Achaja.

| | |
|---|---|
| Fürst Wilhelm I. von Champlitte | 1205—1209 |
| Gottfried I. von Villehardouin | 1210—1218 |
| Gottfried II. von Villehardouin | 1218—1246 |
| Wilhelm II. von Villehardouin | 1246—1278 |

Achaja 1267 Lehen von Neapel.

| | |
|---|---|
| Karl I., König von Neapel | 1278—1285 |
| Karl II., König von Neapel | 1285—1289 |
| Florenz, Graf von Hennegau | 1289—1297 |
| Isabella von Achaja | 1297—1301, † 1311 |
| Philipp I., Graf von Savoyen | 1301—1306 |
| Philipp II., Fürst v. Tarent 1307—1313 † 1331 |
| Ludwig, Herzog von Burgund | 1313—1316 |
| Ferdinand, Infant von Malorca | 1315—1316 |
| Mathilde, Gräfin von Hennegau | 1316—1318 |
| Johann, Graf v. Gravina 1318—1332, † 1335 |
| Katharina von Valois | 1332—1346 |
| Robert, Fürst von Tarent | 1346—1364 |
| Maria I. von Bourbon | 1364—1387 |
| Hugo von Cypern, Titularfürst von Galiläa | 1364—1370, † 1379 |
| Philipp III. von Romania | 1370—1373 |
| Johanna (I.), Königin von Neapel | 1373—1376 |
| Otto, Herzog von Braunschweig | 1376—1381 |
| Jakob von Beaux | 1381—1383 |
| Karl III., König von Neapel | 1383—1386 |
| Ladislaus, König von Neapel | 1386—1396 |
| Peter Bordo von St. Superan | 1396—1402 |
| Maria II. Zaccaria | 1402—1404 |
| Centurio Zaccaria | 1404—1429, † 1432 |
| Thomas, Prinz v. Konstantinopel | 1429—1460 |

Achaja von den Türken erobert 1460.

## 40. Athen.

| | |
|---|---|
| Otto de la Roche-sur-l'Oignon, Großherr von Athen 1205—1225, † 1234 |
| Guido I., Herzog 1260 | 1225—1263 |
| Johann I. | 1263—1280 |
| Wilhelm I. | 1280—1287 |
| Guido II. | 1287—1308 |
| Walter I. von Brienne | 1308—1311 |
| Walter II. | 1311, † 1356 |
| Friedrich (II.), König von Sicilien | 1311—1312, † 1337 |
| Manfred | 1312—1317 |
| Wilhelm II., Herzog v. Neopaträ 1319 | 1317—1338 |
| Alfons Friedrich, Graf von Malta, Statthalter | 1317—1338 |
| Johann II. | 1338—1348 |
| Friedrich | 1348—1355 |
| Friedrich (III.), König v. Sicilien | 1355—1377 |
| Maria | 1377—1381, † 1402 |
| Peter (IV.), König von Aragonien | 1381—1385, † 1387 |
| Rainer I. degli Acciaioli | 1385—1394 |
| Unter venetianischer Herrschaft | 1395—1402 |
| Anton I. von Theben | 1402—1435 |
| Rainer II. | 1435—1439 |
| Anton II. | 1439—1441 |
| Rainer II. (zum 2. Male) | 1441—1451 |
| Franz I. | 1451—1455 |
| Clara Giorgio, Regentin | 1451—1455 |
| Franz II. | 1455—1458, † 1460 |

Neopaträ 1396, Athen 1458 von den Türken erobert.

## 41. Naxos und Archipelagos.

| | |
|---|---|
| Marcus I. Sanudo, Herzog von Naxos und Herr des Archipelagos | 1207—1227 |
| Angelus | 1227—1263 |
| Marcus II. | 1263—1303 |
| Wilhelm I. | 1303—1323 |
| Nikolaus I. | 1323—1341 |
| Johann I. | 1341—1362 |
| Florentia | 1362—1371 |
| Nikolaus II. della Carceri | 1371—1383 |
| Franz I. Crispo | 1383—1397 |
| Jakob I. | 1397—1418 |
| Johann II. | 1418—1437 |
| Jakob II. | 1437—1447 |
| Johann Jakob | 1447—1453 |
| Wilhelm II. | 1453—1463 |
| Franz II. | 1463 |
| Jakob III. | 1463—1480 |
| Johann III. | 1480—1494 |
| Unter venetianischer Herrschaft | 1494—1500 |
| Franz III. | 1500—1518 |
| Johann IV. | 1518—1564 |
| Jakob IV. | 1564—1566, † 1576 |

Naxos und der Archipelagos von den Türken erobert 1566.

## 52. Argos und Nauplia.

Walter II, Herr von Argos und Nauplia
(vorher Hz. v. Athen) . . . . . . . 1311—1356
Sohier von Brienne, Titularherzog von Athen 1356—1367
Walter III., Titularherzog von Athen . . 1367—1381
Guido . . . . . . . . . . . . . † 1377
Ludwig von Brienne, Titularherzog von Athen 1381—1394
Maria (Gemahl: Peter Cornaro) . . . . . 1377—1388

Argos und Nauplia an Venedig verkauft 1388.

---

3. Bis in das spätere Mittelalter, bis in die Neuzeit und noch heute blühende Staaten.

# I. Weltliche Gebiete.

## a. Mittel-Europa.

## 43. Deutschland.

I. Dynastie der Karolinger.
768—911.

Ludwig der Deutsche . . . . 843—876
Karl der Dicke . . . 876—887, † 888
Arnulf von Kärnthen . . . 887—899
Ludwig das Kind . . . . 899—911

Konrad I. von Franken . . . 911—918

II. Dynastie der Sachsen.
919—1024.

Heinrich I. . . . . . . . 919—936
Otto I., der Große, Kaiser des
Heiligen Römischen Reiches
Deutscher Nation 2./2. 962 . 936—973
Otto II., röm. Kaiser 7./5. 973 . . 973—983
Otto III., röm. Kaiser 21./5. 996 . 983—1002
Heinrich II., der Heilige, römischer
Kaiser 26./4. 1014 . . . . 1002—1024

III. Dynastie der Salier (Franken).
1024—1125.

Konrad II., röm. Kaiser 26./3. 1027 1024—1039
Heinrich III., röm. Kaiser 25./12. 1046 1039—1056
Heinrich IV., röm. Kaiser 21./3. 1084 1056—1106
Rudolf von Rheinfelden, Gegenkönig 1077—1080
Hermann von Luxemburg und Salm,
Gegenkönig . . . . . 1081—1088
Ekbert von Meißen, Gegenkönig . 1088—1090
Konrad von Franken, röm. König
1087, Gegenkönig . . . 1093—1101
Heinrich (V.), Gegenkönig . 1101
Heinrich V., röm. Kaiser 15./4. 1111 1106—1125

Lothar (II.), Graf von Supplinburg, röm. Kaiser 4./6. 1133 . 1125—1137

IV. Dynastie der Hohenstaufen.
1138—1254.

Konrad III. . . . . . . . 1138—1152
Heinrich, deutscher König, Mitregent 1147—1150
Friedrich I. Barbarossa, römischer
Kaiser 18./6. 1155 . . . 1152—1190
Heinrich VI., röm. Kaiser 14./4. 1191 1190—1197
Philipp von Schwaben . . . 1198—1208
Otto IV. von Braunschweig,
röm. Kaiser 4./10. 1209 . . 1198—1215
† 1218

Friedrich II., Gegenkönig 1212, röm.
Kaiser 9./12. 1220—17./7. 1245 1215—1250
Heinrich, deutscher König, Mitreg. 1221—1235, † 1242
Heinrich Raspe von Thüringen,
Gegenkönig . . . . . 1246—1247
Konrad IV. . . . . . . . 1250—1254
Wilhelm von Holland, Gegenkönig . 1247—1256

Interregnum . . . . . . . 1256—1273
Richard von Cornwallis . 1257, † 1272
Alfons (X.) von Castilien . 1256, † 1284

V. Könige aus verschiedenen Häusern
1273—1347.

Rudolf I. von Habsburg . . . 1273—1291
Adolf von Nassau . . . . 1292—1298
Albrecht I. von Österreich . . . 1298—1308
Heinrich VII. von Luxemburg,
röm. Kaiser 13./6. 1312 . . . 1308—1313
Ludwig IV., der Bayer, römischer
Kaiser 17./1. 1328 . . . . 1314—1347
Friedrich der Schöne von Öster-
reich, Gegenkönig 1314—1325,
Mitregent 7./9. 1325 . . . 1314—1330

VI. Dynastie der Luxemburger.
1347—1437.

Karl IV., Gegenfg. 11./7. 1346, röm.
Kaiser 5./4. 1355 . . . 1347—1378
Günther von Schwarzburg, Gegenfg. 1349, † 1349
Wenzel . . . . . 1378—1400, † 1419
Friedrich von Braunschweig, Ggfg. . 1400
Ruprecht von der Pfalz . . . 1400—1410
Sigismund, röm. Kaiser 31./5. 1433 1410—1437
Jobst von Mähren, Gegenkönig 1410—1411, † 1411

VII. Dynastie Habsburg.
1438—1740.

Albrecht II. . . . . . . . 1438—1439
Friedrich III. (IV.), röm. Kaiser
17./3. 1451 . . . . . . 1440—1493
Maximilian I., Mitreg. 16./2. 1486 1493—1519
Karl V. . . . . . . 1519—1556, † 1558
Ferdinand I., röm. König 5./1. 1531,
Kaiser 14./3. 1558 . . . 1556—1564
Maximilian II. . . . . . . 1564—1576
Rudolf II. . . . . . . . 1576—1612
Matthias . . . . . . . 1612—1619
Ferdinand II. . . . . . . 1619—1637

| | |
|---|---|
| Ferdinand III., röm. König 12./12. 1636 . . . . . . . . 1637—1657 | Leopold II. . . . . . . . 1790—1792 |
| Ferdinand IV., röm. König, Mitreg. 1653—1654 | Franz II. . . . . . 1792—1806, † 1835 |
| Leopold I. . . . . . . . 1658—1705 | Auflösung des Reiches 6./8. 1806. |
| Joseph I., röm. König 24./1. 1690 . 1705—1711 | Johann v. Österreich, Reichsverweser 1848—1849 |
| Karl VI. . . . . . . . 1711—1740 | **Das neue Deutsche Reich** (seit 18./1. 1871.) |

Karl VII. von Bayern . . . 1742—1745

**VIII. Dynastie Lothringen-Habsburg. 1745—1806.**

| | |
|---|---|
| Franz I. Stephan . . . . . 1745—1765 | IX. Dynastie Hohenzollern. 1871— |
| Joseph II., röm. König 27./3. 1764 1765—1790 | Wilhelm I., Deutscher Kaiser . 1871—1888 |
| | Friedrich III. . . . . . 9./3.—15./6. 1888 |
| | Wilhelm II. . . . . . . . 1888— |

## 44. Italien.

| | |
|---|---|
| Karl der Große, König von (Ober-) Italien (nach der Eroberung des Langobardenreiches), römischer Kaiser 25./12. 800 . . . . } 774—814 | Arnulf von Kärnthen, röm. Kaiser 25./4. 896 894—899 |
| Pipin, Mitkönig . . . . . } 781—810 | Lambert, Mitkaiser s. 892, Gegenkönig 894—897 |
| Bernhard . . . . . . . 813—817 | Ludwig III., der Bosonide, der Blinde, röm. Kaiser ?/2. 901 . 900—905 † 934 |
| Ludwig der Fromme, römischer Kaiser 28./10. 816 . . . . 817—840 | Rudolf (II.), König von Hoch-Burgund . . . . . . . 922—934 |
| Lothar I., römischer Kaiser 20./6. 840 840—855 | Hugo, Graf von Arles . 926—945, † 947 |
| Ludwig II., röm. Kaiser 29./9. 855 855—875 | Lothar II., Mitkönig 931 . . . 945—950 |
| Karl d. Kahle, röm. Kaiser 25./12. 875 875—876 | Berengar II., Markgraf von Jvrea 945—964 † 966 |
| Karlmann . . . . . . . 877—880 | Adalbert, Mitkönig . . . . . 950—964 |
| Karl d. Dicke, röm. Kaiser 25./12. 880 879—887 † 888 | Otto I., der Große, König von Deutschland, Kaiser des Heiligen Römischen Reiches deutscher Nation 2./2. 962 . . . . . . 961—973 |
| Berengar I., Markgraf von Friaul, röm. Kaiser 24./3. 916 . . . 888—924 | Mit Deutschland vereinigt. |
| Guido, Herzog von Spoleto, röm. Kaiser, 21./2. 891, Gegenkön. 889—894 | |

## 45. Nieder-Burgund.

| | |
|---|---|
| König Boso, Graf von Vienne . 879—887 | Hugo, Graf von Arles, Statth. 905—933, † 947 |
| Ludwig (III.), der Bosonide, der Blinde . . . . . . . 887—934 | Mit Hoch-Burgund zum Arelatischen Königreich vereinigt 933. |

## 46. Hoch-Burgund.

| | |
|---|---|
| König Rudolf I. . . . . . 888—911 | Rudolf III. . . . . . . . 993—1032 |
| Rudolf II., König von Arelat 933 911—937 | Burgund mit Deutschland vereinigt 1032. |
| Konrad . . . . . . . 937—993 | |

## 47. Lothringen.

| | |
|---|---|
| Zwentibold (Suindebald) . . . 895—900 | Konrad der Rote oder der Weise, von Worms . . . 944—953, † 955 |
| Reginar Langhals . . . 900—911, † 915 | Hermann . . . . . . 954—959 |
| Zu Frankreich gehörig . . 911—923 | Teilung des Herzogtums in Nieder- und Ober-Lothringen. |
| Giselbert . . . . . . (915) 924—939 | |
| Heinrich . . . . . . . 939—944 | |

## 48. Nieder-Lothringen.

| | |
|---|---|
| Karl . . . . . . 976—991, † 994 | Gottfried III., der Bucklige . . 1070—1076 |
| Otto . . . . . . . 992—1004 | Konrad von Franken . 1076—1088, † 1101 |
| Gottfried I. . . . . . . 1004—1019 | Gottfried IV. von Bouillon 1088—1099, † 1100 |
| Gozelo I. . . . . . . . 1019—1044 | Heinrich, Graf v. Limburg 1101—1106, † 1139 |
| Gozelo II. . . . . . . . 1044—1046 | Gottfried V. . . . . 1106—1128, † 1139 |
| Friedrich von Luxemburg . . 1046—1065 | Aufhören des Herzogtums. |
| Gottfried II., der Bärtige . . 1065—1070 | |

## 49. Ober-Lothringen.

| Friedrich I. | 959—984 |
|---|---|
| Dietrich I. | 984—1026 |
| Friedrich II. | 1026—1033 |
| Gozelo (I.) von Nieder-Lothringen | 1033—1044 |
| Gottfried der Bärtige, (Herzog von Nieder-Lothringen 1065) | 1044—1046, † 1070 |
| Albrecht, Graf im Elsaß | 1047—1048 |
| Gerhard | 1048—1070 |
| Dietrich II. | 1070—1115 |
| Simon I., Herzog von Lothringen 1128 | 1115—1141 |
| Matthias I. | 1141—1176 |
| Simon II. | 1176—1205, † 1207 |
| Friedrich I. | 1205—1206 |
| Friedrich II. | 1206—1213 |
| Theobald I. | 1213—1220 |
| Matthias II. | 1220—1251 |
| Friedrich III. | 1251—1303 |
| Theobald II. | 1303—1312 |
| Friedrich IV. | 1312—1328 |
| Rudolf | 1328—1346 |
| Johann I. | 1346—1390 |
| Karl I., der Kühne | 1390—1431 |
| Isabella | 1431—1452, † 1453 |

### Dynastie Vaudemont. 1431—1737.

| Anton I. von Vaudemont | 1431—1447 |
|---|---|
| Renatus I. von Anjou (Isabellas Gemahl) | 1431—1453, † 1480 |
| Johann II. von Anjou | 1452—1471 |
| Nikolaus von Anjou | 1471—1473 |
| Renatus II. v. Vaudemont-Anjou | 1473—1508 |
| Anton II., der Gute | 1508—1544 |
| Franz I. | 1544—1545 |
| Karl II. | 1545—1608 |
| Heinrich der Gute | 1608—1624 |
| Franz II. | 1624—1625, † 1639 |
| Karl III. | 1625—1634 |
| Unter französischer Herrschaft | 1634—1661 |
| Karl III. (zum 2. Male) | 1661—1670, † 1675 |
| Unter französischer Herrschaft | 1670—1697 |
| Karl IV. (ohne Besitz) | (1675—1690) |
| Leopold Joseph (ohne Besitz 1690—1697) | 1697—1729 |
| Franz III. Stephan | 1729—1736, † 1765 |
| Stanislaus Leczinsky | 1737—1766 |

Lothringen mit Frankreich vereinigt 1766, der deutsche Teil mit Deutschland als Reichsland 1871.

---

## 50. Saarbrücken.

| Siegfried von Luxemburg | 963—998 |
|---|---|
| Friedrich | 998—1019 |

| **Saarbrücken.** | | **Luxemburg und Salm.** | |
|---|---|---|---|
| Siegbert I. | 1019—1085 | Giselbert | 1019—1059 |
| Siegbert II. | 1085—1115 | | f. S. 20. |

Teilung unter seinen Söhnen.

| **A. Werd.** | | **B. Saarbrücken,** f. u. |
|---|---|---|
| Siegbert III. (I.) von Werd | 1124—1135 | |
| Siegbert II. | 1152—1156 | |
| Siegbert III., Landgraf im Elsaß (Nordgau) | 1196—1228 | |

| **I. Elsaß.** | | **II. Rickingen.** | |
|---|---|---|---|
| Heinrich | 1228—1238 | Dietrich | 1220—1257 |
| Heinrich Siegbert | 1238—1278 | Gottfried | um 1269 |
| Johann I. | 1278—1308 | Heinrich I. | um 1280 |
| Siegmund | 1308 | | |
| Ulrich Eginolf | 1308—1343 | | |
| Johann II. | 1343—1376 | | |

An Öttingen.     Teilung unter Heinrichs Söhnen.

| **a. Forbach.** | | **b. Rickingen.** | |
|---|---|---|---|
| Heinrich II. | um 1291 | Konrad I. | um 1291 |
| Johann | † 1355 | Konrad II. | † 1345 |

An Leiningen.

---

### B. Saarbrücken.

| Friedrich von Saarbrücken | 1120—1135 |
|---|---|
| Simon I. | 1135—1180 |
| Simon II. | 1180—1211 |
| Simon III. | 1211—1233 |
| Lauretta | 1233—1271 |
| Simon IV. von Montfaucon (ihr Neffe) | 1271—1309 |
| Johann I. | 1309—1342 |

Teilung unter seinen Söhnen.

| **I. Saarbrücken.** | | **II. Commercy.** | |
|---|---|---|---|
| Simon V. | 1342—1366 | Johann I. | 1342—1344 |
| Johann II. | 1366—1381 | Simon I. | 1344—1363 |
| An Nassau. | | Johann II. | 1363—1388 |

Simon II. . . . . . . . . 1388—1397
Amadeus I. . . . . . . . 1397—1414
Robert I. . . . . . . . . 1414—1460

Teilung unter seinen Söhnen.

| **Roucy.** | **Braine.** |
|---|---|
| Johann III. . . 1460—1497 | Amadeus II. . . 1460—1476 |
| An Braine. | Robert II., in Roucy 1497, |
| | 1476—1504 |
| | Amadeus III. . . 1504—1525 |

An Roye und La Marck 1525.

---

## 51. Luxemburg.

Siegfried . . . . . . . . 963—998
Friedrich . . . . . . . . 998—1019
Heinrich I. . . . . . . . 1019—1047
Giselbert, Graf von Luxemburg und Salm . . . . . 1047—1059
Konrad I. . . . . . . . 1059—1086
Heinrich II. . . . . . . 1086—1096
Wilhelm . . . . . . . . 1096—1130
Konrad II. . . . . . . . 1130—1136
Heinrich III. . . . . . . 1136—1196
Theobald von Bar . . . 1196—1214
Walram von Limburg . . . 1214—1226
Heinrich I. . . . . . . . 1226—1281
Heinrich II. . . . . . . . 1281—1288
Heinrich III. (Kaiser Heinrich VII.) . 1288—1313
Johann (König von Böhmen) . . 1313—1346
Karl (Kaiser Karl IV.) . . . } 1346—1378
Wenzel I., Herzog 1354, Mitr. } 1353—1383
Wenzel II. (Kaiser Wenzel) 1383—1388, † 1419
Jobst (Markgraf von Mähren) . . 1388—1411

Anton . . . . . . . . . 1411—1415
Elisabeth . . . . . . . . 1415—1418
Johann von Bayern-Hennegau . 1418—1425
Elisabeth (zum 2. Male) . 1425—1443, † 1451
An Burgund (durch Schenkung). 1443—1477
An das Haus Habsburg . . 1477—1556
An die spanische Linie des Hauses Habsburg. . . . 1556—1712
Maximilian Emanuel, Fürst der Niederlande . . . 1712—1714, † 1726
An die deutsche Linie des Hauses Habsburg (Österreich) . . 1714—1795
Mit Frankreich vereinigt . . . 1795—1814

Dynastie Oranien. 1814—

Wilhelm I., Großherzog (König der Niederlande) . . . . . 1814—1840
Wilhelm II. . . . . . . . 1840—1849
Wilhelm III. . . . . . . . 1849—1890
Adolf von Nassau . . . . 1890—1905
Wilhelm IV., Regent seit 1902 . . 1905—

---

## 52. Bar.

Dietrich I., Graf von Mousson . . . . . 1093—1104

Teilung unter seinen Söhnen 1104.

| **Bar.** | **Mömpelgard.** | **Pfirt.** |
|---|---|---|
| Reinhald I. . . . 1104—1150 | Dietrich II. . . 1104— um 1162 | Friedrich I. . . 1104— um 1144 |
| Reinhald II. . . . 1150—1170 | An Pfirt. | Ludwig . . . . um 1183 |
| Heinrich I. . . . 1170—1191 | | Friedrich II. . . . † 1234 |
| Theobald I. . . . 1191—1214 | | Ulrich I. . . . . 1234—1275 |
| Heinrich II. . . . 1214—1240 | | Theobald . . . . 1275—1310 |
| Theobald II. . . . 1240—1296 | | Ulrich II. . . . 1310—1324 |
| Heinrich III. . . . 1296—1302 | | Johanna . . . . 1324—1351 |
| Eduard I. . . . . 1302—1337 | | Durch Heirat an Österreich. |
| Heinrich IV. . . . 1337—1344 | | |
| Eduard II. . . . . 1344—1352 | | |
| Robert, Herzog 1355 1352—1411 | | |
| Eduard III. . . . 1411—1415 | | |
| Ludwig . . . . 1415—1430 | | |
| Renatus I. von Anjou . 1430—1476 | | |
| Renatus II. von Anjou 1476—1508 | | |
| Mit Lothringen vereinigt 1508. | | |

# 53. Salm.

## Übersicht über die Teilungen.

Teilung 1163.

|  A. Ober-Salm.  |  |  B. Nieder-Salm.  |  |
| --- | --- | --- | --- |
| Teilung 1210? | | Teilung 1639. | |
| I. Ober-Salm. | II. Blankenberg. | I. Reifferscheid. | II. Reifferscheid-Dyck. |
| Teilung 1431. | † 1506. | Teilung 1734. | † 1888. |
| a. Ober-Salm. | b. Badenweiler. | a. Bedbur, blüht als **S.-Reiff.-Krautheim und Dyck.** | b. S.-Hainsbach. † 1897.     c. **S.-Raitz.** |
| Teilung 1499. | 1. Johann VIII. v. Badenweiler, † 1600.     2. Nikolaus, belehnt mit Neuburg, † 1784. | | |

Wild- u. Rheingrafen von 1. Dhaun.   2. Kyrburg.

Teilung 1561.    Teilung 1607.

α. Mörchingen, † 1688.    β. Kyrburg, † 1681.    γ. Tronecken, † 1637.

α. Salm-Neuweiler.      β. Grumbach, blüht als **Salm-Horstmar.**      γ. Dhaun. Teilung 1697.

a. Salm-Salm, † 1738.    b. Neuweiler. Teilung 1696.      a. Dhaun, † 1733.    b. Puttlingen, † 1750.

Hoogstraeten, blüht als **Salm-Salm.**    Leuze, blüht als **Salm-Kyrburg.**

| | |
| --- | --- |
| Giselbert, Graf von Salm und Luxemburg . | 1019—1059 |
| Hermann I. (Gegenkaiser 1081—1088) . . . | 1059—1088 |
| Hermann II. . . . . . . . . . | 1088—1135? |
| Heinrich . . . . . . . . . . | 1135?—1163 |

Teilung unter seinen Söhnen 1163.

### A. Ober-Salm (in den Vogesen).

| | |
| --- | --- |
| Heinrich I. (erbaut Schloß Salm 1204) . . . | 1163—1210? |

Teilung unter seinen Söhnen 1210?

### I. Ober-Salm.

| | |
| --- | --- |
| Heinrich II. . . . . . . . . . | 1210?—1240? |
| Heinrich III. . . . . . . . . . | 1240?—1293 |
| Johann I. . . . . . . . . . | 1293—1326? |
| Nikolaus I. . . . . . . . . . | 1326?—1343 |
| Johann II. . . . . . . . . . | 1343—1351 |
| Simon I. . . . . . . . . . | 1351—1360 |
| Johann III. . . . . . . . . .   } | 1360—1386 |
| Simon II. von Sittaers . . . . .   } | † 1397 |
| Johann IV. . . . . . . . . . | 1386—1431 |

Teilung unter seinen Söhnen 1431.

### a. Ober-Salm.

| | |
| --- | --- |
| Simon III. . . . . . . . . . | 1431—1475 |
| Johann V., Wild- und Rheingraf (Schwiegersohn Simons III.) . . . . . . . | 1475—1495 |
| Johann VI., Wild- und Rheingraf, Graf von Salm . . . . . . . . . | 1495—1499 |

Teilung unter seinen Söhnen 1499.

### 1. Wild- und Rheingrafen von Salm-Dhaun.

| | |
| --- | --- |
| Philipp . . . . . . . . . | 1499—1521 |
| Philipp Franz . . . . . . . . | 1521—1561 |

Teilung unter seinen Söhnen 1561.

### α. **Salm=Neuweiler.**

Friedrich I. . . . . . . . . . . . . . . 1561—1610

Teilung unter seinen Söhnen 1610.

---

| **a. Salm=Salm.** | | **b. Salm=Neuweiler.** | |
|---|---|---|---|
| Philipp Otto, **Fürst** | | Friedrich II. . . . | 1610—1673 |
|    8./1. 1623 . . | 1610—1634 | Karl Florentin | 1673—1676 |
| Leopold Philipp . . . | 1634—1663 | Friedrich Karl . . | 1676—1696 |
| Karl Theodor Otto, in | | | |
|    Kyrburg 1688 | 1663—1710 | | |
| Ludwig Otto . . . | 1710—1738 | | |

An Salm=Hoogstraeten.

Teilung unter seinen Brüdern 1696.

| **Salm=Hoogstraten.** | | **Salm=Leuze.** | |
|---|---|---|---|
| Wilhelm Florentin . . | 1696—1707 | Heinrich Gabriel . . | 1696—1716 |
| Nikolaus Leopold, **Fürst** | | Philipp Joseph, **Fürst** | |
|    14./1. 1739, niederl. | |    21./2. 1742 . . . | 1716—1779 |
|    Herzog v. Hoogstraeten, | | Seit 1738: **Salm=Kyrburg.** | |
|    6./1. 1740 . . | 1707—1770 | Friedrich III. . . . | 1779—1794 |
|    Seit 1739: **Salm=Salm.** | | Friedrich IV. . . . | 1794—1859 |
| Ludwig Otto Karl . . | 1770—1771 | Mediatisierung des Fürstentums 1813. | |
| Maximilian . . . | 1771—1773 | Friedrich V. . . . | 1859—1887 |
| Ludwig Otto Karl | | Friedrich VI. Ludwig . | 1887— |
|    (zum 2. Male) . . | 1773—1778 | | |
| Constantin Alexander . | 1773—1828 | | |
| Mediatisierung des Fürstentums 1813. | | | |
| Florentin . . . . | 1828—1846 | | |
| Alfred . . . . . | 1846—1886 | | |
| Leopold . . . . . | 1886— | | |

---

### β. **Salm=Grumbach.**

Johann Christoph . . . . . . . . . 1561—1585
Johann . . . . . . . . . . . . . . 1585—1630
Adolf . . . . . . . . . . . . . . . 1630—1668

Teilung unter seinen Söhnen 1668.

---

| **a. Grumbach.** | | **b. Rheingrafenstein und Grehweiler.** | |
|---|---|---|---|
| Leopold Philipp Wilhelm . | 1668—1719 | Friedrich Wilhelm . . . . | 1668—1706 |
| Karl Ludwig Philipp . . . | 1719—1727 | Johann Karl . . . | 1706—1740 |
| Karl Vollrath Wilhelm, | | Karl Magnus . . . 1740—1783 † 1793 | |
|    in Dhaun 1750 . . | 1727—1763 | Karl Ludwig von Grumbach . | 1783—1793 |
| Karl Ludwig, in Grehweiler | | Wilhelm Christian . . . | 1793—1810 |
|    1783—1793 . . | 1763—1799 | Johann Friedrich . . . . 1810, † 1819 | |
| Friedrich Karl August, preußischer | | An Salm=Horstmar. | |
|    Fürst 26./11. 1816 . . . . | 1799—1865 | | |
| Mediatisierung der Grafschaft 1806. | | | |

Seit 25./2. 1803: **Salm=Horstmar.**

Otto I. . . . . . . . . 1865—1892
Otto II. . . . . . . . . 1892—

---

### γ. **Salm=Dhaun.**

Adolf Heinrich . . . . . . . . . 1561—1606
Wolfgang Friedrich . . . . . . . 1606—1637
Johann Ludwig . . . . . . . . . 1637—1673
Johann Philipp . . . . . . . . . 1673—1697

Teilung unter seinen Söhnen 1697.

---

| **a. Salm=Dhaun.** | | **b. Salm=Puttlingen.** | |
|---|---|---|---|
| Karl . . . . . . . . | 1697—1733 | Vollrath Victor . . . . . . | 1697—1730 |
| Johann Philipp . . . . | 1733—1742 | Johann Friedrich, in Dhaun 1748 | 1730—1750 |
| Christian Otto . . . . . | 1742—1748 | Friedrich Wilhelm postumus . . | 1750 |
| An Puttlingen. | | An Salm=Grumbach. | |

---

### 2. **Wild= und Rheingrafen von Salm=Kyrburg.**

Johann VII. . . . . . . . . 1499—1531
Johann VIII. . . . . . . . . 1531—1548

Otto I. . . . . . . . . . . . 1548—1607

Teilung unter seinen Söhnen 1607.

| α. **Mörchingen.** | β. **Kyrburg.** | γ. **Tronecken.** |
|---|---|---|
| Johann IX. . . . . 1607—1623 | Johann Kasimir . . 1607—1651 | Otto II. . . . . . . 1607—1637 |
| Teilung unter seinen Söhnen 1623. | Georg Friedrich . . . 1651—1681 | An Kyrburg. |
| | An Mörchingen. | |

| Johann Philipp | Otto Ludwig |
|---|---|
| 1623—1638 | 1623—1634 |
| Bernhard Ludwig | Johann X. |
| 1638—1656 | 1634—1688 |

An Salm-Salm.

### b. Salm-Badenweiler.

Johann V. . . . . . . . . . 1431—1451
Johann VI. . . . . . . . . . 1451—1490

| Johann VII. . . . . . 1490—1548 | Nikolaus II. . . . . . . . 1520—1529 |
|---|---|
| Johann VIII. . . . . . 1548—1600 | Nikolaus (III.) I. von Kaiser Karl V. |
| Badenweiler an Lothringen vererbt. | belehnt mit Neuburg am Inn: |

Pfalzgrafschaft **Salm-Neuburg.**
1529—1550
Nikolaus II. Egino . . . . 1550—1574
Julius I. . . . . . . . . 1574—1595
Weikhard . . . . . . . . 1595—1612
Karl . . . . . . . . ⎫ 1612—1664
Julius II. . . . . . . . ⎭ 1612—1655
Ferdinand Julius . . . . 1655—1697
Franz Leopold . . . . 1697—1702
Ernst Leopold . . . . 1702—1722
Karl Otto . . . . . . 1722—1766
Franz Vincenz . . . . 1766—1784

Neuburg schon im 17. Jahrhundert an die Grafen
von Sinzendorf, von diesen an die Grafen von Lamberg,
von diesen 1731 an das Bistum Passau verkauft.

### II. Salm-Blankenberg.

Friedrich I. . . . . . . . . 1210?—1270?
Heinrich I. . . . . . . . . 1270?—1301?
Heinrich II. . . . . . . . . 1301?—1361?
Theobald I. . . . . . . . . 1361?—1363?
Heinrich III. . . . . . . . . 1363?—1382?
Theobald II. . . . . . . . . 1382?—1396?
Heinrich IV. . . . . . . . . 1396?—1441
Friedrich II. . . . . . . . . 1441—1442
Theobald III. . . . . . . . . 1442—1443
Ludwig . . . . . . . . . . 1443—1503
Ulrich (Bischof von Tull 1495—1506) . . . 1503—1506

Blankenberg an Lothringen vererbt.

### B. Nieder-Salm (in den Ardennen).

Friedrich I. . . . . . . . . 1163—?
Friedrich II. . . . . . . . . um 1210
Gerhard . . . . . . . . . . um 1230
Heinrich III. . . . . . . . . 1240?—1247?
Heinrich IV. . . . . . . . . 1247?—1265?
Wilhelm . . . . . . . . . . 1265?—1297?
Wolfgang . . . . . . . . . . † um 1280
Heinrich V. . . . . . . . . 1297?—1336?
Heinrich VI. . . . . . . . . 1336?—1362
Johann . . . . . . . . . . 1362—1370
Heinrich VII. . . . . . . . . 1370—1416
Otto, Raugraf (Schwager Heinrichs VII.) . 1416—1455
Johann I. (V.) von Reifferscheid-Bedbur
    (1414—1475, Schwiegersohn Heinrichs VII.) 1455 (16)—1475
Johann II. . . . . . . . . . . 1475—1479
Peter . . . . . . . . . . . 1479—1505

Johann III. . . . . . . . . . . 1505—1529
Johann IV. . . . . . . . . . . 1529—1555
Werner . . . . . . . . . . 1555—1629
Ernst Friedrich . . . . . . . . . 1629—1639

Teilung unter seinen Söhnen 1639.

### I. Salm-Reifferscheid-Bedbur.

Erich Adolf . . . . . . . . . 1639—1678
Franz Wilhelm . . . . . . . . . 1678—1734

Teilung unter seinen Söhnen 1734.

| a. Salm-Reifferscheid-Bedbur. | b. S.-R.-Hainsbach. | c. S.-R.-Raitz. |
|---|---|---|
| Karl Anton . . . 1734—1755 | Leopold Anton . . 1734—1760 | Anton . . . . . 1734—1769 |
| Sigismund . . . 1755—1798 | Franz Wenzel . . 1760—1832 | Karl Joseph, Fürst 9./10.1790 1769—1811 |
| Franz Wilhelm, Fürst | Mediatisierung der Grafschaft 1806. | † 1838 |
| 7./1. 1804 . . 1798—1831 | Franz Vincenz . . . 1832—1842 | Mediatisierung des Fürstentums 1806. |
| Seit 25./2. 1803: S.-R.-Krautheim. | Johann . . . . 1842—1847 | Hugo Franz . . . . 1811—1836 |
| Mediatisierung des Fürstentums 1806. | Franz Joseph . . 1847—1887 | Hugo Karl . . . 1836—1888 |
| Constantin . . 1831—1856 | Aloys . . . . 1887—1897 | Hugo . . . . 1888—1890 |
| Franz Karl . . 1856—1860 | An die Grafen von Thun-Hohenstein 1897. | Hugo Leopold . . . 1890— |
| Leopold . . . 1860—1893 | | |
| Alfred . . . . 1893— | | |

### II. Salm-Reifferscheid-Dyck.

Ernst Salentin . . . . . . . . 1639—1684
Franz Ernst . . . . . . . . . 1684—1721
August Eugen Bernhard . . . . . 1721—1767
Wilhelm . . . . . . . . . 1767—1775
Joseph, preußischer Fürst 1816 . . . . . 1775—1861

Mediatisierung der Grafschaft 1806.

Alfred . . . . . . . . . . . 1861—1888

An Salm-Reifferscheid-Krautheim.

## 54. Namur.

| | | | |
|---|---|---|---|
| Graf Berengar . . . . um 900 | Heinrich II. . . . . . 1226—1229 |
| Robert I. . . . . . um 960 | Balduin . . . . . . 1237—1263 |
| Albrecht I. . . . um 980 | Veit I. von Dampierre, Graf von |
| Albrecht II. . . . ?—1037 |    Flandern . . 1263—1297, † 1304 |
| Albrecht III. . . . 1037—1104 | Johann I. . . . . 1297—1331 |
| Gottfried . . . . . 1104—1139 | Johann II. . . . . 1331—1335 |
| Heinrich I., der Blinde . . . 1139—1196 | Veit II. . . . . . 1335—1336 |
| Balduin (V.) von Hennegau, | Philipp III. . . . . 1336—1337 |
|    Markgraf 1184 . . . 1184—1195 | Wilhelm I. . . . . 1337—1391 |
| Philipp I. . . . . 1196—1212 | Wilhelm II. . . . . 1391—1418 |
| Jolanthe . . . . . 1212—1217 | Johann III. Dietrich . 1418—1421, † 1429 |
| Philipp II. . . . . 1217—1226 | Namur an Burgund verkauft. |

## 55. Hennegau.

| | |
|---|---|
| Reginar I. Langhals, Herzog von | Johann II. . . . . . 1257—1304 |
|    Lothringen . . . . . 900—915? | Wilhelm III. . . . . 1304—1337 |
| Reginar II., Graf von Hennegau 915?—957 | Wilhelm IV. . . . . 1337—1345 |
| Reginar III. . . . . um 990 | Margaretha . . . 1346—1349, † 1356 |
| Reginar IV. . . . . . ?—1013 | Wilhelm V. (I.) von Bayern- |
| Balduin I. (VI. von Flandern) 1067—1070 |    Straubing . . . 1349—1357, † 1389 |
| Balduin II. . . . . 1070—1126 | Albrecht (I.) v. Bayern-Straubing 1357—1404 |
| Balduin III. . . . . 1126—1133 | Wilhelm VI. (II.) von Bayern- |
| Balduin IV. . . . . 1133—1171 |    Straubing . . . . 1404—1417 |
| Balduin V. (VIII. von Flandern) 1171—1195 | Johann III. ohne Gnade . 1417—1425 |
| Balduin VI. (IX. von Flandern) 1195—1205 | Jakobäa . . . . 1417—1433 |
| Johanna von Konstantinopel . 1205—1244 | † 1436 |
| Johann I. . . . . . 1246—1257 | Hennegau an Burgund vererbt. |

## 56. Flandern.

| | | | | |
|---|---|---|---|---|
| Graf Balduin I., der Eiserne | 858—879 | Margaretha I. | } | 1191—1194 |
| Balduin II., der Kahle | 879—918 | Balduin VIII. (V.) von Hennegau | } | 1191—1195 |
| Arnulf I., der Große | 918—964 | Balduin IX. (VI.) von Hennegau | | 1195—1205 |
| Balduin III. | 964—973 | Johanna von Konstantinopel | | 1205—1244 |
| Arnulf II. | 973—988 | Margaretha II. | } | 1244—1279 |
| Balduin IV. Schönbart | 988—1036 | Wilhelm | } | 1246—1251 |
| Balduin V., der Fromme | 1036—1067 | Veit von Dampierre | | 1279—1304 |
| Balduin VI., der Gute | 1067—1070 | Robert III. von Bethune | | 1305—1322 |
| Arnulf III., der Unglückliche | 1070—1072 | | | |
| Robert I., der Friese | 1072—1092 | | | |

Dynastie Nevers. 1322—1383.

| | |
|---|---|
| Ludwig I. | 1322 |
| Ludwig II. | 1322—1346 |
| Ludwig III. | 1346—1383 |
| Margaretha III. | 1383 |

| | |
|---|---|
| Robert II., der Jerusalemer | 1092—1111 |
| Balduin VII. | 1111—1119 |
| Karl der Gute | 1119—1127 |
| Dietrich | 1127—1168, † 1183 |
| Philipp | 1168—1191 |

Flandern durch Heirat an Burgund.

## 57. Brabant.

| | | | |
|---|---|---|---|
| Gottfried I., der Bärtige, Herzog von Nieder-Lothringen (V.), Herzog von Brabant | 1128—1139 | Johann I. | 1267—1294 |
| Gottfried II. | 1139—1142 | Johann II. | 1294—1312 |
| Gottfried III. | 1142—1186 | Johann III. | 1312—1355 |
| Heinrich I., der Fromme | 1186—1235 | Johanna | 1355—1404 |
| Heinrich II., der Großmütige | 1235—1248 | Margaretha | 1404—1405 |
| Heinrich III. | 1248—1260 | Anton von Luxemburg | 1405—1415 |
| Heinrich IV. | 1260—1267 | Johann IV. | 1415—1427 |
| | | Philipp | 1427—1430 |

Brabant an Burgund vererbt.

## 58. Holland.

| | | | |
|---|---|---|---|
| Dietrich I., Graf in Friesland | um 940 | Florenz III. | 1157—1190 |
| Dietrich II. | 960?—988 | Dietrich VII. | 1190—1203 |
| Arnold | 988—993 | Wilhelm I. | 1203—1222 |
| Dietrich III., Graf v. Holland 1018 | 993—1039 | Florenz IV. | 1222—1234 |
| Dietrich IV. | 1039—1049 | Wilhelm II. (Deutscher König 1247) | 1234—1256 |
| Florenz I. | 1049—1061 | Florenz V. | 1256—1296 |
| Dietrich V. | 1061—1091 | Johann | 1296—1299 |
| Florenz II., der Fette | 1091?—1127? | | |
| Dietrich VI. | 1127?—1157 | | |

Holland an Hennegau vererbt.

## 59. Geldern.

| | | | |
|---|---|---|---|
| Graf Gerhard I. | 1096—1118 | | |
| Gerhard II. | 1118—1131 | | |
| Heinrich | 1131—1182 | | |
| Otto I. | 1182—1207 | | |
| Gerhard III. | 1207—1229 | | |
| Otto II. | 1229—1271 | | |
| Reinhald I., Fürst 1./8. 1317 | 1271—1320, † 1326 | | |
| Reinhald II., Herzog 19./3. 1339 | 1320—1343 | | |
| Reinhald III. | 1343—1361 | | |
| Eduard | 1361—1371 | | |
| Reinhald III. (zum 2. Male) | 1371 | | |
| Johann von Châtillon | 1372—1381 | | |
| Wilhelm | 1383—1402 | | |
| Reinhald IV. | 1402—1423 | | |

Dynastie Egmont. 1423—1538.

| | |
|---|---|
| Arnold | 1423—1472, † 1473 |
| Adolf | 1472—1477 |
| Karl der Kühne von Burgund | 1472—1477 |
| Katharina, Regentin | 1477—1481, † 1496 |
| Maria von Burgund | 1481—1482 |
| Kaiser Maximilian I. | 1481—1492 |
| Karl | 1492—1538 |
| Mit Mark vereinigt | 1538—1543 |
| Kaiser Karl V. | 1543—1556, † 1558 |
| König Philipp II. von Spanien | 1556—1580, † 1598 |

Nieder-Geldern selbständig;
Ober-Geldern unter spanischer Hoheit; 1714 und 1814
wurde der eine Teil mit Preußen, der andere
mit Niederland vereinigt.

## 60. Limburg.

| | | | |
|---|---|---|---|
| Walram I., Graf von Arlon | um 1030 | Heinrich III. | 1167—1221 |
| Walram II., Graf von Limburg (erbaut 1064) | 1061—1082 | Walram IV. | 1221—1226 |
| Heinrich I. | 1082—1119 | Heinrich IV. | 1226—1247 |
| Walram III., der Heide | 1119—1139 | Walram V. | 1247—1280 |
| Heinrich II., Herzog | 1139—1167 | Irmgard | 1280, † 1282 |

Limburg an Geldern vererbt.

## 61. Looz-Corswarem.

| | |
|---|---|
| Arnold I. | ? |
| Arnold II. von Looz | † 1082 |
| Arnold III. | † 1099 |
| Johann von Ghoër und Corswarem | 1099—1140 |
| Robert I. | um 1180 |
| Wilhelm von Ghoër | ? |
| Robert II. von Corswarem | † 1249 |

| | | | |
|---|---|---|---|
| Robert III. (I.) | ? | Arnold I. | 1260—1294 |
| Robert II. von Nandrem | um 1304 | Arnold II. | 1294—1308 |
| Walter | 1308—1350 | Arnold III. | 1308—1338 |
| Arnold | 1350—1375 | Arnold IV. | 1338—1340 |
| Johann I. | 1375—1390 | Arnold V. | 1340?—1397 |
| Johann II. | 1390—1422? | | |

| | | | |
|---|---|---|---|
| Arnold VI. | 1397—1399 | Renatus | 1397—1417? |
| *Teilung unt. seinen Söhnen 1399.* | | Wilhelm I. | 1417—1439 |
| | | Wilhelm II. | 1439?—1481 |

| **Corswarem.** | | **Herck und Gothem.** | |
|---|---|---|---|
| Arnold VII. | 1399—1432 | Dietrich | 1399—1475? |
| Arnold VIII. | 1432—1479 | Gottfried | 1475—1487 |
| *Teilung unter seinen Söhnen 1479.* | | Walter | nach 1487 |
| | | *An Corswarem.* | |

| **Nyel und Corswarem.** | | **Herck.** | |
|---|---|---|---|
| Nasso I. | nach 1479 | Johann III. | 1479—1502 |
| Nasso II. | † 1558 | Johann IV. | 1502—1535 |
| Katharina | 1558—1580 | Jakob I. | 1502—1509 |
| *An Herck.* | | Jakob II. | 1535—1595 |

*Teilung unter seinen Söhnen 1595.*

| **Corswarem.** | | **Longchamps.** | |
|---|---|---|---|
| Johann V. | 1595—1619 | Nasso III. | 1595—1633 |
| Johann VII. | 1619—1659 | *Teilung unter seinen Söhnen 1633.* | |
| Maximilian | 1659—1687 | | |
| Johann Theodor | 1687—1713 | | |
| Gottfried Ignaz Salomon | 1713—1721 | | |
| Franz Joseph Bernhard | 1721—1763 | | |
| *An Longchamps.* | | | |

| **Looz.** | | **Nyel und Faur.** | |
|---|---|---|---|
| Johann VI. | 1633—1643 | Franz | 1633—1670 |
| Hubert, Freiherr | 1633—1671 | Joseph I. | 1670—1741 |
| Nasso IV. | 1671—1697 | Joseph II. | 1741—1761 |
| Johann Hubert | 1697—1703 | Wilhelm Joseph, Herzog, | |
| Nikolaus | 1703—1733 | in Looz-Corswarem 1792—1803, | |
| Joseph III. (Herz. v. L.-C.) | 1733—1784 | in Rheina-Wolbeck Fürst 1803, | |
| Ludwig (24./12. 1734) | 1733—1751 | | 1761—1803 |
| Karl August Alexander | 1751—1792 | *Teilung unter seinen Söhnen.* | |
| *An Nyel.* | | | |

| **Looz-Corswarem.** | | **Rheina-Wolbeck.** | |
|---|---|---|---|
| Karl | 1816—1822 | Joseph Arnold | 1803—1827 |
| Karl Franz Wilhelm Ferdinand | 1822—1896 | *Dynastie Lannoy-Clervaux.* | |
| Karl Leopold August Ludwig Philipp | 1896— | Napoleon (sein Neffe) | 1839—1874 |
| | | Arthur | 1874—1895 |
| | | Edgar | 1895— |

## 62. Manderscheid.

| | |
|---|---|
| Wilhelm I. | um 934 |
| Wilhelm II. | ? |
| Heinrich I. von Manderscheid | ? |
| Richard I. von Nieder-Manderscheid | ? |
| Richard II. von Malberg | ? |
| Volfold von Kayl | ? |
| Wennemar von Kerpen | 1195—1238 |
| Albero von Manderscheid | ? |
| Dietrich von Kerpen | † 1252 |
| Heinrich II. von Manderscheid | nach 1252 |
| Wilkin | † 1267 |
| Wilhelm IV. | 1267—1328 |
| Wilhelm V. | 1328—1345 |
| Wilhelm VI. | 1345—1370 |
| Wilhelm VII. | 1370—1386 |

| | |
|---|---|
| Dietrich I. . . . . . . . . . . | 1386—1426 |
| Dietrich II. . . . . . . . . . . } | 1426—1469 |
| Wilhelm VIII. von Kayl und Wartenstein } | 1426—1456 |
| Dietrich III., **Graf 1453**, in Schleiden 1445, in Blankenheim 1468 . . . . . . . . | 1453—1488 |
| | † 1498 |

Teilung unter seinen Söhnen 1488.

### Manderscheid-Schleiden.

| | |
|---|---|
| Kuno I. . . | 1488—1489 |
| Kuno II. . . | 1489—1491 |
| Dietrich IV., in Schleiden, Kerpen u. Virneburg | 1491—1551 |
| Dietrich V. . | 1551—1560 |
| Dietrich VI. . | 1560—1593 |
| Joachim i. Virneburg u. Neuerburg, Graf von Roucy . . . | 1560—1582 |
| Philipp Dietrich | 1582—1590 |
| Magdalena . . | 1590—1639 |
| Elisabeth Amalie | 1639—1647 |

Manderscheid-Schleiden an Kayl,
Virneburg an Löwenstein-Wertheim,
Roucy an Leuchtenberg.

### Kayl.

| | |
|---|---|
| Wilhelm . . | 1488—1502 |
| Jakob | 1502—1562 |
| Dietrich I. . . | 1562—1577 |
| Dietrich II. . | 1577—1613 |
| Philipp Dietrich | 1613—1653 |
| Hermann Franz | 1653—1686 |
| Karl Franz Ludwig . . | 1686—1721 |
| Wolfgang Heinrich . . . | 1721—1742 |

An Blankenheim.

### Blankenheim und Gerolstein.

| | |
|---|---|
| Johann I. . . . . . . . | 1488—1524 |
| Johann II. . . . . . . . | 1524—1533 |

Teilung unter seinen Brüdern 1533.

### Gerolstein und Bettingen.

| | |
|---|---|
| Gerhard . . | 1533—1548 |
| Johann Gerhard | 1548—1611 |
| Karl . . | 1611—1649 |
| Ferdinand Ludwig . . . | 1649—1671 |
| Karl Ferdinand | 1671—1697 |

An Blankenheim.

### Blankenheim.

| | |
|---|---|
| Arnold I. . . | 1533—1548 |
| Hermann . . | 1548—1604 |
| Arnold II. . . | 1604—1614 |
| Johann Arnold | 1614—1644 |
| Salentin Ernst | 1644—1694 |
| | † 1705 |
| Franz Georg . | 1694—1731 |
| Johann Wilhelm Franz . . | 1731—1772 |
| Joseph Franz Georg Ludwig . | 1772—1780 |
| Philipp Christian, Gr. v. Sternberg-Manderscheid (Johann Wilhelm Franz' Schwiegersohn) | 1780—1798 |
| Franz Joseph, Gr. v. Sternberg-Manderscheid . . . | 1798—1803 |
| | † 1830 |
| An Frankreich | 1803—1813 |
| An Preußen | 1813 |

## 63. Blankenheim-Schleiden.

| | |
|---|---|
| Gerhard I. von Blankenheim, Schleiden, Casselburg und Gerhardstein . . . . . . | um 1115 |

Teilung unter seinen Söhnen.

### Blankenheim.

| | |
|---|---|
| Gerhard II. . . . . . . | 1149—1174 |
| Konrad . . . . . | um 1190 |
| Gerhard III. . . | um 1220 |
| Friedrich I. . . | um 1268 |
| Gerhard IV. . . | † 1308 |
| Friedrich II. . . } | 1308—1329 |
| Arnold I. . . } | 1308—1352 |
| Gerhard V. . . } | 1308—1350 |
| Arnold II. von Bruch . . | † 1360 |
| Gerhard VI. . . } | 1350—1364 |
| Arnold III. . . } | 1350—1358 |

| | | |
|---|---|---|
| Arnold IV. . . ? | Gerhard VII., **Graf 1405** | |
| Arnold V., **Graf** 1395 | | 1358—1406 |
| † 1405? | Elisabeth | 1406—1463 |

An Heinsberg 1463—1468
An Manderscheid 1468

### Arnold um 1150.

### Schleiden.

| | |
|---|---|
| Konrad I. . . . . . . | um 1140 |
| Gerhard . . . . . | um 1166 |
| Konrad II. . . | um 1215 |
| Friedrich I. . . | um 1240 |
| Friedrich II. . . | um 1250 |
| Konrad III. . . | 1269—1306 |
| Friedrich III. . . | 1306—1320 |
| Konrad IV. . . | um 1345 |
| Johann I. . . | † 1371 |
| Konrad V. von Schleiden und Neuenstein . . . . . | 1366—1419 |
| Johann II. . . | 1419—1445 |

An Manderscheid 1445.

## 64. Virneburg.

| | |
|---|---|
| Graf Heinrich II. . . | 1238—1285 |
| Ruprecht II. . . | 1285—1311 |
| Ruprecht III. . . | 1311—1344 |
| Adolf . . . | 1344—1364 |
| Gerhard . . . | 1354—1374 |

| | |
|---|---|
| Heinrich III. | 1364—1374 |
| Ruprecht IV. | 1374—1402 |
| Ruprecht V. | 1402—1444 |
| Philipp I. | 1402—1443 |

Teilung unter den Söhnen Philipps I. 1444.

**Saffenberg.**

| | |
|---|---|
| Ruprecht VI. | 1444—1459 |
| Philipp II. | 1459—1517 |
| Philipp III. | 1517—1534 |
| Kuno | 1534—1545 |

An Manderscheid-Schleiden 1545—1590.
An Löwenstein 1590.

**Virneburg.**

| | |
|---|---|
| Wilhelm | 1444—1469 |
| Georg | 1469—1485 |

An Manderscheid-Schleiden 1485—1590.
An Löwenstein 1590.

---

## 65. Neuenahr.

Dietrich I., Graf von Ahr . . 1107—1126, † v. 1132

Teilung unter seinen Söhnen.

**Nurburg.**

| | |
|---|---|
| Ulrich | 1144—1197 |
| Gerhard I. | 1197—1225 |
| Otto, Graf von Neuenahr | 1222—1231 |
| Gerhard II. | 1231—1265 |
| Dietrich II. | 1265—1276 |

Teilung unter seinen Söhnen 1276.

**Ahr.**

| | |
|---|---|
| Lothar | 1126—1163 |
| Dietrich II. | 1163 |
| Hermann | 1163—1210 |

An Nurburg.

**Hochstaden.**

| | |
|---|---|
| Otto | 1144—1167 |
| Dietrich I. | 1167—1195 |
| Lothar I. | 1195—1222 |
| Lothar II. | 1222—1243 |
| Dietrich II. | 1243—1246 |
| Friedrich | 1246—1260 |
| Konrad | 1260—1261 |

An das Erzbistum Köln geschenkt.

**Neuenahr.**

| | |
|---|---|
| Wilhelm I. | 1276—1307 |
| Wilhelm II. | 1307—1336 |
| Wilhelm III. | 1336—1363 |
| Johann von Saffenberg | 1363—1369 |
| Wilhelm IV. | 1369—1419 |

An Virneburg.

**Godesberg.**

| | |
|---|---|
| Johann I. | 1276—1301 |
| Johann II. | 1301—1337 |
| Johann III. | 1337—1362 |
| Johann IV. | 1362—1371 |
| Gumprecht I. | 1371—1425 |
| Gumprecht II. | 1425—1465 |

Teilung unter seinen Söhnen 1465.

**Alpheim.**

| | |
|---|---|
| Friedrich | 1465—1470 |
| Gumprecht III. | 1470—1500 |
| Gumprecht IV. | 1500—1546 |
| Adolf, in Mörs 1578 | 1546—1589 |

Mit Mörs vereinigt 1578.

**Mörs.**

| | |
|---|---|
| Wilhelm I. | 1465—1497 |
| Wilhelm II. | 1497—1553 |
| Hermann | 1553—1578 |
| Walburg | 1578—1600 |

An Nassau-Oranien vererbt 1600.
An Preußen 1702.

---

## 66. Kleve.

| | |
|---|---|
| Dietrich I., Graf 1100 | 1092—1119 |
| Arnold I. | 1119—1147? |
| Dietrich II. | 1147?—1172 |
| Dietrich III. | 1172?—1188? |
| Dietrich IV. | 1188—1198 |
| Arnold II. | 1198—1201 |
| Dietrich V. | 1201—1260 |
| Dietrich VI. | 1260—1275 |
| Dietrich VII. | 1275—1305 |
| Otto | 1305—1311 |
| Dietrich VIII. | 1311—1347 |
| Johann | 1347—1368 |

Kleve durch Heirat an Mark.

---

## 67. Jülich.

| | |
|---|---|
| Gerhard I., Graf im Jülichgau | 1003—1029 |
| Gerhard II. | 1051—1081 |
| Gerhard III. | 1094—1114 |
| Gerhard IV. | 1114—1127 |
| Gerhard V. | 1130—1138 |
| Gerhard VI. | 1141—1142, † v. 1153 |
| Wilhelm I., Graf von Jülich | 1143—1176 |
| Wilhelm II. | 1176—1207 |
| Wilhelm III. | 1207—1219 |
| Wilhelm IV. | 1219—1277 |
| Wilhelm V. | 1274—1277 |
| Walram | 1277—1297 |
| Gerhard VI. | 1297—1328 |
| Wilhelm VI. (I.), Herzog 1356 | 1328—1361 |
| Wilhelm II. | 1361—1393 |
| Wilhelm III. | 1393—1402 |
| Reinhold | 1402—1423 |
| Adolf | 1423—1437 |
| Gerhard VII. | 1437—1475 |
| Wilhelm IV. | 1475—1511 |

Jülich durch Heirat an Mark.

## 68 Berg.

| | | | |
|---|---|---|---|
| Hermann I., Vogt von Deutz | 1003—1019 | Engelbert II., Erzb. v. Köln, Regent | 1218—1225 |
| Adolf I. | 1008—1018 | Irmgard | 1218—1247 |
| Hermann II., Vogt von Deutz | um 1045 | Heinrich, Graf von Limburg (ihr Gemahl 1217) | 1218—1247 |
| Adolf II., Vogt vom Berge | 1068—1090 | Adolf VI. | 1247—1259 |
| Adolf III., Graf von Berg 1093 | 1093—1132, † 1152 | Adolf VII. | 1259—1296 |
| Adolf IV., Graf v. Berg u. Altena | 1132—1160 | Wilhelm | 1296—1308 |
| Engelbert I. | 1160—1189 | Adolf VIII. | 1308—1348 |
| Eberhard von Mark | 1160—1180 | Margaretha | 1348—1366, † 1384 |
| Adolf V. | 1189—1218 | | |

Berg durch Heirat an Jülich.

## 69. Mark.

| | |
|---|---|
| Eberhard I., Graf v. Altena-Berg | 1160—1180 |
| Friedrich | 1180—1198 |
| Adolf I., Graf von der Mark 1208 | 1198—1249 |
| Engelbert I. | 1249—1277 |
| Eberhard II. | 1277—1308 |
| Engelbert II. | 1308—1328 |
| Adolf II. | 1328—1347 |
| Engelbert III. | 1347—1391 |
| Adolf III. | 1391—1394 |
| Dietrich | 1394—1398 |
| Gerhard in Mark | 1398—1461 |
| Adolf IV. in Kleve | 1398—1448 |

Teilung unter seinen Söhnen 1448.

### Kleve.

| | |
|---|---|
| Johann I. | 1448—1481 |
| Johann II. | 1481—1521 |
| Johann III., der Friedfertige | 1521—1539 |
| Wilhelm der Reiche | 1539—1592 |
| Johann Wilhelm | 1592—1609 |

Kleve, Mark und Ravensberg mit Brandenburg
vereinigt 1609—1805.
Jülich und Berg mit Pfalz(-Neuburg) vereinigt
1609—1799, an Bayern 1799—1805.
Beides an Frankreich 1805—1806.
Joachim Murat, **Großherzog von
Berg** 1806—1808, † 1815
An Frankreich 1808—1810.
Ludwig Bonaparte, **Großherzog von
Berg** 1810—1813, † 1831
An Preußen 1813.

### Ravenstein.

| | |
|---|---|
| Adolf | 1448—1492 |
| Philipp | 1492—1528 |

An Kleve.

## 70. Ravensberg.

| | | | |
|---|---|---|---|
| Hermann I., Graf von Calvelage | 1072—1082 | Hermann II. | 1207—1218 |
| Hermann II. | 1096—1141 | Ludwig | 1217—1249 |
| Otto I., Graf v. Ravensberg 1150 | 1141—1170, † 1192 | Otto III. | 1249—1306 |
| Heinrich | 1158—1176 | Otto IV. | 1306—1328 |
| Hermann III. (I.) | 1166—1218, † v. 1221 | Bernhard | 1328—1346 |
| Otto II. | 1200—1244 | | |

Ravensberg durch Heirat an Berg.

## 71. Tecklenburg.

| | | | |
|---|---|---|---|
| Bernhard | um 980 | Otto IV. | 1226—1234 |
| Otto I., Graf | † um 1150 | Adolf | 1232—1234 |
| Heinrich I. | 1150—1173 | Heinrich III. | 1226, † 1248 |
| Otto II. | 1150—? | Heilwig (Mathilde) | 1226—1232 |
| Simon | 1170—1203, † 1207 | Elisabeth | 1232—1253 |
| Otto III. | 1198—1262 | | |
| Heinrich II. | 1198—1226 | | |

Tecklenburg durch Heirat an Bentheim.

## 72. Steinfurt.

| | |
|---|---|
| Ludolf I. | um 1134 |
| Rudolf I. | um 1129—1134 |
| Rudolf II. | um 1180 |
| Ludolf II. | um 1224, † v. 1242 |

Ludolf III. . . . . . . . . . . . ⎫    um 1224—1248
Bernhard . . . . . . . . . . . . ⎪    um 1224—1225
Wilhelm . . . . . . . . . . . . ⎬    um 1224—1225
Balduin 1. . . . . . . . . . . ⎪    um 1228
Arnold . . . . . . . . . . . . ⎭    um 1221

Söhne Ludolfs III.:

| | | |
|---|---|---|
| Ludolf IV. . . . . . . . 1244—1277 | Balduin II. . . . 1244—1316, † v. 1318 |
| Ludolf V. . . . . . . 1278—1282 | Ludolf VI. . . . . . . . 1318—1360 |
| † n. 1288 | Ludolf VII. . . . ⎫ 1355—1391, † n. 1391 |
| | Balduin IV. . . . ⎬ |
| | Dietrich . . . . ⎭ 1331—1369 |
| | Ludolf VIII. . . . . . . 1391—1421 |

An das Haus Götterswyk (Bentheim).

## 73. Bentheim.
### Übersicht über die Teilungen.
Teilung 1277.

| **A. Tecklenburg.** | **B. Bentheim.** |
|---|---|
| Teilung 1450. | Teilung 1454. |

| I. Tecklenburg. | II. Lingen. | I. Steinfurt. | II. Bentheim. |
|---|---|---|---|
| † 1557. | — 1547. | Teilung 1606. | † 1530. |

a. Tecklenburg-Rheda                                b. Steinfurt.
blüht als                                Teilung 1643.
**Bentheim-Tecklenburg-Rheda.**

| | | |
|---|---|---|
| 1. Bentheim-Steinfurt. | 2. Bentheim-Bentheim |
| blüht als | — 1753. |
| **Bentheim-Bentheim und Bentheim-Steinfurt.** | |

Graf Otto I., (Bruder Florenz' III. von Holland)    1182—1207
Balduin . . . . . . . . . . . . . . . .    1207—1247
Otto II. . . . . . . . . . . . . . . .    1247—1277
Teilung unter seinen Söhnen 1277.

### A. Bentheim-Tecklenburg.

Otto III. . . . . . . . . . . . . 1277—1289
Otto IV. . . . . . . . . . . . . 1289—1302
Otto V. . . . . . . . . . . . . 1302—1328
Richardis . . . . . . . . . . . . 1328—1338
Nikolaus I., Graf von Schwerin (ihr Sohn) . 1338—1360
Otto VI. . . . . . . . . . . . . 1360—1388
Nikolaus II. . . . . . . . . . . . . 1388—1426
Otto VII. . . . . . . . . . . . . 1426—1450
Teilung unter seinen Söhnen 1450.

| **Tecklenburg.** | **Lingen.** |
|---|---|
| Nikolaus III. . . . 1450—1493, † 1508 | Otto . . . . . . . . . . ⎫ 1450—1508 |
| Otto VIII. . . . . . 1493—1526 | Nikolaus III. v. Tecklenburg ⎭ 1493—1508 |
| Konrad . . . . . . 1526—1557 | Nikolaus IV. . . . . . 1508—1541 |
| Mit Bentheim-Bentheim vereinigt 1557—1707. | Konrad von Tecklenburg 1541—1547, † 1557 |
| An Preußen 1707. | Maximilian von Egmont-Büren . 1547—1548 |
| | Anna (Gemahl. Wilhelm von Oranien) 1548—1555 |
| | † 1560 |

An Spanien    1555—1588
An Oranien    1588—1605
An Spanien    1605—1632
An Oranien    1632—1702
An Preußen    1702—1809
An Berg    1809—1813
An Preußen    1813—1815
An Hannover    1815

### B. Bentheim-Bentheim.

Egbert . . . . . . . . . . . . 1277—1305
Johann . . . . . . . . . . . . 1305—1333
Simon . . . . . . . . . . . . 1333—1348
Otto III. . . . . . . . . . 1348—1364, † 1379
Bernhard 1. . . . . . . . . . 1364—1421

Eberwin I. von Götterswyk . . . . . . 1421—1454

Teilung unter seinen Söhnen 1454.

| **Bentheim-Steinfurt.** | | **Bentheim-Bentheim.** | |
|---|---|---|---|
| Arnold I. . . . . . . | 1454—1466 | Bernhard II. . . . . . . | 1454—1473 |
| Eberwin II., **Graf** 26./4. 1495 . | 1466—1498 | Eberwin . . . . . . . . | 1473—1530 |
| Arnold II. . . . . . . | 1498—1544 | Mit Bentheim-Steinfurt vereinigt. | |
| Eberwin III. . . . . . | 1544—1562 | | |
| Arnold III. . . . . . . | 1562—1606 | | |

Teilung unter seinen Söhnen 1606.

| **Bentheim-Tecklenburg-Rheda.** | | **Bentheim-Steinfurt.** | |
|---|---|---|---|
| Adolf . . . . . . | 1606—1625 | Arnold Jobst . . . . . . . | 1606—1643 |
| Moritz . . . . . . | 1625—1674 | Wilhelm Heinrich in Steinfurt . . | 1606—1632 |
| Johann Adolf . . | 1674—1701 | Friedrich Ludolf in Alpen . . . . | 1606—1629 |
| Friedrich Moritz . . | 1701—1710 | Konrad Gumprecht in Limburg . . . . | 1606—1618 |
| Moritz Kasimir I. . . | 1710—1768 | | |
| Moritz Kasimir II. . . | 1768—1805 | | |
| Emil, **Fürst** 20./6. 1817 . | 1805—1837 | | |

Mediatisierung der Grafschaft 1806.

Teilung unter den Söhnen Arnold Jobsts 1643.

| | | **Bentheim-Steinfurt.** | | **Bentheim-Bentheim.** | |
|---|---|---|---|---|---|
| Kasimir . . . . . . | 1837—1872 | Ernst Wilhelm . . | 1643—1693 | Philipp Konrad . . . | 1643—1668 |
| Franz . . . . . . | 1872—1885 | Ernst . . . . | 1693—1713 | Arnold Moritz . . . | 1668—1701 |
| Gustav . . . . . | 1885— | Karl Friedrich . . | 1713—1733 | Hermann Friedrich . . | 1701—1723 |
| | | Karl Paul Ernst . . | 1733—1780 | † 1731 | |
| | | Ludwig, **Fürst** 17./1. 1817 | 1780—1817 | Ludwig Franz . . . | 1723—1731 |
| | | Mediatisierung der Grafschaft 1806. | | Friedrich Karl . . . | 1731—1803 |
| | | Alexius Friedrich . . | 1817—1866 | An Hannover verpfändet 1753—1806 | |
| | | Ludwig . . . . | 1866—1890 | An Berg 1806—1813 | |
| | | Alexis . . . . . | 1890— | An Preußen 1813—1819 | |
| | | | | An Steinfurt 1819 | |

## 74. Aremberg.

| | |
|---|---|
| Franko von Arberg, Burggraf von Köln . . | 1117—1129 |
| Heinrich I. . . . . . . . . | 1136—1187 |
| Eberhard I. . . . . . . . | nach 1187 |
| Eberhard II. . . . . . . . | 1202—1229 |
| Heinrich II. . . . . . . . | 1220—1250 |
| Gerhard . . . . . . . . | 1252—1260 |
| Johann I. . . . . . . 1260—1279, † v. 1287 | |
| Mathilde (Gemahl Engelbert v. d. Mark, † 1328) | 1282—1299 |
| Eberhard I. (III.) von Aremberg . . . | 1328—1387 |
| Eberhard II. (IV.) . . . . . . | 1387—1454 |

Teilung unter seinen Söhnen 1454.

| **Aremberg.** | | **Rochefort.** | |
|---|---|---|---|
| Johann II. . . . . . . | 1454—1480 | Ludwig I. . . . . . | 1454—? |
| Eberhard III. (V.) . . . | 1480—1496 | Ludwig II. . . . . . . | ?—1540 |
| Eberhard IV. (VI.) . . . | 1496—1531 | Ludwig III. . . . . . | 1540—1544 |
| Robert I. . . . . . . | 1531—1541 | An Stolberg vererbt. | |
| Robert II. . . . . . . | † 1536 | | |
| Robert III. . . . . . | 1541—1544 | | |
| Margarethe . . . . . | 1544—1596 | | |
| Johann III. von Ligne (ihr Gemahl) | 1547—1568 | | |
| Karl, **Fürst** 5./3. 1576 . . . | 1568—1616 | | |
| Philipp Karl . . . . . | 1616—1640 | | |
| Philipp Franz, **Herzog** 9./6. 1645 | 1640—1675 | | |
| Karl Eugen . . . . . | 1675—1681 | | |
| Philipp Karl Franz . . . | 1681—1691 | | |
| Leopold . . . . . . | 1691—1754 | | |
| Karl . . . . . . . | 1754—1778 | | |
| Ludwig Engelbert . . 1778—1803, † 1820 | | | |
| Prosper Ludwig, **souveräner Herzog** 1806—1810 . . . . | 1803—1861 | | |

Frankreich einverleibt 1810—1814.

Mediatisierung des Herzogtums 1814.

| | |
|---|---|
| Engelbert August Anton . . . | 1861—1875 |
| Engelbert Prosper . . . . | 1875— |

## 75. Croy.

### Übersicht über die Teilungen.

Teilung 1415.

| **A. Croy.** | | **B. Tour-Chimay.** |
| --- | --- | --- |
| Teilung 1475. | | Teilung. |

| I. Croy. | II. Roeux. | I. Chimay. | II. Saimpry. |
| --- | --- | --- | --- |
| Teilung 1514. | Teilung 1487. | † 1539. | Teilung 1612. |

| a. Aerschot. | b. Porcien. | a. Roeux. | b. Clarques-Crêques. | a. Croy-Solre. | b. Renty. | c. Croy-Havré. |
| --- | --- | --- | --- | --- | --- | --- |
| Teilung. | † 1567. | † 1585 | Teilung? | Teilung 1670. | † 1640 | |

| 1. Croy. | 2. Chimay. | 3. Renty. | 4. Havré. | 1. Roeux. | 2. Mogen. | 1. Croy-Dülmen. | 2. Molembais. |
| --- | --- | --- | --- | --- | --- | --- | --- |
| † 1551. | † 1613. | † 1565. | Teilung 1613. | † 1767. | † 1674. | | † 1725 |

| α. Croy. | β. Vinstingen. |
| --- | --- |
| † 1664. | † 1684. |

Ägidius von Croy . . . . . . . um 1207
Jakob I. . . . . . . . um 1287
Jakob II. . . . . . . . um 1313
Wilhelm I., in Renty 1354 . . . . . 1350—1384
Johann . . . . . . . . 1384—1415

Teilung unter seinen Söhnen 1415.

### A. Croy.

Anton der Große . . . . . . . 1415—1475

Teilung unter seinen Söhnen 1475.

### I. Croy.

Philipp I. . . . . . . . . 1475—1511
Heinrich . . . . . . . . } 1511—1514
Wilhelm . . . . . . . . } 1511—1521

Teilung unter Heinrichs Söhnen 1514.

| **Aerschot.** | | **Porcien.** |
| --- | --- | --- |
| Philipp II., Herzog von Aerschot . . . . 1514—1549 | Karl . . . . . . . . . 1514—? | |
| | Anton, Fürst 1561 . . . . . . . . ?—1567 | |
| Teilung unter seinen Söhnen. | An Aerschot. | |

| **Croy.** | **Chimay-Porcien.** | **Renty.** | **Havré.** |
| --- | --- | --- | --- |
| Karl I. . 1549—1551 | Philipp III. 1551—1595 | Wilhelm 1561—1565 | Karl Philipp, Fürst v. |
| | Karl II., Herzog von | An Croy-Solre. | Croy 1594 1574—1613 |
| | Croy 1598 1595—1612 | | Teilung u. s. Söhnen 1613. |
| | Anna . 1595—1613 | | |
| | An Ligne-Aremberg. | | |

| **Croy.** | | **Vinstingen.** | |
| --- | --- | --- | --- |
| Karl Alexander . 1613—1624 | | Ernst . . . . 1613—1631 | |
| Maria Klara . . 1624—1664 | | Ernst Bogislaw . 1631—1684 | |
| An Croy-Havré. | | An Croy-Havré. | |

### II. Roeux.

Johann . . . . . . . . . 1475—1487

Teilung unter seinen Söhnen 1487.

| **Roeux.** | | **Clarques-Crêques.** | |
| --- | --- | --- | --- |
| Friedrich . . . . . . . 1487—1524 | | Johann . . . . . . . . 1487—? | |
| Hadrian, Graf 1530 . . . . 1524—1553 | | Eustach I. . . . . . . . ? | |
| Johann . . . . . . . 1553—1581 | | Teilung unter seinen Söhnen. | |
| Eustach . . . . . . . 1581—1582 | | | |
| Gerhard . . . . . . . 1582—1585 | | | |
| An Clarques-Crêques. | | | |

| | | **Roeux.** | **Megen.** |
| --- | --- | --- | --- |
| | | Claudius . . 1585—1609 | Franz Heinrich ?—1659 |
| | | Teilung unter seinen Söhnen. | Albrecht Franz 1659—1674 |
| | | | Megen verkauft. |

| **Roeux** | | **Megen (Clarques-Crêques)** | |
| --- | --- | --- | --- |
| Eustach II., Fürst . 1609—1653 | | Jakob Philipp, Fürst | |
| Albert Claudius . . 1653—1660 | | 1664 . . . . 1609—1681 | |
| Ferdinand Gaston Lamoral . . . 1660—1736 | | Karl Eugen . . . 1681—1702 | |
| Ferdinand Gaston Joseph Alexander 1736—1767 | | | |

### B. Tour=Chimay.

| | |
|---|---|
| Johann von Tour=sur=Marne, Gr. v. Chimay 1473 | 1422—1473 |
| Michael der Bärtige von Saimpry . . . .⎱ | 1473—1516 |
| Philipp von Chimay . . . . . . .⎰ | 1473—1482 |

Teilung unter Philipps Söhnen.

| **Chimay.** | | **Saimpry=Solre.** | |
|---|---|---|---|
| Karl, Fürst 9./4. 1486 . . . . | 1473—1527 | Anton . . . . . . . . | 1482—1546 |
| Anna . . . . . . . . | 1527—1539 | Jakob . . . . . . . . | 1546—1587 |
| An Croy=Aerschot. | | Philipp, Graf von Solre 1590 . | 1587—1612 |

Teilung unter seinen Söhnen 1612.

| **Croy=Solre.** | | **Renty.** | | **Havré.** | |
|---|---|---|---|---|---|
| Johann . . . . | 1612—1640 | Karl Philipp, Herzog von | | Philipp Franz v. Langle | |
| Philipp Emanuel . . | 1640—1670 | Croy=Havré . . . | 1627—1640 | u. Turcoing, Herzog v. | |
| Teilung unter seinen Söhnen 1670. | | | | Havré 1624 . . .⎱ | 1613—1650 |
| | | | | Maria Klara . . .⎰ | 1624—1664 |
| **Croy=Solre(=Dülmen).** | | **Molembais.** | | Ferdinand Franz Joseph | 1664—1694 |
| Philipp Emanuel Ferdinand | | Balthasar . . . . | 1670—1704 | Joseph Franz | 1694—1697 |
| Franz, Fürst v. Solre | | Ferdinand Joseph . . | 1704—1711 | Karl Joseph Anton . . | 1697—1710 |
| 14./10. 1677 . . | 1670—1718 | Philipp Franz . . . | 1711—1725 | Johann Baptist . . | 1710—1727 |
| Philipp Emanuel | | | | Ludwig Ferdinand . . | 1727—1761 |
| Alexander . . | 1718—1723 | | | Joseph . . . . . | 1761—1839 |
| Emanuel, Reichsfürst 26./1. | | | | Maximilian von Croy= | |
| 1742, Herzog v. Croy | | | | Dülmen . . . . | 1839— |
| 1768 . . . | 1723—1784 | | | | |
| Anna Emanuel, Fürst von | | | | | |
| Dülmen 1803 . . . | 1784—1803 | | | | |
| August . . . . | 1803—1822 | | | | |
| Emanuel Maximilian, | | | | | |
| in Solre . . . | 1822—1842 | | | | |
| Alfred . . . . | 1822—1861 | | | | |
| Rudolf . . . . | 1861—1902 | | | | |
| Karl . . . . | 1902— | | | | |

---

### 76. Croy=Chanel (Croy de Hongrie).

| | | | |
|---|---|---|---|
| Anton von Croy=Chanel . . | 1290—1316 | Johann IV. . . . . . | 1557—1568 |
| Peter . . . . . . . | 1308—1331 | Claudius I. . . . . . | 1565—1598 |
| Wilhelm . . . . . . | 1336—1346 | Philibert . . . . . | 1601—1625 |
| Johann I. . . . . . | 1346—1401 | Franz Lorenz . . . . | 1625—1642 |
| Johann II. . . . . . | 1401—1416 | Claudius II. . . . . | 1654—1683 |
| Rudolf . . . . . . | 1404—1443 | Claudius III. . . . . | 1683—1742 |
| Hector . . . . . . | 1443—1489 | Johann Claudius . . . | 1742—1790 |
| Johann III. . . . . | 1488—1530 | Claudius IV. . . . . | 1790—1799 |
| Ludwig Georg . . . . | 1537—1561 | Claudius Franz . . . . | 1799, † 1844 |

---

### 77. Chimay.

| | | | |
|---|---|---|---|
| Guido, Graf von Soissons . . | 1361—1397 | Albert . . . . . . | 1629—1648 |
| Johann I. von Croy . . . | 1397—1415 | Philipp . . . . . . | 1648—1675 |
| Johann II., Graf 1473 . . | 1415—1473 | Ernst Dominicus . . . | 1675—1693 |
| Philipp . . . . . . | 1473—1482 | Alexander Gabriel, Reichsfürst | |
| Karl, Fürst 9./4. 1486 . . | 1482—1527 | 16./10. 1736 . . . . | 1693—1754 |
| Philipp (II.) von Croy=Aerschot . | 1527—1549 | Philipp Gabriel Moritz . . | 1754—1804 |
| Karl von Croy=Aerschot . . . | 1549—1551 | Franz Joseph, Graf von Cara= | |
| Philipp (III.) von Croy=Aerschot | 1551—1595 | man (sein Neffe) . . | 1824—184 |
| Karl von Ligne, Fürst von Arem= | | Joseph . . . . . . | 184 —1886 |
| berg . . . . . . | 1595—1616 | Joseph Maria Guy Heinrich . | 1886—1892 |
| Alexander . . . . . . | 1616—1629 | Joseph Maria Anatole Elias . | 1892— |

---

### 78. Ligne.

| | | | |
|---|---|---|---|
| Johann I. . . . . . . | † 1442 | Florenz . . . . . . | 1616—1619 |
| Michael . . . . . . | 1442—1474 | Claudius Lamoral I. . . | 1619—1679 |
| Johann II. . . . . . | 1474—1491 | Heinrich Ernst . . . | 1679—1707 |
| Anton . . . . . . . | 1491—1532 | Claudius Lamoral II. . . | 1707—1766 |
| Jakob, Graf 1545, Reichsgraf 1549 | 1532—1552 | Karl Joseph . . . . | 1766—1814 |
| Philipp . . . . . . | 1552—1583 | Eugen Lamoral . . . . | 1814—1880 |
| Lamoral, Fürst 20./3. 1601 . . | 1583—1616 | Ludwig . . . . . . | 1880— |

---

## 79. Horn.

| | |
|---|---|
| Wilhelm I., Graf von Horn | v. 1219—1237? |
| Wilhelm II. | 1237?—1240 |
| Wilhelm III. | 1240—1264 |
| Wilhelm IV. | 1264—1304 |
| Gerhard I. | 1304—1333 |
| Wilhelm V. | 1333—1343 |

Teilung unter seinen Söhnen 1343.

### A. Horn.

| | |
|---|---|
| Gerhard II. | 1343—1345 |
| Wilhelm VI. | 1345—1358 |
| Wilhelm VII. | 1358—1415 |
| Wilhelm VIII. | 1415—1433 |
| Jakob I. | 1433—1466, † 1488 |
| Jakob II. | 1466—1530 |
| Jakob III. | 1530—1531 |
| Johann | 1531—1540 |
| Philipp von Montmorency, Graf von Horn | 1540—1568 |

An Lüttich.

---

### B. Perweys.

| | |
|---|---|
| Dietrich | 1343—1380 |
| Heinrich I. | 1380—1408 |
| Johann | 1408—1448 |
| Heinrich II. | 1448—1483 |

An Merode vererbt.

---

### C. Herstal.

| | |
|---|---|
| Dietrich Loef | 1358—1390 |

Teilung unter seinen Söhnen 1390.

---

| **Beaucignies.** | | **Keffenich.** | |
|---|---|---|---|
| Arnold I. | 1390—? | Johann I. | 1390—? |
| Johann | ?—1436 | Arnold | ?—1456? |
| Philipp | 1436—1488 | Johann II. | 1456?—1468 |
| | | Johann III. | 1468—? |

Teilung unter seinen Söhnen 1488.

---

| **Gaesbeck.** | | **Beaucignies.** | |
|---|---|---|---|
| Arnold II. | 1488—1505 | Johann I. | 1488—1521 |
| Maximilian | 1505—1542 | Philipp | 1521—1541 |
| Martin | 1542—1570 | Johann II. | 1541—1606 |
| | | Gerhard | 1606—1612 |

| | | | | |
|---|---|---|---|---|
| Georg | 1570—1608 | Amand | 1570—1617 | |
| Lamoral | 1608—? | Gottfried | 1617—1644 | |
| Philipp Lamoral | ?—1668 | Johann | 1644—1698 | |
| Philipp Eugen | 1668—1677 | Franz | 1698—1730 | |
| Philipp Maxi= | | Karl Maximilian | 1730—1772 | |
| milian | 1677—1709 | Johann Philipp | 1772—1818 | |
| | | Johann | 1818—1863 | |

| | |
|---|---|
| Ambrosius | 1612—? |
| Eugen Maximilian, Fürst v. Hor=nes 19./10. 1677 | ?—? |
| Philipp Emanuel | ?—1718 |
| Maximilian Emanuel, **Reichsfürst** 18./8. 1736 | 1718—1763 |

An Salm-Kyrburg vererbt.

---

## 80. Ostfriesland.

Dynastie Cirksena. 1400—1744.

| | |
|---|---|
| Enno I. Edzardsna | 1400—1450 |
| Ulrich I., **Graf** 1454 | 1450—1466 |
| Enno I. | 1466—1491 |
| Edzard I., der Große | 1491—1528 |
| Ulrich II. | 1528 |
| Enno II. | 1528—1540 |
| Edzard II. | 1540—1599 |

Teilung unter seinen Söhnen.

---

| **Ostfriesland.** | | **Rietberg.** | |
|---|---|---|---|
| Enno III. | 1599—1625 | Johann I. | 1618—1625 |
| Rudolf Christian | 1625—1628 | Ernst Christoph | 1625—1640 |

Ulrich III. . . . . . . . 1628—1648
Teilung unter seinen Söhnen 1648.

| Ostfriesland. | Norden. |
|---|---|
| Enno Ludwig Fürst 1654 . 1648—1660 | Edzard Ferdinand . 1648—1668 |
| Georg Christian 1660—1665 | Edzard Eberhard Wilhelm 1668—1707 |
| Christian Eberhard . 1665—1708 | Friedrich Ulrich 1707—1710 |
| Georg Albrecht 1708—1734 | An Ostfriesland. |
| Karl Edzard . 1734—1744 | |
| An Preußen . 1744—1801 | |
| An Frankreich 1801—1806 | |
| Zum Königreich Holland gehörig . . 1806—1810 | |
| An Frankreich 1810—1813 | |
| An Hannover 1813 | |

Johann II. . . . . . . . 1640—1660
Friedrich Wilhelm . . . . 1660—1677
Ferdinand Maximilian . . . 1677—1687
Franz Adolf Wilhelm . . . . 1687—1690
Marie Ernestine Franziska . . 1690—1758
An Kaunitz 1746.

---

## 81. Oldenburg.

Graf Elimar I. . . . . . . . 1101—1108
Elimar II. . . . . . . . . 1108—1143
Teilung unter seinen Söhnen 1143.

### A. Oldenburg.

Christian I., der Streitbare . . . . . 1143—1168
Moritz I. . . . . . . . 1168—1211, † um 1218
Christian II. . . . . . . .} 1211—1251
Otto II. . . . . . . . .} 1211—1262
Johann IX. (III.) . . . . . . . 1251—1272
Teilung unter seinen Söhnen 1272.

| Oldenburg. | Delmenhorst. |
|---|---|
| Christian III. . . . . 1272—1278 | Otto III. . . . . . . . 1278—1301 |
| Johann X. (IV.) . . . . . 1278—1305 | |
| An Delmenhorst. | Teilung unter seinen Söhnen 1301. |

| Oldenburg. | Delmenhorst. |
|---|---|
| Johann XI. (V.) . . . . 1301—1345 | Christian IV. . . . . . . 1301—1346 |
| Konrad I. . . . . 1345—1368 | Johann XII. . . . . . .} 1346—? |
| Konrad II. . . . . 1368—1386 | Christian V. . . . . . .} 1346, †1368 |
| Christian VI. . . . .} 1386—1398 | Otto IV. . . . . . . .} 1346—1368 |
| Moritz III. . . . . .} 1386—1420 | Otto V. . . . . . . . 1368—1423 |
| Christian VII. . . . 1398—1423 | Nikolaus, Erzb. von Bremen 1423—1438, † 1444 |
| Dietrich der Glückliche . . . . 1423—1440 | |
| Teilung unter seinen Söhnen 1440. | |

| Holstein-Dänemark. | Oldenburg. | Delmenhorst. |
|---|---|---|
| siehe daselbst. | Gerhard der Streitbare 1440—1483 † 1500 | Moritz IV. . . . . 1440—1464 |
| | Gerhard II. . . . .} 1483—1512 | Jakob . . . . . 1464—1483 |
| | Adolf . . . . .} 1483—1500 | Delmenhorst von Münster in Besitz genommen. |
| | Johann XIV. . . .} 1483—1526 | |
| | Johann XV. . . 1526—1529, † 1548 | |
| | Georg . . 1526—1529, † 1551 | |
| | Christoph . . 1526—1529, † 1566 | |
| | Anton I. . . . . 1526—1573 | |
| | Johann XVI. . . .} 1573—1577 | |
| | Anton II. . . . .} 1573—1577 | |
| | Teilung 1577. | |

| Oldenburg. | Delmenhorst. |
|---|---|
| Johann XVI. . . . . (1573) 1577—1603 | Anton II. . . . . . (1573) 1577—1619 |
| Anton Günther . . . . 1603—1667 | Anton Heinrich . . . . 1619—1622 |
| Unter dänischer Herrschaft . . 1667—1773 | Christian IX. . . . . . 1622—1647 |
| Dänemark überließ 1773 Oldenburg an das Haus Holstein-Gottorp älterer Linie, dieses das Land an die jüngere Linie. | Mit Oldenburg vereinigt. |

Dynastie Holstein-Gottorp. 1773—

Friedrich August, Herzog 29./12. 1774 . . . . 1773—1785
Peter Friedrich Wilhelm . . . 1785—1810
Zu Frankreich gehörig . . 1810—1813

Peter Friedrich Wilhelm . . . 1813—1823
Peter Friedrich Ludwig . . . 1823—1829
Peter Friedrich August, **Großherzog**
    28./5. 1829 (seit 9./6. 1815) . 1829—1853
Nikolaus Friedrich Peter . . . 1853—1900
August . . . . . . . . 1900—

## B. Wildeshausen.

Heinrich I. . . . . . . . . . 1143—1167
Heinrich II. . . . . . . . . . 1167—1199
Teilung unter seinen Söhnen 1199.

| **Wildeshausen.** | | **Bruchhausen.** | |
|---|---|---|---|
| Burkhard . . . . . | 1199—1233 | Heinrich III. . . . . . | 1199—1234 |
| Heinrich IV. . . . . | 1233—1270 | Teilung unter seinen Söhnen 1234. | |
| Wildeshausen mit Bremen vereinigt. | | | |

| **Neu=Bruchhausen.** | | **Alt=Bruchhausen.** | |
|---|---|---|---|
| Heinrich V. . . . . | 1234—1268 | Ludolf III. . . . . . | 1234—1301 |
| Gerhard II. . . . . | 1268—1310 | Hildebold I. . . . . | 1301—1310 |
| Heinrich VII. . . . . | 1310—1359 | Otto VII. . . . | 1310—1338, †1354 |
| Gerhard III. . . . } | 1359—1388 | Hildebold II. . . . . | †1338 |
| Konrad II. . . . . } | 1359—1370 | Nikolaus, Graf von Tecklenburg | 1338 |
| Heinrich VIII. . . . | †1388 | An Hoya verkauft. | |
| An Hoya verkauft. | | | |

## 82. In= und Knyphausen.

Onko I. in Langwarden und Sythus . . . . ?
Onko II. Ommeken . . . . . . . . . ?
Iko I. in Langwarden . . . . . . . †1454
Iko II. in Inhausen . . . . . . . um 1445
    Tiadert, Gegner in Inhausen 1441—1447.
Alko von Inhausen . . . . . . . 1441—1474
Folef in Knyphausen 1496 . . . . . 1474—1531
Tido I. . . . . . . . . 1531—1566
    Teilung unter seinen Söhnen 1566.

| **Knyphausen.** | | **Lütetsburg.** | |
|---|---|---|---|
| Iko IV., **Freiherr** zu In= u. K. | | Wilhelm, **Freiherr** zu In= u. K. | |
| 14./6. 1588 . . . . | 1566—1604 | 14./6. 1588 . . . . | 1566—1631 |
| Philipp Wilhelm . . . | 1604—1652 | Teilung unter seinen Söhnen 1631. | |
| tritt In= und Knyphausen an Oldenburg ab 1624. | | | |

| **Lütetsburg.** | | **Jennelt.** | | **Ulrum.** | |
|---|---|---|---|---|---|
| Tido II. 1631—1638 | | Dodo I. | 1631—1635 | Enno Wilhelm, Gegner in | |
| Georg Wilhelm in Upleward, Graf | | Enno Adam | 1635—1654 | in Lütetsburg 1638—1656 | |
| 9./3. 1694 . . . | 1652—1707 | Dodo II. | 1654—1698 | | 1631—1656 |
| Karl Ferdinand . . . | 1707—1717 | Teilung unter seinen Söhnen 1698. | | Rudolf Wilhelm | |
| | | | | | 1656—1667 |
| | | | | Haro Kaspar | |
| | | | | | 1667—1694 |
| | | | | An Jennelt. | |

| **Lütetsburg.** | | **Jennelt und Visquard.** | |
|---|---|---|---|
| Franz Ferdinand . . . . | 1698—1725 | Friedrich Ernst I. . . . . | 1698—1731 |
| Karl Philipp . . . . | 1725—1784 | Dodo Heinrich . . . } | 1731—1789 |
| Georg Anton Wilhelm . . | 1784—1789 | Friedrich Ernst II. . . . } | 1731—1782 |
| Edzard Moritz, Graf 12./5. 1816 | 1789—1824 | An Lütetsburg. | |
| Karl Wilhelm Georg . . . | 1824—1860 | | |
| Edzard (kauft Knyphausen von Olden= | | | |
| burg 1864) **Fürst** 1./1. 1900 . | 1860— | | |

Anton Günther, Graf von Oldenburg, kauft
    In= und Knyphausen 1624 . . . . 1624—1667
Anton I. von Oldenburg (sein Sohn), Freiherr
    1651, Graf 1653 . . . . . 1667—1680
Anton II. Postumus . . . . . . 1680—1738
    Durch seine Tochter Charlotte Sophie an das Haus

### Bentinck.

Wilhelm, **Reichsgraf** 1732 . . . . 1738—1774
Wilhelm . . . . . . . 1774—1835
Wilhelm . . . . . . . . . 1835—1855
    verkauft In= und Knyphausen an Oldenburg 1854.
Karl . . . . . . . . 1854—1864
Heinrich . . . . . . . . 1864—1874 (lebt)
Wilhelm . . . . . . . . 1874—

## 83. Hoya.

| | |
|---|---|
| Graf Heinrich I. . . . . . . . . . | 1204—1235 |
| Heinrich II. . . . . . . . . . .} | 1235—1290 |
| Johann I. . . . . . . . . . . .} | 1235—1278 |

Teilung unter Heinrichs II. Söhnen 1290.

| **Hoya.** | | **Nienburg.** | |
|---|---|---|---|
| Gerhard II. . . . . . . | 1290—1311 | Otto II. . . . . . . . | 1290—1324 |
| An Nienburg. | | Teilung unter seinen Söhnen 1324. | |

| **Hoya** (niedere Grafschaft). | | **Nienburg** (obere Grafschaft). | |
|---|---|---|---|
| Gerhard III. . . . . . . | 1324—1383 | Johann II. . . . . . . . | 1324—1377 |
| Otto III. . . . . . . .} | 1383—1428 | Erich I. . . . . . . . | 1377—1427 |
| Gerhard V. . . . . . .} | 1383—1396 | Johann V. . . . . . . | 1427—1466 |
| Otto V. . . . . . . . | 1428—1455 | Jobst I. . . . . . . .} | 1466—1507 |
| Otto VII. . . . . . . | 1455—1494 | Erich III. . . . . . .} | 1466—1484 |
| Friedrich . . . . . . | 1494—1503 | Jobst II. . . . . . . | 1507—1545 |
| | | Erich IV., Regent in Hoya . . | 1545—1547 |
| An Braunschweig-Celle und Hessen-Kassel verteilt. | | Albrecht II. . . . . . .} | 1545—1563 |
| | | Johann IX. . . . . . .} | 1545—1549 |
| | | Friedrich III. . . . . .} | 1545—1570 |
| | | Otto VIII. . . . . . | 1563—1582 |
| | | An Braunschweig-Calenberg. | |

## 84. Diepholz.

| | | | |
|---|---|---|---|
| Konrad I., Herr von Diepholz . | 1278—1299 | Rudolf VII. . . . . . . | 1473—1510 |
| Rudolf III. . . . . . . | 1300—1350 | Konrad VIII. . . . . . .} | 1493—1514 |
| Konrad III. . . . . . . | 1350—1377 | Johann V., Graf 1524 . . .} | 1510—1545 |
| Johann II. . . . . . . | 1377—1421 | Friedrich I. . . . . . .} | 1493—1529 |
| Konrad V. . . . . . . | 1421—1426 | Rudolf VIII. . . . . . | 1529—1561 |
| Otto III. . . . . . .} | 1426—1473 | Friedrich II. . . . . . . | 1561—1583 |
| Konrad VII. . . . . .} | 1461—1473 | An Braunschweig. | |

## 85. Lippe.

Übersicht über die Teilungen.

Teilung 1613.

| A. Detmold. | B. Brake. | C. Schwalenberg. | D. Alverdissen. |
|---|---|---|---|
| Teilung 1627. | † 1709. | † 1620. | Teilung 1681. |

| I. Detmold. | II. Sternberg-Schwalenberg. | I. Schaumburg, | II. Alverdissen, |
|---|---|---|---|
| † 1905. | Teilung 1736. | † 1777. | blüht als **Schaumburg-Lippe.** |

| a. Biesterfeld. | b. Weißenfeld. |
|---|---|

| | |
|---|---|
| Bernhard I. von der Lippe . . . . . | 1129—1158 |
| Hermann I. . . . . . . . . | 1158—1172 |
| Bernhard II. . . . . . . | 1172—1196, † 1223 |
| Hermann II. . . . . . . | 1196—1229 |
| Bernhard III. . . . . . . | 1229—1265 |
| Bernhard IV. . . . . . .} | 1265—1275 |
| Hermann III. von Lippstadt . . . .} | 1265—1273 |
| Simon I. . . . . . . .} | 1275—1345 |
| Simon II. . . . . . .} | 1295—1333? |
| Otto I. von Lemgo . . . . .} | 1345—1361 |
| Bernhard V. von Lippstadt und Rheda .} | 1345—1362 |
| Simon III. . . . . . . | 1361—1410 |
| Bernhard VI. . . . . . . | 1410—1415 |
| Simon IV. . . . . . . | 1415—1432 |
| Bernhard VII., der Kriegerische . . | 1432—1511 |
| Bernhard VIII. . . . . . .} | 1511—1513 |
| Simon V., Reichsgraf 1529 . . .} | 1511—1536 |

Teilung unter seinen Söhnen 1536.

| **Sternberg und** (seit 1557) **Pyrmont.** | | **Detmold.** | |
|---|---|---|---|
| Hermann Simon . . . . | 1536—1576 | Bernhard VIII. . . . . . | 1536—1563 |
| Philipp I. . . . . . . | 1576—1583 | Simon VI. . . . . . . | 1563—1613 |
| An Detmold. | | Teilung unter seinen Söhnen 1613. | |

### A. Detmold.

Simon VII. . . . . . . . . . . 1613—1627

Teilung unter seinen Söhnen 1627.

### I. Detmold.

| | |
|---|---|
| Simon Ludwig . . . . . 1627—1636 | Hermann Adolf . . . . . 1627—1666 |
| Simon Philipp . . . . . 1636—1650 | Simon Heinrich . . . . . 1666—1697 |
| Johann Bernhard . . . . 1650—1652 | Friedrich Adolf . . . . . 1697—1718 |
| | Simon Heinrich Adolf, **Reichsfürst** 27./10. 1720 . . . 1718—1734 |
| | Simon August . . . . . 1734—1782 |
| | Friedrich Wilhelm Leopold I., **Reichsfürst** 5./11. 1789 . . . 1782—1802 |
| | Paul Alexander Leopold II. . . 1802—1851 |
| | Pauline, Fürstin von Anhalt-Bernburg, Regentin 1802—1820, † 1820 |
| | Paul Friedrich Emil Leopold III. 1851—1875 |
| | Woldemar . . . . . 1875—1895 |
| | Alexander . . . . . 1895—1905 |
| | Adolf v. Schaumb.-Lippe, Reg. 1895—1897 |
| | Ernst, Graf zur Lippe-Biesterfeld, Regent 1897—1904 |
| | Leopold, Gr. z. L.-Biest., Regent 1904—1905 |
| | Leopold IV., **Fürst** 25./10. 1905 1905— |

### II. Sternberg-Schwalenberg.

Jobst Hermann . . . . . . . . 1627—1678
Johann August . . . . . . . . 1678—1709
Johann Friedrich . . . . . . . 1709—1712
Rudolf Ferdinand . . . . . . . 1712—1736

Teilung unter seinen Söhnen 1736.

### a. Lippe-Biesterfeld.

Friedrich Karl August . . . . . 1736—1781
Karl Ernst Kasimir . . . . . . 1781—1810
Wilhelm Ernst . . . . . . . . 1810—1840
Julius . . . . . . . . . . . . 1840—1884
Ernst . . . . . . . . . . . . 1884—1904
Leopold, **Fürst zu Lippe** 25./10. 1905 . . . 1904—

### b. Lippe-Biesterfeld-Weißenfeld.

Ferdinand Ludwig . . . . . . . 1736—1791

| Friedrich Ludwig † 1791. | | | Karl Christian auf Armenruh 1791—1808 | | |
|---|---|---|---|---|---|
| Ferdinand 1791—1846 | Christian auf Teichnitz 1791—1859 | Ludwig auf See 1791—1860 | Alexander 1808—1839 | Bernhard 1839—1857 | Hermann (in Österreich) 1808—1841 |
| Gustav 1846—1882 | Franz 1859—1880 | Ernst 1860— | | Arminius 1857—1899 | Octavio 1841—1885 |
| Ferdinand 1882—1900 | Clemens 1880— | | | Kurt 1899— | Egmont 1885—1896 |
| Georg 1900— | | | | | Rüdiger 1896— |

### B. Brake.

Otto II. . . . . . . . . . . . 1613—1659
Kasimir . . . . . . . . . . . 1659—1700
Rudolf . . . . . . . . . . . . 1700—1707
Ludwig Ferdinand . . . . . . . 1707—1709

An Detmold.

### C. Schwalenberg-Sternberg.

Hermann IV. . . . . . . . . . 1613—1620

Schwalenberg-Sternberg an Detmold.

### D. Alverdissen.

Philipp II. . . . . . . . . . . 1613—1681

Seit 1640: **Schaumburg-Lippe.**

Teilung unter seinen Söhnen 1681.

| Schaumburg. | | Alverdiſſen. | |
|---|---|---|---|
| Friedrich Chriſtian | 1681—1728 | Philipp Ernſt I. | 1681—1723 |
| Albrecht Wolfgang | 1728—1748 | Friedrich Ernſt | 1723—1749, † 1777 |
| Friedrich Wilhelm Ernſt | 1748—1777 | Philipp Ernſt II., in Schaumburg 1777 | 1749—1787 |
| An Alverdiſſen. | | Georg Wilhelm, Fürſt 18./4. 1807 | 1787—1860 |
| | | Adolf | 1860—1893 |
| | | Georg | 1893— |

# 86. Waldeck.

Überſicht über die Teilungen.

Teilung.

| A. Waldeck. | B. Pyrmont. |
|---|---|
| Teilung 1185. | — 1631. |

| I. Waldeck. | II. Naumburg. |
|---|---|
| Teilung. | † 1265. |

| a. Waldeck. | b. Schwalenberg. | c. Sternberg. |
|---|---|---|
| Teilung 1397. | † 1362 | — 1402. |

| 1. Landau. | 2. Waldeck. |
|---|---|
| † 1495 | Teilung 1474. |

| Wildungen. | Eiſenberg. |
|---|---|
| † 1598 | Teilung 1539. |

| Eiſenberg. | Landau. |
|---|---|
| Teilung 1607. | † 1597. |

| Eiſenberg. | Wildungen. |
|---|---|
| Teilung. | † 1692. |

| Waldeck. | Bergheim. |
|---|---|
| (Fürſtliche Linie). | (Gräfliche Linie). |

| | |
|---|---|
| Hermann I., Gaugraf | um 1010 |
| Widukind I. | 1016—1031 |
| Hermann II. | 1016—1043 |
| Bardo | nach 1043 |
| Widukind II. | um 1100 |
| Heinrich I. | um 1110 |
| Heinrich II. | † 1116 |
| Widukind III., Graf von Schwalenberg 1127 | 1116—1137 |

Teilung unter seinen Söhnen.

## A. Waldeck.

| Volkwin I. | 1137—1185 |
|---|---|

Teilung unter seinen Söhnen 1185.

| Waldeck. | | Naumburg. | |
|---|---|---|---|
| Heinrich III. | 1185—1209 | Volkwin II. | 1185—1196 |
| | † v. 1244 | Widukind V. | 1216—1261 |
| Widukind IV. | 1185—1189 | Volkwin IV. | 1234—1265 |
| Hermann III. | 1185—1223 | | |
| Volkwin III. | 1214—1249, † 1250? | | |

Teilung unter seinen Söhnen.

| Waldeck. | | Schwalenberg. | | Sternberg. | |
|---|---|---|---|---|---|
| Adolf I. | 1218—1270 | Widukind VI. | 1246—1264? | Heinrich I. | 1243—1281 |
| Adolf II. | 1270—1271, † 1302 | Adolf | 1246—1300 | Heinrich II. | 1251—1299 |
| Otto I. | 1271—1305 | Albrecht I. | 1246—1315 | Hoyer I. | 1251—1303? |
| Heinrich IV. | 1305—1344, † 1348 | Heinrich IV. | 1264—1276? | Simon | 1251—1317? |
| Otto II., Reichsgraf 1349 | 1344—1369 | Günther | 1295—1322 | Heinrich III. | 1303—1312? |
| Heinrich V. | 1344—1349 | Widukind VII. | 1295—1297 | Hoyer II. | 1307—1318 |

Heinrich VI. . . . . 1369—1397
Teilung unter seinen Söhnen 1397.

Heinrich VI. . . . .}1295—1339?
Konrad . . . .}1295—1297
Albrecht II. . . . .}1295—1309
Burkhard . . . .}1324—1345?
Heinrich VII. . . .}1324—1362
Widukind VIII. . . .}1324—1336
An Paderborn und Lippe.

Heinrich IV. . . . . 1318—1353?
Heinrich V. . . . 1353?—1391?
Johann . . . . . 1364—1405?
An Lippe.

**Landau.**
Adolf III. 1397—1431
Otto III. 1431—1459
Otto IV. 1459—1495
An Waldeck.

**Waldeck.**
Heinrich VII. 1397—1444
Volrad I. 1444—1474
Teilung unter seinen Söhnen 1474.

**Wildungen.**
Philipp I. . . . . 1474—1475
Heinrich VIII. . . . 1475—1512
Philipp IV. . . . 1512—1574
Daniel von Rumburg . 1574—1577
Heinrich IX. . . . . 1577
Günther . . . 1577—1585
Wilhelm Ernst . . . 1585—1598
An Eisenberg.

**Eisenberg.**
Philipp II. . . . 1474—1524
Philipp III. . . . 1524—1539
Teilung unter seinen Söhnen 1539.

**Eisenberg.**
Volrad II. . . . 1539—1578
Josias . . . .}1578—1588
Volrad III. . . .}1578—1587
Christian . . .}1588—1607
Volrad IV. . . .}1588—1607

**Landau.**
Johann I. . . . 1539—1567
Philipp V. . . .}1567—1578
Franz . . . . .}1567—1597
An Eisenberg.

Teilung unter den Brüdern 1607.

**Eisenberg.**
Christian . . . . . (1588) 1607—1638
Johann II. von Landau . . 1638—1668
Philipp VI. von Eisenberg . . 1638—1645
Christian Ludwig . . . . 1645—1706
Teilung unter seinen Söhnen.

**Wildungen.**
Volrad IV. . . . . (1588) 1607—1640
Philipp Theodor . . . . 1640—1645
Heinrich Volrad . . . . 1645—1664
Georg Friedrich, Reichsfürst 27./6.
1682 . . . . . . . 1664—1692
An Eisenberg.

**Waldeck** (Fürstliche Linie).
Anton Ulrich, Reichsfürst
6./1. 1712 . . . 1706—1728
Christian Philipp . . 1728
Karl . . . . 1728—1763
Friedrich . . . 1763—1812
Georg . . . . 1812—1813
Georg Heinrich . . 1813—1845
Georg Victor . . 1845—1893
Friedrich . . . 1893—

**Bergheim** (Gräfliche Linie).
Josias, Miterbe zu Limpurg,
Graf zu Bergheim . 1736—1763
Friedrich Georg Ludwig 1763—1771
Josias Wilhelm Leopold 1771—1788
Josias Wilhelm Karl . 1788—1829
Karl Christian . . . 1829—1849
Adalbert . . . . 1849—1893
Adalbert . . . . 1893—

### B. Pyrmont.

Widukind IV., Graf von Schwalenberg . . 1149—1185
Widukind (V.) I. von Pyrmont . . .}1185—1203
Volkwin . . . . .}1185—1203
Gottschalk I. . . . . 1199—1244
Widukind II. . . . 1222—1252
Hermann I. . . . 1232—1264?
Gottschalk II. . . . 1239—1258?
Gottschalk III. . . . 1255—1258
Hermann II. . . . 1256—1315
Hildebold . . . 1270—1315
Gottschalk IV. . . .}1340—1455
Heinrich II. . . . .}1340—1390
Heinrich III. . . . 1390—1418
Heinrich IV. . . . 1418—1464
Moritz . . . 1464—1494
Friedrich, Graf von Spiegelberg 1494—1535
Philipp . . . 1535—1557
Ursula . . . 1557—1583
Hermann Simon, Graf zur Lippe . 1557—1576
Philipp, Graf zur Lippe . 1576—1583
Johann Ludwig, Graf von Gleichen . . 1583—1631

Pyrmont an Waldeck vererbt.

## 87. Plettenberg.

Bernhard von Plettenberg . . . . . . um 1643
Johann Adolf, **Freiherr** 1640 . . . . . † 1698

Teilung unter seinen Söhnen.

| **Wittem.** | | **Lenhausen.** | |
|---|---|---|---|
| Ferdinand Adolf, in Nordkirchen 1704, in Eys und Wittem 1722, **Reichsgraf** 1724 . . . . . | 1698—1737 | Bernhard Wilhelm, in Lenhausen 1712, **Reichsgraf** 1724 . . . | 1698—1730 |
| Franz Joseph Maria . . . | 1737—1779 | | |
| Maximilian Friedrich, in Mietingen 1803 . . . . . | 1779—1813 | | |

---

## 88. Wallmoden=Gimborn.

Thedel I. von Wallmoden . . . . . . um 1080
Aschwin I. . . . . . . . . um 1100
Thedel II. . . . . . . . . um 1154
Dietrich II. . . . . . . . ⎫ um 1181
Aschwin II. . . . . . . . ⎬ um 1181
Aschwin III. . . . . . . . um 1246

| **Ältere Linie.** | | **Jüngere Linie.** | |
|---|---|---|---|
| Heinrich II. . . . . . . . | 1271—1292 | Dietrich IV. . . . . . . . | um 1280 |
| Aschwin VI. . . . . . . ⎫ | um 1305 | Dietrich V. . . . . . . ⎫ | um 1330 |
| Heinrich IV. . . . . . ⎭ | um 1305 | Heinrich III. . . . . . ⎭ | um 1330 |
| Heinrich VI. . . . . . ⎫ | um 1384 | Sander I. . . . . . . . | † 1332 |
| Henning . . . . . . ⎭ | um 1390 | Dietrich VIII. . . . . . ⎫ | um 1397 |
| Heinrich VIII. . . . . . ⎫ | nach 1397 | Ludolf I. . . . . . . ⎭ | um 1410 |
| Thedel IV. . . . . . . ⎭ | 1397—1431 | Sander II. . . . . . . ⎫ | 1434—1478 |
| Thedel VI. . . . . . . | 1431—1479 | Ludolf (Ludwig) II. . . . ⎭ | nach 1434 |
| Thedel VII. . . . . . . | 1479—1529 | | |
| Kaspar . . . . . . ⎫ | 1529—1569 | | |
| Melchior . . . . . ⎬ | 1529—1533 | | |
| Ludolf III. . . . . . ⎭ | 1529—1558 | | |
| Heinrich XI. . . . . . . | 1529—1569 | | |
| Thedel VIII. . . . . . . | 1569—1610 | | |
| Thedel Burkhard . . . . | 1610—1629 | | |
| Thedel IX. . . . . . . | 1629—1636 | | |
| Heinrich XII. . . . . . . | 1636—1674 | | |
| Ludolf Achaz . . . . . | 1674—1713 | | |
| Adam Gottlob . . . . . | 1713—1752 | | |
| Franz Ernst . . . . . ⎫ | 1752—1776 | | |
| Johann Ludwig, in Gimborn 1782, **Reichsgraf** 1781, Graf v. Wall=moden=Gimborn und Neustadt 17./1. 1783 . . . . ⎭ | 1752—1811 | | |
| Ludwig . . . . . . . | 1811—1862 | | |
| Karl . . . . . . . . | 1862—1883 | | |

---

## 89. Kirchberg.

| | | | |
|---|---|---|---|
| Otto I. . . . . . . . | 1090—1113 | Sigismund I. . . . . . | 1519—1567 |
| Otto II., Burggraf von Kirchberg | um 1172 | Sigismund II. . . . . . | 1567—1570 |
| Heinrich . . . . . . ⎫ | 1181—1194 | Wilhelm . . . . . . | 1570—1587 |
| Dietrich I. . . . . . ⎭ | 1181—1194 | Georg II. . . . . . . | 1587—1641 |
| Otto III. . . . . . . | 1194—1243 | Simon Heinrich . . . . | 1641—1646 |
| Dietrich II. . . . . . ⎫ | 1243—1268 | Georg Ludwig (erbt Hachenburg) | 1646—1686 |
| Otto IV., der Große . . . ⎭ | 1243—1308 | Ludwig Kraft . . . . . | 1686—1689 |
| Dietrich III. . . . . . ⎫ | 1308—1311 | Ernst August Ludwig . . . | 1689—1695 |
| Otto V. . . . . . . ⎬ | 1308—1330 | Georg Friedrich . . . . | 1695—1749 |
| Albrecht I. . . . . . ⎭ | 1308—1363 | Wilhelm Ludwig . . . . | 1749—1751 |
| Dietrich IV. . . . . . | 1363—1369 | Wilhelm Georg Postumus . | 1751—1777 |
| Albrecht II. . . . . . | 1369—1427 | Johann August | 1777—1799 |
| Hartmann . . . . . . | 1427—1462 | | |
| Georg I. . . . . . . | 1462—1519 | | |

An Nassau=Weilburg vererbt.

---

## 90. Reckheim.

| | |
|---|---|
| Gisbert I. von Bronchorst, Herr von Reckheim . . . | 1140?—1196? |
| Wilhelm I. . . . } | 1196—1225 |
| Gisbert II. . . . } | 1196 |
| Gisbert III. . . . | 1225—1253 |
| Wilhelm II. . . . | 1253—1287 |
| Gisbert IV. . . . | 1287—? |
| Wilhelm I. von Sombref . . . | 1396—1400 |
| Wilhelm II. . . . | 1400—1475 |
| Wilhelm III. . . . } | 1475—1484 |
| Walram . . . } | 1475—1495 |
| Friedrich . . . | 1495—1504 |
| Johann von Pirmont . . . | 1504—1512? |
| Robert I. von der Mark-Aremberg | 1512?—1541 |
| Robert III. . . . | 1541—1544 |
| Johann von Hennin, Herr v. Bossut | 1544—1556? |
| Wilhelm von Flodorf . . . | 1556?—1565? |
| Johann von Quadt-Wykradt . | 1565?—? |
| Wilhelm von Quadt-Wykradt . | ?—1590 |
| Hermann von Lynden . . . | 1590—1603 |
| Ernst, Graf 1623 . . . | 1603—1636 |
| Ferdinand . . . | 1636—1665 |
| Max Franz Gobert . . . | 1665—1703 |
| Ferdinand Gobert, Graf v. Reckheim und Aspremont 1676 . | 1703—1708 |
| Karl Gobert . . . | 1708—1750 |
| Johann Gobert I. Nepomuk . | 1750—1792 |
| Johann Gobert II. . . . | 1792—1816 |
| Johann Karl . . . | 1816—1819 |

## 91. Rietberg.

| | |
|---|---|
| Heinrich von Arnsberg . . . | 1185—1207 |
| Konrad I. . . . | 1237—1264, † n. 1275 |
| Friedrich . . . | 1264—1282 |
| Konrad II. . . . | 1282—1313 |
| Otto I. . . . | 1313—1347 |
| Konrad III. . . . | 1347—1365 |
| Otto II. . . . | 1365—1389 |
| Konrad IV. . . . | 1389—1431, † um 1439 |
| Konrad V. . . . | 1431—1449 |
| Konrad VI. . . . | 1449—1481 |
| Johann I. . . . | 1481—1516 |
| Otto III. . . . | 1516—1535 |
| Otto IV. . . . } | 1535—1553 |
| Johann II. . . . } | 1535—1564 |
| Irmgard . . . | 1564—1583 |
| Walpurgis . . . | 1583—1586 |
| Simon VI. von Lippe, (2. Gemahl Irmgards) . . . | 1586—1600, † 1613 |
| Salome Katharina, Gemahl.: Johann III. von Ostfriesland) . . | 1600—1618 |
| Ernst Christoph . . . | 1618—1640 |
| Johann IV. . . . | 1640—1660 |
| Friedrich Wilhelm . . . | 1660—1677 |
| Ferdinand Maximilian . . . | 1677—1687 |
| Franz Adolf Wilhelm . . . | 1687—1690 |
| Marie Ernestine Franziska, (Gemahl: Maximilian Ulrich von Kaunitz) . | 1690—1758 |

An Kaunitz 1758—1822, dann verkauft.

## 92. Limburg-Styrum.

| | |
|---|---|
| Friedrich I., Graf v. Berg-Altena u. Isenberg | 1214, † 1226 |
| Dietrich I., Graf von Limburg . . . } | 1242—1297 |
| Friedrich II. . . . } | um 1242 |

Teilung unter den Söhnen Dietrichs I.

### A. Hohenlimburg.

| | |
|---|---|
| Johann I. . . . | —1275 |
| Dietrich II. . . . } | um 1280 |
| Friedrich III. . . . } | 1280—1322 |
| Dietrich III. . . . | 1322—1342 |
| Eberhard II. . . . | 1331—1342 |
| Dietrich IV. . . . | 1348—1366 |
| Kraft . . . } | um 1348 |
| Dietrich V. . . . } | 1377—1392 |
| Johann II. von Strauweiler . . . } | um 1380 |
| Wilhelm I. von Hohenlimburg . . . } | 1397—1449 |
| Dietrich VI. von Bruch . . . } | 1397—1439 |
| Wilhelm II., in Hohenlimburg 1461 . . . } | 1439—1478 |
| Heinrich von Bruch . . . } | 1439—1483 |
| Dietrich VII. . . . } | † 1448 |
| Eberhard zum Hardenberg . . . } | 1417—1429 |
| Johann III. . . . | 1478—1508 |
| Irmgard . . . | 1508—1544 |

Bruch an Dhaun; Hohenlimburg an Neuenahr 1544—1589, an Bentheim 1589.

### B. Limburg-Styrum.

| | |
|---|---|
| Eberhard I. . . . | 1272—1301 |
| Dietrich I. . . . | um 1301 |
| Johann I. . . . } | um 1301 |
| Dietrich II. . . . } | ?—1327 |
| Dietrich III. . . . } | um 1360 |
| Johann II. . . . } | um 1359 |

| | |
|---|---|
| Eberhard II. | ? |
| Dietrich IV. | um 1391 |
| Dietrich V. | um 1391 |
| Dietrich VI. | 1391—1396 |
| Eberhard III. | 1396—1426 |
| Wilhelm I. | 1426—1493 |
| Eberhard IV. | 1426—1439 |
| Adolf | 1493—1505 |
| Georg | 1505—1552 |
| Wilhelm II. | 1505—1522 |
| Hermann Georg | 1552—1570 |
| Jobst | 1570—1616 |
| Hermann Otto I. | 1616—1644 |

Teilung unter seinen Söhnen 1644.

### I. Bronchorst und Borkeloe.

| | |
|---|---|
| Otto | 1644—1679 |
| Georg Albrecht | 1679—1690 |
| Friedrich Wilhelm | 1679—1724 |
| Otto Ernst Geldricus | 1724—1766 |

Teilung unter seinen Söhnen 1766.

| **Bronchorst.** | | **Borkeloe.** | |
|---|---|---|---|
| Friedrich Theodor Ernst | 1766—1808 | Albert Dominicus | 1766—1776 |
| Friedrich Wilhelm | 1808—1858 | Otto Ernst Geldricus | 1776—1826 |
| Friedrich Adrian | 1858—1874 | Samuel Johann | 1826—1881 |
| Friedrich | 1874— | Ludwig Kaspar Adrian | 1881—1884 |
| | | Sjuck Bernhard Vollrad | 1884— |

### II. Gehmen.

| | |
|---|---|
| Adolf Ernst | 1644—1657 |

Teilung unter seinen Söhnen 1657.

| **Gehmen.** | | **Illeraichheim.** | |
|---|---|---|---|
| Hermann Otto II. | 1657—1704 | Maximilian Wilhelm | 1657—1724 |
| Otto Ernst, in Velen 1733 | 1704—1754 | Leopold | 1624—1737 |
| Friedrich Karl | 1754—1771 | Karl Aloys Joseph | 1737—1739 |
| August Philipp Karl | 1771—1782, † 1797 | Karl Joseph Maximilian | 1739—1798 |
| An Illeraichheim. | | Ferdinand Gotthard Meinrad, in Gehmen und Velen 1782 | 1798—1800 |
| | | An den Schwager Aloys, Freiherr von Brömelberg | 1800—1825 |

An Landsberg 1825.

### III. Styrum.

| | |
|---|---|
| Moritz | 1644—1664 |
| Moritz Hermann | 1664—1703 |
| Christian Otto | 1703—1749 |
| Karl Joseph August | 1749—1760 |
| Philipp Ferdinand | 1760—1794 |
| Ernst, Mitregent 1760 | 1794—1809 |
| An die Schwägerin Maria Margarethe von Humbracht | 1807—1821, † 1827 |
| An deren Gemahl Dr. Philipp Marke | 1821—1852 |

Styrum zerteilt und verkauft 1852.

## 93. Schönberg auf Wesel.

| | |
|---|---|
| Kuno I. | † um 1272 |
| Kuno II. | 1272—1282 |
| Heinrich | um 1301 |
| Dietrich | um 1359 |
| Friedrich I. | um 1368 |

Friedrich II. . . . . . . . . um 1390
Eberhard I. . . . . . . . . ?

| | | | |
|---|---|---|---|
| Friedrich III. . . . . . | † 1463 | Eberhard II. . . . . . . | um 1476 |
| Michael . . . . . . | 1463—1477 | Adam . . . . . . . | 1472—1507 |
| Philipp . . . . . | um 1547 | Friedrich IV. in Oberwesel . . | 1507—1550 |

| | | | |
|---|---|---|---|
| Friedrich V. . . . . . | um 1553 | Meinhard I. . . . . . | 1550—1596 |
| Simon Rudolf in Ginery, Saulcy, Montigny und Mont Quentin . | † 1608 | Johann Meinhard . . . . | 1596—1619 |
| Johann Karl, **Graf** . . . | 1614—1625 | Friedrich VI. Hermann, **Reichsgraf**, Graf von Mortola 1663, Herr von Coubert, Sognoles und Nogent, engl. Herzog v. Schomberg, Baron von Tetfort 1689 . . . . | 1619—1690 |
| | | Karl, Herzog von Schomberg | 1690—1693 |
| | | Meinhard II., Herzog von Leinster | 1693—1719 |
| | | Maria von Leinster . . . . . | 1719—1762 |

An Degenfeld.

## 94. Quadt-Wykradt.

| | | | |
|---|---|---|---|
| Ritter Peter der Quade . . . | † 1256 | Wilhelm Thomas, **Reichsfreiherr** 1664 . . . . . . . | 1632—1670 |
| Lothar . . . . . . . | um 1320 | Johann Friedrich, in Hemmert . | 1670—1708 |
| Wilhelm . . . . . . | ? | Wilhelm Bertram, in Wykradt . | 1670—1713 |
| Wilhelm, in Eller . . . . | ? | Friedrich Wilhelm . . . . | 1713—1724 |
| Johann, in Buschfeld 1451 um 1436, † v. 1456 | | Wilhelm Otto Friedrich, **Reichsgraf** 1752 . . . . . . | 1724—1785 |
| Wilhelm von Vorst, in Wykradt 1498 (von Hompesch ererbt) . . . | 1452—1502 | Otto Friedrich, in Isny 1803 . . | 1785—1812 † 1829 |
| Dietrich I. . . . . . . | 1502—1515 | Wilhelm . . . . | 1812—1846, † 1849 |
| Dietrich II. . . . . . | 1515—1590 | Otto . . . . . | 1846—1893, † 1899 |
| Johann . . . . . . . | 1590—1645 | Bertram, **Fürst** 8./3. 1901 . . | 1893— |
| Bertram . . . . . . | 1590—1632 | | |

## 95. Nesselrode.

Johann I. . . . . . . . . . 1311—1315
Johann II. . . . . . . . . . 1337—1338
Wilhelm I. von Stein . . . . . . † 1399
Wilhelm III. . . . . . . . . 1399—1474

Teilung unter seinen Söhnen.

| Stein. | | Ehrenstein. | | Palsterkamp. | |
|---|---|---|---|---|---|
| Johann IV. . . . . | 1442—1477 | Bertram I. . . . . | 1479—1498 | Johann V. . . . . | 1479—1520 |
| Wilhelm VI. . . . | 1478—1499 | | | Wilhelm IX. . . . | 1520—1533 |
| Bertram II. . . . | 1499—1542 | | | Heinrich III. v. Creshofen | 1520—? |
| Heinrich IV. v. Herten . | † 1589 | | | Johann IX. . . . . | 1533—1562 |
| Wilhelm XI. . . . | 1574—1596 | | | Wilhelm X. . . . | um 1553 |
| Bertram V. v. Rhade . | † 1585 | | | Johann X. . . . . | ? |
| Adolf I. v. Thumb. . | 1565—1634 | | | Wilhelm XII. . . . | 1582—1592 |
| | | | | Bertram VI. v. Weckbecke | 1585—1616 |
| | | | | Adolf II. . . . . | 1592—1635 |

Teilung unter seinen Söhnen.

| Reichenstein. | | Landskron und Rhade. | | (Palsterkamp, Forts.) | |
|---|---|---|---|---|---|
| Bertram VII. . . . | 1652—1678 | Johann Matthias . . | 1624—1652 | Bertram VIII. . . . | 1635—1673 |
| Franz, **Graf** 1702 . . | 1678—1707 | Johann Florenz Valentin, **Graf** 1710 . . . | 1652—1708 | Philipp Wilhelm Christoph | 1673—1698 |
| Bertram Karl . . | 1707—1740 | Johann Hermann Franz | 1708—1751 | Franz Karl, **Graf** 1705 | 1698—1750 |
| Franz Bertram Arnold . | 1740—1761 | Johann Wilhelm Max . | 1751—1800 | Karl . . . . | 1750—1798 |
| Franz Wilhelm Anton . | 1761—1776 | Johann Franz Joseph . | 1800—1824 | Karl Franz Alexander . | 1798—1822 |
| | | Johann Felix Heidenreich Bernhard, Graf Droste v. Bischering v. Nesselrode (s. Enkel) | 1824 | Franz Bertram . . . | 1822—1851 |
| | | Johann Hermann (dessen Sohn). | | Max Bertram . . . | 1851—1898 |
| | | | | Franz . . . . . | 1898— |

## 96. Ostein.

| | | | |
|---|---|---|---|
| Bernhard I. . . . . . | um 1390 | Johann Jakob II. . . . . | 1635—1664 |
| Bernhard II. . . . . | um 1400 | Johann Franz Sebastian, **Reichsgraf** 1712 . . | 1664—1718 |
| Jakob . . . . . | um 1460 | Johann Franz Heinrich . . | 1718—1742 |
| Georg . . . . . | um 1520 | Johann Friedrich Karl . . | 1742—1809 |
| Johann Jakob I. . . . . | 1560—1579 | | |
| Johann Georg . . . . | 1579—1635 | | |

An Dalberg.

## 97. Waldbott=Bassenheim.

| | | | |
|---|---|---|---|
| Adelhold Walpode (Vogt) von Alten=Holfeld | um 1087 | Otto II., Burggraf v. Drachenfels 1480 | 1466—1507 |
| Balduin | ? | Anton I. | 1507—1555 |
| Friedrich I. | † 1311 | Anton II. | 1555—1576 |
| Johann | um 1330 | Anton III. | 1576—1589 |
| Friedrich II. | um 1330 | Damian | 1589—1652 |
| Konrad | um 1360 | Johann Lothar, Reichsfreiherr 1664 | 1652—1677 |
| Richard von Ulmen | um 1360 | Franz Emmerich Wilhelm, Reichsgraf 23./5. 1720 | 1677—1720 |
| Dietrich | um 1381 | Kasimir Ferdinand Adolf, Reichsgraf 23./5. 1720 | 1677—1729 |
| Friedrich III. | um 1420 | Joseph Rudolf | 1720—1731 |
| Anton | um 1420 | Johann Maria Rudolf | 1731—1805 |
| Siegfried | um 1420 | Friedrich | 1805—1830 |
| Johann | um 1421 | Hugo Philipp | 1830—1895 |
| Siegbert | um 1421 | Friedrich | 1895— |
| Otto I. | 1436—1466 | | |

## 98. Metternich=Winneburg.

| | |
|---|---|
| Karl I. von Zievel | um 1350 |
| Karl II. von Metternich | um 1410 |
| Johann I. von Zievel | um 1410 |
| Johann II. | 1424—1450 |

Teilung unter seinen Söhnen.

### A. Ältere Linie.

| | |
|---|---|
| Ludwig von Brohl | um 1470 |
| Johann III. | um 1510 |

Teilung unter seinen Söhnen.

| | | | | | |
|---|---|---|---|---|---|
| Johann IV. von Pleiß † 1540 | Bertram v. Schweppenburg † 1581 | Friedrich von Brohl, Niederwig u. Hedelsdorf | um 1545 | Heinrich von Mülenark und Rammelshofen | ? |
| | | Johann Reinhard | 1579—1626 | Johann V. | ? |
| | | Ludolf | 1626—1647 | Albrecht | ? |
| | | Bernhard Wilhelm | 1647—1662 | Johann Dietrich | ? |
| | | | | Johann Albrecht | ? |
| | | | | Karl Kaspar Hugo | 1689—1738 |
| | | | | Johann Hugo Franz Wolf | 1738—1753 |
| | | | | Anna Sophie Maria | 1753—1818 |

### B. Jüngere Linie.

| | |
|---|---|
| Karl III. von Sommersberg und Zievel | 1449—1496 |
| Edmund I. von Vettelhofen | 1496—1541 |

Teilung unter seinen Söhnen 1541.

| Sommersberg. | | Vettelhofen. | |
|---|---|---|---|
| Dietrich | 1541—1578 | Johann | 1541—1571 |
| Ludwig | 1578— | | |
| Johann Reinhard | ? | | |
| Ernst | 1696—1727 | | |

Teilung unter seinen Söhnen 1571.

| Vettelhofen. | | Sinzingen. | |
|---|---|---|---|
| Bernhard | 1571—1615 | Johann Dietrich | 1571—1625 |
| Edmund III. | 1615—1617 | | |

Teilung unter seinen Söhnen.

| Sinzingen. | | Beilstein. | |
|---|---|---|---|
| Wilhelm, in Hohnstein 1634, in Winneburg 1637, Reichsfreiherr 28./10. 1635 | 1625—1648 | Lothar | 1637—1661 |
| Kasimir Ferdinand Philipp Emmerich, Reichsgraf 20./3. 1679 | 1648—1698 | Diether Adolf | 1661—1695 |
| Franz Ferdinand | 1698—1719 | | |

| | | | |
|---|---|---|---|
| Philipp Emmerich Karl Anton | 1719—1765 | Philipp Adolf | 1719—1739 |
| Johann Franz Emmerich Theodor Joseph | 1765—1786 | Johann Hugo Franz | 1739—1750 |
| | | Franz Georg Karl, Reichsfürst 30./6. 1803 | 1750—1818 |
| | | Clemens | 1818—1859 |
| | | Richard | 1859—1895 |
| | | Paul | 1895— |

## 99. Rheingrafen.

| | |
|---|---|
| Hatto, Graf im Rheingau | 937—970 |
| Rumat | um 970 |
| Drutwin | 992, † v. 1011 |
| Emicho I., Graf im westl. Rheingau | 1019—1052 |
| Ludwig I., Rheingraf | 1058—1083 |
| Richolf | ⎫ 1076—1109 |
| Ludwig II. | ⎭ 1076—1104 |
| Ludwig III. | ⎫ 1109—1140 |
| Emicho II. | ⎭ † 1117 |
| Emicho III. | 1117—1157 |
| Emicho IV. | ⎫ 1157—1194 |
| Werner I. | ⎭ 1157—1194 |
| Werner II. | 1194—1223 |

An Stein.

---

## 100. Wildgrafen.

| | |
|---|---|
| Emicho I., Graf im Nahegau | 961—966 |
| Emicho II. | 993—995 |
| Emicho III. | 1018—1032 |
| Emicho IV. | 1056—1072 |
| Emicho (V.) I. von Kyrburg u. Schmidburg, Wildgraf | 1086—1113 |
| Emicho II. | 1108—1139, † 1140 |
| Konrad I., Wildgraf | ⎫ 1140—1164 |
| Emicho III., Raugraf von Alten-Baumburg | ⎭ 1140—1172 |
| Gerhard | ⎫ 1172—1190 |
| Konrad II. von Tronecken | ⎭ 1186, † 1194 |
| Konrad III. | 1194—1263 |

Teilung unter seinen Söhnen.

---

<table>
<tr><td colspan="2" align="center">Kyrburg.</td><td colspan="2" align="center">Dhaun.</td></tr>
<tr><td>Emicho VII.</td><td>1250—1280</td><td>Gottfried I.</td><td>1250—1301</td></tr>
<tr><td colspan="2" align="center">Teilung unter seinen Söhnen 1280.</td><td>Konrad VI.</td><td>1301—1309</td></tr>
<tr><td colspan="2"></td><td>Johann</td><td>1309—1350</td></tr>
</table>

<table>
<tr><td colspan="2" align="center">Kyrburg.</td><td colspan="2" align="center">Schmidburg.</td><td align="center">An Stein.</td></tr>
<tr><td>Gottfried II.</td><td>1280—1298</td><td>Konrad V.</td><td>1280—1305</td><td></td></tr>
<tr><td>Friedrich</td><td>1298—1369</td><td>Heinrich</td><td>1305—1329</td><td></td></tr>
<tr><td>Otto</td><td>1369—1409</td><td colspan="2" align="center">An Kyrburg.</td><td></td></tr>
<tr><td colspan="2" align="center">An Stein.</td><td colspan="2"></td><td></td></tr>
</table>

---

## 101. Stein.

| | | | |
|---|---|---|---|
| Wolfram I., Herr von Stein | 1072—1090 | Siegfried II. | 1268—1327 |
| Wolfram II. | 1081—1126 | Johann I. | 1327—1333 |
| Wolfram III. | 1125—1158 | Johann II. | 1333—1383 |
| Siegfried I. | 1173—1193 | Johann III., Wild- und Rheingraf 1409 | 1383—1428 |
| Wolfram VI., Rheingraf v. Stein 1194 | 1192—1220 | Johann IV. | 1428—1476 |
| Emicho V. | ⎫ 1217—1241 | Johann V., in Salm 1475 | 1476—1495 |
| Werner III. | ⎭ 1219—1233 | Johann VI., Graf von Salm | 1495—1499 |
| Werner IV. von Rheingrafenstein | 1247—1268 | | |

Die Länder der Wild- und Rheingrafen mit Salm vereinigt.

---

## 102. Pfalzgrafen zu Aachen und am Rhein (Pfalz).

Übersicht über die Teilungen im Hause Wittelsbach.

Teilung 1410.

<table>
<tr><td>A. Kurpfalz.<br>† 1559.</td><td>B. Amberg.<br>† 1448.</td><td>C. Mosbach.<br>† 1499.</td><td>D. Zweibrücken.<br>Teilung 1459.</td></tr>
<tr><td></td><td></td><td>I. Simmern.<br>† 1673.</td><td>II. Zweibrücken.<br>Teilung 1514.</td></tr>
<tr><td></td><td></td><td align="center">a. Zweibrücken.</td><td align="center">b. Veldenz-Lautereck.</td></tr>
</table>

<table>
<tr><td colspan="5" align="center">Teilung 1569.</td><td colspan="2" align="center">Teilung 1592.</td></tr>
<tr><td>1. Neuburg.</td><td>2. Sulzbach.</td><td>3. Vohenstrauß.</td><td>4. Zweibrücken.</td><td>5. Birkenfeld.</td><td>1. Veldenz.</td><td>2. Lützelstein.</td></tr>
<tr><td>Teilung 1614.</td><td>† 1604.</td><td>† 1597.</td><td>Teilung 1604.</td><td>Teilung 1600.</td><td>† 1694.</td><td>† 1654.</td></tr>
</table>

| Neuburg. | Hippoltstein. | Sulzbach. | Zweibrücken. | Landsberg. | Kleeburg. | Birkenfeld. | Bischweiler. |
|---|---|---|---|---|---|---|---|
| — 1685. | † 1644. | — 1742. | † 1661. | † 1681. | † 1731. | † 1671. | Teilung 1654. |

Bischweiler<br>
blüht im<br>
**Königreich Bayern.**

Gelnhausen.<br>
— 1801.

### I. Pfalzgrafen ohne Erblichkeit.

#### 1. Zur Zeit der merowingischen Könige.

| | |
|---|---|
| Trudulf (unter Childebert I.) ⎫ | um 535 |
| Raulf (unter Childebert I.) ⎭ | um 535 |
| Gozilo (unter Siegbert I.) | um 570 |
| Tenulf (unter Childebert II.) | um 593 |
| Chrodebert (unter Theoderich II.) | um 612 |
| Tassilo (unter Dagobert I.) ⎫ | um 630 |
| Warnegisel (unter Dagobert I.) ⎭ | um 630 |
| Badefried (unter Chlodwig II. ⎫ | um 650 |
| Augulf (unter Chlodwig II. ⎪ | um 650 |
| Berthar (unter Chlodwig II.) ⎬ | um 650 |
| Rigobert (unter Chlodwig II.) ⎭ | um 650 |
| Andobald ⎫ | um 665 |
| Maro ⎭ | um 665 |
| Andramn | um 691 |
| Hoadbracho | um 697 |
| Gislemar | um 703 |
| Berthoald | um 709 |
| Gumbrecht | um 710 |
| Siegfried ⎫ | um 710 |
| Bero ⎭ | um 710 |
| Emmenald | um 748 |

#### 2. Zur Zeit der karolingischen Könige.

| | |
|---|---|
| Wigbert | 752—759 |
| Anselm | 775—778 |
| Worald | 782—783 |
| Troant | um 810 |
| Amalrich | um 812 |
| Ragener | um 815 |
| Ranulf | um 815 |
| Adelhard I. | 822—826 |
| Bererich | um 826 |
| Ruthard | 838—845 |
| Gebauron | um 838 |
| Ansfried | um 845 |
| Haubold | um 850 |
| Rudolf | um 857 |
| Heribald | um 874 |
| Bodrad | um 876 |
| Adelhard II. | um 877 |
| Otto | um 890 |
| Siegfried | 890—901 |
| Eberhard von Franken | 926—939 |

### II. Erbliche Pfalzgrafen.

| | |
|---|---|
| Hermann I., Pfalzgraf von Lothringen | 945—994 |
| Ezzo (Ehrenfried) | 994—1034 |
| Otto I., Herzog von Schwaben | 1035—1045, † 1047 |
| Heinrich I. | 1045—1061 |
| Hermann II. von Luxemburg | 1061—1085 |
| Heinrich II. von Laach, Pfalzgraf bei Rhein | 1085—1095 |
| Heinrich III. von Limburg | 1095—1099? |
| Ludwig | 1099?—1105? |
| Siegfried, Graf von Orlamünde | 1105?—1113 |
| Gottfried, Graf von Calw | 1113—1129 |
| Wilhelm, Graf von Orlamünde | 1129—1139 |

| | |
|---|---|
| Heinrich IV. Jasomirgott v. Österreich | 1139—1142, † 1177 |
| Hermann III., Graf von Stahleck | 1142—1155, † 1158 |
| Otto, Graf von Rheineck | 1142—1155 |
| Konrad von Hohenstaufen | 1156—1195 |
| Heinrich V., der Welf | 1195—1211, † 1227 |
| Heinrich VI. | 1211—1214 |
| Ludwig I., Herzog von Bayern | 1214—1227, † 1231 |
| Otto der Erlauchte, Herzog von Bayern | 1227—1253 |
| Ludwig II., der Strenge, Herzog v. Ober=Bayern | 1253—1294 |
| Rudolf I., Herzog von Ober=Bayern | 1294—1317, † 1319 |

### III. Dynastie Wittelsbach. 1317—1777.

| | |
|---|---|
| Adolf der Einfältige | 1317—1327 |
| Rudolf II., der Blinde | 1327—1353 |
| Ruprecht I. | 1353—1390 |
| Ruprecht II. | 1390—1398 |
| Ruprecht III. (Deutscher König 1400) | 1398—1410 |

Teilung unter seinen Söhnen 1410.

#### A. Kur=Pfalz.

| | |
|---|---|
| Ludwig III., der Bärtige | 1410—1436 |
| Ludwig IV., der Sanftmütige | 1436—1449 |
| Friedrich I., der Siegreiche | 1449—1476 |
| Philipp der Aufrichtige | 1476—1508 |
| Ludwig V., der Friedfertige | 1508—1544 |
| Friedrich II., der Weise | 1544—1556 |
| Otto Heinrich, Pfalzgraf 1507 | 1556—1559 |

Linie Pfalz=Simmern. 1559—1685.

| | |
|---|---|
| Friedrich III., der Fromme | 1559—1576 |
| Ludwig VI. | 1576—1583 |
| Friedrich IV., der Aufrichtige | 1583—1610 |
| Johann Kasimir, in Lautern 1575—1592, Verw. | 1583—1592 |
| Friedrich V. (Kön. v. Böhmen 1619—1620) | 1610—1623, † 1632 |
| Unter bayrischer Herrschaft | 1623—1648 |
| Karl Ludwig | 1648—1680 |
| Karl | 1680—1685 |

Linie Pfalz=Neuburg. 1685—1742.

| | |
|---|---|
| Philipp Wilhelm | 1685—1690 |
| Johann Wilhelm | 1690—1716 |
| Karl Philipp | 1716—1742 |

Linie Pfalz=Sulzbach. 1742—1777.

| | |
|---|---|
| Karl Theodor (erbt Bayern 1777) | 1742—1777, † 1799 |

Kurpfalz mit Bayern vereinigt unter dem Namen „Pfalzbayern".

#### B. Pfalz=Amberg.

| | |
|---|---|
| Johann | 1410—1443 |
| Christoph (König von Dänemark 1440) | 1443—1448 |

Amberg mit Kurpfalz vereinigt.

#### C. Pfalz=Mosbach.

| | |
|---|---|
| Otto I. | 1410—1461 |
| Otto II. | 1461—1499 |

Mosbach mit Kurpfalz vereinigt.

#### D. Pfalz=Zweibrücken.

| | |
|---|---|
| Stephan | 1410—1459 |

Teilung unter seinen Söhnen 1459.

#### I. Pfalz=Simmern.

| | |
|---|---|
| Friedrich I. | 1459—1480 |
| Johann I. | 1480—1509 |
| Johann II. | 1509—1557 |
| Friedrich II., der Fromme, Kurfürst 1559 | 1557—1559, † 1576 |
| Georg (Bruder Friedrichs II.) | 1559—1569 |
| Richard (Bruder Friedrichs II.) | 1569—1598 |
| Mit Kurpfalz vereinigt | 1598—1610 |
| Ludwig Philipp (Bruder Friedrichs IV.) | 1610—1655 |
| Heinrich Ludwig | 1655—1673 |

Simmern mit Kurpfalz vereinigt.

## II. Pfalz-Zweibrücken.

Ludwig I. . . . . . . . . . . . . . 1459—1489
Kaspar . . . . . . . . . . . . .⎫ 1489—1490
                                 ⎬ † 1527
Alexander . . . . . . . . . . . .⎭ 1489—1514

Teilung unter seinen Söhnen 1514.

### a. Pfalz-Zweibrücken.

Ludwig II. . . . . . . . . . . . 1514—1532
Wolfgang . . . . . . . . . . . 1532—1569

Teilung unter seinen Söhnen 1569.

### 1. Pfalz-Neuburg.

Philipp Ludwig . . . . . . . . . 1569—1614

Teilung unter seinen Söhnen 1614.

| Pfalz-Neuburg. | Pfalz-Sulzbach. | Pfalz-Hilpoltstein. |
|---|---|---|
| Wolfgang Wilhelm . . 1614—1653 | August . . . . . 1614—1632 | Johann Friedrich . . 1614—1644 |
| Philipp Wilhelm, Kur-<br>fürst 1685 . 1653—1685, † 1690 | Christian August . . 1632—1708 | An Sulzbach. |
| Mit Kurpfalz vereinigt. | Theodor . . . 1708—1732 | |
| | Johann Christian . . 1732—1733 | |
| | Karl Theodor, Kurfürst<br>1742 . . 1733—1742, † 1799 | |
| | Mit Kurpfalz vereinigt. | |

### 2. Pfalz-Sulzbach.

Otto Heinrich . . . . . . . . . 1569—1604

An Neuburg.

### 3. Pfalz-Vohenstrauß.

Friedrich . . . . . . . . . . . 1569—1597

An Neuburg.

### 4. Pfalz-Zweibrücken.

Johann I. . . . . . . . . . . . 1569—1604

Teilung unter seinen Söhnen 1604.

| Pfalz-Zweibrücken. | Pfalz-Landsberg. | Pfalz-Kleeburg. |
|---|---|---|
| Johann II. . . . . 1604—1635 | Friedrich Kasimir . . 1604—1645 | Johann Kasimir . . . 1604—1652 |
| Friedrich . . . . . 1635—1661 | Friedrich Ludwig . . 1645—1677 | Karl I. Gustav (König [X.]<br>von Schweden 1654) . 1652—1660 |
| An Landsberg. | † 1681 | Karl II. (XI. von Schweden) 1660—1697 |
| | Französische Okkupation 1677—1693. | Karl III. (XII. v. Schweden) 1697—1718 |
| | An Kleeburg. | |

Adolf Johann I. . . . . . . . . 1681—1689
Adolf Johann II. . . . . . . . . 1689—1701
Gustav Samuel Leopold . . . . . 1701—1731

An Birkenfeld.

### 5. Pfalz-Birkenfeld.

Karl I. . . . . . . . . . . . 1569—1600

Teilung unter seinen Söhnen 1600.

| Pfalz-Birkenfeld. | Pfalz-Bischweiler. |
|---|---|
| Georg Wilhelm . . ⎫ 1600—1669 | Christian I. . . . . . . . . 1600—1654 |
| Friedrich . . . . ⎭ 1600—1626 | Teilung unter seinen Söhnen 1654. |
| Karl Otto . . . 1669—1671 | |
| An Bischweiler. | |

| | Bischweiler. | Gelnhausen. |
|---|---|---|
| | Christian II. . . . 1654—1717 | Johann Karl . . . 1654—1704 |
| | Christian III. . . 1717—1735 | Friedrich Bernhard . . 1704—1739 |
| | Teilung unter seinen Söhnen 1735. | August Friedrich Ernst . 1739—1748 |
| | | Johann . . . . 1748—1780 |
| | | Karl Johann Ludwig . 1780—1789 |
| | | Wilhelm, † 1837 . . 1789—1801 |

| Zweibrücken. | Birkenfeld. | |
|---|---|---|
| Christian IV. . . 1735—1775 | Friedrich Michael 1735—1767 | Herzog in Bayern 1799, Herzog<br>von Berg 1803—1806. |
| An Birkenfeld. | Karl II. . . . 1767—1795 | Birkenfeld an Frankreich 1801—1814. |
| | in Zweibrücken 1775; tritt<br>Birkenfeld an Gelnhausen ab 1775. | An Preußen 1814—1817. |
| | Maximilian Joseph<br>Kurfürst v. Pfalz-<br>Bayern 1799 . 1795—1799<br>† 1825 | An Oldenburg 1817. |

### b. Pfalz-Veldenz.

Ruprecht . . . . . . . . . 1514—1544
Georg Johann I. . . . . . . . . 1544—1592

Teilung unter seinen Söhnen 1592.

| Lautereck. | | Lützelstein. | |
|---|---|---|---|
| Georg Gustav | 1592—1634 | Johann August | 1592—1611 |
| Leopold Ludwig | 1634—1694 | Georg Johann II. | 1611—1654 |
| An Birkenfeld. | | An Lautereck. | |

## 103. Veldenz.

Emicho, Graf von Kyrburg und Schmidburg 1086—1113
Gerlach I., Graf von Veldenz . . . . 1112—1146
Gerlach II. . . . . . . . . 1146—1186
Gerlach III. . . . . . . . . 1186—1214
Gerlach IV. . . . . . . . . 1214—1254
Gerlach V. . . . . . . . . 1254—1260
Agnes . . . . . . . . 1260—1277, † ?
Heinrich I. von Hohengeroldseck . . . 1277—1298
Walter . . . . . . . . 1298—1327
Georg I. . . . . . . . . 1327—1347

Teilung unter seinen Söhnen.

| Veldenz. | | Lichtenberg. | |
|---|---|---|---|
| Heinrich II. | 1347—1378 | Friedrich I. | 1314—1327 |
| Friedrich II. | 1378—1396 | Georg II. | 1327—1377 |
| Heinrich III. | 1378—1389 | | |
| Heinrich IV. | 1389—1393 | | |
| Friedrich III. | 1393—1444 | | |
| An Pfalz. | | | |

## 104. Zweibrücken.

Simon I., Graf von Saarbrücken . . . . † 1180

Teilung unter seinen Söhnen.

| | | | |
|---|---|---|---|
| Heinrich I. von Zweibrücken | 1180—1225 | Simon II. von Saarbrücken, | |
| Heinrich II. | 1225—1282 | s. das. | |

Teilung unter seinen Söhnen.

| Eberstein. | | Bitsch. | | Zweibrücken. | |
|---|---|---|---|---|---|
| Simon I. | 1261—1283 | Eberhard I. | 1283—1315 | Walram I. | 1282—1309 |
| Gottfried | 1276—1297 | Simon III. | 1321—1334 | Simon II. | 1309—1312 |
| Eberhard II. | nach 1276 | Eberhard III. | 1321—1333 | Walram II. | 1312—1366 |
| Heinrich IV. | 1280—1297 | Simon IV. Wecker | 1358—1402 | Eberhard V. | 1366—1385, † 1393 |
| Otto | 1296—1314 | Heinrich VI. | 1376—1396 | | |
| | | Friedrich I. | 1390—1402 | | |
| | | | † v. 1413 | | |
| | | Hanemann I. | 1358—1370 | | |
| | | Eberhard IV. | um 1367 | | |
| | | Hanemann II. | 1402—1422 | | |
| | | Hanemann III. | 1422—1452 | | |
| | | Simon V. | 1422—1459 | | |
| | | Heinrich VII. | 1422—1452 | | |
| | | Friedrich II. | 1438—1461, † v. 1476 | | |
| | | Heinrich VIII. | 1441—1487 | | |
| | | Walram III. | um 1476 | | |
| | | Simon VI. Wecker | 1461—1508 | | |
| | | Friedrich III. | 1464—1491 | | |
| | | Simon VII. | 1508—1542 | | |
| | | Reinhard | 1517—1531 | | |
| | | Simon VIII. Wecker von Rauschenburg | 1538—1540 | | |
| | | Jakob von Ochsenstein | 1538—1570 | | |

Verkauft einen Teil von Zweibrücken 1385 an Kurpfalz, den Rest 1388 an Sponheim.

Bitsch an Lothringen, Lichtenberg an Hanau.

## 105. Sponheim.

Berthold von Vianden . . . . . . 1044
Eberhard I., Graf von Sponheim . . . 1044—1065
Stephan . . . . . . . . . . 1065—1118?
Meinhard . . . . . . . . . 1118—1155
Gottfried I. . . . . . . . . um 1157
Eberhard II. . . . . . . . . um 1181
Simon I. . . . . . . . . . um 1185
Heinrich I. . . . . . . . .⎫ um 1190
Gottfried II. (erbt Sayn) . . . .⎬ um 1190
Albrecht . . . . . . . . .⎭ um 1190

Teilung unter Gottfrieds Söhnen.

**Heinrich II. von Heinsberg, 1227— um 1260.**
Johann I. von Sayn . . . . † 1277

Heinrich I. . 1264—1301
Johann II. .⎫ 1301—1321
Heinrich II. .⎬ 1301—1349
Heinrich III. . 1321—1322
Johann III. . 1322—1399
Johann IV. . 1399—1413
Johann V. . 1413—1437
Friedrich von Veldenz . 1437—1444
½ an Pfalz, ½ an Baden vererbt.
Gemeinsamer Besitz 1444—1776.
Dann an Pfalz.

**Sponheim-Starkenburg (hintere Grafschaft).**
Gottfried III. von Sayn.

**Kreuznach.**
Johann II. . . 1291—1340

**Eberhard III. von Eberstein, 1227—1263.**
Simon II. . . . . . . . 1227—1266

Eberhard IV. † um 1303.

Johann I. 1266—1291.
Teilung u. s. Söhnen.

**Castellaun.**
Simon III. . . 1291—1337

Castellaun und Kreuznach.
Walram, in Kreuznach seit 1340 . 1337—1380
Simon IV. . . 1380—1414
Elisabeth (Gem. 1392: Ruprecht III. von der Pfalz) . . 1414—1416
⅕ an Pfalz verschenkt.
⅖ an Pfalz, ⅖ an Baden vererbt.
Gemeinsamer Besitz 1416—1707.
Dann an Pfalz.

**Sponheim-Kreuznach (vordere Grafschaft).**

Heinrich I. 1266—1314
Philipp, Graf von Bolanden, zu Tannenfels 1314—1338
Heinrich II. 1338—1393
An Nassau.

## 106. Bretzenheim.

Karl August (Sohn Karl Theodors v. Pfalzbayern, † 1799, und der Josephe Seifert, Gfn. von Heideck, † 1771), **Fürst** . . . . . . . 1790—1823
Ferdinand . . . . . . . . . 1823—1855
Alfons . . . . . . . . . . 1855—1863

## 107. Sayn.

Übersicht über die Teilungen.
Teilung 1283.

**A. Sayn.**
† 1606.

**B. Homburg.**
Teilung 1607.

**I. Sayn-Sayn.**
Teilung 1623.

**II. Sayn-Berleburg.**
Teilung 1631.

**III. Sayn-Wittgenstein.**
Teilung 1657.

a. Hachenburg-Altenkirchen. † 1636.
b. Sayn-Sayn. † 1846.
a. Berleburg. Teilung 1694.
b. Neumagen. † 1678
c. Homburg. † 1743.
Hohnstein. blüht als
Vallendar. † 1775.
**Sayn-Wittgenstein-Hohnstein.**

Berleburg blüht als
**Sayn-Wittgenstein-Berleburg.**
Karlsburg. † 1866.
Ludwigsburg blüht als
**Sayn-Wittgenstein-Sayn.**

Eberhard I., Graf von Sayn . . . . 1139—1176
Heinrich I. . . . . . . . .⎫ 1176—1203
Eberhard II. . . . . . . . .⎬ 1176—1202
Heinrich II. . . . . . . . . 1202—1246
Gottfried II., Graf von Sponheim, Mitreg. 1181—1220
Johann I., Graf von Sponheim . . 1226—1277
Gottfried I., Graf von Sponheim-Sayn . 1261—1283
Teilung unter seinen Söhnen 1283.

### A. Sayn.

| | |
|---|---|
| Johann I. | 1283—1324 |
| Johann II. | 1324—1359 |
| Johann III. | 1359—1403 |
| Gerhard I. | 1403—1419 |
| Dietrich | 1419—1452 |
| Gerhard II. | 1452—1493 |
| Gerhard III. in Sayn | 1493—1506 |
| Sebastian I. in Frensberg, Nornburg und Friedewald | 1493—1498 |
| Johann IV. | 1498—1529 |
| Johann V. in Sayn und Altenkirchen | 1529—1560 |
| Sebastian II. in Homburg | 1529—1573 |
| Adolf | 1560—1568 |
| Heinrich IV. | 1560—1606 |
| Hermann | 1560—1571 |
| Anna Elisabeth | 1606—1608 |

Sayn mit Sayn-Wittgenstein vereinigt 1606.

### B. Sayn-Homburg.

| | |
|---|---|
| Engelbert | 1283—1336 |
| Gottfried | 1336—1354 |
| Salentin | 1354—1384, † v. 1392 |
| Johann, Graf v. Sayn-Wittgenstein | 1384—1427, † v. 1436 |
| Georg | 1427—1469 |
| Eberhard | 1469—1494, † v. 1499 |
| Wilhelm I. | 1494—1568 |
| Ludwig I. | 1568—1607 |

Teilung unter seinen Söhnen 1607.

### I. Sayn-Sayn.

| | |
|---|---|
| Wilhelm III. | 1607—1623 |

Teilung unter seinen Söhnen 1623.

### a. Sayn-Hachenburg-Altenkirchen.

| | |
|---|---|
| Ernst | 1623—1632 |
| Ludwig II. | 1632—1636 |

Ludwigs II. Schwestern:

**Hachenburg.**

Ernestine (Gem. Salentin Ernst, Graf von Manderscheid 1705) . . . 1648—1661

Magdalene Christine (Gem. Georg Ludwig, Burggraf von Kirchberg, † 1686) . . . 1661—1715

An die Burggrafen von Kirchberg 1715—1799.
An Nassau-Weilburg 1799—1803.
An Sayn-Berleburg 1803.

**Altenkirchen.**

Johanna (Gem. Johann Georg, Herzog von Sachsen-Eisenach, † 1686) . . . 1648—1701

An Sachsen-Eisenach 1701—1741.
An Brandenburg-Ansbach 1741—1791.
An Preußen 1791—1803.
An Nassau 1803.

### b. Sayn-Sayn (ohne Territorialbesitz).

| | |
|---|---|
| Ludwig Albrecht | 1623—1664 |
| Karl Ludwig Albrecht | 1664—1724 |
| Karl Wilhelm Gustav | 1724—1759 |
| Alexander Ludwig | 1759—1768 |
| Alexander August | 1768—1772 |
| Friedrich Karl | 1772—1786 |
| Sophus | 1786—1843 |
| Gustav | 1843—1846 |

### II. Sayn-Berleburg.

| | |
|---|---|
| Georg | 1607—1631 |

Teilung unter seinen Söhnen 1631.

### a. Sayn-Berleburg.

| | |
|---|---|
| Ludwig Kasimir | 1631—1643 |
| Georg Wilhelm | 1643—1684 |
| Ludwig Franz I. | 1684—1694 |

Teilung unter seinen Söhnen 1694.

**Berleburg.**

| | |
|---|---|
| Kasimir | 1694—1741 |
| Ludwig Ferdinand | 1741—1773 |
| Christian Heinrich, **Fürst** 4./10. 1792 | 1773—1800 |
| Albrecht | 1800—1851 |

Mediatisierung des Fürstentums 1806.

| | |
|---|---|
| Albrecht | 1851— |

**Karlsburg.**

| | |
|---|---|
| Karl Wilhelm | 1694—1749 |
| Adolf Ludwig Wilhelm | 1749—1812 |
| Ludwig | 1812—1866 |

**Ludwigsburg.**

| | |
|---|---|
| Ludwig Franz II. | 1694—1750 |
| Christian Ludwig Kasimir | 1750—1797 |
| Ludwig Adolf Peter, **Fürst** 1834 | 1797—1843 |
| Ludwig Adolf Friedrich | 1843—1866 |
| Peter | 1866—1887 |
| Stanislaus | 1887— |

### b. Sayn-Neumagen.

Bernhard . . . . . . . . . . . 1631—1678

An Sayn-Wittgenstein-Hohnstein.

### c. Sayn-Homburg.

Ernst . . . . . . . . . . . 1631—1649
Wilhelm Friedrich . . . . . . . 1649—1698
Karl Friedrich . . . . . . . . 1698—1723
Friedrich Karl . . . . . . . . 1723—1743

An Sayn-Berleburg.

### III. Sayn-Wittgenstein.

Ludwig II. . . . . . . . . . . 1607—1634
Johann . . . . . . . . . . . 1634—1657

Teilung unter seinen Söhnen 1657.

| Hohnstein. | | Vallendar. | |
|---|---|---|---|
| Gustav . . . . . . | 1657—1701 | Friedrich Wilhelm . . . . | 1657—1685 |
| Heinrich Albrecht . . . . | 1701—1723 | Johann Friedrich . . . . | 1685—1718 |
| August . . . . . . | 1723—1735 | Franz Friedrich Hugo . . . } | 1718—1769 |
| Friedrich I. . . . . . | 1735—1756 | Johann Wilhelm . . . . } | 1718—1775 |
| Johann Ludwig . . . . | 1756—1796 | An Sayn-Wittgenstein-Hohnstein. | |
| Friedrich II., Fürst 20./6. 1801 | 1796—1837 | | |

Mediatisierung des Fürstentums 1806.

| | |
|---|---|
| Alexander . . . . . . . | 1837—1874 |
| Ludwig . . . . . . . | 1874— |

## 108. Hessen.

Übersicht über die Teilungen.

Teilung 1458.

| Hessen-Kassel. | Hessen-Marburg. |
|---|---|
| Teilung 1567. | † 1500. |

| I. Hessen-Kassel. | II. Hessen-Marburg. | III. Hessen-Rheinfels. | IV. Hessen-Darmstadt. |
|---|---|---|---|
| Teilung 1627. | † 1604. | † 1583. | Teilung 1596. |

| a. Kassel. | b. Rothenburg. | c. Eschwege. | d. Rheinfels. | Darmstadt. | Butzbach. | Homburg. |
|---|---|---|---|---|---|---|
| Teilung. | † 1658. | † 1655. | Teilung 1693. | | † 1643. | † 1866. |

| Kassel. | Philippsthal. | Rheinfels-Rothenburg. | Wanfried-Eschwege. |
|---|---|---|---|
| — 1866. | Teilung 1721. | † 1834. | † 1755. |

| Philippsthal. | Philippsthal-Barchfeld. |
|---|---|

Dynastie Brabant.

| | |
|---|---|
| Landgraf Heinrich I., das Kind . . . . | 1263—1398 |
| Otto in Marburg . . . . . . . } | 1308—1328 |
| Johann in Kassel . . . . . . . } | 1308—1311 |
| Heinrich II., der Eiserne . . . . . . } | 1328—1377 |
| Ludwig I. auf Grebenstein . . . . . } | 1328—1343 |
| Hermann I. auf Nordeck . . . . . } | 1328—1367 |
| Hermann II., der Gelehrte . . . . | 1377—1413 |
| Ludwig II., der Friedfertige . . . . . | 1413—1458 |

Teilung unter seinen Söhnen 1458.

| Hessen-Kassel. | | Hessen-Marburg. | |
|---|---|---|---|
| Ludwig III. . . . . . . . | 1458—1471 | Heinrich III. . . . . . . . | 1458—1483 |
| Wilhelm I., der Ältere | 1471—1493, † 1515 | Wilhelm III., der Jüngere . . | 1483—1500 |
| Wilhelm II., der Mittlere . . | 1471—1509 | An Hessen-Kassel. | |
| Philipp I., der Großmütige . . | 1509—1567 | | |

Teilung unter seinen Söhnen 1567.

### I. Hessen-Kassel.

Wilhelm IV. . . . . . . . . . 1567—1592
Moritz . . . . . . . . . . 1592—1627, † 1632

Teilung unter seinen Söhnen 1627.

## a. Hessen-Kassel.

Wilhelm V. . . . . . . . . . 1627—1637
Wilhelm VI. . . . . . . . . . 1637—1663

Teilung unter seinen Söhnen.

---

| Hessen-Kassel. | | Hessen-Philippsthal. | |
|---|---|---|---|
| Wilhelm VII. . . . | 1663—1670 | Philipp, erbaut Philippsthal . . . . . . | † 1721 |

Teilung unter seinen Söhnen 1721.

| Hessen-Kassel. | | Hessen-Philippsthal. | | Hessen-Philippsthal-Barchfeld. | |
|---|---|---|---|---|---|
| Wilhelm VII. . . . | 1663—1670 | | | | |
| Karl . . . . | 1670—1730 | Karl I. . . . . . | 1721—1770 | Wilhelm . . . . . | 1721—1761 |
| Friedrich I. (König von Schweden 1720) . | 1730—1751 | Wilhelm. . . . . | 1770—1810 | Friedrich . . . . | 1761—1777 |
| Wilhelm VIII., Statthalter 1730 | 1751—1760 | Ludwig . . . . | 1810—1816 | Adolf . . . . | 1777—1803 |
| Friedrich II. . . . | 1760—1785 | Ernst Constantin . . | 1816—1849 | Karl . . . . | 1803—1854 |
| Wilhelm IX. (I.), Kurfürst 15./5. 1803 . | 1785—1806 | Karl II. . . . . | 1849—1868 | Alexis . . . . | 1854—1905 |
| Hessen französisch 1806—1807. | | Ernst . . . . . | 1868— | Chlodwig . . . . | 1905— |
| Zum Königreich Westphalen gehörig: | | | | | |
| Hieronymus Napoleon . | 1807—1813 | | | | |
| Wilhelm I. (zum 2. Male) | 1813—1821 | | | | |
| Wilhelm II. . . . | 1821—1847 | | | | |
| Friedrich Wilhelm, Mitregent 1831 | 1847—1866, † 1875 | | | | |
| Hessen-Kassel Preußen einverleibt. | | | | | |
| Landgraf Friedrich . . | † 1884 | | | | |
| Friedrich Wilhelm . . | 1884—1888 | | | | |
| Alexander Friedrich . . | 1888— | | | | |

---

## b. Hessen-Rothenburg.

Hermann . . . . . . . . . . 1627—1658

An Hessen-Rheinfels.

## c. Hessen-Eschwege.

Friedrich . . . . . . . . . 1627—1655

## d. Hessen-Rheinfels.

Ernst . . . . . . . . . . 1627—1693

Teilung unter seinen Söhnen 1693.

| Hessen-Rheinfels-Rothenburg. | | Hessen-Wanfried-Eschwege. | |
|---|---|---|---|
| Wilhelm . . . . . . . | 1693—1725 | Karl . . . . . . . | 1693—1711 |
| Ernst Leopold . . . . | 1725—1749 | Wilhelm in Wanfried . . . | 1711—1731 |
| Constantin . . . . | 1749—1778 | Christian in Eschwege . . . | 1711—1755 |
| Karl Emanuel . . . . | 1778—1812 | An Rheinfels-Rothenburg. | |
| Victor Amadeus . . . | 1812—1834 | | |
| An Hessen-Kassel. | | | |

---

## II. Hessen-Marburg.

Ludwig IV. . . . . . . . . . 1567—1604

An Hessen-Kassel.

## III. Hessen-Rheinfels.

Philipp II. . . . . . . . . . 1567—1583

Rheinfels an Hessen-Darmstadt 1583—1627,
an Hessen-Kassel 1627.

## IV. Hessen-Darmstadt.

Georg I. . . . . . . . . . 1567—1596

Teilung unter seinen Söhnen 1596.

| Hessen-Darmstadt. | | Hessen-Butzbach. | | Hessen-Homburg. | |
|---|---|---|---|---|---|
| Ludwig V. . . . | 1596—1626 | Philipp III . . . . | 1596—1643 | Friedrich I. . . . | 1596—1638 |
| Georg II. . . . . | 1626—1661 | An Hessen-Darmstadt. | | Ludwig I. . . . . | 1638—1643 |
| Ludwig VI. . . . | 1661—1678 | | | Wilhelm Christoph . . | 1643—1681 |
| Ludwig VII. . . . | 1678 | | | Friedrich II. . . . | 1681—1708 |
| Ernst Ludwig . . | 1678—1739 | | | Friedrich III. Jakob . | 1708—1746 |
| Ludwig VIII. . . | 1739—1768 | | | Friedrich IV. Karl . | 1746—1751 |
| Ludwig IX. . . . | 1768—1790 | | | Friedrich V. Ludwig . | 1751—1820 |
| Ludwig X. (I.), Großherzog 13./8. 1806 | 1790—1830 | | | Friedrich VI. Joseph . | 1820—1829 |
| Ludwig II. . . . | 1830—1848 | | | Ludwig II. . . . | 1829—1839 |
| Ludwig III. . . . | 1848—1877 | | | Philipp . . . | 1839—1846 |
| Ludwig IV. . . . | 1877—1892 | | | Gustav . . . . | 1846—1848 |
| Ernst Ludwig . . . | 1892— | | | Ferdinand . . . . | 1848—1866 |
| | | | | An Hessen-Darmstadt vererbt, von diesem an Preußen abgetreten. | |

## 109. Ziegenhain.

| | |
|---|---|
| Gozmar I. | 1062—1117 |
| Gozmar II. in Ziegenhain | 1117—1141? |
| Boppo von Hollende | ⎱ 1141—1170 |
| Gottfried I. in Wegebach | ⎰ 1141—1168 |
| Gozmar III., der Rote | 1168—1184 |
| Ludwig I., in Nidda 1206 | 1184—1227, † v. 1231 |

Teilung unter seinen Söhnen 1227.

| **Nidda.** | | **Ziegenhain.** | |
|---|---|---|---|
| Gottfried IV. | 1227—1257 | Berthold | 1227—1258? |
| Ludwig II. | 1257—1289 | Gottfried V. | 1258—1271 |
| Engelbert I. | 1289—1329 | Gottfried VI. | 1271—1304 |
| Lukardis (Gem.: Johann I. v. Ziegenhain) | 1329—1333 | Johann I. | 1304—1358 |
| An Ziegenhain. | | Gottfried VIII. | 1358—1373 |
| | | Gottfried IX. | 1373—1394 |
| | | Engelbert III. | 1394—1401 |
| | | Johann II. | 1401—1450 |
| | | Mit Hessen vereinigt. | |

## 110. Katzenellenbogen.

| | |
|---|---|
| Graf Heinrich I. | 1090—1102 |
| Heinrich II. | 1102—1160 |
| Heinrich III. | 1160—1173 |
| Diether I. | 1214, † um 1219 |
| Diether II. | 1219—1245 |

Teilung unter seinen Söhnen 1245.

| **Alt-Katzenellenbogen.** | | **Neu-Katzenellenbogen.** | |
|---|---|---|---|
| Diether III. | 1245—1276 | Eberhard | 1245—1312 |
| Wilhelm I. | 1276—1331 | Berthold | 1312—1319 |
| Wilhelm II. | 1331—1385 | Johann II. | 1319—1357 |
| Eberhard | 1385—1403 | Diether VI. | 1357—1402 |
| An Neu-Katzenellenbogen. | | Johann III. | 1402—1444 |
| | | Philipp | 1444—1479 |
| | | An Hessen-Marburg. | |

## 111. Dietz.

| | |
|---|---|
| Graf Emmerich | um 1133 |
| Heinrich | 1145—1189 |

Teilung unter seinen Söhnen 1189.

| **Dietz.** | | **Birstein.** | |
|---|---|---|---|
| Gerhard II. | 1189—1223 | Heinrich III. | 1189—1234 |
| Gerhard III. | 1234—1275 | | |
| Gerhard IV. | ?—1308 | | |
| Gottfried | 1308—? | | |
| Gerhard VI. | ?—1368 | | |
| Gerhard VII. | 1368—1388 | | |
| Gottfried VIII. von Eppstein | † 1437 | | |
| Gottfried IX. | 1437—? | | |
| Gottfried X. | ?—1522 | | |

Teilung unter seinen Söhnen 1234.

| **Birstein.** | | **Weilnau.** | |
|---|---|---|---|
| Heinrich IV. | 1234—1275 | Gerhard I. | 1234—1282 |
| Albrecht | 1275—1322 | Heinrich I. | 1282—1344 |
| An Weilnau. | | Gerhard II. | 1344—? |
| | | Heinrich II. | ?—1438 |

An Katzenellenbogen und Eppstein-Königstein verteilt.

Weilnau an Nassau, Birstein an Isenburg verkauft.

## 112. Hanau.

| | |
|---|---|
| Reinhard I. von Dorfelde, Graf von Hanau | 1168—1228 |
| Reinhard II. | 1227—1280 |
| Ulrich I. | 1280—1306 |
| Ulrich II. | 1306—1346 |
| Ulrich III. | 1346—1370 |
| Ulrich IV. | 1370—1380 |
| Adolf | 1380—1403 |
| Ulrich V. | 1403—1404, † 1419 |
| An Mainz | 1404—1419 |

Reinhard III. . . . . . . . . . . 1419—1451

Teilung unter seinen Söhnen 1451.

| Hanau-Münzenberg. | | Hanau-(Babenhausen, s. 1481:) Lichtenberg. | |
|---|---|---|---|
| Reinhard IV. . . . . . . | 1451—1452 | Philipp I. . . . . . | 1451—1480 |
| Philipp I. . . . . . | 1452—1500 | Philipp II. . . . . | 1480—1504 |
| Reinhard V. . . . . . | 1500—1512 | Philipp III. . . . . | 1504—1538 |
| Philipp II. . . . . . | 1512—1529 | Philipp IV. . . . . | 1538—1590 |
| Philipp III. . . . . | 1529—1561 | Philipp V. . . . . | 1590—1599 |
| Philipp Ludwig I. . . . | 1561—1580 | Johann Reinhard I. . . . | 1599—1626 |
| Philipp Ludwig II. in Münzenberg | 1580—1612 | Philipp Wolfgang . . . . | 1626—1641 |
| Albrecht in Schwarzenfels . . . | 1580—1635 | Friedrich Kasimir in Lichtenberg . | 1641—1685 |
| Philipp Moritz . . . . . | 1612—1638 | Johann Reinhard II. in Bischofsheim | 1641—1666 |
| Katharina Belgica von Nassau- Oranien, Vormünderin 1612—1623, † 1648 | | Johann Philipp in Aschaffenburg . | 1641—1669 |
| | | Philipp Reinhard, Fürst 1696 . | 1685—1712 |
| Philipp Ludwig III. . . . . | 1638—1641 | Johann Reinhard III. . . . . | 1712—1736 |
| Johann Ernst . . . . . . | 1641—1642 | | |

An Hanau-Lichtenberg.

Lichtenberg an Hessen-Darmstadt, Münzenberg an Hessen-Kassel, Aschaffenburg an Mainz.

## 113. Eppstein.

Graf Gottfried I. . . . . . . . .⎫ 1172—1192
Gerhard I. . . . . . . . . .⎭ um 1191
Gottfried II. . . . . . . 1210—1220, † 1223
Gerhard II. . . . . . . . .⎫ 1222—1246
Gottfried III. . . . . . . . .⎭ 1223—1283
Gerhard III. . . . . . . . 1253—1265
Gerhard IV. . . . . . . . . † v. 1270
Gottfried IV. . . . . . . . 1247—1293
Gerhard VI. . . . . . . . . 1283—1294
Siegfried . . . . . . . . 1283—1316
Gottfried VII. . . . . . . . 1304—1346
Gottfried VIII. . . . . . . . † 1329
Gottfried IX. . . . . . . . .⎫ 1346—1357
Eberhard I. . . . . . . . . .⎭ 1346—1391

Teilung unter Eberhards Söhnen 1391.

| Eppstein-Münzenberg. | | Eppstein-Königstein. | |
|---|---|---|---|
| Gottfried X. . . . . . . | 1391—1437 | Eberhard II. . . . . . . | 1391—1443 |
| Gottfried XI. . . . . . . | 1437—1466 | Eberhardt III. . . . . . .⎫ | 1443—1475 |
| Gottfried XII. . . . . . | 1466—1522 | Walter in Breuberg . . . .⎭ | 1443—1468 |
| An Hessen, Mainz und Hanau. | | Philipp . . . . . . . | 1475—1481 |
| | | Eberhard IV. . . . . . . | 1481—1535 |

An Stolberg.

## 114. Friedberg.

| Giselbert, Burggraf v. Friedberg | 1217 | Hermann I. Weyß von Fauerbach | 1456—1459 |
|---|---|---|---|
| Burkhard . . . . . . | 1219 | Rudolf II. von Cleen . . . | 1462—1468 |
| Ludolf I. . . . . . . | 1228—1236 | Henne II. von Bellersheim . . | 1468—1474 |
| Ruprecht I. von Carben . . | 1239—1240 | Ludwig I. Weyß von Fauerbach | 1474—1483 |
| Erwin von Kranichsberg . . | 1249—1250 | Emmerich von Carben . . | 1483—1504 |
| Franko | 1260 | Eberhard V. Weyß von Fauerbach | 1504—1526 |
| Ruprecht II. von Carben . . | 1265—1268 | Ludwig II. Löw von Steinfurt . | 1526—1533 |
| Gottfried von Brunneck . . | 1272—1275 | Johann II. Brendel von Homburg | 1533—1570 |
| Ruprecht II. von Carben (zum 2. Male) | 1276 | Heinrich II. Ogger von Homburg | 1570—1577 |
| Friedrich von Carben . . | 1286 | Johann Eberhard von Kronberg . | 1577—1617 |
| Ruprecht II. von Carben (zum 3. Male) | 1288 | Konrad Löw von Steinfurt . . | 1617—1632 |
| Friedrich von Carben (zum 2. Male) | 1290—1302 | Wolf Adolf von Carben . . . | 1632—1671 |
| Heinrich I. von Pfaffenang . . | 1304 | Johann Eitel I. von Diede zu Fürstenstein . . . . . | 1671—1685 |
| Wiegand von Buches . . | 1310 | Johann III. v. Schlitz gen. v. Görtz | 1685—1699 |
| Wenzel von Cleen . . | 1324 | Adolf Johann Karl von Bettendorf | 1700—1706 |
| Ludolf II. . . . . . | 1336—1348 | Johann IV. Löw von Steinfurt . | 1707—1710 |
| Johann I. von Bellersheim . | 1348—1361 | Johann Erwin, Freiherr v. Greifenklau zu Vollraths . . . | 1710—1727 |
| Rudolf I. von Sachsenhausen . | 1364 | Hermann II. Riedesel v. Lauterbach | 1727—1745 |
| Eberhard I. Weyß von Fauerbach | 1367—1386 | Johann Eitel II. von Diede zu Fürstenstein . . . . . | 1745—1748 |
| Eberhard II. Löw von Steinfurt | 1386—1405 | Ernst Ludwig, Freiherr v. Breitenbach zu Breitenstein . . . | 1749—1755 |
| Eberhard III. Weyß von Fauerbach | 1405—1408 | | |
| Eberhard IV. Löw von Steinfurt | 1408—1442 | | |
| Henne I. von Stockhaus . . . | 1448 | | |

Franz Heinrich, Freiherr von
Dalberg . . . . . . 1755—1777
Johann Maria Rudolf, Graf
von Waldbott-Bassenheim 1777—1805

Clemens August, Freiherr v. West=
phalen zu Fürstenberg 1805—1818, † 1818
An Hessen-Darmstadt 1818.

---

## 115. Isenburg.
### Übersicht über die Teilungen.
Teilung 1137.

A. Limburg-Covern.　　　　　B. Isenburg.　　　　　C. Kempenich.
　Teilung.　　　　　　　　　　　Teilung.

I. Covern.　　II. Grenzau.　　　I. Isenburg-Wied.　　II. Nieder-Isenburg.
† 1306.　　　Teilung 1220.　　　† 1462.　　　　　　Teilung 1502.

a. Grenzau.　　b. Limburg.　　　Grenzau.　　　Neumagen
　Teilung.　　　† 1365.　　　　† 1664.　　　† 1554.

1. Grenzau.　　2. Arnfels.　　3. Cleberg.
† 1290.　　　† 1373.　　　Teilung 1341.

α. Grenzau.　　β. Büdingen.
† 1439.　　　Teilung 1511.

a. Ronneburg.　　b. Birstein.
† 1601.　　　Teilung 1628.

aa. Offenbach.　　　　　　bb. Büdingen.
Teilung 1711.　　　　　　Teilung 1673.

**Birstein.**　　**Philippseich.**　　αα. **Büdingen.**　　ββ. **Wächtersbach.**　　γγ. **Meerholz.**　　δδ. **Marienborn.**
† 1725.

Gerlach I., Graf im Niederlahngau . . . 966—1018
Rembold I. . . . . . . . . . . . 1042—1072
Gerlach II. . . . . . . . . . . . 1042—1070
Rembold II. . . . . . . . . . . . um 1075
Gerlach III. . . . . . . . . . . . 1092—1109
Rembold III. . . . . . . . . . . . 1092—1137
Teilung unter Rembolds III. Söhnen 1137.

### A. Isenburg-Limburg-Covern.
Gerlach I. . . . . . . . . . . . 1137—1158?
Teilung unter seinen Söhnen.

### I. Isenburg-Covern.
Gerlach II. . . . . . . . . . . . 1158?—1217?
Gerlach III. . . . . . . . . . . . 1217—1235
Heinrich . . . . . . . . . . . . 1229—1263
Friedrich I. . . . . . . . . . . . 1246—1277
Friedrich II. . . . . . . . . . . . 1272—1277
Robin . . . . . . . . . . . . . 1272—1306
Covern mit Isenburg-Grenzau vereinigt.

---

### II. Isenburg-Grenzau.
Heinrich I. . . . . . . . . . . . 1158?—1220
Teilung unter seinen Söhnen 1220.

a. **Isenburg-Grenzau.**　　　　　　　　　　b. **Isenburg-Limburg.**
Heinrich II. . . . . . . . 1220—1287　　　Gerlach IV. . 1220—1289
Teilung unter seinen Söhnen.　　　　　　　Johann . . . 1289—1335
　　　　　　　　　　　　　　　　　　　　Gerlach V. . 1335—1354
　　　　　　　　　　　　　　　　　　　　Gerlach VI. . 1354—1365
　　　　　　　　　　　　　　　　　　　　　　　† 1365
　　　　　　　　　　　　　　　　　　Limburg an Trier verkauft.

1. **Grenzau.**　　　　　2. **Arnfels.**　　　　　3. **Cleberg.**
Eberhard . . 1286—1290　Gerlach I. . . 1259—1303　Ludwig I. (i. Bü=
　An Cleberg.　　　　Dietrich . . 1303—1333　　dingen 1264) . 1258—1302
　　　　　　　　　Johann . . . 1305—1319　Lothar . . . 1286—1341
　　　　　　　　　Gerlach II. . 1333—1373　Teilung unter s. Söhnen 1341.
　　　　　　　　　An Isenburg-Wied.

α. **Isenburg-Grenzau.**　　β. **Isenburg-Büdingen.**
Philipp I. . . 1341—1361　Heinrich II. . 1341—1378
Eberhard . . 1361—1399　Johann I. . . 1378—1395

8

Philipp II. . 1399—1439        Johann II. . 1395—1408
    An Nieder-Isenburg.        Diether I., Reichs-
                                  graf 27./8. 1442 1408—1461
                                  Ludwig II. . . 1461—1511
                        Teilung unter s. Söhnen 1511.

| **a. Isenburg-Rönneburg.** | | **b. Isenburg-Birstein.** | |
|---|---|---|---|
| Philipp | 1511—1526 | Johann III. | 1511—1533 |
| Anton | 1526—1560 | Reinhard | 1533—1568 |
| Georg | 1560—1577 | Philipp | 1533—1596 |
| Wolfgang | 1577—1598 | Ludwig III. | 1533—1588 |
| Heinrich | 1598—1601 | Wolfgang Ernst I. | 1596—1628, † 1631 |
| An Isenburg-Birstein. | | Teilung unter seinen Söhnen 1628. | |

**aa. Isenburg-Offenbach.**

| | |
|---|---|
| Wolfgang Heinrich | 1628—1635 |
| Hessische Occupation | 1635—1643 |
| Johann Ludwig | 1635—1685 |
| Johann Philipp in Offenbach | 1685—1718 |
| Wilhelm Moritz I. in Philippseich | 1685—1711 |
| Christian Heinrich in Eisenberg und Langenselbold | 1685—1758 |

Teilung unter den Söhnen Wilhelm Moritz I. 1711.

| **Isenburg-Birstein.** | | **Isenburg-Philippseich.** | |
|---|---|---|---|
| Wolfgang Ernst I., Reichsfürst 23./3. 1744 | 1711—1754 | Wilhelm Moritz II. | 1711—1772 |
| Wolfgang Ernst II. | 1754—1803 | Christian Karl | 1772—1779 |
| Friedrich Ernst, Verweser | 1754—1759 | Karl Wilhelm | 1779—1781 |
| Karl, souv. Fürst 1806—1815 | 1803—1820 | Heinrich Ferdinand | 1779—1838 |
| Mediatisierung des Fürstentums 1815. | | Georg | 1838—1875 |
| Wolfgang Ernst III. | 1820—1866 | Ferdinand | 1875— |
| Karl | 1866—1899 | | |
| Franz Joseph | 1899— | | |

**bb. Isenburg-Büdingen.**

| | |
|---|---|
| Johann Ernst I. | 1628—1673 |

Teilung unter seinen Söhnen 1673.

**αα Isenburg-Büdingen.**

| | |
|---|---|
| Johann Kasimir | 1673—1693 |
| Johann Ernst II. | 1693—1708 |
| Ernst Kasimir I. | 1708—1749 |
| Gustav Friedrich | 1749—1768 |
| Ludwig Kasimir | 1768—1775 |
| Ernst Kasimir II. | 1775—1801 |
| Ernst Kasimir III. (I.) Fürst 9./4. 1840 | 1801—1848, † 1852 |
| Mediatisierung der Grafschaft 1806. | |
| Ernst Kasimir II. | 1848—1861 |
| Bruno | 1861— |

**ββ. Isenburg-Wächtersbach.**

| | |
|---|---|
| Ferdinand Maximilian I. | 1673—1703 |
| Ferdinand Maximilian II. | 1703—1755 |
| Ferdinand Kasimir I. | 1755—1778 |
| Ferdinand Kasimir II. | 1778—1780 |
| Albrecht August | 1780—1782 |
| Wilhelm Reinhard | 1782—1785 |
| Adolf | 1785—1798 |
| Ludwig Maximilian I. | 1798—1805 |
| Ludwig Maximilian II. | 1805—1821 |
| Mediatisierung der Grafschaft 1806. | |
| Adolf | 1821—1847, † 1859 |
| Ferdinand, Fürst 17./8. 1865 | 1847—1903 |
| Friedrich Wilhelm | 1903— |

**γγ. Isenburg-Meerholz.**

| | |
|---|---|
| Georg Albert | 1673—1724 |
| Karl Friedrich | 1724—1774 |
| Johann Friedrich Wilhelm | 1774—1802 |

| | |
|---|---|
| Karl Ludwig Wilhelm . . . . . . . . | 1802—1832 |

Mediatisierung der Grafschaft 1806.

| | |
|---|---|
| Karl . . . . . . . . . | 1832—1900 |
| Gustav . . . . . . . . | 1900— |

### 88. Isenburg-Marienborn.

| | |
|---|---|
| Karl August . . . . . . . . . | 1673—1725 |

An Isenburg-Meerholz.

### B. Isenburg-Isenburg.

| | |
|---|---|
| Rembold IV. . . . . . . . . . | 1137—1162 |
| Rembold V. . . . . . . . . . | 1152—1195 |
| Bruno I. . . . . . . . . . | 1152—1199 |

Teilung unter seinen Söhnen.

| Isenburg-Wied. | | Nieder-Isenburg. | |
|---|---|---|---|
| Bruno II. . . . . . . | 1210—1255 | Dietrich I. . . . . . . . | 1218—1253 |
| Bruno III. . . . . . . | 1255—1278 | Dietrich II. . . . . . . | 1253—1273 |
| Johann I. . . . . . . | 1278—1327 | Salentin I. . . . . . . | 1273—1300? |
| Bruno IV. . . . . . | † um 1325 | Salentin II. . . . . . . | 1300—1334 |
| Wilhelm I. . . . . . | 1327—1383 | Salentin III. . . . . . | 1319—1370 |
| Gerlach . . . . . . | 1376—1411 | Salentin IV. . . . . . | 1370—1420? |
| Wilhelm II. . . . . | 1411—1462 | Salentin V. . . . . . | 1420—1458? |
| Johann II. . . . . . | 1415—1454 | Gerlach I. . . . . . | 1458?—1490? |
| | | Gerlach II. . . . . . | 1490—1502 |
| | | Jakob . . . . . . . . | 1486—1503 |

Durch Heirat an Runkel.

Teilung unter Gerlachs II. Söhnen 1502.

| Isenburg-Grenzau. | | Isenburg-Neumagen. | |
|---|---|---|---|
| Gerlach III. . . . . . | 1502—1530 | Salentin VI. . . . . . . | 1502—1534 |
| Heinrich . . . . . . | 1530—1552 | Heinrich . . . . . . . | 1534—1554 |
| Anton . . . . . . . | 1552—1554 | | |
| Johann . . . . . . . | 1554—1565 | | |
| Arnold . . . . . . . | 1565—1577 | | |
| Salentin VII. . . . . | 1565—1610 | | |
| Salentin VIII. . . . . | 1610—1619 | | |
| Ernst . . . . . . . | 1619—1664 | | |

An Grenzau.

An Graf Philipp von Aremberg vererbt.

### C. Kempenich.

| | |
|---|---|
| Siegfried . . . . . . . . | 1142—1152 |
| Dietrich I. . . . . . . . | 1158—1173 |
| Florentin . . . . . . . | 1158—1173 |
| Rosemann . . . . . . | um 1217 |
| Dietrich II. . . . . . . | 1229—1232 |
| Dietrich III. . . . . . | 1232—1235 |
| Gerhard . . . . . . . | 1251—1285 |
| Dietrich IV. . . . . . | 1287—1329 |
| Simon I. . . . . . . . | 1329—1341 |
| Simon II. . . . . . . | 1341—1367 |
| Simon III. . . . . . . | 1367—1420 |
| Johann . . . . . . . | 1368—1424 |

An das Erzbistum Köln.

## 116. Schlitz genannt von Görtz.

| | |
|---|---|
| Otto I. von Schlitz . . . . . . . | um 1100 |
| Heinrich I. . . . . . . . | um 1140 |
| Simon I. . . . . . . . | um 1183 |
| Otto II. . . . . . . . . | um 1218 |
| Heinrich II. . . . . . . | um 1259 |
| Simon II. . . . . . . . | um 1285 |
| Friedrich I. . . . . . . | um 1285 |
| Heinrich IV. . . . . . . | um 1324 |
| Heinrich V. . . . . . . | um 1340 |
| Simon V. . . . . . . . | um 1374 |
| Friedrich II. . . . . . . | um 1370 |
| Leopold von Schlitz, genannt von Görtz . . | um 1408 |
| Simon VI. . . . . . . . | um 1424 |
| Constantin . . . . . . . | ? |
| Simon VIII. . . . . . . | um 1539 |

| | |
|---|---|
| Werner . . . . . . . . . . | † 1548 |
| Eustach . . . . . . . . . . | 1548—1598 |
| Wilhelm Balthasar . . . . . . . | 1598—1631 |
| Johann Volpert . . . . . . . . | 1631—1677 |

Teilung unter seinen Söhnen 1677.

| **Ältere Linie.** | **Jüngere Linie.** |
|---|---|
| Friedrich Wilhelm, **Reichsfreiherr** | Johann . . . . . . . 1677—1699 |
| 15./7. 1677, **Reichsgraf** 10./6. | Johann Volpert . . . . . 1699—1714 |
| 1726 . . . . . 1677—1728 | Wilhelm Balthasar . . . . 1714—1724 |

Teilung unter seinen Söhnen 1728.

| **Schlitz.** | **Wrisbergholzen.** |
|---|---|
| Johann . . . . 1728—1747 | Karl Friedrich von Görtz= |
| Georg . . . . . } 1747—1794 |    Wrisberg . . . 1737—1750 |
| Friedrich Karl Adam . } 1747—1797 | Ludwig Ernst Heinrich . 1750—1806 |
| Johann Eustach . . } 1747—1821 | Ludwig Heinrich Karl, |
| Karl Heinrich Johann . 1794—1826 |    **Graf** 1817 . . . 1806—1844 |
| Wilhelm . . . 1826—1839 | Werner . . . . . 1844—1860 |
| Karl Heinrich . . 1839—1885 | Plato . . . . . 1860— |
| Emil Friedrich . . 1885— | |

## 117. Leiningen.

Übersicht über die Teilungen.

Teilung 1317/8.

| **A. Leiningen.** | **B. Dachsburg.** |
|---|---|
| † 1467. | Teilung 1343. |

| **I. Rixingen.** | **II. Hartenburg.** |
|---|---|
| † 1506. | Teilung 1541. |

| **a. Hartenburg.** | **b. Falkenburg.** |
|---|---|
| Teilung 1722. | Teilung 1658. |

| **Hartenburg** blüht als **Leiningen.** | **Bockenheim.** † 1786. | 1. **Heidesheim.** † 1766. | 2. **Guntersblum.** Teilung 1774/87. | 3. **Dachsburg.** † 1709. |
|---|---|---|---|---|

| Guntersblum, blüht als **Leiningen=Billigheim.** | Heidesheim, blüht als **Leiningen=Neudenau.** |
|---|---|

| | |
|---|---|
| Graf Emich I. . . . . . . . . | † 1117 |
| Emich II. . . . . . . . | 1117— n. 1141 |
| Emich IV. . . . . . . | v. 1159—1197 |
| Friedrich . . . . . . . | 1197—1220 |

Dynastie Saarbrücken. 1220—

| | |
|---|---|
| Friedrich I., Graf von Saarbrücken (Bruder | |
|    Simons III.) . . . . . . | 1220—1237 |
| Emich I. . . . . . . . } | 1237—1276 |
| Friedrich II. . . . . . } | 1237—1277? |
| Friedrich III. . . . . . } | 1277—1299? |
| Emich II. . . . . . . } | 1281—1289 |
| Friedrich IV. . . . . . . | 1292—1310 |

Teilung unter seinen Söhnen 1317 und 1318.

### A. Leiningen.

| | |
|---|---|
| Friedrich V., Landgraf . . . 1310 | (1317/8)—1328 |
| Friedrich VI. . . . . . | 1328—1335 |
| Friedrich VII. . . . . . | 1335—1398 |
| Friedrich VIII. . . . . . | 1398—1437 |
| Hesso, **gefürsteter Landgraf** 4./10. 1444 . } | 1437—1467 |
| Friedrich IX. . . . . . . } | 1437—1449 |

An die Grafen von Westerburg 1467.

**B. Dachsburg.**

Gottfried I. . . . . . . . 1310 (1317/8)—1343

Teilung unter seinen Söhnen 1343.

| **Rickingen.** | | **Hartenburg.** | |
|---|---|---|---|
| Friedmann . . . . . . | 1343—1345 | Emich IV. . . . . . . . | 1343—1375 |
| Gottfried II. . . . . . | 1345—1380 | Emich VI. . . . . . . . | 1375—1442 |
| Johann . . . . . . | 1380—1430 | Emich VII. . . . . . } | 1442—1495 |
| Rudolf . . . . . . | 1430—1473 | Bernhard . . . . . } | 1448—1495 |
| Hermann . . . . . . | 1473—1506 | Emich VIII. . . . . . | 1495—1528 |
| Durch Erbschaft an Zweibrücken, dann an Leiningen-Westerburg. | | Emich IX. . . . . . | 1528—1541 |

Teilung unter seinen Söhnen 1541.

**a. Leiningen-Hartenburg.**

Johann Philipp I. . . . . . . . 1541—1562
Emich XI. . . . . . . . 1562—1607
Johann Philipp II. . . . . . . 1607—1643
Friedrich Emich . . . . . . 1643—1698
Johann Friedrich . . . . . . 1698—1722

Teilung unter seinen Söhnen 1722.

| **Leiningen-Hartenburg.** | | **Leiningen-Bockenheim.** | |
|---|---|---|---|
| Friedrich Magnus . . . . | 1722—1756 | Karl Ludwig . . . . . | 1722—1747 |
| Karl Friedrich Wilhelm, Fürst 3./7. 1779 . . . . | 1756—1807 | An Hartenburg. | |
| Mediatisierung des Fürstentums 1806. | | | |
| Emich Karl . . . . . | 1807—1814 | | |
| Karl . . . . . . | 1814—1856 | | |
| Ernst . . . . . . | 1856— | | |

**b. Leiningen-Falkenburg.**

Emich X. . . . . . . . 1541—1593
Philipp Georg in Dachsburg . . . . 1593—1640
Johann Ludwig in Heidesheim . . . . 1593—1625
Johann Kasimir . . . . . } 1640—1688
Emich XII. . . . . . . } 1625—1658

Teilung unter seinen Söhnen 1658.

| **Heidesheim.** | | **Guntersblum.** | | **Dachsburg.** | |
|---|---|---|---|---|---|
| Georg Wilhelm . . . | 1658—1672 | Johann Ludwig . . . | 1658—1687 | Emich Christian . . . | 1658—1702 |
| Johann Karl August . | 1672—1699 | Karl Ludwig . . . } | 1687—1709 | Friedrich . . . . . | 1702—1709 |
| Christian Karl Reinhard | 1699—1766 | Emich Leopold . . . } | 1687—1719 | An Guntersblum. | |
| An Guntersblum. | | Emich Ludwig . . . | 1719—1766 | | |
| | | Friedrich Theodor Ludwig | 1766—1774 | | |

Dachsburg an Leiningen-Hartenburg.

Teilung unter den Urenkeln Johann Ludwigs 1774 und 1787.

| **Leiningen- (Guntersblum, seit 1803: Billigheim.** | | **Leiningen- (Heidesheim, seit 1803: Neudenau.** | |
|---|---|---|---|
| Wilhelm Karl . . . . | 1774/87—1809 | Wenzel Joseph . . . . | 1774/87—1825 |
| Theodor . . . . . | 1809—1869 | Clemens Wilhelm . . . | 1825—1826 |
| Karl Wenzel . . . . | 1869—1892 | August Clemens . . . . | 1826—1862 |
| Karl Policarp . . . . | 1892—1899 | Karl . . . . . 1862—1869 (lebt) | |
| Karl Wenzel (zum 2. Male) . . | 1899—1900 | Maximilian . . 1869—1876, † 1899 | |
| Emich . . . . . . | 1900— | Emich Karl Wenzel . . . | 1876—1896 |
| | | Emich . . . . . . | 1896—1901 |

## 118. Westerburg.

Siegfried IV. (Bruder Dietrich I. von Runkel) . 1227—1279
Heinrich II. . . . . . . . . . um 1279
Siegfried VI. . . . . . . . . . um 1310
Reinhard I. . . . . . . . . 1315—1353
Reinhard II. . . . . . . . . 1353—1379
Reinhard III. . . . . . . . . 1379—1421
Reinhard IV. . . . . . . . . 1421—1449
Kuno I. . . . . . . . . . 1449—1459
Reinhard V., 1467 Graf v. Leiningen-Westerburg 1459—1522
Philipp I. . . . . . . . . . 1522—1524
Kuno III. . . . . . . . . . 1524—1557

Teilung unter seinen Söhnen 1557.

### I. Leiningen.

| | |
|---|---|
| Philipp II. . . . . . . . . . | 1557—1597 |
| Ludwig . . . . . . . . . | 1597—1622 |

Teilung unter seinen Söhnen 1622.

| Leiningen. | | Rickingen. | | Oberbronn. | |
|---|---|---|---|---|---|
| Johann Kasimir . . . | 1622—1635 | Philipp III. . . . . | 1622—1668 | Ludwig Emich . . . | 1622—1635 |
| An Rickingen. | | Ludwig Eberhard . | 1668—1688 | Johann Ludwig . . . | 1635—1665 |
| | | Philipp Ludwig . . . | 1688—1705 | An Rickingen. | |

Rickingen 1668 an Leiningen-Hartenburg<br>verkauft.

### II. Westerburg.

| | |
|---|---|
| Reinhard VII. . . . . . . . . . | 1557—1587 |
| Albrecht Philipp . . . . . . . . } | 1587—1597 |
| Johann Ludwig . . . . . . . . } | 1587—1597 |

An Leiningen.

### III. Schaumburg.

| | |
|---|---|
| Georg . . . . . . . . . . | 1557—1587 |
| Philipp Jakob . . . . . . . } | 1585—1612 |
| Christoph . . . . . . . . } | 1585—1632 |
| Reinhard VIII. . . . . . . . } | 1585—1655 |
| Georg Wilhelm . . . . . . . | 1632—1695 |

Schaumburg an Holzapfel verkauft 1656.<br>Teilung unter seinen 5 Söhnen 1695.

#### a. Alt-Leiningen.

| | |
|---|---|
| Christoph Christian . . . . . | 1695—1720, † 1728 |
| Georg Hermann . . . . . | 1720—1751 |
| Christian Johann . . . . . | 1751—1770 |
| Karl Christian . . . . . | 1770—1811 |
| Friedrich Ludwig Christian . . . | 1811—1839 |
| Friedrich Eduard . . . . . | 1839—1868 |
| Friedrich . . . . . | 1868— |

Andere Söhne Georg Wilhelms.

| Friedrich Wilhelm † 1694. | | Johann Anton . . . | 1695—1698 | Heinrich Friedrich Ernst | 1695—1702 |
|---|---|---|---|---|---|
| Johann Wilhelm Friedrich | 1695—1718 | Georg Friedrich . . | 1698—1708 | | |
| Ludwig Friedrich . . . | 1718—1721 | | | | |

#### b. Neu-Leiningen.

| | |
|---|---|
| Georg Karl Ludwig . . . . . . | 1695—1726 |

Teilung unter seinen Söhnen 1726.

| Nassauische Linie. | | Bayerische Linie. | |
|---|---|---|---|
| Georg Karl August Ludwig . . | 1726—1787 | Georg Ernst Ludwig . . . | † 1765 |
| Karl Gustav Reinhard Woldemar | 1787—1798 | Karl Joseph Philipp Ludwig Ernst | † 1797 |
| Karl . . . . . | 1798—1808, † 1813 | Karl August . . . . . | 1856—1865 |
| August . . . . . | 1808—1849 | Wilhelm . . . . . | 1865—1887 |
| Christian . . . . | 1849—1856 | Karl . . . . . | 1887— |

### 119. Falkenstein am Donnersberge.

Übersicht über die Teilungen.

Teilung 1130.

| A. Hohenfels. | B. Bolanden. |
|---|---|
| Teilung 1277. | Teilung 1219. |

| Hohenfels.<br>† 1355. | Reipoltskirchen.<br>† 1602. | I. Bolanden.<br>† 1386. | II. Falkenstein.<br>Teilung 1271. |
|---|---|---|---|

| a. Königstein.<br>† 1335? | b. Münzenberg.<br>Teilung. |
|---|---|

| Lich.<br>† 1418. | Butzbach.<br>† 1409. |
|---|---|

| | |
|---|---|
| Werner I. von Bolanden . . . . . . . | ?—1130 |

Teilung unter seinen Söhnen 1130.

## A. Hohenfels.

Philipp I. . . . . . . . . . . 1130—1191
Heinrich . . . . . . . . . . . 1191—1199
Philipp II. . . . . . . . . . . 1199—1236
Philipp III. . . . . . . . . . 1236—1277

Teilung unter seinen Söhnen 1277.

| **Hohenfels.** | | **Reipoltskirchen.** | |
|---|---|---|---|
| Philipp IV. . . . . . . | 1277—1291? | Dietrich . . . . . . | 1277—1295 |
| Werner . . . . . . | 1291?—1333 | Heinrich . . . . . . | 1295—1329 |
| Philipp V. . . . . . | 1333—1355 | Konrad . . . . . . | um 1369 |
| An Pfalz. | | Eberhard I. . . . . . | † vor 1433 |
| | | Eberhard II. . . . . . | um 1470 |
| | | Johann I. . . . . . | ?—1501 |
| | | Wolfgang . . . . . . | 1501—1543? |
| | | Johann II. . . . . . | 1543?—1560 |
| | | Johann III. . . . . . | 1560—1577 |
| | | Wolfgang Friedrich . . . . | 1577—1602 |
| | | An Dhaun. | |

## B. Bolanden.

Werner II. . . . . . . . . . . 1130—1197
Werner III. . . . . . . . . . 1197—1219

Teilung unter seinen Söhnen 1219.

### I. Bolanden.

Werner IV. . . . . . . . . . 1219—1258
Werner V. . . . . . . . . . } 1258—1296
Philipp IV. . . . . . . . . . } 1258—1279
Otto . . . . . . . . . . . 1296—1328
Konrad . . . . . . . . . . 1328—1386

An Sponheim-Kreuznach.

### II. Falkenstein.

Philipp I. . . . . . . . . (1219) 1221—1271

Teilung unter seinen Söhnen 1271.

#### a. Königstein.

Philipp II. . . . . . . . . . 1271—1287
Philipp IV. . . . . . . . . . 1287—1317
Philipp VI. . . . . . . . . . 1317—1335?

An Münzenberg.

#### b. Münzenberg.

Werner I. . . . . . . . . . . † vor 1303

Teilung unter seinen Söhnen.

| **Lich.** | | **Butzbach.** | |
|---|---|---|---|
| Philipp III. . . . . . | ?—1322 | Kuno I. . . . . . . | 1289—1329 |
| Kuno II. . . . . . | 1322—1334 | Philipp V. . . . . . | 1329—1346 |
| Philipp VI. . . . . . | 1334—1373 | Philipp VII., Graf 1397 . . . | 1346—1409 |
| Philipp VIII. . . . . . | 1373—1407 | An Lich. | |
| Werner II. (Erzb. v. Trier 1388) . | 1407—1418 | | |

An Solms, Virneburg, Sayn, Isenburg-Büdingen
und Eppstein vererbt.

## 120. Holzapfel.

Peter von Holzapfel, Graf 23./12. 1641 . . 1641—1648
Elisabeth Charlotte . . . . . . . . 1648—1707
Victor Amadeus von Anhalt-Bernburg-Hoym
(ihr Sohn) . . . . . . . . . 1707—1772
Karl Ludwig . . . . . . . . . 1772—1806
Victor Karl Friedrich . . . . . . . 1806—1812
Hermine . . . . . . . . . . . 1812—1817
Stephan, Erzh. v. Österreich (ihr Sohn) . . 1817—1867
Georg Ludwig, Herzog v. Oldenburg (ihr Groß-
neffe) . . . . . . . . . . 1867—

## 121. Naſſau.

Teilung 1255 in die Walramiſche und Ottoniſche Linie.

### Walramiſche Linie.

Teilung 1355.

| A. Wiesbaden-Jdſtein. | B. Weilburg-Saarbrücken. |
|---|---|
| Teilung 1480. | Teilung 1442. |

| Wiesbaden. | Jdſtein. | I. Weilburg. | II. Saarbrücken. |
|---|---|---|---|
| † 1605. | † 1509. | Teilung 1629. | † 1574. |

| a. Saarbrücken. | b. Jdſtein. | c. Weilburg. |
|---|---|---|
| Teilung 1659. | † 1721. | — 1866. |
|  |  | (jetzt im Großherzogtum Luxemburg.) |

| 1. Ottweiler. | 2. Uſingen. | 3. Saarbrücken. |
|---|---|---|
| † 1728. | Teilung 1735. | † 1723. |

| Uſingen | Saarbrücken. |
|---|---|
| † 1816. | † 1797. |

Graf Dudo von Laurenburg . . . . . 1093—1104
Ruprecht I. . . . . . . . . . .⎫ 1123—1152
                               ⎬   † vor 1158
Arnold I. . . . . . . . . . . .⎭ 1123—1144
Arnold II. . . . . . . . . . . 1151—1158?
Ruprecht II. . . . . . . . . . 1158—1197
Walram I., Graf von Naſſau . . . 1151—1198
Heinrich I. . . . . . . . . . 1158, † 1167
Ruprecht III. . . . . . . . . . 1160—1190
Heinrich II., der Reiche . . . 1198—1247, † vor 1251
Walram II. . . . . . . . . .⎫ 1247—1255, † 1277
Otto I. . . . . . . . . . .⎭ 1247—1255, † 1290

Teilung unter den Brüdern 1255.

### Walramiſche Linie.

Walram II. in Jdſtein, Wiesbaden u. Weilburg (1247) 1255—1277
Adolf I. (Deutſcher König 1292) . . . . . 1277—1298
Ruprecht IV. . . . . . . .⎫ 1298—1304, † 1308
Gerlach I. . . . . . . . .⎬ 1298—1355, † 1361
Walram III. . . . . . . .⎭ 1298—1322
Adolf II. . . . . . . . .⎫ 1344—1355, † 1370
Johann I. . . . . . . . .⎭ 1344—1355, † 1371

Teilung unter den Brüdern 1355.

### A. Naſſau-Wiesbaden-Jdſtein.

Adolf II. . . . . . . . . . . . (1344) 1355—1370
Gerlach II. in Wiesbaden . . . . . . 1370—1386
Walram IV. in Jdſtein . . . . . . . 1370—1393
Adolf III. . . . . . . . . . . . 1393—1426
Johann II. . . . . . . . . . . . 1426—1480

Teilung unter ſeinen Söhnen 1840.

| Naſſau-Wiesbaden. | Naſſau-Jdſtein. |
|---|---|
| Adolf IV. . . . . . . . 1480—1511 | Philipp . . . . . . . . 1480—1509 |
| Philipp I. . . . . . . 1511—1558 | An Wiesbaden. |
| Philipp II. . . . . . . 1558—1566 | |
| Balthaſar . . . . . . . 1566—1568 | |
| Johann Ludwig I. . . . . 1568—1596 | |
| Johann Ludwig II. . . . . 1596—1605 | |
| An Naſſau-Weilburg. | |

### B. Naſſau-Weilburg-Saarbrücken.

Johann I. in Weilburg, gefürſteter Graf 25./9.
     1366 . . . . . . . . . (1344) 1355—1371
Ruprecht in Sonnenberg . . . . . . . 1355—1390
Philipp I. . . . . . . . . . . . 1371—1429

Philipp II. . . . . . . . 1429—1442, † 1492
Teilung mit seinem Bruder 1442.

| **Nassau-Weilburg.** | | **Nassau-Saarbrücken.** | |
|---|---|---|---|
| Philipp II. . . . . . (1429) 1442—1492 | | Johann II. . . . . . . 1442—1472 | |
| Johann III., Mitregent . . . 1472—1480 | | Johann Ludwig . . 1472—1544, † 1545 | |
| Ludwig I. . . . . . . 1492—1523 | | Philipp . . . . . . 1544—1554 | |
| Philipp III. . . . . . . 1523—1559 | | Adolf, in Saarwerden und Lahr 1545 1554—1559 | |
| Albrecht . . . . . . } 1559—1593 | | Johann III., in Ottweiler 1545 . 1559—1574 | |
| Philipp IV. . . . . . } 1559—1602 | | An Nassau-Weilburg. | |
| Ludwig II. . . . . . . 1593—1625 | | | |
| Wilhelm Ludwig . } 1625—1629, † 1640 | | | |
| Johann IV. . . . } 1625—1629, † 1668 | | | |

Teilung unter den Brüdern 1629.

**a. Nassau-Saarbrücken.**

Wilhelm Ludwig . . . . . . . . (1625) 1629—1640
Kraft . . . . . . . . 1640—1642
Johann Ludwig . . . . . . . } 1642—1659
Gustav Adolf . . . . . . . } 1642—1659
Volrad . . . . . . . . } 1642—1659

Teilung unter den Brüdern 1659.

| **Ottweiler.** | **Usingen.** | **Saarbrücken.** |
|---|---|---|
| Johann Ludwig (1642) 1659—1690 | Volrad, Fürst 4./8. 1688 (1642) | Gustav Adolf . . (1642) 1659—1677 |
| Friedrich Ludwig . . 1690—1728 | 1659—1702 | Ludwig Kraft . . . 1677—1713 |
| An Usingen. | Wilhelm Heinrich I. . . 1702—1718 | Karl Ludwig . . . 1713—1723 |
| | Karl . . . . . 1718—1735 | An Ottweiler. |
| | Teilung mit seinem Bruder 1735. | |

| **Usingen.** | **Saarbrücken.** |
|---|---|
| Karl . . . . . (1718) 1735—1775 | Wilhelm Heinrich II. . . . . 1735—1768 |
| Karl Wilhelm . . . . 1775—1803 | Ludwig . . . . . . 1768—1794 |
| Friedrich August, Herzog 30./8. 1806 1803—1816 | Heinrich . . . . . . 1794—1797 |
| An Weilburg. | Saarbrücken an Usingen 1797—1814, an Preußen 1814. |

**b. Nassau-Idstein.**

Johann IV. . . . . . . . . . (1625) 1629—1668
Georg August Samuel, Fürst 4./8. 1688 . 1668—1721
Idstein an Ottweiler und Saarbrücken vererbt;
1723 an Ottweiler, 1728 an Weilburg.

**c. Nassau-Weilburg.**

Ernst Kasimir . . . . . . . . 1625—1655
Friedrich . . . . . . . . . 1655—1675
Johann Ernst, in Wiesbaden . . . . } 1675—1719
Friedrich Wilhelm, in Weilburg . . . } 1675—1684
Karl August . . . . . . . 1719—1753
Karl Christian . . . . . . 1753—1788
Friedrich Wilhelm . . . . . . 1788—1816
Wilhelm, Herzog 24./3. 1816 . . . 1816—1839
Adolf . . . . . . . . 1839—1866, † 1905
Nassau Preußen einverleibt.

**Ottonische Linie.**
Teilung 1303.

| A. Siegen. | B. Hadamar. | C. Dillenburg. |
|---|---|---|
| Teilung 1343. | † 1394. | † 1328. |

| I. Dillenburg. | II. Beilstein. |
|---|---|
| Teilung 1516. | Teilung 1425. |

| a. Breda. | b. Dillenburg. | Beilstein. | Liebenscheid. |
|---|---|---|---|
| † 1544. | Teilung 1559. | † 1513. | † 1477. |

| 1. Oranien. | 2. Dillenburg. |
|---|---|
| † 1702. | Teilung 1606. |

| α. Dillenburg. | β. Siegen. | γ. Beilstein. | δ. Dietz. | ε. Hadamar. |
|---|---|---|---|---|
| † 1620. | Teilung 1623. | † 1739. | † 1890 als Nassau-Oranien im Kgr. der Niederlande. | † 1711. |

| Katholische Linie. | Reformierte Linie. |
|---|---|
| † 1743. | † 1734 |

Otto I., in Dillenburg, Beilſtein und Siegen    (1247) 1255—1290
Heinrich I. . . . . . . . . .⎤   1290—1303, † 1343
Emich I. . . . . . . . . . .⎬   1290—1303, † 1334
Johann . . . . . . . . . .⎦   1290—1303, † 1328
Teilung unter den Brüdern 1303.

### A. Naſſau-Siegen.

Heinrich I. . . . . . . . . . (1290) 1303—1343
Teilung unter ſeinen Söhnen 1343.

| I. Naſſau-Dillenburg. | | Naſſau-Beilſtein. | |
|---|---|---|---|
| Otto II. . . . . . | 1343—1350 | Heinrich I. . . . . . . . . | 1343—1388 |
| Johann I. . . . . . | 1350—1416 | Heinrich II. . . . . . . . .⎤ | 1388—1410 |
| Adolf . . . . . | 1416—1420 | ⎬ † v. 1412 | |
| Johann II. . . .⎤ | 1420—1443 | Reinhard . . . . . . . . .⎦ | 1388—1412 |
| Engelbert I. . . .⎬ | 1420—1442 | Johann I. . . . . . . . . .⎤ | 1412—1425 |
| Johann III. . . .⎦ | 1420—1429 | Heinrich III. . . . . . . .⎦ | 1412—1425 |
| Johann IV. . . .⎤ | 1442—1475 | | |
| Heinrich II. . . .⎦ | 1442—1451 | Teilung unter den Brüdern 1425. | |

| Beilſtein. | | Liebenſcheid. | |
|---|---|---|---|
| Engelbert II. in den Nieder-landen . . .⎤ | 1475—1504 | Johann I. . . . (1412) 1425—1473 | Heinrich III.    (1412) 1425—1477 |
| Johann V. . . .⎦ | 1475—1516 | Heinrich IV. . . . . 1473—1499 | An Beilſtein. |
| | | Johann II. . . . . 1499—1513 | |
| Teilung unter Johanns V. Söhnen 1516. | | Johann III. . . . . 1513—1561 | |
| | | An Dillenburg. | |

| a. Naſſau-Breda. | | b. Naſſau-Dillenburg. | |
|---|---|---|---|
| Heinrich III. . . . . | 1516—1538 | Wilhelm der Reiche . . | 1516—1559 |
| Renatus in Orange 1540 . | 1538—1544 | Teilung unter ſeinen Söhnen 1559. | |
| An Dillenburg. | | | |

### 1. Naſſau-Oranien.

Wilhelm I., der Schweiger . . . . . . 1559—1584
Philipp Wilhelm . . . . . . . . 1584—1618
Moritz, Statthalter der Niederlande 1587 . . . 1618—1625
Friedrich Heinrich . . . . . . . . 1625—1647
Wilhelm II. . . . . . . . . . 1647—1650
Wilhelm III., Erbſtatthalter der Niederlande 1674,
    König von England 1689 . . . 1650—1674. † 1702
Naſſau-Oranien an Naſſau-Dietz abgetreten 1674,
    vererbt 1702.

### 2. Naſſau-Dillenburg.

Johann VI., der Ältere . . . . . . 1559—1606
Teilung unter ſeinen Söhnen 1606.

### α. Naſſau-Dillenburg.

Wilhelm Ludwig, Statthalter in Friesland 1587 . 1606—1620
An Beilſtein.

### β. Naſſau-Siegen.

Johann I., der Mittlere . . . . . . 1606—1623

| Katholiſche Linie. | | Reformierte Linie. | |
|---|---|---|---|
| Johann II., der Jüngere . . . | 1623—1638 | Johann Moritz, Fürſt 6./5. 1664 | 1606—1679 |
| Johann Franz Deſideratus, Fürſt 1652 . . . | 1638—1699 | Georg Friedrich, Fürſt 6./5. 1664 | 1606—1674 |
| Wilhelm Hyacinth . . | 1699—1734, † 1743 | Heinrich . . . . . . . . | 1611—1652 |
| An Dietz 1734 und 1739—1814, an Preußen 1814. | | Wilhelm Moritz, Fürſt 6./5. 1664 | 1652—1691 |
| | | Friedrich Wilhelm Adolf . . | 1691—1722 |
| | | Friedrich Wilhelm . . . . | 1722—1734 |
| | | Naſſau-Siegen mit Naſſau-Oranien vereinigt. | |

### γ. Naſſau-Beilſtein.

Georg . . . . . . . . . . . 1606—1623
Seit 1620: **Naſſau-Dillenburg.**
Ludwig Heinrich, Fürſt 25./11. 1652 . . .⎤  1623—1662
Albrecht . . . . . . . . . . .⎦  1623—1626
Heinrich in Dillenburg . . . . . . . 1662—1701
Adolf in Schaumburg . . . . . . . 1653—1676
Wilhelm . . . . . . . . . . . 1701—1724
Chriſtian . . . . . . . . . . 1724—1739
An Naſſau-Dietz.

#### δ. **Naſſau-Dietz.**

| | |
|---|---|
| Ernſt Kaſimir, Statthalter in Friesland 1620 . | 1606—1632 |
| Heinrich Kaſimir I. . . . . . . . . . | 1632—1640 |
| Wilhelm Friedrich, **Fürſt** 1654 . . . . | 1640—1664 |
| Heinrich Kaſimir II. . . . . . . . . | 1664—1696 |
| Johann Wilhelm Friſo, Erbstatthalter der Nieder-<br>lande 1702 . . . | 1696—1711 |

Seit 1702: **Naſſau-Oranien.**

| | |
|---|---|
| Wilhelm IV. . . . . . . . . . . | 1711—1751 |
| Wilhelm V. Batavus . . . . . . . . | 1751—1806 |
| Wilhelm VI. (König der Niederlande 1815) 1806—1814, † 1843 |

Dietz 1814 an Naſſau-Weilburg abgetreten.

---

#### ε. **Naſſau-Hadamar.**

| | |
|---|---|
| Johann Ludwig, **Fürſt** 8./10. 1650 . . . | 1606—1653 |
| Moritz Heinrich . . . . . . . . | 1553—1679 |
| Franz Alexander . . . . . . . | 1679—1711 |

An Naſſau-Beilſtein.

#### B. **Naſſau-Hadamar.**

| | |
|---|---|
| Emich I. . . . . . . . . . . | (1290) 1303—1334 |
| Johann . . . . . . . . . . . ⎫ | 1334—1365 |
| Emich II. . . . . . . . . . . ⎬ | 1334—1359 |
| Heinrich . . . . . . . . . . ⎫ | 1365—1369 |
| Emich III. . . . . . . . . . ⎬ | 1365—1396 |

An Siegen-Dillenburg.

#### C. **Naſſau-Dillenburg.**

| | |
|---|---|
| Johann . . . . . . . . . . . | (1290) 1303—1328 |

An Siegen.

---

## 122. **Solms.**

### Überſicht über die Teilungen.

|  Braunsfeld. | | Burg-Solms. |
|---|---|---|
| Teilung. | | † 1415. |

| Ottenſtein. | Braunfels. |
|---|---|
| † 1425. | Teilung 1409. |

| A. Braunfels. | B. Lich. |
|---|---|
| Teilung 1592. | Teilung 1548. |

| I. Braunfels. | II. Greifenſtein. | III. Hungen. | I. Lich. | II. Laubach. |
|---|---|---|---|---|
| † 1693. | blüht als **Solms-Braunfels.** | † 1678. | Teilung 1562. | Teilung 1561. |

| Lich. | Hohenſolms | a. Laubach. | b. Sonnenwalde. |
|---|---|---|---|
| † 1718. | blüht als **Solms-Hohenſolms-Lich.** | Teilung 1600. | † 1615. |

| 1. Rödelheim. | 2. Laubach. | 3. Sonnenwalde. | 4. Baruth. |
|---|---|---|---|
| † 1640. | † 1676. | Teilung 1688. | Teilung 1665. |

| α. Alt-Puch. | β. Sonnenwalde. | α. Rödelheim. | β. Laubach. | γ. **Baruth.** |
|---|---|---|---|---|
| Teilung 1711. | † 1718. | Teilung 1699. | Teilung 1709. | |

| Sonnenwalde. | Kurzwitz. | Alt-Puch. | Röſa. | Rödelheim. | Aſſenheim | a. **Laubach.** | b. Wildenfels. |
|---|---|---|---|---|---|---|---|
| † 1803. | Teilung 1747. | † 1769 | † 1810. | † 1722. | blüht als **S.-Rödelheim-Aſſenheim.** | | Teilung 1741. |

| Kurzwitz. | Kotiz | | **Wildenfels.** | Sachſenfeld. |
|---|---|---|---|---|
| blüht als **Solms-Röſa.** | blüht als **Solms-Sonnenwalde.** | | | |

| | |
|---|---|
| Marquard I., Graf zu Solms . . . . . | 1129—1141 |
| Heinrich I. . . . . . . . . . . | 1161—1213 |
| Heinrich II. . . . . . . . . . . | 1226—1258 |

Teilung unter seinen Söhnen.

| **Braunfels.** | | **Burg-Solms.** | |
|---|---|---|---|
| Heinrich III. . . . . . . . . 1255—1312 | | Marquard II. . . . 1241—1287 | |
| | | Heinrich von Sponheim 1287—1313 | |

Teilung unter seinen Söhnen.

| | | Johann I. . . . . . 1313—1354 |
|---|---|---|
| **Ottenstein.** | **Braunfels.** | Dietrich (Heidenreich) . 1354—1371 |
| Heinrich I. . . . . 1325—1352 | Bernhard I. . . . . 1312—1349 | Johann II. . . . . 1371—1405 |
| Johann . . . . . 1352—1386 | Otto I. . . . . . 1349—1409 | Johann III. . . . . 1405—1415 |
| Heinrich II. . . . 1410—1425 | Teilung unter seinen Söhnen 1409. | |

### A. Solms-Braunfels.

| Bernhard II. . . . . . . . . . 1409—1459 |
|---|
| Otto II. . . . . . . . . . . 1459—1504 |
| Bernhard III. . . . . . . . . . 1504—1537 |
| Philipp . . . . . . . . . . 1537—1581 |
| Konrad . . . . . . . . . . 1581—1592 |

Teilung unter seinen Söhnen 1592.

### I. Solms-Braunfels.

| Johann Albrecht I. . . . . . . 1592—1623 |
|---|
| Konrad Ludwig . . . . . . . 1623—1635 |
| Johann Albrecht II. . . . . . . 1635—1648 |
| Heinrich Trajectinus . . . . . 1648—1693 |

An Greifenstein.

### II. Solms-Greifenstein.

| Wilhelm I., der Ältere . . . . . . 1592—1635 |
|---|
| Johann Konrad . . . . . . . 1635 |
| Wilhelm II., der Jüngere . . . . 1635—1676 |
| Wilhelm Moritz . . . . . . . 1676—1724 |

Seit 1693: **Solms-Braunfels.**

| Friedrich Wilhelm, Fürst 22./5. 1742 . . . 1724—1761 |
|---|
| Wilhelm Ernst . . . . . . . . 1761—1783 |

| Wilhelm in Braunfels . . . . 1783—1837 | Friedrich Wilhelm in Greifenstein und Hungen . . . . . . 1783—1814 |
|---|---|
| Mediatisierung des Fürstentums 1806. | |
| Ferdinand . . . . . . . 1837—1873 | Wilhelm . . . . . . . . 1814—1868 |

| Ernst (Sohn Wilhelms) . . . . . . . 1873—1880 |
|---|
| Georg . . . . . . . . . . 1880—1891 |
| Georg Friedrich . . . . . . . 1891— |

### III. Solms-Hungen.

| Reinhard . . . . . . . . 1592—1630 |
|---|
| Otto . . . . . . . . . 1630—1635 |
| Moritz . . . . . . . . 1635—1678 |

An Greifenstein.

### B. Solms-Lich.

| Johann . . . . . . . . 1409—1457 |
|---|
| Kuno . . . . . . . . 1457—1477 |
| Philipp . . . . . . . . 1477—1544 |

Teilung unter seinen Söhnen 1548.

### I. Solms-Lich.

| Reinhard I. . . . . . . . . 1544—1562 |
|---|

Teilung unter seinen Söhnen 1562.

| **Solms-Lich.** | | **Solms-Hohensolms.** | |
|---|---|---|---|
| Ernst I. . . . . . . . 1562—1590 | | Hermann Adolf . . . . . . 1562—1601 | |
| Reinhard II. . . . . . . 1590—1596 | | Johann Ernst . . . . . . 1601—1617 | |
| Georg Eberhard . . . . . 1596—1602 | | Philipp Reinhard I. . . . . 1617—1636 | |
| Ernst II. . . . . . . . 1602—1619 | | Philipp Reinhard II. . . . . 1636—1655 | |
| Otto Sebastian . . . . . 1619—1640 | | Heinrich Wilhelm . . . . . 1655—1665 | |
| Ludwig Christoph . . . . 1640—1650 | | Johann Ludwig . . . . . } 1665—1668 | |
| Hermann Adolf Moritz . . . 1650—1718 | | Johann Heinrich Christian . } 1665—1668 | |
| An Hohensolms. | | Ludwig . . . . . . . . 1668—1707 | |

Friedrich Wilhelm . . . . . 1707—1744

Seit 1718: **Solms-Hohensolms-Lich.**

Karl Christian, Fürst 14. 7. 1792 1744—1803

Karl Ludwig August . . . . 1803—1807

Mediatisierung des Fürstentums 1806.

Karl . . . . . . . . 1807—1824

Ludwig . . . . . . . 1824—1880

Hermann . . . . . . . 1880—1899

Karl . . . . . . . . 1899—

---

## II. Solms-Laubach.

Otto . . . . . . . . . . † 1522

Friedrich Magnus . . . . . . . 1522—1561

Teilung unter seinen Söhnen 1561.

---

| **Solms-Laubach.** | **Solms-Sonnenwalde.** |
|---|---|
| Johann Georg I. . . . . 1561—1600 | Otto . . . . 1561—1612 |
| Teilung unter seinen Söhnen 1600. | Friedrich Albrecht . . . . 1612—1615 |
|  | An Laubach. |

### 1. Solms-Rödelheim.

Friedrich . . . . . . . . . 1600—1610

An Baruth.

### 2. Solms-Laubach.

Albrecht Otto I. . . . . . . . 1600—1610

Albrecht Otto II. . . . . . . . 1610—1656

Karl Otto . . . . . . . . 1656—1676

An Baruth.

### 3. Solms-Sonnenwalde.

Heinrich Wilhelm . . . . . . . 1600—1632

Georg Friedrich . . . . . . . 1632—1688

Teilung unter seinen Söhnen 1688.

---

| **Solms-Alt-Puch.** | **Solms-Sonnenwalde.** |
|---|---|
| Otto Heinrich . . . . 1688—1711 | Heinrich Wilhelm . . . . 1688—1718 |
| Teilung unter seinen Söhnen 1711. | An Alt-Puch. |

---

| **Sonnenwalde.** | **Kurzwitz.** | **Alt-Puch.** | **Rösa.** |
|---|---|---|---|
| Friedrich Eber-<br>hard . . . 1718—1752 | Otto Wilhelm . 1711—1747 | Johann Georg 1711—1769 | Adolf Ludwig . 1711—1760 |
| Friedrich Joseph 1752—1758 | Teilung unter seinen Söhnen 1747. | An Kurzwitz. | Otto Heinrich |
| August Friedrich | **Kurzwitz.** | **Kotiz.** | Ludwig . . 1760—1810 |
| Joseph Anton 1758—1761 | Karl Georg | Viktor Friedrich 1747—1783 | Rösa an Kurzwitz, |
| Franz Xaver . 1761—1803 | Heinrich . . 1747—1796 | Wilhelm Ludwig 1783—1799 | Sonnenwalde an Kotiz. |
| An Rösa. | Karl Ulrich Detlev 1796—1835 | Theodor . . 1799—1859 |  |
|  | Seit 1810: **Solms-Rösa.** | Seit 1810: **Solms-Sonnenwalde.** |  |
|  | Friedrich . . 1835—1879 | Alfred . . . 1859—1870 |  |
|  | Wilhelm . . 1879— | Theodor . . 1870—1890 |  |
|  |  | Peter . . . 1890— |  |

### 4. Solms-Baruth.

Johann Georg II. . . . . . . . 1600—1632

Teilung unter seinen Söhnen 1665.

#### a. Solms-Rödelheim.

Johann August . . . . . . . 1632—1680

Johann Karl . . . . . . . . 1680—1699

Teilung unter den Brüdern Johann Karls 1699.

---

| **Solms-Rödelheim.** | **Solms-Assenheim.** |
|---|---|
| Ludwig . . . . . . . 1699—1716 | Ludwig Heinrich . . . . . 1699—1728 |
| Lothar Wilhelm . . . . . 1716—1722 | Wilhelm Karl Ludwig in Rödelheim 1728—1778 |
| An Assenheim. | Ernst in Assenheim 1728—1790 |
|  | Volrad . . . . . . 1790—1818 |
|  | Mediatisierung der Grafschaft 1806. |
|  | Karl . . . . . . 1818—1844 |
|  | Maximilian . . . . . 1844—1892 |
|  | Franz . . . 1892— |

### β. Solms-Laubach.

| | |
|---|---|
| Johann Friedrich . . . . . . . . | 1632—1696 |

Teilung unter seinen Söhnen 1709.

### a. Solms-Laubach.

| | |
|---|---|
| Friedrich Ernst . . . . . . . . . | 1696—1723 |
| Friedrich Magnus . . . . . . . } | 1723—1738 |
| Christian August . . . . . . . } | 1723—1784 |
| Friedrich Ludwig Christian . . . | 1784—1822 |
| Otto . . . . . . . . . . . | 1822—1872 |
| Friedrich . . . . . . . . . | 1872—1900 |
| Otto . . . . . . . . . | 1900— |

### b. Solms-Wildenfels.

| | |
|---|---|
| Heinrich Wilhelm . . . . . . . | 1696—1741 |

Teilung unter seinen Söhnen 1741.

| Solms-Wildenfels | | Sachsenfeld | |
|---|---|---|---|
| Heinrich Karl . . . . . | 1741—1746 | Friedrich Ludwig . . . . . | 1741—1789 |
| Friedrich Magnus I. . . . | 1746—1801 | Christoph Heinrich Friedrich . . | 1789—1829 |
| Friedrich Magnus II. . . | 1801—1857 | Karl Alexander auf Tecklenburg . | 1829— |
| Friedrich Magnus III. . . | 1857—1883 | Heinrich Ludwig . . . . . | —1848 |
| Friedrich Magnus IV. . . | 1883— | Arthur . . . . . . . | 1848—1896 |

### γ. Solms-Baruth.

| | |
|---|---|
| Friedrich Sigismund I. . . . . . . | 1632—1696 |

Teilung unter seinen Söhnen 1696.

| | | | |
|---|---|---|---|
| Friedrich Sigismund II. in Baruth | 1696—1737 | Johann Christian I. auf Klitschdorf und Wehrau | 1696—1726 |
| Friedrich Gottlob Heinrich | 1737—1784, † 1787 | Johann Karl . . . . . | 1726—1735 |
| Friedrich Karl Leopold . . . | 1784—1801 | Johann Christian II. . . . . | 1735—1800 |
| Friedrich Heinrich Ludwig . . | 1801—1879 | Johann Heinrich Friedrich . . | 1800—1810 |
| Friedrich Hermann Karl Adolf, Fürst 16./4. 1888 . . . | 1879—1904 | Hermann Johann Christian . | 1810—1822, †? |
| Friedrich . . . . . . . | 1904— | | |

## 123. Wied.

| | |
|---|---|
| Matfried I. im Bliesgau . . . . . . . | um 860 |
| Eberhard . . . . . . . . . . } | um 900 |
| Matfried II. . . . . . . . . . } | um 900 |
| Richwin I. . . . . . . . . . | um 922 |
| Richwin II. . . . . . . . . . | um 963 |
| Richwin III. in Adenau . . . . . . | um 992 |
| Richwin IV. in Kempenich . . . . . | 1093—1112 |
| Matfried III. von Wied . . . . . | 1093—1129 |
| Burkhard . . . . . . . . . vor | 1144—1152 |
| Siegfried . . . . . . . . . | 1129—1161 |
| Dietrich . . . . . . . . . . | 1158—1189 |
| Lothar . . . . . . . . . . vor | 1218—1243 |

Wied durch Erbschaft an die Grafen von Isenburg, 1243—1462, und Eppstein, welch letzterer seinen Anteil 1306 an Virneburg verkaufte. Nach dem Aussterben von Isenburg-Wied wird das Land 1462 mit Runkel vereinigt.

## 124. Runkel.

| | |
|---|---|
| Siegfried III. von Westerburg . . . . . | 1219—1227 |
| Dietrich I. von Runkel (Bruder Siegfrieds IV. von Westerburg) . . . . . . . . | nach 1227 |
| Siegfried . . . . . . . . . | 1252—1288 |
| Dietrich II. . . . . . . . . | 1305—1325 |
| Heinrich . . . . . . . . . | 1351—1361 |
| Dietrich III. . . . . . . . . | 1370—1403 |
| Siegfried . . . . . . . . . | 1375—1388 |
| Friedrich . . . . . . . . . | 1403—1410 |
| Dietrich IV. (Gem.: Anastasia, Erbin von Isenburg-Wied) . . . . . . . | 1403—1460 |
| Johann in Braunsberg . . . . . . | 1460—1521 |
| Friedrich, Graf von Wied . . . . . | 1462—1487 |
| Wilhelm III. in Mörs 1510 . . . . } | 1487—1526 |
| Johann I. . . . . . . . . } | 1487—1533 |
| Philipp . . . . . . . . . | 1533—1535 |

Johann II. . . . . . . . . . . . 1535—1581
Hermann I. . . . . . . . . . .⎫ 1581—1591
Wilhelm IV. . . . . . . . . . .⎬ 1581—1612
Hermann II. . . . . . . . . . . 1591—1631

Teilung unter seinen Söhnen 1631.

| **Wied.** | **Wied-Dierdorf.** |
|---|---|
| Friedrich . . . . . . . 1631—1698 | Johann Ernst . . . . . . 1631—1664 |
| Teilung unter seinem Enkel und seinem Sohn 1698. | Ludwig Friedrich . . . . 1664—1709 |
| | An Wied. |

| **Wied-Runkel.** | **Wied-Neuwied.** |
|---|---|
| Johann Friedrich Wilhelm 1698—1699 | Friedrich Wilhelm . . 1698—1737 |
| Maximilian Heinrich . 1699—1706 | Johann Friedrich Alexander, |
| Johann Ludwig Adolf . 1706—1762 |    Fürst 29./5. 1784 . 1737—1791 |
| Christian Ludwig, Fürst | Friedrich Karl 1791—1802, † 1809 |
|   1791 . . . . 1762—1791 | August . . . . . 1802—1836 |
| Karl Ludwig . . . . 1791—1824 | Mediatisierung des Fürstentums 1806. |
| Mediatisierung des Fürstentums 1806. | Hermann . . . . . 1836—1864 |
| Friedrich Ludwig . . 1824 | Wilhelm . . . . . 1864— |
| An Wied-Neuwied. | |

## 125. Schönborn.

Eucharius . . . . . . . . . . . . um 1180
Konrad . . . . . . . . . . . . . um 1279
Gerhard I. . . . . . . . . . . . um 1305
Philipp . . . . . . . . . . . .⎫ um 1337
Johann I. . . . . . . . . . . .⎬ um 1337
Giselbert I. . . . . . . . . . . 1357—1371
Giselbert II. . . . . . . . . .⎫ 1383—1408
Heinrich I. . . . . . . . . . .⎬ 1364—1409

Teilung unter seinen Söhnen.

### A. Ältere Linie.

Gerhard II. . . . . . . . . . 1393—1415, † vor 1418

Teilung unter seinen Söhnen.

| **Westerburg.** | | **Honstädt.** |
|---|---|---|
| Gerhard III. 1413—1452, † v. 1461 | Giselbert IV. . . . . 1425—1440 | Wilhelm . . . . . 1420—1460 |
| Albrecht . . . . .⎫ um 1460 | Giselbert V. . . . 1444—1496 | Johann III. . . . . 1476—1493 |
| Gerhard IV. . . . .⎬ † vor 1490 | | Johann V. . 1482—1522, † 1533 |
| Giselbert VI. . . .⎭ † vor 1490 | | Johann Wilhelm I. . . 1533—1577 |
| | | Johann Wilhelm II. . 1577—1611 |
| | | Philipp III. . . . . 1611—1612 |
| | | Friedrich Georg . . . 1612—1640 |

### B. Jüngere Linie.

Giselbert III. . . . . . . . . . . um 1424
Johann II. von Freyenfels . . . 1455—1489, † vor 1493
Johann IV. . . . . . . . . . . 1477—1529
Johann VI. . . . . . . . . . .⎫ 1516—1560
Georg II. . . . . . . . . . .⎪ 1529—1562
Philipp V. zu Hochstaden . . . . .⎬ 1528—1572
Philipp VII. . . . . . . . . .⎪ 1562—1593
Georg IV. . . . . . . . . . .⎭ 1593—1625
Philipp Erwin in Reichelsberg, **Reichsfreiherr**
  11./2. 1663 . . . . . . . . 1625—1668
Johann Erwin, **Reichsgraf** 5./8. 1701 . .⎫ 1668—1705
Melchior Friedrich, **Reichsgraf** 5./8. 1701 .⎬ 1668—1717

Teilung unter Melchior Friedrichs Söhnen 1717.

| **Schönborn-Wiesentheid.** | **Schönborn-Heußenstamm.** |
|---|---|
| Rudolf Franz Erwin . . . 1717—1754 | Anselm Franz . . . . . . 1717—1726 |
| Joseph Franz Bonaventura . . 1754—1772 | Anselm postumus . . . . 1727—1801 |
| Damian Hugo Erwin (verzichtet 1802 | An Wiesentheid. |
|   und 1807) 1772—1817 | |
| Mediatisierung der Grafschaft 1806. | |

Teilung unter seinen Söhnen.

| Schönborn-Wiesentheid. (Bayrische Linie.) | | Schönborn-Buchheim. (Österreichische Linie.) | | Böhmische Linie. (zu Lukavitz.) | |
|---|---|---|---|---|---|
| Erwin Franz Damian | 1807—1840 | Franz Philipp Joseph | 1802—1841 | Friedrich Karl | 1817—1849 |
| Hugo Damian Erwin | 1840—1865 | Karl Theodor | 1841 | Erwin | 1849—1881 |
| Clemens | 1865—1877 | Erwin Damian Hugo | 1841—1844 † 18 . . | Karl | 1881— |
| Arthur | 1877— | Karl Eduard | 1844—1854 | | |
| | | Erwin Friedrich Karl | 1854— | | |

## 126. Hatzfeldt.

| | |
|---|---|
| Volpert von Hatzfeldt | um 1213 |
| Eckard | um 1240 |
| Gottfried | um 1240 |
| Kraft I. | 1264—1301 |
| Kraft II. | 1301—1331 |
| Johann I. | 1331—1369 |
| Kraft V. | 1331—1347 |
| Johann II. | 1369—1407 |
| Kraft VIII. | 1384—1407 |
| Gottfried VII. | 1407—1420 |
| Kraft X. | 1407—1419 |

Teilung unter Gottfrieds VII. Söhnen 1420.

### A. Ältere Linie.

| | |
|---|---|
| Gottfried VIII. | 1420—1478 |
| Johann VIII. | 1478—1508 |

Teilung unter seinen Söhnen 1508.

| Merten. | | Werther. | | Weißweiler. | |
|---|---|---|---|---|---|
| Franz I. | 1508—? | Hermann I. | 1508—1539 | Johann | 1508—1542 |
| Franz II. | ?—? | Johann | 1539—1546 | Werner | 1542—1569 |
| Franz Wilhelm | ?—1643 | Hermann II. in Schönstein | 1539—1599 | Wilhelm | 1569—1623 |
| Daniel | 1643—1681 | Adrian | um 1580 | Heinrich zu Odendal | 1572—1594 |
| An Werther und Weißweiler. | | Johann Adrian | 1643—1680 | Johann Wilhelm | 1623—1627 |
| | | Melchior Gottfried, **Reichsgraf** 1671 | 1671—1700 | Wilhelm Heinrich, **Reichsgraf** 27./5. 1635 | 1627—1655 |
| | | Seit 1681: **Werther-Schönstein.** | | Adolf Alexander | 1655—1721 |
| | | Wilhelm Franz | 1700—1733 | Seit 1681: **Wildenburg-Weißweiler.** | |
| | | Karl Ferdinand | 1733—1766 | Edmund Florenz | 1721—1757 |
| | | Clemens August | 1766—1794 | Karl Eugen Innocenz | 1757—1785 |
| | | Franz Ludwig, Fürst von Hatzfeldt zu Trachenberg 10./7. 1803 | 1794—1827 | Edmund Gottfried Wilhelm | 1785—1806 |
| | | Hermann Anton | 1827—1874 | Edmund, Fürst von Hatzfeldt-Wildenburg 10./5. 1870 | 1806—1874 |
| | | Hermann, Herzog zu Trachenberg 1./1. 1900 | 1874— | Alfred | 1874— |

### B. Jüngere Linie.

| | |
|---|---|
| Gotthard | 1420—1458 |
| Georg | 1458—1523 |
| Gottfried IX. | 1523—1560 |
| Wilhelm | 1560—1569 |
| Sebastian I. | 1569—1630 |
| Melchior, **Graf** 1641 | 1630—1658 |
| Hermann | 1658—1677 |

Teilung unter seinen Söhnen 1677.

| Trachenberg. | | Rosenberg-Wildenburg. | |
|---|---|---|---|
| Heinrich | 1677—1683 | Sebastian II. | 1677—1696 |
| Franz III. | 1683—1738 | Johann Hugo | 1696—1717 |
| Franz Philipp Adrian, Fürst 1741, **Reichsfürst** 25./5. 1748 | 1738—1779 | Lothar Franz | 1717—1722 |
| Franz Friedrich Cajetan in Trachenberg | 1779—1794 | Rosenberg an Trachenberg. Wildenburg an Weißweiler. | |
| Karl Friedrich Anton in Crottorf | 1779—1793 | | |

Trachenberg an Werther-Schönstein,
Crottorf an Weißweiler-Wildenburg.

## 127. Franken.

| | | | |
|---|---|---|---|
| Graf Bogo | ? | Konrad | 1076—1088, † 1101 |
| Eberhard I. | ? | | |

Dynastie der Hohenstaufen.

| | | | |
|---|---|---|---|
| Udo | 861—879 | Friedrich I. | 1079—1105 |
| Eberhard II. im Niederlahngau | † 901 | Konrad I. (deutscher König [III.] 1138) | 1105—1138, † 1152 |
| Konrad I., **Herzog** (deutscher König 911) | 906?—918 | Heinrich | 1138—1150 |
| Eberhard III. | 911—939 | Friedrich (zugleich in Schwaben) | 1150—1167 |
| Konrad der Jüngere | 1024—1030, † 1039 | Konrad II. (zugleich in Schwaben) | 1167—1196 |
| Konrad VI. (deutscher König, [II.] 1024) | 1024—1039 | | |
| Heinrich (III., deutscher König 1039) | 1039—1056 | | |
| Heinrich (IV., deutscher König 1056) | 1056—1078 † 1106 | | |

Auflösung des Herzogtums.

Der Titel des Herzogtums Franken bleibt beim Bistum Würzburg 1441—1802.

Bernhard von Sachsen-Weimar . . . . . 1633—1639

## 128. Ostfranken.

| I. Dynastie der Babenberger. | | | |
|---|---|---|---|
| Poppo | ? | Otto, Herzog von Schwaben | 1017—1057 |
| Heinrich I. | † 886 | Heinrich von Schweinfurt | 1057—1104 |
| Adalbert I. | } 886—906 | **II. Dynastie Kappenberg.** | |
| Heinrich II. | } † 902 | Gottfried (II.) | 1104—1127 |
| Adalbert II. | 906—933 | Otto, Probst zu Kappenberg 1156 | 1127—1151 † 1171 |
| Berthold | 933—980 | | |
| Heinrich III. | 980—1017 | | |

An die Grafen von Andechs 1151—1248.
An die Burggrafschaft Nürnberg.

## 129. Castell.

| | |
|---|---|
| Graf Rudolf | um 800 |
| Friedrich I. von Castele | um 1087 |
| Ruprecht I. | um 1100 |
| Ruprecht II. | } 1137—1172, † um 1180 |
| Hermann I. | } 1137, † vor 1164 |
| Albrecht I. | } 1138, † um 1155 |
| Ruprecht III. | } 1200, † um 1236 |
| Ludwig, **Graf** | } 1223—1230 |
| Friedrich II. | 1235, † um 1251 |

Teilung unter seinen Söhnen.

| **Ältere Linie.** | | **Jüngere Linie.** | |
|---|---|---|---|
| Friedrich III. | } 1253—1255 | Hermann II. | 1258, † um 1285 |
| Heinrich II. | } 1258, †1307 | Friedrich IV., der Alte | † 1349 |
| Ruprecht IV. | } 1307—1314 | | |
| Hermann III. | } 1307—1327 † vor 1331 | | |

Teilung unter seinen Söhnen 1349.

| | | | |
|---|---|---|---|
| Hermann IV. | 1349—1363 | Friedrich VII., der Junge, zu Großenlangh | 1349—1376 |
| Johann I. | } 1363—1384 | Leonhard | 1376—1426 |
| Wilhelm I. | } 1363—1399 | Wilhelm II. | 1426—1479 |
| | | Friedrich IX. | 1479—1498 |
| | | Georg I. | } 1498—1506 |
| | | Johann II. | } 1498—1528 |
| | | Wolfgang I. | } 1498—1546 |
| | | Friedrich X. | } 1498—1500 |

Teilung unter den Söhnen Wolfgangs I. 1546.

| **Remlingen.** | | **Castell.** | | **Rüdenhausen.** | |
|---|---|---|---|---|---|
| Heinrich IV. | 1546—1595 | Friedrich XI. | } 1546—1552 | Georg II. | 1546—1597 |
| | | Konrad II. | } 1546—1577 | | |

Teilung unter seinen Söhnen 1597.

### a. Rüdenhausen.

| | |
|---|---|
| Gottfried | 1597—1635 |
| Georg Friedrich | 1635—1653 |
| Philipp Gottfried | 1653—1681 |
| Johann Friedrich | 1681—1749 |
| Friedrich Ludwig | 1749—1803 |

An Castell.

#### b. Remlingen.

| | |
|---|---|
| Wolfgang II. . . . . . . . . . | 1597—1631 |
| Wolfgang Georg I. . . . . . . . | 1631—1668 |

Teilung unter ſeinen Söhnen 1668.

| Remlingen. | | Caſtell. | |
|---|---|---|---|
| Friedrich Magnus . . . . . | 1668—1717 | Wolfgang Dietrich . . . . . | 1668—1709 |
| An Caſtell. | | Teilung unter ſeinen Söhnen. | |

| Caſtell. | | Rehweiler. | | Remlingen. | |
|---|---|---|---|---|---|
| Auguſt Franz . . . } | 1709—1767 | Ludwig Friedrich . . . | 1709—1772 | Karl Friedrich Gottlieb | 1718—1743 |
| Wolfgang Georg II. . } | 1709—1736 | An Caſtell. | | Chriſtian Adolf . . . | 1743—1762 |
| Chriſtian Friedrich Karl | 1736—1773 | | | An Caſtell. | |
| Albrecht Friedrich Karl } | 1773—1803 | | | | |
| Chriſtian Friedrich . } | 1773—1803 | | | | |

Teilung unter den Brüdern 1803.

| Caſtell. | | Rüdenhauſen. | |
|---|---|---|---|
| Albrecht Friedrich Karl . (1773) | 1803—1810 | Chriſtian Friedrich . . . (1773) | 1803—1850 |
| Mediatiſierung der Graffchaft 1806. | | Mediatiſierung der Graffchaft 1806. | |
| Friedrich Ludwig . . . . | 1810—1875 | Wolfgang, Fürſt 8./3. 1901 . . | 1850— |
| Seit 14./6. 1861: **Caſtell-Caſtell.** | | Seit 14./6. 1861: **Caſtell-Rüdenhauſen.** | |
| Karl | 1875—1886 | | |
| Friedrich Karl, Fürſt 8./3. 1901 | 1886— | | |

---

### 130. Erbach.

| | |
|---|---|
| Eberhard I. . . . . . . . . | † 1148 |
| Eberhard II. . . . . . . . } | 1148—? |
| Friedrich I. . . . . . . . } | 1148—1213 |
| Georg I. . . . . . . . . | 1213—1230 |
| Philipp I. . . . . . . . | 1230—1245 |

Teilung unter ſeinen Söhnen 1245.

| | | | | | |
|---|---|---|---|---|---|
| Eberhard III. . . . | 1245—1296 | Johann I. . . . . | 1245—1272 | Konrad I. . . . . | 1245—1290 |
| Eberhard V. . . . } | 1296—1322 | Teilung unter ſeinen Söhnen 1272. | | | |
| Konrad III. . . . } | 1296—1320 | | | | |
| Konrad IV. . . . | 1320—1353 | Albrecht . . . . | 1272—1312 | Philipp II. . . . | 1272—1299 |
| Konrad VII. . . . } | 1353—1372 | Heinrich I. . . . } | 1312—1334 | Eberhard VI. Rauh | 1299—1339 |
| Eberhard IX. . . . } | 1353—1383 | Eberhard VII. . . } | 1312—1327 | Konrad V. Rauh | 1339—1393 |
| Eberhard X. . . . } | 1383—1412 | Heinrich III. . . | 1327—1387 | Johann V. . . . | 1393—1417 |
| Johann IV. . . . } | 1383—1403 | Konrad VI. . . . | 1340—1350 | Konrad IX. . . . | 1417—1423 |
| Konrad X. . . . | 1412—1438 | Eberhard XIII. . . | 1387—1418 | Philipp IV. . . . | 1423—1461 |
| Philipp V. . . . | 1438—1477 | Johann VI. . . . | 1418—1458 | Georg III. . . . | 1461—1481 |
| Erasmus . . . . | 1477—1503 | Johann VII. . . . | 1458—1484 | Eberhard XV., Graf 15./8. | |
| | | Valentin I. . . . | 1484—1531 | 1532 | 1481—1539 |
| | | | | Georg V. in Michelſtadt . | 1539—1569 |
| | | | | Eberhard XVI. in Erbach | 1539—1564 |
| | | | | Valentin II. in Schönberg | 1539—1563 |
| | | | | Georg VI. . . . . | 1564—1605 |
| | | | | Friedrich Magnus in Reichen= berg und Fürſtenau . . | 1605—1618 |
| | | | | Johann Kaſimir in Wilden= ſtein und Breuberg . . } | 1605—1627 |
| | | | | Ludwig . . . . } | 1618—1643 |
| | | | | Georg Albrecht I. . } | 1618—1647 |

Teilung unter Georg Albrechts I. Söhnen 1647.

#### a. Erbach-Erbach.

| | |
|---|---|
| Georg Ludwig I. . . . . . . . | 1647—1693 |
| Philipp Ludwig . . . . . . | 1693—1720 |
| Friedrich Karl . . . . . . | 1720—1731 |
| An Fürſtenau. | |

#### b. Breuberg.

| | |
|---|---|
| Georg Friedrich . . . . . . | 1647—1653 |
| An Erbach. | |

#### c. Wildenſtein.

| | |
|---|---|
| Georg Ernſt . . . . . . . | 1647—1669 |
| An Erbach. | |

#### d. Erbach-Fürstenau.

Georg Albrecht II. . . . . . . . . . 1647—1717

Teilung unter seinen Söhnen 1717.

| Erbach-Fürstenau. | | Erbach-Erbach. | | Erbach-Schönberg. | |
|---|---|---|---|---|---|
| Philipp Karl . . . | 1717—1736 | Georg Wilhelm . . | 1717—1757 | Georg August . . . | 1717—1758 |
| Johann Wilhelm . . | 1736—1742 | Franz . . . . . | 1757—1823 | Georg Ludwig II. . . | 1758—1777 |
| Friedrich Ludwig Karl | | Mediatisierung der Grafschaft 1806. | | Gustav Ernst in Zwingenberg | 1757—1812 |
| Eginhard . . . | 1736—1794 | Franz Karl . . . | 1823—1832 | Franz Karl . . . | 1777—1788 |
| Georg Albrecht III. . | 1736—1778 | Franz Eberhard . . | 1832—1884 | Christian . . . . | 1788—1799 |
| Friedrich August . . | 1778—1784 | Franz Georg Albrecht . | 1884— | Karl . . . . . | 1799—1816 |
| Christian Karl . . | 1784—1803 | | | Mediatisierung der Grafschaft 1806. | |
| Albrecht . . . . | 1803—1851 | | | Maximilian . . . | 1816—1823 |
| Mediatisierung der Grafschaft 1806. | | | | Emil Christian . . . | 1823—1829 |
| Alfred . . . . . | 1851—1874 | | | Ludwig . . . . | 1829—1863 |
| Adalbert . . . . | 1874— | | | Gustav . . . . | 1863— |

---

### 131. Wartenberg.

| | | | |
|---|---|---|---|
| Konrad I. Kolb . . . . . . | um 1164 | Johann III. . . . . . . | † um 1484 |
| Werner I. . . . . . . | um 1227 | Konrad V. . . . . . | † 1492 |
| Merbod . . . . . | um 1260 | Konrad VI. . . . . . | † 1534 |
| Konrad II. . . . . . | um 1280 | Konrad VII. . . . . | 1534—1598 |
| Werner II. . . . . . | um 1270 | Konrad VIII. zu Wachenheim . . | 1598—1602 |
| Johann I. . . . . . | um 1317 | Johann Kasimir I. . . . | 1602—1661 |
| Werner III. . . . . . | † 1317 | Johann Kasimir II., Reichsgraf 1699 | 1661—1712 |
| Konrad III. . . . . . | † 1318 | Kasimir . . . . . . | 1712—1772 |
| Werner IV. von Lummersheim . | 1346—1395 | Friedrich Karl . . . . | 1772—1784 |
| Johann II. . . . . . | um 1336 | Ludwig, Graf von Wartenberg- | |
| Konrad IV. . . . . . | † v. 1425 | Roth 1803 . . . . . | 1784—1818 |
| Albrecht . . . . . . | † v. 1425 | An Erbach-Erbach vererbt 1818. | |

---

### 132. Limpurg.

| | |
|---|---|
| Gottfried I. . . . . . . . . . . | um 1180 |
| Walter I. . . . . . . . . . . | 1230—1253 |
| Walter II. . . . . . . . . . | 1253—1283 |
| Konrad I. . . . . . . . . . | 1256—1289 |
| Friedrich I. . . . . . . . . . | 1283—1333 |
| Walter III. . . . . . . . . . | 1287—1295 |
| Albrecht I. . . . . . . . . . | 1333—1374 |
| Friedrich II. . . . . . . . . | 1333—1347 |
| Konrad II. . . . . . . . . . | 1333—1376 |
| Friedrich III. . . . . . . . . | 1347—1414 |

Teilung unter seinen Söhnen 1414.

#### a. Limpurg-Gaildorf.

| | |
|---|---|
| Konrad IV. . . . . . . . . . | 1414—1482 |
| Albrecht II. . . . . . . . . | 1482—1506 |
| Christoph I. . . . . . . . . | 1506—1515 |
| Johann I. . . . . . . . . . | 1515—1544 |
| Wilhelm . . . . . . . . . . | 1515—1552 |

Teilung unter Wilhelms Söhnen 1552.

| Gaildorf. | | Schmiedelfeld. | |
|---|---|---|---|
| Christoph II. . . . . . . | 1552—1574 | Heinrich . . . . . . . | 1552—1585 |
| Teilung unter seinen Söhnen. | | Johann II. . . . . . . | 1585—1608 |
| | | An Gaildorf. | |

| Gaildorf. | | Schmiedelfeld. | |
|---|---|---|---|
| Albrecht III. . . . | 1574—1619 | Karl . . . . | 1608—1631 |
| Teilung unter seinen Söhnen. | | An Gaildorf. | |

| Gaildorf. | | Schmiedelfeld. | |
|---|---|---|---|
| Joachim Gottfried . | 1619—1651 | Christian Ludwig . | 1631—1650 |
| Wilhelm Ludwig . . | 1651—1657 | Johann Wilhelm Mit- | |
| An Schmiedelfeld. | | regent 1639 . . . | 1650—1655 |
| | | Philipp Albrecht, Graf | 1655—1682 |
| | | Wilhelm Heinrich, Graf | 1682—1690 |
| | | Nachkommen: | |

10*

Limpurg.

## 1. Linie.

Juliane Dorothea Luise . . . . . . . . 1690—1734

Gem.: 1) Eucharius Kasimir, reg. Graf zu Löwenstein=Virneburg,
† 1698.

2) Johann Wilhelm, reg. Graf von Wurmbrand=Stuppach,
† 1750.

1. Juliane Dorothea Luise, † 1734.
Gem.: Heinrich I., reg. Graf Reuß=Schleiz, † 1744.

Luise . . . . . . . . . 1734—1773

Gem.: 1) Christian Wilhelm, Prinz v. Sachsen=
Gotha, † 1748.

2) Johann August, Prinz v. Sachsen=
Gotha, † 1767.

Auguste Luise Friederike 1773—1780, † 1805

Gem.: Friedrich Karl, reg. Fürst zu Schwarzburg=
Rudolstadt, † 1793.

Luise . . . . . 1773—1780, † 1808

Gem.: Friedrich Franz I., reg. Großherzog von
Mecklenburg=Schwerin, † 1837.

Der Anteil 1780 an Württemberg verkauft.

2. Maria Magdalene Leopoldine 1734—1756

Gem.: Wilhelm Karl Ludwig, reg. Graf zu
Solms=Affenheim in Rödelheim, † 1778.

Christiane Wilhelmine Luise . . 1756—1803

Gem.: Karl Friedrich Wilhelm, reg. Fürst zu
Leiningen=Hartenburg, † 1807.

Elisabeth Christiane Marianne,
† 1792.

Gem.: Karl Ludwig Wilhelm,
reg. Graf zu Salm=Grumbach,
† 1799.

Franziska Auguste
1803—1810

Gem.: Friedrich Wilhelm Karl,
reg. Fürst zu Solms=Braunfels,
† 1837.

Ferdinand, reg.
Fürst zu Solms=
Braunfels . . 1810—1873

An die Grafen von Waldeck verkauft.

Karoline Sophie
Wilhelmine . 1803—1832

Gem.: Friedrich Magnus I., reg.
Graf zu Solms=Wildenfels, † 1801.
Verzichtet auf Limpurg.

## 2. Linie.

Juliane Charlotte . . . . . . . . 1690—1699

## 3. Linie.

Sophie Elisabeth . . . . . . . . 1690—1705

## 4. Linie.

Wilhelmine Christine . . . . . . 1690—1757

Gem.: Ludwig Heinrich, reg. Graf v. Solms=Affenheim, † 1727.

Nachkommen:

### 1. Ast.

Charlotte Christiane Friederike . . . . 1757—1772

### 2. Ast.

Sophie Luise Christiane . . . . . . 1757—1773

Gem.: Friedrich Ludwig, Prinz v. Löwenstein=Virneburg, † 1796.

### 3. Ast.

Eleonore Friederike Juliane . . . . . 1757—1762

Gem.: Karl Friedrich, reg. Graf zu Isenburg=Meerholz, † 1774.

Christiane Luise Charlotte . . 1762—1802, † 1808

Gem.: Georg Friedrich Ludwig, Graf zu Waldeck und Pyrmont,
† 1771.

Verkauft ihren Anteil ihren Bruderskindern 1802.

Karl Ludwig Wilhelm,
reg. Graf zu Isenburg=
Meerholz . . . . 1802—1832

Karoline in 5/48 d. Grafschaft 1832—185.

Luise in 5/48 . . . 1832—186.

Joseph Wilhelm, Graf zu
Isenburg=Meerholz 1802—1803, † 1822

Verkauft seinen Anteil (5/48) dem
Bruder 1803.

Karl, reg. Graf zu Isenburg=
Meerholz . . . . 1832—

Luise Christine Eleonore
1803—1820, † 1826

Gem.: Alexander, Graf von Pückler in
Burg=Farrnbach, † 1820.

Luise in 1/48 . . . (1826—† . . .

Gem.: August von Röder.

Der Anteil an die Grafen von Waldeck
verkauft 1820.

### 4. Ast.

Wilhelm Karl Ludwig, reg. Graf zu Solms=Affen=
heim=Rödelheim . . . . . . . 1757—1778

Christiane Wilhelmine Luise (f. 1. Linie) . . 1778—1803

Dieser Anteil an Württemberg verkauft.

### 5. Ast.

Joseph Ernst Karl, reg. Graf zu Solms=Affenheim 1757—1790

Volrad, reg. Graf zu Solms=Affenheim . . . 1790—1818

Karl, reg. Graf zu Solms=Affenheim . 1818—1820, † 1844

Der Anteil 1820 an die Grafen von Waldeck verkauft.

### 6. Aſt.

**Dorothea Sophie Wilhelmine** . . . . . 1757—1774
Gem.: Joſias, Graf zu Waldeck und Pyrmont, † 1763.

---

**Joſias Wilhelm Leopold**, Graf zu
Waldeck und Pyrmont . . . 1774—1788

**Karoline Christiane Johanne
Luiſe** . . . . . . . 1774—1801

---

**Karl** . . . 1788—1849
Kauft die Anteile von Solms-
Braunfels und Röder.

**Joſias Wilhelm Friedrich
Christian Karl** 1788—1829
Verkauft ſeinen Anteil ſeinem
Bruder Georg Friedrich Karl.

**Georg Friedrich
Karl** . . 1788—1826
Kauft die Anteile von Solms-
Aſſenheim 1820 und ſeines
Bruders.
Gem.: Amalie Charlotte
Auguſte Wirths 1826—1852

**Karoline Christine
Luiſe** . . . 1788—1820

---

**Richard** . . 1852—1863 †
**Mechthild** . . 1863—1888
Gem.: Karl, Graf von Bentinck,
† 1864.
**Wilhelm**, reg. Gr.
von Bentinck . 1888—

---

### b. Limpurg-Speckfeld.

**Friedrich** V. . . . . . . . 1414—1474
**Georg** . . . . . . . . 1474—1475
**Friedrich** VI. in Speckfeld . . . 1475—1521
**Gottfried** I. in Limpurg . . . . 1475—1530
Teilung unter Gottfrieds I. Söhnen 1530.

---

| Speckfeld. | Limpurg und Sontheim. |
|---|---|
| **Karl** . . . . . 1530—1558 | **Erasmus** I. . . . . . 1530—1553 |
| **Gottfried** II. . . . . 1558—1581 | **Friedrich** VII. . . . . 1553—1596 |
| An Limpurg und Sontheim. | Teilung unter ſeinen Söhnen 1596. |

---

**Limpurg-Speckfeld.**

**Eberhard** . . . . 1596—1622
**Philipp Ludwig** . . . 1622—1627
**Georg Friedrich** . . . 1627—1651
Teilung unter ſeinen Söhnen.

**Limpurg-Sontheim.**

**Wilhelm** . . . . . . ⎫ 1596—1633
**Erasmus** II. . . . . . ⎬ 1596—1653
**Heinrich** . . . . . . ⎭ 1596—1637
**Ludwig Kaſimir** . . . . 1637—1645
**Heinrich Kaſimir** . . . . 1645—1676
An Limpurg-Speckfeld.

---

### 1. Limpurg-Speckfeld.

**Franz** . . . . . . . . 1651—1673
**Georg Eberhard** . . . . . . 1673—1703

Nachkommen:

---

**Christiane Karoline Hen-
riette** . . . . 1703—1765
Gem.: Victor Sigismund, Graf v. Grävenitz,
† 1766. Geſchieden 1739.

**Albertine Suſanne** . . 1703—1717
Gem.: Friedrich Ferdinand, Graf v. Welz,
† 1721.
**Friedrich Ernst** . . . 1717—1741
Gem.: Sophie Henriette Friederike,
Gräfin von Schönburg-Waldenburg, † 1757.
(ſ. Limpurg-Sontheim, 4. Linie.)

**Amalie Alexandrine Frie-
derike** . . . . . 1703—1754
Gem.: 1) Johann Georg von Wolframs-
dorf, † 1710.
2) Joachim Heinrich Adolf, Graf
von Rechteren, † . .
**Johann Eberhard Adolf**,
reg. Graf von Rechteren . 1754
**Joſine Eliſabeth** . . . 1754—1804
Gem.: Friedrich Auguſt, Prinz zu Hohenlohe,
† 1769.
An Rechteren.

---

**Juliane Marie Friederike
Amöne** . . . . . 1741—1765
Gem.: Philipp Friedrich Karl, Graf
von Pückler, † 1811.
in Limpurg 1787 (93)—1802 (11).

**Wilhelmine Charlotte** . 1741—1762

---

**Karoline Sophie Luiſe
Henriette** . 1765—1787
Verkauft ihren Anteil
dem Vater.

**Karl Alexander** 1811—1833
**Friedrich** (1811)
1833—1852, † 1867
**Kurt** . . . 1852—1888
**Karl** . . 1888—1890 (lebt)
**Friedrich** . . 1890—

**Ludwig Friedrich** 1811—1854
**Ludwig Auguſt** . 1854—

---

### 2. Limpurg-Sontheim.

**Volrad** . . . . . . . 1676—1713

Nachkommen:

## 1. Linie.

Wilhelmine Sophie Eva . . . . . . . 1713—1735
Gem.: Johann Rudolf, Graf von Pröſing, † 1718.

Juliane Franziska Leopoldine Thereſe . . 1735—1775
Gem.: Karl Volrad Wilhelm, Graf v. Salm-Grumbach, † 1763.
Der Anteil von den 13 Erben an Württemberg
verkauft 1781.

## 2. Linie.

Chriſtiane Magdalena Juliane . . . . . 1713—1746
Gem.: Ludwig Georg, Landgraf von Heſſen-Homburg, † 1728.

Sophie Charlotte Dorothea Friederike Wilhel=
mine . . . . . . . . . . 1746—1777
Gem.: Karl Philipp Franz, reg. Fürſt zu Hohenlohe-Bartenſtein,
† 1763.
Von den Erben 1804 an Colloredo, von dieſem 1837
an Württemberg verkauft.

## 3. Linie.

Amöne Sophie Friederike . . . . . . 1713—1746
Gem.: Friedrich Heinrich, reg. Graf von Löwenſtein-
Wertheim-Virneburg, † 1721.

| Johann Ludwig Volrad, reg. Graf von Löwenſtein-Wertheim-Virneburg, ſ. 5. Linie. | Amöne Sophie Friederike . . . . . 1746—1779<br>Gem.: Bertram Philipp Sigismund Albrecht, Graf von Gronsfeld, † 1772.<br><br>Johann Bertram, Graf von Gronsfeld . . 1779—1782<br>† ?<br>An Württemberg 1782 verkauft. | Karoline Chriſtiane . 1746—1793<br>Gem.: Chriſtian Wilhelm Karl, Graf von Pückler, † 1786. |
|---|---|---|

| | | Friederike Luiſe, † 1772<br>Gem.: Johann Ludwig, Graf von Sayn-Wittgenſtein<br>1793—1796. | Wilhelmine Henriette<br>1793—1800. | Friedrich Philipp Karl, ſ. 4. Linie. |
|---|---|---|---|---|

| Friedrich, Graf zu Sayn-Wittgenſtein-Hohenſtein 1796—1837. | Auguſte 1796—1800<br>Gem.: Ludwig Maximilian, Graf von Iſenburg-Wächtersbach, † 1805. | Karoline 1796—1833<br>Gem.: Karl Ludwig, Graf v. Iſenburg-Meerholz, † 1832. | Friederike 1796—1849<br>Gem.: Karl Ludwig, Fürſt von Salm-Horſtmar, † 1799. | Luiſe 1796—1827<br>Gem.: Emil, Fürſt von Bentheim-Tecklenburg, † 1837. |
|---|---|---|---|---|
| | Karoline 1833—185 . .<br>(ſ. Limpurg-Gaildorf, 4. Linie, 3. Aſt.) | Luiſe 1833—186 . . | Neffe: Karl, reg. Graf von Iſenburg-Meerholz 1833— | |

## 4. Linie.

Friederike Auguſte . . . . . . . . . 1713—1746
Gem.: Chriſtian Heinrich, reg. Graf von Schönburg-Waldenburg,
† 1753.

Sophie Henriette Friederike . . . . . . 1746—1757
Gem.: 1) Friedrich Ernſt, Graf von Welz, † 1741
(ſ. Limpurg-Speckfeld).
2) Johann Philipp von Löwenſtein, † 1757.

Juliane Marie Friederike Amöne . . . . 1757—1765
Gem.: Philipp Friedrich Karl, Graf von Pückler, † 1811.

## 5. Linie.

Sophie Eleonore . . . . . . . . . 1713—1738
Gem.: Friedrich Karl, reg. Graf von Erbach-Erbach, † 1731.

| Sophie Chriſtine Albertine . . 1738—1741<br>Gem.: Friedrich Ludwig, Graf von Löwenſtein-Wertheim-Virneburg, † 1796. | Friederike Charlotte Wilhelmine Auguſte . . . . . . 1738—1786<br>Gem.: Johann Ludwig Volrad, reg. Graf zu Löwenſtein-Wertheim-Virneburg, † 1790.<br>An Löwenſtein-Wertheim-Virneburg. |
|---|---|

## 133. Hohenlohe.

### Übersicht über die Teilungen.

Teilung 1209?

A. Hohenlohe. Teilung.     B. Brauneck. Teilung 1249?

I. Weikersheim. Teilung 1472.    II. Röltingen. † 1290.    III. Möckmühl. Teilung.    I. Haltenbergstetten. Teilung 1268.    II. Brauneck. † 1390.

a. Weikersheim. † 1545.    b. Neuenstein. Teilung 1553.    a. Wernsberg. † 1350.    b. Möckmühl. † 1340.    c. Uffenheim. † 1412.    a. Neuhaus. † 1340.    b. Haltenbergstetten. † 1391.

1. Neuenstein. Teilung 1610.     2. Waldenburg. Teilung 1615.

α. Weikersheim. † 1645.    β. Neuenstein. Teilung 1676.    γ. Langenburg. Teilung 1701.    α. Pfedelbach. † 1728.    β. Waldenburg. † 1679.    γ. Schillingsfürst. Teilung 1688.

Öhringen. Teilung 1708.   Weikersheim. † 1684.   Neuenstein. † 1698.   Künzelsau. † 1689.    a. Langenburg. blüht als **H.-Langenburg.**   b. Ingelfingen. Teilung 1796.   c. Kirchberg. † 1861.    a. Bartenstein. Teilung 1798.   b. Schillingsfürst. Teilung 1807.

Weikersheim. † 1756.   Öhringen. † 1805.    aa. Öhringen. Teilung 1806.   bb. Bartenstein. † 1830.   Bartenst. † 1844.   Jagstberg. Tlg. 1850.   **Waldenburg.**   Schillgsf. Tlg. 1845.

**Öhringen. Ingelfingen.    Bartenstein. Jagstberg.    Schillingsfürst. Ratibor.**

Graf Heinrich . . . . . . . . . . . . 1192—1209

Teilung unter seinen Söhnen 1209?

### A. Hohenlohe.

Gottfried I. . . . . . . . . . . . . 1230—1254

Teilung unter seinen Söhnen.

### I. Weikersheim.

| | |
|---|---|
| Kraft I. . . . . . . . . . . | 1256—1313 |
| Kraft II. . . . . . . . . . . | 1313—1344 |
| Kraft III. . . . . . . . . . . | 1344—1371 |
| Kraft IV. . . . . . . . . . . | 1371—1380 † 1399 |
| Gottfried V. . . . . . . . . . . | 1371—1379 |
| Ulrich . . . . . . . . . . | 1380—1407 |
| Albrecht I. . . . . . . . . . . | 1407—1429 |
| Friedrich II. . . . . . . . . . . | 1382—1396 † n. 1397 |
| Kraft V. . . . . . . . . . . | ?—1397 |
| Gottfried VI. . . . . . . . . . . | 1376—1379 |
| Albrecht II. . . . . . . . . . . | 1429—1490 |
| Kraft VI. . . . . . . . . . . | 1429—1472 |

Teilung unter Krafts VI. Söhnen 1472.

**Schillingsfürst-Weikersheim.**        **Neuenstein.**

| | | | |
|---|---|---|---|
| Gottfried VII. . . . . . . | 1472—1497 | Kraft VII. . . . . . . . . | 1472—1503 |
| Johann II. . . . . . . | 1497—1509 | Albrecht III. . . . . . . . | 1503—1551 |
| Wolfgang . . . . . . . | 1509—1545 | Georg . . . . . . . . | 1503—1551 |
| An Neuenstein. | | Ludwig Kasimir . . . . | 1551—1553 † 1568 |
| | | Eberhard . . . . . . . | 1551—1553 † 1570 |

Teilung unter den Brüdern 1553.

### 1. Hohenlohe-Neuenstein.

| | |
|---|---|
| Ludwig Kasimir . . . . . . | (1551) 1553—1568 |
| Albrecht . . . . . . . . . . | 1568—1575 |
| Wolfgang in Weikersheim 1586 . . . . . | 1568—1610 |
| Philipp in Neuenstein 1586 . . . . . . | 1568—1606 |
| Friedrich in Langenburg 1586 . . . . . | 1568—1590 |

Teilung unter Wolfgangs Söhnen 1610.

### α. Hohenlohe-Weikersheim.

Georg Friedrich · . . . . . . . . . 1610—1645

An Neuenstein.

## β. Hohenlohe-Neuenstein.

Kraft . . . . . . . . . . . . . . . . . .     1610—1641
Johann Friedrich 1 . . . . . . . . . .        1641—1676
Siegfried . . . . . . . . . . . . . .        1641—1676
Wolfgang Julius . . . . . . . . . .        1641—1676
Johann Ludwig . . . . . . . . . .        1641—1676

Teilung unter den Brüdern 1676.

| **Öhringen.** | **Weikersheim.** | **Neuenstein.** | **Künzelsau.** |
|---|---|---|---|
| Johann Friedrich I. (1641) 1676—1702 | Siegfried (1641) 1676—1684 | Wolfgang Julius (1641) 1676—1698 | Johann Ludwig (1641) 1676—1689 |
| Friedrich Kraft 1702—1708 | An Öhringen. | An Öhringen. | An Öhringen. |
| Johann Friedrich II. . } 1702—1708 | | | |
| Karl Ludwig . } 1702—1708 | | | |

Teilung unter den Brüdern 1708.

| **Öhringen.** | **Weikersheim.** |
|---|---|
| Johann Friedrich II. Fürst 7./1. 1764 (1702) 1708—1765 | Karl Ludwig (1702) 1708—1756 |
| Ludwig Friedrich Karl 1765—1805 | An Öhringen. |
| An Hohenlohe-Ingelfingen. | |

---

## γ. Hohenlohe-Langenburg.

Philipp Ernst . . . . . . . . . . . . . 1610—1628
Ludwig Kraft . . . . . . . . . . . . . 1628—1632
Joachim Albrecht in Kirchberg 1650 . . . 1632—1675
Heinrich Friedrich in Langenburg 1650 . . . 1632—1699
Albrecht Wolfgang . . . . . . . } 1699—1701, † 1715
Christian Kraft . . . . . . . } 1699—1701, † 1743
Friedrich Eberhard . . . . } 1699—1701, † 1737

Teilung unter den Brüdern 1701.

### a. Hohenlohe-Langenburg.

Albrecht Wolfgang . . . . . (1699) 1701—1715
Ludwig, Fürst 7./1. 1764 . . . . . 1715—1765
Christian Albrecht Ludwig . . . . . 1765—1789
Karl . . . . . . . . . . . . . . . 1789—1825

Mediatisierung des Fürstentums 1806.

Ernst . . . . . . . . . . . . . . 1825—1860
Hermann . . . . . . . . . . . . 1860—

### b. Hohenlohe-Ingelfingen.

Christian Kraft . . . . . . . . (1699) 1701—1743
Philipp Heinrich, Fürst 7./1. 1764 . . . 1743—1781
Heinrich August . . . . . . . . 1781—1796

Teilung unter seinen Söhnen 1796.

| **Hohenlohe-Ingelfingen.** | **Bartenstein.** |
|---|---|
| Friedrich Ludwig . . 1796—1806, † 1818 | Georg . . . . . . . . . 1796—1803 |
| Mediatisierung des Fürstentums 1806. | Eduard . . . . . . . . 1803—1830 |
| (Erbt Öhringen 1805.) | |
| Teilung unter seinen Söhnen 1806. | |

| **Öhringen.** | **Ingelfingen.** |
|---|---|
| August . . 1806—1849, † 1853 | Adolf . . . . . 1806—1873 |
| Hugo, Herzog von Ujest 18./10. 1861 . . . 1849—1897 | Friedrich Wilhelm . . 1873—1895 |
| Christian Kraft . . . 1897— | Karl Gottfried . . . 1895— |

### c. Hohenlohe-Kirchberg.

Friedrich Eberhard . . . . . . . (1699) 1701—1737
Karl August, Fürst 7./1. 1764 . . . . 1737—1767
Christian Friedrich Karl . . . . . . . 1767—1819

Mediatisierung des Fürstentums 1806.

Georg Ludwig Moritz . . . . . . . 1819—1836
Karl . . . . . . . . . . . . . . 1836—1861

An Hohenlohe-Langenburg.

---

## 2. Hohenlohe-Waldenburg.

Eberhard . . . . . . . .            (1551) 1553—1570
Georg Friedrich der Ältere . . . . .      1570—1600
Ludwig Eberhard . . . . .⎤          1600—1615, † 1650
Philipp Heinrich . . . . .⎟          1600—1615, † 1644
Georg Friedrich der Jüngere . ⎦      1600—1615, † 1635

Teilung unter den Brüdern 1615.

### α. Hohenlohe-Pfedelbach.

Ludwig Eberhard . . . . . . .      (1600) 1615—1650
Friedrich Kraft . . . . . . . .         1650—1681
Hiskias . . . . . . . . .               1681—1685
Ludwig Gottfried . . . . . . .          1685—1728

An Hohenlohe-Schillingsfürst.

### β. Hohenlohe-Waldenburg.

Philipp Heinrich . . . . . . .      (1600) 1615—1644
Wolfgang Friedrich . . . . . . .        1644—1658
Philipp Gottfried . . . . . . .         1658—1679

An Pfedelbach und Schillingsfürst.

### γ. Hohenlohe-Schillingsfürst.

Johann Friedrich der Jüngere . . .  (1600) 1615—1635
Moritz Friedrich . . . . . . .          1635—1646
Georg Adolf . . . . . . . .             1646—1656
Christian . . . . . . . .⎤              1656—1675
Ludwig Gustav . . . . . .⎦          1656—1688, † 1697
Philipp Karl Kaspar . . . .         1675—1688, † 1729

Teilung zwischen Neffe und Oheim 1688.

### a. Hohenlohe-Bartenstein.

Philipp Karl Kaspar . . . . .       (1675) 1688—1729
Karl Philipp Franz, Fürst 21./5. 1744 . .   1729—1763
Joseph Anton in Pfedelbach 1745 . . . .     1729—1764
Ludwig Karl Franz Leopold . .       1763—1798, † 1799

Teilung unter seinen Söhnen 1798.

<table>
<tr><td colspan="2">Hohenlohe-Bartenstein.</td><td colspan="2">Hohenlohe-Jagstberg.</td></tr>
<tr><td>Ludwig Aloys . . .</td><td>1798—1806, † 1829</td><td>Karl Joseph . . . . . . .</td><td>1798—1838</td></tr>
<tr><td colspan="2">Mediatisierung des Fürstentums 1806.</td><td colspan="2">Mediatisierung des Fürstentums 1806.</td></tr>
<tr><td>Karl August Theodor . .</td><td>1806—1844</td><td>Ludwig . . . . . . .</td><td>1838—1850</td></tr>
<tr><td colspan="2">An Hohenlohe-Jagstberg.</td><td colspan="2">Teilung unter seinen Söhnen 1850.</td></tr>
</table>

<table>
<tr><td colspan="2">Hohenlohe-Bartenstein-Bartenstein.</td><td colspan="2">Hohenlohe-Bartenstein-Jagstberg.</td></tr>
<tr><td>Karl . . . . . . . .</td><td>1850—1877</td><td>Albert . . . . . . . .</td><td>1850—</td></tr>
<tr><td>Johannes . . . . . . . .</td><td>1877—</td><td></td><td></td></tr>
</table>

### b. Hohenlohe-Waldenburg-Schillingsfürst.

Ludwig Gustav . . . . . . . .       (1656) 1688—1697
Philipp Ernst, Fürst 21./5. 1744 .  1697—1750, † 1759
Karl Albrecht I. . . . . . . .          1750—1793
Wilhelm Ernst in Wilhermsdorf . . . .   1753—1759
Karl Albrecht II. . . . . . . .         1793—1796
Karl Albrecht III. . . . . .        1796—1807, † 1843

Mediatisierung des Fürstentums 1806.
Teilung Karl Albrechts III. mit seinem Bruder 1807.

### aa. Ältere Linie in Waldenburg.

Karl Albrecht III. . . . .          (1796) 1807—1839, † 1843
Friedrich Karl Joseph . . . . . .       1839—1884
Nikolaus . . . . . . . .                1884—1886
Friedrich Karl . . . . . . . .          1886—

### bb. Jüngere Linie zu Schillingsfürst.

Franz Joseph . . . . . . .              1807—1841
Philipp Ernst . . . . . . .             1841—1845

Teilung unter den erbenden Brüdern 1845.

<table>
<tr><td colspan="2">Hohenlohe-Schillingsfürst.</td><td colspan="2">Ratibor.</td></tr>
<tr><td>Chlodwig . . . . . . .</td><td>1845—1901</td><td>Victor, Herzog von Ratibor, Fürst</td><td></td></tr>
<tr><td>Philipp Ernst . . . . .</td><td>1901—</td><td>von Corvey 15./10. 1840 .</td><td>1834—1893</td></tr>
<tr><td></td><td></td><td>Victor Amadeus . . . . . .</td><td>1893—</td></tr>
</table>

### II. Röttingen.

| | |
|---|---|
| Konrad I. | 1258—1271 |
| Gottfried II. | † 1290 |
| Konrad II. | † 1290 |

### III. Möckmühl.

| | |
|---|---|
| Albrecht I. | 1242—1269 |

Teilung unter seinen Söhnen.

| Wernsberg. | | Möckmühl. | | Uffenheim. | |
|---|---|---|---|---|---|
| Friedrich I. | 1267—1289 | Albrecht II. | 1263—1296 | Gottfried I. | 1262—1290 |
| Heinrich I. | 1289?—1313 | Albrecht V. v. Schelklingen | 1292—1338 | Albrecht III. | 1290—1311 |
| Friedrich III. | 1313—1350 | Heinrich III. | 1313—1314 | Friedrich II. | 1289—1313 |
| Albrecht IV. | 1300—1320 | Albrecht VII. | 1328—1340 | Konrad | 1289—1290 |
| | | | | Ludwig | 1312—1358 |
| | | | | Albrecht VIII. | 1344—1376 |
| | | | | Gerlach | 1344—1387 |
| | | | | Gottfried III. | 1344—1378, † 1387 |

An die Burggrafschaft Nürnberg verkauft.

| | |
|---|---|
| Johann | † 1412 |

### B. Brauneck.

| | |
|---|---|
| Konrad I. | 1209?—1249 |

Teilung unter seinen Söhnen 1249?

### I. Haltenbergstetten.

| | |
|---|---|
| Heinrich I. | 1249?—1268 |

Teilung unter seinen Söhnen 1268.

| Neuhaus. | | Haltenbergstetten. | |
|---|---|---|---|
| Heinrich II. | 1268—1303 | Gebhard I. | 1268—1300 |
| Gottfried III. | 1308—1315 | Ulrich I. | 1300—1332 |
| Gebhard II. | 1308—1340 | Ulrich II. | 1329—1347 |
| | | Konrad VI. | 1329—1332 |
| | | Andreas IV. | 1328—1332 |
| | | | † v. 1340 |
| | | Gottfried VI. | 1332—1363 |
| | | Johann I. | 1340—1373 |
| | | Ulrich III. | 1350—1367 |
| | | Andreas V. | 1345—1391 |
| | | Gebhard III. | 1352—1366 |
| | | Gottfried VIII. | 1352 |
| | | Johann II. | 1366—1381 |
| | | Ulrich IV. | 1366—1381 |

An Hohenlohe.

### II. Brauneck.

| | |
|---|---|
| Gottfried I. | 1249?—1273 |
| Gottfried II. | 1273—1306 |
| Gottfried IV. | 1306—1354 |
| Gottfried VII. | 1354—1368 |
| Konrad VII. | 1368—1390 |
| Margaretha | 1390—1429 |
| Michael, Burggraf v. Magdeburg | 1429—1448, †? |

An Brandenburg verkauft 1448.

## 134. Wertheim.

| | |
|---|---|
| Wolfram I. von Schwanberg | 1097—1109 |
| Wolfram II. | 1132—1158 |
| Diether | 1132—1158 |
| Gerhard | 1158—1170 |
| Poppo I. | 1170—1212 |
| Poppo II. | 1212—1238 |
| Poppo III. | 1238—1260 |
| Rudolf I. | um 1244 |
| Poppo IV. | 1260—1281 |
| Rudolf II. | 1260—1360 |

Rudolf III. . . . . . . . . . . ⎫ 1306—1321
                    † 1330
Rudolf IV. . . . . . . . . . . ⎬ 1306—1355
Rudolf V. . . . . . . . . . . ⎭ 1306—v. 1315
Eberhard . . . . . . . . . . . 1355—1373
Johann I. mit dem Barte . . . . . 1373—1407

Teilung unter seinen Söhnen 1407.

| **Wertheim.** | | **Breuberg.** | |
|---|---|---|---|
| Johann II. . . . . . . . | 1407—1444 | Michael I. . . . . . . . | 1407—1440 |
| Georg I. . . . . . . . | 1444—1454 | Wilhelm . . . . . . . . | 1440—1482 |
| Johann III. . . . . . . | 1454—1497 | | |

An Breuberg.

Teilung unter seinen Söhnen 1482.

| **Breuberg.** | | **Freudenberg.** | |
|---|---|---|---|
| Michael II. . . . ⎫ | 1482—1531 | Asmus . . . . . . | 1482—1509 |
| Georg II. . . . . ⎭ | 1482—1530 | | |
| Michael III. . . . . | 1531—1556 | An Breuberg. | |
| Barbara . . . . | 1556 | | |
| Katharina, Gräfin von Stolberg . . . ⎫ | 1556—1600 | | |
| Ludwig, Graf von Stolberg . . . ⎭ | 1556—1574 | | |

Breuberg an Stolberg,
Wertheim an Löwenstein vererbt.

## 135. Löwenstein.

### Dynastie Calw.

Albrecht (IV.) . . . . . . . . . 1099—1147
Berthold I. . . . . . . . . . . 1152—1171
Gottfried I. . . . . . . . . . . ⎫ um 1194
Berthold II. von Wolfsölden . . . ⎭ um 1171
Gottfried II. . . . . . . . . . um 1231
Gottfried III. . . . . . . . . . 1252—1282

Rudolf von Habsburg (deutscher König) 1281—1282, † 1291
Albrecht I. von Schenkenberg (sein unehel. Sohn),
    Graf von Löwenstein . . . . . . 1283—1304
Nikolaus . . . . . . . . . . ⎫ 1304—1340
Rudolf . . . . . . . . . . . ⎬ 1304—1328
Philipp . . . . . . . . . . . ⎭ 1304—v. 1310
Albrecht II. . . . . . . . . . . 1340—1365
Albrecht III. . . . . . . . . . . 1365—1380
Heinrich . . . . . . . . . ⎫ 1380—1441, † 1444
Johann Rudolf . . . . . . . ⎭ 1382—1395

Friedrich I. der Siegreiche, Kurfürst von der
    Pfalz . . . . . . . . . . 1441—1476
Ludwig I. von Scharfeneck, **Reichsgraf** 27./2.
    1494 . . . . . . . . 1476—1524
Friedrich II. . . . . . . . . . . 1524—1541
Ludwig II. . . . . . . . . . . 1541—1611

Teilung unter seinen Söhnen 1611.

### 1. Löwenstein-Wertheim-Virneburg.

Christoph Ludwig . . . . . . . . 1611—1618
Friedrich Ludwig . . . . . . . . 1618—1658
Friedrich Eberhard . . . . . . . 1658—1683
Heinrich Friedrich . . . . . . . . 1683—1721

Spaltung in 2 Linien mit gemeinschaftlichem Landbesitz.

| **Volradsche Linie.** | | **Karlsche Linie.** | |
|---|---|---|---|
| Johann Ludwig Volrad . . . | 1721—1790 | Karl Ludwig . . . . . . | 1721—1799 |
| Johann Karl Ludwig, Fürst 19./11. 1812 und 27./2. 1813 . . | 1790—1816 | Friedrich Karl Gottlob, Fürst 19./11. 1812 und 27./2. 1813 . . | 1799—1825 |

Seit 25./2. 1803: **Löwenstein-Wertheim-Freudenberg.**

Mediatisierung der Grafschaft 1806.

| | | | |
|---|---|---|---|
| Georg . . . . . . . | 1816—1855 | Karl Friedrich Ludwig . . . | 1825—1852 |
| Adolf . . . . . . . | 1855—1861 | | |
| Wilhelm . . . . . . . | 1861—1887 | | |
| Ernst . . . . . . . | 1887— | | |

#### 2. Löwenstein-Wertheim-Rochefort.

| | |
|---|---|
| Johann Dietrich | 1611—1644 |
| Ferdinand Karl | 1644—1672 |
| Maximilian Karl, **Reichsfürst** 3./4. 1711 | 1672—1718 |
| Dominicus Marquard | 1718—1735 |
| Karl Thomas | 1735—1789 |
| Constantin | 1789—1814 |

Seit 25./2. 1803: **Löwenstein-Wertheim-Rosenberg.**

Mediatisierung des Fürstentums 1806.

| | |
|---|---|
| Karl Thomas Albrecht | 1814—1849 |
| Karl Heinrich Ernst Franz | 1849— |

---

## 136. Schwarzenberg.

### Dynastie Seinsheim.

| | |
|---|---|
| Hildebrand (II. von Seinsheim) in Schwarzenberg 1345 | † 1384 |
| Michael I. | 1384—1399 |
| Erkinger I., von Stephanswald, **Reichsfreiherr** 10./8. 1429 | 1399—1437 |

Teilung unter seinen Söhnen 1437.

#### a. Ältere Linie in Stephanswald.

| | |
|---|---|
| Michael II. | 1437—1469 |
| Hermann der Kriegerische | 1437—1448 |
| Michael III. | 1469—1499 |
| Johann | 1469—1485 |
| Erkinger II. | 1499—1510 |
| Siegmund II. | 1499—1529 |

Teilung unter Erkingers II. Söhnen 1510.

| **Ältere Linie in Franken.** | | **Jüngere Linie in Lüttich.** | |
|---|---|---|---|
| Wilhelm I. | 1510—1526 | Edmund I. | 1510—? |
| Wilhelm II. | 1526—1557 | Erhard | ?—1546 |
| Adolf, **Reichsgraf** 5./6. 1599 | 1557—1600 | Edmund II. | ?—1570 |
| Adam | 1600—1641 | Gerhard | 1570—1634 |
| Johann Adolf, **Reichsfürst** 14./7. 1670 | 1641—1683 | Edmund III. | 1570—1656 |
| Ferdinand Wilhelm Eusebius, gefürsteter Landgraf in Klettgau 20./7. 1689 | 1683—1703 | | |
| Adam Franz Karl, Herzog von Krumau 28./9. 1723 | 1703—1732 | | |
| Joseph Adam | 1732—1782 | | |
| Johann | 1782—1789 | | |

Teilung unter seinen Söhnen.

| 1. Majorat **(Krumau).** | | 2. Majorat **(Klingenberg).** | |
|---|---|---|---|
| Joseph Johann | 1789—1833 | Karl Philipp Johann | 1802—1820 |
| *Mediatisierung des Fürstentums 1806.* | | Friedrich | 1820—1870 |
| Johann Adolf | 1833—1888 | Karl | 1870— |
| Adolf Joseph | 1888— | | |

---

#### b. Jüngere Linie in Schwarzenberg und Hohenlandsberg.

| | |
|---|---|
| Siegmund I. | 1437—1502 |
| Johann I. | 1437—1460 |
| Johann II., der Starke | 1502—1528 |

Teilung unter seinen Söhnen 1528.

#### 1. Älterer Ast.

| | |
|---|---|
| Christoph I. | 1528—1538 |

Teilung unter seinen Söhnen 1538.

| Wilhelm | 1538—1552 | Otto Heinrich I., **Reichsgraf** 21./5. 1566 | 1538—1590 | Sebastian, **Reichsgraf** 21./5. 1566 | 1538—1588 |
|---|---|---|---|---|---|
| Christoph II., **Reichsgraf** 21./5. 1566 | 1552—1596 | Wolfgang Jakob | 1590—1618 | Otto Heinrich II. | 1588—1600 |
| Christoph III. | 1596—1611 | | | | |
| Georg Ludwig | 1596—1646 | | | | |
| Johann Ferdinand | 1611—1624 | | | | |

An die fränkische Linie.

### 2. Jüngerer Ast.

Friedrich I. . . . . . . . . 1528—1561, † n. 1564
Johann III., **Reichsgraf** 21./5. 1566 . . ) 1561—1588
Friedrich II., **Reichsgraf** 21./5. 1566 . | 1561—1572
Albrecht . . . . . . . . } 1561—1564
Paul, **Reichsgraf** 21./5. 1566 . . . . ) 1561—1572

An Hohenlandsberg.

---

## 137. Nostiz-Rieneck.

Kaspar I. von Tschochau . . . . . . † 1484
Hartwig . . . . . . . . . . ?
Johann I. . . . . . . . . . ) ?
Kaspar II. . . . . . . . . . ) ?
Abraham . . . . . . . . . | ?—1592
Johann II. . . . . . . . . . ) ?
Johann III. . . . . . . . . . 1592—1619

Teilung unter seinen Söhnen 1619.

---

#### Rokitnitz.

Otto, Freiherr 1631 . . . . 1619—1664
Christoph Wenzel, Graf 27./7. 1675,
　　**Reichsgraf** 27./10. 1692 . . 1664—1712
Johann Karl Martin Christoph 1712—1740
Joseph Wilhelm . . . . . 1740—1787
Johann Nepomuk Joseph 1787—1794, † 1808
Joseph I. . . . . . . . 1794—1849
Mediatisierung der Grafschaft 1806.
Johann Wenzel . . . . . 1849—1852
Joseph II. . . . . . . . 1852—1890

#### Rieneck.

Johann Hartwig, Graf 10./7. 1641
　　**Reichsgraf** 29./12. 1673 . . 1619—1683
Anton Johann . . . . . . 1683—1736
Franz Wenzel . . . . . . 1736—1765
Franz Anton . . . . . . ) 1765—1794
Friedrich Moritz in Thürmitz . ) 1765—1796
Teilung unter den Söhnen Franz Antons.

#### Tschochau.

Friedrich . . 1794—1819
Mediatisierung der Grafschaft 1806.
Erwin . . . 1810—1872
Erwin Felix . 1872—

#### Thürmitz.

Johann Nepomuk 1794—1840

Albrecht Franz 1840—1871
Hermann . . 1871—1895
Albert . . . 1895—

---

## 138. Henneberg.

Graf Poppo I. . . . . . . . . 1037—1078
Godwalt . . . . . . . . . 1078—1143
Berthold I. . . . . . . . . 1143—1157
Poppo VI. . . . . . . . . 1157—1190
Poppo VII. . . . . . . . . 1190—1245

Teilung unter seinen Söhnen 1245.

### A. Henneberg-Coburg.

Hermann I. . . . . . . . . 1245—1290
Poppo VIII. . . . . . . . . 1290—1291
Otto von Brandenburg . . . . . . 1291—1299
Hermann III. . . . . . . . . 1299—1308
Johann . . . . . . . . . 1308—1312, † 1317
Mit Henneberg-Schleusingen vereinigt.
Heinrich VIII. von Schleusingen . . . . 1340—1347

An Meißen.

---

### B. Henneberg-Schleusingen.

Heinrich III. . . . . . . . . 1245—1262

Teilung unter seinen Söhnen 1262.

---

#### Schleusingen.

Berthold V. . . . . 1262—1284
Berthold VII., **Fürst** 1310 1284—1340
Johann I. . . . . 1340—1359
Heinrich XI. . . . ) 1359—1405
Berthold XII. . . . ) 1359—1416
Wilhelm II. . . . 1405—1426

#### Hartenberg.

Heinrich IV. . . . . 1262—1317
Poppo IX. . . . . 1317—1348
Berthold X. . 1348—1371, † 1378
An Henneberg-Aschach verkauft.

#### Aschach.

Hermann II. . . . . 1262—1292
Heinrich IV. . . . . ) 1292—1306
Heinrich VI. . . . . ) 1292—1352
Hermann V. . . . . 1352—1403
Friedrich I. . . . . 1403—1422
Georg . . . . . 1422—1465

| | | |
|---|---|---|
| Wilhelm III. | . . . . | 1426—1444 |
| Wilhelm IV. | . . . . | 1444—1480 |
| Wolfgang | . . . . ] | 1480—1485 |
| Ernst | . . . . } | 1480—1488 |
| Wilhelm V. | . . . . ] | 1480—1559 |
| Georg Ernst | . . . . | 1559—1583 |

An Sachsen.

| | | |
|---|---|---|
| Friedrich II. | . . . . | 1465—1488 |
| Hermann VIII. | . . . | 1488—1535 |

Teilung unter seinen Söhnen 1535.

| **Römhild.** | **Schwarza.** |
|---|---|
| Berthold XVII. 1535—1548 | Albrecht . . . 1535—1549 |
| † 1549 | An Stolberg. |
| An Mansfeld verkauft, von diesem an Sachsen verkauft. | |

## 139. Nürnberg.

### I. Dynastie Räh.

| | | |
|---|---|---|
| Burggraf Gottfried I. | . . . . . . . | 1110—1123 |
| Konrad I. | . . . . . . . . ] | um 1125 |
| Gottfried II. | . . . . . . . . } | 1123—1160 |
| Konrad II. | . . . . . . . . | 1163—1192 |

### II. Dynastie Hohenzollern.

| | | |
|---|---|---|
| Friedrich I. | . . . . . | 1192—1200, † vor 1204 |
| Friedrich II. | . . . . . | 1204—1218 |
| Konrad III. | . . . . . | 1218—1262 |
| Friedrich III. | . . . . | 1262—1297 |
| Johann I. | . . . . . | 1297—1298 |
| Friedrich IV. | . . . . | 1298—1332 |
| Johann II. | . . . . . | 1332—1357 |
| Friedrich V. | . . . . | 1357—1398 |
| Johann III. oberhalb des fränkischen Gebirges, in Bayreuth | . . . . . . | 1398—1420 |
| Friedrich VI. unterhalb des fränkischen Gebirges, in Ansbach, Markgraf von Brandenburg 1415 | | 1398—1440 |

Teilung unter seinen Söhnen 1440.

### A. Bayreuth.

| | | |
|---|---|---|
| Johann der Alchymist | . . . . . . . ] | 1440—1464 |
| Friedrich (II. von Brandenburg) | . . . } | 1440—1471 |
| Albrecht Achilles in Ansbach 1440, in Bayreuth | 1467—1470 und | 1471—1486 |
| Sigismund | . . . . . . . . | 1486—1495 |

An Ansbach.

| | | |
|---|---|---|
| Kasimir (Sohn Friedrichs I. von Ansbach) | . . | 1515—1527 |
| Albrecht Alcibiades | . . . . . | 1527—1553, † 1567 |

An Ansbach.

| | | |
|---|---|---|
| Georg Friedrich von Ansbach | . . . . | 1553—1603 |

An Brandenburg.

| | | |
|---|---|---|
| Christian (Sohn Johann Georgs von Brandenburg) | 1603—1655 |

Teilung unter seinen Söhnen 1655.

| **Bayreuth.** | | **Kulmbach.** | |
|---|---|---|---|
| Christian Ernst . . . . . . | 1655—1712 | Georg Albrecht . . . . . | 1655—1666 |
| Georg Wilhelm . . . . . . | 1712—1726 | Christian Heinrich . . . . | 1666—1708 |
| Mit Kulmbach vereinigt. | | Georg Friedrich Karl (1726) . | 1708—1735 |
| | | Friedrich . . . . . . . | 1735—1763 |
| | | Friedrich Christian . . . . | 1763—1769 |
| | | An Ansbach. | |

### B. Ansbach.

| | | |
|---|---|---|
| Albrecht Achilles | . . . . . . | 1440—1486 |
| Friedrich I. | . . . . . | 1486—1515, † 1536 |
| Georg der Fromme | . . . . . | 1515—1543 |
| Georg Friedrich I. | . . . . . . | 1543—1603 |

An Brandenburg.

| | | |
|---|---|---|
| Joachim Ernst (Sohn Johann Georgs v. Brandenburg) | 1603—1625 |
| Friedrich II. | . . . . . . | 1625—1634 |
| Albrecht | . . . . . | 1634—1667 |
| Johann Friedrich | . . . . . | 1667—1686 |
| Christian Albrecht | . . . . | 1686—1692 |
| Georg Friedrich II | . . . . | 1692—1703 |
| Wilhelm Friedrich | . . . . . | 1703—1723 |
| Karl Wilhelm Friedrich | . . . . | 1723—1757 |

Christian Friedrich Karl Alexander　　1757—1791, † 1806
Mit Preußen vereinigt 1791—1805.
Ansbach-Bayreuth an Bayern 1805.

## 140. Schwaben.

| | |
|---|---|
| Herzog Burkhard I. | 917—926 |
| Hermann I. von der Wetterau | 926—948 |
| Ludolf von Sachsen | 948—954, † 957 |
| Burkhard II. | 954—973 |
| Otto I. | 973—982 |
| Konrad I. von der Wetterau | 982—997 |
| Hermann II. von der Wetterau | 997—1003 |
| Hermann III. | 1003—1012 |
| Ernst I. von Babenberg | 1012—1015 |
| Ernst II. | 1015—1030 |
| Hermann IV. | 1030—1038 |
| Heinrich I. (III., deutscher König) | 1038—1045 † 1056 |
| Otto II. von der Pfalz | 1045—1047 |
| Otto III. von Ostfranken | 1048—1057 |
| Rudolf von Rheinfelden (Gegenkönig 1077) | 1057—1080 |

**Dynastie Hohenstaufen.**

| | |
|---|---|
| Friedrich I. | 1079—1105 |
| Berthold I. von Rheinfelden | 1080—1090 |
| Berthold II. von Zähringen | 1092—1096 |
| Friedrich II. | 1105—1147 |
| Friedrich III. Barbarossa (deutscher König 1152) | 1147—1152, † 1190 |
| Friedrich IV. von Franken | 1152—1167 |
| Friedrich V. | 1167—1191 |
| Konrad II., Herzog von Franken 1167 | 1192—1196 |
| Philipp (deutscher König 1198) | 1196—1208 |
| Otto von Braunschweig (IV., deutscher König 1198) | 1208—1212, † 1218 |
| Friedrich VI. (II. als Kaiser) | 1212—1216, † 1250 |
| Heinrich II. | 1216—1235, † 1242 |
| Konrad III. (IV. als Kaiser) | 1235—1254 |
| Konradin | 1254—1268 |

Auflösung des Herzogtums Schwaben.

## 141. Eberstein (in Schwaben).

| | |
|---|---|
| Graf Gebhard im Ufgau | um 940 |
| Adalbert im Ufgau | 1041—1046 |
| Berthold I. | um 1085 |
| Berthold II. | 1085—1137 |
| Berthold III. | um 1150 |
| Eberhard III., Graf von Sponheim | 1181—1207, † v. 1219 |

Teilung unter seinen Söhnen 1207.

**Alt-Eberstein.**

| | |
|---|---|
| Eberhard IV. | 1207—1263 |
| Hugo | 1263—1269 |
| Simon (I.), Graf von Zweibrücken | 1269—1283 |
| Heinrich (IV.) | 1283, † 1297 |
| Otto | 1283, † 1314 |

An Neu-Eberstein abgetreten 1283, von diesem an Baden verkauft 1283.

**Neu-Eberstein.**

| | |
|---|---|
| Otto I. | 1207—1279 |
| Otto II. | 1279— v. 1287 |
| Heinrich I. | 1279— v. 1322 |
| Heinrich II. | v. 1322— v. 1367 |
| Heinrich III. | v. 1367— v. 1387 |
| Otto III. | v. 1367— v. 1387 |
| Wolfram | v. 1367—1398 |
| Wilhelm II. | v. 1367—1385 |
| Bernhard I. | 1374—1440 |
| Bernhard II. | 1440—1502 |
| Johann | 1440—1479 |
| Bernhard III. | 1479—1526 |

Teilung unter seinen Söhnen 1526.

| | | | | | |
|---|---|---|---|---|---|
| Wilhelm IV. | 1526—1562 | Christoph | 1526—1527 | Johann Jakob I. | 1526—1574 |
| Philipp | 1562—1589 | | | Hauprecht | 1574—1587 |
| Otto IV. | 1562—1576 | | | Johann Bernhard | 1574 |

An Ottos IV. Schwiegersöhne, die Grafen von Bronchorst-Gronsfeld und von Wolkenstein vererbt, welche ihre Rechte auf Eberstein 1673 an das Bistum Speyer verkaufen; von diesem an Baden abgetreten 1676.

Teilung unter den Söhnen Johann Bernhards 1574.

**Wertenstein und Frauenburg.**

| | |
|---|---|
| Philipp | 1574—1609 |
| Johann Philipp | 1609—1622 |

An Eberstein.

**Eberstein.**

| | |
|---|---|
| Johann Jakob II. | 1574—1637 |
| Johann Friedrich | 1637—1647 |
| Kasimir | 1647—1660 |

Geteilt 1660 unter

| | |
|---|---|
| Württemberg | 1660—1753 |
| Speyer | 1660—1803 |
| Baden | 1660— |

Ganz an Baden 1603.

## 142. Sickingen.

| | |
|---|---|
| Eberhard | um 1158 |
| Florenz | um 1179 |
| Ewald | um 1203 |

| | |
|---|---|
| Erfo | um 1235 |
| Reinhard | 1270—1282 |
| Reinhard | 1306—1330 |

Teilung unter seinen Söhnen.

| | | | |
|---|---|---|---|
| Reinhard | um 1351 | Schweikard in Königsbach | † 1353 |
| Hannemann | 1390—1424 | Reinhard | 1353—1408 |
| Johann in Oppenheim | 1424—1469 | Schweikard | 1400—1417 |
| Johann | ⎱ 1469—1477 | Reinhard von Ebernburg | 1417—1472 |
| Diether | ⎰ 1469—1473 | Schweikard | 1472—1504 |
| Johann | 1477—1518 | Franz | 1504—1523 |

Teilung unter seinen Söhnen 1523.

| **Ebernburg und Landstuhl.** | | **Sickingen.** | | **Schalodenbach und Hohen-Königsburg.** | |
|---|---|---|---|---|---|
| Johann | 1523—1547 | Franz Konrad | 1523—1569 | Schweikard | 1523—1562 |
| An Sickingen. | | Teilung unter seinen Söhnen 1569. | | An Sickingen. | |

### 1. Odenbach und Schalodenbach.

| | |
|---|---|
| Georg Wilhelm | 1569—1591 |
| Johann Reinhard | ⎱ 1591—1614 |
| Johann Gottfried | ⎰ 1591—1622 |
| Eberhard | 1622—1659 |

### 2. Landstuhl.

| | |
|---|---|
| Reinhard | 1569—1607 |
| Johann Kasimir | 1607—1629 |
| Johann Ludwig | 1629—1645 |

### 3. Sickingen.

| | |
|---|---|
| Franz | 1569—1597 |
| Schweikard | 1597—1642 |
| Johann Schweikard | 1642—1662 |
| Franz | 1662—1715 |
| Johann Ferdinand | 1715—1719 |
| Damian Johann Philipp in Eltschowitz | 1715—1730 |

Teilung unter den Söhnen Johann Ferdinands 1730.

| **Eltschowitz.** | | **Sickingen.** | |
|---|---|---|---|
| Joseph Karl Friedrich Franz, Graf 3./3. 1773 | 1730—1787 | Karl Anton Johann Damian, Graf 3./3. 1773 | 1730—1786 |
| Franz, Reichsgraf 7./6. 1791 | 1787—1834 | Karl Heinrich Joseph | 1786—1791 |
| An Hohenburg. | | Wilhelm Friedrich | 1791—1811 |
| | | An Hohenburg. | |

### 4. Ebernburg.

| | |
|---|---|
| Johann Schweikard | 1569—1589 |
| Johann Schweikard | 1589—1625 |
| Johann Arnold | 1625—1656 |
| Franz Friedrich Heinrich Otto | 1656—1710 |
| Johann Hugo | ⎱ 1710—1719 |
| Joseph Erwin | ⎰ 1710—1719 |
| Karl Ferdinand | 1719—1768 |

An Hohenburg.

### 5. Hohenburg.

| | |
|---|---|
| Friedrich | 1569—1604 |
| Johann Jakob | 1604—1611 |
| Franz Friedrich | 1611—? |
| Franz Ferdinand | ?—1697 |
| Ferdinand Hartmann, Reichsfreiherr 17./5.1706 | 1697—1739 |
| Ferdinand Sebastian | 1739—1772 |
| Johann Nepomuk Kasimir Ferdinand, Reichsgraf 19./2. 1790 | ⎱ 1772—1795 |
| Ferdinand, Reichsgraf 19./2. 1790 | ⎰ 1772—1794 |
| Wilhelm | 1795—1855 |
| Joseph | 1855— |

# 143. Baden.

### I. Dynastie der Zähringer.

| | |
|---|---|
| Berthold, Graf im Breisgau . . . . . | um 962 |
| Berthold I., der Bärtige, von Zähringen, Herzog von Kärnthen und Markgraf von Verona | 1061—1073, † 1077 |
| Hermann I., Titular-Markgraf von Verona . . | 1073, † 1074 |
| Hermann II., **Markgraf von Baden** 27./4. 1112 | 1074—1130 |
| Hermann III. . . . . . . . . . | 1130—1160 |
| Hermann IV. . . . . . . . . . | 1160—1190 |

Teilung unter seinen Söhnen 1190.

## Baden.

| | |
|---|---|
| Hermann V. . . . . | 1190—1242 |
| Hermann VI., Herzog von Österreich 1248 . . | 1242—1250 |
| Friedrich I., Herzog von Österreich 1250 | 1250—1268 |
| Rudolf I. . . . . | 1250—1288 |
| Hesso . . . . . | 1288—1297 |
| Rudolf II. . . . . | 1288—1295 |
| Hermann VII., der Wecker | 1288—1291 |
| Rudolf III. . . . | 1288—1332 |
| Rudolf Hesso . . . | 1297—1335 |

Teilung unter Hermanns VII. Söhnen 1291.

## Hachberg.

| | |
|---|---|
| Heinrich I. . . . . . | 1190—1231 |
| Heinrich II. . . . | 1231—1290, † n. 1297 |

Teilung unter seinen Söhnen 1290.

## Hachberg.

| | |
|---|---|
| Heinrich III. . . . | 1290—1330? |
| Heinrich IV. . . . | 1330—1369 |
| Otto I. . . . | 1369—1386 |
| Johann | 1386—1409 |
| Hesso | 1386—1410 |
| Otto II. . . 1410—1515, † 1518 |

An Baden verkauft.

## Sausenberg.

| | |
|---|---|
| Rudolf I. . . . . | 1290—1313 |
| Heinrich | 1313—1318 |
| Rudolf II. | 1313—1352 |
| Otto | 1313—1384 |
| Rudolf III. . . . | 1352—1428 |
| Wilhelm . 1428—1441, † 1473 |
| Hugo | 1441—1444 |
| Rudolf IV. . . . | 1441—1487 |
| Philipp (Fürst von Orange 1478—1482) . . . | 1487—1503 |

An Baden.

## Pforzheim.

| | |
|---|---|
| Rudolf IV. . . . | 1291—1348 |
| Hermann VIII. . . | 1291—1300 |

Teilung unter den Söhnen Rudolfs IV.

## Eberstein.

| | |
|---|---|
| Friedrich II. . . . . | 1291—1333 |
| Hermann IX. . . . | 1333—1353 |

An Pforzheim.

## Baden.

| | |
|---|---|
| Friedrich III. . . . . | 1348—1353 |
| Rudolf VI., der Lange . | 1353—1372 |
| Bernhard I. . . . | 1372—1431 |
| Rudolf VII. . . . | 1372—1391 |
| Jakob I. . . . | 1431—1453 |
| Bernhard II. . . . | 1453—1458 |
| Karl I. . . . | 1453—1475 |
| Christoph I. . 1475—1515, † 1527 |
| Albrecht, Mitregent . . 1475—1476 und 1482—1488 |

Teilung unter den Söhnen Christophs I. 1515.

## Pforzheim.

| | |
|---|---|
| Rudolf V., der Wecker . | 1353—1361 |

An Baden.

## 1. Baden-Baden.

| | |
|---|---|
| Bernhard III. . . . . . . | 1515—1536 |

Teilung unter seinen Söhnen 1536.

## Baden-Baden.

| | |
|---|---|
| Philibert . . . . . | 1536—1569 |
| Philipp II. . . . . . | 1569—1588 |

Mit Rodemachern vereinigt.

## Rodemachern.

| | |
|---|---|
| Christoph II. . . . . . . | 1536—1575 |

Teilung unter Christophs II. Söhnen 1575.

## Rodemachern.

| | |
|---|---|
| Eduard Fortunat . 1575—1596 † 1600 |

Mit Baden-Durlach vereinigt 1596—1622.

Teilung unter Eduard Fortunats Söhnen 1622.

## Rodenheim.

| | |
|---|---|
| Philipp III. . . . | 1575—1620 |

An Baden-Baden.

## Baden-Baden.

| | |
|---|---|
| Wilhelm . . . . | 1622—1677 |
| Ludwig Wilhelm . . | 1677—1707 |
| Ludwig Georg Simpert | 1707—1761 |
| August Georg Simpert | 1761—1771 |

An Baden-Durlach.

## Rodemachern.

| | |
|---|---|
| Hermann Fortunat . | 1622—1664 |
| Karl Wilhelm . . . | 1664—1666 |

An Baden-Baden.

**2. Sponheim.**

Philipp I. . . . . . . . . . 1515—1533

An Baden-Baden.

---

**3. Baden-Durlach.**

Ernst . . . . . . . . . . 1515—1553
Karl II. . . . . . . . . . 1553—1577

Teilung unter seinen Söhnen 1577.

---

| **Hachberg.** | | **Sausenberg.** | | **Durlach.** | |
|---|---|---|---|---|---|
| Jakob II. . . . . . | 1577—1590 | Georg Friedrich 1577—1622, † 1638 | | Ernst Friedrich . . . | 1577—1604 |
| Ernst Jakob . . . | 1590—1591 | Friedrich V. . . . | 1622—1659 | Mit Sausenberg vereinigt. | |
| An Durlach. | | Friedrich VI. . . . | 1659—1677 | | |
| | | Friedrich VII. Magnus | 1677—1709 | | |
| | | Karl III. Wilhelm . . | 1709—1738 | | |
| | | Karl Friedrich, **Kurfürst** 25./7. 1803, **Großherzog** 12./7. 1806 | 1738—1811 | | |
| | | Magdalene Wilhelmine, Herzogin von Württemberg, Vormünderin . . | 1738—1740 | | |
| | | Markgraf Karl August, Mitvormund . . . . | 1738—1746, † 1780 | | |
| | | Karl . . . . . | 1811—1818 | | |
| | | Ludwig I. . . . . | 1818—1830 | | |

II. Dynastie Zähringen-Hochberg.

Leopold . . . . . . 1830—1852
Ludwig II. . 1852—1856, † 1858
    Friedrich, Regent . 1852—1856
Friedrich . . . . . 1856—

---

## 144. Hohengeroldseck.

Otto . . . . . . . . . . . . um 1182
Burkhard . . . . . . . . . . . † 1209
Wolfgang . . . . . . . . . . 1209—1236

Teilung unter seinen Söhnen 1236.

**A. Diersburg.**

Heinrich . . . . . . . . . . 1236—1262
Ludwig . . . . . . . . . . 1262—1278
Wirich . . . . . . . . . . 1278—1334

---

**B. Hohengeroldseck.**

Walter I. . . . . . . . . . . 1236—1277

Teilung unter seinen Söhnen.

---

| **Lahr.** | | **Hohengeroldseck.** | |
|---|---|---|---|
| Hermann I. . . . . | † 1262 | Heinrich I. . . . . . . . | † v. 1298 |
| Walter II. . . . . | † 1314 | Walter II. . . . . . . . | † n. 1298 |
| Heinrich I. . . . . | † v. 1302 | Hermann II. . . . . . . | † v. 1327 |
| Hermann II. . . . | † 1314 | Walter III. . . . . . . . | † um 1333 |
| Walter III. . . . | 1314—1343 | | |
| Hermann IV. . . . | † v. 1347 | | |
| Walter IV. . . . . | † v. 1351 | | |
| Johann . . . . | † 1343 | | |
| Heinrich II. . . . | † 1394 | | |
| Heinrich III. . . . | 1394—1426 | | |

Teilung unter seinen Söhnen.

| **Lahr** (cont.) | | **Sulz.** | | **Hohengeroldseck.** | |
|---|---|---|---|---|---|
| Johann I. von Mörs-Saarwerden . . . | 1426—1431 | Georg II. . . . . . | um 1335 | Walter IV. . . . . | 1333—1362 |
| Jakob . . . . . | 1431—1470 | Walter VI. . . . . | 1339—1349 | Heinrich II. . . . . | 1333—1336 |
| Johann II. . . . | 1431—1442 | Hugo . . . . . | um 1370 | Georg III. . . . . | um 1365 |
| Johann III. . . . | 1470—1507 | Heinrich IV. . . . | † 1449 | Hermann III. . . . | † 1384 |
| | | Konrad . . . . | † 1429 | Walter VII. . . 1384—1428, † 1430 | |
| | | Georg IV. . . . | † 1420 | Theobald I. . . . | 1428—1461 |
| | | Johann I. . . . | † 1445 | Theobald II. . . . | 1461—1494 |
| | | Johann II. . . . | † 1483 | Gangolf I. . . . | 1494—1523 |
| | | | | Gangolf II. . . . | 1523—1548 |
| | | | | Walter X. . . . | 1523—1554 |

½ Lahr an Baden verkauft 1497, die andere Hälfte 1507 an Nassau-Saarbrücken vererbt, 1629 ganz an Nassau.

Sulz 1431 von Württemberg erobert.

Quirinus Gangolf . . } 1548—1569
Walter XII. . . . . } 1554—1569
Jakob . . . . . .    1569—1634

Durch Lehnsanwartschaft an die
**Grafen von Cronberg.**
Adam Philipp . . .    1634—1640
Kraft Adolf Otto . .  1640—1692

Als österreichisches Lehen 1705
an Leyen.

---

### 145. Leyen.

Georg I.. Herr von und zu der Leyen . .    um 1296
Dietrich . . . . . . . . . . . .           um 1337
Emmerich . . . . . . . . . . . .           um 1396
Werner . . . . . . . . . . . .             um 1400
Johann I. . . . . . . . . . . .            um 1420

Teilung unter Werners Söhnen.

#### A. Ältere Linie zu Neustadt und Wachenheim.

Kuno I. . . . . . . . . . . . .            um 1408
Johann III. . . . . . . . . . .            1439—1444
Kuno II. . . . . . . . . . . .             1488—1505
Andreas I. . . . . . . . . . .             nach 1505
Andreas II. . . . . . . . . . .            † 1548
Melchior . . . . . . . . . . .             nach 1548
Johann Erwin . . . . . . . . .             † 1616
Johann Wolf . . . . . . . . .              † 1625

#### B. Jüngere Linie.

Johann II. . . . . . . . . . .             1435—1451

Teilung unter seinen Söhnen.

---

| **Burgbrohl.** | | **Hartelstein.** | | **Saffig und Olbrück.** | |
|---|---|---|---|---|---|
| Wilhelm . . . . . um 1452 | | Johann IV. . . . . 1460—1477 | | Georg II. . . . . 1476—1486 | |
| Georg IV. . . . um 1533 | | | | Bartholomäus . . . 1512—1529 | |

Teilung unter seinen Söhnen.

#### 1. Adendorf.

Michael . . . . . . . . . . . .            1554—1576
Damian . . . . . . . . . . . .             1583—1612
Hugo Ernst, Reichsfreiherr 20./9. 1653 .   1652—1670
Karl Kaspar, Herr von Hohengeroldseck 1705,
    Reichsgraf 22./11. 1711 .           1670—1739
Friedrich Ferdinand Franz Anton . . .      1739—1760
Franz Karl . . . . . . . . . .             1760—1775
Philipp Franz, Fürst 12./7. 1806 . . .     1775—1829
    souveräner Fürst 1806—1814.
Erwin Karl Damian Eugen . . . . .          1829—1879
Philipp . . . . . . . . . . . .            1879—1882
Erwin Theodor Philipp Damian . . .         1882—

#### 2. Saffig.

Georg V. . . . . . . . . . . .             1544—1572
Georg VI. . . . . . . . . . . .            1572—1611

Teilung unter seinen Söhnen 1611.

---

| **Nickenich.** | | **Saffig.** | | **Gondorf.** | |
|---|---|---|---|---|---|
| Lothar Friedrich . . 1611—1662 | | Johann Georg I. . . 1612—1628 | | Johann Kaspar . . . 1611—? | |
| Philipp Ferdinand . . 1662—1667 | | Johann Georg II. . 1628—? | | Lothar Ferdinand . . ?—1669 | |
| Damian Heinrich Ferdi-nand . . . . . 1667—1714 | | Karl Kaspar . . . . ?—1703 | | Karl Kaspar . . . . 1669—1692 | |
| An Adendorf. | | An Nickenich. | | An Nickenich. | |

---

## 146. Fürstenberg.

### Übersicht über die Teilungen.

Teilung 1284.

A. Fürstenberg.    B. Villingen, Urach und Haslach.
Teilung 1408.      † 1386.

I. Fürstenberg.    II. Wolfach.
Teilung 1441.      † 1490.

a. Fürstenberg u. Baar.    b. Geisingen.
Teilung 1559.      † 1483.

1. Blomberg.    2. Heiligenberg.
Teilung 1599.      Teilung 1617.

α. Blomberg.    β. Möhringen.    α. Heiligenberg.    β. Donaueschingen.
Teilung 1614.    † 1641.    † 1716.    † 1698.

a. Mößkirch.    b. Stühlingen.
† 1744.      Teilung 1704

aa. Fürstenberg.    bb. Weitra.
Teilung 1762.      Teilung 1759.

Fürstenberg.    Pürglitz.    Böhmische Linie.    Mährische Linie.
† 1804.    Teilung (1854).      † 1866.

**Hauptlinie in Schwaben.**    **Pürglitz.**    **Königshof.**

Graf Heinrich I. von Urach, Graf v. Fürstenberg  1250—1284

Teilung unter seinen Söhnen 1284.

| A. Fürstenberg. | | B. Villingen, Urach und Haslach. | |
|---|---|---|---|
| Friedrich I. | 1284—1296 | Egon III. | 1284—1324 |
| Heinrich II. | 1296—1337 | Johann I. | 1324—1332 |
| Konrad III. | 1337—1370 | Gottfried | 1324—1341 |
| Heinrich IV. | 1337—1366 | Heinrich V. | 1341—1358 |
| Johann II. von Wolfach | 1337—1365 | Hugo | 1341—1373 |
| Heinrich VI. | 1366—1408 | Johann III. | 1341—1358 |
|  |  | Johann IV. | 1373—1386 |

Teilung unter seinen Söhnen 1408.

| I. Fürstenberg. | | II. Wolfach. | |
|---|---|---|---|
| Heinrich VII. | 1408—1441 | Konrad IV. | 1408—1419 |
|  |  | Heinrich VIII., der Edle | 1419—1490 |

Teilung unter seinen Söhnen 1441.      An Fürstenberg.

| a. Fürstenberg und Baar. | | b. Geisingen. | |
|---|---|---|---|
| Konrad V. | 1441—1484 | Johann VI. | 1441—1443 |
| Heinrich IX. | 1484—1499 | Egon VI. | 1443—1483 |
| Wolfgang | 1499—1509 |  |  |
| Friedrich III. | 1509—1559 |  |  |

Teilung unter seinen Söhnen 1559.      An Fürstenberg.

### 1. Fürstenberg-Blomberg (Kinzigthaler Linie).

| Christoph I. | 1559 |
|---|---|
| Albert I. | 1559—1599 |

Teilung unter seinen Söhnen 1599.

| α. Blomberg. | | β Möhringen. | |
|---|---|---|---|
| Christoph II. | 1599—1614 | Wratislaw I. | 1599—1631 |
|  |  | Albert II. | 1631—1640 |
|  |  | Franz Wratislaw | 1640—1641 |

Teilung unter seinen Söhnen 1614.      An Blomberg.

| a. Mößkirch. | | b. Stühlingen. | |
|---|---|---|---|
| Wratislaw II. | 1614—1642 | Friedrich Rudolf | 1614—1655 |
| Franz Christoph | 1642—1671 | Franz Maximilian | 1655—1681 |
| Friedrich Christoph | 1671—1684 | Leopold Marquard in Neustadt | 1681—1689 |
| Froben Ferdinand, **Reichsfürst** 9./11. 1716 | 1684—1735 | Prosper Ferdinand | 1681—1704 |
| Karl Friedrich | 1735—1744 |  |  |

An Stühlingen.      Teilung unter Prosper Ferdinands Söhnen 1704.

### aa. Fürstenberg.

Joseph Wilhelm Ernst, **Reichsfürst** 10./12. 1716    1704—1762
Teilung unter seinen Söhnen 1762.

| **Fürstenberg.** | | **Pürglitz.** | |
|---|---|---|---|
| Joseph Wenzel . . . . . | 1762—1783 | Karl Borromäus Egon I. . . | 1762—1787 |
| Joseph Maria Benedict . . . | 1783—1796 | Philipp Maria Nerius Joseph . | 1787—1790 |
| Karl Joachim . . . . | 1796—1804 | Karl Gabriel Maria . . . . | 1790—1799 |
| Mit Pürglitz vereinigt. | | Karl Egon II. . . . . . . | 1799—1854 |

Mediatisierung des Fürstentums 1806.
Teilung unter seinen Söhnen (1854).

| **Hauptlinie in Schwaben.** | | **Pürglitz.** | | **Königshof.** | |
|---|---|---|---|---|---|
| Karl Egon III. . . . | 1854—1892 | Maximilian Egon I. . | 1854—1874 | Emil Egon I. . . . | 1866—1899 |
| Karl Egon IV. . . . | 1892—1896 | Maximilian Egon II. . | 1873— | Emil Egon II. . . . | 1899— |
| Mit Pürglitz vereinigt. | | | | | |

### bb. Landgräfliche Linie zu Weitra.

Ludwig postumus . . . . . . . . . 1705—1759
Teilung unter seinen Söhnen 1759.

| **Böhmische Linie** (in Weitra). | | **Mährische Linie** (in Taikowitz) | |
|---|---|---|---|
| Joachim Egon . . . . | 1759—1828 | Friedrich Joseph . . . . . | 1759—1814 |
| Friedrich . . . . . | 1828—1856 | Joseph . . . . . . . . | 1814—1840 |
| Johann Nepomuk Egon . . | 1856—1879 | Friedrich . . . . . . . . | 1840—1866 |
| Eduard Egon . . . . . | 1879— | | |

### 2. Fürstenberg=Heiligenberg.

Joachim . . . . . . . . . 1559—1598
Friedrich V. . . . . . . . . . . 1598—1617
Teilung unter seinen Söhnen 1617.

| **a. Heiligenberg.** | | **b. Donaueschingen.** | |
|---|---|---|---|
| Wilhelm II. . . . . . . . | 1617—1618 | Jakob Ludwig . . . . . . | 1617—1627 |
| Egon VIII. . . . . . . . | 1618—1635 | Franz Karl . . . . . . . | 1627—1698 |
| Hermann Egon, **Reichsfürst** 12./5. 1664 . . . . . . . | 1635—1674 | An Heiligenberg. | |
| Ernst Egon . . . . . . . | 1635—1652 | | |
| Ferdinand Friedrich Egon, **Reichsfürst** 12./5. 1664 . . . | 1635—1676 | | |
| Anton Egon . . . . . . . | 1674—1716 | | |
| Maximilian Joseph . . . . | 1676—1686 | | |
| An Stühlingen. | | | |

## 147. Bregenz und Buchhorn.

| Ulrich I., Graf im Argen= und Linzgau . . | 787—802 |
|---|---|
| Ulrich II. . . . . . . . . . | 807—818 |
| Rudbert . . . . . . . . . . | 807—813 |
| Ulrich III. . . . . . . . . | um 854 |
| Ulrich IV. . . . . . . . . | † 885 |
| Ulrich V. von Buchhorn . . . . . | 885—909 |

Teilung unter seinen Söhnen.

### A. Ältere Linie.

| Adalhard von Buchhorn . . . . . . . . | ? |
|---|---|
| Richar . . . . . . . . . . . . | ? |
| Otto I. . . . . . . . . . . . | † 1058 |
| Otto II. . . . . . . . . . . | 1058—1089 |

### B. Jüngere Linie.

Ulrich VI. (Uzo) von Cläven . . . . . . um 930
Teilung unter seinen Söhnen.

| Marquard I. von der Goldineshundare . | 993—1032 | Luitfried I. im Engadin und Winterthur . . | ? | Ulrich VII. von Bregenz | 970—983 |
|---|---|---|---|---|---|
| | | | | Ulrich VIII. . . . . | um 1043 |

| Eberhard I. von Wartau | | Luitfried II. . . . .} † vor 1052 | Marquard II. . . .} um 1079 |
|---|---|---|---|

Eberhard I. von Wartau
  und Sargans . . . 1040—1050
Eberhard II. . . . . um 1067

Luitfried II. . . . .} † vor 1052
Adalbert von Kyrburg .} † 1053
Otto . . . . . . † um 1095

Marquard II. . . .} um 1079
Ulrich IX. . . . .} † 1079
  Teilung unter seinen Kindern.

---

Ulrich X. von
  Montfort . um 1109

Rudolf I. von
  Bregenz . . 1097—1143

Elisabeth I. . um 1163
(Gem.: Rudolf von Pfullendorf 1143.)
Rudolf II. von
  Bregenz . . 1143—1180
Elisabeth II. . 1180
(Gem.: Hugo II. von Tübingen 1165.)
An Montfort.

## 148. Montfort.

Hugo I., Pfalzgraf von Tübingen (Bruder
  Rudolfs I. von Tübingen) . . . . . † 1182
Hugo II., Graf von Montfort . . . . 1180—1230
Hugo III. . . . . . . . . . 1230—1258
  Teilung unter seinen Söhnen 1258.

### A. Feldkirch.

Rudolf II. . . . . . . . . . 1258—1302
  Teilung unter seinen Söhnen 1302.

---

**Feldkirch.**

Ulrich II. . . . . . .} 1302—1350
Berthold . . . . . .} 1302—1310
  An Tosters.

**Tosters.**

Hugo V. . . . . . . 1302—1310
Friedrich II. . . . . . .} 1310—1321
Hugo VI. . . . . . .} 1310—1350
  Teilung unter den Brüdern 1350.

---

**Feldkirch.**

Rudolf IV. . . . . 1350—1375
Rudolf V. . . . . 1375—1390
  An Österreich verkauft 1375.

**Tosters.**

Hugo VI . . (1310) 1350—1359
  An Feldkirch.

### B. Bregenz.

Ulrich I. . . . . . . . . . 1258—1289
Hugo IV. . . . . . . . . . 1289—1338

  An Tettnang.

### C. Tettnang.

Hugo IV. . . . . . . . . 1258—1309
Wilhelm II. . . . . . . . . 1309—1353
  Teilung unter seinen Söhnen 1353.

### I. Tettnang.

Heinrich III. . . . . . . . .} 1353—1408
Hugo VII. . . . . . . . . .} 1353—1354
Wilhelm VI. in Tettnang . . . . 1408—1439
Rudolf VI. in Scheer . . . . . 1408—1425
  Teilung unter den Söhnen Wilhelms VI. 1439.

---

**Argen und Wasserburg.**

Rudolf VII. . 1439—1445
  An Rothenfels.

**Rothenfels.**

Hugo X. . . 1439—1491
Hugo XII. .} 1491—1519
Johann III. .} 1491—1529
Johann IV. .} 1519—1547
Hugo XIII. .} 1519—1564
Wolfgang II. .} 1519—1540
Ulrich VIII. . 1564—1574
  Rothenfels 1567 an Königseck
  verkauft, das übrige 1574 an
  Montfort-Pfannenberg vererbt.

**Toggenburg.**

Heinrich V. . 1439—1444
Wilhelm VIII. 1444—1483
  An Rothenfels.

**Tettnang.**

Ulrich V. . . 1439—1494
Wilhelm IX .} 1494—1508
Ulrich VII. .} 1494—1520
  An Rothenfels.

### II. Bregenz.

Wilhelm III. . . . . . . . . . 1353—1368
Wilhelm IV. . . . . . . . . . 1368—1379

Teilung unter seinen Söhnen 1379.

**½ Bregenz.**

Hugo VIII. . . . . . . 1379—1423

Teilung unter seinen Söhnen 1423.

**½ Bregenz.**

Stephan I. . . . . 1379—1437
Konrad I. . . . . 1379—1391
Wilhelm V. . . . . 1391—1422
Elisabeth . . . . 1422—1458

An Österreich verkauft.

**Pfannenberg.**

Stephan II. . . 1423—1437

Mit Stadeck vereinigt.

**Stadeck.**

Ulrich IV. . . . . † 1419
Hermann I. . . . 1423—1434
Georg I. . . . . 1434—1447
Hermann II. . . . 1434—1482
Johann I. . . . 1434—1469

Teilung unter den Söhnen Hermanns II. 1482.

**Montfort.**

Georg II. . . . . . 1482—1544
Jakob I. . . . . . 1544—1573
Georg IV. in Montfort . 1573—1590
Johann VI. in Tettnang . 1573—1619
Wolfgang III. in Pfannen=
berg . . . 1573—1596, † 1617
Johann VII. . . . 1619—1625
Hugo XIV. . . . 1619—1662
Hermann V. . . . 1619—1641

**Beckach.**

Hermann III. . . . 1482—1515

An Montfort.

**(½) Bregenz.**

Hugo XI. . . 1482—1525, † 1550

An Österreich verkauft.

Johann VIII. . . . 1662—1686
Anton II. . . . . 1686—1730
Ernst Max Joseph . . 1730—1759
Franz Xaver . . . 1759—1780
Anton III. . . . . † 1787

An Österreich und Württemberg 1780.

Anton I. . . . . . 1662—1706
Sebastian . . . . 1706—1724

## 149. Werdenberg.

Rudolf I. (Bruder Hugos III. von Montfort) . . 1230—1260

Teilung unter seinen Söhnen 1260.

### A. Werdenberg.

Hugo I. in Werdenberg und Rheineck . . . . 1260—1280
Hugo III. . . . . . . . . . . 1280—1308

Teilung unter seinen Söhnen 1308.

**Werdenberg.**

Hugo V. Cocles . . . . 1308—1330?

**Heiligenberg.**

Albrecht I. . . . . . . . 1308—1327
Albrecht II., der Alte . . . . 1327—1370

Teilung unter seinen Söhnen 1370.

**Rheineck.**

Hugo VIII. . 1370—1389

An Österreich 1413 verkauft.

**Heiligenberg.**

Albrecht IV. . 1370—1414

**Pludenz.**

Johann
Albrecht III. 1370—1418

An Österreich 1384 verkauft.

**Wartau.**

Heinrich VI. . 1370—1392
Hugo X. . . 1392—1428
Heinrich VIII. 1392—1399
Rudolf V. . . 1392—1419

### B. Sargans.

Hartmann I. in Sargans und Vaduz . . . 1260—1269

Teilung unter seinen Söhnen 1269.

### I. Sargans=Vaduz.

Hugo IV. . . . . . . . . . . . 1269—1328

Teilung unter seinen Söhnen 1328.

**Sargans.**

Rudolf III. . . . . . . . 1328—1362
Johann I. . . . . . . 1362—1400
Heinrich X. . . . . 1400—1450
Johann II. . . . . 1400—1424?

**Vaduz.**

Hartmann III. . . . . . 1328—1354
Rudolf IV. . . . . . 1354—1367
Hartmann IV. . . . . . 1354—1416
Heinrich VII. . . . . 1354—1397

| | | |
|---|---|---|
| Wilhelm . . . . . . . 1450—1460 | Hugo IX. . . . . . . . 1397—1421 |
| Georg I. . . . . . . . 1450—1501 | An das Haus Brandis 1416 verkauft (s. Vaduz). |
| An die Eidgenossen 1453 verkauft. | |

### II. Albeck.

Rudolf II. in Langenau, Erbe von Albeck . 1269—1322?  
Heinrich II. . . . . . . . . . . . . 1322—1348  

Teilung unter seinen Söhnen 1348.

| **Albeck.** | **Trochtelfingen.** |
|---|---|
| Heinrich III. . . . . . . 1348—1368 | Eberhard I. . . . . . . . 1348—1383 |
| Heinrich IV. . . . . . . 1368—1386 | Eberhard II. . . . . . . ⎫ 1383—1416 |
| Albeck 1383 an die Stadt Albeck verkauft. | Heinrich IX. . . . . . ⎭ 1383—1388 |
| Konrad . . . . . . . 1386—1406 | Heinrich XI. . . . . . . ⎫ 1416—1440 |
| | Johann III. . . . . . ⎬ 1416—1461 |
| | Eberhard III. . . . . ⎭ 1416—1475 |
| | Georg II. . . . . . . ⎫ 1461—1500 |
| | Ulrich II. . . . . . ⎬ 1461—1503 |
| | Hugo XI. . . . . . ⎭ 1461—1508 |
| | Johann X. . . . . . ⎫ 1500—1522 |
| | Christoph . . . . . ⎬ 1500—1534 |
| | Felix . . . . . . ⎭ 1500—1530 |
| | Anna . . . . . . . 1534—1554 |
| | An Fürstenberg, Hohenzollern und Waldburg. |

## 150. Hohenems.

Goswin, Graf von Hohenems . . . . . um 1210  
Burkhard . . . . . . . . . um 1252  
Ulrich I. . . . . . . . . um 1295  
Ulrich II. . . . . . . . . um 1340  
Ulrich III. . . . . . . . . 1368—1408  
Marquard I. . . . . . . . . 1408—1444  
Michael . . . . . . . . ⎫ 1436—1466  
Marquard II. . . . . . ⎭ 1444—1478  
Rudolf . . . . . . . . 1478—1523  
Marcus Sittich . . . . . . 1523—1533  
Wolfgang Dietrich . . . . . 1533—1536  
Jakob Hannibal I. . . . . . 1536—1587  
Kaspar . . . . . . . . 1587—1638  
Jakob Hannibal II. . . . . . 1638—1646  

Teilung unter seinen Söhnen 1646.

| **Hohenems.** | **Vaduz.** |
|---|---|
| Karl Friedrich . . . . . 1646—1675 | Franz Wilhelm I. . . . . . 1646—1662 |
| Franz Karl Anton . . . . 1675—1718 | Ferdinand Karl . . . . . ⎫ 1662—1686 |
| An Vaduz. | Jakob Hannibal III. Friedrich . ⎪ 1662—1717 |
| | ⎬ † 1730 |
| | Franz Wilhelm II. . . . . ⎭ 1662—1691 |
| | Franz Wilhelm Maximilian Karl ⎫ |
| | postumus . . . . ⎬ 1691—1759 |
| | Franz Wilhelm Rudolf . . ⎭ 1718—1756 |
| | Maria Rebekka . . . . . 1756—1766 |
| | Von Österreich eingezogen 1765. |

## 151. Vaduz.

| I. Dynastie Schellenberg. | II. Dynastie Brandis. 1416—1507. |
|---|---|
| Marquard I. . . . . . . ⎫ um 1267 | Wolfhard I. . . . . . . 1416—1456 |
| Heinrich I. . . . . . ⎭ um 1267 | Ulrich . . . . . . . 1456—1486 |
| Marquard II. . . . . . um 1300 | Wolfhard II. . . . . . ⎫ 1456—v. 1486 |
| Ulrich . . . . . . . um 1300 | Siegmund I. . . . . . ⎭ 1456—1487 |
| Schwigger . . . . . . ⎫ um 1303 | Ludwig . . . . . . . ⎫ 1486—1507 |
| Marquard III. . . . . ⎬ um 1303 | Siegmund II. . . . . . ⎭ 1486—1507 |
| Heinrich II. . . . . . ⎭ um 1303 | An Sulz . . . . . . 1507—1613 |
| Heinrich III. . . . . . ⎫ um 1318 | An Hohenems . . . . . 1613—1699 |
| Egilolf . . . . . . ⎭ um 1318 | |
| Heinrich IV. . . . . . ⎫ † 1350 | An Liechtenstein 1699. |
| Albrecht . . . . . . ⎭ † 1350 | |
| An Montfort-Werdenberg 1350—1416. | |

## 152. Liechtenstein.

| | |
|---|---|
| Leopold von Künring, Herr von Nikolsburg . | vor 1160 |
| Dietmar . . . . . . . . . . . . | 1160—1206 |
| Heinrich I. . . . . . . . . . . | 1230—1265 |
| Hartnid (Hartmann) I. . . . . . | 1265—1293 |
| Hartnid (Hartmann) II. . . . . . | 1293—1337 |
| Georg I. . . . . . . . . . . . | 1337—1393 |
| Heinrich IV. . . . . . . . . . | 1393—1418 |
| Georg V. . . . . . . . . . . | 1418—1444 |

Teilung unter seinen Söhnen 1444.

| Feldsberg. | | Steiereck. | | Nikolsburg. | |
|---|---|---|---|---|---|
| Georg VI. . . . | 1444—1484 | Heinrich VI., der Lahme | 1444—1483 | Christoph III. . . . | 1444—1506 |
| Hartmann III. . . | 1484—1540 | Georg VII. . . . } | 1483—1548 | Wolfgang I. . . . | 1506—1520 |
| Georg Hartmann . | 1540—1562 | Erasmus . . . . } | 1483—1524 | Johann VII. in Wilffers- | |
| Sebastian III. . . } | 1562—1575 | An Feldsberg. | | torff . . . . . } | 1520—1552 |
| Hartmann IV. . . } | 1562—1585 | | | Wolfgang Christoph . } | 1520—1553 |
| Teilung unter Hartmanns IV. | | | | Georg VIII. . . . . } | um 1557 |
| Söhnen 1585. | | | | Wolfgang II. . . . } | † nach 1557 |
| | | | | An Felsberg. | |

| Ältere Linie. | | Jüngere Linie. | |
|---|---|---|---|
| Karl, Reichsfürst 3./12. | | Gundackar, Fürst 13./9. | |
| 1608, Herzog v. Troppau | | 1623 . . . . . . | 1585—1658 |
| 28./12. 1613, Herzog von | | Ferdinand Joseph . } | 1658—1666 |
| Jägerndorf 13./5. 1623 . | 1585—1627 | Hartmann V. . . } | 1658—1686 |
| Karl Eusebius . . . | 1627—1684 | Teilung unter Hartmanns V. Söhnen | |
| Johann Adam Andreas | 1684—1712 | 1686. | |

| Ältere Linie. | | Jüngere Linie. | |
|---|---|---|---|
| Anton Florian, Fürst von | | Philipp Erasmus . . . | 1686—1704 |
| Liechtenstein 23./1. 1719 | 1686—1721 | Teilung unter seinen Söhnen 1704. | |
| Joseph Johann Adam . | 1721—1732 | | |
| Johann Nepomuk Karl . | 1732—1748 | Joseph Wenzel Lorenz, | Emanuel, Herr von |
| | | Fürst von Liechten- | Kromau . . 1704—1771 |
| | | stein 1748    1704—1772 | Teilung unter seinen Söhnen |
| | | | 1771. |

| Liechtenstein. | | Kromau. | |
|---|---|---|---|
| Franz Joseph . . . (1771) | 1772—1781 | Karl Borromäus . . . . | 1771—1789 |
| Aloys Joseph I. . . . | 1781—1805 | Karl Johann . . . . . | 1789—1795 |
| Johann I. . . . . . | 1805—1836 | Karl Franz Anton . . . | 1795—1865 |
| Aloys Joseph II. . . . | 1836—1858 | Karl Rudolf . . . . . | 1865—1899 |
| Johann II. . . . . . | 1858— | Rudolf . . . . . . | 1899— |

---

## 153. Tübingen.

| | |
|---|---|
| Anselm I. im Nagoldgau . . . . . . | um 966 |
| Hugo I. . . . . . . . . . . . | um 1007 |
| Anselm II. . . . . . . . . . } | um 1040 |
| Hugo II. von Gravenegg . . . . . } | um 1037 |
| Hugo III. von Tübingen . . . . . | um 1078 |
| Hugo IV. . . . . . . . . . . | † um 1120 |
| Hugo V. (I.), Pfalzgraf 1146 . . . . | 1125—1152 |
| Friedrich . . . . . . . . . } | 1152—1162 |
| Hugo II. . . . . . . . . . } | 1152—1182 |
| Rudolf I. (Bruder: Hugo von Montfort, † 1182) | 1182—1219 |

Teilung unter seinen Söhnen.

### A. Tübingen.

| | |
|---|---|
| Hugo III. . . . . . . . . . . | um 1216 |
| Konrad I. . . . . . . . . . . | † vor 1253 |

An Herrenberg.

---

### B. Horb.

| | |
|---|---|
| Rudolf II. . . . . . . . . . | † 1247 |

Teilung unter seinen Söhnen.

| Horb. | | Herrenberg. | |
|---|---|---|---|
| Hugo IV. . . . . . . . | † um 1267 | Rudolf III., der Schwarze . . | † 1277 |

Hugo V. . . . . . . . . . . } † 1277  
Otto . . . . . . . . . . . } † vor 1289  
Ludwig . . . . . . . . . . } † 1293  

Eberhard in Tübingen (verkauft 1294) } † 1304  
Rudolf V. in Herrenberg . . . } † 1317  
Teilung unter seinen Söhnen 1317.

Konrad II. . . . 1317—1376     Rudolf VI. . . . 1317—1356  
Konrad III. 1376—1382, † 1391     Ulrich . . . . 1356—1377  
An Württemberg verkauft 1382.

### C. Asberg und Gießen.

Wilhelm I. . . . . . . . . . . † 1252  
Teilung unter seinen Söhnen 1252.

#### Böblingen.

Rudolf IV. . . . . . . 1252—1271  
Gottfried (Götz) I. in Tübingen 1294   1271—1316  
Wilhelm II. . . . . . . . } 1316—1326  
Gottfried II. . . . . . . } 1316—1329?  
Wilhelm III. . . . . . . } † um 1346  
Gottfried III. (Tübingen 1342 an Württemberg verkauft) . . } 1326—1369  
Heinrich Wilhelm . . . . } † 1345  
Konrad I. in Lichteneck . . . 1369—1414  
Konrad II. . . . . . . . 1414—1449  
Konrad III. . . . . . . . 1449—1477  
Konrad IV. . . . . . . . } 1477—1500  
Georg I. . . . . . . . } 1477—1507  
Georg II. . . . . . . . } 1507—1536  
Konrad V. . . . . . . . } 1507—1569  
Georg III. . . . . . . . 1569—1570  
Konrad VI. . . . . . . . } 1570—1600  
Alwig . . . . . . . . } 1570—1592  
Hermann . . . . . . . } 1570—1591  
Georg IV. . . . . . . . } 1570—1591  
Eberhard . . . . . . . } 1570—1608  
Georg Friedrich . . . . . 1608—1622  
Georg Eberhard . . . . . 1622—1634  
An Württemberg.

#### Asberg.

Ulrich I. (in Gießen bis 1264) . . 1252—1283  
Ulrich III. in Beilstein (Asberg 1308 an Württemberg verkauft) . . † um 1341  
Beilstein an Württemberg verkauft 1340.  
Wilhelm IV. . . . . . . . † 1357  
Johann . . . . . . . um 1369.

## 154. Urach.

Egon I., Graf von Urach . . . um 1030, † um 1050  
Egon II. . . . . . . . . . . um 1100  
Egon III. . . . . . . . . . . um 1150  
Egon IV. (I.), der Bärtige . . . . . † 1230  
Egon II. (V.), in Freiburg i. B. 1220 . . } 1230—1236  
Rudolf . . . . . . . . . . } 1230—1254?  
Berthold II. . . . . . . . . } 1230—1260?  
Teilung unter Egons II. Söhnen 1236.

#### Urach.

Berthold III. . . . . 1236—1260  
An Freiburg.

#### Freiburg i. B.

Konrad I. . . . . . 1236—1272  
Egon III. (VI.) in Freiburg 1272—1318  
Heinrich in Badenweiler . 1272—1302  
Konrad II. . . . 1318—1350  
Friedrich . . . . 1350—1357  
Egon IV. (VII.) . . 1357—1385  
Teilung unter seinen Kindern.

#### Fürstenberg.

s. bes.

#### Freiburg.

Konrad III. . . . . 1385—1422  
Johann . . . . . 1422—1457  
An Baden-Sausenberg . 1457—1503  
An Österreich . . 1503—1803  

#### Breisgau.

Anna . . . . . . 1387—1427  
(Gem.: Rudolf II. von Baden.)  
An Baden 1404.

### Herzogtum Modena-Breisgau.

Ferdinand, Erzherzog von Österreich-Este 1803—1806, † 1806  
An Baden 1806.

## 155. Zimmern.

| | |
|---|---|
| Graf Wilhelm I. | um 1041 |
| Alberich | um 1085 |
| Gottfried I. | um 1090 |
| Hartwig | um 1085 |
| Albrecht I. | † 1096 |
| Gottfried II. | um 1100 |
| Wilhelm II. | † um 1080 |
| Werner I. | um 1120 |
| Eberhard | um 1120 |
| Albrecht II. | 1127— um 1170 |
| Johann I. | um 1175 |
| Wilhelm Werner I. | um 1220 |
| Albrecht IV. | 1237—1279, † um 1288 |
| Werner IV. | 1279—1289 |
| Konrad von Hohenstein | 1264—1314 |
| Werner V. postumus | 1290—1384 |
| Johann II., der Lapp | 1384—1441 |
| Heinrich I. in Heimetweiler | 1441—1478 |
| Werner VI. in Mößkirch und Wildenstein | 1441—1483 |
| Gottfried III. in Seedorf | 1445—1508 |
| Werner VII. | 1483—1490 |
| Heinrich II. von Herrenzimmern | 1501—1512 |
| Johann Werner I. | 1490—1495 |

Teilung unter seinen Söhnen.

| Herrenzimmern. | Wildenstein. | Mößkirch. |
|---|---|---|
| Wilhelm Werner II., Graf 1538 1512—1570, † v. 1575 An Mößkirch. | Gottfried Werner 1495—1554 An Mößkirch. | Johann Werner II. 1495—1548 |
| | | Froben Christoph 1548—1563 |
| | | Wilhelm V. 1563—1594 |
| | | An Helffenstein. |

## 156. Sulz.

| | |
|---|---|
| Graf Alwig I. | 1071—1095 |
| Alwig II. | 1095—1139 |
| Alwig III. | 1139—1152 |
| Alwig IV. | um 1196 |
| Hermann II. | um 1215 |
| Alwig V. | um 1230 |
| Berthold I. | um 1230 |
| Berthold II. | um 1240 |
| Alwig VI. | um 1240 |
| Hermann III. | um 1268 |
| Hermann IV. (verkauft vor 1284 Sulz an Hohengeroldseck) | † um 1312 |
| Berthold III. | † vor 1348 |
| Hermann V., | um 1350 |
| Rudolf I. | um 1350 |
| Alwig VIII. | um 1350 |
| Hermann VI. | 1392—1429 |
| Rudolf II. | 1392—1405 |
| | † vor 1414 |
| Rudolf III., Landgraf im Klettgau 1408 | 1405—1431 |
| Johann II. | 1431—1483 |
| Alwig X. | 1431—1493 |
| Rudolf IV. | 1431—1487 |
| Rudolf V. in Vaduz und Blumeneck 1507 | 1493—1535 |
| Johann Ludwig I. | 1535—1566 |
| Alwig XI. | 1566—1572 |
| Wilhelm | 1566—1569 |

Teilung unter Alwigs XI. Söhnen 1572.

| Klettgau. | Vaduz. |
|---|---|
| Karl Ludwig I. 1572—1590 | Rudolf VIII 1572—1611 |
| Alwig XII. 1590—1632 | Johann III. 1611, † 1617 |
| Karl Ludwig II. Ernst 1590—1648 | Vaduz 1613 an Hohenems verkauft, |
| Ulrich 1648—1650 | Blumeneck 1616 an den Abt von Weingarten. |
| Johann Ludwig II. 1648—1687 | |

Maria Anna . . . . . . . 1687—1698
    An Schwarzenberg . . . . 1698—1813
      An Baden 1813.

---

## 157. Teck.

Adalbert I. (Sohn Konrads I. von Zähringen) . 1152—1195
Adalbert II. . . . . . . . . . 1195—1215
Konrad I. . . . . . . . . . 1215—1249
Ludwig I. . . . . . . . . . 1249—?

Teilung unter seinen Söhnen.

| Ludwig II. . . . . 1270—1282 | Hermann I. . . . . 1270—1289 | Konrad II. . . . . 1270—1292 |
|---|---|---|
| Teilung unter seinen Söhnen 1282. | | Friedrich I. . . . ⎫ 1292—1302? |
| | | Ludwig IV. . . . . ⎪ 1292—1334 |
| Ludwig III. . . . 1282—1304 | Hermann II. . . . 1282—1315? | Simon I. . . . . ⎬ 1292—1316 |
| Hermann III. . . 1304—1361? | Ludwig V. . . . ⎫ 1315—1347 | Konrad III. . . . ⎭ 1292—1329 |
| | Ludwig VI. . . . ⎪ 1314—1336? | Konrad IV. . . . ⎫ 1329—1352 |
| | Friedrich II. von Rosen-⎬ | Simon II. . . . ⎭ 1329—? |
| | feld . . . ⎭ 1314—1343? | Friedrich IV. . . . 1352—1390 |
| | Friedrich III. . . 1347—1374 | Friedrich V. . . . 1390—1411 |
| | | Ludwig VII. (Patriarch von Aquileja) . . . . 1411—1439 |

An Württemberg.

---

## 158. Württemberg.

Übersicht über die Teilungen.

Teilung 1441.

| A. Urach. | B. Stuttgart. |
|---|---|
| † 1496. | Teilung 1617. |

| I. Stuttgart. | II. Mömpelgard. | III. Brenz-Weiltingen. | IV. Neustadt. | V. Neuenburg. |
|---|---|---|---|---|
| Teilung 1649. | † 1723. | Teilung 1635. | † 1641. | † 1622. |

| a. Stuttgart, blüht als **Kgr. Württemberg.** | b. Neuenburg. † 1671. | c. Neustadt. † 1742. | a. Öls. † 1692. | b. Weiltingen. † 1705 |
|---|---|---|---|---|

Konrad von Beutelsbach . . . 1089—1122, † um 1126
Ulrich . . . . . . . . . . um 1121
Johann . . . . . . . . . um 1138
Ludwig I. . . . . . . . ⎫ 1139—1181
Emich . . . . . . . . . ⎭ 1139—1154
Ludwig II. von Württemberg . . . . 1201—1228
Eberhard . . . . . . . . . 1228—1241
Ulrich I. mit dem Daumen (der Stifter), **Graf von Württemberg** . . . . . 1241—1265
Ulrich II. . . . . . . . . 1265—1279
Eberhard I., der Erlauchte . . . . 1279—1325
Ulrich III. . . . . . . . . 1325—1344
Eberhard II., der Greiner (Rauschebart) . ⎫ 1344—1392
Ulrich IV. . . . . . . . . ⎭ 1344—1366
Eberhard III., der Milde . . . . 1392—1417
Eberhard IV. . . . . . . . . 1417—1419
Ludwig I. . . . . . . ⎫ 1419—1441, † 1450
Ulrich V. . . . . . . ⎭ 1419—1441, † 1480

Teilung unter den Brüdern 1441.

| **Urach.** | **Stuttgart.** |
|---|---|
| Ludwig I. . . . . (1419) 1441—1450 | Ulrich V., der Vielgeliebte (1419) 1441—1480 |
| Ludwig II. . . . . . 1450—1457 | Eberhard VI. (II.) . . 1480—1498, † 1504 |
| Eberhard V. (I.) im Barte, **Herzog** 21./7. 1495 . . . . 1457—1496 | Ulrich I. . . . . . 1498—1519 |
| Mit Stuttgart vereinigt. | Württemberg österreichisch 1519—1534. |
| | Ulrich I. (zum 2. Male) . . . 1534—1550 |
| | Christoph . . . . . . 1550—1568 |
| | Ludwig der Fromme . . . . 1568—1593 |
| | Friedrich I. . . . . . . 1593—1608 |
| | Johann Friedrich . . . . 1608—1617 |
| | Teilung mit seinen Brüdern 1617. |

## I. Württemberg-Stuttgart.

Johann Friedrich . . . . . . (1608) 1617—1628
Eberhard III. . . . . . . . . . 1628—1649

Teilung mit seinen Brüdern 1649.

| Stuttgart. | Neuenburg. | Neustadt. |
|---|---|---|
| Eberhard III. . (1628) 1649—1674 | Ulrich II. . . . . . 1649—1671 | Friedrich . . . . 1649—1682 |
| Wilhelm Ludwig . . 1674—1677 | An Stuttgart. | Friedrich August' . .⎰ 1682—1716 |
| Eberhard Ludwig . . 1677—1733 | | Ferdinand Wilhelm . .⎰ 1682—1701 |
| Friedrich Karl, Verweser 1677—1693 | | Karl Rudolf . . . 1716—1742 |
| † 1698 | | An Stuttgart. |
| Karl Alexander . . . 1733—1737 | | |
| Karl Eugen . . . 1737—1793 | | |
| Ludwig Eugen . . . 1793—1795 | | |
| Friedrich Eugen . . . 1795—1797 | | |
| Friedrich II. (I.), Kurfürst | | |
| 27./4. 1803, König | | |
| 1./1. 1806 . . . 1797—1816 | | |
| Wilhelm I. . . . . 1816—1864 | | |
| Karl . . . . . 1864—1891 | | |
| Wilhelm II. . . . . 1891— | | |

## II. Württemberg-Mömpelgard.

Ludwig Friedrich . . . . . . . . . 1617—1631
Leopold Friedrich . . . . . . . . 1631—1662
Georg . . . . . . . . . . . 1662—1684

Mömpelgard französisch 1684—1697.

Georg (zum 2. Male) . . . . . . 1697—1699
Leopold Eberhard . . . . . . . 1699—1723

An Württemberg-Stuttgart 1723—1796.
An Frankreich 1796.

## III. Württemberg-Brenz-Weiltingen.

Julius Friedrich . . . . . . . . 1617—1635

Teilung unter seinen Söhnen 1635.

| Öls. | Weiltingen. |
|---|---|
| f. bei. | Manfred . . . . . . . 1635—1662 |
| | Friedrich Ferdinand . . . . 1662—1705 |
| | Juliane Charlotte Sibylle (Gem.: |
| | Karl Friedrich von Öls) . . . 1705—1735 |
| | An Stuttgart. |

## IV. Württemberg-Neustadt.

Friedrich Achilles . . . . . . . . 1617—1641

An Stuttgart.

## V. Württemberg-Neuenburg.

Magnus . . . . . . . . . . 1617—1622

An Stuttgart.

## 159. Hohenzollern.

Übersicht über die Teilungen.

Teilung?

| A. Schwäbische Linie. | B. Fränkische Linie. |
|---|---|
| Teilung 1288. | — 1411. |

| I. Hohenzollern. | II. Schalksburg. |
|---|---|
| Teilung 1333. | † 1408. |

| a. Schwarzgräfliche Linie. | b. Straßburger Linie. |
|---|---|
| † 1412. | Teilung 1512. |

| 1. Hohenzollern. | 2. Hohenberg. |
|---|---|
| Teilung 1575. | † 1558. |

| α. Hechingen. | β. Sigmaringen. | γ. Haigerloch. | δ. Hohenzollern |
|---|---|---|---|
| — 1849. † 1869. | Teilung 1681. | † 1630. | † 1602. |

| Sigmaringen. | Haigerloch. |
|---|---|
| — 1849. | † 1767. |

| | |
|---|---|
| Graf Burkhard I. . . . . . . . . . . . . . . | † 1061 |
| Friedrich I. . . . . . . . . . . . . | 1111—1114 |
| Friedrich II. . . . . . . . . . . . | 1125—1142 |
| Friedrich III. (I.), Burggraf von Nürnberg 1192 | 1171—1200 |
| | † vor 1204 |
| Friedrich IV. (II.) . . . . . . . | 1204—1218 |

Teilung unter seinen Söhnen.

### A. Schwäbische Linie.

| | |
|---|---|
| Friedrich V. mit dem Löwen . | 1226—1248, † um 1251 |
| Friedrich VI., der Erlauchte . . | 1241—1288, † 1289 |

Teilung unter seinen Söhnen 1288.

| **I. Hohenzollern.** | | **II. Schalksburg.** | |
|---|---|---|---|
| Friedrich VII. . . . . . . | 1288—1298 | Friedrich IX. . . . . . . . | 1289—1302? |
| Friedrich X. . . . . . . .⎵1298—1309? | | Friedrich XIII. . . . . | 1302?—1319? |
| Friedrich XI. Ostertag . . .⎵1298—1333 | | Friedrich XV. . . . . | 1319?—1379? |
| Teilung unter seinen Söhnen 1333. | | Friedrich Mülli . . . | 1379?—1403, † 1408 |
| | | An Württemberg verkauft 1403. | |

### a. Schwarzgräfliche Linie.

| | |
|---|---|
| Friedrich XVII., der ältere Schwarzgraf . | 1333—1379 |
| Friedrich XXVI., der jüngere Schwarzgraf . | 1379—1412 |

An die Straßburger Linie.

### b. Straßburger Linie.

| | |
|---|---|
| Friedrich XIX., der Straßburger . . . . | 1333—1367? |
| Friedrich XX., der Ältere . . . . . | 1367?—1401 |
| Friedrich XXIX., der Ottinger . . . . .⎵1401—1426 |
| | † 1443 |
| Eitelfriedrich I. . . . . . . . .⎵1401—1439 |
| Jobst Nicolaus I. . . . . . . . | 1439—1488 |
| Eitelfriedrich II. . . . . . . . | 1488—1512 |

Teilung unter seinen Söhnen 1512.

| **1. Hohenzollern.** | | **2. Hohenberg.** | |
|---|---|---|---|
| Eitelfriedrich III. . . . . . | 1512—1525 | Franz Wolfgang . . . . . | 1512—1517 |
| Karl I. . . . . . | 1525—1575, † 1576 | Christoph Friedrich . . . . | 1517—1535 |
| Teilung unter seinen Söhnen 1575. | | Franz Joachim . . . . . | 1535—1538 |
| | | Jobst Nikolaus II. . . . . . | 1538—1558 |
| | | An Hohenzollern. | |

### α. Hohenzollern-Hechingen.

| | |
|---|---|
| Eitelfriedrich IV. . . . . . . . | 1575—1604 |
| Johann Georg, Reichsfürst 28./3. 1623 . . | 1604—1623 |
| Eitelfriedrich V. . . . . . . . | 1623—1661 |
| Philipp Friedrich Christoph . . . . | 1661—1671 |
| Friedrich Wilhelm . . . . . . . | 1671—1735 |
| Friedrich Ludwig . . . . . . . | 1735—1750 |
| Joseph Wilhelm Franz . . . . . | 1750—1798 |
| Hermann Friedrich Otto . . . . . | 1798—1810 |
| Friedrich Hermann . . . . . . . | 1810—1838 |
| Friedrich Wilhelm Constantin . . | 1838—1849, † 1869 |

Das Land an Preußen abgetreten 7./12. 1849.

### β. Hohenzollern-Sigmaringen.

| | |
|---|---|
| Karl II. . . . . . . . . . | 1575—1606 |
| Johann, Reichsfürst 28./3. 1623 . . . | 1606—1638 |
| Meinhard I. . . . . . . . . | 1638—1681 |

Teilung unter seinen Söhnen 1681.

| **Sigmaringen.** | | **Haigerloch.** | |
|---|---|---|---|
| Maximilian . . . . . . | 1681—1689 | Franz Anton . . . . . . | 1681—1702 |
| Meinhard II. . . . . . | 1689—1716 | Ferdinand Anton . . . . | 1702—1750 |
| Joseph Friedrich Ernst . . | 1716—1769 | Franz Christoph Anton . | 1750—1767, † ? |
| Karl Friedrich . . . . | 1769—1785 | An Sigmaringen. | |
| Anton Aloys . . . . | 1785—1831 | | |
| Karl . . . . | 1831—1848, † 1853 | | |
| Karl Anton . . | 1848—1849, † 1885 | | |

Das Land an Preußen abgetreten 7./12. 1849.

| | |
|---|---|
| Karl Anton . . . . . | (1848) 1849—1885 |
| Leopold . . . . . . . | 1885—1905 |
| Wilhelm . . . . . . . | 1905— |

### γ. Hohenzollern-Haigerloch.

| | |
|---|---|
| Christoph . . . . . . . . . . . | 1575—1601 |
| Johann Christoph . . . . . . . . | 1601—1623 |
| Karl III. . . . . . . . . . . | 1601—1630 |

An Hohenzollern-Sigmaringen.

---

### δ. Hohenzollern.

| | |
|---|---|
| Joachim . . . . . . . . . . | 1575—1587 |
| Johann Georg . . . . . . . . . | 1587—1602 |

An Hohenzollern-Hechingen.

---

### B. Fränkische Linie.

| | |
|---|---|
| Konrad II. (III.), Burggraf von Nürnberg . | 1218—1262 |
| Friedrich III., Burggraf von Nürnberg . | 1262—1297 |
| Konrad III., Graf von Abenberg und Virns-<br>berg . . . . . . . . . . | 1262—1314 |
| Johann I. . . . . . . . . . | 1297—1298 |
| Friedrich IV. . . . . . . . . | 1298—1332 |
| Johann II. . . . . . . . . . | 1332—1357 |
| Konrad IV. . . . . . . . . . | 1332—1334 |
| Albrecht der Schöne . . . . . . | 1332—1361 |
| Friedrich V. . . . . . . . . | 1357—1398 |
| Johann III., oberhalb des fränkischen Gebirges, in<br>Bayreuth . . . . . . . . | 1398—1420 |
| Friedrich VI., unterhalb des fränkischen Gebirges,<br>in Ansbach . . . . . . . . | 1398—1440 |

s. Nürnberg.

---

## 160. Öttingen.

Übersicht über die Teilungen.

Teilung 1423.

| A. Öttingen.<br>Teilung 1557. | B. Flochberg.<br>† 1549. | C. Wallerstein.<br>† 1517. |
|---|---|---|
| I. Öttingen.<br>† 1731. | II. Wallerstein.<br>Teilung 1602. | |

| a. Spielberg,<br>blüht als<br>**Öttingen-Öttingen und Öttingen-Spielberg.** | b. Wallerstein,<br>blüht als<br>**Öttingen-Wallerstein.** | c. Baldern.<br>Teilung 1626. |
|---|---|---|
| | | 1. Baldern.<br>† 1687.    2. Katzenstein.<br>† 1798. |

| | |
|---|---|
| Graf Ludwig III. . . . . . . . | 1141—1144 |
| Friedrich I. (?) . . . . . . . | um 1194 |
| Ludwig IV. . . . . . . 1190—1209, † vor 1214 |
| Ludwig V. . . . . . . . . . | 1214—1242 |
| Ludwig VI. . . . . . . . . . | 1242—1279 |
| Friedrich II. . . . . . . . . | 1293—1315 |
| Konrad IV. . . . . . . . . . | 1267—1282 |
| Ludwig VII. . . . . . . . . | 1279—1313 |
| Konrad V. Schrimpf . . . . . . | 1282—1313 |
| Ludwig VIII. . . . . . . . | 1282—v. 1307 |
| Friedrich III. . . . . . . . | 1313—1317 |
| Ludwig IX. . . . . . . . . | 1313—1346 |
| Ludwig X. . . . . . . . . . | 1317—1378 |
| Friedrich IV. . . . . . . . . | 1317—1357 |
| Ludwig XI. . . . . . . . . | 1357—1370 |
| Ludwig XII., der Bärtige . . . . | 1370—1440 |
| Friedrich V. . . . . . . . . | 1370—1423 |

Teilung unter Friedrichs V. Söhnen 1423.

| Öttingen. | | Flochberg. | | Wallerstein. | |
|---|---|---|---|---|---|
| Wilhelm I. . . . . . | 1423—1467 | Ulrich . . . . . . | 1423—1477 | Johann I., der Ernsthafte | 1423—1449 |
| Wolfgang I., der Schöne | 1467—1522 | Joachim . . . . | 1477—1520 | Ludwig XIII. . . . | 1449—1517 |
| Johann II., Herr von Condé | 1467—1515 | | | An Öttingen. | |

Karl Wolfgang von Harb} 1522—1549  
Ludwig XV. . . . .} 1522—1557  
Teilung unter Ludwigs XV. Söhnen 1557.

Karl . . . . . .) 1520—?  
Ludwig XIV. . . .| 1520—1548  
Albrecht . . . .| 1520—?  
Martin . . . .) 1520—1549  
An Öttingen.

### Öttingen-Öttingen.

Ludwig XVI. . . . 1557—1569  
Gottfried . . . . . 1569—1622  
Joachim Ernst . . 1622—1659  
Kraft Ludwig . . . 1659—1660  
Albrecht Ernst I., **Reichs-fürst** 14./10. 1674 . 1660—1683  
Albrecht Ernst II. . . 1683—1731  
An Öttingen-Wallerstein vermacht.

### Öttingen-Wallerstein.

Friedrich VIII. . . . 1557—1579  
Wilhelm II. in Wallerstein 1579—1602  
Friedrich IX. in Spielberg 1579—1613  
Teilung unter den Nachkommen Wilhelms II. 1602.

### a. Öttingen-Spielberg.

Wilhelm III. . . . † 1600  
Marcus Wilhelm . . 1602—1614  
Johann Albert . . . 1614—1632  
Johann Franz . . . 1632—1665  
Johann Sebastian . . 1665—1675  
Johann Wilhelm . . 1675—1685  
Franz Albert, **Reichsfürst** 18./7. 1734 . . 1685—1737  
Johann Aloys I. in Spielberg 1737—1780  
Anton Ernst von Schwendi und Aichstetten, Fürst 10./12. 1765 . . 1737—1768  
Johann Aloys II. . . 1780—1797  
Johann Aloys III. . . . 1797—1843, † 1855  
Mediatisierung des Fürstentums 1806.  
Otto . . . . 1843—1882  
Albrecht . . . . 1882—

### b. Öttingen-Wallerstein.

Wolfgang II. . . . † 1598  
Ernst II. . . . 1602—1670  
Wilhelm IV. . . . 1670—1692  
Wolfgang III. . . . 1692—1708  
Ernst III. . . . 1708—17..  
Dominicus Joseph . . 17..—1717  
Wilhelm Joseph Ignaz . 1717—1728  
Anton Karl . . . 1728—1738  
Johann Friedrich . . 1738—1744  
Maximilian Ignaz . . 1744—1745  
Philipp Karl Dominicus . 1745—1766  
Kraft Ernst, **Reichsfürst** 25./3. 1774 . . 1766—1802  
Ludwig Kraft Karl . . 1802—1823, † 1870  
Mediatisierung des Fürstentums 1806.  
Friedrich Kraft Heinrich . 1823—1842  
Karl Friedrich . . . 1842—

### c. Öttingen-Baldern.

Ernst I. . . . 1602—1626  
Teilung unter seinen Söhnen 1626.

### Öttingen-Baldern.

Martin Franz . . . 1626—1653  
Ferdinand Maximilian . 1653—1687  
An Katzenstein.

### Öttingen-Katzenstein.

Friedrich Wilhelm . . 1626—1677  
Notger Wilhelm . . 1677—1693  
Kraft Anton Wilhelm . 1693—1751  
Joseph Anton . . . 1751—1778  
Franz Wilhelm . . . 1778—1798  
An Öttingen-Wallerstein vermacht.

## 161. Abensperg und Traun.

Wolfram I. von Traun . 1071—1094  
Otto I. . . . 1094?—1127  
Wernhard I. . . . um 1113  
Hiltpold . . . .) um 1150  
Wernhard II. . . .) † 1161  
Dietrich . . . . nach 1156

Berthold . . . . . . . . . —1216?
Wernhard IV. . . . . . . . 1216—1235
Hartnid I. in Zeidlarn . . . . . .} 1235—1277
Gundackar I. . . . . . . . 1235—1285
Otto II. in Eschelberg . . . . .} 1235—1276
Hartnid II. . . . . . . . .} 1276—1335
Wernhard V. . . . . . . .} 1276—1284
Johann I. . . . . . . . . 1335—1363
Johann II. . . . . . . . . 1363—1386
Wolfgang . . . . . . . . 1386—1470

Teilung unter seinen Söhnen 1470.

### A. Eschelberg.

Johann III. . . . . . . . . 1470—1500
Christoph I. . . . . . . . . 1500—1550
Otto VII. . . . . . . . .} 1550—1572
Christoph II. . . . . . . .} 1550—1566
Otto Bernhard . . . . . . . 1572—1605

Teilung unter seinen Söhnen 1605.

| | | |
|---|---|---|
| Adam II. in Aggstein . 1605—1632 | Otto Maximilian, **Reichsgraf** 15./8. 1653 . . 1605—1658 | Johann Cyriacus . . 1605—1652 |
| | Karl Ludwig . . . .} 1658—1702 | Johann Wilhelm, **Reichsgraf** 15./8. 1653 . . 1652—1690 |
| | Otto Lorenz . . . .} 1658—1695 | Heinrich Franz Anton . 1690—1719 |
| | Otto Ferdinand . . . 1695—1748 | Julius Johann Wilhelm 1719—1739 |
| | | Karl Franz . . . .} 1739—1786 |
| | | Ferdinand . . . .} 1739—1774 |
| | | Ferdinand Joseph . . 1774—1807 |

### B. Meissau.

Michael . . . . . . . . 1470—1508
Sebastian . . . . . . . . 1508—1530
Adam I. . . . . . . . . 1530—1551
Johann Bernhard . . . . . . 1551—1583
Siegmund Adam . . . . . . 1583—1638

Teilung unter seinen Söhnen 1638.

| | | |
|---|---|---|
| Johann Christoph, **Reichsgraf** 15./8. 1653 . . 1638—1654 | Ernst in Egloffs, **Reichsgraf** 15./8. 1653 1638—1668 | Ehrenreich, **Reichsgraf** 15./8. 1653 . . . 1638—1659 |
| | Ferdinand Ernst 1668—1685 | Otto Ehrenreich I. . . 1659—1715 |
| | Joseph . . . . . 1685—1690 | Teilung unter seinen Söhnen 1715. |

#### Egloffs. / Meissau.

| Egloffs. | | | Meissau. | |
|---|---|---|---|---|
| Franz Anton . . . 1715—1741 | | | Johann Adam I. . . 1715—1786 | |
| Franz Joseph Gotthard 1741—1744 | | | Teilung unter seinen Söhnen 1786. | |
| Franz Joseph Gabriel 1744—1791 | | | | |
| Franz Joseph Eugen 1791—1800 | Rudolf . . . . . 1786—1791 | | Otto VIII. . . . 1786—1795 | |
| Adam Franz . . . 1800—1820 | Johann Adam II. . 1791—1843 | | Johann Adam III. . 1795—187.. | |
| Franz Xaver . . . 1820—1867 | Otto Ehrenreich II. . 1843—1854 | | | |
| Eugen . . . . . 1867— | Otto Ehrenreich III. 1854— | | | |

### 162. Waldburg.

Übersicht über die Teilungen.

Teilung 1423.

| A. Sonnenberg. † 1511. | B. Trauchburg. Teilung 1505. | C. Zeil. Teilung 1589. |
|---|---|---|

| I. Trauchburg. Teilung 1612. | II. Capustigal. Teilung 1585. | I. Wolfegg. Teilung 1667. | II. Waldburg. † 1600. | III. Zeil. Teilung 1674. |
|---|---|---|---|---|

| Friedberg-Scheer. † 1717. | Trauchburg. Teilung 1717. | Ältere Linie. † 1745. | Jüngere Linie. Teilung 1757. | Wolfegg. † 1798. | **Waldsee.** | **Zeil.** Teilung 1817. | **Wurzach.** |
|---|---|---|---|---|---|---|---|

| Friedberg-Scheer. † 1764. | Trauchburg. † 1772. | Bestendorf. † 1844. | Bärwalde. † 18.. | | **Zeil.** | **Lustenau-Hohenems.** |
|---|---|---|---|---|---|---|

| | |
|---|---|
| Werner von Thann | um 1100 |
| Gebhard von Waldburg | um 1123 |
| Berthold I. von Trauchburg | um 1171 |
| Eberhard I. von Thann | 1178—1205 |
| Friedrich von Waldburg, Truchseß 1214 | † 1227 |
| Heinrich von Thann | † 1209 |
| Berthold II. von Thann | † 1212 |
| Berthold III. von Trauchburg | † 1245 |
| Otto Berthold | † 1276 |
| Eberhard II. | † um 1292 |
| Johann | † 1336 |
| Eberhard III. | um 1359 |
| Johann I., Truchseß von Waldburg 1419 | † 1423 |

Teilung unter seinen Söhnen 1423.

### A. Sonnenberg.

| | |
|---|---|
| Eberhard I., Graf 11./8. 1463 | 1423—1479 |
| Eberhard II. | 1479—1483 |
| Johann | 1483—1510 |
| Andreas | 1510—1511 |

---

### B. Waldburg-Trauchburg.

| | |
|---|---|
| Jakob | 1423—1460 |
| Johann | 1460—1505 |

Teilung unter seinen Söhnen 1505.

### I. Waldburg-Trauchburg.

| | |
|---|---|
| Wilhelm | 1505—1557 |
| Friedrich in Trauchburg | 1557—1570 |
| Christoph in Friedberg und Scheer | 1566—1612 |
| Karl | 1570—1593 |

Teilung unter Christophs Söhnen 1612.

| **Friedberg-Scheer.** | | **Trauchburg.** | |
|---|---|---|---|
| Wilhelm Heinrich, **Reichsgraf** 27./9. 1628 | 1612—1652 | Friedrich, **Reichsgraf** 27./9. 1628 | 1612—1636 |
| Christoph Karl | 1652—1672 | Johann Ernst I. | 1636—1687 |
| Franz Eusebius | 1672—1678 | Christoph Franz | 1687—1717 |
| Maximilian Wunibald | 1678—1717 | | |
| An Trauchburg. | | Teilung unter seinen Söhnen 1717. | |

| **Friedberg-Scheer.** | | **Trauchburg.** | |
|---|---|---|---|
| Joseph Wilhelm Eusebius | 1717—1756 | Johann Ernst II. in Trauchburg und Kißlack | 1717—1737 |
| Leopold August | 1756—1764 | Friedrich Marquard in Trauchburg | 1734—1744 |
| An Trauchburg. | | Franz Karl Eusebius, Bischof von Chiemsee 1742—1772 | 1744—1772 |
| | | An Waldburg-Zeil. | |
| | | (Friedberg-Scheer 1785 an Thurn und Taxis verkauft.) | |

---

### II. Waldburg-Capustigal.

| | |
|---|---|
| Friedrich I. | 1505—1554 |
| Johann Jakob | 1554—1585 |

Teilung unter seinen Söhnen 1585.

| **Ältere Linie.** | | **Jüngere Linie.** | |
|---|---|---|---|
| Wolfgang Heinrich | 1585—1637 | Friedrich II. | 1585—1624 |
| Johann Albrecht | 1637—1655 | Heinrich Friedrich | um 1629 |
| Abraham | 1637—1638 | Friedrich III. | um 1678 |
| Wolfgang Christoph, **Reichsgraf** 1686 | 1655—1688 | Wolfgang Friedrich, preuß. Graf 1686 | † 1727 |
| Joachim Heinrich | 1655—1703 | Karl Ludwig | 1726—1738 |
| Otto Wilhelm I. | 1703—1725 | Friedrich IV. | 1738—1757 |
| Karl Friedrich | 1703—1722 | | |
| Otto Wilhelm II. | 1725—1745 | | |
| An Bestendorf. | | Teilung unter seinen Brüdern 1757. | |

| **Bestendorf.** | | **Bärwalde.** | |
|---|---|---|---|
| Friedrich Ludwig I. | 1757—1777 | Friedrich Karl Wilhelm | 1757—1761 |
| Friedrich Ludwig II. | 1777—1807 | Karl Friedrich | 1761—1797 |
| Friedrich Ludwig III. | 1807—1844 | Gebhard | 1797—18.. |

---

### C. Waldburg-Zeil.

| | |
|---|---|
| Georg I. | 1423—1467 |
| Georg II., der Lange | 1467—1482 |
| Johann II. | 1482—1511 |
| Georg III. | 1511—1531 |
| Jakob I. | 1531—1536 |
| Heinrich von Zeil und Wolfegg | 1531—1570 |
| Georg IV. von Waldsee | 1531—1569 |
| Jakob II. | 1569—1589 |

Teilung unter seinen Söhnen 1589.

### I. Waldburg-Wolfegg.

| | |
|---|---|
| Heinrich, Reichsgraf 28./2. 1628 | 1589—1637 |
| Max Wunibald | 1637—1667 |

Teilung unter seinen Söhnen 1667.

| **Waldburg-Wolfegg.** | | **Waldburg-Waldsee.** | |
|---|---|---|---|
| Maximilian Franz Eusebius | 1667—1681 | Johann | 1667—1724 |
| Ferdinand Ludwig | 1681—1735 | Franz Joseph | 1724—1729 |
| Joseph Franz | 1735—1774 | Maximilian | 1724—1748 |
| Ferdinand | 1774—1779 | Gebhard Johann | 1748—1790, † 1791 |
| Joseph Aloys | 1779—1791 | Joseph Anton, Reichsfürst 21./3. | |
| Karl Eberhard Wunibald | 1791—1798 | 1803 | 1790—1833 |
| An Waldburg-Waldsee. | | Mediatisierung des Fürstentums 1806. | |
| | | Friedrich | 1833—1871 |
| | | Franz | 1871— |

### II. Waldburg-Waldburg.

| | |
|---|---|
| Gebhard | 1589—1600 |

An Wolfegg und Zeil.

### III. Waldburg-Zeil.

| | |
|---|---|
| Froben | 1589—1614 |
| Johann Jakob I., Reichsgraf 7./9. 1628 | 1614—1674 |

Teilung unter seinen Söhnen 1674.

| **Zeil.** | | **Wurzach.** | |
|---|---|---|---|
| Paris Jakob | 1674—1684 | Sebastian Wunibald | 1674—1700 |
| Johann Christoph | 1684—1717 | Ernst Jakob | 1700—1734 |
| Johann Jakob II. | 1717—1750 | Franz Ernst | 1734—1781 |
| Franz Anton | 1750—1790 | Eberhard I., Reichsfürst 21./3. 1803 | 1781—1807 |
| Maximilian Wunibald, Reichsfürst 21./3. 1803 | 1790—1818 | Mediatisierung des Fürstentums 1806. | |
| Mediatisierung des Fürstentums 1806. | | Leopold | 1807—1861 |
| Clemens Aloys Joseph in Lustenau und Hohenems | 1790—1817 | Karl | 1861—1865, (lebt) |
| | | Eberhard II. | 1865— |

| **Zeil.** | | **Lustenau-Hohenems.** | |
|---|---|---|---|
| Franz | 1818—1845 | Maximilian | 1817—1868 |
| Constantin | 1845—1862 | Clemens | 1868— |
| Wilhelm | 1862— | | |

## 163. Helffenstein.

| | |
|---|---|
| Graf Eberhard I. | um 1113 |
| Eberhard II. | um 1140 |
| Rudolf I. von Spitzenberg | um 1147 |
| Ludwig I. von Helffenstein | 1171—1200 |

Teilung unter seinen Söhnen.

| **Sigmaringen.** | | **Helffenstein.** | |
|---|---|---|---|
| Gottfried II. | 1210—1231, † vor 1241 | Ulrich I. | 1207—1241 |
| Gottfried III. | 1247— vor 1263 | Eberhard III. | 1207—1229 |

Teilung unter Ulrichs I. Sohn und Neffe 1241.

| **Helffenstein.** | | **Spitzenberg.** | |
|---|---|---|---|
| Ulrich II. | 1241—1289 | Ludwig II. (Sohn Eberhards III.) | 1241—1278? |

|  |  |  |  |
|---|---|---|---|
| Ulrich III. | 1289—1315 | Eberhard IV. | 1267—1292 |
| Teilung unter seinen Söhnen 1315. | | Eberhard V. | 1292—1296 |

| **Blaubeuren.** | | **Wiesensteig.** | |
|---|---|---|---|
| Ulrich IV. | 1315—1326 | Johann I. | 1315—1331 |
| Ulrich V. | 1326—1361 | Ulrich VI. | 1331?—1372 |
| Ulrich VII. | 1361—1375 | Konrad I. | 1372—1375 |
| Johann III. | 1375—1444 | Friedrich I. | 1372—1438 |
| Konrad II. | 1444—1474 | Ulrich IX. | 1438—1462 |
| Georg I. | 1474—1517 | Ludwig V. | 1438—1493 |
|  |  | Friedrich II. | 1462—1483 |
|  |  | Ludwig VI. | 1483—1493 |
|  |  | Friedrich III. | 1483—1502 |
|  |  | Ludwig Helfrich | 1493—1525 |
|  |  | Ulrich XI. | 1493—1548 |
|  |  | Maximilian | 1522—1555 |

Teilung unter den Söhnen Ulrichs XI. 1548.

| **Gundelfingen.** | | **Wellenheim.** | | **Wiesensteig.** | |
|---|---|---|---|---|---|
| Georg II. | 1548—1573 | Sebastian | 1548—1564 | Ulrich XIII. | 1548—1570 |
| Froben in Mößkirch 1594 | 1573—1606 |  |  | Rudolf IV. | 1570—1601 |
| Georg Wilhelm | 1606—1626 |  |  | Ulrich XIV. | 1570—1581 |
|  |  |  |  | Rudolf V. | 1601—1627 |

An Fürstenberg und Württemberg; Wiesensteig an Bayern verkauft (1664 und 1752).

## 164. Königsegg.

| | |
|---|---|
| Berthold I. von Fronhofen | 1192—1209 |
| Eberhard I. | 1209—1228 |
| Eberhard II. von Königsegg | 1239—1268 |
| Berthold II. von Königsegg | 1239—1251 |
| Eberhard III. | † 1296 |
| Ulrich I. | † 1300 |
| Johann I. | ? |
| Ulrich II. | † um 1375 |
| Heinrich von Appersweiler | ? |
| Berthold III. | † 1370 |
| Ulrich III. | ? |
| Ulrich IV. | † 1444 |
| Johann II. | um 1420 |
| Johann III. | um 1444 |
| Marquard, **Reichsfreiherr** 1470 | † 1500 |
| Johann IV. | 1500—1544 |
| Johann Marquard | 1544—1553 |
| Johann Jakob in Rothenfels und Stauffen | 1544—1567 |
|  | † 1590 |

Teilung unter Johann Jakobs Söhnen 1567.

| | | | |
|---|---|---|---|
| Marquard IV. | 1567—1626 | Georg II. | 1567—1622 |
| Johann Wilhelm | 1626—1663 | Teilung unter seinen Söhnen 1622. | |

| **Königsegg-Rothenfels.** | | **Königsegg-Aulendorf.** | |
|---|---|---|---|
| Hugo, **Reichsgraf** 29./7. 1629 | 1622—1666 | Johann Georg, **Reichsgraf** 29./7. 1629 | 1622—1666 |
| Leopold Wilhelm, **Reichsgraf** 5./2. 1665 | 1666—1694 | Anton Eusebius | 1666—1692 |
| Siegmund Wilhelm | 1694—1709 | Franz Maximilian | 1692—1710 |
| Albert Eusebius | 1709—1736 | Karl Siegfried | 1710—1765 |
| Karl Ferdinand, Graf von Erps | 1736—1759 | Hermann Friedrich | 1765—1786 |
| Franz Hugo | 1759—1771 | Ernst | 1786—1803 |
| Franz Fidelis Anton | 1771—1804 | Franz | 1803—1863 |
| Johann | 1804—18.. | Mediatisierung der Grafschaft 1806. | |
| Vertauscht 1804 Rothenfels gegen Baros-Sebaß in Ungarn an Österreich. | | Gustav | 1863—1882 |
|  |  | Alfred | 1882—1898 |
|  |  | Franz Xaver | 1898— |

## 165. Neipperg.

| | |
|---|---|
| Konrad von Neipperg | um 1261 |
| Reinbodo | um 1331 |
| Reinhard | um 1367 |

| | |
|---|---|
| Eberhard . . . . . . . . . . | um 1380 |
| Dietrich . . . . . . . . . . | ? |
| Wilhelm . . . . . . . . . . | um 1450 |
| Georg Wilhelm . . . . . . . . . | † 1520 |
| Ludwig . . . . . . . . . . | 1520—1536 |
| Philipp I. . . . . . . . . . | 1536—1581 |
| Philipp II. . . . . . . . . . | 1581—1595 |
| Ludwig Christoph . . . . . . . | 1595—1635 |

Teilung unter seinen Söhnen 1635.

| | | | |
|---|---|---|---|
| Eberhard Wilhelm, Freiherr . . | 1635—1672 | Friedrich Dietrich . . . . . | 1635—1680 |
| Eberhard Friedrich . . . . . | 1672—1725 | Johann Philipp Adam . . . | 1680—1690 |
| Wilhelm Reinhard, Reichsgraf 5./2. 1726 . . . . . . | 1725—1774 | | |
| Leopold Johann Nepomuk . . | 1774—1792 | | |
| Johann Nepomuk Joseph . . | 1792—1809 | | |
| Adam Adalbert . . . . . | 1809—1829 | | |
| Alfred . . . . . . . | 1829—1865 | | |
| Erwin . . . . . . . | 1865—1897 | | |
| Reinhard . . . . . . | 1897— | | |

## 166. Rechberg und Rothenlöwen.

Übersicht über die Teilungen.

Teilung?

| A. Ältere Linie zu Hohenrechberg. † 1585. | B. Jüngere Linie. Teilung 1351. |
|---|---|
| | I. Aichen. Teilung 1460. |
| | II. Staufeneck-Babenhausen. Teilung 1432. |

| a. Aichen. Teilung 1605. | b. Kronburg. Teilung 1540. | a. Staufeneck. † 1599. | b. Babenhausen. † nach 1487. |
|---|---|---|---|
| Hohenrechberg. † 1676. | Donzdorf. † 1732. | Osterberg, blüht als **Rechberg und Rothenlöwen.** | Weißenstein. † 1578. | Schwabeck. † 1618. |

| | |
|---|---|
| Ulrich I. . . . . . . . . | 1163, † nach 1206 |
| Hildebrand . . . . . . . . | 1194—1226 |
| Konrad I. . . . . . . . . | 1226—1293? |
| Konrad II., der Lange . . . . . | 1293?—1307? |
| Albrecht I. von Hohenrechberg . . . | 1307?—1326? |

Teilung unter seinen Söhnen.

### A. Ältere Linie zu Hohenrechberg.

| | |
|---|---|
| Albrecht II. . . . . . . . . | 1326?—1350 |
| Wilhelm I. . . . . . . . . | 1350—1380 |
| Albrecht III. . . . . . . . . | um 1400 |
| Heinrich . . . . . . . . . | um 1400 |
| Johann von Gamertingen . . . . | † 1464 |
| Ulrich I., der Alte, von Hohenrechberg . | † 1468? |
| Wilhelm II. von Weißenstein . . . . | † 1453 |
| Ulrich II. . . . . . . . . | 1468—1496 |
| Wolfgang . . . . . . . . | 1496—1540 |
| Ulrich III. . . . . . . . . | 1540—1572 |
| Ulrich IV. . . . . . . . . | 1572—1585 |

An Staufeneck.

### B. Jüngere Linie.

| | |
|---|---|
| Konrad IV., der Biedermann . . . . | 1323—1351 |

Teilung unter seinen Söhnen 1351.

### I. Aichen.

| | |
|---|---|
| Gebhard . . . . . . . . | 1351—1397 |
| Albrecht I. . . . . . . . . | 1397—1426 |
| Gaudenz I. . . . . . . . . | 1426—1460 |

Teilung unter seinen Söhnen 1460.

### a. Aichen.

| | |
|---|---|
| Albrecht III. | 1460—1510 |
| Johann III. | 1510—1576 |
| Johann Gebhard | ] 1576—1610 |
| Kaspar Bernhard I., in Hohenrechberg 1599 . | ] 1576—1605 |

Teilung unter den Söhnen Kasper Bernhards I. 1605.

| **Hohenrechberg und Aichen.** | | **Donzdorf.** | |
|---|---|---|---|
| Kaspar Bernhard II., **Reichsgraf** 20./7. 1626 | 1605—1654 | Johann Wilhelm | 1605—1614 |
| Johann IV. | 1654—1676 | Bernhard Bero | 1614—1686 |
| An Donzdorf. | | Franz Albrecht, **Reichsgraf** 28./1. 1699 | 1686—1715 |
| | | Ferdinand | 1715—1722 |
| | | Aloys | 1722—1732 |
| | | Veit Ernst (Sohn Veit Ernsts III. von Weißenstein) | 1732—1738 |
| | | An Weißenstein. | |

### b. Kronburg.

| | |
|---|---|
| Georg I. | 1460—1506 |
| Gaudenz II. | 1506—1540 |

Teilung unter seinen Söhnen 1540.

| **Osterberg.** | | **Weißenstein.** | | **Schwabeck.** | |
|---|---|---|---|---|---|
| Christoph | ] 1540—1584 | Georg III. | 1540—1574 | Johann | 1540—1593 |
| Bero I. | ] 1540—1544 | Ernst in Weißenstein | 1574—1604 | Wolf Konrad, in Weißenstein 1604, **Reichsgraf** 29./9. 1609 | 1593—1617 |
| Bero II., in Weißenstein 1618 | 1584—1626 | Philipp in Cellmünz | 1574—? | Wilhelm Leo | 1617—1618 |
| Veit Ernst I. | 1626—1671 | Hugo in Kronburg | 1574—1578 | An Osterberg. | |
| Franz Leo | 1671—1672 | An Osterberg. | | | |
| Veit Ernst II. | 1672—1709 | | | | |
| Joseph Rudolf | 1709—1711 | | | | |
| Veit Ernst III. | 1711—1719 | | | | |
| Gaudenz III. | 1719—1735 | | | | |
| Johann Bero Ernst | 1735—1745 | | | | |
| Franz Leo Xaver in Weißenstein | 1745—1767 | | | | |
| Maximilian Emanuel, **Graf von Rechberg und Rothenlöwen,** | 1745—1808, † 1819 | | | | |
| Mediatisierung der Grafschaft 1806. | | | | | |
| Franz Xaver Aloys | 1808—1842, † 1849 | | | | |
| Albert | 1842—1885 | | | | |
| Otto | ·1885— | | | | |

### II. Staufeneck-Babenhausen.

| | |
|---|---|
| Albrecht III. (I.) | 1351—1415 |
| Veit I. | 1415—1432 |

Teilung unter seinen Söhnen 1432.

| **Staufeneck.** | | **Babenhausen, Mindelheim, Cellmünz.** | |
|---|---|---|---|
| Albrecht II. | 1432—1445 | Bero I. | 1432—1455 |
| Veit II. | 1445—1471 | Bero II. | 1455—1487 |
| Veit III. | 1471—? | Bero III. | ] 1487, † ? |
| Konrad III. | ? | Friedrich | ] 1487, † ? |
| Albrecht V. | ? | Cellmünz an Kronburg, Babenhausen und Mindelheim an Frundsberg verkauft 1487. | |
| Konrad IV., in Hohenrechberg 1585 **Freiherr** | ?—1592 | | |
| Albrecht Hermann | 1592—1599 | | |
| An Donzdorf. | | | |

## 167. Schaesberg.

| | |
|---|---|
| Wilhelm von Reitersbach, gen. Schafisberg | um 1460 |
| Wilhelm Friedrich | ? |
| Georg | ? |
| Johann | † 1578 |
| Friedrich | 1578—1619 |
| Johann Friedrich I. | 1619—1630 |

| | |
|---|---|
| Wolfgang Wilhelm, **Reichsfreiherr** 3./.10 1637 | 1630—1696 |
| Johann Friedrich II., **Reichsgraf** 9./9. 1706 | 1696—1723 |
| Johann Wilhelm | 1723—1768 |
| August Friedrich Anton . . . . . . | 1768—1804 |
| Richard Martin von Thannheim . . . ⎫ | 1804—1856 |
| Heinrich Edmund von Schaesberg . . . ⎭ | 1804—1835 |
| Richard von Schaesberg . . . . . . | 1835—1837 |
| Rudolf von Schaesberg . . . . . ⎫ | 1837—1881 |
| Julius von Thannheim . . . . . . ⎭ | 1856—1870 |
| Heinrich . . . . . . . . | 1870— |

---

## 168. Fugger.

### Übersicht über die Teilungen.

Georg † 1506

1) Raimundus-Linie zu Mickhausen.

A. Johann-Jakobs-Ast zu Pfirt.
Teilung 1575.

B. Georgischer Ast zu Kirchberg-Weißenhorn.
Teilung 1579.

I. Pfirt. 1633.

II. Göttersdorf. Teilung 1627.

I. Weißenhorn. Teilung 1626.

II. Gmünd. † 1654.

a. Göttersdorf. † 1846.

b. Sulmentingen. † 1738.

c. Zinnenberg. Teilung 1690.

a. Kirchberg. Teilung 1692.

b. Weißenhorn. † 1690.

Adelshofen. † 1751.

Zinnenberg. Teilung 1751.

Kirchberg.

Moorstetten. † 1727.

Zinnenberg. † 1791.

Adelshofen. † 1757.

Georg Fugger † 1506

### 1) Raimundus-Linie zu Mickhausen.

| | |
|---|---|
| Raimund, Graf von Kirchberg und Weißenhorn, **Reichsgraf** 14./12. 1530 . . . | 1530—1535 |

Teilung unter seinen Söhnen 1535.

### A. Johann-Jakobs-Ast zu Pfirt.

| | |
|---|---|
| Johann Jakob . . . . . . . . . | 1535—1575 |

Teilung unter seinen Söhnen 1575.

### I. Pfirt.

| | |
|---|---|
| Severin . . . . . . . . . . | 1575—1601 |
| Karl (durch die Schweden verjagt) . . . | 1601—1633, †? |
| Ignaz Franz . . . . . . . . . | †? |

---

### II. Göttersdorf.

| | |
|---|---|
| Constantin I. . . . . . . . . . | 1575—1627 |

Teilung unter seinen Söhnen 1627.

### a. Göttersdorf.

| | |
|---|---|
| Franz Benno . . . . . . . . | 1627—1652 |
| Moritz Eustach . . . . . . . . | 1652—1711 |
| Adam Franz Joseph . . . . . . | 1711—1750 |
| Moritz Franz Xaver . . . . . . | 1750—1783 |
| Max Joseph . . . . . . . . | 1783—1804 |
| Johann Emanuel . . . . . . . | 1804—1846 |

---

### b. Sulmentingen.

| | |
|---|---|
| Constantin II. . . . . . . . . | 1627—1648 |
| Friedrich Ferdinand . . . . . . ⎫ | 1648—1700 |
| Karl Constantin . . . . . . . ⎭ | 1648—1701 |
| Raimund Joseph Anton . . . . . ⎫ | 1700—1739? |
| Max Constantin Anton . . . . . ⎭ | 1701—1738 |

---

### c. Zinnenberg.

| | |
|---|---|
| Johann Friedrich I. . . . . . . . | 1627—1674 |

Johann Paris von Zinnenberg . . . . . .⎫ 1674—?
Adam Constantin von Adelshofen . . . .⎭ 1674—1690
Teilung unter den Söhnen Adam Constantins 1690.

**Adelshofen.**                              **Zinnenberg.**
Johann Friedrich II. . . . . 1690—1751    Max Joseph . . . . . . . 1690—1751
An Zinnenberg.                        Teilung unter seinen Söhnen 1751.

**Zinnenberg.**                              **Adelshofen.**
Ignaz Joseph . . . . . . 1751—1791    Ignaz Felix . . . . . . . 1751—1757
Johann . . . . . . . 1791—1795

### B. Georgischer Ast zu Kirchberg-Weißenhorn.

Georg . . . . . . . . . . . . . 1535—1579
Teilung unter seinen Söhnen 1579.

**I. Weißenhorn.**                           **II. Gmünd.**
Philipp Eduard . . . . . 1579—1618    Anton II. . . . . .⎫ 1579—1615
Hugo . . . . . . . 1618—1626          Octavian . . . . .⎬ 1579—1600
Teilung unter seinen Söhnen 1626.     Heinrich Raimund . .⎫ 1615—1654
                                      Christoph II. . . . .⎭ 1600—1611

**a. Kirchberg.**            **b. Weißenhorn.**
Albrecht . . . . 1626—1692    Karl Philipp . . . . 1626—1654
Teilung unter seinen Söhnen   Hugo Friedrich . . . 1654—1690
1692.                         An Kirchberg.

**Kirchberg.**                                **Moorstetten.**
Franz Siegmund Joseph . . . 1692—1720    Anton Ruprecht Christoph . . 1692—1727
Adam Franz Anton Joseph . . 1720—1761
Karl Albrecht . . . . . 1761—1762
Johann Nepomuk Clemens August 1762—1781
Anton Joseph . . . . 1781—1790
Johann Nepomuk Friedrich . . 1790—1839
                            † 1846
Raimund . . . . . . . 1839—1867
Franz . . . . . . . 1867—1901
Georg . . . . . . . 1901—

### 2) Antonius-Linie zu Norndorf.
Teilung 1560.

**A. Marxscher Ast zu Norndorf.**   **B. Hansscher Ast zu Kirchheim.**   **C. Jakobs-Ast zu Wöllenburg.**
† 1669.                             Teilung 1598.                        Teilung 1598.

                        **I. Glött.**        **II. Kirchheim.**    **I. Wöllenburg.**   **II. Babenhausen.**
                        Teilung 1615.        † 1672.               † 1764.              Teilung 1693.

                   **a. Otto-Heinrichs-Ast.**  **b. Johann-Ernsts-Ast.**  **Babenhausen.**   **Boos.**
                        Teilung 1644.          Teilung 1711.              † 1758.            Teilung 1749.

**1. Kirchheim. 2. Wörth-Norndorf.  3. Mickhausen.  Stettenfels.      Glött.          Boos.          Babenhausen.**
Teilung 1780.   Teilung 1677.       Teilung 1701.   † 1820.                           † 1777.

**Kirchheim. Hoheneck. Norndorf. Dudenstein.   Mickhausen.   Grunenbach.**
† 1840.    † 1878.    † 1848.   †1739.         † 1804.       † nach 1760.

Georg Fuger † 1506.

### 2) Antonius-Linie zu Norndorf.
Anton I., Graf von Kirchberg und Weißen-
horn, Reichsgraf 14./12. 1530 . . . 1530—1560
Teilung unter seinen Söhnen 1560.

### A. Marxscher Ast zu Norndorf.
Marcus II. . . . . . . . . . 1560—1597
Philipp . . . . . . . . . .⎫ 1597—1601
Albrecht I. . . . . . . . .⎪ 1597—1614
Albrecht III. . . . . . . .⎬ 1597—1616
Georg III. . . . . . . . .⎪ 1597—1611
Franz . . . . . . . . . .⎫ 1614—1639
Maximilian . . . . . . . .⎭ 1616—1669
An Kirchheim.

### B. Hansscher Ast zu Kirchheim.

Johann III. . . . . . . . . . . . . 1560—1598

Teilung unter seinen Söhnen 1598.

### I. Glött.

Christoph I. . . . . . . . . . . . . 1598—1615

Teilung unter seinen Söhnen 1615.

### a. Otto-Heinrichs-Ast.

Otto Heinrich . . . . . . . . . . 1615—1644

Teilung unter seinen Söhnen 1644.

### 1. Kirchheim.

Bonaventura (beerbt die jüngere Linie) . . . 1672—1693
Johann Max Joseph . . . . . . . . . 1693—1731
Joseph Cajetan . . . . . . . . . . . 1731—1764
Joseph Dominicus . . . . . . . . . . 1764—1780

Teilung unter seinen Söhnen 1780.

| Kirchheim. | | Hoheneck. | |
|---|---|---|---|
| Joseph Hugo . . . . . . | 1780—1840 | Philipp Karl I. . . . . . . | 1780—1821 |
| Max Joseph . . . . | 1840 | Philipp Karl Kaspar . . . | 1821—1826 |
| An Hoheneck. | | Friedrich Karl Joseph . . . | 1826—1838 |
| | | Philipp Karl II. . . . . | 1838—1878 |
| | | An Glött. | |

### 2. Wörth-Norndorf.

Sebastian . . . . . . . . . . . . 1644—1677

Teilung unter seinen Söhnen 1677.

| Norndorf. | | Dudenstein. | |
|---|---|---|---|
| Marquard Eustach . . . . . | 1677—1710 | Eustach Maria . . . . . | 1677—1739 |
| Johann Karl Alexander . . . | 1710—1784 | | |
| Karl Anton . . . . . . | 1784—1848 | | |

### 3. Mickhausen.

Paul . . . . . . . . . . . . . 1644—1701

Teilung unter seinen Söhnen 1701.

| Mickhausen. | | Grunenbach. | |
|---|---|---|---|
| Karl Joseph . . . . . . | 1701—1708 | Joseph Pius . . . . . . | 1701— |
| Johann Ludwig . . . . . | 1708—1779 | Franz Joseph . . . . . | ?— n. 1760 |
| Joseph Franz Xaver . . . | 1779—1804 | | |

### b. Johann-Ernsts-Ast.

Johann Ernst in Glött . . . . . . . 1615—1628
Christoph Rudolf . . . . . . . . . 1628—1666
Franz Ernst . . . . . . . . . . 1666—1711

Teilung unter seinen Söhnen 1711.

| Stettenfels (oder: Dietenheim-Brandenburg.) | | Glött. | |
|---|---|---|---|
| Ludwig Xaver . . . . . | 1711—1746 | Anton Ernst . . . . . . | 1711—1745 |
| Anton Siegmund Joseph . . . | 1746—1781 | Sebastian Xaver Joseph . . . | 1745—1763 |
| Joseph Maria . . . . | 1781—1820 | Leopold Veit Joseph . . . ⎱ | 1763—1804 |
| | | Joseph Sebastian Eligius . . . ⎰ | 1763—1826 |
| | | Fidelis Ferdinand . . . . | 1826—1876 |
| | | Ernst . . . . . . . . | 1876—1885 |
| | | Karl Ernst . . . . . . | 1885— |

### II. Kirchheim.

Marcus III. . . . . . . . . . . 1598—1614
Johann V. . . . . . . . . . . . 1614—1638
Johann Eusebius . . . . . . . . . 1638—1672

An Glött.

### C. Jakobs-Ast zu Wöllenburg.

Jakob . . . . . . . . . . . . . 1560—1598

Teilung unter seinen Söhnen 1598.

### I. Wöllenburg.

| | |
|---|---|
| Hieronymus . . . . . . . . .⎱ | 1598—1633 |
| Georg IV. . . . . . . . . . .⎰ | 1598—1643 |
| Leopold . . . . . . . . . . | 1633—1662 |
| Franz Joachim . . . . . . . .⎱ | 1662—1685 |
| Anton Joseph . . . . . . . .⎰ | 1662—1694 |
| Max Anton Ägidius . . . . . . . | 1694—1717 |
| Joseph Maria Jakob Johann . . . . | 1717—1764 |

An Babenhausen.

### II. Babenhausen.

| | |
|---|---|
| Johann IV. . . . . . . . . | 1598—1633 |
| Johann Franz . . . . . . . . | 1633—1685 |
| Siegmund Joseph . . . . . . . .⎱ | 1685—1696 |
| Johann Rudolf . . . . . . . .⎰ | 1685—1693 |

Teilung unter Johann Rudolfs Söhnen 1693.

| **Babenhausen.** | | **Boos.** | |
|---|---|---|---|
| Ruprecht Anton . . . . 1693— nach 1717 | | Johann Jakob Alexander Siegmund | |
| Franz Karl . . . . . . . ?—1758 | | Rudolf . . . . . . . . 1693—1759 | |
| An Boos. | | Teilung unter seinen Söhnen 1759. | |

| **Boos.** | | **Babenhausen.** | |
|---|---|---|---|
| Christoph Moritz Bernhard Wuni=bald . . . . . . . . 1759—1777 | | Anselm Joseph . . . . . . 1759—1793 | |
| An Babenhausen. | | Anselm Maria, **Reichsfürst** 1./8. 1803 1793—1821 | |
| | | Mediatisierung des Fürstentums 1806. | |
| | | Anton Anselm . . . . . . 1821—1836 | |
| | | Leopold . . . . . . . . 1836—1885 | |
| | | Karl . . . . . . . . 1885— | |

## 169. Bayern.

### I. Dynastie der Agilolfinger.
### 553—788.

| | |
|---|---|
| Herzog Garibald I. . . . . . . . | 553—592 |
| Tassilo I. . . . . . . . . . | 592—609? |
| Garibald II. . . . . . . . . | 609?—640? |
| Theodo I. . . . . . . . . . | 640?—680 |
| Theodo II. . . . . . . . . . | 680—717 |
| Theodebert, Mitregent in Rhätien, seit 715 in Nordgau . . . . . . . . . | 680—724 |
| Grimoald, Mitregent in Ober=Bayern, seit 715 in Rhätien . . . . . . . . | 680—729 |
| Theodebald, Mitregent im Nordgau . . . | 680—715 |
| Hugibert . . . . . . . . . | 724—737 |
| Odilo . . . . . . . . . . | 737—748 |
| Tassilo II. . . . . . . . . . | 748—788 † 794 |
| Theodo III., Mitregent . . . . . . | 777—788 |

### II. Dynastie der Karolinger.
### 788—899.

| | |
|---|---|
| Karl der Große (König der Franken seit 768, römischer Kaiser 800) . . . . . . | 788—714 |
| Ludwig I., d. Fromme (römischer Kaiser 816) 814—817, † 840 | |
| Ludwig II., der Deutsche (deutscher König 843, römischer Kaiser 875) . . . . . | 817—876 |
| Karlmann . . . . . . . . . | 876—880 |
| Ludwig III., der Jüngere . . . . . | 880—882 |
| Karl der Dicke (römischer Kaiser 881) . . . | 882—887, † 888 |
| Arnulf (Herzog von Kärnthen 880, deutscher König 887, römischer Kaiser 896) . . . . . | 887—899 |

### III. Herzöge aus verschiedenen Häusern.
### 899—1070.

| | |
|---|---|
| Graf Luitpold . . . . . . . . . | 899—907 |
| Arnulf I., der Böse, **Herzog** . . . . . | 909—914 |
| Konrad I., (deutscher König 911) . . . . | 914—919 |
| Arnulf I., der Böse (zum 2. Male) . . . | 919—937 |

| | |
|---|---|
| Eberhard | 937—938 |
| Berthold | 938—947 |
| Heinrich I., Graf von Sachsen | 948—955 |
| Arnulf II. von Schwaben | 953—954 |
| Heinrich II., der Zänker | 955—976 |
| Otto I. von Schwaben | 976—982 |
| Heinrich III. Hezilo, Graf von Scheyern (Herzog von Kärnthen 976—978 und 982—989) | 982—985 † 997 |
| Heinrich II., der Zänker (zum 2. Male) | 985—995 |
| Heinrich IV., der Heilige (Kaiser Heinrich II.) | 995—1004 |
| Heinrich V. von Luxemburg | 1004—1009 |
| Heinrich IV., der Heilige (zum 2. Male) | 1009—1017 |
| Heinrich V. von Luxemburg (zum 2. Male) | 1017—1026 |
| Konrad (II., König von Deutschland 1024) | 1026—1027, † 1039 |
| Heinrich VI., der Schwarze (Kaiser Heinrich III.) | 1027—1039 |
| Heinrich VII. von Luxemburg | 1039—1047 |
| Heinrich VI., der Schwarze (zum 2. Male) | 1047—1049 † 1056 |
| Konrad I., Graf von Zütfen | 1049—1053, † 1055 |
| Heinrich VIII. (Kaiser Heinrich IV.), unter der Vormundschaft seines Vaters, Kaiser Heinrichs III. | 1053—1056 |
| Konrad II. von Franken | 1056 |
| Agnes v. Poitou, Vormünd. für Heinrich VIII. | 1056—1061 |
| Otto II. von Northeim | 1061—1070 |

IV. Dynastie der Welfen.<br>1070—1180.

| | |
|---|---|
| Welf I. (IV.) von Altorf | 1070—1077 |
| Heinrich VIII. (Kaiser Heinrich IV., zum 2. Male) | 1077—1096 † 1106 |
| Welf I. (IV.), von Altorf (zum 2. Male) | 1096—1101 |
| Welf II. (V.), der Dicke | 1101—1120 |
| Heinrich IX., der Schwarze | 1120—1126 |
| Heinrich X., der Stolze (Herzog von Sachsen 1136) | 1126—1138 † 1139 |
| Leopold IV. von Österreich | 1139—1141 |
| Heinrich XI. Jasomirgott von Österreich (Pfalzgraf bei Rhein 1140) | 1141—1156 |
| Heinrich XII., der Löwe (Herzog von Sachsen 1142) | 1156—1180 † 1195 |

V. Dynastie der Wittelsbacher.<br>1180—

| | |
|---|---|
| Otto III. (I.) | 1180—1183 |
| Ludwig I., der Kelheimer (Pfalzgraf bei Rhein 1214) | 1183—1231 |
| Otto II., der Erlauchte (Pfalzgraf bei Rhein 1227) | 1231—1253 |
| Ludwig II., der Strenge | 1253—1255 |
| Heinrich I. (XIII.) | 1253—1255 |

Teilung unter den Brüdern 1255.

| Oberbayern. | | Niederbayern. | |
|---|---|---|---|
| Ludwig II., der Strenge (1253) | 1255—1294 | Heinrich I. (XIII.) . . . (1253) | 1255—1290 |
| Rudolf I., der Stammler | 1294—1317 † 1319 | Otto III. (König von Ungarn 1305—1307) | 1290—1312 |
| Ludwig IV. (röm. Kaiser 1328) | 1294—1347 | Ludwig III. | 1294—1296 |
| | | Stephan | 1294—1310 |
| Ludwig V., der Brandenburger (Markgraf von Brandenburg 1324—1351) | 1347—1349 | Heinrich II. | 1310—1339 |
| Stephan II, mit der Hafte (Spange) | 1347—1349 | Otto IV., der Abbacher | 1310—1334 |
| Ludwig VI., der Römer (Markgraf von Brandenburg 1351—1365) | 1347—1349 | Heinrich III., der Natternberger | 1312—1333 |
| Wilhelm I. | 1347—1349 | Johann I. | 1339—1340 |
| Albert I. | 1347—1349 | | An Oberbayern. |
| Otto V, der Finne (Markgraf von Brandenburg 1365—1373) | 1347—1349 | | |

Teilung unter den Brüdern 1349.

| Oberbayern. | | Niederbayern. | |
|---|---|---|---|
| Ludwig V. | (1347) 1349—1361 | Stephan II. | (1347) 1349—1353 |
| Ludwig VI. | (1347) 1349—1351 † 1365 | Wilhelm I. | (1347) 1349—1353 |
| Otto V. | (1347) 1349—1351 † 1379 | Albert I. | (1347) 1349—1353 |

| Oberbayern. | | Niederbayern. |
|---|---|---|

Meinhard . . . . . . . 1361—1363

An Niederbayern-Landshut.　　　　　　　　　　Teilung unter den Brüdern 1353.

| **Niederbayern-Landshut.** | **Niederbayern-Straubing** (u. Holland). |
|---|---|
| Stephan II. . (1347) 1353—1375 | Wilhelm I. . . ] (1347) 1353—1358 |
| Otto V., der Finne . .] 1375—1379 | † 1389 |
| Stephan III., der Knäufel[ 1375—1392 | Albert I. . . .] (1347) 1353—1404 |
| Friedrich . . . . .{ 1375—1392 | Wilhelm II. . . . .] 1404—1417 |
| Johann II. . . . .] 1375—1392 | Johann III. . . . .} 1404—1425 |

Teilung unter den Brüdern 1392.　　　Straubing an Ingolstadt, Landshut und
München (Holland an Burgund).

| **Bayern-Ingolstadt.** | **Bayern-Landshut.** | **Bayern-München.** |
|---|---|---|
| Stephan III. . (1375) 1392—1395 | Friedrich . . (1375) 1392—1393 | Johann II. . (1375) 1392—1395 |
| Mit München vereinigt 1395. | Heinrich IV., der Reiche 1393—1450 | Mit Ingolstadt vereinigt 1395. |
| Stephan III. . (1375)] 1395—1402 | Ludwig IX., der Reiche 1450—1479 | Johann II. . (1375) ] 1395—1397 |
| Ernst . . . . .} 1395—1402 | Georg der Reiche . . 1479—1503 | Stephan III. . .]} 1395—1402 |
| Wilhelm III. . . .] 1395—1402 | An Bayern-München 1505. | Ernst . . . . .} 1397—1402 |
| Wieder getrennt von München 1402. | | Wilhelm III. . . .] 1397—1402 |
| Stephan III. . (1375) 1402—1413 | | Wieder getrennt von Ingolstadt 1402. |
| Ludwig VII., der Bärtige 1413—1443 | | Ernst . . .] (1397) 1402—1438 |
| † 1447 | | Wilhelm III. .} (1397) 1402—1435 |
| Ludwig VIII., der | | Adolf . . . . . 1435—1440 |
| Höckerige . . . 1443—1445 | | Albert III., der Fromme 1438—1460 |
| An Bayern-Ingolstadt. | | Johann IV. . . . .] 1460—1463 |
| | | Sigismund, † 1501 .} 1460—1467 |
| | | } 1465—1508 |

Albert IV., der Weise (seit 1505 Herzog von Gesamt-Bayern) . . . . .
Wilhelm IV., der Standhafte . . . .] 1508—1550
Ludwig X. in Landshut . . . . .} 1508—1545
Albert V., der Großmütige . . . . 1550—1579
Wilhelm V., der Fromme . . . 1579—1598, † 1626
Maximilian I., Kurfürst 6./3. 1623 . . . 1598—1651
Ferdinand Maria . . . . . . 1651—1679
Maximilian II. Emanuel (Fürst der Niederlande
1711—1713), verjagt 1706 . . . 1679—1706
Kaiserliche Verwaltung . . . 1706—1714.
Maximilian II. Emanuel (zum 2. Male) . . 1714—1726
Karl Albert (Kaiser Karl VII. 1742) . . 1726—1745
Maximilian III. Joseph . . . . . 1745—1777
Karl Theodor von Pfalz-Sulzbach . . . 1777—1799
Maximilian IV. Joseph von Pfalz-Birkenfeld,
Kurfürst von **Pfalz-Bayern**, **König von
Bayern** (I.) 26./12. 1805 . . . . 1799—1825
Ludwig I. . . . . . . . 1825—1848, † 1868
Maximilian II. . . . . . . . 1848—1864
Ludwig II. . . . . . . . 1864—1886
Otto . . . . . . . . 1886—
Luitpold, Regent . . . . . . 1886—

# 170. Maxelrain.

Graf Podaluue . . . . . . . um 820
Pilgrim . . . . . . . . . ?
Konrad . . . . . . . . . † 979
Augo . . . . . . . . . † vor 1091
Konrad I. . . . . . . . . 1091—1130
Konrad II. . . . . . . . . ?
Siegbodo . . . . . . . .] 1130—1190
Leonhard . . . . . . . . um 1197
Konrad III. . . . . . . . 1254—1311
Konrad IV. . . . . . . .] † um 1341
Christoph . . . . . . . .] um 1326
Otto III. . . . . . . . .] † 1356
Konrad V. . . . . . . . .] um 1350

Otto IV. . . . . . . . . . . . . 1356—1373
Teilung unter seinen Söhnen 1373.

**Ältere Linie.**                                    **Jüngere Linie.**

Konrad VI. . . . 1373—1381            Wilhelm I. . . . . . . . . . . . 1373—1423
Konrad VII. in Hohen=                          Teilung unter seinen Söhnen 1423.
burg . . . . 1381—1407
Konrad VIII. . .}  um 1441      Johann in Altenburg      Wilhelm II. 1423—1448   Ludwig I. in Ho=
Wilhelm . . . .}  um 1446                 † um 1459      Berthold . 1448—1490   henburg . . . † ?
                                Wilhelm III. 1459—1494                          Teilung unter seinen Söhnen.

Ulrich † um 1470        Veit in Aibeingen 1484,      Georg I. . . . † 1504   Siegmund in Hohenburg
                        in Hohenwaldeck 1517                                                  † 1492
                                  † 1518
                        Wolfgang . 1518—1561
                        Teilung unter seinen Söhnen
                                   1561.

**Ältere Linie.**                                    **Jüngere Linie.**

Wolfgang Dietrich . . . . . 1561—1586     Wolfgang Wilhelm . . . . 1561—1595
Ludwig II. . . . . . . .}  1586—1608      Wolfgang Veit I. . . . . 1595—1616
Wilhelm III. . . . . . .}  1586—1596      Ferdinand . . . . . 1595—1618
Georg II. . . . . . .}  1586—1635              Teilung unter Wolfgang Veits I. Söhnen 1616.
Wilhelm IV. . . . . . .  1608—1658

                        **Maxelrain.**                       **Hohenwaldeck.**

Wolfgang Veit II. . 1616—1659      Heinrich Georg . . 1616—1639
Johann Maximilian . 1659—1701      Johann Veit . . . 1639—1705
Johann Joseph Veit                        An Maxelrain.
Max . . . 1701—1734
   An Bayern 1734.

---

### 171. Pappenheim.

Graf Heinrich I. . . . . . . . . um 1030
Heinrich II. . . . . . . . . um 1092
Heinrich III. . . . . . . . . um 1131
Ernst von Kalatin . . . . . . . . † 1170
Heinrich I. . . . . . . . . um 1175
Rudolf I. von Pappenheim . . . . . 1193—1221
Rudolf II. . . . . . . . . .}  1221—1233
Friedrich . . . . . . . . .}  1221—1240
Heinrich III. . . . . . . . . 1240—1278
Heinrich IV. . . . . . . . . 1278—1318
Rudolf I. . . . . . . . . . 1318—1335
Rudolf II. . . . . . . . . . 1335—1345
Heinrich V. . . . . . . . . 1345—1387
Haupt I. . . . . . . . . . 1347—1409
Haupt II. . . . . . . . . .}  1409—1439
Siegmund . . . . . . . . .}  1409—1436
   Teilung unter Haupts II. Söhnen 1439.

#### 1. Gräfenthal.

Konrad . . . . . . . . . 1439—1482
Sebastian . . . . . . . . . 1482—1536

---

#### 2. Pappenheim.

Heinrich . . . . . . . . . 1439—1482
Wilhelm . . . . . . . . . 1482—1508
Joachim . . . . . . . . . 1508—1536
Wolfgang I. . . . . . . . . 1536—1558
   Teilung unter seinen Söhnen.

**Pappenheim.**                                    **Stühlingen.**

Wolfgang II. . . . . . . 1558—1585     Konrad, Landgraf von Stühlingen 1582—1603
Christoph . . . . . . . 1558—1569     Maximilian Ludwig . . . . 1603—1639
Philipp . . . . . . . . 1558—1619          An Fürstenberg vererbt.
Wolfgang Christoph . . . 1585—1635

### 3. Treutlingen.

| | | |
|---|---|---|
| Georg I. | | 1439—1485 |
| Georg II. | | 1485—1529 |

| | | | |
|---|---|---|---|
| Ulrich | 1529—1539 | Rudolf | 1529—1552 |
| Georg III. | 1539—1553 | Johann Georg | 1552—1568 |
| Veit | 1553—1608 | | |
| Gottfried Heinrich | 1608—1632 | | |
| Wolfgang Adam | 1632—1647 | | |

### 4. Aletzheim.

| | | |
|---|---|---|
| Siegmund I. | | 1439—1496 |
| Siegmund II. | | 1496—1536 |

| | | | | | |
|---|---|---|---|---|---|
| Thomas I. | 1536—1552 | Christoph | 1536—1562 | Haupt III. | 1536—1559 |
| Thomas II. | 1552—1568 | | | | |
| Heinrich Burkhard | 1552—1612 | Veit Hippolyt | 1559—1621 | Johann Wilhelm | 1559—1571 |
| Philipp Thomas | 1569—1634 | Georg Philipp | 1621—1622 | Johann Veit | 1571—1589 |
| Kaspar Gottfried | 1634—1651 | Teilung unter seinen Söhnen 1622. | | | |

| **Pappenheim.** | | **Aletzheim.** | |
|---|---|---|---|
| Wolfgang Philipp, **Reichsgraf** 10./5. 1628 | 1622—1671 | Franz Christoph, **Reichsgraf** 10./5. 1628 | 1622—1678 |
| Karl Philipp Gustav | 1671—1692 | Wolfgang Christoph | |
| Ludwig Franz | 1692—1697 | Wilhelm | 1678—1685 |

| | |
|---|---|
| Christian Ernst | 1685—1721 |
| Johann Friedrich | 1685—1731 |
| Friedrich Ernst | 1721—1725 |
| Albrecht Ludwig Friedrich | 1725—1733 |
| Friedrich Ferdinand | 1733—1773, † 1793 |
| Johann Friedrich Ferdinand | 1773—1792, † 1816 |
| Karl Theodor Friedrich Eugen Franz | 1792—1807 |
| Friedrich Wilhelm, Regent | 1792—1797, † 1822 |

Mediatisierung der Grafschaft 1806.

| | |
|---|---|
| Hieronymus Friedrich Anton | 1807—1808 |
| Karl Theodor Friedrich | 1797—1853 |
| Friedrich Albert | 1797—1860 |
| Ludwig | 1860—1883 |
| Maximilian | 1883—1890 (lebt.) |
| Ludwig | 1890— |

---

## 172. Törring.

| | |
|---|---|
| Heinrich III. | um 1100 |

Teilung unter seinen Söhnen.

### A. Törring.

| | |
|---|---|
| Kuno I. | nach 1100 |
| Ulrich II. | um 1160 |
| Willibald | um 1148 |
| Kuno II. | um 1186 |
| Wunibald | um 1200 |
| Siegfried IV. | 1234—1270 |
| Friedrich V. | um 1270 |
| Wilhelm II. | um 1292 |
| Wilhelm III. | um 1321 |
| Siegfried IX. | 1355—1383 |
| Wilhelm IV. | 1383—1390 |
| Wilhelm VI. | 1390—1453 |
| Kaspar X. | 1390—1430 |
| Georg VIII. | 1430—1458 |

### B. Jettenbach.

| | |
|---|---|
| Alram | um 1130 |
| Heinrich IV. | um 1130 |
| Friedrich II. | um 1160 |
| Siegfried II. | um 1180 |
| Wilhelm I. | 1210—1226 |
| Heinrich VII. | um 1245 |
| Siegfried V. | um 1280 |

Gebhard I. . . . . . . . . . . um 1310
Georg V. . . . . . . . . . 1336—1350
Ulrich V. . . . . . . . . . um 1364
Heinrich XV. . . . . . . . .⎤  † 1390
Wolfgang . . . . . . . . . .⎬  um 1392
Wilhelm V. . . . . . . . . .⎦  † 1439

Teilung unter Wilhelms V. Söhnen.

| **Jettenbach.** | | **Seefeld.** | | **Pertenstein.** | |
|---|---|---|---|---|---|
| Georg IX. . . . . | 1439—1485 | Siegfried XII. . . . | † 1408 | Ulrich VI. . . . . | 1439—1482 |
| Veit . . . . . | 1485—1508 | An Stein. | | Christoph . . . . . | 1482—1496 |
| Johann VII. . . . | 1508—1555 | | | An Stein. | |
| An Stein. | | | | | |

## C. Stein.

Ulrich I. . . . . . . . . . um 1103
Heinrich V. . . . . . . . . um 1143
Rapoto III. . . . . . . . .
Rapoto IV. . . . . . . . . † 1236
Friedrich VI. . . . . . . . um 1240
Friedrich VIII. . . . . . . um 1290
Friedrich IX. . . . . . . .⎤ um 1311
Kuno IV. . . . . . . . . .⎬ um 1300
Johann III. . . . . . . . .⎦ um 1300
Heinrich XI. . . . . . . . † 1353
Oswald II. . . . . . . . . 1353—1380

Teilung unter seinen Söhnen 1380.

| Oswald III. . . . . . | 1380—1418 | Siegfried XI. . . . . . | 1380—1421 |
|---|---|---|---|
| Oswald IV. . . . . .⎤ | | Georg X. . . . . . . | 1421—1476 |
| Gebhard II. . . . . .⎦ | um 1437 | Adam I. . . . . . .⎤ | 1476—1529 |
| | | Siegfried XIII. . . . .⎦ | 1476—1521 |
| | | Oswald V. . . . . .⎤ | 1521—1564 |
| | | Kaspar XI. . . . . .⎦ | 1521—1550 |

Teilung unter Kaspar XI. Söhnen 1550.

### a. Seefeld.

Georg . . . . . . . . . . . 1550—1589
Eustach . . . . . . . . . . 1589—1615
Ferdinand I. . . . . . . . . 1615—1622
Ferdinand II. . . . . . . . .⎤ 1622—1681
Ladislaus Alwig zu Ober-Köllnbach . . .⎦ 1622—1637
Max Ferdinand . . . . . . . 1681—1683

Teilung unter seinen Söhnen 1683.

| **Seefeld.** | | **Au.** | |
|---|---|---|---|
| Ferdinand Joseph . . . . | 1683—1687 | Philipp Joseph . . . . . | 1683—1735 |
| Max Cajetan . . . . | 1687—1752 | Anton Johann . . . . . | 1735—1764 |
| Clemens Gaudenz . . . . | 1752—1766 | An Seefeld. | |
| Anton Joseph Clemens | 1766—1808, † 1812 | | |
| Clemens Maria Anton . . . | 1808—1837 | | |

| Joseph . . . . . . | 1837—1847 | Anton, Graf von Törring-Minucci | 1837—1846 |
|---|---|---|---|
| Maximilian . . . . . | 1847—18 . . | Clemens . . . . . . . | 1846—1891 |
| | | Hans-Veit . . . . . . . | 1891— |

### b. Stein.

Adam II. . . . . . . . . . 1550—1580
Ladislaus . . . . . . . . . 1580—1638

Teilung unter seinen Söhnen 1638.

| Johann Albrecht . . . | 1638—1692 | Wolfgang Dietrich . . | 1638—1675 | Joachim Alwig . . . | 1638—1674 |
|---|---|---|---|---|---|
| | | Ladislaus Achaz . . . | 1675—1696 | Franz Adam Guidobald | 1674—1722 |
| | | | | Johann Franz Adam . | 1722—1744 |
| | | | | An Jettenbach. | |

### c. Jettenbach.

| | |
|---|---|
| Johann Veit I., **Reichsfreiherr** 3./6. 1566 | 1550—1582 |
| Johann Veit II. . . . . . . . . . .} | 1582—1630 |
| Johann Siegmund . . . . . . . . .} | 1582—1623 |
| Albrecht . . . . . . . . . . .} | um 1662 |
| Georg Siegmund, **Reichsgraf** 21./10. 1630 .} | um 1637 |
| Maximilian . . . . . . . . . .} | um 1660 |

Teilung unter Maximilians Söhnen.

<table>
<tr><td colspan="2">Jettenbach.</td><td colspan="2">Ränkau.</td></tr>
<tr><td>Franz Joseph . . . . . .</td><td>† 1704</td><td>Bernhard Simpert . . . . .</td><td>† 1730</td></tr>
<tr><td>Ignaz Felix Joseph, in Gronsfeld 1745 . . . . . . . . . .</td><td>1704—1763</td><td>Max Joseph . . . . . . .</td><td>1730—1769</td></tr>
<tr><td>Max Emanuel . . . . . .}</td><td>1763—1773</td><td>Norbert Johann . . . . . .</td><td>1769—1790</td></tr>
<tr><td>Joseph August I. . . . . .}</td><td>1763—1802</td><td>Maximilian . . . . . . .</td><td>1790—1811</td></tr>
<tr><td>Joseph August II., in Guttenzell 1805</td><td>1802—1826</td><td colspan="2">An Jettenbach=Guttenzell.</td></tr>
</table>

Mediatisierung der Grafschaft 1806.

Maximilian August . . . . . 1826—1860

An Seefeld.

---

### 173. Seinsheim.

| | |
|---|---|
| Konrad . . . . . . . . . | um 1150 |
| Erkinger I. . . . . . . . | um 1200 |
| Apollonius I. . . . . . . | um 1245 |
| Apollonius II. . . . . . . | um 1300 |

Teilung unter seinen Söhnen.

| | | | |
|---|---|---|---|
| Hildebrand II. von **Schwarzenberg** | † 1384 | **Seinsheim.** | |
| s. bes. | | Erkinger III., der Alte . . . | um 1330 |
| | | Arnold von Wässerdorf . . . | um 1365 |
| | | Erkinger I. v. Wässerdorf u. Erlach | um 1370 |
| | | Konrad von Erlach . . . . . | † 1423 |

Teilung unter seinen Söhnen 1423.

<table>
<tr><td colspan="2">Wässerdorf.</td><td colspan="2">Erlach.</td></tr>
<tr><td>Johann . . . . . .}</td><td>1423—1456</td><td>Erkinger II. . . . . . .</td><td>1423—1464</td></tr>
<tr><td>Georg . . . . . .}</td><td>1423—1486</td><td>Philipp I . . . . . . .</td><td>1464—1515</td></tr>
<tr><td colspan="2"></td><td colspan="2">Teilung unter seinen Söhnen 1515.</td></tr>
</table>

<table>
<tr><td colspan="2">Ältere Linie.</td><td colspan="2">Jüngere Linie.</td></tr>
<tr><td>Fabian . . . . . . . .</td><td>1515—1540</td><td>Sebastian I. . . . . . .</td><td>1515—1527</td></tr>
<tr><td>Christoph . . . . . . .</td><td>1540—1582</td><td>Philipp II. . . . . . . .}</td><td>1527—1538</td></tr>
<tr><td>Sebastian II. . . . . .}</td><td>1582—1591</td><td>Erkinger III. . . . . . .}</td><td>1527—1547</td></tr>
<tr><td>Georg Ludwig . . . .}</td><td>1582—1599</td><td></td><td></td></tr>
<tr><td>Johann Erkinger . . . .</td><td>1599—1619</td><td></td><td></td></tr>
<tr><td>Christian . . . . . .}</td><td>1619—1646</td><td></td><td></td></tr>
<tr><td>Friedrich . . . . . .}</td><td>1619—1621</td><td></td><td></td></tr>
<tr><td>Friedrich Ludwig . . . .</td><td>1646—1673</td><td></td><td></td></tr>
</table>

Teilung unter seinen Söhnen 1673.

<table>
<tr><td colspan="2">Weng.</td><td colspan="2">Seinsheim.</td></tr>
<tr><td>Max Eberhard . . . . .</td><td>1673—1719</td><td>Ferdinand Maria . . . .</td><td>1673—1684</td></tr>
<tr><td>Joseph Georg, Graf 1711 . .</td><td>1719—1737</td><td>Max Paul Maria . . . .}</td><td>1684—1724</td></tr>
<tr><td>Joseph Clemens . . . . .</td><td>1737—1794</td><td>Franz Max, **Reichsgraf** 17./5. 1705}</td><td>1684—1737</td></tr>
<tr><td>Johann Nepomuk Friedrich Anton</td><td>1794—1801</td><td>Joseph Franz . . . . .</td><td>1737—1787</td></tr>
<tr><td>Adam Franz Joseph . . . .</td><td>1801—1834</td><td>Max Clemens Joseph . . . .</td><td>1787—1803</td></tr>
<tr><td></td><td></td><td>Joseph Maria Arbogast Erkinger</td><td>1803—1830</td></tr>
<tr><td></td><td></td><td>Maximilian Joseph Erkinger . .</td><td>1830—1870</td></tr>
<tr><td></td><td></td><td>Maximilian . . . . . .</td><td>1870—1885</td></tr>
<tr><td></td><td></td><td>Karl . . . . . . . .</td><td>1885—</td></tr>
</table>

## 174. Leuchtenberg.

| | | | | |
|---|---|---|---|---|
| Landgraf Gebhard I. | 1123, † 1146 | Albrecht II. von Bayern | | 1646—1666 |
| Friedrich I. | 1146, † um 1165 | Maximilian Philipp von Bayern | | 1666—1705 |
| Gebhard II. | 1146—1170 | An Bamberg | | 1705—1708 |
| Marquard | 1146—1167 | Leopold Matthias Sigismund von Lamberg | | 1708—1711 |
| Gebhard III. | 1170—1244 | Franz Joseph von Lamberg | | 1711—1712 |
| Gebhard V. | 1244—1292 | Franz Anton von Lamberg | | 1712—1714 |
| Ulrich I. | 1292—1334 | Ferdinand Maria von Bayern | | 1714—1738 |
| Ulrich II. | 1334—1378 | Clemens Franz da Paula von Bayern | | 1738—1770 |
| Albrecht I. | 1378—1398 | An Bayern | | 1770—1814 |
| Johann IV. | 1398—1428 | | | |
| Leopold | 1398—1459 | Dynastie Beauharnais. | | |
| Ulrich III. | 1398—1415 | Eugen, Herzog von Leuchtenberg und Fürst von Eichstädt 14./11. 1817 | | 1814—1824 |
| Friedrich | 1459—1487 | August (Prinz von Portugal, Gemahl der Königin Maria 27./1.—28./3. 1835) | | 1824—1835 |
| Ludwig | 1459—1486 | Maximilian | | 1835—1852 |
| Johann V. | 1487—1531 | Nikolaus Maximilianowitsch, Fürst Romanowski 18.(6.)/12. 1852 | | 1852—1891 |
| Johann VI. | 1531—1572 | Eugen Maximilianowitsch | | 1891—1901 |
| Georg III. | 1531—1555 | Georg Maximilianowitsch | | 1901— |
| Christoph | 1531—1554 | | | |
| Ludwig Heinrich | 1555—1567 | | | |
| Georg Ludwig | 1567—1613 | | | |
| Wilhelm | 1613—1618, † 1634 | | | |
| Rudolf Philipp | 1618—1633 | | | |
| Maximilian Adam | 1633—1646 | | | |

## 175. Hals.

| | | | |
|---|---|---|---|
| Graf Alram I. | 1159 | Leopold | 1350—1375 |
| Alram II. | 1144—1183 | Johann I. von Leuchtenberg (Bruder Ulrichs II. von Leuchtenberg, erhält Hals von Passau als Lehen 1379) | 1375—1407 |
| Albrecht I. von Cham | 1159—1194 | Johann II. | † 1394 |
| Albrecht II. | 1231—1267 | Georg I. | 1407—1425 |
| Alram III. | 1231—1262 | Johann III. | 1407—1443 |
| Albrecht III. | 1231—? | Georg II. | 1407—1410 |
| Albrecht IV. | 1259—1308 | An Leuchtenberg. | |
| Albrecht V. | 1308—1333 | | |
| Alram IV. | 1308—1350 | | |
| Johann | 1308—1311 | | |

## 176. Burgau.

| | | | |
|---|---|---|---|
| Bei Vohburg | bis 1162 | Jakob von Landau, österreichischer Landvogt | 1492—1498 |
| Konrad von Bibereck | 1162—1180 | An Augsburg | 1498—1559 |
| Heinrich von Ramsberg | 1180—1205 | An Österreich-Tyrol | 1559—1592 |
| Gottfried von Ramsberg | 1180—1205 | Karl, Erzherzog von Österreich-Tyrol | 1592—1618 |
| Berthold von Ramsberg | 1180—1205 | An Österreich | 1618—1805 |
| An Schelklingen | 1205—1301 | An Bayern | 1805 |
| An Österreich | 1301—1457 | | |
| An Bayern-Landshut | 1457—1470 | | |
| An Augsburg | 1470—1486 | | |
| An Bayern-Landshut | 1486—1492 | | |

## 177. Wolfstein und Sulzburg.

| | |
|---|---|
| Gottfried I. | 1217—1259 |
| Ulrich | 1259—1286 |
| Gottfried II. | 1259—1322 |
| Konrad I. | 1259—1321 |

Teilung unter den Söhnen Gottfrieds II. 1322.

### A. Wolfstein.

| | |
|---|---|
| Leopold I. | 1322—1342? |

Teilung unter seinen Söhnen.

| **Wolfstein.** | | **Allersberg.** | |
|---|---|---|---|
| Gottfried III. | 1322—1382 | Albrecht | 1343—1391 |
| Leopold II. | 1365—1383 | | |
| An Allersberg. | | | |

| | | | | | |
|---|---|---|---|---|---|
| Jakob I. | 1391—1435 | Friedrich | 1391—1455 | Lorenz I. | 1391—1439 |
| Wilhelm | 1435—1466 | | | Wolfgang | 1439—1456 |
| Konrad II. | 1435—1466 | | | Lorenz II. | 1439—1456 |
| Jakob II. | 1435—1466 | | | | |
| Georg | 1446—1474†? | An Sulzburg. | | | |

**B. Sulzburg.**

Albrecht I. . . . . . . . . . . . . . . 1322—1363
Stephan . . . . . . . . . . . . . . . 1363—1402

Teilung unter seinen Söhnen.

| | | | |
|---|---|---|---|
| Johann I. . . 1402—1420 | Albrecht I. in Unter-Salzburg . 1420—1427<br>Christoph . . 1427—1494<br>Siegmund . .⎱ 1494—1496<br>Wolf . . .⎰ 1494—1516 | Wilhelm I. . . 1402—1428 | Wigulejus . . 1420—1442<br>Johann II. .⎱ 1442—1485<br>Albrecht IV. .⎰ 1442—1470<br>Wilhelm II. . 1470—1518<br>Albrecht V., Freiherr 1522 . 1470—1532<br>Johann IV. . 1518—1558<br>Bernhard . .⎱ 1518—1561<br>Adam . . .⎰ 1518—1547<br>Johann Andreas 1547—1585<br>Erasmus Wilhelm . . . 1547—1565<br>Johann Adam 1585—1617<br>Johann Albrecht 1585—1520<br>Georg Albrecht 1617—1658<br>Johann Friedrich . . . 1617—1650<br>Albrecht Friedrich, Graf 1673 1650—1693<br>Christian Albrecht . . 1693—1740<br>Philipp Friedrich . . . 1693—1716<br>Wolfgang Ludwig . . . 1693—1699 |

Mit Bayern vereinigt 1740.

## 178. Rechteren.

Dynastie Heeckeren.

Eberhard . . . . . . . . . . . . um 1230
Friedrich (erbt Rechteren um 1350) . . . . um 1350
Joachim Adolf, **Freiherr** 5./6. 1650. . . . † 1686

Teilung unter seinen Söhnen 1686.

**A. Ältere Linie.**

Johann Wilhelm Zeijger . . . . . . . 1686—1701
Joachim (erbt einen Teil v. Speckfeld 1705) von
  **Rechteren-Limpurg, Reichsgraf** 25./10. 1705 ⎱ 1701—1715
Johann Wilhelm Reinhard, **Reichsgraf** 25./10. ⎰
  1705 . . . . . . . . . . . . . 1701—1731
Johann Eberhard Adolf . . . . . . . 1715—1758

Teilung unter seinen Söhnen 1758.

| **Ältere Linie.** | | **Jüngere Linie.** | |
|---|---|---|---|
| Friedrich Ludwig Christian . . 1758—1814 | | Friedrich Reinhard (erwirbt Almeloo um 1800, tritt es ab an die ältere Linie und erwirbt so ganz Limpurg-Speckfeld 1819) . . . . . 1758—1842 | |
| Adolf (tritt seinen Anteil an Limpurg-Speckfeld an die jüngere Linie gegen Almeloo ab 1819) . . 1814—1851 | | | |
| Adolf Friedrich . . . . . 1851— | | Ludwig . . . . . . . 1842— | |

**B. Mittlere Linie.**

Friedrich Rudolf, **Reichsgraf** 25./10. 1705 . 1686—1741
Joachim Philipp Anton . . . . . . 1741—1796
Friedrich Heinrich . . . . . . . . 1796—1810

**C. Jüngere Linie.**

Adolf Heinrich, **Graf von Almeloo** . . . . 1705—1731

Teilung unter seinen Söhnen 1731.

**1. Nordenringen.**

Friedrich Wilhelm . . . . . . . . 1731—1770
Johann Reinhard . . . . . . . . 1770—1783
August Heinrich Christian . . . . 1783—1795

## 2. Gravensberge.

| | |
|---|---|
| Reinhard Burkhard . . . . . . . . . | 1731—1780 |
| Jakob Gottfried . . . . . . . . . | 1780—1810 |
| Adolf Heinrich . . . . . . . . . | 1780—1805 |
| Karl Friedrich Rudolf . . . . . . . | 1780—1810 |

## 3. Westerveld.

| | |
|---|---|
| Jakob Heinrich . . . . . . . . | 1731—1783 |
| Adolf Heinrich . . . . . . . . | 1783—1793 |
| Rudolf Christian . . . . . . . . | 1793—1812 |

Teilung unter seinen Söhnen 1812.

| **Appeltern.** | | **Anem.** | |
|---|---|---|---|
| Jakob Heinrich . . . . . | 1812—1845 | Johann Dirk . . . . . . . | 1812—1886 |
| Godert Wilhelm . . . . . | 1845— | | |

## 4. Loer.

| | |
|---|---|
| Johann Ludwig . . . . . . . . | 1731—1762 |
| Christian Albrecht . . . . . . . | 1762—1801 |

# 179. Stadion.

| | |
|---|---|
| Walter I. . . . . . . . . . . | um 1230 |
| Walter II. . . . . . . . . . | um 1260 |
| Ludwig I. . . . . . . . . . | um 1260 |
| Ludwig II. . . . . . . . . . | † 1328 |
| Konrad . . . . . . . . . | † 1309 |
| Walter III. . . . . . . . . | † 1352 |
| Ludwig III. . . . . . . . . | † 1364 |
| Eitel . . . . . . . . . . | 1364—1392 |

Teilung unter seinen Söhnen 1392.

### A. Ältere Linie (Elsaß).

| | |
|---|---|
| Konrad I. . . . . . . . . . | 1392—1439 |
| Walter . . . . . . . . . . | 1439—1457 |
| Pancraz . . . . . . . . . | 1439—1479 |
| Nikolaus . . . . . . . . . | 1479—1507 |
| Johann . . . . . . . . . | 1507—1530 |
| Johann Ulrich . . . . . . . | 1530—1600 |
| Johann Christoph II. . . . . . . | 1600—1629 |
| Johann Christoph III. . . . . . . | 1629—1666 |
| Johann Philipp, **Reichsfreiherr** 25./4. 1686, **Reichsgraf** 1./12. 1705 . . . . . | 1666—1741 |

Teilung unter seinen Söhnen 1741.

| **Warthausen.** | | **Thannhausen.** | |
|---|---|---|---|
| Anton Heinrich Friedrich . . . | 1741—1768 | Hugo Philipp . . . . . . | 1741—1785 |
| Franz Konrad . . . . . | 1768—1787 | Johann Georg Joseph Nepomuk . | 1785—1714 |
| Johann Philipp Karl Joseph . | 1787—1824 | Mediatisierung der Grafschaft 1806. | |
| Mediatisierung der Grafschaft 1806. | | Philipp . . . . . . . . | 1814—1839 |
| Joseph . . . . . | 1824—1836, † 1844 | Karl Friedrich . . . . . | 1839— |
| Franz Seraphicus . . . . | 1836—1853 | Emmerich . . . . . . . | —1901 |
| Rudolf . . . . . . . | 1853—1882 | Philipp . . . . . . . | 1901— |
| Philipp . . . . . . . | 1882—1890 | | |
| Georg . . . . . . . | 1890— | | |

### B. Mittlere Linie.

| | |
|---|---|
| Ludwig IV. . . . . . . . . | 1392—1459 |
| Burkhard I. . . . . . . . . | 1459—1493 |
| Johann I. . . . . . . . . | 1493—1519 |
| Johann II. . . . . . . . . | † 1510 |
| Burkhard II., der Schwarze . . . . | 1519—1525 |
| Ludwig VI. . . . . . . . . | † 1512 |
| Johann Ludwig I. . . . . . . . | † ? |
| Johann Ludwig II. . . . . . . . | † um 1600 |

### C. Jüngere Linie (Schwaben).

| | |
|---|---|
| Johann I., der Reiche | 1392—1458 |
| Walter | 1458—1501 |
| Wilhelm | 1458—1504 |
| Eberhard | 1501—1545 |
| Johann II. | 1504—1530 |
| Johann Walter | 1530—1533 |
| Johann Simon I. | 1530—1554 |
| Johann Wilhelm I. | 1554—1559 |
| Kaspar Balthasar | 1554—1562 |
| Wolfgang Dietrich | 1554—1582 |
| Johann III. | 1554—1568 |
| Johann Simon II. | 1582—1601 |
| Johann Jakob | 1582—1636 |
| Johann Wilhelm II. | 1601—1638 |
| Joseph Konrad | 1636—1693 |

---

## 180. Giech.

| | |
|---|---|
| Wilhelm | um 1125 |
| Kunimund I. | um 1255 |
| Eberhard I. | um 1270 |
| Siegfried | um 1270 |
| Hiltpold | um 1296 |
| Konrad I. | um 1330 |
| Albrecht zu Schönfeld | um 1330 |

Teilung unter den Söhnen Albrechts.

### A. Schönfeld.

| | |
|---|---|
| Eberlein | um 1350 |
| Thomas | um 1360 |
| Wolfgang | um 1360 |
| Johann I. | um 1378 |
| Apel I. | um 1398 |
| Ebald zu Melsendorf | um 1398 |
| Heinrich III. | um 1398 |
| Konrad II. | um 1398 |
| Dietrich I. | nach 1403 |
| Heinrich IV. | nach 1403 |

---

### B. Kröttendorf.

| | |
|---|---|
| Heinrich I. | 1332—1350 |
| Eberhard II. zu Brunn | nach 1350 |
| Heinrich II. | 1350—1362 |
| Eberhard III. | um 1385 |
| Johann II. | um 1410 |
| Burkhard | um 1410 |

Teilung unter Johanns II. Söhnen.

#### I. Buchau.

| | |
|---|---|
| Heinrich V. | um 1440 |
| Johann IV. | 1437—1463 |
| Kunimund II. | † vor 1507 |
| Veit I. | um 1478 |
| Heinrich VI. | † vor 1567 |
| Otto II. | um 1518 |
| Veit II. | † 1558 |
| Christoph I. | † um 1584 |
| Christoph II. | † um 1578 |
| Matthäus | † 1578 |
| Johann Georg I. | † 1590 |
| Johann VII. zu Roda | 1578—1598 |
| Veit III. zu Brunn und Lißberg | 1578—? |
| Christoph III. zu Buchau | 1578—? |
| Sigismund | 1598—1605 |
| Johann Matthäus | 1605—1622 |

An Wiesentfels.

---

## II. Wiesentfels.

| | |
|---|---|
| Nikolaus | um 1450 |
| Otto I. | um 1485 |
| Dietrich II. | 1459—1516 |

Teilung unter den Söhnen Dietrichs II. 1516.

| **Ältere Linie zu Wiesentfels u. Gregolstein.** | | **Mittlere Linie zu Scheßlitz.** | | **Jüngere Linie.** | |
|---|---|---|---|---|---|
| Achaz I. | 1516—1552 | Apel II. | 1516—1531 | Onuphrius | um 1520 |
| Achaz II. | 1552—1603 | | | Sebastian I. | um 1528 |
| Wilhelm zu Reineck und Prügel | 1603—1634 | | | Georg Wolf | † 1547 |
| Joachim zu Grünwehr | 1603—1635 | | | Philipp | um 1550 |
| Nikolaus Christoph zu Kröttendorf | † 1614 | | | Balthasar III. | † 1569 |
| | | | | Sebastian II. | † 1536 |
| Karl Gottfried I. | 1635—1652 | | | | |

| | |
|---|---|
| Christian Karl I., **Reichsfreiherr** 22./3. 1680, **Reichsgraf** 24./3. 1695 | 1652—1695 |
| Christian Karl II. zu Buchau | 1695—1697 |
| Karl Gottfried II. zu Thurnau | 1695—1729 |
| Karl Maximilian | 1697—1748 |
| Christian Karl III. | 1697—1752 |
| Christian Friedrich | 1748—1797 |
| Karl Christian Ernst | 1797—1818 |

Mediatisierung der Grafschaft 1806.

| | |
|---|---|
| Hermann | 1818—1846 |
| Karl | 1846—1863 |
| Karl=Gottfried | 1863— |

### III. Kröttendorf.

| | |
|---|---|
| Eberhard IV. | † 1483 |
| Friedrich | um 1485 |
| Balthasar II. | um 1500 |
| Franz | nach 1505 |
| Johann V. | † um 1540 |
| Kunimund III. | 1511—1542 |
| Johann VI. zu Lißberg | 1542—1547 |
| Heinrich VII. | 1542—1563 |
| Johann Georg II. | 1563—1613 |
| Johann Erhard | 1613—1628 |

## 181. Thurn und Taxis.

| | |
|---|---|
| Omodeo dei Tassi del Cornello | um 1290 |
| Ruggiero | um 1312 |
| Benedetto | |
| Palazzo | |
| Pasino | um 1380 |
| Ruggiero (Roger) I. | um 1460 |
| Simon | um 1475 |
| Ruggiero (Roger) II. | † vor 1518 |

| | | | | | |
|---|---|---|---|---|---|
| Johann Baptist | 1518—1536 | Simon I. | | | † nach 1565 |
| Leonhard I., **Freiherr** 26./1. 1608 | 1543—1618 | Anton I., **Marchese von San Paolo** 1614 | | | † 1619 |
| Lamoral, **Reichsgraf** 8./6. 1624 | 1618—1624 | Simon II. | 1619—1644 | Pompejus | 1619—1646 |
| Leonhard II. | 1624—1628 | Anton II. | 1644—1658 | Karl I. | 1646—1660 |
| Lamoral Claudius Franz | 1628—1677 | | | Michael I., **Fürst von San Paolo** 1686 | 1680—1711 |
| Eugen Alexander Franz, **Reichsfürst** 4./10. 1686 | 1677—1714 | | | Karl II. | 1711—1729 |
| Anselm Franz | 1714—1739 | | | Michael II. | 1729—1789 |
| Alexander Ferdinand | 1739—1773 | | | Anton III. | 1789—1800 |

Teilung unt. seinen Söhnen (Halbbrüdern) 1773.

| **I. Linie.** | | **II. Linie** (zu Laučin u. s. w.). | |
|---|---|---|---|
| Karl Anselm | 1773—1805 | Maximilian Joseph | 1773—1831 |
| Karl Alexander | 1805—1827 | Karl Anselm | 1831—1844 |
| Mediatisierung des Fürstentums 1806. | | Hugo Maximilian | 1844—1889 |
| Maximilian Karl | 1827—1871 | Alexander | 1889— |
| Maximilian Maria | 1871—1885 | | |
| Albert | 1885— | | |

## 182. Pückler.

Nikolaus I. zu Blumenthal, Grodiß und Floste . 1439—1488
Kaspar I. . . . . . . . . . . }  ?
Nikolaus II. . . . . . . . . . }  † 1543

Teilung unter Nikolaus II. Söhnen 1543.

### Grodiß.

Nikolaus III. . . . . . . 1543—?
Kaspar II. . . . . . . um 1559
Nikolaus IV. . . . . . }  ?
Balthasar I. . . . . . }  ?
Balthasar II. . . . . . † 1604
An Schedlau.

### Schedlau.

Wenzel . . . . . . . 1543—1562
Johann I. . . . . . . 1562—1590
Johann II. . . . . . . 1590—1638
Georg Joseph, böhm. Freiherr von
Grodiß 5./3. 1655 . . . 1738—1679
Teilung unter seinen Söhnen 1679.

### A. Fränkische Linie.

Franz Karl in Grodiß, Reichsgraf 10./5. 1690  1679—1708
Christian Wilhelm Karl . . . . . . . 1708—1786

Friedrich Philipp Karl in Limpurg 1787(93)—1802(11) 1786—1811
Christian Wilhelm Karl in Schweinau . . . 1786—1808
Alexander Christian in Burg-Farrnbach . . . 1786—1820

Karl Alexander  1811—1833 † 1843

### Friedrichscher Stamm.

Friedrich . . . 1811(33)—1867
Kurt (in Limpurg-Sontheim-Gaildorf seit 1852) . . 1867—1888
Karl . . 1888—1890, † 1896
Friedrich . . . . 1890—1893

### Ludwigscher Stamm.

Ludwig Friedrich Karl Maximilian . . . 1811—1854
Ludwig . . . . . 1854—

### B. Schlesische Linie.

Äneas Sylvius in Schedlau, Reichsgraf 10./5. 1690 . . . . . . . . . 1679—1748

Erdmann in Branitz . † 1742
August Heinrich 1742—1811

August Ludwig in Rosnachau 1748—1759

Friedrich in Kirchberg . 1748

Franz Sylvius in Schedlau und Mangischük . 1748—1754

Ludwig Karl Johann Erdmann in Muskau . 1784—1809
Hermann, Fürst 10./6. 1822  1809—1871

Sylvius in Schönfeld . 1810—1859
Heinrich . 1859—1897
August . . 1897—

Franz Ludwig . 1754—1810
Friedrich Wilhelm . . 1810—1853

Erdmann I. 1754—1794
dessen Söhne:

#### 1. Auf Schedlau und Grodiß:

Erdmann II. . . . . . . 1794—1819

**Auf Schedlau:**
Erdmann III. 1819—1869
Erdmann IV. 1869—1888

**Sibischau:**
Karl . . 1819—1854
Karl Stanislaus . 1854—

**Jakobsdorf:**
Georg . 1819—1843
Georg Heinrich . . 1843—1883

#### 2. Auf Gimmel:

Friedrich Johann . . . 1794—1806
Friedrich Ludwig . . . 1806—1856
Wilhelm . . . . 1856—1859

#### 3. Auf Borislawiß:

Maximilian . . . . 1794—1845

**Auf Nieder-Thomaswaldau-Rohlach und Riezetißiß:**
Eduard . . 1845—

**Rogau:**
Erdmann . . 1845—1897
Maximilian . 1897—

#### 4. Auf Tannhausen:

Karl Franz Christoph Erdmann . . 1794—1796
Erdmann August Sylvius . . . 1796—1826

**Auf Ober-Weistriß:**
Karl . . 1826—
Eberhard . .

**Horno:**
Erdmann . . 1826—1864
Friedrich Wilhelm 1864—

## 183. Mindelheim.

| | | | | |
|---|---|---|---|---|
| Bei Rechberg . . . | bis 1467. | An Maxelrain . . . . . | 1586—1618 |
| Dynastie Frundsberg 1467—1486. | | An Bayern-Leuchtenberg . . . | 1618—1705 |
| Ulrich X. . . . . | 1467—1478 | John Churchill, Herzog von Marl- | |
| Georg II. . . . . | 1478—1528 | borough, **Reichsfürst v. Mindel-** | |
| Kaspar, Herr von Monza . . | 1528—1536 | **heim** . . . . . 1705—1714, † 1722 | |
| Georg III., Freiherr 1559 . | 1536—1586 | An Bayern . . . . . . . | 1722 |

## 184. Tirol.

| | | | |
|---|---|---|---|
| Albrecht I., Graf im Vintschgau | | Leopold . . . . . . | 1365—1386 |
| Albrecht II. . . . . | 1055—1110 (1124) | Albrecht (III.) . . . . | 1386—1395 |
| Albrecht III., Graf von Tirol . | 1101—1165 | Friedrich (IV.) mit der leeren Tasche | 1395—1439 |
| Berthold . . . . . | 1165—1180 | Sigismund der Einfältige . . | 1439—1490 |
| Heinrich I. . . . . | 1180—1202 | (Kaiser) Maximilian I. . . . | 1490—1519 |
| Albrecht IV. . . . . | 1202—1254 | (Kaiser) Ferdinand I. . . . | 1519—1564 |
| (An Hirschberg und Görz . . | 1254—1284) | Ferdinand II. . . . . | 1564—1595 |
| Meinhard III. von Görz . . | 1254—1258 | (Kaiser) Rudolf (II.) . . | 1595—1612 |
| Meinhard IV. (Statthalter 1276, Herzog | | Maximilian II. . . . . | 1612—1618 |
| von Kärnthen 1286) . . . | 1258—1295 | Albrecht . . . . . | 1620—1621 |
| Otto . . . | 1295—1310 | (Kaiser) Ferdinand (II.) . . . | 1621—1625 |
| Heinrich II. (König von Böhmen 1307—10) | 1295—1335 | Leopold . . . . . | 1625—1632 |
| Margarethe Maultasch . . . | 1335—1363 † 1369 | Ferdinand Karl . . . . | 1632—1662 |
| Meinhard VI. . . . . | 1361—1363 | Sigismund Franz . . . . | 1662—1665 |
| Dynastie Habsburg. | | Mit Österreich vereinigt 1665. | |
| Rudolf (IV.) von Österreich . . | 1358—1365 | | |

## 185. Kuefstein.

| | |
|---|---|
| Hans Kuefsteiner auf Spitz und Feinfeld um 1274, † um 1330 | |
| Johann Georg I. . . . . . . | 1330—1398 |
| Johann Jakob I. . . . . . . } | 1398—1433 |
| Johann Konrad . . . . . } | 1398—1426 |
| Johann Wilhelm . . . . . | 1433—1470 |
| Johann Georg II. . . . . . | 1470—1525 |
| Johann Lorenz . . . . . . | 1525—1546 |
| Johann Georg III., **Reichsfreiherr** 2./2. 1602 | 1546—1630 |

Teilung unter seinen Söhnen 1630.

### A. Greillenstein.

| | |
|---|---|
| Johann Jakob II. . . . . . | 1630—1633 |
| Georg Adam, **Reichsgraf** 20./2. 1634 . . | 1633—1656 |
| Johann Heinrich . . . . . | 1656—1687 |
| Johann Adam Georg . . . . | 1656—1696 |
| Johann Georg IV. . . . . . | 1656—1699 |

Teilung unter den Söhnen Johann Georgs IV. 1699.

| Greillenstein. | | Pottenbrunn. | | Litschau. | |
|---|---|---|---|---|---|
| Johann Leopold Anton } | 1699—1745 | Johann Ernst . . . | 1699—1742 | Johann Anton I. . . | 1699—1745 |
| Johann Ferdinand I. } | 1699—1755 | Johann Max Eusebius . | 1742—1773 | Johann Anton II. . . | 1745—1760 |
| Johann Ferdinand II. . | 1755—1789 | Johann Adam Anton . | 1773—1776 | Johann Franz Anton I. | 1760—1801 |
| Johann Ferdinand III. . | 1789—1818 | | | Johann Franz Anton II. | 1801—1837 |
| Franz . . . . | 1818—1871 | | | | |
| Karl . . . . | 1871— | | | | |

### B. Weidenholz.

Johann Ludwig, **Reichsgraf** 20./2. 1634 . . 1630—1657

Teilung unter seinen Söhnen 1657.

### I. Ältere Linie.

Lobgott I. . . . . . . . 1657—1679

| | | | | |
|---|---|---|---|---|
| Diengott 1679—1692 | Liebgott 1679—1710 | Ehrgott Maximilian in Windeck u. Schwert- | Gottfried 1679—1705 | Lobgott II. in Harthan 1679—1738 |
| | Preis- gott II. } 1710—1750 / Fürchtegott } 1710—1718 | berg . . 1679—1728 | | Gottlieb Maxi- milian 1738—1748 |

## II. Mittlere Linie.

| | |
|---|---|
| Hilfgott . . . . . . . . . . . . | 1657—1713 |
| Franz Joseph . . . . . . . . . } | 1713—1720 |
| Ernst Joseph . . . . . . . . . } | 1713—1736 |

----

## III. Jüngere Linie.

| | |
|---|---|
| Preisgott I. . . . . . . . . . . | 1657—1701 |
| Franz Ludwig . . . . . . . . . | 1701—1733 |

----

# 186. Görz.

| | |
|---|---|
| Heinrich I. in Istrien . . . . . . . | 1075—1102 |
| Engelbert I., Graf von Görz . . . . } | 1121—1150 |
| Meinhard I., Graf von Görz . . . . } | 1121—1139 |
| Heinrich II. (I.) . . . . 1139—1146, † vor 1149 | |
| Engelbert II. . . . . . . . . | 1149—1187 |
| Engelbert III. . . . . . . . . } | 1187—1217 |
| | † um 1220 |
| Meinhard II., der Alte . . . . . } | 1187—1232 |
| Meinhard III., Graf von Tirol 1254 . } | 1232—1258 |
| Albrecht I. . . . . . . . . . } | 1232—um 1250 |
| Meinhard V. . . . . . . . . . } | 1246—1318 |
| Albrecht II. (Bruder Meinhards IV. von Tirol; } | |
| Pfalzgraf in Kärnthen 1284) . . . . } | 1258—1304 |

Teilung unter Albrecht II. Söhnen 1304.

| **Görz.** | | **Linz.** | |
|---|---|---|---|
| Heinrich II. . . . . . | 1304—1323 | Johann Albrecht III. . . . . | 1304—1327 |
| Johann Heinrich . . . . | 1323—1338 | Albrecht IV. . . . . . . } | 1327—1374 |
| *An Linz.* | | Meinhard VII. . . . . . } | 1327—1385 |
| | | Heinrich III. . . . . . . } | 1327—1363 |
| | | Heinrich IV. . . . . . . } | 1385—1454 |
| | | Johann Meinhard . . . . } | 1385—1430 |
| | | Johann . . . . . . . } | 1454—1462 |
| | | Ludwig . . . . . . . } | 1454—1456 |
| | | Leonhard, **gefürsteter Graf** 1458 . } | 1454—1500 |

Mit Österreich vereinigt 1500.

----

# 187. Steiermark.

| | | | |
|---|---|---|---|
| Aribo, im Traungau 876, Mark- | | Ottokar V., in Steiermark Mark- | |
| graf der Ostmark 880 . . | 880—906 | graf 1056 . . . 1047—1080, † um 1083 | |
| Ottokar I., Graf von Leoben | 906— um 925 | Ottokar VI. . . . . . . | 1084—1122 |
| Ottokar II. . . . . . | 930—965 | Leopold der Starke . . . . | 1122—1129 |
| Ottokar III. (I.) . . . . | 970—993 | Ottokar VII. . . . . . . | 1129—1164 |
| Ottokar IV., Graf in Traungau | | Ottokar VIII., **Herzog** 1180 . . | 1164—1186 |
| und im Salzburggau um 1030, † 1038 | | | † 1192 |

An Österreich 1186.

----

# 188. Österreich.

| I. Dynastie der Babenberger. 976—1246. | | II. Dynastie Habsburg. 1282—1740. | |
|---|---|---|---|
| Markgraf Leopold I. . . . . . | 976—994 | Albrecht I. . . . . . . . } | 1182—1308 |
| Heinrich I. . . . . . . | 994—1018 | Rudolf I. in Vorder-Österreich . . } | 1282—1290 |
| Adalbert . . . . . . . | 1018—1055 | Rudolf II. (König von Böhmen | |
| Ernst der Tapfere . . . . | 1055—1075 | 1306—1307) . . . . | 1298—1306 |
| Leopold II., der Schöne . . | 1075—1096 | | † 1307 |
| Leopold III., der Heilige . . | 1096—1136 | Friedrich III., der Schöne . : | 1307—1330 |
| Leopold IV. . . . . . . | 1136—1141 | Albrecht II., der Weise od. Lahme | 1330—1358 |
| Heinrich II. Jasomirgott, **Herzog** | | Rudolf III., **Erzherzog** . . . . | 1358—1365 |
| 17./9. 1156 . . . . . | 1141—1177 | Albrecht III. . . . . . . | 1365—1395 |
| Leopold V., der Strenge . . . | 1177—1194 | Friedrich IV. . . . . . . . } | 1395—1439 |
| Friedrich I., der Katholische . . | 1194—1198 | Albrecht IV., der Geduldige . . } | 1395—1404 |
| Leopold VI., der Ruhmreiche . | 1198—1230 | Albrecht V. (Kaiser Albrecht II.) . | 1404—1439 |
| Friedrich II., der Streitbare . . | 1230—1246 | Ladislaus Postumus . . . . | 1440—1457 |
| Interregnum . . . . . | 1246—1182 | Albrecht VI., der Freigebige . . | 1457—1463 |

| | |
|---|---|
| Friedrich V. (Kaiser Friedrich III.) . | 1463—1493 |
| Maximilian I. . . . . . . | 1493—1519 |
| Karl I. (Kaiser Karl V.) | 1519—1521, † 1558 |
| Ferdinand I. . . . . . . | 1521—1564 |
| Maximilian II. . . . . . | 1564—1576 |
| Rudolf IV. (Kaiser Rudolf II.) . . | 1576—1612 |
| Matthias . . . . . . | 1612—1619 |
| Ferdinand II. . . . . . | 1619—1637 |
| Ferdinand III. . . . . . | 1637—1657 |
| Leopold I. . . . . . | 1657—1705 |
| Joseph I. . . . . . | 1705—1711 |

| | |
|---|---|
| Karl II. (Kaiser Karl VI.) . . . | 1711—1740 |
| Maria Theresia . . . . . | 1740—1780 |

### III. Dynastie Lothringen-Habsburg.
#### 1740—

| | |
|---|---|
| Franz I. Stephan . . . . | 1740—1765 |
| Joseph II. . . . . . . | 1765—1790 |
| Leopold II. . . . . . | 1790—1792 |
| Franz II. (I.) Kaiser 11./8. 1804 | 1792—1835 |
| Ferdinand . . . . | 1835—1848, † 1875 |
| Franz Joseph . . . . . | 1848— |

---

## 189. Kärnthen.

### I. Slavische Herzöge.

| | |
|---|---|
| Boruth . . . . . . | 748, † 750 |
| Kakaz . . . . . . | 750—753 |
| Ceithmar . . . . . . | 753—769 |
| Waldung, Graf . . . . | 772— um 788 |

| | |
|---|---|
| Mit Bayern vereinigt . . . . | 788—976(989) |
| Herzog Heinrich I. Hezilo von Bayern . . . . | 976—978 |
| Otto I. von Sachsen . . . | 978—982 |
| Heinrich I. Helizo (zum 2. Male) | 982—989, † 997 |
| Heinrich II., der Zänker, von Bayern . . . . | 989—995 |
| Otto II. von Franken . . . | 995—1004 |
| Konrad I. von Speyer, (VII.) Herzog von Franken . . | 1004—1011 |
| Adalbero von Eppenstein | 1012—1035, † 1039 |
| Konrad II., der Jüngere, (VIII.) Herzog von Franken . . | 1035—1039 |
| Interregnum . . . . | 1039—1047 |
| Welf von Bayern . . . . | 1047—1055 |
| Konrad III. von Franken . . | 1055—1056 |
| Interregnum . . . . | 1056—1061 |
| Berthold von Zähringen | 1061—1073, † 1077 |

### II. Dynastie Eppenstein.
#### 1073—1122.

| | |
|---|---|
| Marquard . . . . . | 1073—1076/7 |
| Leuthold . . . . . . | 1077—1090 |
| Heinrich III., Markgraf von Jstrien 1077 . . | 1090—1122 |

### III. Dynastie Spanheim-Ortenburg.
#### 1122—1269.

| | |
|---|---|
| Heinrich IV. (I.) . . . . | 1122—1124 |

| | |
|---|---|
| Engelbert (II.), Markgraf von Jstrien | 1124—1134 † 1141 |
| Ulrich I. . . . . . . | 1134—1143 |
| Heinrich V. (II.) . . . . | 1143—1161 |
| Hermann . . . . . | 1161—1181 |
| Ulrich II. . . . . . | 1181—1201, † 1202 |
| Bernhard . . . . . | 1201—1256 |
| Ulrich III. . . . . . | 1256—1269 |

### IV. Herzöge aus verschiedenen Häusern.

| | |
|---|---|
| Ottokar (II.), König von Böhmen | 1269—1276 † 1278 |
| Philipp, Erzbischof von Salzburg (1247) u. Patriarch v. Aquileja (1269), (Gegenherzog) . | 1269—1271, † 1279 |
| Rudolf von Habsburg (Kaiser) . | 1276—1286 † 1291 |
| Meinhard (IV.), Graf von Tirol, Statthalter . . . . | 1276—1286 |
| Herzog . . . . . | 1286—1295 |
| Otto III. . . . . . . | 1295—1310 |
| Heinrich VI. . . . . . | 1310—1335 |
| Albrecht (II.) von Österreich . ] | 1335—1358 |
| Otto der Fröhliche v. Österreich .] | 1335—1339 |
| Friedrich der Prächtige von Österreich . . . . | 1358—1362 |
| Rudolf (IV.) von Österreich . | 1362—1365 |
| Albrecht (III.) von Österreich . | 1365—1395 |
| Wilhelm der Höfliche von Österreich . . . . | 1386—1406 |
| Ernst der Eiserne von Österreich | 1406—1424 |
| Mit Österreich verbunden . . . | 1424—1521 |
| Ferdinand I. (Kaiser) . . . | 1521—1564 |
| Karl . . . . . | 1564—1590 |
| Ferdinand II. (Kaiser) . | 1590—1619, † 1637 |
| Mit Österreich vereinigt . . . . . | 1619 |

---

## 190. Jstrien.

| | |
|---|---|
| Bei Kärnthen . . . . . . . | bis 1062 |
| Markgraf Ulrich I., Graf von Weimar-Orlamünde . . . | 1062—1070 |
| Heinrich I. von Eppenstein | 1077—1090, † 1127 |
| Engelbert I., Graf von Spanheim-Ortenburg . . . . | 1090—1096 |
| Poppo, Graf von Weimar . | 1096—1100 |
| Ulrich II., Graf von Weimar | 1100?—1103? |
| Engelbert II., Graf von Spanheim-Ortenburg . | 1103—1134, † 1141 |

| | |
|---|---|
| Engelbert III., Graf von Spanheim-Ortenburg . | 1134—1171, † 1173 |
| Berthold I., Graf von Andechs] | 1171—1188 |
| Berthold II., Herzog von Meran] | 1172—1204 |
| Heinrich II., Herzog von Meran | 1204—1209 † 1228 |
| Otto, Herzog von Meran | 1215—1230, † 1234 |
| Berthold III., Patriarch von Aquileja (1218) . . . | 1234—1251 |
| Mit Aquileja vereinigt . . . . . | 1251 |

## 191. Dietrichstein.

### Übersicht über die Teilungen.

Teilung 1508.

| A. Weichselstädt und Rabenstein. Teilung. | B. Mittlere Linie. † 1512 | C. Hollenburg und Finkenstein. Teilung. |
|---|---|---|

| I. Weichselstädt und Rabenstein. Teilung 1652. | II. Ebenau. Teilung um 1560. | I. Hollenburg. Teilung 1593 | II. Nikolsburg. Teilung. |
|---|---|---|---|

| Weichs. u. Rab. † 1783 | Ehreneck. † 18 . . | a. Primmersdorf. † 1692 | b. Pulsgau=Hollenburg. Teilung 1678. | c. Ebenau. † 1623 | Alt. L. † 1532 | Mittl. L. † 1825 | Jüng. L. † 1628 | a. 1. Linie. † 1773 | b. 2. Linie. † 1708 | c. 3. Linie. † 1773 | d. 4. Linie. Teilung. |
|---|---|---|---|---|---|---|---|---|---|---|---|

| Hollenburg. † 1737 | Landscron=Velden. † 18 . . | Finkenstein. † 1714 | Ältere Linie. † 1858 u. 1864 | Jüngere Linie. † 1850 |
|---|---|---|---|---|

| Reinpert I. | um 1000 |
|---|---|
| Reinpert II. | um 1070 |
| Siegmund I. | um 1100 |
| Reinpert III. | um 1100 |
| Otto I. | um 1135 |
| Siegmund II. | um 1135 |
| Otto II | um 1170 |
| Otto III. | um 1187 |
| Poppo | um 1230 |
| Rudolf | um 1262—1297 |
| Ludwig | um 1262—1297 |
| Otto IV. | 1303—1338 |
| Nikolaus | † vor 1338 |
| Bernhard | 1338—1373 |
| Peter | 1373—1394 |
| Georg I. | 1394—1446 |
| Pancraz | 1446—1508 |

Teilung unter seinen Söhnen 1508.

#### A. Weichselstädt und Rabenstein.

| Franz | 1512—1550 |
|---|---|

Teilung unter seinen Söhnen.

#### I. Weichselstädt und Rabenstein.

| Siegfried | 1550—1586 |
|---|---|
| Ludwig | 1586—1615 |
| Wilhelm | 1586—1602 |
| Gabriel | 1633—1658 |

Teilung unter seinen Söhnen.

| Weichselstädt und Rabenstein. | | Ehreneck und Pfaffendorf. | |
|---|---|---|---|
| Johann Christoph | 1652—1704 | Johann Franz, Reichsgraf | 1652—1712 |
| Johann Franz Gottfried | 1704—1755 | Franz Joseph | 1712—1728 |
| Johann Evangelista Leopold | 1755—1756 | Dismas Joseph | 1728—1783 |
| Johann Nepomuk | 1756—1783 | Dismas Franz | 1783—1818 |
| An Ehreneck=Pfaffendorf. | | Maximilian Dismas Franz | 1818—18 . . |

#### II. Ebenau.

| Leonhard | 1536—1560 |
|---|---|

Teilung unter seinen Söhnen um 1560.

#### a. Primmersdorf.

| Siegfried | 1560?—? |
|---|---|
| Georg Albrecht | 1615—1620 |
| Johann Albrecht | 1651—1692 |

#### b. Pulsgau=Hollenburg.

| Erasmus | um 1621 |
|---|---|

Johann Balthasar, **Reichsgraf** 19./8. 1631,  
   in Hollenburg 1633 . . . . .   **† ?**  
Siegmund Ludwig, **Reichsgraf** 19./8. 1631,  
   in Hollenburg 1633 . . . . .   1633—1678

Teilung unter Siegmund Ludwigs Söhnen 1678.

| **Hollenburg.** | | **Landscron-Velden.** | | **Finkenstein.** | |
|---|---|---|---|---|---|
| Franz Helfried . . . | 1678—1698 | Franz Adam . . . . | 1678—1702 | Georg Siegfried . . . | 1678—1714 |
| Franz Anton . . . . | 1698—1702 | Karl Ludwig . . . . | 1702—1732 | | |
| Philipp Siegfried . . | 1702—1715 | Franz Joseph Ludwig, | | | |
| Gundackar Poppo . . | 1715—1737 |   in Hollenburg 1737 . . | 1732—1765 | | |
| An Landscron-Velden. | | Franz Ludwig . . . . | 1765—1796 | | |
| | | Franz Siegfried Ludwig | 1796—1800 | | |
| | | Johann Douglas . . | 1800—1861 | | |

**c. Ebenau.**

| | |
|---|---|
| Georg . . . . . . . . | 1579—1623 |
| Erasmus . . . . . . . | 1589—1623 |

**B. Mittlere Linie.**

| | |
|---|---|
| Georg II. . . . . . . . . | 1508—1512 |

**C. Hollenburg und Finkenstein.**

Siegmund, **Reichsfreiherr** 8./7. 1514 . . . 1508—1540

Teilung unter seinen Söhnen.

**I. Hollenburg.**

Siegmund Georg . . . . . . . . 1540—1593

Teilung unter seinen Söhnen 1593.

| **Ältere Linie.** | | **Mittlere Linie.** | | **Jüngere Linie.** | |
|---|---|---|---|---|---|
| Georg . . . . | 1593—1597 | Bartholomäus . . . | 1593—1635 | Paul . . . . . . | 1593—1628 |
| Siegmund . . . . | 1597—1617 | Rudolf . . . . | 1635—1649 | | |
| Georg Heinrich . . | 1597—1632 | Christian, **Reichsgraf** 1656 | 1635—1681 | | |
| | | Otto Heinrich . . | 1628—1647 | | |
| | | Gundackar, **Reichsgraf** | | | |
| | |   1656, **Fürst** 1684 . . | 1635—1690 | | |
| | | Otto Ferdinand . . . | 1675—1686 | | |
| | | Gundackar Ferdinand, | | | |
| | |   **Reichsgraf** 1693 . . | 1686—1744 | | |
| | | Leopold Max Gundackar | 1744—1780 | | |
| | | Joseph Karl Ferdinand | 1780—1825 | | |

**II. Nikolsburg.**

| | |
|---|---|
| Adam . . . . . . . . . . . | 1572—1590 |
| Maximilian . . . . . . . . . . | 1590—1611 |
| Siegmund . . . . . . . . . | 1590—1602 |
| Adam, **Reichsgraf** 18./9. 1612 . . . . | 1602—1620 |
| Maximilian, **Reichsfürst** 24./3. 1631 . . | 1620—1655 |
| Philipp Siegmund . . . . . . . | 1655—1716 |
| Ferdinand Joseph, **gefürsteter Graf in Trasp** | | 
|   15./4. 1684 . . . . . . . . | 1655—1698 |

Teilung unter seinen Söhnen.

**a. 1. Linie.**

Leopold Ignaz . . . . . . . . 1698—1708

**b. 2. Linie.**

| | |
|---|---|
| Walter Franz Xaver Anton . . . . . | 1708—1738 |
| Johann Baptist Leopold . . . . . | 1738—1773 |

**c. 3. Linie.**

| | |
|---|---|
| Jakob Anton, Graf, in Loslau und Reichersdorf | 1698—1721 |
| Leopold Philipp . . . . . . . . . | 1721—1747 |
| Guidobald Joseph . . . . . . . . | 1747—1773 |

**d. 4. Linie.**

Karl Maximilian Philipp Franz Xaver, (Fürst
v. Dietrichstein-Proskau 1769—1782) . . .     1738—1784
Teilung unter seinen Söhnen.

| | | | |
|---|---|---|---|
| Johann Karl . . . . . . . 1784—1804 | Franz da Paula Karl Joseph in |
| Franz Joseph . . . . 1808—1854 | Boskowitz . . . . . . 1773—1813 |
| Graf Karl in Hollenburg . . . 1808—1852 | Franz Xaver . . . . . . . 1813—1850 |
| Graf Moritz in Hollenburg . . . 1852—1864 | |
| Joseph . . . . . . . . 1854—1858 | |
| Alexander, Graf von Mensdorff-Pouilly, Fürst von Dietrichstein zu Nikolsburg (Schwiegersohn Josephs) . . . . . . . . 1868—1871 | |
| Hugo . . . . . . . . . . . . 1871— | |

---

## 192. Auersperg.

Übersicht über die Teilungen.

Teilung 1215.

| 1. Linie. | 2. Linie. | 3. Linie. |
|---|---|---|
| † 1217. | Teilung. | † im 13. Jahrh. |

| 1. Linie. | 2. Linie. | 3. Linie. | 4. Linie. |
|---|---|---|---|
| † im 14. Jahrh. | † um 1290. | † 1270. | Teilung 1283. |

| 1. Linie. | 2. Linie. | 3. Linie. | 4. Linie. | 5. Linie. |
|---|---|---|---|---|
| † 1403. | † im 15. Jahrh. | † 1413. | † 1512. | Teilung 1423. |

| A. Ältere Linie in Schönberg. | B. Jüngere Linie. |
|---|---|
| † 1594. | Teilung 1466. |

| I. Ältere Linie in Krain. (Pancrazische Linie.) Teilung 1592. | II. Jüngere Linie in Österreich. (Volkhardische Linie), s. u. |
|---|---|

| a. Ältere Linie. | b. Mittlere Linie. | c. Jüngere Linie. |
|---|---|---|
| Teilung 1664. | † 1607. | Teilung 1634. |

| 1. Ältere Linie in **Seisenberg.** | 2. Jüngere Linie. Teilung 1701. | 1. Ältere Linie. † 1673. | 2. Mittlere Linie. Teilung 1668. | 3. Jüngere Linie. Teilung 1783. |
|---|---|---|---|---|

| | α. **Kirchberg am Wald.** | β. **Moritz.** Teilung 1742. | | α. **Schönberg.** Teilung 1718. | β. **Thurn am Hart.** Teilung 1797. | **Herzogl. Linie in Gottschee.** | **Fürstl. Linie.** | **Gräfl. Linie.** |
|---|---|---|---|---|---|---|---|---|
| | | **Moritz.** | **Zobelsberg.** † 1789. | **Schönberg.** † 1841. | **Kreuz.** † 1786. | **Thurn.** | **Großdorf.** | |

---

**II. Jüngere Linie in Österreich.**
(Volkhardische Linie.)
Teilung 1541.

| a. Ältere Linie. | b. Mittlere Linie. | c. Jüngere Linie. |
|---|---|---|
| Teilung 1598. | † 1591. | † 1604. |

| 1. Peillenstein. | 2. Burgstall. | 3. Wasen. |
|---|---|---|
| † 1804. | Teilung 1660. | † 1811. |

| α. **Altschloß-Burgstall.** | β. **Neuschloß-Burgstall.** |
|---|---|
| | Teilung 1705. |

| a. Ältere Linie. | b. Mittlere Linie. | c. Jüngere Linie. |
|---|---|---|
| Teilung 1711. | † 1745. | Teilung 1756. |

| **Neuschloß-Burgstall.** | **Wolfpässing.** † 1850. | **Otting.** † 1765. | **Neuschloß-Burgstall.** | **Weinern.** |
|---|---|---|---|---|

Olderich von Cucagna . . . . . um 1021
Adolf I. von Ursperg . . . . um 1050, † 1060
Konrad I. . . . . . . . . 1060—1081
Konrad II. . . . . . . . . 1081—1107
Pilgrin II. . . . . . . . . 1107—1160
Pilgrin III. . . . . . . . . 1160—1181

Adolf IV. . . . . . . . . . . . . 1181—1204
Otto I. . . . . . . . . . . . . . 1204—1215

Teilung unter seinen Söhnen 1215.

---

| **1. Linie.** | **2. Linie.** | **3. Linie.** |
|---|---|---|
| Engelbert I. . . . . 1215—1217 | Johann II. . . . . 1215—1246 | Meinhalm I. . . um 1232 |
| | Teilung unter seinen Söhnen. | Peter I. . . .⎫ um 1260 |
| | | Wolfgang I. . ⎭ um 1260 |

| **1. Linie.** | **2. Linie.** | **3. Linie.** | **4. Linie.** |
|---|---|---|---|
| Otto III. v. Art=mannsdorf und Hepfenbach 1256—1267 | Meinhalm II. 1349—1270 Meinzelin I um 1290 | Johann III. 1249—1270 | Herbard I. 1246—1283 |
| Otto V. . um 1298 | | | Teilung unter seinen Söhnen 1283. |
| Albrecht .⎫ ? | | | |
| Hein=zelin I. ⎭ um 1320 | | | |

**1. Linie.**

Wilhelm I. von Zobelsberg 1283—1312
Otto IV. . . . . . 1312—1328
Friedrich I. . . . 1328—1378
Herbard VIII. . . . 1378—1403

---

**2. Linie.**

Georg II. . . . . . 1283—1321
Albero . . . . . . 1321—1358
Peter III. . . . . .⎫ 1358—1382
Volkhard III. . . . ⎬ 1358—1381
Friedrich II. . . . ⎭ 1358—1375

Peters III. Söhne:

---

| Georg III. . 1356—1389 | Wilhelm II. 1359—1398 | Johann VI. 1356—1384 | Herbard VI. 1359—1379 |
|---|---|---|---|
| Georg IV. . 1401—1436 | Johann VII. | | |
| Herbard X. 1431—1449? | von Winden⎫ 1409—1413 | | |
| | Herbard IX.⎭ 1406—1437? | | |

---

**3. Linie.**

Johann IV. . . . . 1283—1310
Volkhard II. . . .⎫ 1310—1343?
Herbard IV. . . . .⎭ 1310—1341
Meinhard . . . . . 1339—1365
Herbard VII. . . .⎫ 1365—1413
Diethelm . . . . .⎭ 1365—1405

---

**4. Linie.**

Volkhard I. . . . . 1283—1326
Lorenz I. . . . . . 1326—1340
Pilgrin IV. . . . . 1340—1388
Volkhard V. . . . . 1388—1429
Andreas I. . . . . nach 1429
Otto VI. . . . . . † 1478
Andreas II. . . . . 1478—1512

---

**5. Linie.**

Herbard II. . . . . 1283—1304
Johann V. . . . . . 1304—1353
Meinhalm IV. . . . 1353—1385
Theobald II. . . . . 1385—1423

Teilung unter seinen Söhnen 1423.

**A. Ältere Linie in Schönberg.**

Volkhard VI. . . . . . . . . . . 1423—1451
Georg V. . . . . . . . . . . .⎫ 1451—1483
Wilhelm IV., der Reiche, Reichsfreiherr 1491⎬ 1451—1506
Johann VIII. . . . . . . . . . .⎭ 1451—1461
Johann IX. . . . . . . . . . . . 1483—1529
Wolfgang Engelbert I. . . . . . . 1529—1557
Johann XI. . . . . . . . . . . .⎫ 1557—1580
Georg VIII. . . . . . . . . . . ⎬ 1557—1584
Andreas . . . . . . . . . . . .⎭ 1557—1594

**B. Jüngere Linie.**

Engelhard I. . . . . . . . . . . 1423—1466

Teilung unter seinen Söhnen 1466.

**I. Ältere Linie in Krain (Pancrazische Linie).**

Lorenz II. . . . . . . . . . . .⎫ 1466—1479
Pancraz II. . . . . . . . . . . .⎭ 1466—1496

Trojan, **Reichsfreiherr** 1530 . . . . . 1496—1541
Dietrich I. . . . . . . . . . .⎱ 1541—1571
Weikhard I. . . . . . . . . . .⎰ 1541—1581
Herbard XI. . . . . . . . .⎰ 1541—1575
Wolfgang Engelbert II. . . . . . . .⎱ 1575—1590
Christoph II. . . . . . . . . .⎰ 1575—1592

Teilung unter den Söhnen Christophs II. 1592.

### a. Ältere Linie.

Herbard XII. . . . . . . . . 1592—1618
Johann Andreas II., **Reichsgraf** 11./9. 1630  1618—1664

Teilung unter seinen Söhnen 1664.

### 1. Ältere Linie in Seisenberg.

Wolfgang Engelbert IV. . . . . . . . 1664—1696
Adam Siegfried . . . . . . . . 1696—1739
Wolfgang Engelbert Ignaz . . . . . . 1739—1769
Marie Joseph . . . . . . . . . 1769—1805
Paul Aloys . . . . . . . . . 1805—1810
Johann Weikhard Joseph . . . . . 1810—1833
Joseph, in Schönberg 1841 . . . . . 1833—1883
Leo . . . . . . . . . . 1883—

### 2. Jüngere Linie.

Johann Herbard . . . . . . . . 1664—1701

Teilung unter seinen Söhnen 1701.

### α. Kirchberg am Wald.

Georg Siegmund . . . . . . . . 1701—1736
Heinrich . . . . . . . . . . 1736—1793
Siegmund Theodor . . . . . . . 1793—1803
Karl Heinrich . . . . . . . . 1803—1848
Anton . . . . . . . . . 1848—
Heinrich . . . . . . . . . —1879
Julius . . . . . . . . . 1879—

### β. Mokritz.

Dismas Andreas Christian . . . . . 1701—1742

Teilung unter seinen Söhnen 1742.

| Mokritz. | | Zobelsberg. | |
|---|---|---|---|
| Wolfgang Nikolaus II. . . . 1742—1759 | | Karl . . . . . . . . . 1742—1789 | |
| Maria Nikolaus Joseph . . . 1759—1827 | | | |
| Nikolaus Franz . . . . . . 1827—1847 | | | |
| Gustav Franz Victor Nikolaus . 1847—1880 | | | |

### b. Mittlere Linie.

Weikhard II. . . . . . . . . 1592—1607

### c. Jüngere Linie.

Dietrich II., **Reichsgraf** 11./9. 1630 . . . 1592—1634

Teilung unter seinen Söhnen 1634.

### 1. Ältere Linie.

Wolfgang Engelbert III. . . . . . . 1634—1673

### 2. Mittlere Linie.

Herbard XIII. . . . . . . . . 1634—1668

Teilung unter seinen Söhnen 1668.

### α. Schönberg.

Franz Anton . . . . . . . . . 1668—1718

Teilung unter seinen Söhnen 1718.

| Schönberg. | | Kreuz und Oberstein. | |
|---|---|---|---|
| Anton Joseph . . . . . . 1718—1762 | | Nikolaus Joseph . . . . . 1718—1760 | |
| Johann Nepomuk Joseph . . 1762—1811 | | Aloys Adolf . . . . . . 1760—1784 | |
| Raimund . . . . . . 1811—1826 | | Leopold . . . . . . 1784—1786 | |
| Karl Joseph . . . . . 1826—1841 | | | |

### β. **Thurn am Hart.**

Dietrich Theodor . . . . . . . . . 1668—1732
Alexander Innocenz Karl . . . . . 1732—1759
Reinhard Joseph . . . . . . . . 1759—1797

Teilung unter seinen Söhnen 1797.

| **Thurn am Hart.** | | **Großdorf.** | |
|---|---|---|---|
| Maria Alexander . . . . | 1797—1818 | Reinhard Maria Joseph . . . | 1797—1841 |
| Anton Alexander [„Anastasius Grün"] | 1818—1876 | Franz Xaver . . . . . . | 1841—1864 |
| Alfons . . . . . . . | 1876— | | |

### 3. **Jüngere Linie in Gottschee.**

Johann Weikhard in Wels und Gottschee, **Reichs-**
  **fürst** 18./9. 1653, Herzog von Münsterberg
  und Frankenstein 30./7. 1654 (verkauft an
  Preußen 1791), gefürsteter Graf von Thengen
  14./3. 1664 . . . . . . . . . . 1634—1677
Ferdinand Franz . . . . . . . . 1677—1707
Franz Karl . . . . . . . 1707—1713
Heinrich Joseph Johann . . . . . 1713—1783

Teilung unter seinen Söhnen 1783.

| **Herzogliche Linie.** | | **Fürstliche Linie.** | | **Gräfliche Linie.** | |
|---|---|---|---|---|---|
| Karl Joseph, **Herzog von** | | Johann Adam in Nassaberg, | | Franz Xaver in Wels   † 1808 | |
| **Gottschee** 11./11. 1791 | 1783—1800 | **Reichsfürst** 15./7. 1746 | 1746—1795 | Franz Xaver Adolf . . | 1808—1873 |
| Wilhelm I. . . . . | 1800—1822 | Karl . . . . . . | 1795—1847 | Karl . . . . . . | 1873— |
| Mediatisierung des Fürstentums 1806. | | Mediatisierung des Fürstentums 1806. | | | |
| Wilhelm II. . . . . | 1822—1827 | Romanus Karl . . . | 1847—1869 | | |
| Karl Wilhelm Philipp . | 1827—1890 | Franz Joseph . . . | 1869— | | |
| Karl . . . . . | 1890— | | | | |

### II. **Jüngere Linie in Österreich (Volkhardische Linie).**

Volkhard VII. . . . . . . . . . 1466—1508
Siegmund II. . . . . . . . . . 1508—1541

Teilung unter seinen Söhnen 1541.

| **Ältere Linie.** | | **Mittlere Linie.** | | **Jüngere Linie.** | |
|---|---|---|---|---|---|
| Siegmund Nikolaus, Frei- | | Erasmus, Freiherr 1573 | 1541—1591 | Volkhard VIII., Freiherr | |
| herr 1573 . . . | 1541—1581 | | | 1573 . . . . . | 1541—1591 |
| Wolfgang Siegmund I. | 1581—1598 | | | Matthias Volkhard . . | 1591—1604 |
| Johann X. . . . | 1581—1609 | | | | |
| Georg Ehrenreich) . | 1581—1591 | | | | |

Teilung
unter Wolfgang Siegmunds I. Söhnen 1598.

### 1. **Peillenstein.**

Wolfgang Nikolaus I. . . . . . . 1598—1632
Siegmund Erasmus . . . . . . . 1632—1661
Rudolf Siegmund, Graf 15./7. 1673 . . 1661—1688
Wolfgang Ehrenreich) . . . . . . 1688—1730
Julius . . . . . . . . . . 1730—1731
Johann Volkhard . . . . . . . 1731—1764
Franz . . . . . . . . . . 1764—1790
Leonhard . . . . . . . . . 1790—1804

### 2. **Burgstall.**

Weikhard III. . . . . . . . . . 1598—1660

Teilung unter seinen Söhnen 1660.

### α. **Altschloß-Burgstall.**

Karl Weikhard, Graf 15./7. 1673 . . . 1660—1680
Wolfgang Engelbert V. . . . . . . 1680—1723
Wolfgang Augustin II. . . . . . . 1723—1731
Wolfgang Engelbert VI. . . . . . 1731—1771
Wolfgang Augustin Franz . . . . . 1771—1794
Leopold Joseph . . . . . . . 1794—1849
Gottfried Leopold . . . . . . . 1849—1893
Leopold . . . . . . . . . 1893—

### β. **Neuschloß-Burgstall.**

Wolfgang Max I., Graf 15./7. 1673 . . 1660—1705

Teilung unter seinen Söhnen 1705.

### a. Ältere Linie.

Wolfgang Ferdinand . . . . . . . . . . 1705—1711

Teilung unter seinen Söhnen 1711.

| Neuschloß-Burgstall. | | Wolffpässing. | | Ötting. | |
|---|---|---|---|---|---|
| Ernst Ferdinand . . . | 1711—1764 | Wolfgang Max III. . . | 1711—1781 | Wolfgang Augustin III. | 1711—1765 |
| Anton Leopold . . . | 1764—1786 | Joseph Anton . . . | 1781—1826 | | |
| Joseph Karl Ernst . . | 1786—1793 | Johann Baptist . . . | 1826—1846 | | |
| Karl Johann . . . | 1793—1836 | Maximilian . . . . | 1846—1850 | | |
| Joachim Joseph . . . | 1836—1857 | | | | |

### b. Mittlere Linie.

Wolfgang Gottfried . . . . . . . . . 1705—1745

### c. Jüngere Linie.

Wolfgang Augustin I. . . . . . . . . 1705—1756

Teilung unter seinen Söhnen 1756.

| Neuschloß-Burgstall. | | Weinern. | |
|---|---|---|---|
| Wolfgang Moritz Ludwig . . . | 1756 | Wolfgang Christian Karl . . . | 1756—1795 |
| Wolfgang Augustin Christian . . | 1756—1805 | Wolfgang Augustin Christian . . | 1795—1827 |
| Wolfgang Augustin Gottlieb . . | 1805—1835 | Ernst Johann Nepomuk . . . | 1827—1852 |
| August . . . . . . | 1835—1837 | Wolfgang Aloys Ludwig Julius | 1852—1858 |
| Karl Joseph . . . . . | 1837—1859 | | |

### 3. Wasen.

| | |
|---|---|
| Andreas III. . . . . . . . . . . . | 1598—1632 |
| Wolfgang Siegmund II. . . . . . . . . | 1632—1665 |
| Wolfgang Georg Leopold, Graf 15./7. 1673 | 1665—1719 |
| Wolfgang Siegmund Johann Georg . . . | 1719—1758 |
| Wolfgang Franz Joseph . . . . . . . | 1758—1792 |
| Wolfgang Nikolaus . . . . . . . . | 1792—1811 |
| Franz Xaver . . . . . . . . . | 1811— |

## 193. Starhemberg.

### Übersicht über die Teilungen.

Teilung um 1186.

| A. Ältere Linie. | B. Jüngere Linie. |
|---|---|
| † um 1316. | Teilung. |

| Losenstein, | Starhemberg. |
|---|---|
| f. bef. | Teilung 1301. |

| Ältere Linie. | Mittlere Linie. | Jüngere Linie. |
|---|---|---|
| † um 1364. | Teilung 1346. | † um 1323. |

| Ältere Linie. | Jüngere Linie. |
|---|---|
| Teilung 1390. | † 1474. |

| Ältere Linie. | Mittlere Linie. | Jüngere Linie. |
|---|---|---|
| Teilung 1418. | † 1405. | † 1481. |

| Ältere Linie. | Mittlere Linie. | Jüngere Linie. |
|---|---|---|
| † im 15. Jahrh. | † 1494. | Teilung 1531. |

| A) Ältere Linie. | B) Jüngere Linie. |
|---|---|
| † 1570. | Teilung 1560. |

| A. Eferding. | B. Aschach-Peuerbach. | C. Wildberg-Riedeck. |
|---|---|---|
| Teilung 1582. | Teilung 1585. | Teilung 1571. |

| I. Schönpichl. | II. Eferding. | III. Albrechtsberg. | IV. Peuerbach. | Ennsegg. | Peuerbach. | Wildberg-Riedeck. | Schaumburg. |
|---|---|---|---|---|---|---|---|
| Teilung 1687. | † um 1636. | Teilung 1742. | † 1648. | † 1634. | † 1643. | Teilung 1676. | † 1661. |

| a. Alt. L. | b. Mittl. L. | c. Jüng. L. | Ältere Linie. | Jüngere Linie. | a. Ältere Linie. | b. Jüngere Linie. | |
|---|---|---|---|---|---|---|---|
| † 1701. | † 1860. | Teilung 1745. | † 1836. | † 1796. | Teilung 1743. | Teilung 1771. | |

| Ältere Linie: Starhemberg. | Jüngere Linie. † 18 . . | Ältere Linie. † 1791. | Jüngere Linie. † 1786. | Wildberg. † 1857. | Schaumburg. † 1844. |
|---|---|---|---|---|---|

Adalbert der Rauhe von Steiermark um 1056, † um 1088
Düring I. von Steier . . . . . . . † um 1118
Gundackar . . . . . . . . . 1140, † um 1186

Teilung unter seinen Söhnen um 1186.

### A. Ältere Linie.

Düring II. von Steier . . . . . . . 1191—1217
Dietmar . . . . . . . . . . † 1225
Ulrich . . . . . . . . .} 1225—1240
Düring III. . . . . . . .} 1225—1230
Otto I. . . . . . . . . . 1230—1250
Otto II. . . . . . . . . . nach 1250
Friedrich . . . . . . . . † um 1316
Leutfried . . . . . . . . † um 1316

### B. Jüngere Linie.

Gundackar II. von Steier . . . . . 1176—1217
Gundackar III. . . . . . . . . 1217—1230

Teilung unter seinen Söhnen.

| | |
|---|---|
| Dietmar von Losenstein . . . 1230—1246, † um 1260 <br> s. bes. | Gundackar IV. (I.) von **Starhemberg** 1236—1265 <br> Rüdiger I. . . . . .} 1278, † um 1300 <br> Gundackar II. . . . .} 1273—1301 |

Teilung unter seinen Söhnen 1301.

| **Ältere Linie.** | **Mittlere Linie.** | **Jüngere Linie.** |
|---|---|---|
| Johann I. . . . . 1301—1350 | Gundackar III. . . . 1301—1346 | Rüdiger II. . . . . um 1323 |
| Weikhard . . . .} 1350—1375 | Teilung unter seinen Söhnen 1346. | |
| Heinrich . . . .} 1350—1363 | | |
| Johann II. . . . .} 1350—1361 | **Ältere Linie.** | **Jüngere Linie.** |
| Gundackar VI. . .} 1350—1364? | Rüdiger III. 1346—1383, † vor 1391 | Gundackar V. . . . 1346—1377 |
| | Teilung unter seinen Söhnen 1390. | Rüdiger IV. . . . . 1377—1383 |
| | | Johann III. . . . 1383—1440 |
| **Ältere Linie.** | **Mittlere Linie.** — **Jüngere Linie.** | Bernhard . . . . 1440—1460 |
| Kaspar I. . 1390—1418 | Balthasar I. 1390—1405 — Gundackar VII. 1390—1418 | Cadolt . . . . 1460—1474 |
| Teilung u. s. Söhnen 1418. | Rüdiger VII. 1418—1480 | |
| | Georg III. . 1480—1481 | |

| **Ältere Linie.** | **Mittlere Linie.** | **Jüngere Linie.** |
|---|---|---|
| Georg I. . . 1418—1435 | Ulrich I. . . 1418—1474 | Johann IV. . 1418—1474 |
| Kaspar III. .} † um 1433 | Ulrich II. . .} 1474—1486 | Ludwig . . .} 1474—1513 |
| Georg II. .} † um 1436 | Balthasar II .} 1474—1494 | Bartholomäus I.} 1474—1531 |
| Stephan .} † um 1438 | Gotthard . .} 1474—1493 | Jakob } 1474—1483 |
| | | Georg in Pühr-stein .} 1474—1513 |
| | | Wolfgang . .} 1474—1518 |

Teilung
unter Bartholomäus Söhnen 1531.

### A) Ältere Linie.

Johann VI. . . . . . . . . 1531—1534
Hieronymus . . . . . . . . 1534—1553
Paul Jakob I. . . . . . . . 1553—1560
Johann VII. . . . . . . . . 1560—1570

### B) Jüngere Linie.

Erasmus I. . . . . . . . . 1531—1560

Teilung unter seinen Söhnen 1560.

### A. Eferding.

Rüdiger IX. . . . . . . . . 1560—1582

Teilung unter seinen Söhnen 1582.

### I. Schönpichl.

Paul Jakob II. . . . . . . . 1582—1635
Konrad Balthasar, **Reichsgraf** 3./3. 1634 . 1635—1687

Teilung unter seinen Söhnen 1687.

### a. Ältere Linie.

Heinrich Ernst Rüdiger . . . . . 1687—1745

### b. Mittlere Linie zu Schaumburg-Wachsenberg.

Franz Ottokar . . . . . . . 1687—1699
Konrad Sigismund Anton, **Fürst** 9./11. 1719 1699—1727

Georg Adam I., **Reichsfürst** 13./11. 1765 .) 1727—1807
Johann Ernst . . . . . . . . . .  ∫ 1727—1786
Ludwig . . . . . . . . . . . .        1807—1833
Georg Adam II. . . . . . . . .        1833—1860

### c. Jüngere Linie.
Gundackar Thomas . . . . . . .       1687—1745
Teilung unter seinen Söhnen 1745.

| **Ältere Linie.** | | **Jüngere Linie.** | |
|---|---|---|---|
| Otto Gundackar Franz Xaver . | 1745—1760 | Joseph Franz Xaver Judas Thaddäus . . . . . . . | 1745—1774 |
| Gundackar Franz Xaver . . | 1760—1804 | Anton I. | 1774—1803 |
| Anton Gundackar . . . . | 1804—1842 | Anton II. Gundackar . . . | 1803—1851 |
| Karl Gundackar . . . . | 1842—1859 | Stephan . . . . . . . | 1851— |
| Camillo Rüdiger . . . . | 1859—1872 | | |
| Camillo . . . . . . | 1872—1900 | | |
| Ernst Rüdiger . . . . . | 1900— | | |

### II. Eferding.
Gotthard . . . . . . . . . .       1582—1628
Christian . . . . . . . .    1628— um 1636

### III. Albrechtsberg.
Ludwig . . . . . . . . . . .       1582—1620
Georg Ludwig . . . . . . . . .) 1620—1651
Bernhard Ludwig . . . . . . . .∫ 1620—1630
Johann Ludwig . . . . . . . .     1651—1666
Max Reinhard . . . . . . . .     1666—1682
Franz Joseph . . . . . . . .     1682—1742
Teilung unter seinen Söhnen 1742.

| **Ältere Linie.** | | **Jüngere Linie.** | |
|---|---|---|---|
| Johann Windulf Ludwig Friedrich | 1742—1765 | Johann Guidobald Joseph Philipp | 1742—1763 |
| Wenzel . . . . . . . | 1765—1814 | Joseph . . . . . . . . . | 1763—1796 |
| Sigismund . . . . . . | 1814—1836 | | |

### IV. Peuerbach.
Martin . . . . . . . . .       1582—1620
Weikhard . . . . . . . .       1620—1648

### B. Aschach-Peuerbach.
Gundackar XI. . . . . . . . .       1560—1585
Teilung unter seinen Söhnen 1585.

| **Ennsegg.** | | **Peuerbach.** | |
|---|---|---|---|
| Johann Ulrich . . . . . | 1585—1626 | Georg Achaz . . . . . . | 1585—1597 |
| Johann Reinhard . . . . | 1626—1634 | Johann Gundackar . . . . | 1597—1643 |

### C. Wildberg-Riedeck.
Heinrich . . . . . . . . .       1560—1571
Teilung unter seinen Söhnen 1571.

| **Wildberg-Riedeck.** | | **Schaumburg-Eferding.** | |
|---|---|---|---|
| Reinhard . . . . . . | 1571—1613 | Erasmus II. . . . . . . | 1571—1648 |
| Heinrich Wilhelm, **Reichsgraf** 3./3. 1643 . . . . . . . | 1613—1675 | Johann Reinhard . . . . | 1648—1661 |
| Gundackar XV. . . . . . .| 1613—1652 | | |
| Erasmus III. . . . . . .∫ 1613—1664 | | |
| Kaspar . . . . . . . | 1613—1646 | | |
| Bartholomäus III. . . . . | 1652—1676 | | |

Teilung unter seinen Söhnen 1676.

### a. Ältere Linie.
Gundackar XVI. . . . . . . .       1676—1702
Gundemar Joseph . . . . . . .     1702—1743
Ottokar Franz Jakob in Engerstorff . . .   1702—1735
Teilung unter den Söhnen Gundemar Josephs 1743.

**Ältere Linie.**

| | |
|---|---|
| Heinrich Maximilian . . . . | 1743—1765 |
| Aloys Erasmus I. . . . . | 1765—1784 |
| Aloys Erasmus II. . . . . | 1784—1791 |

**Jüngere Linie.**

| | |
|---|---|
| Johann Ludwig Adam . . . | 1743—1778 |
| Philipp . . . . . . | 1778—1786 |

**b. Jüngere Linie.**

| | |
|---|---|
| Adam Maximilian Franz . . . . . . | 1676—1741 |
| Emanuel Michael Guidobald . . . . | 1741—1771 |

Teilung unter seinen Söhnen 1771.

**Wildberg.**

| | |
|---|---|
| Rüdiger Joseph Johann . . | 1771—1789 |
| Johann Heinrich Nepomuk . . | 1789—1857 |

**Schaumburg.**

| | |
|---|---|
| Emanuel Max Michael . . . | 1771—1814 |
| Karl Guido . . . . . | 1814—1844 |

## 194. Losenstein.

| | |
|---|---|
| Graf Dietmar I. von Steier . . . | 1230— um 1260 |
| Gundackar I. . . . . . . . . . | † 1305 |
| Dietmar II. . . . . . . . . . | um 1284 |
| Ulrich . . . . . . . . . | um 1284 |
| Siegfried . . . . . . . . | † 1322 |
| Gundackar II. . . . . . . . | † 1350 |
| Berthold I. . . . . . . . | † 1334 |
| Ludwig . . . . . . . . | † 1340 |
| Hartnid I. . . . . . . . | † 1344 |
| Dietmar III. . . . . . . . | † 1348 |
| Dietrich I. . . . . . . . | † 1372 |
| Rudolf I. . . . . . . . | † 1367 |
| Gundackar III. . . . . . . | † 1394 |
| Berthold II. . . . . . . . | † 1355 |
| Dietmar V. . . . . . . . | 1344—1370 |
| Hartnid II. . . . . . . . | 1344—1383 |
| Dietrich II. . . . . . . . | 1364—1377 |
| Bernhard . . . . . . . . . | 1383—1434 |

Teilung unter seinen Söhnen 1434.

Hartnid III. 1434—1479
Christoph I. 1479—1493

**Losenstein-Leuthen.**

| | |
|---|---|
| Florian . . . | 1434—1452 |
| Sebastian . . . | 1452—1521 |
| Achaz . . . . | 1452—1527 |
| Eustach . . . | 1452—1507 |
| Philipp . . . . | 1452—1521 |
| Christoph II. . . . | 1527—1558 |
| Georg Achaz I. . | 1558—1597 |
| Johann Wilhelm . | 1558—1601 |
| Georg Christoph . | 1597—1622 |
| Georg Wolfgang . . | 1622—1635 |

**Losenstein-Gschwendt.**

| | |
|---|---|
| Rudolf II. . . . . | 1434—1449 |
| Georg I. . . . | 1449—1509 |
| Adam . . . . | 1509—1510 |
| Georg II. . . . | 1509—1521 |
| Wolfgang . . . . | 1509—1555 |
| Christoph III. . . | 1509—1525 |
| Maximilian . . | 1509—1520 |
| Pontus . . . . | 1509—1520 |
| Noah . . . . | 1509—1520 |
| Dietmar VI. . . . | 1555—1577 |
| Georg Christoph . | 1577—1587 |
| Johann Bernhard . | 1577—1589 |
| Otto Heinrich . . | 1577—1613 |
| Wolf Siegmund . . | 1577—1626 |
| Georg Achaz II. . . | 1626—1653 |
| Franz Anton, Fürst . | 1653—1692 |

An Auersperg 1692.

Berthold V. 1434—1443

## 195. Khevenhüller.

| | |
|---|---|
| Richard I. . . . . . . . . . | um 1080 |
| Siegmund I. . . . . . . . . | † 1185 |
| Achaz . . . . . . . . . | 1185—1220 |
| Richard II. . . . . . . . | 1220—1290 |
| Johann I. . . . . . . . | 1290—1322 |
| Johann II. . . . . . . . | 1322—1362 |
| Christoph I. . . . . . . . | 1362—1394 |
| Johann III. . . . . . . . | 1362—1398 |
| Wilhelm . . . . . . . . | 1398—1418 |
| Johann IV. . . . . . . . | 1498—1439 |
| Johann V. . . . . . . . | 1439—1486 |
| Augustin I. . . . . . . . | 1486—1519 |

Teilung unter seinen Söhnen 1519.

### A. Aichelberg-Frankenburg.

Christoph II. . . . . . . . . . 1519—1557
Teilung unter seinen Söhnen 1557.

| Ältere Linie. | | Mittlere Linie. | | Jüngere Linie. | |
|---|---|---|---|---|---|
| Bartholomäus I., **Reichsfreiherr** 15./10. 1566, **Reichsgraf** 13./11. 1605, in Frankenburg 1606 . . | 1557—1613 | Johann VII., **Reichsfreiherr** 16./10. 1566, Graf 1503, in Frankenburg 1581 . . | 1557—1606 | Moritz Christoph, **Reichsfreiherr** 16./10. 1566 | 1557—1607 |
| | | | | Augustin III. . . . . | 1607—1619 |
| | | | | Georg Augustin . . . | 1619—1752 |
| Teilung unter seinen Söhnen 1613. | | | | Ferdinand . . . . . | 1652—1668 |
| Franz Christoph I. . . | 1613—1650 | Johann VIII. . . . | 1613—1632 | | |
| Franz Christoph II . . | 1650—1684 | Paul . . . . . . } | 1632—1655 | | |
| Franz Ferdinand Anton | 1684—1746 | Bartholomäus III: . . } | 1632—1678 | | |
| Johann Ludwig Joseph | 1746—1753 | Franz Hartmann Albert | 1678—1694 | | |
| Johann Ludwig . . . | 1753—1805 | | | | |
| Joseph Johann . . . | 1805—1812 | | | | |
| Anton . . . . . . | 1812—1830 | | | | |
| Hugo Anton Johann . | 1830—1884 | | | | |

### B. Hohen-Osterwitz-Metsch.

Siegmund III. . . . . . . . . . . 1519—1552
Georg III., **Reichsfreiherr** 16./10. 1566 . . 1552—1587
Teilung unter seinen Söhnen 1587.

| Ältere Linie. | | Jüngere Linie. | |
|---|---|---|---|
| Franz II. . . . . . . . | 1587—1607 | Siegmund V. . . . . . | 1587—1589 |
| Wolfgang Joseph Georg . . } | 1607—1614 | Paul I. . . . . . . | 1589—1655 |
| Siegmund VI. . . . . } | 1607—1660 | Paul II. . . . . . . | 1655—1658 |
| Georg Andreas . . . . | 1660—1664 | | |
| Ehrenreich, Graf 23./6. 1673 . | 1664—1675 | | |
| Siegmund Friedrich I., **Reichsgraf** 6./1. 1725 . . . . . | 1675—1742 | | |
| Johann Franz, **Reichsfürst v. Khevenhüller-Metsch** 30./12. 1763 . | 1742—1776 | | |
| Siegmund Friedrich II. . . . | 1776—1801 | | |
| Karl . . . . . . . | 1801—1823 | | |
| Franz . . . . . . . | 1823—1837 | | |
| Richard . . . . . . | 1837—1877 | | |
| Karl . . . . . . . | 1877— | | |

### 196. Wurmbrand-Stuppach.

| | |
|---|---|
| Ottomar von Wurmberg und Stuppach . . | um 1130 |
| Konrad von Wurmberg . . . . . } | um 1170 |
| Leopold von Wurmbrand . . . . } | um 1170 |
| Heinrich I. . . . . . . . . | 1200—1265 |
| Stephan I. . . . . . . . . | um 1300 |
| Heinrich II. . . . . . . . . | † 1350 |
| Rudolf I. . . . . . . . . | † vor 1356 |
| Stephan II. . . . . . . . . | † 1393 |
| Simon . . . . . . . . . } | † 1424 |
| Lorenz . . . . . . . . } | † 1402 |
| Friedrich . . . . . . . . | † 1460 |
| Johann . . . . . . . . } | um 1470 |
| Stephan III. . . . . . . . } | um 1500 |
| Leonhard . . . . . . . . } | um 1500 |
| Anton . . . . . . . . } | um 1470 |
| Melchior, **Freiherr** 9./7. 1518 . . . . | 1511—1515 |
| Matthias von Reitenau . . . . . } | 1555—1584 |
| Hieronymus . . . . . . . . } | 1555—1597 |
| Sebastian . . . . . . . . } | 1555—1559 |

Teilung unter Matthias Söhnen 1559.

### A. Österreichische Linie.

| | |
|---|---|
| Ehrenreich, **Reichsfreiherr** 17./12. 1607 . . | 1584—1620 |
| Wolfgang Matthias . . . . . . | 1620—1647 |
| Johann Ehrenreich, Graf 3./10. 1682 . | 1647—1691 |
| Johann Wilhelm, **Reichsgraf** 31./8. 1701 . | 1691—1750 |
| Grundackar Thomas . . . . . . | 1750—1791 |

| | |
|---|---|
| Heinrich Grundacker . . . . . . . . | 1791—1847 |
| Ferdinand . . . . . . . . . . | 1847—1896 |
| Wilhelm . . . . . . . . . . | 1896— |

### B. Steierische Linie.

| | |
|---|---|
| Rudolf II. . . . . . . . . . . | 1584—1625 |
| Georg Andreas I. . . . . . . . . | 1624—1680 |

Teilung unter seinen Söhnen 1680.

| Neuhaus. | | Reitenau. | |
|---|---|---|---|
| Georg Andreas II., Graf 3./10. 1682, Reichsgraf 31. 8. 1701 | 1680—1701 | Wolfgang Friedrich, Graf 3./10. 1682, Reichsgraf 31. 8. 1701 | 1680—1704 |
| Maximilian Rudolf . . . . | 1701—1731 | Franz Karl . . . . . . | 1704—1768 |
| Georg Ehrenreich I. . . . | 1731—1786 | Johann Joseph . . . . . | 1704—1750 |
| Philipp . . . . . . | 1786—1811 | Leopold Siegmund . . . . | 1704—1759 |
| Georg Ehrenreich II. . . . | 1811—1613 | Joseph . . . . . . . | 1768—1779 |
| Joseph I. . . . . . . | 1813—1865 | Franz Joseph . . . . . | 1779—1801 |
| Joseph II. . . . . . . | 1865— | Franz Karl . . . . . | 1801—1855 |
| | | Franz . . . . . . . | 1855—1857 |
| | | Hermann . . . . . . | 1857—1879 |
| | | Franz Gabriel Ludwig Maria Cajetan . . . . . | 1879— |

### 197. Trautson.

| | |
|---|---|
| Berthold I. . . . . . . . . | um 1134 |
| Konrad I. . . . . . . . . | † um 1233 |
| Konrad II. . . . . . . . | um 1236 |
| Berthold II. . . . . . . . | um 1275 |
| Jakob . . . . . . . . | um 1275 |
| Konrad III. von Trautson . . . . | † 1376 |
| Otto . . . . . . . . . | nach 1376 |
| Johann II. . . . . . . . | ? |
| Victor . . . . . . . . | ? |
| Balthasar . . . . . . . | ? |
| Sixtus von Sprechenstein . . . . | † 1508 |
| Johann V. . . . . . . . | ? |
| Johann VI., Freiherr von Sprechenstein und Falkenstein . . . . . . . | ? |
| Paul Sixtus I., Graf v. Falkenstein . . | † 1620 |
| Johann Franz . . . . . . . | 1620—1663 |

Teilung unter seinen Söhnen 1663.

| Ältere Linie. | | Jüngere Linie. | |
|---|---|---|---|
| Paul Sixtus II. . . . . . | 1663—1678 | Johannes Leopold Donatus, Fürst 1711 . . . . . | 1663—1724 |
| Franz Eusebius . . . . . | 1678—1728 | Johann Wilhelm . . . . | 1724—1775 |
| Veit Eusebius Timotheus Karl . | 1728—1760 | | |

An Auersperg 1775.

### 198. Lamberg.

Übersicht über die Teilungen.

Teilung 1414.

| A. Orteneck. | B. Sauenstein. |
|---|---|
| Teilung 1499. | Teilung. |

| I. Lichtenwald. † 1795. | II. Orteneck-Ottenstein. Teilung 1619. | III. Jüngere Linie. † 1569. | I. Stein-Guttenberg. † 1850. | II. Sauenstein-Reuttenburg. Teilung. |
|---|---|---|---|---|

| a. Greifenfels. | b. Amerang. Teilung 1631. | c. Ottenstein. Teilung 1650. | Ältere Linie. † 1772. | Jüngere Linie. † nach 1811. |
|---|---|---|---|---|

| 1. Lamberg-Steyer. Teilung 1672. | 2. Amerang. Teilung 1744. | 1. Alt. L. zu Sprintzenstein. † nach 1811. | 2. Jüng. Linien, in Stockerau. Teilung 1731. |
|---|---|---|---|

| a. Lamberg. b. Kunstadt. Teilung 1712. | Amerang. † 1801. | Winkel. † 1850. | Orteneck-Ottenstein. | Moor. † 1790. |
|---|---|---|---|---|

| Lamberg. † 1797. | Kitzbühel. † 1735 und 1764 |
|---|---|

| | |
|---|---|
| Volrad I. | 1137—1161, † 1177 |
| Walter | 1161—1187 |
| Volrad II. | ? |
| Volrad III. | ? |
| Hermann von Landenberg | 1260—1308 |
| Wilhelm I. in Fels, Abbstorff und Enkfabrunn | 1314—1330 |
| Wilhelm II. | 1355—1397 |

Teilung unter seinen Söhnen 1414.

### A. Orteneck.

| | |
|---|---|
| Balthasar | 1414—1437 |
| Georg I. | 1468—1499 |

Teilung unter seinen Söhnen 1499.

### I. Lichtenwald.

| | |
|---|---|
| Joseph I. | 1499—1554 |
| Johann | 1554—1558 |
| Balthasar | 1554—1582 |
| Joseph III. | 1582—? |
| Georg Balthasar | ? |
| Georg Siegfried, Graf 10./11. 1667 | ?—1668 |
| Franz Joseph | 1668—1746 |
| Felix Max Joseph | 1746—1769 |
| Joseph Felix Adam | 1769—1795 |

### II. Orteneck-Ottenstein.

| | |
|---|---|
| Kaspar III. | 1499—1544 |
| Sigismund, Freiherr 12./1. 1554 | 1544—1619 |

Teilung unter seinen Söhnen 1619.

### a. Greifenfels.

| | |
|---|---|
| Raimund | 1619—? |
| Constantin | ? |
| Johann Matthias, Graf 10./11. 1667 | † 1684 |
| Johann Ludwig, Graf 10./11. 1667 | ? |
| Franz Anton, Graf 10./11. 1667 | † 1681 |
| Johann Raimund, Graf 10./11. 1667 | ? |
| Johann Anton | 1685—1735 |
| Johann Joseph | 1709—1718 |
| Karl Joseph | 1735—1784 |
| Leopold Raimund | 1784—1799 |
| Anton Raimund | 1799—1869 |
| Anton Raimund | 1869—1883 |
| Julius Raimund | 1883—1893 |

### b. Amerang.

| | |
|---|---|
| Georg Sigismund | 1619—1631 |

Teilung unter seinen Söhnen 1631.

### 1. Lamberg-Steyer.

| | |
|---|---|
| Johann Maximilian, Reichsgraf 5./9. 1641, in Steyer 1666 | 1631—1672 |

Teilung unter seinen Söhnen 1672.

### a. Lamberg.

| | |
|---|---|
| Franz Joseph, Fürst und Landgraf von Leuchtenberg 1711 | 1672—1712 |

Teilung unter seinen Söhnen 1712.

| **Lamberg.** | | **Kitzbühel.** | |
|---|---|---|---|
| Leopold Matthias Sigismund, Landgraf v. Leuchtenberg 1708—1711, Reichsfürst 1./11. 1707 | 1707—1711 | Johann Philipp | 1712—1735 |
| Franz Anton, Landgraf v. Leuchtenberg 1712—1714 | 1712—1759 | Johann Ferdinand (sein Bruder) | 1735—1764 |
| Johann Friedrich | 1759—1797 | | |

### b. Kunstadt.

| | |
|---|---|
| Kaspar Friedrich | 1672—1686 |
| Karl Benedict | 1686—1721 |
| Karl Leopold Anton Joseph in Arnau | 1721—1739 |
| Maximilian Joseph | 1739—1792 |

| | |
|---|---|
| Karl Eugen, **Fürst** 1797 . . . . . . . | 1792—1831 |
| Gustav Joachim . . . . . . . | 1831—1862 |
| Gustav . . . . . . . | 1862— |

### 2. Amerang.

| | |
|---|---|
| Johann Wilhelm, **Reichsgraf** 5./9. 1641 . . | 1631—1647 |
| Johann Friedrich Ludwig . . . . . | 1686 † 1713 |
| Franz Joseph Cajetan . . . . . . } | 1713—1753 |
| Johann Friedrich Cajetan . . . . . } | 1713—1744 |

Teilung unter den Söhnen Johann Friedrich Cajetans 1744.

| Amerang. | | Winkel. | |
|---|---|---|---|
| Franz Joseph Heinrich . . . . 1744—1801 | | Joseph Cajetan Friedrich . . . 1744—1795 | |
| | | Maximilian Franz . . . . . 1795—1837 | |

### c. Ottenstein.

| | |
|---|---|
| Johann Albert I. . . . . . . . | 1619—1650 |

Teilung unter seinen Söhnen 1650.

### 1. Ältere Linie zu Sprintzenstein.

| | |
|---|---|
| Johann Franz . . . . . . . . | 1660—1660 |
| Leopold Joseph . . . . . . . . } | 1660—1706 |
| Karl Adam . . . . . . . . } | 1660—1689 |
| Franz Siegmund . . . . . . . } | 1660—1713 |
| Johann Balthasar Joseph . . . . . } | 1660—1664 |
| Karl Joseph Franz Xaver Anton . . . | 1706—1746 |
| Franz da Paula Anton Xaver Flavius Joseph Cäsarius . . . . . . . . | 1746—1765 |
| Anton Franz Adam . . . . . | 1765— nach 1811 |

### 2. Jüngere Linien.

| Johann Bernhard . . 1650—1658 | Johann Georg . . . 1650—1692 | Stockerau. | |
|---|---|---|---|
| | | Johann Sigismund Albert . . . 1650—1671 | |
| | | Johann Albert II. . . 1671—1682 | |
| | | Franz Adam Anton . 1682—1731 | |

Teilung unter seinen Söhnen 1731.

| Orteneck-Ottenstein. | | Moor. | |
|---|---|---|---|
| Franz Joseph . . . 1731—1791 | | Franz Anton . . . . 1731—1790 | |
| Philipp Joseph, in Moor 1798 Mitbesitzer . . 1791—1807 | | Theresia Maria, geb. v. Nadasdy . . . 1790—1798 | |
| Franz Philipp Joseph . 1807—1848 | | An die anderen Linien. | |
| Franz Emmerich . . . 1848— | | | |

### III. Jüngere Linie.

| | |
|---|---|
| Melchior . . . . . . . . . | 1499—1550 |
| Ulrich . . . . . . . . . . | 1550—1569 |

### B. Sauenstein.

| | |
|---|---|
| Georg I. . . . . . . . . . | 1414—1438 |

Teilung unter Georgs I. Söhnen.

### I. Stein-Guttenberg.

| | |
|---|---|
| Georg II. . . . . . . . . | 1460—1469 |
| Jakob I. . . . . . . . . | ? |
| Kaspar . . . . . . . . . | um 1508 |
| Jakob II. . . . . . . . . | 1546—1569 |
| Johann Georg I. . . . . . . . | um 1563 |
| Johann Jakob . . . . . . . | † 1595 |
| Johann Georg II. . . . . . . | 1595—1628 |
| Johann Georg III. . . . . . | 1628— ? |
| Franz Adam I., Graf 10. 11. 1667 . . . | ? —1697 |
| Franz Bernhard . . . . . . . | † 1761 |
| Franz Adam II. . . . . . . . | 1761—1803 |
| Johann Nepomuk Anton . . . . | 1803—1828 |
| Ernst Joseph . . . . . . . | 1828—1850 |

### II. Sauenstein-Reuttenburg.

| | |
|---|---|
| Heinrich in Poppendorf . . . . . . . . | 1452—1485 |
| Christoph . . . . . . . . . . | 1481—1494 |
| Wilhelm . . . . . . . . . . . | 1518—1524 |
| Balthasar . . . . . . . . . . | 1556—1560 |
| Johann Wilhelm in Sauenstein 1574 . . . | † 1581 |
| Johann Herbard I. . . . . . . . . | 1581—1618 |
| Johann Herbard II., Graf 10./11. 1667 . | ? |

Teilung unter seinen Söhnen.

| **Ältere Linie.** | | **Jüngere Linie.** | |
|---|---|---|---|
| Wolfgang Herbard . . . . | 1712—1728 | Maximilian Engelbert . . . . | † 1733 |
| Leopold Karl . . . . . | 1769—1772 | Philipp Maximilian . . . | 1733—1772 |
| | | Maximilian Anton Leopold . | 1772—1811 †? |

## 199. Ortenburg.

| | |
|---|---|
| Graf Rapoto I. (Bruder Engelberts III. von Span-<br>haim-Ortenburg, s. Istrien) . . . . . | 1142—1190 |

Teilung unter seinen Söhnen.

### A. Ortenburg in Bayern.

| | |
|---|---|
| Heinrich I. . . . . . . . . . | 1190—1241 |
| Rapoto II., Pfalzgraf in Bayern . . . . | 1209—1231 |
| Rapoto III. . . . . . . . . . | 1231—1248 |
| Heinrich II. . . . . . . . . | 1241—1255 ? |
| Rapoto IV. von Murach . . . . . . | 1241—1295 |
| Diepold von Murach . . . . . . . | 1241—1285 |
| Gebhard . . . . . . . . . . | 1241—1272 |
| Heinrich III. . . . . . . . . | 1295—1360 |
| Alram I. . . . . . . . . . | 1295—1375 ? |
| Heinrich V. . . . . . . . . | 1375?—1392 |

Teilung unter seinen Söhnen 1392.

| **Dorfbach.** | | **Altortenburg.** | | **Neuortenburg.** | |
|---|---|---|---|---|---|
| Alram III. . . . . | † 1392 | Ezelin I. . . . . | 1392—1419 | Georg I. . . . . | 1392—1416 |
| Alram IV. . . . | 1392—1443 | Ezelin II. . . . . | 1419—1446 | Heinrich VI. . . . | 1416—1443 |
| | | | | Heinrich VII. . . . | 1443—1451 |

Teilung unter seinen Söhnen 1451.

| **Ältere Linie.** | | **Jüngere Linie.** | |
|---|---|---|---|
| Georg III. . . . | 1451—1494 | Sebastian I. . . . | 1451—1495 |
| Wolfgang . . . . | 1494—1519 | Ulrich II. . . . | 1495—1524 |
| | | Sebastian II. . . . | 1524—1559 |
| | | Joachim . . . . | 1559—1600 |
| | | Heinrich X. . . . | 1600—1603 |
| | | Friedrich Kasimir . . | 1603—1658 |
| | | Georg Reinhard . . | 1658—1664 |
| | | Christian . . . | 1664—1684 |
| | | Georg Philipp . . | 1684—1702 |
| | | Johann Georg . . | 1702—1725 |
| | | Karl . . . . | 1725—1776 |
| | | Karl Albrecht . . . | 1776—1787 |
| | | Joseph Karl Leopold,<br>vertauscht die Grafschaft<br>Ortenburg gegen die Herr-<br>schaft Tambach 1805:<br>Graf von Ortenburg,<br>Gr. u. Herr zu Tam-<br>bach . . . . . | 1787—1831 |

Mediatisierung der Grafschaft 1806.

| | | | |
|---|---|---|---|
| | | Franz Karl . . . | 1831—1876 |
| | | Friedrich . . . . | 1876—1894 |
| | | Franz Karl . . . | 1894— |

### B. Ortenburg in Kärnthen.

| | |
|---|---|
| Heinrich II. von Hungersbach . . . . . | 1220—1257 |
| Friedrich II. . . . . . . . . . | 1256—1293 |
| Meinhard I. . . . . . . . . . | 1293—1328 |

Meinhard II. . . . . . . . . . . . . . . . 1328—1332
Otto IV. . . . . . . . . . . . . . 1332—1374
Friedrich III. . . . . . . . . . . . . . 1374—1420

**Durch Erbverbrüderung an die Grafen von Cilly.**

Gebhard von Suneck (Sanneck) . . . . . . 1173—1224
Konrad . . . . . . . . . . . . . . . 1224, † vor 1255
Ulrich I. . . . . . . . . . . . . . . 1262—1312
Friedrich I., Freiherr von Suneck 1313, Graf 1341 . 1312—1359
Ulrich II. . . . . . . . . . . . . . . .⎫ 1359—1368
Hermann I. . . . . . . . . . . . . . .⎬ 1359—1385
Wilhelm, Graf von Cilly . . . . . . . . . 1368—1392
Hermann II., Graf von Zagoria 1398, Banus von
    Slavonien, Croatien u. Dalmatien, 1406, erbt
    Ortenburg 1420 . . . . . . . . . 1392—1434
Friedrich II., **gefürsteter Graf** 1436 . . . 1434—1454
Ulrich III., **gefürsteter Graf** 1443 . . . 1454—1456
    An Österreich . . . . . . . . 1456—1524

## Dynastie Salamanca. 1524—1640.

Gabriel von Salamanca (erhält Ortenburg durch
    kaiserliche Belehnung 10./3. 1524 . . . 1524—1540
Ferdinand . . . . . . . . . . 1540—1570
Johann . . . . . . . . . . 1570—?
Johann Georg . . . . . . . . . ?—1640

## Dynastie Widmann. 1640—1660.

Christoph Widmann (Cardinal 1647) kauft Ort. 1640—1660
Ortenburg an Porcia verkauft 1664.

---

## 200. Windischgrätz.

Ulrich (Nachkomme Graf Ulrichs I. von Weimar-
    Orlamünde, Markgrafen von Istrien, † 1070) . um 1242
Friedrich I. . . . . . . . . . . . † 1307
Friedrich II. . . . . . . . . . . .⎫ um 1325
Konrad I. . . . . . . . . . . . .⎭ † 1333
Konrad II. . . . . . . . . . . . ?
Eckard . . . . . . . . . . . ?
Koloman I. . . . . . . . . . . . † um 1430
    Teilung unter seinen Söhnen 1430.

### A. Ältere Linie.

Ruprecht I. . . . . . . . . . . . 1430—1499
Ruprecht II. . . . . . . . . . . .⎫ 1499—1504
Koloman II. . . . . . . . . . . .⎪ 1499—1502
Wolfgang . . . . . . . . . . .⎪ 1502—1516
Christoph I. . . . . . . . . . . .⎭ 1502—1549
    Teilung unter Christophs I. Söhnen.

| Ältere Linie. | | Jüngere Linie. | |
|---|---|---|---|
| Erasmus, **Reichsfreiherr zu Wald-**<br>**stein und im Thal 1551** . . | 1549—1575 | Pancraz, **Reichsfreiherr zu Waldstein**<br>**und im Thal 1551** | 1551—1591 |
| Andreas . . . . . . . . | 1575—1600 | Ehrenreich . . . . . . .⎫ | 1591—1602 |
|  |  | Christoph III. . . . . . .⎬ | 1591—1628 |
|  |  | Friedrich . . . . . . . .⎭ | 1591—1649 |

Teilung unter seinen Söhnen 1600.

| 1. Linie. | | 2. Linie. | | 3. Linie. | |
|---|---|---|---|---|---|
| Bartholomäus . . | 1600—1633 | David . . . . . | 1600—1636 | Karl . . . . . | 1600—1651 |
| Gottlieb I., **Reichsgraf**<br>2./8. 1658 und<br>29./11. 1682 . . | 1633—1695 | Adam . . . . . . | 1636—1704 |  |  |
| Ernst Friedrich . | 1695—1727 | Gottlieb Christian .⎫ | 1704—1749 |  |  |
| Leopold Johann Vic-<br>torin . . . | 1727—1746 | Adam Ferdinand . .⎭ | 1704—1730 |  |  |
| Johann Nicolaus in<br>Tachau 1781 . . | 1746—1802 |  |  |  |  |

Teilung unter seinen Söhnen 1802.

| 1. Linie. | | 2. Linie. | |
|---|---|---|---|
| Alfred, **Reichsfürst** 24./5. 1804 . | 1802—1862 | Weriand, österr. Fürst 18./5. 1822 . | 1802—1867 |
| Mediatisierung des Fürstentums 1806. |  | Hugo . . . . . . . . . | 1867— |
| Alfred Johann Nicolaus Guntram | 1862—1876 |  |  |
| Alfred August Maria Karl Wolf-<br>gang Erwin . . . . . | 1876— |  |  |

### B. Jüngere Linie.

| | |
|---|---|
| Siegmund | 1430—? |
| Jakob I. | ? |
| Siegfried | ?—1649 |
| Sebastian | ⎱ 1549—1551 |
| Jakob II. | ⎰ 1549—1558 |
| Wilhelm | ⎱ 1558—1590 |
| Johann | ⎰ 1558—1626 |

Teilung unter Johanns Söhnen 1626.

| 1. Linie. | | 2. Linie. | |
|---|---|---|---|
| Johann Leonhard | 1626—1650 | Moritz | 1626—? |
| Johann Christoph, Reichsgraf 29./11. 1682 | 1650—? | Johann Friedrich, Reichsgraf 29./11. 1682 | ?—1689 |
| Christoph Ehrenreich | ?—1732 | Georg Ludwig | 1689—1700 |
| Gottlieb II. | 1732—1784 | Johann Friedrich Joseph | 1700—1738 |
| | | Karl Joseph | 1738—1790 |
| | | Franz | 1790—1828 |

## 201. Sinzendorf.

| | |
|---|---|
| Konrad I. | um 1270 |
| Otto | um 1347 |
| Konrad II. | um 1364 |
| Johann | ? |
| Wolfhard | † vor 1408 |
| Eberhard von Fridau | 1407—1418 |
| Leonhard I. | um 1447 |

Teilung unter seinen Söhnen.

### A. Ernstbrunn.

| | |
|---|---|
| Lorenz | † 1515 |
| Wolfgang | ⎱ 1515—1538 |
| Leopold zu Achleuthen | ⎰ 1515—1524 |
| Leonhard II. | 1524—1548 |
| Joachim | 1548—1595 |
| August, Freiherr von Ernstbrunn u. Feuereck 1611 | 1595—1653 |

Teilung unter seinen Söhnen 1653.

### I. 1. Linie.

| | |
|---|---|
| Johann Joachim, Reichsgraf | 1653—1665 |

Teilung unter seinen Söhnen 1665.

| 1. Linie. | | 2. Linie. | | 3. Linie. | |
|---|---|---|---|---|---|
| Johann Weikhard | 1665—1715 | Adolf Michael Thomas | 1665—1700 | Michel Johann Joachim | 1665—1697 |
| Prosper Anton | 1715—1756 | | | Franz Wenzel | 1697—1734 |
| Wenzel Johann Eustach | 1756—1773 | | | Franz Joseph Wenzel | 1734—1792 |
| Friedrich Ludwig | 1756—1783 | | | Octavian | 1792—1799 |
| Prosper, Reichsfürst ? /12. 1803 | 1773—1822 | | | | |

Teilung unter seinen Söhnen 1700.

| Ältere Linie. | | Jüngere Linie. | |
|---|---|---|---|
| Karl Michael | 1700—1762 | Johann Joachim | 1700—1738 |
| Karl Ludwig | 1762—1786 | Johann Philipp Robert | 1738—1779 |

### B. Fridau-Neuburg.

| | |
|---|---|
| Reinprecht | 1492—1521 |
| Pilgrim I. | 1521—1579 |
| Pilgrim II., Graf 1613 | 1579—1620 |

Teilung unter seinen Söhnen 1620.

| Ältere Linie. | | Jüngere Linie. | |
|---|---|---|---|
| Johann Karl | 1620—1652 | Georg Ludwig | 1620—1681 |
| Karl Ludwig | 1652—1722 | Christian Ludwig | ⎱ 1681—1687 |
| | | Philipp Ludwig | ⎰ 1681—1742 |
| | | Johann Wilhelm, Marchese von Caravaggio 1716 | 1742—1766 |

## 202. Rosenberg.

Vitellus I. von Orsini . . . . . . . 1150—1194
        Teilung unter seinen Söhnen 1194.

### A. Böhmische Linie.

Vitellus (Vitek) II. . . . . . . . 1194—1220
Wok I. . . . . . . . . . . . 1220—1262
Vitek III. von Przibenicz . . . . . } 1220—vor 1262
Heinrich III. . . . . . . . . . 1262—1310
Vitek V. . . . . . . . . . . 1266—1277
Peter I., der Kühne . . . . . . . 1310—1346
Jobst I. . . . . . . . . . . 1346—1369
Ulrich I. . . . . . . . . . . 1346—1390
Johann I. . . . . . . . . . . 1346—1389
Heinrich V. . . . . . . . . . 1390—1412
Ulrich II. . . . . . . . . . . 1412—1469
Johann II. . . . . . . . . . . 1469—1472
Heinrich VII. . . . . . . . . . 1472—1489
Wok IV. . . . . . . . . . . 1472—1505
Peter IV. . . . . . . . . . . 1472—1523
Ulrich III. . . . . . . . . . . 1472—1513
Johann III. . . . . . . . . . 1505—1526
Jobst III. . . . . . . . . . . 1505—1539
Peter V. . . . . . . . . . . 1505—1545
Heinrich IX. . . . . . . . . . 1505—1526
Wilhelm, Fürst 1592 . . . . . . 1539—1592
Peter Wok . . . . . . . . . . 1592—1612
Die Besitzungen zum größten Teil an Slavata, Krumau
   an Julius Cäsar d'Austria (natürlichen Sohn
   Rudolfs II.) . . . . . . . . . 1612—1622
An Eggenberg . . . . . . . . . 1622—1719
       An Schwarzenberg 1719.

### B. Kärnthensche Linie.

Heinrich I. . . . . . . . . . 1194—1214
Heinrich II. (I.) von Rosenberg . . . um 1220
Christoph . . . . . . . . . . † 1246
Heinrich II. . . . . . . . . . 1246—1278
Hercules I. . . . . . . . . . 1278—1310
Hermann . . . . . . . . . . 1310—1367
Hercules II. . . . . . . . . . 1367—1396
Wulfing . . . . . . . . . . 1396—1420
Friedrich . . . . . . . . . . 1396—1420
Peter . . . . . . . . . . . 1420—1460
Georg I. . . . . . . . . . . 1460—1477
Georg II. . . . . . . . . . . 1477—1519
Maximilian . . . . . . . . . 1519—1550
Ulrich . . . . . . . . . . . 1550—1597
Andreas . . . . . . . . . . . 1597—1617
Johann Andreas, Reichsfreiherr 2./8. 1633,
   Graf 8./10. 1648 . . . . . . 1617—1667
     Teilung unter seinen Söhnen 1667.

### A. Ältere Linie.

Georg Nicolaus, Reichsgraf 29./5. 1681 . . 1667—1695
Johann Friedrich . . . . . . . . 1695—1723
Joseph Leopold Ursinus . . . . . . 1695—1750
Heinrich Georg Ursinus . . . . . . 1695—1721

------

### B. Jüngere Linie.

Wolfgang Andreas . . . . . . . . 1667—1695
     Teilung unter seinen Söhnen 1695.

| | | | |
|---|---|---|---|
| Joseph Paris † 1685. | Franz Andreas 1695—1698 | Philipp Joseph 1695—1765 | Leopold Anton 1695—1706 |
| Wolfgang Sieg=mund 1695—1739 | Karl Joseph 1698—1718 | Vincenz Ferrerio Andreas . . 1765—1794 | |
| Wolfgang Ernst Franz Xaver, Reichsfürst 9./10. 1790 1739—1796 | | Franz Seraphicus, Fürst 1796 . 1794—1832 | |
| | | Ferdinand . . 1832—1859 | |
| | | Heinrich . . 1859— | |

## 203. Trauttmannsdorff.

### Übersicht über die Teilungen.

Teilung um 1460.

**Ältere Linie.** † 1551. — **Jüngere Linie.** Teilung im 15. Jahrh.

**Steierische Linie.** † im 16. Jahrh. — **Tyroler Linie.** † nach 1621. — **Österreichische Linie.** Teilung um 1500.

**Ältere Linie.** Teilung ? — **Jüngere Linie.** † ?

**A. Ältere Linie.** Teilung 1650. — **B. Jüngere Linie.** Teilung 1670.

**I. 1. Linie.** (in Böhmen) Teilung 1685. — **II. 2. Linie.** † 1692. — **III. 3. Linie.** † 1760. — **IV. 4. Linie.** † 1685. — **V. 5. Linie.** (in Steyermark) Teilung 1731. — **1. Linie.** † 1810. — **2. Linie.** † 1760.

**a. 1. Linie.** Teilung. — **b. 2. Linie.** † 1728. — **c. 3. Linie.** † 1834. — **a. Ältere Linie.** † 1847. — **b. Jüngere Linie.** Teilung 1788.

**Ältere Linie: Fürstl. Linie.** — **Jüngere Linie.** † 1771. — **1. Linie.** † 1834. — **2. Linie. Gräfliche Linie.** — **3. Linie.** † 1867

| | |
|---|---|
| Albrecht der Stuchse | um 1300 |
| Hektor | um 1330 |
| Herrand I. | um 1325 |
| Herrand II. | ? |
| Nicolaus I. | ? |
| Ulrich | um 1460 |

Teilung unter seinen Söhnen um 1460.

**Ältere Linie.**

| | |
|---|---|
| Andreas | um 1460 |
| Wolfgang | ? |
| Sebastian | ? |
| Adam | † 1551 |

**Jüngere Linie.**

Herrand III. . . . . . um 1460

Teilung unter seinen Söhnen.

**Steierische Linie.**

| | |
|---|---|
| Wilhelm | ? |
| Philipp | ? |

**Tyroler Linie.**

| | |
|---|---|
| Leopold | um 1497 |
| Nicolaus II. | ? |
| Franz | ? |
| Ehrenreich II. | um 1621 |

**Österreichische Linie.**

Johann . . . um 1490

Teilung unter seinen Söhnen um 1500.

**Ältere Linie.**

David . . . um 1501

Teilung unter s. Söhnen.

**Jüngere Linie.**

| | |
|---|---|
| Ehrenreich I. | ? |
| Joachim | ? |
| Ehrenreich III. | ? |

**A. Ältere Linie.**

| | |
|---|---|
| Johann Friedrich von Gleichenberg | † 1592 |
| Maximilian I., Freiherr 13./10. 1620, **Reichs-** graf 15./3. 1623 | 1592—1650 |

Teilung unter seinen Söhnen 1650.

**I. 1. (böhmische) Linie.**

Adam Matthias . . . . . 1650—1685

**a. 1. Linie.**

| | |
|---|---|
| Rudolf Wilhelm | 1685—1689 |
| Johann Joseph | 1689—1713 |
| Franz Norbert | 1713—1786 |

Teilung unter seinen Söhnen.

**Ältere Linie.**

| | |
|---|---|
| Ferdinand I., **Reichsfürst** 12./1. 1805 | 1786—1827 |

Mediatisierung des Fürstentums 1806.

| | |
|---|---|
| Johann Joseph Norbert | 1827—1834 |
| Ferdinand II. | 1834—1859 |
| Karl | 1859— |

**Jüngere Linie.**

| | |
|---|---|
| Joseph Wenzel in Biela und Jammisch | 1762—1769 |
| Maximilian II. | 1769—1771 |

### b. 2. Linie.

| | |
|---|---|
| Leopold Anton . . . . . . . . . | 1685—1724 |
| Karl Joseph Ignaz . . . . . . . | 1724—1728 |

### c. 3. Linie.

| | |
|---|---|
| Siegmund Ludwig . . . . . . . | 1685—1707 |
| Adam Christoph . . . . . . . | 1707—1726 |
| Adolf Leopold . . . . . . . | 1726—1760 |
| Johann Norbert von Aulipicz und Zbradlowicz } | 1760—1796 |
| Adolf Ignaz von Horka . . . . } | 1760—1781 |
| Sebastian Franz . . . . . . . | 1796—1834 |

### II. 2. Linie.

| | |
|---|---|
| Ferdinand Ernst . . . . . . . | 1650—1692 |

### III. 3. Linie.

| | |
|---|---|
| Johann Friedrich . . . . . . . | 1650—1696 |
| Franz Wenzel . . . . . . . } | 1696—1753 |
| Franz Friedrich . . . . . . . } | 1696—1759 |
| Franz Joseph . . . . . . . | 1759—1760 |

### IV. 4. Linie.

| | |
|---|---|
| Franz Anton . . . . . . . | 1650— ? |
| Otto . . . . . . . . . } | ? —1684 |
| Maximilian Ferdinand . . . . . } | ? —1685 |

### V. 5. (steierische) Linie.

| | |
|---|---|
| Georg Siegmund . . . . . . . | 1650—1708 |
| Maximilian Siegmund . . . . . | 1708—1731 |

Teilung unter seinen Söhnen 1731.

### a. Ältere Linie.

| | |
|---|---|
| Ernst Siegmund . . . . . . . | 1731—1762 |
| Maximilian Gundackar . . . . | 1762—1764 |
| Weikhard Konrad . . . . . . | 1764—1828 |
| Vincenz II. . . . . . . . | 1828—1847 |

### b. Jüngere Linie.

| | |
|---|---|
| Weikhard Joseph . . . . . . | 1731—1788 |

Teilung unter seinen Söhnen 1788.

| 1. Linie. | | 2. Linie. | | 3. Linie. | |
|---|---|---|---|---|---|
| Joachim von Medleschitz | 1788—1834 | Aloys von Gleichenberg . | 1788—1822 | Johann Nepomuk I. . | 1788—1809 |
| | | Vincenz I. . . . . . | 1822—1839 | Johann Nepomuk II. } | |
| | | Thaddäus . . . . | 1839—1849 | von Heralecz . . . } | 1809—1846 |
| | | Maximilian Weikhard . | 1849— | Joseph von Böhmisch= } | |
| | | | | Woleschna . . . } | 1809—1867 |

### B. Jüngere Linie.

| | |
|---|---|
| Johann Hartmann . . . . . . . | † 1596 |
| Johann Joachim . . . . . . . | 1596—1630 |
| Adam Maximilian, Graf . . . . | 1630—1670 |

Teilung unter seinen Söhnen 1670.

| 1. Linie. | | 2. Linie. | |
|---|---|---|---|
| Siegmund Joachim . . . | 1670—1706 | Franz Ehrenreich . . . . | 1670—1719 |
| Ferdinand Siegmund Leopold | | Maria Joseph Ehrenreich . . | 1719—1760 |
| von Trautenfels . . . . | 1706—1734 | | |
| Karl . . . . | 1734—1796 | | |
| Friedrich Siegmund Karl . | 1796—1800 | | |
| Ferdinand Siegmund . . . | 1800—1810 | | |

## 203. Colloredo.

| | |
|---|---|
| Wilhelm . . . . . . . . . | 1302—1303 |

Teilung unter seinen Söhnen 1303.

### A. Ältere Linie.

| | |
|---|---|
| Asquin I. . . . . . . . | 1303—1327 |
| Nicolusius . . . . . . . | um 1351 |
| Friedrich I. . . . . . . . | ? |

| | |
|---|---|
| Ludwig I. | ? |
| Friedrich II. | ? |
| Franz | um 1525 |
| Martius | † 1586 |
| Lälius, Freiherr 19./3. 1588 | † 1596 |
| Ludwig II., Freiherr 19./3. 1588 | † 1598 |
| Christoph | 1598—1606 |
| Hieronymus, Reichsgraf 26./10. 1624 | 1598—1638 |
| Rudolf, Reichsgraf 26./10. 1624 | 1598—1657 |
| Ludwig III. | 1638—1693 |
| Maria Josepha Antonie | 1693—1738 |

### B. Mittlere Linie.

| | |
|---|---|
| Bernhard | 1303—1346 |
| Franz | um 1380 |
| Johann I. | um 1400 |
| Matthiusius | ? |
| Johann II. | ? |

Teilung unter seinen Söhnen.

### I. Mels.

| | |
|---|---|
| Thomas | ? |
| Johann III. | um 1543 |
| Ascanius I. | ? |
| Julius Cäsar I., Reichsgraf 26./10. 1624 | um 1630 |

Teilung unter seinen Söhnen.

| | | | | | |
|---|---|---|---|---|---|
| Ascanius II. | um 1676 | Johann Thomas | um 1701 | Georg | ? |
| Julius Cäsar II. | ? —1721 | | | Jakob I. | ? |
| Philipp Peter Anton | 1721—1768 | | | Reginald | um 1731 |
| Julius Cäsar III. | 1768—1810 | | | Jakob II. | 1769—1800 |
| | | | | Ferdinand | 1800—1838 |
| | | | | Jakob III. | 1838— |

### II. Mantua.

| | |
|---|---|
| Hieronymus | ? |
| Johann Baptist I. | um 1559 |
| Curtius | ? |
| Horatius, Reichsgraf 26./10. 1624 | † 1646 |
| Camillus I. | 1646—1654 |
| Johann Baptist II. | 1646—1649 |
| Johann Baptist III. | 1654—1729 |

Teilung unter seinen Söhnen.

| Mantua. | | Waldsee. | |
|---|---|---|---|
| Karl Ludwig | 1729—1767 | Camillus II. | 1738—1797 |
| Karl Octavius | 1767—1786 | Franz Karl in Dymokur und Wolpers-torf | 1797—1806 |
| | | Johann Nepomuk | 1806—1848 |
| | | Franz | 1848—1859 |

### C. Jüngere Linie.

| | |
|---|---|
| Weikhard I. | 1303—1343 |
| Paul | um 1365 |
| Simon I. | um 1400 |
| Asquin II. | um 1365 |
| Weikhard II. | um 1430 |
| Wilhelm | um 1435 |
| Oderich I. | um 1435 |
| Simon II. | um 1435 |
| Thomas | um 1477 |
| Albertin | um 1477 |
| Oderich II. | um 1520 |
| Hieronymus I. | um 1520 |
| Theseus | um 1520 |
| Nicolaus I. | um 1520 |
| Fabius I. | um 1575 |
| Nicolaus II. | um 1600 |
| Hieronymus III. | † 1643 |
| Fabius II. | um 1638 |
| Nicolaus III. | um 1645 |

| | |
|---|---|
| Pompejus | † 1694 |
| Hieronymus IV. | 1694—1727 |
| Rudolf Joseph I., **Reichsgraf** 11./12. 1724, | |
| **Reichsfürst** 29./12. 1763 | 1727—1788 |
| Franz Gundackar I., **Fürst von Colloredo-** | |
| **Mannsfeld** 26./2. 1789 | 1788—1807 |
| Rudolf Joseph II. | 1807—1843 |
| Franz Gundackar II. | 1843—1852 |
| Joseph Franz Hieronymus | 1852—1881 |
| Joseph | 1881— |

## 204. Eggenberg.

| | |
|---|---|
| Ulrich Eggenberger | † 1448 |
| Balthasar I. von Eggenberg | 1490—1493 |
| Balthasar II. | 1493—1515 |
| Wolfgang | 1493—1568 |
| Siegfried | 1568—1580 |
| Johann Ulrich, **Reichsfreiherr** 1598, **Reichsfürst** | |
| 1623, in Krumau 1622, Herzog v. Kr. 1625 | 1580—1634 |
| Johann Anton I., Herr in Aquileja und ge- | |
| fürsteter Graf von Gradisca 1647 | 1634—1649 |

Teilung unter seinen Söhnen 1649.

| Krumau. | | Gradisca. | |
|---|---|---|---|
| Johann Christian I. | 1649—1710 | Johann Siegfried | 1649—1713 |
| Maria Ernstine von Schwarzen- | | Johann Anton II. Joseph | 1713—1616 |
| berg | 1710—1719 | Johann Christian II. | 1716—1717 |
| An Schwarzenberg 1719. | | Maria Theresia Josepha | 1716—1774 |
| | | Maria Anna Eleonore | 1717—1774 |

Gradisca und Aquileja an Österreich 1717,
Eggenberg an die Grafen Herberstein.

## 205. Paar.

| | |
|---|---|
| Zenio Scurino | um 1450 |
| Mundino I. | um 1529 |
| Martin, **Reichsfreiherr** 1531 | —1559 |
| Johann Baptist in Hartberg 1570 | 1559—1592 |
| Mundino II. | 1559—1564 |
| Johann Christoph, Graf 1./7. 1629 | 1592—1636 |
| Karl I., **Reichsgraf** 1636 | 1636—1661 |

Teilung unter seinen Söhnen 1661.

| Ältere Linie. | | Jüngere Linie. | |
|---|---|---|---|
| Karl Joseph | 1661—1725 | Joseph Ignaz | 1661—1735 |
| Johann Adam | 1725—1737 | Guido Joseph | 1735—1757 |
| Johann Leopold | 1737—1741 | | |
| Johann Wenzel Joseph, **Reichsfürst** | | | |
| 5./8. 1769 | 1741—1792 | | |
| Wenzel | 1792—1812 | | |
| Karl II. | 1812—1819 | | |
| Karl III. | 1819—1881 | | |
| Karl Johann Wenzel | 1881— | | |

## 206. Piccolomini.

| | | | |
|---|---|---|---|
| Octavio, **Reichsfürst** 28./2. 1654 | 1654—1656 | Johann Wenzel Karl Joseph | 1714—1733 |
| Äneas | 1656—1673 | Octavio Äneas Joseph | 1733—1757 |
| Lorenz | 1673—1714 | | |

## 207. Porcia.

| | | | |
|---|---|---|---|
| Anton, Graf von Porcia und Brugnera | | Johann Karl | 1665—1667 |
| Hermes | | Franz Anton, **gefürsteter Graf von** | |
| Johann | | **Tettensee** 1689 | 1667—1698 |
| Johann Ferdinand, **Reichsfürst** 17./2. | | Hieronymus Ascanius | 1698—1709, † 1712 |
| 1662, Graf von Ortenburg | 1662—1665 | Hannibal Alfons Emanuel | 1709—1738 |
| | | Anton Eusebius Eustachius | 1738—1750 |

| | | | |
|---|---|---|---|
| Alfons Gabriel I. | 1750—1776 | Alfons Seraphin | 1835— |
| Joseph Johann Nepomuk Franz Xaver | 1776—1785 | Leopold | —1878 |
| Franz Seraphin | 1785—1827 | Ferdinand | 1878—1896 |
| Alfons Gabriel II. | 1827—1835 | Ludwig | 1896—1902 |
| | | Aladar | 1902— |

### 208. Palm-Gundelfingen.

Johann Heinrich I., Freiherr von Palm . .        † 1684
Teilung unter seinen Söhnen 1684.

#### A. 1. Linie zu Gundelfingen.

| | |
|---|---|
| Johann David | 1684—1721 |
| Karl Joseph I., Reichsgraf 1850 | 1721—1770 |
| Karl Joseph II., Reichsgraf 24./7. 1783 | 1770—1814 |
| Karl | 1814—1851 |

#### B. 2. Linie zu Balzheim.

| | |
|---|---|
| Johann Heinrich II. | 1684—1710 |
| Johann Heinrich III. | 1710—1744 |
| Eberhard Heinrich | 1744—1796 |
| Christian Heinrich | 1796, † 1819 |

#### C. 3. Linie.

| | |
|---|---|
| Franz | 1684—1740 |

#### D. 4. Linie in Mühlhausen.

| | |
|---|---|
| Johann Jonathan | 1684—1740 |

Teilung unter seinen Söhnen 1740.

| Ältere Linie. | | Mittlere Linie. | | Jüngere Linie. | |
|---|---|---|---|---|---|
| Joseph Christian | 1740—1781 | Johann Jonathan | 1740—1768 | Johann Baptist Jakob | 1740—1791 |
| Friedrich Christian in Balzheim 1796 | 1781—1807 | | | Karl Jonathan | 1791—1828 |
| Johann Eberhard Christian Jonathan | 1807—1846 | | | Karl Friedrich Christian Baptist | 1828—1834 |
| Karl August Eberhard | 1846— | | | Karl Friedrich | 1834—1893 |
| | | | | Ernst Theodor | 1893— |

### 209. Esterhazy von Galantha.

| | | | |
|---|---|---|---|
| Paul, Freiherr Esterhazy von Galantha, Reichsfürst 8./12. 1687 | 1687—1713 | Nicolaus Joseph | 1762— |
| | | Nicolaus | —1833 |
| Michael | 1713—1721 | Paul Anton | 1833—1866 |
| Joseph Anton | 1721—1725 | Nicolaus Paul Karl | 1866—1894 |
| Paul Anton | 1725—1762 | Paul | 1894—1898 |
| | | Nikolaus | 1898— |

### 210. Broglie.

| | |
|---|---|
| Franz Maria, Graf von Broglia und Revel | † 1656 |
| Victor Moritz | um 1724 |
| Franz Maria, französischer Herzog v. Broglie, ?/6. 1742 | um 1742 |
| Victor Franz, Reichsfürst 28./5. 1759 | 1759—1804 |

Teilung unter seinen Söhnen 1804.

| Ältere (herzogliche) Linie. | | Jüngere (fürstliche) Linie. | |
|---|---|---|---|
| Karl Ludwig Victor | † 1794 | August Joseph | † 1795 |
| Achille Karl Victor | 1804—1870 | Octave | 1804—1865 |
| Albert | 1870—1901 | August Victor | 1865—1867 |
| Victor | 1901— | Heinrich | 1867— |

### 211. Batthyani.

| | | | |
|---|---|---|---|
| Paul, Reichsfürst 3./1. 1764 | 1764—1772 | Philipp | 1806—1870 |
| Adam Wenzel | 1772—1787 | Gustav | 1870—1883 |
| Ludwig, Fürst von Batthyani-Strattmann | 1787—1806 | Edmund | 1883— |

## 212. Mähren.

Fürst Moimir I. . . . . . . um 822—846
Rastislaw . . . . . . . 846—870
Sklagamar . . . . . . 870—871
König Swatopluk I. . . . 871—894

Swatopluk II. . . . . . } 894—899
Moimir II. . . . . . . } 894—904, † 907

Das Reich löst sich auf und geht an Ungarn
und Böhmen über.

## 213. Böhmen.

### I. Dynastie der Przemisliden. 871—1306.

Borziwoy I., Graf von Böhmen 871—894
Spitihnjew I., **Herzog** 895 . } 894—912
Wratislaw I., **Herzog** 895 . } 895—926
Wenzel I., der Heilige . . . 928—935
Boleslaw I., der Grausame . . 936—967
Boleslaw II., der Gütige oder Fromme . . . . . . 967—999
Boleslaw III. Rothaar . . . 999—1002
Wladiwoy . . . . . . . 1002—1003
Boleslaw III. (zum 2. Male) . . 1003, † 1037
Jaromir . . . . . . . 1003
Boleslaw Chrobry von Polen . 1003—1004 † 1025
Jaromir (zum 2. Male) . 1004—1012, † 1038
Ulrich . . . . . . . 1012—1037
Brzetislaw I., Herzog v. Mähren 1028 1037—1055
Spitihnjew II. . . . . . 1055—1061
Wratislaw II., Herzog von Mähren in Olmütz 1059—61, **König** 1086 1061—1092
Konrad I., Herzog von Mähren in Znaim 1054, in Brünn 1061—1092 1092
Brzetislaw II. . . . . . . 1092—1100
Borziwoy II. . . . 1100—1107, † 1124
Swatopluk von Olmütz . . . 1107—1109
Wladislaw I. . . . . . . 1109—1125
Sobieslaw I. . . . . . . 1125—1140
Wladislaw II., **König** 11/1. 1158 1140—1173 † 1174
Friedrich, Herzog . . . . 1173
Sobieslaw II. . . 1173—1179, † 1180
Friedrich (zum 2. Male) . . . . 1177—1189
Konrad II. von Mähren 1882, 1189—1191
Wenzel II. . . . . . . 1191—1192
Przemislaw Ottokar I. . . . 1192—1193
Heinrich . . . . . . . 1193—1197

Wladislaw III. . . . . . 1197, † 1222
Przemislaw Ottokar I., **König** 15./8. 1198 (zum 2. Male) . 1197—1230
Wenzel III. (I.) . . . . . 1230—1253
Przemislaw Ottokar II. . . . 1253—1278
Wenzel II. . . . . . . 1278—1305
Wenzel III. . . . . . . 1305—1306

Rudolf von Österreich . . . 1306—1307
Heinrich von Kärnthen 1307—1310, † 1335

### II. Dynastie Luxemburg. 1310—1437.

Johann . . . . . . . 1310—1346
Karl (röm. Kaiser) . . . . 1346—1378
Wenzel IV. (röm. Kaiser) . . 1378—1419
Sigismund (röm. Kaiser) . . 1419—1437
Koributh Sigismund von Litthauen, Gegenkönig . . . . 1421—1427, † 1440

### III. Könige aus verschiedenen Dynastieen.

Albrecht (röm. Kaiser) . . . 1437—1439
Kasimir von Polen, Gegenkönig . 1437—1438
Ladislaus (Wladislaw) Postumus 1440—1457
Kasimir von Polen, Gegenkönig (zum 2. Male) . . . . 1457—1458, † 1492
Georg Podiebrad . . . . 1458—1471
Ladislaus (Wladislaw) II. . . 1471—1516
Ludwig . . . . . . . 1516—1526
Ferdinand I. von Österreich . . 1527—1564
Maximilian . . . . . . 1564—1576
Rudolf . . . . . . . 1576—1612
Matthias . . . . . . . 1612—1619
Friedrich von der Pfalz 1619—1620, † 1632

### IV. Dynastie Habsburg. 1620—1740.

Ferdinand II. von Österreich . 1620—1637
Die übrigen Könige s. weiter unter Österreich.
Karl Albrecht von Bayern, Gegenkönig . . . . . . . 1741—1742, † 1745

## 214. Kaunitz.

Benesch I. . . . . . . . . um 1096
Otto I. . . . . . . . . . um 1142
Otto II. . . . . . . . . . } 1182—1227
Wilhelm in Bielin . . . . . } 1162—1190
Hassek . . . . . . . . . um 1196
Benesch II. . . . . . . . 1247—1278
Jakob . . . . . . . . . 1278—1293
Johann . . . . . . . . . um 1320
Adam I. . . . . . . . . um 1340
Ulrich I. . . . . . . . . 1367—1397
Adam II., Freiherr 1400 . . . } † 1438
Wenzel, Freiherr 1400 . . . } † 1428
Georg . . . . . . . . . † 1471
Ulrich III. . . . . . . . . um 1510
Peter . . . . . . . . . um 1545
Ulrich IV. . . . . . . . . † 1570
Ulrich V. . . . . . . . . 1570—1617

Teilung unter seinen Söhnen 1617.

**Böhmische Linie** (zu Neuschloß i. B.)
Friedrich . . . . . . . . 1617—1627
Rudolf, Graf 16./5. 1640 . . 1627—1689

**Mährische Linie.**
Leo Wilhelm, **Reichsgraf** 16./5. 1642 . . . . . . . 1617—1655

| | |
|---|---|
| Johann Wilhelm, **Reichsgraf** 17./12. 1700 | 1689—1721 |
| Johann Adolf I. | 1721—1771 |
| Johann Joseph Wilhelm | 1721—1744 |
| Michael Karl Joseph | 1771—1810 |
| Johann Adolf II. zu Wossow | 1771—1826 |
| Vincenz Karl Joseph | 1810—1829 |
| Michael | 1829—1852 |
| Albrecht | 1852—1897 |
| Maria | 1897— |

| | |
|---|---|
| Dominicus Andreas I. | 1655—1705 |
| Maximilian Ulrich | 1705—1746 |
| Wenzel Anton, **Reichsfürst von Kaunitz-Rietberg** 8./4. 1764 | 1746—1794 |
| Ernst Christoph | 1794—1797 |
| Dominicus Andreas II., Graf von Questenberg 9./5. 1752 | 1797—1812 |
| Mediatisierung der Grafschaft Rietberg 1806. | |
| Aloys | 1812—1848 |

## 215. Sternberg (in Böhmen).

| | |
|---|---|
| Graf Diwisch I. | um 1130 |
| Zdislaw I. | um 1167 |
| Diwisch II. von Diwissow | 1219—1224 |

Teilung unter seinen Söhnen.

| Ältere Linie. | | Mittlere Linie. | | Jüngere Linie. | |
|---|---|---|---|---|---|
| Albrecht I. | 1296—1301 | Zdislaw III. | 1242—1262 | Jaroslaw I. | 1241—1277 |
| Dionys in Sternberg | 1301—1330 | | | Jaroslaw II. | 1277—1296 |
| Zdislaw IV. | † 1300 | | | Zdenko I. | 1277—1305 |
| Stephan I. | 1300—1357 | | | Zdenko II. v. Konopist | 1305—1324 |
| Zdenko III. | † 1369 | | | Ladislaw I. | um 1350 |
| Albrecht II. | 1357—1380 | | | Smilo | 1384—1420 |
| Peter | 1380—1397 | | | Zdenko IV. | 1420—1476 |

Teilung unter seinen Söhnen 1476.

| 1. Linie. | | 2. Linie. | | 3. Linie. | | 4. Linie. | |
|---|---|---|---|---|---|---|---|
| Jaroslaw III. von Bechin | 1476—1492 | Georg Ladislaw III. von Grünberg | 1476—1521 | Johann I. | 1476—1536 | Zdislaw V. | 1476—1502 |
| Johann II. | 1492—1528 | Albrecht III. | 1521 | Johann IV. | 1536—1574 | | |
| Adam I. | 1528—1559 | Johann V. | 1521—1544 | Georg | 1536—1575 | | |
| Jaroslaw III. | 1528—1534 | | | | | | |
| Zdenko VI. | 1559—1575 | | | | | | |
| Ladislaw V. von Grünberg | 1559—1573 | | | | | | |

Teilung unt. Zdenkos VI. Söhn. 1575.

### A. Ältere Linie.

| | |
|---|---|
| Adam II. | 1575—1623 |
| Franz Karl Matthias Adam | 1623—1650 |
| Wenzel Albrecht Balthasar Joseph | 1650—1708 |
| Ignaz Karl Johann Joseph | 1650—1700 |

### B. Jüngere Linie.

| | |
|---|---|
| Stephan II. | 1552—? |
| Adam III. | ?—1685 |
| Adolf Wratislaw | 1685—1703 |

Teilung unter seinen Söhnen 1703.

### I. 1. Linie.

| | |
|---|---|
| Franz Damian Jakob Joseph | 1703—1719 |
| Franz Philipp, **Reichsgraf** 1752 | 1719—1786 |
| Philipp Christian, in Manderscheid 1780 | 1786—1798 |
| Franz Joseph | 1798—1830 |
| Johann Wilhelm | 1830—1840 |

### II. 2. Linie.

| | |
|---|---|
| Franz Leopold in Serowitz | 1703—1745 |

Teilung unter seinen Söhnen 1745.

| Wossek. | | Serowitz. | |
|---|---|---|---|
| Johann Nepomuk | 1745—1798 | Adam Franz Ernst | 1745—1789 |
| Joachim | 1798—1808 | Adam | 1789—1811 |
| Kaspar | 1808—1838 | Leopold | 1811—1858 |
| | | Jaroslaw | 1858—1874 |
| | | Zdenko in Sternberg und Radnitz | 1874— |
| | | Leopold | 1874— |

## 216. Kinsky.

| | |
|---|---|
| Hans Tettauer von Tettowa | um 1215 |
| Wilhelm, **Freiherr** 5./4. 1316 | um 1322 |
| Johann I. | um 1340 |
| Hinko von Wchinicz | 1347—1378 |
| Wenzel I. | um 1415 |
| Johann II. | um 1415 |
| Wenzel II., **Reichsfreiherr** 1459 | um 1460 |
| Georg I., **Reichsfreiherr** 1459 | um 1460 |
| Johann III., **Reichsfreiherr** 1459 | um 1460 |
| Friedrich Dlask | um 1520 |
| Wenzel III. | um 1520 |
| Georg II. | um 1520 |
| Johann IV. | 1582—1597 |
| Wenzel IV. | 1597—1626 |
| Johann Octavian, **Reichsgraf** 2./7. 1628 | 1626—1645 |
| Franz Ulrich I. | 1645—1699 |
| Wenzel Norbert Octavian | 1645—1719 |

Teilung unter Wenzel Norbert Octavians Söhnen 1719.

### A. Ältere Linie in Chlumecz.

Franz Ferdinand . . . . . . . . . 1719—1741

Teilung unter seinen Söhnen 1741.

| Radin. | | Chlumecz. | | Lotha. | |
|---|---|---|---|---|---|
| Joseph | 1741—1804 | Leopold Ferdinand | 1741—1760 | Franz Joseph | 1741—1805 |
| | | Franz Ferdinand in Chlumecz | 1760—1806 | | |
| | | Philipp in Bürgstein | 1760—1827 | | |

Teilung unter Franz Ferdinands Söhnen 1806.

| Chlumecz. | | Bürgstein. | | Matzen und Angern. | |
|---|---|---|---|---|---|
| Leopold Joseph | 1806—1831 | Karl | 1806—1831 | Christian | 1806—1835 |
| Octavian Joseph | 1831—1896 | Karl | 1831—1856 | Ferdinand | 1835—1853 |
| Zdenko | 1896— | August Leopold | 1856—1891 | Christian | 1853—1894 |
| | | August Franz | 1891— | Rudolf | 1894— |

### B. Jüngere Linie.

| | |
|---|---|
| Stephan Wilhelm, **Reichsfürst** 1./1. 1747 | 1719—1749 |
| Franz Joseph | 1749—1752 |

Teilung unter den Vettern Franz Josephs.

| Fürstliche Linie. | | Gräfliche Linie in Zlonitz. | |
|---|---|---|---|
| Franz Ulrich II. | 1752—1792 | Johann Joseph | 1749—1790 |
| Joseph | 1792—1798 | Friedrich Joseph | 1790—1794 |
| Ferdinand Johann | 1798—1812 | | |
| Rudolf | 1812—1836 | | |
| Ferdinand Bonaventura | 1836— | | |

## 217. Clary und Aldringen.

| | |
|---|---|
| Bernhard Clario aus Friaul, in Böhmen | 1363 |
| Anton | um 1396 |
| David | um 1543 |
| Joseph | um 1590 |
| Johann Bernhard, **Freiherr** 16./10. 1627 | um 1627 |
| Franz von Dobriczan, **Reichsfreiherr** 23./3. 1641 | † 1664 |
| Hieronymus, Graf von Clary und Aldringen 23./1. 1666 | 1664—1671 |
| Johann Marcus Georg, **Reichsgraf** 16./6. 1680 | 1671—1699 |

Teilung unter seinen Söhnen 1699.

| Teplitz. | | Dobriczan. | |
|---|---|---|---|
| Franz Karl | 1699—1751 | Johann Georg Raphael | 1699—1721 |
| Franz Wenzel, **Reichsfürst** 2./2. 1767 | 1751—1788 | Kaspar Franz Ewald | 1721—1743 |
| Johann Nepomuk | 1788—1826 | Leopold Kaspar | 1743—1800 |
| Karl Joseph | 1826—1831 | Karl Franz Hieronymus | 1800—1840 |
| Edmund Moritz | 1831—1894 | | |
| Karl | 1894— | | |

## 218. Lobkowitz.

Johann . . . . . . . . . . . . . . um 1379
Nikolaus . . . . . . . . . . . . . † um 1435
Johann I. Popel von Lobkowitz, **Reichsfreiherr**
    3./8. 1459 . . . . . . . . . . 1435—1470

Teilung unter seinen Söhnen 1470.

### A. Ältere Linie zu Bielin.

| | |
|---|---|
| Theobald I. . . . . . . . . . . | 1470—1527 |
| Georg I. in Perucz . . . . . . | 1527—1534 Nachkommen † im 16. Jahrh. |
| Litwin . . . . . . . . . . . | 1527—1580 |
| Johann III. in Tachau, Bischofteinitz und Patek . | 1527—1570 Nachkommen † nach 1613. |
| Peter . . . . . . . . . . . | 1527—1534 |
| Wenzel IV. in Dux . . . . . . | 1527—1574 Nachkommen † nach 1635. |
| Christoph in Bielin . . . . . . | 1527—1590 |
| Ulrich Felix . . . . . . . . | 1590—1604 |
| Wilhelm . . . . . . . . . . | 1604—1647 |
| Ulrich Adam . . . . . . . . | 1647—1652 |
| Christoph Ferdinand . . . . . | 1647—1658 |
| Wenzel Ferdinand . . . . . . | 1658—1697 |
| Ferdinand Wilhelm . . . . . . | 1697—1708 |
| Ulrich Felix . . . . . . . . | 1708—1722 |

### B. Jüngere Linie.

| | |
|---|---|
| Ladislaus I. . . . . . . . . | 1470—1505 |
| Ladislaus II. von Chlumecz . . . . | 1505—1584 |
| Johann II. von Zbirow und Tocznic . . . | 1500—1569 |

Teilung unter Ladislaus' II. Söhnen 1584.

| **Sternstein.** | **Chlumecz.** | **Neustadt.** |
|---|---|---|
| Ladislaus IV. . . . 1584—1621 | Zdenko Adalbert, **Reichs-** **fürst** 17./8. 1624 . . 1569—1628 | Wenzel V. . . . . 1584—1596 |
| | Wenzel Franz Eusebius, **Fürst von Neustadt (ge-** **fürsteter Graf von Stern-** **stein)** 23./8. 1641, **Her-** **zog v. Sagan** 9./7. 1646 1628—1677 | |
| | Ferdinand August Leo- pold . . . . . 1677—1715 | |

Teilung unter seinen Söhnen 1715.

| **1. Linie.** | | **2. Linie.** | |
|---|---|---|---|
| Philipp Hyacinth . . . . | 1715—1734 | Georg Christian . . . . . | 1715—1753 |
| Wenzel Ferdinand Karl . . . | 1734—1739 | Karl Adam Felix . . . . | 1753—1760 |
| Ferdinand Philipp Joseph . . | 1734—1784 | Joseph Maria . . . . . | 1760—1802 |
| Joseph Franz Maximilian, verkauft Sagan 1785, Herzog von Raudnitz 3./5. 1786 . . . . . | 1784—1816 | August Anton Joseph . . . | 1802—1803 |
| | | Maria Anton Isidor . . . | 1803—1819 |
| Mediatisierung der gefürsteten Grafschaft Sternstein 1806. | | August . . . . . . . | 1819—1842 |
| Ferdinand Joseph . . . . | 1816—1868 | Franz Georg in Rosdialowitz . . | 1819—1858 |
| Moritz . . . . . . . | 1868— | Georg Christian Franz . . . | 1842— |

## 219. Schlick.

| | | | |
|---|---|---|---|
| Heinrich Schlick, Bürgermeister zu Lazan, geadelt 13./8. 1416. | | Heinrich III. . . . . . . | † nach 1547 |
| Kaspar, **Reichsfreiherr** 16. 7. 1422, Herr von Bassano (Passaun) 21. 8. 1431, erhält Weißkirchen 1433 | † 1449 | Georg Ernst . . . . . . | † 1612 |
| Matthäus, **Reichsfreiherr** 27./1. 1434, **Reichsgraf von Bassano** 31./10. 1437 | † 1487 | Heinrich IV. . . . . . . | 1612—1650 |
| Kaspar . . . . . . . | † 1505 | Franz Ernst . . . . . | 1650—1675 |
| Stephan . . . . . . . | † 1526 | Franz Joseph . . . . . | 1675—1740 |
| Heinrich II. . . . . . . | † 1527 | Franz Heinrich I. . . . . | 1740—1766 |
| Burian . . . . . . . | † um 1532 | Leopold Heinrich . . . . | 1766—1770 |
| Hieronymus . . . . . . | † nach 1547 | Joseph Heinrich . . . . . | 1770—1806 |
| Lorenz . . . . . . . | † um 1581 | Franz Heinrich II. . . . . | 1806—1862 |
| | | Erwin . . . . . . . | 1862— |

## 220. Queſtenberg.

| | | | | |
|---|---|---|---|---|
| Berthold I. | } um 1471 | Johann III. | } 1582—1587 |
| Johann I. | | Berthold III. | ? |
| Johann II. | † um 1538 | Gerhard II. | 1587—1646 |
| Berthold II. | 1538—1582 | Johann Anton Franz | 1646—1686 |
| Eberhard | } † 1544 | Johann Adam, Graf 1696 | 1686—1752 |
| Gerhard I. | ? | | An Kaunitz 1752. |

## 221. Waldſtein.

Johann VII. . . . . . . . . . . † 1507

Teilung unter ſeinen Söhnen 1507.

### A. Ältere Linie.

Wilhelm I. von Lomnitz . . . . . . . 1507—1557
Wenzel von Lomnitz . . . . . . . } 1557—1581
Johann IX. von Hradek . . . . . } 1557—1576
Adam, **Reichsgraf** 25./6. 1628 . . . . 1576—1638
Maximilian . . . . . . . . . . 1638—1655

Teilung unter ſeinen Söhnen 1655.

| **Münchengrätz.** | | **Dobrovitz.** | |
|---|---|---|---|
| Ferdinand Ernſt . . . . 1655 | | Karl Ferdinand . . . . 1655—1702 |
| Ernſt Joſeph . . . . 1655—1708 | | Karl Ernſt . . . . . 1702—1713 |
| Franz Joſeph . . . . 1708—1722 | | |

Teilung unter ſeinen Söhnen 1722.

### a. Münchengrätz.

Franz Ernſt Hermann . . . . . . 1722—1748
Vincenz . . . . . . . . . . 1748—1797

Teilung unter ſeinen Söhnen 1797.

| **1. Linie.** | | **2. Linie.** | |
|---|---|---|---|
| Ernſt Philipp zu Münchengrätz . 1797—1832 | | Emanuel Franz zu Proſetſch-Woborſiſzt 1797—1803 |
| Chriſtian Vincenz Ernſt . . . 1832—1858 | | Vincenz . . . . . . . 1803—1867 |
| Ernſt Anton Franz da Paula . 1858— | | Emanuel Ernſt . . . . 1867—1880 |
| Ernſt Karl | | Ferdinand . . . . . . 1880— |

### b. Dux.

Franz Joſeph Georg . . . . 1722—1760, † 1771

Teilung unter ſeinen Söhnen 1760.

| **Leitomiſchl.** | | **Dux.** | |
|---|---|---|---|
| Georg Chriſtian . . . . 1760—1791 | | Emanuel Philibert . . . . 1760—1775 |
| Johann Georg . . . . 1791—1825 | | Joſeph Karl Emanuel . . . 1775—1814 |
| Anton Georg Chriſtian . . 1825—1848 | | Franz da Paula Adam . . 1814—1823 |

Teilung unter ſeinen Söhnen 1848.

| **Dux.** | | **Leitomiſchl.** | |
|---|---|---|---|
| Georg . . . . . 1848—1854 | | Anton . . . . . . 1848— |
| Wladislaw . . . 1854—1877 | | |
| Georg Johann . . 1877— | | |

### B. Jüngere Linie.

Zdenko VI. von Arnau . . . . . . 1507—1525
Georg . . . . . . . . . . . 1525
Johann X. . . . . . . . . . 1525—1563
Bartholomäus . . . . . . . 1563?—1619?

Teilung unter ſeinen Söhnen.

| **1. Linie.** | | **2. Linie.** | |
|---|---|---|---|
| Johann Chriſtoph, Graf 1619? . 1619?—1628 | | Wilhelm IV. von Herzmenicz . . † 1595 |
| Leopold Wilhelm I., in Rosdialowitz 1628—1691 | | Albrecht Wenzel Euſebius, **Reichs-** |
| | | **graf** 1622, **Herzog von Fried-** |
| | | **land** 1623, **Herzog von Sagau** |
| | | 1627, **Herzog von Mecklenburg** |
| Teilung unter ſeinen Söhnen 1691. | | 1628—1632 . . . . . . 1595—1634 |

| **Arnau.** | | **Güttler.** | | **Rosdialowitz.** | |
|---|---|---|---|---|---|
| Franz Karl . . . 1691—1707 | | Leopold Wilhelm II. . 1691—1748 | | Johann Wenzel Joſeph . 1691—1713 |
| Ferdinand Rudolf . . 1707—1757 | | | | Franz Joſeph . . . . 1713—1758 |

Johann Anton Joachim   1757—1763
Johann Karl . . . .   1763—1774
Johann Anton Albrecht   1774—1781

Franz Otto Wenzel . .   1758—1790
Johann Nepomuk Wenzel   1790—1838
Anton Joseph . . .   1838—1846
Joseph Friedrich . . .   1846—1854

## 222. Glatz.

Bei Schweidnitz . . . . . bis 1368
An Böhmen   1368—1439
Wilhelm von Leuchtenberg, Graf von Glatz . . . .   1439—1453
Georg Podiebrad . . . .   1453—1462
An Münsterberg . . . .   1462—1500
Ulrich von Hardegg . . .   1500—1522
Johann von Hardegg . . . .   1522—1533
Christoph von Hardegg . . .   1533—1537

Johann von Pernstein . . . .   1537—1540
Ernst, Herzog von Bayern .   1540—1554
Georg Seidlitz von Schönfeld .   1554—1559
Eustach von Landfried . . .   1559—1561
Albrecht, Herzog von Bayern .   1561—1567
An Österreich . . . . .   1567—1623
Karl, Erzherzog von Österreich .   1623—1628
An Österreich . . . .   1628—1740
An Preußen 1740.

## 223. Schlesien.

Wladislaw II. von Polen erhielt nach seiner Vertreibung aus dem Heimatlande durch die Vermittelung Kaiser Friedrichs I. Barbarossa das Herzogtum Schlesien, starb aber noch vor der Besitzergreifung 1159 zu Oldenburg. Seine Söhne teilten sich 1163 in das Land.

### Übersicht über die Teilungen.

Teilung 1163.

A) Nieder-Schlesien. (Teilung?)   B) Mittel-Schlesien. († 1203)   C) Ober-Schlesien. (s. S. 161.)

Breslau. (Teilung 1241.)   Neisse-Oppeln. († 1201.)

A. Liegnitz. (Teilung 1278.)   B. Lebus. († 1247.)   C. Breslau. († 1290)   D. Glogau. (Teilung 1274.)

I. Liegnitz. (Teilung 1311.)   II. Schweidnitz. (Teilung 1301.)   III. Hirschberg. († 1286.)   I. Sagan. († 1304.)   II. Steinau. († 1289.)   III. Glogau. (Teilung 1309.)

Brieg. (Teilung 1348.)   Breslau. († 1335.)   Liegnitz. († 1352.)   Schweidnitz. (Teilung 1226.)   Jauer. († 1346.)   Münsterberg. († 1428.)

Liegnitz. († 1419.)   Brieg. (Teilung 1399.)   Schweidnitz-Fürstenberg. († 1368.)   Schweidnitz. († n. 1343.)   a. Sagan. (Teilung 1369.)   b. Namslau. (Teilung 1412/3.)   c. Öls. († 1322.)   d. Steinau. († 1361/5.)   e. Glogau. († 1331.)

Lüben-Hainau-Ohlau. (Teilung 1441.)   Brieg. († 1436.)   Sagan. († 1393.)   Glogau. († 1394.)   Freistadt. (Teilung 1397.)   Bernstadt. († 1447.)   Öls. (Teilung 1439.)   Steinau. († 1427.)   Kosel. († 1452.)   Wohlau. († 1474.)

Brieg. (Teilung 1495.)   Goldberg. († 1452.)   Sagan. († 1504.)   Freistadt-Crossen. († 1476.)   Glogau. († 1423.)   Öls. († 1471.)   Wohlau. († 1492.)

Liegnitz. (Teilung 1547.)   Brieg-Lüben. († 1521.)

Liegnitz. († 1596.)   Brieg. (Teilung 1602.)

Brieg. (Teilung 1639.)   Liegnitz-Goldberg. († 1653.)

Brieg. († 1664.)   Liegnitz. († 1663.)   Wohlau. († 1675.)

### A) Nieder-Schlesien.

Boleslaw I., der Lange, in Oppeln 1163—1195   1163—1201

Teilung unter seinen Söhnen.

**Breslau.**
Heinrich I., der Bärtige . . .   1201—1238
Heinrich II., der Fromme . .   1238—1241
Teilung unter seinen Söhnen 1241.

**Neisse-Oppeln.**
Jaroslaw, Bischof von Breslau 1198   1195—1201
Neisse dem Bistum Breslau geschenkt, Oppeln mit Ratibor vereinigt.

## A. Liegnitz.

Boleslaw II., der Wilde . . . . . . . 1241—1278

Teilung unter seinen Söhnen 1278.

### I. Liegnitz.

Heinrich V., der Dicke, in Breslau 1290 . . 1278—1296
Boleslaw III. . . . . . . . . . .⎫ 1296—1311
Heinrich VI. . . . . . . . . . .⎬ 1296—1311
Wladislaw . . . . . . . . . . .⎭ 1296—1311

Teilung unter den Brüdern 1311.

---

| **Brieg.** | | **Breslau.** | | **Liegnitz.** | |
|---|---|---|---|---|---|
| Boleslaw III. . | (1296) 1311—1348 | Heinrich VI. . | (1296) 1311—1335 | Wladislaw . . | (1296) 1311—1338 |
|  | † 1352 |  |  |  | † 1352 |
| Katharina in Brieg u. Ohlau | 1348—1356 | An Böhmen verkauft 1327. | | An Brieg. | |
| Teilung unter beider Söhnen 1348. | | | | | |

---

**Liegnitz.**

Wenzel I. . . . . 1348—1364
Ruprecht . . . .⎫ 1364—1409
Boleslaw IV. . . .⎬ 1364—1394
Heinrich VII. . . .⎭ 1364—1398
Wenzel II., Bischof von
Breslau 1382—1417 . 1409—1419

An Brieg.

**Brieg.**

Ludwig I. in Buchwald u.
Lüben; in Brieg 1356   1348—1398
Heinrich VIII. mit der
Schramme . . . 1398—1399

Teilung unter seinen Söhnen 1399.

---

| **Lüben-Hainau-Ohlau.** | | **Liegnitz-Brieg.** | |
|---|---|---|---|
| Heinrich IX. . . . | 1399—1420 | Ludwig II. . . . . | 1399—1436 |
| Ludwig III. . . . | 1420—1441 | Elisabeth v. Brandenburg, | |
|  |  | in Liegnitz . . | 1436—1446, † 1449 |
| Teilung unter seinen Söhnen 1441. | | Brieg 1436 an Lüben-Hainau-Ohlau, Liegnitz 1446 an Brieg. | |

---

**Brieg.**

Johann I. in Brieg; in
Liegnitz 1446—1453 [an
Böhmen 1453—1455] . 1441—1453
Hedwig von Liegnitz . 1453—1471
Friedrich I., in Liegnitz
1455—1488 . . . 1471—1488
Ludmilla Podiebrad in Ohlau 1488—1503
Johann II. . . . . 1488—1495

Teilung unter Johanns II. Brüdern 1495.

**Goldberg.**

Heinrich X. . . . . 1441—1452

An Brieg.

---

| **Liegnitz.** | | **Brieg-Lüben.** | |
|---|---|---|---|
| Friedrich II. . . . . | 1495—1547 | Georg I. . . . . . | 1495—1521 |
| Teilung unter seinen Söhnen 1547. | | Anna von Pommern in Lüben | 1521—1550 |
|  |  | An Liegnitz. | |

---

**Liegnitz.**

Friedrich III. . . . 1547—1570
Katharina von Mecklenburg,
in Hainau . . . . 1570—1581
Heinrich XI. . . . .⎫ 1570—1579
 † 1588
Friedrich IV. . . . .⎭ 1570—1596
Anna von Württemberg in
Hainau . . . . . 1594—1616

An Brieg 1596.

**Brieg.**

Georg II. . . . . . 1547—1586
Joachim Friedrich in Brieg;
in Liegnitz 1596 . . .⎫ 1586—1602
Johann Georg in Lüben
und Wohlau . . . .⎭ 1586—1592
Anna Maria von Anhalt in
Ohlau . . . . . 1602—1605

Teilung unter den Söhnen Joachim Friedrichs 1602.

---

| **Brieg.** | | **Liegnitz-Goldberg.** | |
|---|---|---|---|
| Johann Christian . . | 1602—1639 | Georg Rudolf . . . | 1602—1653 |
| Teilung unter seinen Söhnen 1639. | | | |

---

| **Brieg.** | | **Liegnitz.** | | **Wohlau.** | |
|---|---|---|---|---|---|
| Georg III. . . . . | 1639—1664 | Ludwig IV. . . . . | 1653—1663 | Christian . . . . | 1639—1672 |
| An Wohlau. | | Anna Sophie von Mecklenburg in Parchwitz . | 1663—1667 | Luise von Anhalt in Ohlau | 1672—1680 |
|  |  | An Wohlau. | | Georg Wilhelm . . . | 1672—1675 |
|  |  |  |  | An Österreich . . . | 1675—1740 |
|  |  |  |  | An Preußen 1740. | |

---

## II. Schweidnitz.

Boleslaw III. (Bolfo) I. in Löwenberg; in
Schweidnitz, Jauer und Fürstenberg 1290 . . 1278—1301

Teilung unter seinen Söhnen 1301.

| Schweidnitz. | Jauer. | Münsterberg. |
|---|---|---|
| Bernhard II. . . . . 1301—1326 | Heinrich I. . . . . . 1301—1346 | Bolko II. (Boleslaw IV.) 1301—1341 |
| Teilung unter seinen Söhnen 1326. | An Schweidnitz. | Nicolaus der Kleine . . 1341—1351 |
| | | † 1358 |
| **Schweidnitz-Fürstenberg.** | **Schweidnitz.** | Agnes in Strelin . . 1358—1367 † 1370 |
| Bolko II. (Boleslaw V.), | Heinrich II. . . 1326— nach 1343 | Bolko III. (Boleslaw VI.) 1351—1410 |
| in Jauer 1346 . . 1326—1368 | | Johann . . . . . } 1410—1428 |
| Agnes von Österreich . 1368—1392 | | Heinrich II. . . . . } 1410—1420 |
| An Böhmen . . 1392—1526 | | Euphemia . . . . 1428—1442 |
| An Österreich . . 1526—1740 | | † 1447 |
| An Preußen 1740. | | An Böhmen . . . 1442—1443 |
| | | An Troppau . . . 1443—1454 |
| | | An Böhmen . . . 1454—1462 |
| | | An die Podiebrad 1462. |
| | | (s. Register II.) |

## III. Hirschberg.

Bernhard I. . . . . . . . . . 1278—1286

## B. Lebus.

Mjecislaw . . . . . . . . . 1241—1247

An Liegnitz: 1258 an Brandenburg verkauft.

## C. Breslau.

Heinrich III. . . . . . . . . 1241—1266
Heinrich IV., der Biedere . . . . 1266—1290

An Liegnitz.

## D. Glogau.

Konrad II. . . . . . . . . . 1241—1237/4.

Teilung unter seinen Söhnen 1274.

| I. Sagan. | II. Steinau. | III. Glogau. |
|---|---|---|
| Konrad III. Koberlein 1274—1304 | Przemislaw (Primko) I. 1274—1289 | Heinrich III., der Treue 1274—1309 |
| An Glogau. | An Glogau. | Teilung unter seinen Söhnen 1309. |

### a. Sagan.

Heinrich IV., der Treue, in ½ Glogau 1329 1309—1342
Heinrich V. . . . . . . . . . 1342—1369

Teilung unter seinen Söhnen 1369.

| Sagan-Crossen. | (½) Glogau-Steinau. | Freistadt-Grünberg-Sprottau. |
|---|---|---|
| Heinrich IV. . . . . 1369—1393 | Heinrich VII. Rumpold 1369—1394 | Heinrich VIII., der Sper- |
| An Freistadt. | An Freistadt. | ling . . . . . . 1369—1397 |
| | | Teilung unter seinen Söhnen 1397. |

| Sagan. | Freistadt-Crossen. | (½) Glogau. |
|---|---|---|
| Johann I. . . . . 1397—1439 | Heinrich IX. . . . . 1397—1467 | Heinrich X. Rumpold . 1397—1423 |
| Balthasar . . . . 1439—1459 | Heinrich XI. . . . . 1467—1476 | An Freistadt-Crossen. |
| Wenzel . . . 1439—1440, † 1488 | Barbara v. Brandenburg | |
| Johann II. der Böse, in | in Züllichau und Crossen 1476—1510 | |
| Priebus 1439—1476 . 1459—1467 | Freistadt an Sagan 1476, Crossen | |
| Balthasar (zum 2. Male) . 1467—1472 | an Brandenburg 1510. | |
| Johann II. (zum 2. Male) 1472—1476 | Glogau an Polen 1476—1526. | |
| in Freistadt 1476—1504 † 1504 | An Österreich 1526—1740. | |
| Sagan an Sachsen 1476, | An Preußen 1740. | |
| Freistadt an Sachsen 1534—1549, | | |
| an Österreich 1549. | | |

### b. Namslau.

Konrad I. in Öls 1322 . . . . . . 1309—1366
Konrad II. . . . . . . . . . 1366—1403

Konrad III. . . . . . . . . . . 1403—1412/3

Teilung unter seinen Söhnen 1412/3.

| **Bernstadt.** | **Öls.** | **Steinau.** | **Kosel-Wartenberg.** | **Wohlau.** |
|---|---|---|---|---|
| Konrad IV., Bischof von Breslau 1417, 1413—1447 | Konrad V. 1413—1429 Teilung unter seinen Söhnen 1439. | Konrad VI., der Jüngere 1413—1427 | Konrad VII., der ältere Weiße 1413—1452 | Konrad VIII. 1413—1444/7 |

| **Öls-Kosel.** | **Wohlau.** |
|---|---|
| Konrad IX., der Schwarze . . 1439—1471 | Konrad X., der jüngere Weiße . . . 1439—1492 |
| | An Böhmen 1492—1495. An Münsterberg 1495. |

### c. Öls.

Boleslaw . . . . . . . . . 1309—1322

An Namslau 1322.

### d. Steinau.

Johann, in ½ Glogau 1329—1338 . . . 1309—1361/5

½ Glogau an Böhmen 1338 verkauft; Steinau an Sagan.

### e. Glogau.

Przemislaw II. . . . . . . . . . . 1309—1331

Zur Hälfte an Sagan und Steinau 1331.

### B) Mittel-Schlesien.

Konrad in Glogau, Sagan und Schwiebus 1178.

1181 Domherr in Bamberg; † 1203 als erwählter Bischof von Bamberg.
Mittel-Schlesien mit Nieder-Schlesien vereinigt.

### C) Ober-Schlesien.

Übersicht über die Teilungen.

Teilung 1281.

| A. Teschen-Auschwitz. Teilung ? | | B. Beuthen. Teilung ? | | C. Oppeln. Teilung 1313. | | D. Ratibor. † 1336. |
|---|---|---|---|---|---|---|
| I. Auschwitz. † 1405. | II. Teschen. Teilung 1400. | Auschwitz. † 1329. | Kosel. Teilung ? / Gleiwitz. † 1342. | Falkenberg. † 1382. | Strelitz. † nach 1366. | Oppeln. Teilung 1356. |
| a. Auschwitz. Teilung 1433. | b. Teschen. Teilung 1431. | Kosel. † vor 1349. / Beuthen. † 1355. | | Oppeln-Wielun. † 1401. | | Oppeln-Strelitz. Teilung 1382. |
| Zator. Toschof. Auschwitz. † 1521. † 1484. †1495/7. | | Beuthen. Groß-Glogau. Teschen. Freistadt. † 1474. † 1477. † 1477. † 1653. | | Oppeln-Strelitz. † 1421. | Beuthen. † 1532. | Falkenberg. † 1460? |

Mjecislaw (Mesko) I. in Ratibor und Teschen 1163, in Auschwitz u. Oberbeuthen 1177. in Oppeln 1201    1163—1211
Kasimir I.    1211—1230
Mjecislaw II. in Oppeln (und Troppau, 1246 an Böhmen überlassen) . . . . . . . 1230—1246
Wladislaw I. in Oppeln . . . . . . . 1234—1281

Teilung unter seinen Söhnen 1281.

### A. Teschen-Auschwitz.

Mjecislaw III. in Ratibor 1281, in Teschen 1289    1281—1313/6

Teilung unter seinen Söhnen.

### I. Auschwitz.

Wladislaw . . . . . . . . . 1313/6—1321/4
Johann I. . . . . . . . . 1321/4—1370/2
Johann II. . . . . . . . . 1370/2—1405

An Teschen.

### II. Teschen.

Kasimir III. . . . . . . 1313/6—1358
Przemislaw . . . . . . 1358—1400 † 1409

Teilung unter seinen Söhnen 1400.

### a. Auschwitz.

Przemislaw II. . . . . . . . . 1400—1406
Kasimir . . . . . . . . . . 1406—1433

Teilung unter seinen Söhnen 1433.

| Zator. | Cosel. | Auschwitz. |
|---|---|---|
| Wenzel . . . . 1433—1465 | Przemislaw III. . . . 1433—1488 | Johann III. . . . 1433—1495/7 |
| Kasimir . . . ⎰ 1465—1489/94 | An Zator 1488, an Österreich 1772. | An Polen verkauft 1457; |
| Johann IV. . . ⎱ 1465—1513 |  | an Österreich 1772. |
| Johann V. in Gleiwitz 1513—1521. |  |  |
| Zator 1484 an Polen verkauft; an Österreich 1772. |  |  |

### b. Teschen.

Boleslaw I. . . . . . . . . . 1400—1431

Teilung unter seinen Söhnen 1431.

| Teschen und Beuthen. | Teschen und Groß-Glogau. | Teschen und Groß-Glogau. | Teschen und Freistadt. |
|---|---|---|---|
| Wenzel . . . 1431—1474 | Wladislaw . . 1431—1460 | Przemislaw II. 1431—1477 | Boleslaw II. . . 1431—1452 |
|  | Margarethe |  | Kasimir IV. . 1452—1528 |
|  | von Cilly ⎰ 1460—1480 |  | Wenzel Adam |
|  | Przemislaw ⎱ 1460—1477 |  | Postumus . 1528—1579 |
|  |  |  | Adam Wenzel . 1579—1617 |
|  |  |  | Friedrich Wil= |
|  |  |  | helm . . 1617—1625 |
|  |  |  | Elisabeth Lu= |
|  |  |  | cretia . . 1625—1653 |
|  |  |  | An Böhmen 1653. |

### B. Beuthen.

Kasimir II. . . . . . . . . . 1281—1312

Teilung unter seinen Söhnen.

| Auschwitz. | Kosel. | Gleiwitz. |
|---|---|---|
| Boleslaw . . 1289—1309 † 1329? | Wladislaw II. . . . 1306—1351/5 | Ziemowit . . . . . 1306—1342 |
|  | Teilung unter seinen Söhnen. |  |

| Kosel. | Beuthen. |
|---|---|
| Kasimir III. . . . . . . † vor 1349 | Boleslaw . . . . . . . † 1355. |
| An Beuthen. | An Oppeln. |

### C. Oppeln.

Boleslaw (Bolko) I. . . . . . . . 1281—1331

Teilung unter seinen Söhnen 1313.

| Falkenberg. | Strelitz. | Oppeln. |
|---|---|---|
| Boleslaw II. . . . 1313—1362/5 | Albrecht . . . 1313— nach 1366 | Bolko II. . . . . . 1313—1356 |
| Heinrich . . . . 1360/5—1382 | An Oppeln. | Teilung unter seinen Söhnen 1356. |
| An Oppeln. |  |  |

| | Oppeln-Wielun. | Oppeln-Strelitz. |
|---|---|---|
| | Wladislaw II. . . . 1356—1401 | Bolko III. . . . . 1356—1382 |
| | An Oppeln-Strelitz. | Teilung unter seinen Söhnen 1382. |

| Oppeln-Strelitz. | Beuthen. | Falkenberg. |
|---|---|---|
| Johann Kropidlo, Bischof von Kammin 1394—1398  1382—1421 | Bolko IV. . . . . . 1382—1437 | Bernhard . . . . 1382—1460? |
| An Beuthen. | Bolko V. . . . . ⎰ 1437—1460 | An Beuthen. |
|  | Nicolaus I. . . . ⎱ 1437—1476 |  |
|  | Johann . . . . ⎰ 1476—1532 |  |
|  | Nicolaus II. . . . ⎱ 1476—1497 |  |
|  | An Brandenburg . . . . . . . . 1532—1543 |  |
|  | Georg Friedrich, Markgraf von Brandenburg=Ansbach . . . . . . . 1543—1549 |  |
|  | Ferdinand, Erzherzog von Österreich . . 1549—1551 |  |
|  | Isabella Zapolya . . . . . . . 1551—1556 |  |
|  | Georg Friedrich, Markgraf von Brandenburg=Ansbach (zum 2. Male) . . . . . 1556—1558 |  |
|  | An Österreich . . . . . . . . 1558—1597 |  |
|  | Sigismund Bathory . . . . . . . 1597—1598 |  |
|  | An Österreich . . . . . . . . 1598—1615 |  |
|  | Karl, Erzherzog von Österreich . . . . 1615—1624 |  |

Ferdinand, Erzherzog von Österreich . . . 1624—1630
Stephan Bethlen von Siebenbürgen, Gegner . . 1622—1628
Gabriel Bethlen Gabor, Fürst von Siebenbürgen, Gegner . . . . . . . . . 1622—1628, † 1629
Karl Ferdinand von Polen . . . 1630—1645, † 1655
Sigismund Kasimir von Polen . . . . 1645—1647
Wladislaw (IV.), König von Polen . . . 1647—1648
Johann Kasimir (II.), König v. Polen 1648—1664, † 1672
An Österreich . . . . . . . . . 1664—1740

An Preußen 1740.

---

### D. Ratibor.

Przemislaw, in Teschen 1281, in Ratibor 1289 . 1281—1306
Lestko . . . . . . . . . . . . . 1295—1336

An Troppau.

---

## 224. Troppau.

### Dynastie der Przemisliden.

Herzog Nicolaus I. . . . . . 1278—1307, † 1313
Nicolaus II. . . . . . . . . . . 1318—1365

Teilung unter seinen Söhnen 1365.

### A. Ratibor.

Johann I. . . . . . . . . . 1365—1379
Johann II. . . . . . . . . . 1378—1424

Teilung unter seinen Söhnen 1424.

| Jägerndorf. | Ratibor. |
|---|---|
| Nicolaus IV. . . . 1424—1452 | Wenzel II. . . . 1424—1456 |
| Teilung unter seinen Söhnen. | Johann IV. . . . 1456—1493 |
| | Nicolaus V. . . . 1493—1506 |
| | Johann V. . . . 1493—1506 |
| | Valentin . . . 1493—1521 |
| | Mit Böhmen vereinigt. |

**Jägerndorf.**

Johann III. . 1452—1474, † 1483
Von Böhmen eingezogen und verliehen an:
Johann von Schellenberg 1493—1506
Georg, Fürst . . . 1506—1523

Verkauft 1523 an:

**Dynastie Hohenzollern.**

Georg, Markgraf von
Ansbach-Bayreuth . 1523—1543
Georg Friedrich . . 1543—1603
Joachim Friedrich 1603—1606, † 1608
Johann Georg 1606—1621, † 1624

Mit Troppau vereinigt.

**Rybnik.**

Wenzel III. . . . . 1433—1479
Mit Böhmen vereinigt.

---

### B. Leobschütz.

Nicolaus III. . . . . . . . . 1365—1394
Wenzel I. . . . . . . . . . 1365—1381
Johann von Troppau . . . . 1381—1382, † n. 1396

An Böhmen.

---

### C. Troppau.

Premko . . . . . . . . . . 1365—1433

Teilung unter seinen Söhnen 1433.

| Troppau-Leobschütz. | Münsterberg. |
|---|---|
| Wenzel III. . . . 1433—1445/7 | Wilhelm . . . . . . 1433—1452 |
| Johann . . . 1445/7—1462, † n. 1496 | Teilung zwischem seinem Sohn und Bruder 1452. |
| An Böhmen 1462 verkauft; von diesem an Liechtenstein verliehen 1614. | |

| Steinau. | Münsterberg. |
|---|---|
| Wenzel . . . 1452—1474 | Ernst . . . 1452—1464 |
| Mit Böhmen vereinigt. | An Böhmen verkauft. |

Victorin von Podiebrad, **Reichsfürst**
5./8. 1459 . . . . . 1465—1500

---

## 225. Münsterberg-Öls.

### I. Dynastie Podiebrad. 1465—1647.

Herzog Heinrich I, **Reichsfürst** 7./12. 1462 . 1465—1498

Teilung unter seinen Söhnen 1498.

| **Glatz.** | **Öls.** | **Münsterberg.** |
|---|---|---|
| Albrecht . . . . . 1498—1511 | Georg . . . . . 1498—1502 | Karl I. . . . . . 1498—1536 |
| An Münsterberg. | An Münsterberg. | Teilung unter seinen Söhnen 1536. |

| **Münsterberg.** | **Öls.** |
|---|---|
| Heinrich II. . . . 1536—1548 | Johann . . 1536—1565 |
| Heinrich III. in Bernstadt 1548—1587 | Karl Christoph 1565—1569 |
| Karl II. in Münsterberg 1548—1569 (an Böhm. verkauft), in **Öls** . . 1548—1617 | An Münsterberg. |

Teilung unter Karls II. Söhnen 1617.

| **Bernstadt.** | **Öls.** |
|---|---|
| Heinrich Wenzel . . . 1617—1639 | Karl Friedrich . . . 1617—1647 |
| An Öls. | Durch Heirat an |

### II. Dynastie Württemberg. 1647—1792.

Sylvius Nimrod, Herzog v. Württemberg-Weiltingen, belehnt 19./1. 1649 1647—1664
Karl Ferdinand . . . . 1664—1668

Teilung unter seinen Brüdern.

| **Öls.** | **Bernstadt.** | **Juliusburg.** |
|---|---|---|
| Sylvius Friedrich . . 1668—1697 | Christian Ulrich I. . . 1668—1704 | Julius Siegmund . . 1677—1684 |
| An Bernstadt. | Karl Friedrich in Öls 1704—1744, † 1761 | Karl . . . . . 1684—1745 |
|  | Christian Ulrich II. in Wilhelminenort . . 1704, † 1734 | An Bernstadt. |
|  | Karl Christian Erdmann 1744—1792 |  |
|  | Friedrich August, Herzog v. Braunschweig-Wolfenbüttel . . 1792—1805 |  |
|  | An Braunschweig 1805—1884. |  |
|  | An Sachsen 1884. |  |

---

## 226. Hochberg-Pleß.

Melchior von Hochberg . . . . . . . 1290—1309
Friedrich . . . . . . . . . . um 1348
Johann . . . . . . . . . . . um 1394
Christoph . . . . . . . . . . † 1450
Konrad I. von Fürstenstein . . . . . . † 1520
Johann . . . . . . . . . . . 1520—1528
Christoph I. . . . . . . . . . 1528—1535
Konrad III. . . . . . . . . . 1535—1564

Teilung unter seinen Söhnen 1564.

| **Ältere Linie.** | **Jüngere Linie.** |
|---|---|
| Konrad IV. . . . . . . 1564—1613 | Heinrich . . . . . . . 1564—1613 |
| Christoph II. . . . . . ⎤ 1613—1625 | Hans Heinrich I., böhmischer Freiherr 23./9. 1650, böhmischer Graf 12./2. 1666 . . . 1613—1671 |
| Johann Heinrich . . . . 1613—1628 |  |
| Dietrich . . . . . . ⎦ 1613—1620 | Teilung unter seinen Söhnen 1671. |

| **Fürstenstein.** | **Rohnstock.** | **Friedland.** |
|---|---|---|
| Hans Heinrich II., Reichsgraf 17./3. 1684 . 1671—1698 | Christoph IV. . . . 1671—1675 | Maximilian . . . 1671—1700 |
| Teilung unter seinen Söhnen 1698. | Konrad X. . . . . 1675—1698 | Maximilian Leopold . 1700—1750 |
|  | An Fürstenstein. | An Fürstenstein. |

| **Fürstenstein.** | **Rohnstock.** |
|---|---|
| Konrad Ernst Maximilian . . . . . 1698—1742 | Hans Heinrich III. . . 1698—1743 |
|  | Hans Heinrich IV. . . 1743—1758 |

Heinrich Ludwig Karl . 1742—1755
    An Rohnstock.

Hans Heinrich V. in Fürstenstein .   1758—1782
Gottlob Johann Ludwig in Rohnstock . . .   1758—1791
Hans Heinrich VI. . . 1782—1833
Hans Heinrich X., in Pleß 1847, **Fürst von Pleß** 15./10. 1850 . . . 1833—1855
Hans Heinrich XI., **Herzog** 20./12. 1905 . . 1855—

## 227. Carolath=Beuthen.

Balthasar von Schönaich . . . . . . . um 1200
Dietrich . . . . . . . . . . . . . 1329—1350
Johann I. in Linderode, Tschecheln und Mildenau 1400—1440
Johann II. in Mildenau . . . . . . † um 1529
    Teilung unter seinen Söhnen.

### A. Mildenau.

Dietrich I. . . . . . . . . . . † vor 1520
Johann IV. . . . . . . . . . . 1520—1576
    Teilung unter seinen Söhnen 1576.

| Mildenau. | | Priebus. | |
|---|---|---|---|
| Dietrich II. . . . . . . . | 1576—1582 | Sebastian . . . . . . . . | 1576—1597 |
| Georg III. . . . . . . . | 1682—1591 | An Österreich 1597—1601. | |

Anselm von Promnitz . . . . . . . 1601—1602
Nicolaus von Schellendorf . . . . . 1602—1629
Johann Christoph von Schellendorf . . . 1629—1666
    An Sagan 1666.

### B. Sprottau.

Georg I. . . . . . . . . . . . 1530—1556
    Teilung unter seinen Söhnen 1556.

| Sprottau. | | Beuthen. | |
|---|---|---|---|
| Sebastian I. . . . . . . . | 1556—1557 | Fabian . . . . . . . . . | 1556—1591 |
| Johann VI. . . . . . . . | 1556—1558 | An Tschecheln. | |
| Johann Georg II. . . . . . | 1557—1587 | | |

### C. Tschecheln.

Philipp . . . . . . . . 1529—1555
Johann V. . . . . . . . . 1555—1606
Georg III., in Beuthen 1591, Freiherr 27./10. 1601 . . . . . . 1606—1619
Johann VII. . . . . . . . 1619—1621
  An Österreich . . . . . . 1621—1650
Sebastian III. . . . . . . . . 1650
Johann VIII. . . . . . . . 1650—1674
Johann Georg IV., **Reichsgraf** 5./2. 1700 . 1675—1700
Johann Karl I., preuß. Fürst 6./1. 1741 . 1700—1763
    Teilung unter seinen Söhnen 1763.

| Ältere Linie zu Beuthen. | | Jüngere Linie zu Hermsdorf. | |
|---|---|---|---|
| Johann Karl II. . . . . . | 1763—1791 | Johann Gottlob . . . . . | 1763—1803 |
| Erdmann in Beuthen . . . | 1791—1717 | Karl Wilhelm Gottlob in Janschwitz | 1803—1811 |
| Christian Ernst August Ferdinand in Sabor . . . . | 1791—1805 | Karl Friedrich Gottlob Alexander in Gaffron und Beilkau . . | 1803—1829 |
| Heinrich . . . . . . . | 1817—1864 | Otto . . . . . . . . | 1829—1832 |
| Karl . . . . . . . . | 1864— | | |

## 228. Sagan.

Bei Sachsen . . . . . . . . . 1476—1553
An Jägerndorf . . . . . . . . 1553—1558
Balthasar von Promnitz . . . . . 1558—1562
Siegfried von Promnitz . . . . . 1562—1597
Anselm von Promnitz . . . . . 1597—1601
  An Österreich . . . . . . 1601—1626
Albrecht Wenzel Eusebius, Graf von Waldstein, Herzog von Friedland . . . 1627—1634
  An Österreich . . . . . . 1634—1646
  An Lobkowitz . . . . . . 1646—1785

Friedrich Ludwig, Fürst von Hohenlohe-Ingel-
    fingen . . . . . . . . . . . . . 1785, † 1818

### Dynastie Biron-Curland. 1785—1845.

Peter . . . . . . . . . . . . 1785—1800
Katharina . . . . . . . . . . 1800—1839
Pauline . . . . . . . . . . . 1839—1845
Dorothea . . . . . . . . . . . 1845—1862

### Dynastie Talleyrand-Périgord.

Ludwig (Sohn der Dorethea und des Herzogs Edmund
    von Talleyrand) . . . . . . . 1862—1898
Boson . . . . . . . . . . . . 1898—

## 229. Wartenberg.

Bei Öls . . . . . . . . . . bis 1494
Heinrich von Haugwitz . . . . . . 1494—?
N. N. Freiherr von Briskowitz . . . . ?—1530
Zdenko Leo von Rosenthal . . . . . 1530—1552
Joachim I., Freiherr von Maltzan . . . 1552—1556
Johann Bernhard, Freiherr von Maltzan . 1556—1569
Joachim II., Freiherr von Maltzan . . 1569—1571, †1625
Georg von Braun . . . . . . . . 1571—1582
Georg Wilhelm von Braun . . . . . 1582—1589
Abraham, Reichsburggraf von Dohna auf
    Kreschen . . . . . . . . . . 1589—1613
Karl Hannibal I. von Dohna . . . . 1613—1633
Maximilian Ernst von Dohna . . . . 1633—1639
Otto Abraham von Dohna . . . . . 1639—1646
Johann Georg von Dohna . . . . . 1646—1683
Karl Hannibal II. von Dohna . . . . 1683—1711
Alexander, Reichsburggraf von Dohna auf
    Schlobitten . . . . . . . . . 1711—1728
Christoph Albrecht von Dohna . . 1728—1734, † 1752
Ernst Johann, Graf von Biron . . . 1734—1741
Bernhard Christoph von Münnich . . . . 1741
An Preußen . . . . . . . . . 1741—1762
Bernhard Christoph von Münnich (zum 2. Male) 1762—1763

### Dynastie Biron.

Ernst Johann, Herz. v. Curland 1737 (1734) 1763—1769, † 1772
Karl . . . . . . . . . . . . 1769—1801
Gustav Calixt . . . . . . . . . 1801—1821
Karl Friedrich Wilhelm . . . . . . 1821—1848
Calixt . . . . . . . . . . . 1848—1882
Gustav . . . . . . . . . . . 1882—

## 230. Radziwill.

Übersicht über die Teilungen.

Teilung 1508.

| A. Ältere Linie. | B. Mittlere Linie. | C. Jüngere Linie. |
|---|---|---|
| † 1525. | Teilung 1588. | Teilung 1567. |

| | Ältere Linie. | Jüngere Linie. | Ältere Linie. | Mittlere Linie. | Jüngere Linie. |
|---|---|---|---|---|---|
| | Teilung 1603. | † 1613. | † 1656. | Teilung 1653. | — 1690. |

| Ältere Linie. | Jüngere Linie. | a. Ältere Linie. | b. Jüngere Linie. |
|---|---|---|---|
| † 1695. | † 1667. | † 1813. | Teilung 1697. |

| 1. Kleck. | 2. Sendlowiec. | 3. Berditschew. |
|---|---|---|
| Teilung 1813. | | † 188. |

| Kleck. | Nieswicz-Olyka. | Nieborow. |
|---|---|---|
| † 1885. | Teilung 1876. | |

| Nieswicz. | Olyka. |
|---|---|

Gregor Ostoja . . . . . . . . .  
Georg I. Oscick . . . . . . . .} ?  
Nicolaus I., der Alte . . . . . . .} um 1400  
Nicolaus II. . . . . . . . . . . † 1508  

Teilung unter seinen Söhnen 1508.

### A. Ältere Linie.

Nicolaus III., Fürst von Gronionsz und  
    Medele, **Reichsfürst** 25./2. 1515 . . . 1508—1522  
Stanislaus I. . . . . . . . . . 1522—1525

---

### B. Mittlere Linie.

Georg II., Fürst 1518 . . . . . . . 1508—1551  
Nicolaus V., Fürst von Dubinski und Birze 1551—1588  
Teilung unter seinen Söhnen 1588.

| Ältere Linie. | | Jüngere Linie. | |
|---|---|---|---|
| Christoph I. . . . . . . . | 1588—1603 | Nicolaus VIII. . . . . . . | 1588—1596 |
| Teilung unter seinen Söhnen 1603. | | Georg VI. . . . . . . | 1596—1613 |

| Ältere Linie. | | Jüngere Linie. | |
|---|---|---|---|
| Janus I. . . . | 1603—1620 | Christoph III. . . | 1603—1640 |
| Bogislaus . . . | 1620—1669 | Janus II. . . . | 1640—1655 |
| Ludovike Karoline . | 1669—1695 | Anna Maria . . | 1655—1667 |

### C. Jüngere Linie.

Johann I., Ordinat von Kleck, Fürst 1518 . 1508—1542  
Johann VI., Ordinat von Nieswicz . . . 1542—1551  
Nicolaus VI., Ordinat von Kleck und Olyka,  
    **Reichsfürst** 10./12. 1547 . . . . . 1542—1567  
Teilung unter seinen Söhnen 1567.

| Ältere Linie. | | Mittlere Linie. | | Jüngere Linie. | |
|---|---|---|---|---|---|
| Stanislaus II. . . . | 1567—1599 | Nicolaus VII. Christoph | | Albrecht II. in Kleck . . | 1567—1593 |
| Nicolaus XII. Christoph | 1599—1614 | in Nieswicz und Olyka . | 1567—1616 | Albrecht III. . . . . | 1593—? |
| Albrecht Stanislaus . . | 1614—1656 | Johann Georg VII. . . | 1616—1626 | Michael I. . . . . | ? |
| | | Albrecht IV. Wladislaw | 1626—1636 | Michael II. . . . . | ? |
| | | Siegmund Karl I. . . | 1636—1642 | Stanislaus V. . . . | ?—1690 |
| | | Alexander Ludwig . . | 1642—1653 | | |

Teilung unter seinen Söhnen 1653.

#### a. Ältere Linie.

Michael III. Kasimir in Nieswicz und Olyka . 1653—1680  
Georg VIII. Joseph . . . . . . . 1680—1689  
Karl II. Stanislaus . . . . . . . 1689—1719  
Michael V. Kasimir . . . . . . .} 1719—1762  
Hieronymus I. Florian in Biela . . .} 1719—1760  
Hieronymus III. Vincenz . . . . . 1760—1786  
Karl III. Stanislaus . . . . . . 1786—1790  
Dominicus V. . . . . . . . . 1790—1813  

An Kleck.

---

#### b. Jüngere Linie.

Dominicus I. Nicolaus XIII. in Kleck . . 1690—1697  
Teilung unter seinen Söhnen 1697.

#### 1. Kleck.

Johann Nicolaus XV. . . . . . . . 1697—1729  
Martin Dominicus II. . . . 1729—1750, † n. 1762  
Nicolaus XVIII. Ignaz . . . . . . 1750—1773  
Joseph . . . . . . . . . . 1773—1783  
Michael VI. . . . . . . . . 1783—1813, † 1831  
Teilung unter seinen Söhnen 1813.

| Kleck. | | Nieswicz und Olyka. | | Nieborow. | |
|---|---|---|---|---|---|
| Ludwig Nicolaus . . | 1813—1830 | Anton Heinrich . . . | 1813—1833 | Michael Gedeon . . . | 1813—1850 |
| Leo II. . . . . | 1830—1885 | Wilhelm . . . . | 1833—1870 | Karl . . . . | 1850—1886 |
| An Nieswicz-Olyka. | | Teilung unter s. Sohn und Neffen 1876. | | Michael . . . . . | 1886— |

| Nieswicz. | | Olyka. | |
|---|---|---|---|
| Anton . . . 1870— | | Ferdinand . . 1876— | |

---

**2. Szydlowiec.**

| | |
|---|---|
| Michael IV. Anton . . . . . . . . | 1697—1721 |
| Leo I. Michael . . . . . . . . . | 1721—1751 |
| Nikolaus XIX. . . . . . . . . | 1751—  ? |
| Michael VII. . . . . . . . . . | ? |
| Matthäus I. . . . . . . . . . | ? —1832 |
| Constantin . . . . . . . . . | 1832—1869 |
| Nicolaus . . . . . . . . . | 1869—1900 |

**3. Berditschew.**

| | |
|---|---|
| Nicolaus XVII. Faustin . . . . . . | 1697—1746 |
| Ulrich Christoph . . . . . . . . } | 1746—1769 |
| Christoph Georg IX. . . . . . . . } | 1746—1757 |
| Matthäus II. . . . . . . . . | 1769—1818 |
| Alexander . . . . . . . . . | 1818—  ? |
| Nicolaus XXII. Philipp . . . . . . | ? —188. |

---

## 231. Sulkowski.

| | |
|---|---|
| Paul Sulima . . . . . . . . | um 1570 |
| Johann . . . . . . . . . | ? |
| Sebastian . . . . . . . . | ? |
| Stanislaus Sulkowski . . . . . . | um 1695 |
| Alexander Joseph, in Lissa und Reisen 1733, **Reichsgraf** 22./8. 1733, **Reichsfürst** 17./4. 1752, böhmischer Herzog von Bielitz 2./11. 1754 . . . . . . . . | 1733—1762 |
| August . . . . . . . . . . | 1762—1786 |

Teilung unter seinen Brüdern 1786.

---

| **Bielitz.** | | **Reisen.** | |
|---|---|---|---|
| Alexander, Herzog von Bielitz . | 1786 | Anton . . . . . . . . | 1786—1796 |
| Franz . . . . . . . . | 1786—1812 | Anton Paul . . . . . . | 1796—1836 |
| Johann Nepomuk . . . . | 1812—1835 | August Anton . . . . . | 1836—1882 |
| Ludwig . . . . . . | 1835—1879 | Anton Stanislaus . . . . | 1882— |
| Joseph . . . . . . . | 1879— | | |

---

## 232. Preußen.

Dynastie Hohenzollern. 1525—1618.

| | |
|---|---|
| Herzog Albrecht . . . . . . . | 1525—1568 |
| Albrecht Friedrich . . . . . . . | 1568—1618 |

Administratoren:

| | |
|---|---|
| Georg Friedrich, Markgraf v. Brandenburg-Ansbach) | 1578—1603 |
| Joachim Friedrich, Kurfürst von Brandenburg . . | 1603—1608 |
| Johann Sigismund, Kurfürst von Brandenburg | 1608—1618 † 1619 |

An Brandenburg 1618.

---

## 233. Pommerellen.

| | |
|---|---|
| Svantepolk, Statthalter für Polen . . . . | 1119—1121 |
| An Polen . . . . . . . . | 1121—1177 |
| Herzog Sambor I. . . . . . . . | 1177—1207 |
| Mestwin I. . . . . . . . . | 1207—1220 |
| Svantepolk der Große . . . . . | 1220—1266 |
| Wratislaw I. in Mewe . . . . . | 1220 † vor 1230 |
| Sambor II. in Liubesow . . . . . | 1220—1278 |
| Mestwin II. . . . . . . . . } | 1266—1295 |
| Wratislaw II. . . . . . . . . } | 1266—1277 |

Pribislaw von Mecklenburg-Werle in Belgrad und Doberan 1284—1315

Geteilt unter Vorpommern, Brandenburg und Polen 1295—1543
An Preußen 1343—1454.
An Polen 1454—1660 (teilweise bis 1772).
An Brandenburg 1660 (und 1772).

## 234. Pommern.
### Übersicht über die Teilungen.

Teilung 1187.

| Demmin. | | Wolgast. | | |
|---|---|---|---|---|
| † 1264. | | Teilung 1295. | | |

| A. Stettin. | B. Wolgast. |
|---|---|
| † 1464. | Teilung 1368. |

| I. Stralsund. | II. Stargard. | III. Wolgast. |
|---|---|---|
| † 1390. | Teilung 1377. | Teilung 1377. |

| Stolp. | Trarburg. | Stargard. | Wolgast. | Rügen. |
|---|---|---|---|---|
| — 1449, † 1459. | † 1403. | † 1447. | † 1393. | Teilung 1394. |

| Wolgast. | Rügen. |
|---|---|
| Teilung 1523. | † 1454. |

| Wolgast, | Stettin. |
|---|---|
| geteilt 1569. | — 1569, † 1573. |

| Stettin. | Barth. | Wolgast. | Rügenwalde. |
|---|---|---|---|
| † 1600. | † 1637. | † 1625 | †1693. |

| | |
|---|---|
| Wartislaw I. . . . . . . . . | 1107—1134/5 |
| Ratibor . . . . . . . | 1135—1152 |
| Bogislaw I. (Gottlob) in Vorpommern . .⎫ | 1152—1187 |
| Kasimir I. in Demmin . . . . . .⎭ | 1152—1181/2 |

Teilung unter Bogislaws I. Söhnen 1187.

| **Demmin.** | | **Wolgast.** | |
|---|---|---|---|
| Kasimir III. . . . . . . . 1187—1219 | | Bogislaw II. . . . . . . . 1187—1222 | |
| Barnim . . . . . . .⎫ 1219—1227 | | Barnim I. . . . . . . . .⎫ 1222—1278 | |
| Wartislaw III. . . . . . .⎭ 1219—1264 | | Bogislaw III. in Schlawe . . .⎭ 1222—1224 | |
| An Wolgast. | | Barnim II. . . . . . . . 1278—1295 | |

Teilung unter Barnims II. Brüdern 1295.

### A. Pommern=Stettin.

| | |
|---|---|
| Otto I. . . . . . . . . . . . | 1295—1345 |
| Barnim III. . . . . . . . . | 1345—1368 |
| Kasimir IV. . . . . . . . | 1368—1371 |
| Swantibor I. . . . . . . .⎫ | 1371—1413 |
| Bogislaw VII. . . . . . . .⎭ | 1371—1404 |
| Otto II. . . . . . . . . .⎫ | 1413—1427 |
| Kasimir VI. . . . . . . .⎭ | 1413—1435 |
| Joachim . . . . . . . . | 1435—1451 |
| Otto III. . . . . . . . . | 1451—1464 |

An Wolgast 1464.

### B. Pommern=Wolgast.

| | |
|---|---|
| Bogislaw IV. . . . . . . . | 1295—1309 |
| Wartislaw IV. . . . . . . | 1309—1326 |
| Wartislaw V. . . . . . . .⎫ | 1326—1368 |
| Bogislaw V. . . . . . . .⎬ | 1326—1368 |
| Barnim IV. . . . . . . .⎭ | 1326—1365 |

Teilung 1368.

### I. Stralsund.

| | | |
|---|---|---|
| Wartislaw V. . . . . . . | (1326) | 1368—1390 |

An Wolgast 1390.

### II. Stargard.

| | | |
|---|---|---|
| Bogislaw V. . . . . . . . | (1326) | 1368—1374 |
| Kasimir V. . . . . . . . . | | 1374—1347 |

Teilung unter seinen Brüdern 1377.

| **Stolp.** | **Traburg.** | **Stargard.** |
|---|---|---|
| Wartislaw VII. . . . 1377—1392 | Barnim V. . . . . 1377—1403 | Bogislaw VIII. . . . 1377—1417 |
| Erich I., König von Schweden | | Bogislaw IX. . . . 1417—1447 |
| 1412 . . . 1392—1449 † 1459 | | An Wolgast 1447. |
| An Wolgast 1449. | | |

### III. Wolgaft.

Barnim IV. . . . . . . . . . .  1326—1365
Bogislaw VI. . . . . . . . . . .  } 1365—1377
Wartislaw VI. . . . . . . . . . .  ∫ 1365—1377
Teilung unter den Brüdern 1377.

| Wolgaft. | Rügen. |
|---|---|
| Bogislaw VI. . . . (1365) 1377—1393 | Wartislaw VI. . . . . . . 1377—1394 |
| An Rügen 1393. | Teilung unter seinen Söhnen 1394. |

| Wolgaft. | Rügen. |
|---|---|
| Barnim VI. . . . . . . 1394—1405 | Wartislaw VIII. . . . . . 1394—1414 |
| Wartislaw IX. in Wolgaft . . } 1405—1457 | Swantibor II. in Rügen . . . } 1414—1440 |
| Barnim VII. in Gützkow . . ∫ 1405—1449 | Barnim VIII. in Triebsees . . ∫ 1414—1454 |
| Wartislaw X. in Rügen . . } 1457—1478 | |
| Erich II. in Wolgaft . . . ∫ 1457—1474 | |
| Bogislaw X., der Große, Herzog von ganz Pommern 1478 . . 1474—1523 | |
| Teilung unter seinen Söhnen 1523. | |

| Wolgaft. | Stettin. |
|---|---|
| Georg . . . . . . . 1523—1531 | Barnim XI. . . . . 1523—1569, † 1573 |
| Philipp I. . . . . . . 1531—1560 | An Wolgaft. |
| Johann Friedrich . . . . 1560—1569 | |
| Teilung mit seinen Brüdern 1569. | |

| Stettin. | Barth. | Wolgaft. | Rügenwalde. |
|---|---|---|---|
| Johann Friedrich (1560) . . 1569—1600 | Bogislaw XIII. 1569—1606 | Ernst Ludwig . 1569—1592 | Barnim XII. . 1569—1603 |
| An Rügenwalde. | Philipp II. . . 1606—1618 | Philipp III. Julius 1592—1625 | An Barth. |
| | Franz . . . 1618—1620 | An Barth. | |
| | Bogislaw XIV. 1620—1637 | | |

Hinterpommern an Brandenburg 1648;
Vorpommern an Schweden 1637—1807 (teilw. an Brandenburg 1679),
an Frankreich 1807—1809,
an Schweden 1809—1815,
an Preußen 1815.

---

### 235. Rügen.

| | | | |
|---|---|---|---|
| Fürst Tezlaw . . . . . 1162—1170 | Jaromar III. . . . . . . 1264—1283 |
| Jaromar I. . . . . . . 1170—1218 | Wizlaw III. in Rügen . . . 1302—1325 |
| Barnut . . . . . . . 1218—1236 | Sambor in Stralsund . . . 1302—1304 |
| Wizlaw I. . . . . . . 1218—1249 | Zur Zeit der Hohenstaufen von Dänemark unterworfen, |
| Jaromar II. . . . . . . 1249—1260 | später mit Pommern vereinigt. |
| Wizlaw II. . . . . . . 1260—1302 | |

---

### 236. Putbus.

Stoislaw I. von Rügen (Bruder Tezlaws und
Jaromars I.) . . . . . (1168) 1193—1207
Isaak . . . . . . . . . . . } nach 1193
Borante I. . . . . . . . . . } um 1200
Pribbor I. . . . . . . . . . } um 1225
Borante II. in Borantehagen 1249 . . . } 1229—1285
Stoislaw II. . . . . . . . ∫ um 1260
Pribbor II. von Bilmenitz . . . . } 1278—1316
Nicolaus I. von Putbus . . . . } 1286—1302
Teze von Putbus . . . . . . } 1286—1305
Stoislaw III. . . . . . . . 1302—1316
Henning I. . . . . . . . . 1316—1353 (?)
Henning II. . . . . . . . . 1353—1381
Pribbor IV. . . . . . . . . 1381—1443 (?)
Nicolaus II. . . . . . . . . 1443—1475
Teilung unter seinen Söhnen 1475.

| Rügensche Linie. | Dänische Linie. |
|---|---|
| Waldemar in Putbus . . . 1475—1517 | Pribbor V. in Osborg, Einsiedelsborg, Kiorop und Kerkdorf . . . 1475—1537 |
| Georg I. . . . . . . . 1517—1553 | |
| Ludwig . . . . . . . 1553—1594 | Georg II. . . . . . . . 1537—1540 |

Ernst Ludwig I. . . . . .⎤ 1594—1615
Philipp . . . . . .⎟ 1594—1620
Volkmar Wolfgang . . .⎱ 1594—1637
Erdmann . . . . . .⎰ 1594—1622
Wolfgang Heinrich . . .⎤ 1615—1650
Erdmann Ernst Ludwig Postumus⎰ 1616—1671
Ernst Ludwig II. . . . . 1671—1704

Moritz I. . . . . . . 1540—1953
Nicolaus III. . . . . . 1593—1616
Heinrich . . . . . .⎤ 1616—1657
Moritz II. . . . . . .⎰ 1616— ?
Moritz III., dänischer Freiherr 22./5.
    1672 . . . . . . 1657—1700
Malte, in Putbus 1704, **Reichsgraf**
    27./12. 1727 . . 1700—1723, †1750
Moritz Ulrich . . . 1723—1755, †1769
Malte Friedrich . . . . 1755—1787
Malte Wilhelm, schwedischer Fürst
    27./5. 1807, preußischer 1815 1787—1854
Graf Moritz Karl Malte in Schoritz 1787—1858
Luise, Freiin von Lauterbach,
    Fürstin von Putbus (Witwe
    Malte Wilhelms) . . . . 1854—1860
Wilhelm, Graf von Wylich und
    Lottum (ihr Enkel) . . . 1860—

---

## 237. Brandenburg.

Bernhard, Legat in der Ostmark (s. Lausitz) . . . 928—936
Siegfried, Markgraf der Ostmark . . . 936—938
Gero, Markgraf der Nord= und Ostmark . 938—965
Dietrich von Haldensleben . . . 965—983, †985
Lothar von Walbeck . . . . . . . 983—1003
Werner von Walbeck . . . 1003—1009, †1014
Bernhard I. von Haldensleben . . 1009— um 1018
Bernhard II. von Haldensleben . um 1018— um 1044
Wilhelm von Haldensleben . . . um 1044—1056

Dynastie Stade. 1056—1130.

Lothar Udo I., Markgraf der Nordmark . 1056—1057
Udo II. . . . . . . . . . 1057—1082
Heinrich I. . . . . . . . . 1082—1087
Udo III. . . . . . . . . . 1087—1106
Heinrich II. . . . . . . . . 1106—1128
    Rudolf, Vormund . . . . 1106—1114, †1124
      Hilperich von Plötzke, Gegenmarkgraf 1112—1118.
Udo IV. . . . . . . . . . 1128—1130
    Konrad von Plötzke . . . . 1130—1133
    An das Reich . . . . . . . 1133—1134

Dynastie der Askanier. 1134—1320.

Albrecht I., der Bär, Markgraf von Branden=
    burg 1144 . . . . . . 1134—1170
Otto I. . . . . . . . . . 1170—1184
Otto II.' . . . . . . . . . 1184—1205
Albrecht II. in Arneburg 1184 . . 1205—1220, † um 1221
Johann I. . . . . . . . .⎤ 1220—1266
Otto III., der Fromme . . . . .⎰ 1220—1266
    Teilung unter den Brüdern 1266.

| **Linie zu Stendal.** | | **Linie zu Salzwedel.** | |
|---|---|---|---|
| Johann II. . . . . . . | 1266—1282 | Otto III., der Fromme (1220) | 1266—1267 |
| Otto IV. mit dem Pfeile, Mitreg. 1266 | 1282—1309 | Johann III., der Prager . . .⎤ | 1267—1268 |
| Konrad in der Neumark . . . | 1266—1304 | Otto V., der Lange . . . .⎟ | 1267—1298 |
| Heinrich im Havelland 1293, in Lands= | | Albrecht III. in Landsberg . .⎰ | 1267—1300 |
|   berg 1303 . . . . . . | 1266—1317 | Otto VI., der Kleine . . . .⎰ | 1267—1291 |
| Johann V. . . . . . . . | 1304—1305 | | † 1303 |
| Waldemar der Große . . . | 1305—1319 | Hermann . . . . . . . | 1298—1308 |
| Heinrich von Landsberg . (1317) | 1319—1320 | Johann V., der Erlauchte . . | 1308—1317 |
| | | Mit Stendal vereinigt. | |

    An das Reich . . . . . . 1320—1324
    Rudolf I., Herzog von Sachsen, Regent . 1320—1322, †1356

Dynastie der Wittelsbacher. 1324—1373.

Ludwig I. . . . . . . . 1324—1351, †1361
Ludwig II., der Römer . . . . . 1351—1365
Otto VII., der Finne, Mitregent 1360 1365—1373, †1379

### Dynastie der Luxemburger. 1373—1415.

| | |
|---|---|
| Karl (IV., römischer Kaiser) . . . . . . . } | 1373—1378 |
| Wenzel (deutscher König) . . . . . . . } | 1373—1378 |
| } | † 1419 |
| Sigismund in der Kurmark . . . . } | 1378—1388 |
| Johann von Görlitz in der Neumark . . } | 1378—1399 |

**Pfandherren:**

| | |
|---|---|
| Jobst von Mähren . . . . . . . . | 1388—1390 |
| Wilhelm der Einäugige von Thüringen und Meißen | 1390—1396 |
| Jobst von Mähren (zum 2. Male) . . . . | 1396—1411 |

| | |
|---|---|
| Sigismund (römischer Kaiser, zum 2. Male) . . | 1411—1415 |
| | † 1437 |

**Statthalter:**

| | |
|---|---|
| Lippold von Bredow . . . . . | 1396—1401 |
| Johann von Quitzow . . . . . | 1401 |
| Johann und Ulrich, Herzöge v. Mecklen=burg-Stargard . . . . . | 1401—1403 |
| Heinrich und Günther, Grafen von Schwarzburg . . . . . | 1403—1404 |
| Johann (zum 2. Male) und Dietrich v. Quitzow . . . . . | 1404—1409 |
| Swantibor (I.), Herzog von Pommern-Stettin u. Kaspar Gans v. Puttlitz | 1409—1411 |
| Friedrich (VI.), Graf v. Hohenzollern, Burggraf von Nürnberg . . | 1411—1415 |

### Dynastie der Hohenzollern. 1415—

| | |
|---|---|
| Friedrich I. . . . . . . . . . | 1415—1440 |
| Friedrich II., der Eiserne . . . . . | 1440—1471 |
| Albrecht Achilles . . . . . . . | 1471—1486 |
| Johann Cicero . . . . . . . . | 1486—1499 |
| Joachim I. Nestor . . . . . . . | 1499—1535 |
| Joachim II. Hektor . . . . . . | 1535—1571 |
| Johann von Cüstrin . . . . . . | 1535—1571 |
| Johann Georg . . . . . . . . | 1571—1598 |
| Joachim Friedrich . . . . . . . | 1598—1608 |
| Johann Sigismund . . . . . . | 1608—1619 |
| Georg Wilhelm . . . . . . . . | 1619—1640 |
| Friedrich Wilhelm, der große Kurfürst | 1640—1688 |
| Friedrich III., I. **König in Preußen** 18./1. 1701 | 1688—1713 |
| Friedrich Wilhelm I. . . . . . . | 1713—1740 |
| Friedrich II., der Große . . . . . | 1740—1786 |
| Friedrich Wilhelm II. . . . . . . | 1786—1797 |
| Friedrich Wilhelm III. . . . . . . | 1797—1840 |
| Friedrich Wilhelm IV. . . . . . . | 1840—1861 |
| Wilhelm, Regent . . . . . . . | 1858—1861 |
| Wilhelm I. . . . . . . . . . | 1861—1888 |
| Friedrich III. . . . . . . . 9./3.—15./6. | 1888 |
| Wilhelm II. . . . . . . . . . | 1888— |

---

## 238. Lynar.

| | |
|---|---|
| Melchior von Linari . . . . . . . | um 1330 |
| Giambattista . . . . . . . . | † 1540 |
| Rochus Quirinus, Graf von Lynar 19./5. 1564 | 1564—1596 |
| Johann Kasimir . . . . . . . . | 1596—1611 |
| Johann Siegmund, in Lübbenau 1621 . . | 1611—1661 |
| Siegmund Kasimir . . . . . . | 1661—1686 |
| Friedrich Kasimir . . . . . . . | 1686—1716 |
| Moritz Karl . . . . . . . . | 1716—1768 |
| Rochus Friedrich . . . . . . . | 1768—1781 |

Teilung unter seinen Söhnen 1781.

| **Ältere Linie in Lübbenau.** | | **Jüngere Linie.** | |
|---|---|---|---|
| Christian Ernst . . . . . . | 1781—1784 | Moritz in Drehna [veräußert 1860], Fürst 14./12. 1806 . . . | 1781—1807 |
| Rochus August . . . . . . | 1784—1800 | Otto . . . . . . . . | 1807—1860 |
| Rochus Karl . . . . . . | 1800—1801 | Rochus Ernst . . . . . | 1860—1869 |
| Hermann Rochus . . . . . | 1801—1878 | Alexander . . . . . . | 1869—1886 |
| Hermann Maximilian . . . . | 1878— | Ernst . . . . . . . . | 1886— |

## 239. a. Lausitz (Ostmark).

| | |
|---|---|
| Bernhard, Legat in der Ostmark . . . . | 928—936 |
| Siegfried, Markgraf der Ostmark . . . | 936—938 |
| Gero I., Markgraf der Ost= und Nordmark | 938—965 |
| Dietmar I., Markgraf in der Lausitz . . . | 965—978 |
| Hodo I. . . . . . . . . . . | 978—997 |
| Gero II. . . . . . . . . . . | 997—1015 |
| Dietmar II. . . . . . . . . . | 1015—1029 |
| Hodo II. . . . . . . . . . . | 1029—1031 |
| Dietrich von Wettin . . . . . . . | 1031—1034 |
| Dedo von Wettin . . . . . . . | 1034—1075 |
| Wratislaw von Böhmen . . . . | 1075— um 1086 |
| Heinrich I. von Wettin . . . . . | um 1086—1103 |
| Heinrich II. von Wettin . . . . . . | 1103—1117 |

**Oberlausitz.**

| | |
|---|---|
| Hermann von Winzenburg . . | 1117—1129 |
| An Meißen . . . . . . . . | 1129—1342 |
| An Böhmen . . . . . . . . | 1342—1378 |
| Johann von Böhmen, Herzog von Görlitz . . . | 1378—1395 |
| An Böhmen . . . . . . . . | 1396—1429 |
| Johann von Polenz . . . . | 1429—1437 |
| Nicolaus von Polenz . . . . | 1437—1446 |
| An Böhmen . . . . . . . | 1446—1635 |

An Sachsen 1635.

**Niederlausitz.**

| | |
|---|---|
| Wiprecht von Groitsch . . . . | 1124—1135 |
| Albrecht der Bär von Ballenstädt, Gegenmarkgraf . . . | 1124—1131, † 1170 |
| An Meißen . . . . . . | 1135—1303 |
| An Brandenburg . . . . . | 1303—1368 |

Mit der Oberlausitz vereinigt 1368.

## b. Landvögte der Lausitz.

| | |
|---|---|
| Allmann aus der Münze . . . . . | 1363—1383 |
| Beneß von Duba . . . . . . . | 1383 |
| Anselm von Ronow . . . . . . | 1388 |
| Procop von Mähren . . . . . . . | ? —1398 |
| Heinrich Pflug von Rabenstein . . . . | 1398. 1400 |
| Heinrich von Berka zu Duba . . . . | 1413. 1415 |
| Heinrich Rapold von Glogau . . . . | 1420—1423 |
| Johann von Polenz . . . . . . . | 1423—1425 |
| Albrecht von Kolditz . . . . . . | 1425— ? |
| Johann von Kolditz . . . . . . . | ? —1455 |
| Heinrich von Rosenberg . . . . . | 1455—1458 |
| Johann von Wartenberg . . . . . | 1458—1464 |
| Beneß von Kolowrath . . . . . | 1464—1468 |
| Jaroslaw von Sternberg . . . . . | 1468—1471 |
| Friedrich von Liegnitz . . . . . | 1471—1475 |
| Stephan Zapolya von Zips . . . . | 1475—1478 |
| Georg von Stein . . . . . . . | 1478—1490 |
| Siegmund von Wartenberg . . . . | 1490—1505 |
| Siegmund von Polen . . . . . . | 1505—1506 |

**Oberlausitz.**

| | |
|---|---|
| Siegmund von Wartenberg (zum 2. Male) . . . . . | 1506—1507 |
| Christoph von Wartenberg . . | 1507—1514 |
| Albrecht von Sternberg . . | 1514—1516 |
| Wilhelm von Eilenburg . . . | 1516—1520 |
| Karl, Herzog von Münsterberg . | 1520—1527 |
| Zbislas Berka von der Duba . | 1527—1549 |
| Christoph, Burggraf von Dohna=Kreschen . . . . . | 1549—1562 |
| Joachim Graf von Schlick zu Passaun . . . . . | 1562—1577 |
| Johann von Schleinitz . . . | 1577—1594 |
| Johann Dietrich von Zierotin . | 1594—1596 |
| Abraham, Burggraf von Dohna=Kreschen . . . . . | 1596—1612 |
| Karl Hannibal, Burggraf von Dohna=Kreschen . . . . | 1612—1620 |
| Joachim Andreas Graf von Schlick zu Passaun . . . . . | 1620—1621 |
| Karl Hannibal, Burggraf von Dohna=Kreschen (zum 2. Male) | 1621—1637 |
| Dietrich von Daube . . . . | 1637—1645 |
| Kurt Reinecke von Callenberg . | 1645—1656 |

**Niederlausitz.**

| | |
|---|---|
| Heinrich Reuß von Plauen . . | 1505—1506 |
| Georg von Schellenberg . . | 1506—1509 |
| Heinrich von Tüntzel . . . | 1509—1540 |
| Albrecht Graf Schlick zu Passau | 1540— ? |
| Bogislaw Felix von Lobkowitz . | ? — ? |
| Jaroslaw von Kolowrath . . | ? —1595 |
| Karl von Kittlitz . . . . | 1595—1609 |
| Heinrich Anselm von Promnitz . | 1609—1622 |
| Siegmund von Promnitz . . | 1622—1653 |
| Joachim von der Schulenburg . | 1653—1656 |

An Sachsen-Merseburg . . . . . . . . . .   1656—1738
An Kur-Sachsen . . . . . . . . . . . .   1738—1815
Geteilt zwischen Sachsen und Preußen 1815.

---

## 240. Sachsen.
### Übersicht über die Teilungen.
Teilung 1260.

**A. Sachsen-Wittenberg.**
Teilung 1485.

**B. Sachsen-Lauenburg.**
Teilung 1305.

I. Ernstinische Linie.
(Kurlinie, 1552 Herzogliche Linie.)
Teilung 1554.

II. Albertinische Linie.
(Herzogliche Linie, 1547 Kurlinie.)
Teilung 1656.

Mölln u. Bergedorf.
† 1401.

Ratzeburg.
† 1689.

a. Gotha.
Teilung 1572.

b. Weimar.
Teilung 1603.

a. Kursachsen,
blüht als
**Königreich Sachsen.**

b. Weißenfels.
† 1746.

c. Merseburg.
† 1738.

d. Zeitz.
† 1718.

Coburg.     Eisenach.
† 1633.     † 1638.

Altenburg.     Weimar.
† 1672.     Teilung 1640.

1. Weimar.
Teilung 1662.

2. Eisenach.
† 1644.

3. Gotha.
Teilung 1680.

α. Weimar,   β. Eisenach.   γ. Markfuhl.   δ. Jena.   α. Gotha-   β. Coburg.   γ. Meiningen,   δ. Römhild.   ε. Eisenberg.   ζ. Hildburg-   η. Saalfeld,
blüht als        † 1671.        † 1741.        † 1690. Altenburg.   † 1699.   blüht als        † 1710.        † 1707.   hausen,        blüht als
**Großherzogtum**                                          † 1825.                   **Sachsen-Meiningen**                              blüht als        **Sachsen-**
**Sachsen-Weimar-**                                                                   **u. Hildburghausen.**                             **Sachsen-**      **Coburg und**
**Eisenach.**                                                                                                                          **Altenburg.**     **Gotha.**

Herzog Ludolf . . . . . . . . .   843—864
Bruno . . . . . . . . . . .   864—880
Otto I. der Erlauchte . . . . . .   880—912
Heinrich I. (röm. Kaiser) . . . . .   912—936
Otto II., der Große (röm. Kaiser) . .   936—961, † 973

Dynastie der Billunger.  961—1106.

Hermann, Markgraf 953, Herzog 961 . .   961—973
Bernhard I. . . . . . . . . .   973—1011
Bernhard II. . . . . . . . . .   1011—1059
Ordulf (Otto) . . . . . . . .   1059—1071
Magnus . . . . . . . . . .   1071—1106

---

Lothar von Supplinburg (röm. Kaiser)  1106—1127, † 1137

Dynastie der Welfen.  1127—1180.

Heinrich II., der Stolze (Hz. v. Bayern)  1127—1138, † 1139
  Albrecht der Bär, Graf von Ballenstädt . . .   1138—1153
Heinrich III., der Löwe (Hz. v. Bayern)  1142—1180, † 1195

Dynastie der Askanier.  1180—1422.

Bernhard III. . . . . . . . . .   1180—1212
Albrecht I. . . . . . . . . .   1212—1260
Teilung unter seinen Söhnen 1260.

**A. Sachsen-Wittenberg.**

Albrecht II. . . . . . . . . .   1260—1298
Rudolf I. . . . . . . . . . .   1298—1356
Rudolf II. . . . . . . . . . .   1356—1370
Wenzel . . . . . . . . . . .   1370—1388
Rudolf III. . . . . . . . . . .   1388—1419
Albrecht III. . . . . . . . . .   1419—1422

Dynastie Wettin.  1423—

Friedrich I., der Streitbare . . . . . .   1423—1428
Friedrich II., der Sanftmütige . . . . .⎫  1428—1464
Wilhelm III. in Thüringen . . . . . .⎪  1445—1482
Ernst . . . . . . . . . . .⎪  1464—1485
Albrecht der Beherzte . . . . . . .⎭  1464—1485

Teilung unter den Brüdern 1485.

### I. Ernstinische Linie.

| | |
|---|---|
| Ernst, Kurfürst . . . . . (1464) | 1485—1486 |
| Friedrich III., der Weise . . . . | 1486—1525 |
| Johann der Beständige . . . . . | 1525—1532 |
| Johann Friedrich der Großmütige . . | 1532—1547 |
| als Herzog | 1552—1554 |
| Johann Ernst I. in Coburg . . . . | 1542—1553 |

Teilung unter den Söhnen Johann Friedrichs 1554.

### a. Gotha.

| | |
|---|---|
| Johann Friedrich II., der Mittlere in Coburg und Gotha . . . . . . | 1554—1566 † 1595 |
| Johann Friedrich III., der Jüngere in Jena | 1554—1565 |
| Johann Wilhelm von Weimar, Regent | 1566—1570 |
| Friedrich IV. in Coburg . . . . . | 1566—1572 |
| Johann Kasimir in Coburg . . . . | 1566—1572 |
| Johann Ernst II. in Eisenach . . . | 1566—1572 |

Teilung unter den Brüdern 1572.

| **Coburg.** | **Eisenach.** |
|---|---|
| Johann Kasimir . . . (1566) 1572—1633 | Johann Ernst II. . . (1566) 1572—1638 |
| An Eisenach 1633. | An Altenburg und Weimar verteilt 1638. |

### b. Weimar.

| | |
|---|---|
| Johann Wilhelm . . . . . . . . | 1554—1573 |
| Friedrich Wilhelm I. in Altenburg . . . | 1573—1602 |
| Johann in Weimar . . . . . . . | 1573—1603 |

Teilung 1603.

| **Altenburg.** | **Weimar.** |
|---|---|
| Johann Philipp . . . . . 1602—1639 | Johann . . . . . (1573) 1603—1605 |
| Friedrich Wilhelm II. . . . 1639—1669 | Johann Ernst . . . . . 1605—1626 |
| Friedrich Wilhelm III. . . . 1669—1672 | Friedrich . . . . . . . 1605—1622 |
| An Gotha. | Wilhelm . . . . . . . 1605—1640 † 1662 |
| | Albrecht . . . . . . . 1605—1640 † 1644 |
| | Johann Friedrich . . . . 1605—1628 |
| | Ernst der Fromme . . . 1605—1640 † 1675 |
| | Friedrich Wilhelm . . . . 1605—1619 |
| | Bernhard I. (Herzog von Franken 1633—1639) . . . . 1605—1639 |

Teilung unter den Brüdern 1640.

### 1. Weimar.

| | |
|---|---|
| Wilhelm . . . . . . . . (1605) | 1640—1662 |

Teilung unter seinen Söhnen 1662.

### α. Weimar.

| | |
|---|---|
| Johann Ernst I. . . . . . . . . | 1662—1683 |
| Wilhelm Ernst in Weimar . . . . | 1683—1728 |
| Johann Ernst II. in Kapellendorf . . | 1683—1707 |
| Ernst August in Kapellendorf 1707, in Weimar 1728 | 1707—1748 |
| Ernst August Constantin . . . . | 1748—1758 |
| Karl August, **Großherzog** 2./4. 1815 . . | 1758—1828 |
| Anna Amalia von Braunschweig-Wolffen-büttel, Regentin . . . . | 1758—1775, † 1807 |
| Karl Friedrich . . . . . . . . | 1828—1853 |
| Karl Alexander . . . . . . . . | 1853—1901 |
| Wilhelm Ernst . . . . . . . . | 1901— |

### β. Eisenach.

| | |
|---|---|
| Adolf Wilhelm . . . . . . . . | 1662—1668 |
| Wilhelm August Postumus . . . . | 1698—1671 |

An Marksuhl 1671.

### γ. Marksuhl.

| | |
|---|---|
| Johann Georg I. in Eisenach 1671 . . . . | 1662—1686 |

### Seit 1671: **Sachsen-Eisenach.**

| | |
|---|---|
| Johann Georg II. | 1686—1698 |
| Johann Wilhelm | 1698—1729 |
| Wilhelm Heinrich | 1729—1741 |

An Weimar 1741.

---

### δ. **Jena.**

| | |
|---|---|
| Bernhard II. | 1662—1678 |
| Johann Wilhelm | 1678—1690 |

An Weimar und Eisenach verteilt 1690.

---

### 2. **Eisenach.**

| | |
|---|---|
| Albrecht | (1605) 1640—1644 |

An Weimar und Gotha verteilt 1644.

---

### 3. **Gotha.**

| | |
|---|---|
| Ernst I., der Fromme | (1605) 1640—1675 |
| Friedrich I. | 1675—1680 |

Teilung unter seinen Brüdern 1680.

---

### α. **Gotha-Altenburg.**

| | |
|---|---|
| Friedrich I. | (1675) 1680—1691 |
| Friedrich II. | 1691—1732 |
| Friedrich III. | 1732—1772 |
| Ernst II. | 1772—1804 |
| August Emil Leopold | 1804—1822 |
| Friedrich IV. | 1822—1825 |

Gotha an Coburg, Altenburg an Hildburghausen 1826.

---

### β. **Coburg.**

| | |
|---|---|
| Albrecht | 1680—1699 |

An Saalfeld 1699.

---

### γ. **Meiningen.**

| | |
|---|---|
| Bernhard III. | 1680—1706 |
| Ernst Ludwig I. | 1706—1724 |
| Ernst Ludwig II. | 1724—1729 |
| Karl Friedrich | 1729—1743 |
| Friedrich Wilhelm, Mitregent seit 1724 | 1743—1746 |
| Anton Ulrich | 1746—1763 |
| Karl August Friedrich Wilhelm | 1763—1782 |
| Georg I. Friedrich Karl, Mitregent seit 1781 | 1782—1803 |
| Bernhard Erich Freund | 1803—1866, † 1882 |

Seit 1826: **Sachsen-Meiningen und Hildburghausen.**

| | |
|---|---|
| Georg II. | 1866— |

---

### δ. **Römhild.**

| | |
|---|---|
| Heinrich | 1680—1710 |

An Meiningen 1710.

---

### ε. **Eisenberg.**

| | |
|---|---|
| Christian | 1680—1707 |

An Gotha-Altenburg 1707.

---

### ζ. **Hildburghausen.**

| | |
|---|---|
| Ernst | 1680—1715 |
| Ernst Friedrich I. | 1715—1724 |
| Ernst Friedrich II. | 1724—1745 |
| Ernst Friedrich III. Karl | 1745—1780 |
| Joseph Friedrich Wilhelm | 1780—1784, † 1787 |
| Friedrich | 1780—1834 |

Seit 1826: **Sachsen-Altenburg.**

| | |
|---|---|
| Joseph | 1834—1848, † 1868 |
| Georg | 1848—1853 |
| Ernst | 1853— |

---

### η. **Saalfeld.**

| | |
|---|---|
| Johann Ernst . . . . . . . . . | 1680—1729 |

Seit 1699: Sachsen=Coburg=Saalfeld.

| | |
|---|---|
| Christian Ernst . . . . . . . . . } | 1729—1745 |
| Franz Josias . . . . . . . . . } | 1129—1764 |
| Ernst Friedrich . . . . . . . . . | 1764—1800 |
| Franz Friedrich Anton . . . . . . | 1800—1806 |
| Ernst I. . . . . . . . . . . | 1806—1844 |

Seit 1826: Sachsen=Coburg und Gotha.

| | |
|---|---|
| Ernst II. . . . . . . . . . . | 1844—1893 |
| Alfred . . . . . . . . . . . | 1893—1900 |
| Karl Eduard . . . . . . . . . | 1900— |
| Ernst, Erbprinz von Hohenlohe=Langenburg, Regent . . . . . . . . | 1900— |

---

### II. **Albertinische Linie.**

| | |
|---|---|
| Albrecht der Beherzte, Herzog . . (1464) | 1485—1500 |
| Georg der Bärtige oder Reiche . . . . | 1500—1539 |
| Heinrich der Fromme . . . . . . . | 1539—1541 |
| Moritz, **Kurfürst** 4./6. 1547 . . . . . | 1541—1553 |
| August . . . . . . . . . . | 1553—1586 |
| Christian I. . . . . . . . . . | 1586—1591 |
| Christian II. . . . . . . . . . | 1591—1611 |
| Johann Georg I. . . . . . . . . | 1611—1656 |

Teilung unter seinen Söhnen 1656.

### a. **Kursachsen.**

| | |
|---|---|
| Johann Georg II. . . . . . . . . | 1656—1680 |
| Johann Georg III. . . . . . . . | 1680—1691 |
| Johann Georg IV. . . . . . . . | 1691—1694 |
| Friedrich August I., der Starke (König von Polen 1697: August II.) . . . . . | 1694—1733 |
| Friedrich August II. (König von Polen 1733: August III.) . . . . . . . . | 1733—1763 |
| Friedrich Christian . . . . . . 5./10.—7./12. 1763 | |
| Friedrich August III., I. **König** 20./12. 1806 | 1763—1827 |

(Großherzog von Warschau 1807—1815).

| | |
|---|---|
| Xaver, Regent . . . . . . . . | 1763—1768 |
| Anton . . . . . . . . . . . | 1827—1836 |
| Friedrich August II., Mitregent 1830 . . . | 1836—1854 |
| Johann . . . . . . . . . . . | 1854—1873 |
| Albert . . . . . . . . . . . | 1873—1902 |
| Georg . . . . . . . . . . . | 1902—1904 |
| Friedrich August III. . . . . . . . | 1904— |

---

### b. **Weißenfels.**

| | |
|---|---|
| Herzog August . . . . . . . . . | 1656—1680 |
| Johann Adolf I. . . . . . . . . | 1680—1697 |
| Johann Georg . . . . . . . . . | 1197—1712 |
| Christian . . . . . . . . . . | 1712—1736 |
| Johann Adolf II. . . . . . . . . | 1736—1746 |
| An Kursachsen . . . . . . . . | 1746—1815 |

An Preußen 1815.

---

### c. **Merseburg.**

| | |
|---|---|
| Herzog Christian I. . . . . . . . | 1556—1691 |
| Christian II. . . . . . . . . . | 1691—1694 |
| Christian Moritz . . . . . . . . | 1694 |
| Moritz Wilhelm . . . . . . . . | 1694—1731 |
| Heinrich . . . . . . . . . . | 1731—1738 |
| An Kursachsen . . . . . . . . | 1738—1815 |

An Preußen 1815.

---

### d. **Zeitz.**

| | |
|---|---|
| Herzog Moritz . . . . . . . . . | 1656—1681 |
| Moritz Wilhelm . . . . . . . . | 1681—1718 |
| An Kursachsen . . . . . . . . | 1718—1815 |

An Preußen 1815.

---

### B. Sachsen-Lauenburg.

Johann I. . . . . . . . . . . . 1260—1285
Johann II. in Mölln und Bergedorf . . . ⎱ 1285—1305
Albrecht III. in Ratzeburg und Lauenburg . ⎰ 1285—1305
Erich I. in Lauenburg . . . . . . . 1285—1305

Teilung unter den Brüdern 1305.

| **Mölln und Bergedorf.** | | **Ratzeburg.** | |
|---|---|---|---|
| Johann II. . . . . (1285) | 1205—1321 | Albrecht III. . . . . (1285) | 1305—1308 |
| Albrecht VI. . . . . . | 1321—1344 | Erich I. . . . . (1285) | 1305—1361 |
| Johann III. in Mölln . . . ⎱ | 1344—1358 | Erich II. . . . . . . | 1361—1368 |
| Albrecht V. in Bergedorf . . ⎰ | 1344—1370 | Erich IV. . . . . . . | 1368—1412 |
| Erich III. . . . . . . . | 1344—1401 | Erich V. . . . . . . | 1412—1436 |
| Mit Ratzeburg vereinigt. | | Bernhard IV. . . . . . | 1436—1463 |
| | | Johann IV. . . . . . . | 1463—1507 |
| | | Magnus I. . . . . . . | 1507—1543 |
| | | Franz I. . . . . . . | 1543—1571 |
| | | Magnus II. . . . . . . | 1571—1574 |
| | | Franz I. (zum 2. Male) . . | 1574—1581 |
| | | Magnus II. (zum 2. Male) . ⎱ | 1581—1588 † 1603 |
| | | Moritz . . . . . . . ⎰ | 1581—1612 |
| | | Franz II. . . . . . . | 1581—1619 |
| | | August . . . . . . . | 1619—1656 |
| | | Julius Heinrich . . . . . | 1656—1665 |
| | | Franz Erdmann . . . . . | 1665—1666 |
| | | Julius Franz . . . . . . | 1666—1689 |
| | | An Braunschweig-Celle (Hannover) . | 1689—1813 |
| | | An Preußen . . . . . . | 1813—1814 |
| | | An Dänemark . . . . . . | 1814—1864 |
| | | Unter österreichisch-preußischer Verwaltung . . . . | 1864—1865 |
| | | Durch Personal-Union mit Preußen verbunden . . . . . | 1865—1876 |

Mit Preußen vereinigt 1876.

### 241. Meißen.

| Markgraf Friedrich . . . . . | 928—965 | **Dynastie Wettin. 1135—1428.** | |
|---|---|---|---|
| Ribbag . . . . . . . . | 965—985 | Konrad der Große, Gegner seit 1123 | 1135—1156 † 1157 |
| Eckard I. von Zeitz . . . . | 985—1002 | Otto der Reiche . . . . . | 1156—1190 |
| Gunzelin . . . . . . . | 1002—1010 | Albrecht I., der Stolze . . . | 1190—1195 |
| Hermann I. . . . . . . | 1010—1031 | Dietrich der Bedrängte . . . | 1195—1222 |
| Eckard II. . . . . . . | 1031—1046 | Heinrich der Erlauchte . . . | 1222—1288 |
| Wilhelm, Graf von Orlamünde | 1046—1062 | Albrecht II., der Entartete, Mitregent 1265 . . 1288—1292, † 1314 | |
| Otto, Graf von Orlamünde . . | 1062—1067 | Friedrich I. mit der gebissenen Wange . . . . . . | 1292—1324 |
| Egbert I. von Braunschweig . | 1067—1068 | Friedrich II., der Ernsthafte . . | 1324—1349 |
| Egbert II. von Braunschweig . | 1068—1089 | Friedrich III., der Strenge (im Ostland) . . . . . . | 1349—1381 |
| Heinrich I. von Wettin, Graf von Eilenburg . . . . . | 1087—1103 | Wilhelm der Einäugige (in Meißen) | 1349—1407 |
| Thimo von Wettin . . . . | 1103 | Balthasar (in Thüringen) . . . | 1349—1406 |
| Heinrich II. von Wettin . . | 1103—1123 | Friedrich IV., der Streitbare, Herzog von Sachsen-Wittenberg 1423 . . . 1381—1423, † 1428 | |
| Wiprecht von Groitsch . . . | 1123—1124 | Friedrich IV., der Einfältige (in Thüringen) . . . . | 1406—1440 |
| Heinrich III. von Groitsch . . ⎱ | 1124—1135 | Meißen mit Sachsen-Wittenberg vereinigt 1423. | |
| Hermann II., Graf von Winzenburg . . . . . . ⎰ | 1124—1129 † 1152 | | |

### 242. Thüringen.

| Graf Burkhard . . . . . | 892—908 | Ludwig IV., der Eiserne . . . | 1140—1172 |
|---|---|---|---|
| Günther . . . . . . . | 960?—998 | Ludwig V., der Milde . . . | 1172—1190 |
| Eckard . . . . . . . | 993—1002 | Hermann I. . . . . . . | 1190—1216 |
| **Dynastie der Salier. 1031/9—1247.** | | Ludwig VI., der Fromme . . | 1216—1227 |
| Ludwig I., der Bärtige . . | 1031/9—1056 | Hermann II. . . . . . . | 1227—1241 |
| Ludwig II., der Salier (fälschlich: der Springer) . . . . | 1056—1123 | Heinrich Raspe (der Rauhe) Regent 1227—1238 (Gegenkönig 1246—1247) | 1241—1247 |
| Ludwig III., Landgraf 1130 . . | 1123—1140 | Thüringen durch Erbschaft an Meißen 1247. | |

## 243. Weimar und Orlamünde.

Graf Otto I. von Weimar . . . . . .　um 877
Wilhelm I. . . . . . . . . . . um 949, † 963
Wilhelm II. . . . . . . . . . um 965, † 1002
Poppo in Weimar . . . . . . . . ⎱ 1002—1015
Wilhelm III. in Orlamünde, Markgraf im Ostlande ⎰ 1002—1062
Otto II. . . . . . . . . . . . 1062—1067
Adelheid (Gem.: Albrecht von Ballenstädt, † 1076)　1067—1100

Teilung unter ihren Söhnen.

### Weimar und Orlamünde.

Siegfried I., Pfalzgraf um 1105　1100—1113
Siegfried II. . . . . . . . 1113—1123
Wilhelm IV. . . . . . . . 1123—1139

An Ballenstädt 1139.

### Ballenstädt.

Otto III., der Reiche . . . . 1076—1123
Albrecht I., der Bär, in Orlamünde
　1139　1123—1170
Hermann I. in Weimar u. Orlamünde ⎱ 1170—1176
Dietrich in Burgweben u. Sachsenburg ⎰ 1170—1183
Heinrich I. in Weimar . . . ⎱ 1176—1211
Siegfried III. in Orlamünde . ⎰ 1176—1211
Albrecht II. . . . . . . . ⎱ 1211—1247
Hermann II. . . . . . . . ⎰ 1211—1247
Albrecht III. . . . . . . . 1247—1253

Teilung unter den Söhnen Hermann II. 1247.

### Orlamünde.

Hermann III. von Orlamünde,
　in Lauenstein u. Gräfenthal 1248　1247—1295

Teilung unter seinen Söhnen 1295.

### Weimar.

Otto V. von Weimar, Rudolstadt
　u. Altenburg in Plassenburg 1248　1247—1285
Otto VI. . . . . . . . . ⎱ 1285—?
Otto VII. . . . . . . . . ⎰ 1285—?
Otto IX. . . . . . . . . ?—1340

Weimar und Altenburg an Orlamünde,
Rudolstadt an Schwarzburg,
Plassenburg an Bayreuth 1340.

### Orlamünde.

Heinrich II. von Orla-
münde [1344 an Meißen
abgetreten], Schaun-
forst und (seit 1340)
Weimar . . 1295—1347
Heinrich III. in Weimar
[tritt Schaunforst ab
an Gräfenthal] 1347—?
Friedrich I. in Droyßig
　1347—1391
Heinrich IV. . 1391—1411

### Gräfenthal.

Hermann IV. von Grä-
fenthal, Lauenstein u.
Volradiswald; in Wiehe
1312 . . . 1295—1321

Teilung unter seinen Söhnen
1321.

#### Weimar.

Friedrich II. . 1321—1365
An Meißen 1365.

#### Lauenstein.

Otto X. . . 1321—1334
Friedrich III. . 1334—1363
Otto XI. . . 1363—1406

Teilung unter seinen Söhnen
1406.

#### Wiehe.

Hermann V. . 1321—1372
An Meißen 1372.

### Lichtenberg-Magdala.

Siegmund . . . . 1406—1447
Otto XIII. . . . 1447—1460

### Gräfenthal-Lichtenkamm.

Otto XII. . . . . . 1406—1426

An Sachsen 1467.

### Lauenstein-Schaunforst.

Wilhelm V. . . . . 1406—1440
Friedrich IV. . . . 1440—1467

## 244. Reuß.

Übersicht über die Teilungen.

Teilung um 1206.

### A. Weida.
Teilung 1225.

### B. Plauen.
Teilung 1307.

### C. Gera.
Teilung 1425.

Osterstein-Ronneburg.　Weida.　　Hof.
—1253, † 1256.　Teilung ?　—1264, † um 1266.

1. Linie.　2. Linie.　3. Linie.
—1569, † 1572.　† um 1302. Teil. 1564.

Lobenstein.　Gera.
—1547, † 1550.　† 1479.

Weida.　Hof.
† 1532.　† 1411.

I. Ältere Linie.
Teilung 1581.

II. Mittlere Linie.
† 1616.

III. Jüngere Linie.
Teilung 1647.

1. Ältere Linie.　2. Mittlere Linie.　3. Jüngere Linie.
† 1582.

1. Gera.　2. Schleiz.
† 1802.　Teilung 1692.

3. Saalburg.　4. Lobenstein.
—1667, † 1692.　Teilung 1678.

Teilung 1583.

a. Schleiz,
blüht als
Reuß, Jüngere Linie.

b. Köstritz.
Teilung 1748.

a. Lobenstein. b. Hirschberg. c. Ebersdorf.
Teilung 1710.　† 1711.　—1848,
　　　　　† 1853.

a. Burg.
† 1640.

b. Greiz.
Teilung 1604.

Lobenstein.　Selbitz.
† 1824.　— 1805, † 1807.

Ober-Greiz
blüht als
Reuß, Ältere Linie.

Unter-Greiz.
† 1768.

1. Ast.　2. Ast.　3. Ast.
† 1878

Egbert I. von Kahetitz . . . . . . . . . . um 990
Heinrich I. . . . . . . . . . 1027, † 1045
Heinrich II. der Fromme, Vogt von Weida 1075—1115
Egbert II. . . . . . . . . . . . † um 1132
Heinrich III., der Sachse . . . . (1132) 1143—1166
Heinrich IV., der Reiche, in Plauen 1189 . . 1188—1193
　　　Teilung unter seinen Söhnen um 1285.

### A. Weida (Wida).

Heinrich I., der Klosterstifter . . . . um 1206—1225
　　　Teilung unter seinen Söhnen 1225.

| Osterstein-Ronneburg. | Weida. | Hof. |
|---|---|---|
| Heinrich I., der Land=meister . . 1225—1237, † 1256 | Heinrich II., der Franzis=kaner . 1225—1267, † vor 1278 | Heinrich III., der Spittler 1225—1264, † um 1266 |
| Heinrich in Weida 1237—1253, † 1256 | Teilung unter seinen Söhnen. | |

| Weida. | Hof. |
|---|---|
| Heinrich der Kirchenfreund . . 1282—1306 | Heinrich der Wegloser . . . . 1288—1300 |
| Heinrich der Laie . . . 1306—1348 | Heinrich der Humane 1319—1335. † u. 1339 |
| Heinrich der Bestätiger . . . 1348—1360 | Heinrich der Bedrückte . . 1348, † 1367 |
| Heinrich der Ritter . . . 1374—1400 | Heinrich I. . . . . ? —1366, † ? |
| Heinrich I. . . . . . . ⎫ 1404—1406 | Heinrich II., der Rote . . um 1373 |
| Heinrich II. . . . . . . ⎬ 1404—1409 | Heinrich I. . . . . . . † vor 1400 |
| Heinrich III. . . . . . . ⎭ 1404—1527 | Heinrich II. . . . . . . † 1411 |
| Weida an Meißen verkauft 1410, 1411 und 1421. | Hof an die Burggrafschaft Nürnberg verkauft 1373. |
| Heinrich I. in Hauenstein . . ⎫ um 1438 | |
| Heinrich II. in Hauenstein . . ⎭ um 1438 | |
| Heinrich in Wildenfels . . . um 1454 | |
| Heinrich I. . . . . . ? | |
| Heinrich II. . . . . . † um 1510 | |
| Heinrich III. . . . . . 1510—1532 | |
| Wildenfels an Sachsen 1532. | |

### B. Plauen.

Heinrich II., der Feldhauptmann . . . um 1206—1232
Heinrich von Gottes Gnaden . . . . 1243—1254
Heinrich der Oberhofrichter . . . . 1271—1303
　　　Teilung unter seinen Söhnen um 1307.

| Erste Linie. | Zweite Linie. | Dritte Linie. |
|---|---|---|
| Heinrich I., der Kluge, in Plauen . . . 1303— um 1340 | Heinrich II., der Böhme 1298 . . . . . † um 1302 | Heinrich III., der Reuße, in Greiz . . . . † um 1294 |
| Heinrich I., der Verletzte⎫ 1338—1356 | | Heinrich I., der Lange, in Mühldorf . . . 1316—1373 |
| Heinrich II., in Voigtsberg⎭ 1338—1349 | | Heinrich II. Reuß der Kleine in Greiz und Ronneburg . . . 1303—1349 |
| Heinrich I., der Unver=geßliche . . . . 1368—1383 | | Heinrich der Strenge . 1349—1359 |
| Heinrich I., der Biedere **Burggraf von Meißen** (Reichsfürst) 21./7. 1426 1387—1429 | | Heinrich I. in Greiz . ⎫ 1359—1370 |
| Heinrich II. . . . . . 1429—1446 | | Heinrich II. in Ronneburg 1359—1372 |
| Burggrafschaft Meißen an Sachsen abgetreten 1446. | | Heinrich III. in Ronneburg 1380 . . . . ⎭ 1359—1398 |
| Heinrich III. . . . . . 1446—1482 | | Heinrich I. . . . . ⎫ 1370—1394 |
| Heinrich IV. . . . . 1482—1520 | | Heinrich II. . . . . ⎭ 1370—1449 |
| Heinrich V. in Gera 1547 1520—1554 | | Heinrich der I., der Wall=fahrer . . . . ⎫ 1449—1475 |
| Heinrich VI. . . . . . 1554—1568 | | Heinrich II., der Erwerber⎭ 1449—1461 |
| Heinrich VII. 1568—1569, † 1572 | | Heinrich I., der Ausge=stattete in ½ Greiz 1485 ⎫ 1475—1502 |
| Plauen und das Vogtland an Sachsen verkauft 1569 | | Heinrich II. in Kranichfeld 1485 ⎬ 1475—1528 |
| | | Heinrich III., der Stille in ½ Greiz 1485 . ⎭ 1475—1535 |
| | | Heinrich I., der Ältere, der Botschafter . ⎫ 1535—1564 † 1572 |
| | | Heinrich II., der Mittlere 1535—1564 † 1578 |
| | | Heinrich III., der Jüngere⎭ 1535—1564 † 1572 |
| | | Teilung unter den Brüdern 1564. |

#### I. Ältere Linie.

Heinrich I., der Ältere, der Botschafter in
Untergreiz . . . . (1535) 1564—1572
Heinrich II., der Veränderliche . . . . .⎫ 1572—1581
Heinrich III. . . . . . . . . . . .⎬ 1572—1581
Heinrich V., der Fürsehende . . . . .⎭ 1572—1581

Teilung unter den Brüdern 1581.

| **1. Ältere Linie.** | **2. Mittlere Linie.** | **3. Jüngere Linie.** |
|---|---|---|
| Heinrich II., der Ver= änderliche (1572) 1581—1583 | Heinrich III. (1572) 1581—1582 | Heinrich V., der Für= sehende . . (1572) 1581—1583 |

Teilung unter den Brüdern 1583.

#### a. Burg.

Heinrich II., der Veränderliche (1572,1581) 1583—1608
Heinrich II. . . . . . . . . . .⎫ 1608—1639
Heinrich III. . . . . . . . . . .⎬ 1608—1616
Heinrich IV. in Dölau . . . . . .⎭ 1608—1636
Heinrich III. . . . . . . . . . . 1639—1640

An Unter=Greiz 1640.

#### b. Greiz.

Heinrich V., der Fürsehende . (1572, 1581) 1583—1604

Teilung unter seinen Söhnen 1604.

| **Ober=Greiz.** | | **Unter=Greiz.** | |
|---|---|---|---|
| Heinrich III. . . . . . | 1604—1609 | Heinrich V., in Burg 1640 . . | 1604—1667 |
| Heinrich IV. in Obergreiz 1616 . | 1609—1629 | Heinrich II., Reichsgraf 26./8. 1673 | 1667—1697 |
| Heinrich I., Reichsgraf 26./8. 1673 | 1629—1681 | Heinrich IV., in ½ Unter=Greiz, Reichsgraf 26./8. 1673 . . | 1667—1675 |
| Heinrich VI. in Ober=Greiz . ⎫ | 1681—1697 | Heinrich V. in ½ Unter=Greiz und Rodenthal, Reichsgraf 26./8. 1673 | 1667—1698 |
| Heinrich XV. . . . . . ⎬ | 1681—1690 | Heinrich XIII. . . . . . . | 1675—1733 |
| Heinrich XVI. in Dölau . . ⎭ | 1681—1698 | Heinrich III. . . . . . . . | 1733—1768 |
| Heinrich I. . . . . . . | 1697—1714 | | |
| Heinrich II. . . . . . . | 1714—1722 | | |
| Heinrich IX. . . . . . | 1722—1723 | | |
| Heinrich XI., Reichsfürst 12./5. 1778 | 1723—1800 | | |
| Heinrich XIII. . . . . . | 1800—1817 | | |
| Heinrich XIX. . . . . . | 1817—1836 | | |
| Heinrich XX. . . . . . | 1836—1859 | | |
| Heinrich XXII. . . | 1859—1902 | | |
| Heinrich XXIV. . . . . . | 1902— | | |
| Heinrich XIV. (f. Schleiz), Regent | 1902— | | |

An Ober=Greiz 1768.

#### II. Mittlere Linie.

Heinrich II., der Mittlere, in Ober=Greiz (1535) 1564—1578
Heinrich I. in Ober=Greiz 1580 . . . .⎫ 1578—1607
Heinrich II., der Rotkopf, in Schleiz 1580 .⎬ 1578—1616
Heinrich III. . . . . . . . . .⎭ 1578—1680

Ober=Greiz an die ältere, Schleiz an die jüngere Linie 1616.

#### III. Jüngere Linie.

Heinrich III., der Jüngere . . . (1535) 1564—1572
Heinrich Postumus . . . . . . . 1572—1635
Heinrich II. . . . . . . . . 1635—1647, † 1670
Heinrich IX. . . . . . . . . 1635—1647, † 1666
Heinrich III. . . . . . . . . 1635—1640
Heinrich X. . . . . . . . . 1635—1647, † 1671
Heinrich I. . . . . . . . . 1640—1647, † 1692

Teilung unter den 3 Brüdern und dem Neffen 1647.

#### 1. Gera.

Heinrich II. . . . . . . . . (1635) 1647—1670
Heinrich IV., Reichsgraf 26./8. 1673 . . . 1670—1686
Heinrich XVIII. . . . . . . . . 1686—1735
Heinrich XXV. . . . . . . . . 1735—1748
Heinrich XXX. . . . . . . . . . 1748—1802

An Schleiz und Lobenstein 1802.

Reuß.

### 2. Schleiz.

Heinrich IX. . . . . . . . (1635) 1647—1666
Heinrich I., **Reichsgraf** 26./8. 1673 . . . 1666—1692

Teilung unter seinen Söhnen 1692.

### a. Schleiz.

Heinrich XI. . . . . . . . . . 1692—1726
Heinrich I. . . . . . . . . . 1726—1744
Heinrich XII. . . . . . . . . 1744—1784
Heinrich XLII., **Reichsfürst** 9./4. 1806 . . 1784—1818
Heinrich LXII. . . . . . . . . 1818—1854
Heinrich LXVII. . . . . . . . . 1854—1867
Heinrich XIV. . . . . . . . . 1867—

### b. Paragiatslinie Reuß-Schleiz-Köstritz.

Graf Heinrich XXIV. . . . . . . . 1692—1748

Teilung unter seinen Söhnen 1648.

| 1. Ast. | | 2. Ast. | | 3. Ast. | |
|---|---|---|---|---|---|
| Graf Heinrich VI. . . | 1748—1783 | Graf Heinrich IX. . . . | † 1780 | Graf Heinrich XXIII . . . | † 1787 |
| Heinrich XLIII., **Fürst** | | Heinrich XXXVIII. . . . | † 1835 | Heinrich XLVII. . . . . | † 1833 |
| 1806 . . . . | 1783—1814 | Heinrich XLIV. auf Trebschen, | | Heinrich XLIX . . . . . | † 1840 |
| Heinrich LXIV. . . . | 1814—1856 | Fürst ?/10. 1817 . . . | † 1832 | Heinrich LII. . . . . . | † 1851 |
| Heinrich LXIX. . . . | 1856—1878 | Heinrich LX . . . . . | † 1833 | Heinrich LXXIII. . . . . | † 1855 |
| Das Paragiat geht auf den | | Heinrich LXIII. . . . . | † 1841 | Heinrich XVIII., **Prinz** 30./6. 1851. | |
| 2. Ast über 1878. | | Heinrich IV. . . . | 1878—1894 | | |
| | | Heinrich XXIV. . . . | 1894— | | |

### 3. Saalburg.

Heinrich III. . . . . . . . . . 1635—1640
Heinrich I. . . . . . (1640) 1647—1666, † 1692

An die anderen Linien Schleiz 1666.

### 4. Lobenstein.

Heinrich X. . . . . . . . . (1635) 1647—1671
Heinrich III., **Reichsgraf** 26./8. 1673 . . . } 1671—1678
† 1710
Heinrich VIII., **Reichsgraf** 26./8. 1673 . . } 1671—1678
† 1711
Heinrich X., **Reichsgraf** 26./8. 1673 . . . } 1671—1678
† 1711

Teilung unter den Brüdern 1678.

### a. Lobenstein.

Heinrich III. . . . . . . . . (1671) 1678—1710

Teilung unter seinen Söhnen 1710.

| **Lobenstein.** | | **Selbitz.** | |
|---|---|---|---|
| Heinrich XV. . . . . . . | 1710—1739 | Heinrich XXVI. . . . . . | 1710—1730 |
| Heinrich II. . . . . . . | 1739—1782 | Heinrich XI. . . . . . . | 1730—1745 |
| Heinrich XXXV., **Reichsfürst** 9./10. | | Heinrich XIX. . . . . . | 1745—1783 |
| 1790 . . . . . . | 1782—1805 | Heinrich XXI. . . . 1783—1805, † 1807 | |
| Heinrich LIV. von Selbitz, **Reichsfürst** | | An Lobenstein 1805. | |
| 5./7. 1806 . . . . . | 1805—1824 | | |
| An Ebersdorf 1824. | | | |

### b. Hirschberg.

Heinrich VIII. . . . . . . . . (1671) 1678—1711

Geteilt unter Lobenstein und Ebersdorf 1712.

### c. Ebersdorf.

Heinrich X. . . . . . . . . . (1671) 1678—1711
Heinrich XXIX. . . . . . . . . 1711—1747
Heinrich XXIV. . . . . . . . . 1747—1779
Heinrich LI., **Reichsfürst** 9./4. 1806 . . 1779—1822
Heinrich LXXII. . . . . . . 1822—1848, † 1853

An Schleiz 1848.

### C. Gera.

Heinrich III., der Unbenannte . . . . . um 1206—1209

Heinrich I., der Marianer . . . . . . .] 1237, †1240
Heinrich II., Vogt von Greiz, zu Myla . .} 1240, †1271
Heinrich I., der Verwaiste . . . . . . 1250—1295
Heinrich I., der Ritterhafte, in Gera, Saalburg
   und Lobenstein . . . . 1302— um 1331
Heinrich I., der Landrichter, in Gera .] 1337—1347
Heinrich III., der Worthalter, in Lobenstein
   und Saalburg . . . . . . .} 1337—1378
Heinrich, der Dispensierte . . . . . 1378—1420

Teilung unter seinen Söhnen 1425.

| **Lobenstein.** | | **Gera.** | |
|---|---|---|---|
| Heinrich II., der Beerber . . . | 1425—1470 † um 1481 | Heinrich III., der Unglückliche . | 1425—1450 |
| Heinrich I., der Bürgerfreund, in Gera und Rochsburg . . . | 1482—1487 † um 1488 | Heinrich der Jüngere . . . . | 1450—1479 |
| Heinrich II., der kaiserliche Rat, in Schleiz . . . . . | 1482—1500 | | An Lobenstein 1479. |
| Heinrich III., der Hinkende, in Lobenstein . . . . | 1482—1498 | | |
| Heinrich I., der Privilegiator, in Gera] | 1500—1538 | | |
| Heinrich II., der Beharrliche, in Gera 1538 . . . . . } | 1500—1547 † 1550 | | |

Gera an Plauen abgetreten 1547.

---

## 245. Schwarzburg.

Übersicht über die Teilungen.

Teilung im 12. Jahrhundert.

A. Käfernburg. (Hallermund, s. bes.)    B. Schwarzburg.
Teilung um 1217.     Teilung 1231.

| Ältere Linie. † 1385. | Jüngere Linie. † vor 1269. | I. Schwarzburg. † 1302. | II. Rabenswald. † 1312. | III. Blankenburg. Teilung im 13. Jahrh. |
|---|---|---|---|---|

a. Schwarzburg. Teilung 1324.     b. Blankenburg. Teilung 1326.

| Wachsenburg. † 1450. | Leutenberg. † 1564. | Arnstadt. Teilung 1336. | Blankenburg. † 1357. |
|---|---|---|---|

Ältere Linie. † 1436.     Jüngere Linie. Teilung 1488.

1. Linie. Teilung 1552.     2. Linie. † 1538.

| 1. Arnstadt. † 1583. | 2. Sondershausen. Teilung 1721. | 3. Frankenhausen. † 1597. | 4. Rudolstadt. blüht als **Schwarzburg-Rudolstadt.** |
|---|---|---|---|

| α. Sondershausen blüht als **Schwarzburg-Sondershausen.** | β. Keula. — 1740, † 1758. | γ. Ebeleben. † 1807. | δ. Arnstadt. † 1762. | ε. Neustadt. † 1749. |
|---|---|---|---|---|

Graf Günther I. von Keverenburg . . . um 700
Siger
Sizzo I. von Käfernburg . . . . . . . um 974
Günther II. . . . . . . . . . . 1039—1062
Sizzo II. . . . . . . . . . . um 1075
Günther III. . . . . . . . . . . † 1109
Sizzo III. . . . . . . . . . . 1109—1160
Heinrich VI. (I.) von Schwarzburg . .] 1160—1184
Günther IV. von Käfernburg . . . .] 1160—1195

Teilung unter Günthers IV. Söhnen.

### A. Käfernburg.

Günther V. . . . . . . . . . . . 1167—1220

Teilung unter seinen Söhnen.

| Ältere Linie. | | Jüngere Linie. | |
|---|---|---|---|
| Günther VI. in Käfernburg . . | 1217—1280 | Albrecht I. . . . . . . . | 1219—1244 |
| Günther VII. in Elgersburg . | 1269—1289 | Berthold . . . . 1248—1260, † vor 1269 | |
| Günther VIII. in Schwarzburg . | 1269—1302 | | |
| Günther IX. . . . . . . | 1289—1324 | | |
| Günther X. . . . . . . | 1289—1344 | | |
| Günther XIII. . . . . . . | 1324—1368 | | |
| Georg in Ilmenau . . . . | 1368—1376 | | |
| Günther XIV. in Hermannstein . | 1368—1379 | | |
| Günther XV. . . . . . . | 1376—1385 | | |

### B. Schwarzburg.

Heinrich VII. (X.) . . . . . . . . . 1195—1231

Teilung unter seinen Söhnen 1231.

### I. Schwarzburg.

Heinrich VIII. (XII.) . . . . . . . 1231—1258
Heinrich X. (XIII.) . . . . . . . 1258—1283
Günther VIII. . . . . . . . . 1258—1302

### II. Rabenswald.

Albrecht II. . . . . . . . . . 1231—1252
Friedrich . . . . . . . . . . . . † vor 1312
Berthold, Graf von Hardegg . . . . . 1278—1312

### III. Blankenburg.

Günther VII. . . . . . . . . . . 1231—1175

Teilung unter seinen Söhnen.

### a. Schwarzburg.

Günther IX. . . . . . . . . . 1274—1289
            † 1324
Günther X. . . . . . . . . . 1275—1289
Günther XII. . . . . . . . . . 1290—1316
Johann I. . . . . . . . . . 1293—1301
            † um 1303
Heinrich XI. (XV.) in Ilmenau, Rembda und
Kranichfeld . . . . . . . . . 1280—1331
            (1293?)
Günther XIII. . . . . . . 1293—1301, † um 1306

Teilung unter den Söhnen Günthers XII. 1324.

| Wachsenburg. | | Leutenberg. | |
|---|---|---|---|
| Günther XVIII. . . . . . | 1324—1356 | Heinrich XIV. (XVIII.) . . . | 1324—1361 |
| Günther XXVI. . . . . | 1356—1362 | Günther XXII. in Königsee . . | 1361—1382 |
| Johann II. . . . . . . | 1356—1407 | Heinrich XX. (XXIV.) . . . | 1361—1403 |
| verkauft Wachsenburg an Thüringen 1368. | | Günther XXVII. . . . . | 1361—1397 |
| Heinrich XXIV. (XXVIII.) mit | | Heinrich XXVII. (XXXI.) . . | 1403—1433 |
| dem Hörnchen . . . 1370, † 1392 | | Heinrich XXX. (XXXIV.) . . | 1433—1463 |
| Günther XXX. . . . . . | 1367—1395 | Balthasar II. . . . . . . | 1463—1525 |
| Balthasar I. . . . . . | 1370—1397 | Johann Heinrich (H. XXXVI.) | 1525—1555 |
| Günther XXXII. . . . . | 1407—1450 | Albrecht VI. . . . . . . | 1555—1556 |
| Heinrich XXVI. (XXX.) . . | 1407—1426 | Sighard III. . . . . . . | 1555—1560 |
| | | Philipp . . . . . . . | 1555—1564 |

An Arnstadt 1564.

### b. Blankenburg.

Heinrich XI. (XIV.) . . . . . . . . 1267—1285

Heinrich XII. (XVI.) . . . . . . . . 1285—1326
Teilung unter seinen Söhnen 1326.

---

| **Arnstadt.** | **Blankenburg.** |
|---|---|
| Heinrich XV. (XIX.) . . . 1326—1336 | Günther XXI. (deutscher Gegenkönig) 1326—1349 |
| Teilung unter seinen Söhnen 1336. | Heinrich XVIII. (XXII.) . . 1349—1357 |
| | An Arnstadt 1357. |

---

| **Ältere Linie.** | **Jüngere Linie.** |
|---|---|
| Heinrich XVII. (XXI.) 1356—1373, † um 77 | Günther XXV. . . . . . . 1336—1368 |
| Günther XXVIII. . . . . . ⎱ 1377—1418 | Günther XXIX. . . . . . ⎱ 1368—1416 |
| Heinrich XXII. (XXVI.) . . ⎰ 1373—1436 | Heinrich XXV. (XXIX.) . . ⎰ 1368—1413 |
| Heinrich XXIII. (XXVII.) . ⎰ 1369—1385 | Heinrich XXIX. (XXXIII.), der |
| | Streitbare . . . . . 1416—1444 |
| | Heinrich XXXI. (XXXV.) . . 1444—1488 |

Teilung zwischen seinem Enkel und Sohn 1488.

---

| **1. Linie.** | **2. Linie.** |
|---|---|
| Günther XXXVIII. . . . . . † 1484 | Günther XXXIX., der Bremer 1488—1531 |
| Heinrich XXXVI. (XLII.) . . 1488—1526 | |

Gemeinschaftliche Regierung 1493—1513.

| **1. Linie.** | **2. Linie.** |
|---|---|
| Günther XL. mit dem fetten | Heinrich XXXVII. (XLIII.) . 1531—1538 |
| Maule, in Sondershausen . . 1526—1552 | Katharina von Henneberg . . 1538—1567 |
| Heinrich XXXIX. (XLV.) in | |
| Frankenhausen . . 1526—1537 | |

Teilung unter den Söhnen Günthers XL. 1552.

### 1. Arnstadt.

Günther XLI., der Streitbare . . . . . 1552—1583
An Sondershausen 1583.

---

### 2. Sondershausen.

Johann Günther I. . . . . . . . 1552—1586
Günther XLII. . . . . . . . . ⎱ 1586—1643
Anton Heinrich . . . . . . . ⎰ 1586—1638
Johann Günther II. . . . . . ⎰ 1586—1631
Christian Günther I. . . . . . . ⎰ 1586—1642

Teilung unter den Söhnen Christian Günthers I. 1642.

---

| **Arnstadt.** | **Sondershausen.** | **Ebeleben.** |
|---|---|---|
| Christian Günther II. . 1642—1666 | Anton Günther I. . . 1642—1666 | Ludwig Günther II. . 1642—1681 |
| Johann Günther IV. . 1666—1669 | Christian Wilhelm, Reichs- | An Sondershausen 1681. |
| An Sondershausen 1669. | fürst 3./9. 1697, in | |
| | Sondershausen . . 1666—1721 | |
| | Anton Günther II., Reichs- | |
| | fürst 26./5. 1709, in | |
| | Arnstadt . . . . 1666—1716 | |

Teilung unter den Söhnen Christian Wilhelms 1721.

### α. Sondershausen.

Günther XLIII. . . . . . . . . 1721—1740
Heinrich XLVIII., in Keula 1721 . . . 1740—1758
Christian Günther III., in Ebeleben 1750 . 1758—1794
Günther Friedrich Karl I. . . . 1794—1835, † 1837
Günther Friedrich Karl II. . . . 1835—1880, † 1889
Karl Günther . . . . . . . . 1880—

---

### β. Keula.

Heinrich XLVIII. . . . . . . 1721—1740, † 1758
Mit Sondershausen vereinigt 1740.

---

### γ. Ebeleben.

August I. . . . . . . . . . 1721—1750
Christian Günther III., nebst Sondershausen 1758 ⎱ 1750—1758
         † 1794
August II. . . . . . . . . . ⎰ 1750—1806
Wilhelm Ludwig Günther . . . . . 1806—1807
An Sondershausen 1807.

### δ. Arenstadt.

Wilhelm II. (VI.) . . . . . . . . 1721—1762
An Sondershausen 1762.

---

### ε. Neustadt.

Christian . . . . . . . . . . 1721—1749
An Sondershausen 1749.

---

### 3. Frankenhausen.

Wilhelm I. (V.) . . . . . . . . 1552—1597
An Rudolstadt 1597.

---

### 4. Rudolstadt.

| | |
|---|---|
| Albrecht Anton I. (Albrecht VII.) . . . . | 1552—1605 |
| Karl Günther in Kranichfeld . . . . . | 1605—1630 |
| Ludwig Günther I. in Rudolstadt . . . . | 1605—1646 |
| Albrecht Günther in Ilmenau . . . . . | 1605—1634 |
| Albrecht Anton II. . . . . . . . | 1646—1710 |
| Ludwig Friedrich I., Reichsfürst 2./6. 1710 . | 1710—1718 |
| Friedrich Anton in Rudolstadt . . . . | 1718—1744 |
| Wilhelm Ludwig in Gräfenau . . . . | 1718—1757 |
| Albrecht Anton III. in Paulinzelle . . . | 1718—1720 |
| Johann Friedrich . . . . . . . | 1744—1767 |
| Ludwig Günther IV. . . . . . . | 1767—1790 |
| Friedrich Karl . . . . . . . | 1790—1793 |
| Ludwig Friedrich II. . . . . . . | 1793—1807 |
| Friedrich Günther . . . . . . | 1807—1867 |
| Albert . . . . . . . . | 1867—1869 |
| Georg . . . . . . . . | 1869—1890 |
| Günther Victor . . . . . . . | 1890— |

---

## 246. Brena.

| | | | | |
|---|---|---|---|---|
| Graf Friedrich I. (Bruder Otto des Reichen von Meißen) . . . | 1156—1182 | | Dietrich . . . . . . . | 1234—1264 |
| Otto I. . . . . . . | 1182—1203 | | Konrad . . . . . . . | 1264—1278 |
| Friedrich II. . . . . . | 1203—1221 | | Otto III. . . . . . . | 1278—1290 |
| Otto II. . . . . . . | 1221—1234 | | | |

Brena an Sachsen verliehen 1290.

## 247. Schönburg.

#### Übersicht über die Teilungen.

Teilung 1292

- **Glauchau.** † 1328.
- **Krimmitzschau.** Teilung 1338.
  - **A. Krimmitzschau.** Teilung 1364.
    - **Haaßenstein.** † 1373
    - **Krimmitzschau.** † 1413.
      - **Lichtenstein.** † 1664.
      - **Hartenstein.** Teilung 1701.
        - a. **Hartenstein.** † 1786.
        - b. **Lichtenstein.** † 1750.
        - c. **Stein und Rußdorf.** Teilung 1736.
          - **Waldenburg.** Teilung 1800.
            - **Waldenburg,** blüht als **Schönburg-Waldenburg.**
            - **Hartenstein.** † 1840.
          - **Förbau.** † 1761.
            - **Dobritschau.** blüht als **Schönburg-Hartenstein.**
  - **B. Lichtenstein und Glauchau.** Teilung 1534.
    - **I. Waldenburg.** Teilung 1565.
      - **Waldenburg.** † 1644.
        - d. **Waldenburg.** † 1754.
    - **II. Glauchau.** Teilung 1620.
      - **Glauchau.** † 1631.
      - **Zschillen.** † 1664.
    - **III. Penig-Remissa.** Teilung 1612.
      - **Rochsburg-Hinterglauchau.** Teilung 1679.
        - **Remissa.** Teilung 1718.
          - **Hinterglauchau.** Teilung 1746.
            - **Rochsburg.** † 1825.
            - **Sprotta.** † 1806.
            - **Hinterglauchau,** blüht als **Schönburg-Glauchau.**
          - **Remissa.** † 1747.
          - **Freiburg.** † 1789.
        - **Rochsburg.** † 1729.
      - **Penig-Vorderglauchau.** Teilung 1657.
        - **Wechselburg.** Teilung 1746.
          - **Vorderglauchau.** † 1763.
            - **Wechselburg.** † 1815.
        - **Penig.** † 1763.
          - **Wechselburg.** Teilung 1800.
            - **Penig,** blüht als **Schönburg-Vorderglauchau.**

| | |
|---|---|
| Friedrich von Schönburg . . . . . . | um 996 |
| Florian . . . . . . . . . | † 1102 |
| Hermann I. . . . . . . . | 1166—1182 |

|                          |           |
|--------------------------|-----------|
| Hermann II. | 1182—1224 |
| Hermann III. | um 1235 |
| Friedrich I. | 1270—1292 |

Teilung unter seinen Söhnen 1292.

| **Glauchau.** | | **Krimmitzschau.** | |
|---|---|---|---|
| Friedrich II., der Ältere | 1292—1299 | Friedrich III., der Jüngere | 1292—1338 |
| Friedrich V. | 1299—1328 | Teilung unter seinen Söhnen 1338. | |

An Krimmitzschau 1328.

### A. Krimmitzschau.

| | |
|---|---|
| Hermann V. | 1338—1364 |

Teilung unter seinen Söhnen 1364.

| **Haaßenstein.** | | **Krimmitzschau.** | |
|---|---|---|---|
| Bernhard | 1364—1373 | Hermann VI. | 1364—1385 |
| Haaßenstein an Krimmitzschau 1373. | | Siegmund II. | 1385—1413 |
| | | An Lichtenstein und Glauchau 1413. | |

### B. Lichtenstein und Glauchau.

| | |
|---|---|
| Friedrich VI. | 1338—1383 |
| Friedrich VIII. | 1383—1391 |
| Veit I. | 1383—1422 |
| Siegmund I. | 1383—1391 |
| Friedrich IX. | 1422—1426 |
| Veit II. zu Lichtenstein und Seeberg | 1426—1473 |
| Friedrich XI. | 1426—1480 |
| Dietrich IV. | 1426—1450 |
| Ernst II. | 1480—1488 |
| Ernst IV. | 1488—1534 |

Teilung unter seinen Söhnen 1534.

### I. Waldenburg.

| | |
|---|---|
| Hugo I. | 1534—1565 |

Teilung unter seinen Söhnen 1565.

| **Lichtenstein.** | | **Hartenstein.** | | **Waldenburg.** | |
|---|---|---|---|---|---|
| Veit III. | 1565—1622 | Hugo II. | 1565—1606 | Georg | 1565—1611 |
| Georg Ernst | 1622—1664 | Otto Albrecht | 1606—1681 | Johann Hoyer | 1565—1576 |
| An Hartenstein 1664. | | Otto Ludwig, **Reichsgraf** | | Hugo III. | 1611—1664 |
| | | 7./8. 1700 | 1681—1701 | An Hartenstein 1644. | |

Teilung unter seinen Söhnen 1701.

### a. Hartenstein.

| | |
|---|---|
| Georg Albrecht | 1701—1716 |
| Friedrich Albrecht | 1716—1786 |

An Stein und Rußdorf 1786.

### b. Lichtenstein.

| | |
|---|---|
| Otto Wilhelm | 1701—1747 |
| Wilhelm Heinrich | 1747—1750 |

An Stein und Rußdorf 1750.

### c. Stein und Rußdorf.

| | |
|---|---|
| Ludwig Friedrich | 1701—1736 |

Teilung unter seinen Söhnen 1736.

| **Waldenburg.** | | **Förbau.** | |
|---|---|---|---|
| Albrecht Karl | 1736—1765 | Wilhelm Christian | 1736—1755 |
| Otto Karl Friedrich, **Reichsfürst** | | Friederike Eleonore | 1755—1761 |
| 9./10. 1790 | 1765—1800 | | |

Teilung unter seinen Söhnen 1800.

| **Waldenburg.** | | **Hartenstein.** | | **Dobritschau.** | |
|---|---|---|---|---|---|
| Otto Viktor | 1800—1859 | Alfred, Fürst 9./6. 1815 | 1800—1840 | Eduard, in Hartenstein 1840 | 1800—1872 |
| Otto Friedrich | 1859—1893 | An Dobritschau 1840. | | Alexander | 1872—1896 |
| Otto Viktor | 1893— | | | Aloys | 1896— |

### II. Glauchau.

| | |
|---|---|
| Georg | 1534—1585 |
| August | 1585—1610 |

Wolfgang III. . . . . . . . . . 1610—1620
Teilung unter seinen Söhnen 1620.

| **Glauchau.** | | **Zschillen.** | |
|---|---|---|---|
| August Siegfried . . . . . 1620—1631 | | Christian . . . . . . . . . 1620—1664 | |

### III. Penig-Remissa.

Wolfgang I. . . . . . . . . 1534—1581
Wolfgang II. . . . . . . . . 1581—1612
Teilung unter seinen Söhnen 1612.

#### a. Rochsburg-Hinterglauchau-Remissa.

Wolfgang Ernst I. . . . . . . . . 1612—1623
Gottfried Ernst I. . . . . . . . . 1623—1679
Teilung unter seinen Söhnen 1679.

| **Remissa.** | **Rochsburg.** |
|---|---|
| Christian Ernst, **Reichsgraf** 7./8. | August Ernst, **Reichsgraf** 7./8. 1700   1679—1729 |
|    1700 . . . . . . . 1679—1718 | An Remissa 1729. |
| Teilung unter seinen Söhnen 1718. | |

| **Hinterglauchau.** | **Remissa.** | **Freiburg.** |
|---|---|---|
| Otto Ernst . . . 1718—1746 | Gottfried Ernst II. . . 1718—1747 | Wolfgang Ernst II. . 1718—1789 |
| Teilung unter seinen Söhnen 1746. | An Hinterglauchau 1747. | |

| **Rochsburg.** | **Sprotta.** | **Hinterglauchau.** |
|---|---|---|
| Heinrich Ernst I. . . 1746—1777 | Johann Ernst . . . 1746—1806 | Albrecht Christian . . 1746—1797 |
| Ludwig Ernst . . 1777—1814 | An Hinterglauchau 1806. | Gottlob . . . . . 1797 † 1817 |
| Wilhelm Heinrich Ernst 1814—1816 | | Ludwig . . . . . 1797—1842 |
| Heinrich Ernst II. . . 1816—1825 | | Heinrich . . . . . 1842—1881 |
| Albert von Hinterglauchau } 1825—1841 | | Clemens . . . . . 1881—1900 |
| Ludwig von Hinterglauchau } 1825—1842 | | An Penig-Wechselburg. |
| Heinrich von Hinterglauchau } 1842—1881 | | |
| Ernst von Hinterglauchau } 1842— | | |
| An Hinterglauchau. | | |

#### b. Penig-Vorderglauchau-Wechselburg.

Wolfgang Heinrich I. . . . . . . . 1612—1657
Teilung unter seinen Söhnen 1657.

| **Wechselburg.** | **Penig.** |
|---|---|
| Samuel Heinrich, **Reichsgraf** 7./8. | Wolfgang Heinrich II., **Reichsgraf** |
|    1700 . . . . . . . 1657—1706 |    7./8. 1700 . . . . . 1657—1704 |
| Karl Heinrich I. . . . . . 1706—1708 | August Friedrich . . . . 1704—1763 |
| Franz Heinrich . . . . . 1708—1746 | An Wechselburg 1763. |
| Teilung unter seinen Söhnen 1746. | |

| **Vorderglauchau.** | **Wechselburg.** |
|---|---|
| Albrecht Heinrich . . . . 1746—1763 | Karl Heinrich II. . . . . . 1746—1800 |
| An Wechselburg 1763. | Teilung unter seinen Söhnen 1800. |

| **Wechselburg.** | **Penig.** |
|---|---|
| Karl Heinrich III. . . . . 1800—1815 | Wilhelm Albrecht Heinrich . . 1800—1815 |
| An Penig 1815. | Alban . . . . . . . . 1815—1864 |
| | Karl . . . . . . . . . 1864—1898 |
| | Joachim . . . . . . . . 1898— |

## 248. Gleichen.

Graf Erwin I. zu Tonna . . . . . . 1040—1116
Lambert I. . . . . . . . . . . } 1117—1149
Ernst I. . . . . . . . . . . . } 1117—1152
Ernst II. . . . . . . . . . . } 1152— um 1170
Erwin II. . . . . . . . . . . } 1152— um 1193
Lambert II. . . . . . . . . . } 1198—1228
Ernst III. zu Velseck . . . . . . } 1209—1230
Teilung unter den Söhnen Lamberts II. 1228.

### A. Gleichenstein (Eichsfeld).

Heinrich I. . . . . . . . . . 1227—1257
Albrecht II. . . . . . . . . . 1257—1290
Albrecht III. . . . . . . . . . 1257—1283
Ernst V. . . . . . . . . . . um 1270

Heinrich III. . . . . . . . . . . 1283—1299
Das Eichsfeld 1294 an Mainz verkauft.

---

## B. Gleichen.

Ernst IV. . . . . . . . . . . 1228—1287

| | | |
|---|---|---|
| Heinrich IV. . . . . 1287—1314 | Erwin III. . . . . † 1266 | Albrecht IV. . . . . † 1286 |
| Hermann IV. . . . } 1314—1343 | | Albrecht V. . . . . 1286—1292 |
| Heinrich V. . . . } 1314—1345 | | |
| Teilung unter den Söhnen Hermanns IV. 1343. | | |

## I. Blankenhain.

Heinrich VI. . . . . . . . . . 1343—1378
Teilung unter seinen Söhnen 1378.

| **Ältere Linie.** | **Mittlere Linie.** | **Jüngere Linie.** |
|---|---|---|
| Ernst VIII. . . . 1378—1414 | Johann I. . . . . um 1385 | Heinrich VII. . . . 1378—1415 |
| Erwin IV. . . . } 1414—1437 | | Teilung unter seinen Söhnen 1415. |
| Friedrich . . . } 1414—1426 | | |
| Adolf I. . . . } 1414—1456 | | |

### a. Rembda.

Ernst X. . . . . . . . . . . . 1415—1458
Ernst XI. . . . . . . . . . . } 1458—1492
Erwin V. . . . . . . . . . . } 1458—1497
Teilung unter Ernsts XI. Söhnen 1492.

| **Ältere Linie.** | **Mittlere Linie.** | **Jüngere Linie.** |
|---|---|---|
| Ernst XIII. . 1492—1504 | Hektor I. . . 1492—1548 | Adolf II. . . 1492—1523 |
| Johann II. . 1504—1545 | Teilung unter seinen Söhnen 1548. | Joachim Jakob † vor 1544 |
| Johann IV. . 1545—1567 | | Adolf IV. . . † 1563 |
| Georg Rudolf . 1567—1596 | | |

| **1. Ast.** | **2. Ast.** | **3. Ast.** |
|---|---|---|
| Ernst XV. 1548—1551 | Hektor II. 1548—1560 | Gebhard I. † um 1565 |
| | Ludwig Siegmund V. 1561—1574 | |

### b. Blankenhain.

Ludwig I. . . . . . . . . . . . 1415—1467
Georg I. . . . . . . . . . . } 1467— um 1481
Karl I. . . . . . . . . . . . } 1467—1495
Wolfgang in Blankenhain . . . . . 1495—1551
Ludwig II. in Kranichfeld . . . . . 1495—1522
Siegmund III. in Ehrenstein . . . . . 1495—1519
Teilung unter den Söhnen Ludwigs II. 1522.

| **Ältere Linie.** | **Mittlere Linie.** | **Jüngere Linie.** |
|---|---|---|
| Karl III. (erbt Rembda) . 1522—1599 | Wolf Siegmund . . . 1522—1554 | Ludwig III. . . . . 1522—1586 |
| Volrad . . . . . 1599—1627 | Gebhard II. . . . 1554— um 1575 | |

### II. Tonna.

Ernst VII. . . . . . . . . . . 1343—1395
Ernst IX. . . . . . . . . . . 1395—1427
Siegmund I. (erbt Tonna 1456) . . . . 1427—1494
Siegmund II. . . . . . . . . . 1494—1525
Ernst XIV. . . . . . . . . . } 1525—1568
Siegmund IV. . . . . . . . . } 1525—1556
Philipp . . . . . . . . . . } 1525—1549
Johann III. . . . . . . . . } 1525—1542
Georg II. . . . . . . . . . . 1549—1570
Georg III. . . . . . . . . . . 1570—1578
Philipp Ernst . . . . . . . . . 1578—1619
Johann Ludwig . . . . . . . . . 1619—1631
Das Oberamt Gleichen an Hohenlohe, die Hälfte des
Unteramts und Ehrenstein an Schwarzburg, Tonna an Trautenburg
(1640 an Waldeck, 1677 an Gotha), die Hälfte von Blankenhain und
Kranichfeld an Mainz als Lehnsherrn (1639 an Hatzfeld verliehen.)

---

## 249. Beichlingen.

Graf Friedrich I. . . . . . . . . . 1144—1184
Reinbodo . . . . . . . . . . . .⎱ 1180—1188
Friedrich II. . . . . . . . . . .⎰ 1180—1220
Friedrich III. . . . . . . . . . . 1220—1275

Teilung unter seinen Söhnen 1252.

### A. Rothenburg.

Friedrich IV. . . . . . . . . . 1252—1313
Gerhard I. . . . . . . . . . .⎫ 1313—1328
Hermann II. . . . . . . . . . .⎪ 1300—1320
Friedrich VII. . . . . . . . . .⎬ 1300—1333
Heinrich II. . . . . . . . . . .⎪ 1300—1333
Friedrich VIII. . . . . . . . . .⎭ 1300—1333

Teilung unter Gerhards I. Söhnen 1328.

| | | |
|---|---|---|
| Friedrich XI. in Rothenburg 1328—1356 | Gerhard II. in Brunn . 1333—1346 | Albrecht in Brücken . . 1328—1362 |
| Heinrich V. . . .⎱ 1356—1366 | | Friedrich XIII. . . . 1362 |
| Gerhard III. . . .⎰ 1356—1381 | | |
| Heinrich VI. . . . . 1366 | | |

### B. Beichlingen.

Friedrich V. in Lahre und Beichlingen . . . 1252—1283
Gunzelin I. . . . . . . . . . .⎫ 1283—?
Friedrich VI. . . . . . . . . .⎬ 1283—1320
Heinrich I. . . . . . . . . . .⎭ 1283—1320

Teilung unter Heinrichs I. Söhnen 1320.

| Sachsenburg. | Friedrich VIII. . . . 1305—1320 | Beichlingen. |
|---|---|---|
| Heinrich III. . . . . 1320 | | Friedrich X. . . . . 1320—1343 |
| Friedrich XII. . . . 1322—1345 | | Heinrich IV. . . . 1343—1384 |
| Gunzelin II. . . . um 1331 | | Hermann III. in Sachsen= |
| An Beichlingen. | | burg . . . . . 1343—1378 |
| | | Friedrich XIV. . . . 1384—1426 |
| | | Gunzelin III. . . . .⎫ 1426, † 1454 |
| | | Busso . . . . .⎪ 1426—1444 |
| | | Gerhard IV. . . .⎬ 1426—1434 |
| | | Friedrich XV. . . .⎭ 1426 |
| | | Johann . . . . 1426—1485 |
| | | Hermann IV. . . .⎫ 1485—1489 |
| | | Kaspar . . . .⎪ 1485—1494 |
| | | Adam . . . . .⎬ 1485—1538 |
| | | Friedrich XVII. . .⎭ 1485—1542 |
| | | Hugbrecht . . . .⎱ 1538—1549 |
| | | Ludwig Albrecht . .⎰ 1538—1556 |
| | | Philipp Wilhelm . . 1549—1553 |
| | | Bartholomäus Friedrich 1553—1567 |

An Gleichen 1567 (einige Güter an
Werthern).

## 250. Hohnstein.

Ilger I. von Ilfeld . . . . . 1123, † 1145
Ilger II., Graf von Hohnstein 1178 . . 1145—1189
Ilger III. . . . . . . . . 1189—1219
Dietrich II. (Bruder Heinrich I. von Stolberg) . 1219—1248
Heinrich II. . . . . . . . . . . 1248—1289

Teilung unter seinen Söhnen 1289.

| Hohnstein=Sondershausen. | Hohnstein=Klettenberg. |
|---|---|
| Heinrich III. . . . . . . . 1289—1306 | Dietrich III. . . . . . . . 1289—1309 |
| Dietrich IV. . . . . . . .⎱ 1306—1347 | Teilung unter seinen Söhnen 1309. |
| Dietrich V. in Straußberg . .⎰ 1306—1356 | |
| An Schwarzburg vererbt 1356. | |

### A. Hohnstein.

Heinrich IV. in Hohnstein und Klettenberg . . 1309—1356
Heinrich VI. . . . . . . . . . 1356—1367
Heinrich VIII. . . . . . . . . . 1367—1408

| | |
|---|---|
| Ernst II. | 1408—1430 |
| Heinrich X. | 1408—1426 |
| Heinrich XI., der Kühne | 1430—1454 |
| Ernst IV. | 1454—1508 |
| Heinrich XIII. | 1508—1530 |
| Ernst V. | 1508—1552 |
| Johann IV. | 1508—1514 |
| Wilhelm III. | 1552—1554 |
| Volkmar | 1552—1580 |
| Ernst VI. | 1552—1562 |
| Eberwin | 1552—1560 |
| Ernst VII. | 1580—1593 |
| Mit dem Bistum Halberstadt vereinigt | 1593—1625 |
| An das Reich | 1625—1628 |
| Christoph Simon, Graf von Thun | 1628—1632 |
| An Braunschweig | 1632—1635 |
| Christoph, Graf von Stolberg | 1635—1636 |
| Wilhelm, Freiherr von Metternich | 1636—1648 |
| An Brandenburg | 1648—1651 |
| An Sayn-Wittgenstein | 1651—1699 |

An Brandenburg 1699.

---

### B. Heringen.

Dietrich V. in Heringen und Heldrungen . . . 1309—1329

Teilung unter seinen Söhnen 1329.

| Kelbra. | | Heringen. | |
|---|---|---|---|
| Ulrich III. in Heldrungen | 1329—1414 | Dietrich VI. | 1329—1368 |
| Heinrich IX. | 1414—1450 | Dietrich VII. | 1368—1393 |
| Ulrich V. in Heldrungen | 1414—1426 | Dietrich IX. | 1393—1412, † 1417 |
| Johann II. in Vierraden und Schwedt 1480 | 1450—1495 | | |

Heringen an Stolberg verkauft 1412.

| Kelbra (Forts.) | |
|---|---|
| Bernhard | 1495—1510 |
| Wolfgang | 1495—1523 |
| Wilhelm II. | 1523—1569 |
| Martin | 1569—1609 |
| Schwedt an Brandenburg | 1609—1664 |
| Gustav Adolf von Varrensbach, Pfandherr | 1664—1670 |
| Dorothea, Herzogin von Holstein-Gottorp (Kurf. v. Brandenburg 1668) | 1670—1689 |
| An Brandenburg-Schwedt | 1689—1788 |

An Preußen 1788.

---

### 251. Falkenstein (am Harze).

| | |
|---|---|
| Graf Burkhard I. | 1126—1155 |
| Burkhard II. | 1142—1174 |
| Otto I., Vogt von Quedlinburg | 1173—1206 |
| Burkhard III. | 1197—1211? |
| Hoyer | 1211—1250 |
| Otto II. | 1223—1236 |
| Friedrich I. | 1236—1238 |
| Otto III. | 1251—1253 |
| Friedrich II. | 1256—1271 |
| Otto IV. | 1271—1323 |
| Friedrich III. | 1281—1287 |
| Konrad | 1287—1317 |
| Volrad | 1287—1312 |
| Burkhard IV. | 1287—1332 |

Falkenstein dem Bistum Halberstadt geschenkt 1332.

## 252. Regenstein.

Graf Bodo I. von Blankenburg . . . .   um 1082
Poppo I. . . . . . . . . .   um 1100
Siegfried I. . . . . . . . .   1139—1157
Poppo II. . . . . . . . . .   1131—1158

Teilung unter seinen Söhnen.

| **Regenstein.** | **Blankenburg.** |
|---|---|
| Konrad II. . . 1160—1203, † nach 1212? | Siegfried I. . . . . . . . 1164—1182 |
| Friedrich . . . . . . . um 1212 | Teilung unter seinen Söhnen. |
| Konrad III. . . . . . † 1246 | |
| An Blankenburg. | |

### I. Regenstein.

Heinrich I. . . . . . . . . . .   1190—1224

Teilung unter seinen Söhnen 1220.

| **Ältere Linie.** | **Jüngere Linie.** |
|---|---|
| Ulrich I. . . . . 1220—1249 | Siegfried VI. . . . 1220—1248 |
| Heinrich III. . . . ⎫ 1241—1281 | Teilung unter seinen Söhnen. |
| Ulrich II. . . . . ⎪ 1246—1277 | |
| Albrecht II. . . . ⎬ 1246—1278 | |
| Siegfried VII. . . ⎭ 1246—1248 | |
| Konrad . . . . . 1270—1294 | |
| Ulrich IV. . . . . 1294—1328 | |

| **Regenstein.** | | **Hainburg.** | |
|---|---|---|---|
| Heinrich IV. . . . . 1248—1278 | | Ulrich III. . . . . 1240—1270 | |
| Heinrich V. . . . . 1289—1318 | | Ulrich VI. . . . . 1270—1322 | |
| Gerhard . . . . . 1308—1318 | | Albrecht III. . . . 1281—1285 | |
| Ulrich VII. . 1318—1323, † vor 44 | | Albrecht IV. . . . ⎫ 1317—1350 | |
| Heinrich VII. . . . 1318—1357 | | Bernhard I. . . . ⎭ 1317—1351 | |
| Heinrich VIII. . . 1357—1366 | | Buffo II. . . . . ⎫ 1332—1388 | |
| Mit Hainburg vereinigt 1366. | | Albrecht V. . . . ⎪ 1351—1382 | |
| | | Bernhard II. . . . ⎬ 1358—1410 | |
| | | 1353—1409 | |

Ulrich IX. von Blankenburg und Regenstein . . . . . . . . . . . .
Ulrich XII. . . . . . . . . . . . ⎫ 1409—1422
Bernhard III. . . . . . . . . . ⎭ 1410—1422
Ulrich XIV. . . . . . . . . . . ⎫ 1422—1487
Bernhard IV. . . . . . . . . . ⎭ 1422—1458
Ulrich XV. . . . . . . . . . .   1458—1530
Jobst . . . . . . . . . . .   1526, † 1529
Ulrich XVI. . . . . . . . . .   1530—1551
Ernst I. . . . . . . . . . ⎫   1551—1581
Bodo II. . . . . . . . . . ⎭   1541—1594
Martin . . . . . . . . . .   1581—1597
Ernst II. . . . . . . . . . .   1594
Johann Ernst . . . . . . . . .   1597—1599
   An Braunschweig-Wolffenbüttel . . .   1599—1629
Johann von Merode . . . . . . .   1629—1631
   An Braunschweig-Wolffenbüttel . . .   1631—1643
Wilhelm Leopold von Tättenbach . . . .   1643—1661
Johann Erasmus von Tättenbach . . . .   1661—1671

An Braunschweig-Wolffenbüttel 1671.

---

### II. Blankenburg.

Siegfried III. . . . . . . . .   1191—1246
Heinrich II. . . . . . . . . .   1246—1251
Siegfried IV. . . . . . . . . .   1251—1276
Heinrich III. . . . . . . . . .   1276—1305
Heinrich IV. . . . . . . . . .   1305—1334
Poppo III. . . . . . . 1334—1368, † um 1370
Friedrich . . . . . . . . . .   1368

Mit Regenstein vereinigt 1368.

## 253. Braunschweig.

Übersicht über die Teilungen.

Teilung 1252 **(Alte Teilung).**

| A. Braunschweig. | B. Lüneburg. |
|---|---|
| Teilung 1279. | † 1369. |

| I. Grubenhagen. | II. Göttingen. | III. Braunschweig. |
|---|---|---|
| Teilung 1322. | Teilung 1345. | † 1292 |

| Grubenhagen. | Osterode. | a. Wolffenbüttel. | b. Göttingen. |
|---|---|---|---|
| † 1526. | † 1596 | Teilung 1373 **(Mittlere Teilung).** | — 1442, † 1463. |

| 1. Einbeck. | 2. Lüneburg. | 3. Wolffenbüttel. |
|---|---|---|
| † 1400. | Teilung 1527. | Teilung 1495. |

| Harburg. | Celle. | Gifhorn. | Wolffenbüttel. | Calenberg. |
|---|---|---|---|---|
| † 1641. | Teilung 1569 **(Neue Teilung).** | † 1549. | † 1634. | † 1584. |

| α. Braunschweig-Wolffenbüttel. | β. Braunschweig-Lüneburg (Hannover). |
|---|---|
| Teilung 1598. | Teilung 1641. |

| Dannenberg. | Wolffenbüttel. | Hannover. | Celle. |
|---|---|---|---|
| † 1636. | Teilung 1666. | —1866. | † 1705. |

| Wolffenbüttel. | Bevern. |
|---|---|
| † 1735 und 1884 | † 1809. |

### Dynastie der Welfen. 1139—1884.

| | |
|---|---|
| Herzog Heinrich I., der Löwe (Herzog von Sachsen 1142—1180, Herzog von Bayern 1156—1180) . . . . . . . . | 1139—1195 |
| Otto in Braunschweig und am Unterharz (röm. Kaiser 1198—1215) . . . . . . . | 1195—1218 |
| Wilhelm in Lüneburg und am Oberharz . . . | 1195—1213 |
| Heinrich in Hannover, Göttingen, Stade, Hadeln | 1195—1227 |
| Otto I., das Kind, **Herzog von Braunschweig** 21./8. 1235 . . . . . . . . | 1213—1252 |

Teilung unter seinen Söhnen 1252.

#### A. Braunschweig.

| | |
|---|---|
| Albrecht I., der Große . . . . . . | 1252—1279 |

Teilung unter seinen Söhnen 1279.

#### I. Grubenhagen.

| | |
|---|---|
| Heinrich I., der Wunderliche . . . . . | 1279—1322 |

Teilung unter seinen Söhnen 1322.

| **Grubenhagen.** | | **Osterode.** | |
|---|---|---|---|
| Heinrich II. . . . . . . | 1322—1351 | Ernst I. in Osterode und Einbeck . | 1322—1361 |
| Otto V. (Herzog von Tarent 1376—1381) . . 1351—1376, † nach 1398 | | Friedrich I. . . . . . . | 1361—1420 |
| | | Otto VIII. . . . . . . | 1420—1452 |
| Albrecht II. in Salzderhelden . . | 1361—1384 | Albrecht IV. . . . . . | 1427—1486 |
| Erich I. . . . . . . . | 1384—1427 | Philipp I. . . . . . . | 1486—1551 |
| Heinrich III. . . . . . | 1427—1463 | Ernst II. . . . . . . | 1551—1567 |
| Heinrich IV. . . . . . | 1463—1526 | Johann . . . . . . . | 1551—1557 |
| An Osterode 1526. | | Wolfgang . . . . . . | 1551—1595 |
| | | Philipp II. . . . . . . | 1551—1596 |

An Lüneburg 1596.

---

#### II. Göttingen.

| | |
|---|---|
| Albrecht II., der Fette . . . . . . | 1279—1318 |
| Otto III., der Milde . . . . . | 1318—1344 |
| Magnus I., der Fromme . . | 1318—1345, † 1369 |
| Ernst I. . . . . . . . | 1318—1345, † 1367 |

Teilung unter den Brüdern 1345.

#### a. Wolffenbüttel.

| | |
|---|---|
| Magnus I., der Fromme . . . (1318) | 1345—1369 |
| Magnus II. mit der Kette . . . . . | 1369—1373 |

Teilung unter seinen Söhnen 1373.

### 1. Einbeck.

Friedrich II. . . . . . . . . . 1373—1400

An Wolffenbüttel 1400.

---

### 2. Lüneburg.

Bernhard I. . . . . . . . . . 1373—1434
Otto I., der Hinkende, von der Heide . . 1434—1446
Friedrich III., der Fromme 1434—1457 und 1471—1478
Bernhard II. . . . . . . . . . 1457—1464
Otto II., der Großmütige . . . . 1464—1471
Heinrich VII., der Mittlere . . 1471—1521, † 1532
Otto III. . . . . . . . . .⎫ 1521—1527
Ernst I., der Bekenner . . . . . ⎬ 1521—1527
Franz . . . . . . . . . .⎭ 1521—1527

Teilung unter den Brüdern 1527.

---

| Harburg. | Celle. | Gifhorn. |
|---|---|---|
| Otto III. (I.) . . . (1521) 1527—1549 | Ernst I., der Bekenner | Franz . . . (1521) 1527—1449 |
| Otto II. . . . . 1549—1603 | (1521) . . . . 1527—1546 | An Lüneburg 1549. |
| Johann Friedrich . . 1603—1619 | Franz Otto . . . .⎫ 1546—1559 | |
| Wilhelm August . . 1603—1642 | Heinrich X. . . . .⎪ 1546—1569 | |
| Christoph August . . 1604—1606 | † 1598 | |
| Otto III. . . . . 1606—1641 | Wilhelm V., der Jüngere,⎬ | |
| An Celle 1642. | Siegreiche . . .⎪ 1546—1569 | |
| | † 1592 | |

Teilung unter den Brüdern 1569.

#### a. Braunschweig-Wolffenbüttel.

Heinrich X. in Dannenberg . . . (1546) 1569—1598

Teilung unter seinen Söhnen 1598.

---

| Dannenberg. | Wolffenbüttel. |
|---|---|
| Julius Ernst . . . . . 1598—1636 | August II. in Hitzacker 1598—1636, in |
| An Wolffenbüttel 1636. | Wolffenbüttel 1634, in Dannen- |
| | berg 1636 . . . . . 1598—1666 |

Teilung unter seinen Söhnen 1666.

---

| Wolffenbüttel. | Bevern. |
|---|---|
| Rudolf August . . . . .⎫ 1666—1704 | Ferdinand Albrecht I. . . . 1666—1687 |
| Anton Ulrich . . . . .⎭ 1666—1714 | August Ferdinand . . . . 1687—1704 |
| August Wilhelm . . . . . 1714—1731 | Ferdinand Albrecht II. 1704—1735, † 1735 |
| Ludwig Rudolf . . . . . 1731—1735 | Ernst Ferdinand . . . . 1735—1746 |
| Ferdinand Albrecht (II.) von Braun- | August Wilhelm . . . . 1746—1781 |
| schweig-Bevern . . 1./3.—3./9. 1735 | Friedrich Karl Ferdinand . . 1781—1809 |
| Karl I. . . . . 1735—1780 | An Braunschweig-Wolffenbüttel 1809. |
| Karl Wilhelm Ferdinand . . 1780—1806 | |
| An Frankreich . . . . . 1806—1807 | |
| Zum Königreich Westphalen gehörig 1807—1813 | |
| Friedrich Wilhelm (in Öls seit 1805) 1813—1815 | |
| Karl II. (in Öls 1815—1826) 1815—1830, †1873 | |
| Georg IV., König von Groß- | |
| britannien, Vormund 1815—1823, † 1830 | |
| Wilhelm (in Öls 1826—1884) . . 1830—1884 | |
| Albrecht, Prinz von Preußen, | |
| Regent . . . . . . 1885— | |

---

#### β. Braunschweig-Lüneburg (Hannover).

Wilhelm V., der Jüngere, Siegreiche (1546) 1569—1592
Ernst II. . . . . . . . . . 1592—1611
Christian . . . . . . . . . 1611—1633
August I. . . . . . . . . . 1633—1636
Friedrich V. in Celle . . . . .⎫ 1636—1641
Georg I. in Herzberg und Calenberg . . .⎭ 1636—1641

Teilung 1641.

---

| Hannover (Calenberg-Göttingen). | Celle. |
|---|---|
| Christian Ludwig . . 1641—1648, † 1665 | Friedrich . . . . . (1636) 1641—1648 |
| Georg II. Wilhelm . . 1648—1665, †1705 | Christian Ludwig von Hannover 1648—1665 |
| Johann Friedrich . . . . 1665—1679 | Georg II. Wilhelm von Hannover 1665—1705 |
| Ernst August, Kurfürst 19./12. 1692 1679—1698 | An Hannover 1705. |

Georg I. Ludwig (König von Groß-
    britannien 1714—1727) . . .   1698—1727
Georg II. (König von Großbritannien
    1727—1760) . . . . . .   1727—1760
Georg III. (König von Großbritannien
    1760—1820) . . . . . .   1760—1802
    An Frankreich . . . . .   1802—1805
    An Preußen . . . . . .   1805—1806
    An Frankreich . . . . .   1806—1807
    Zum Königreich Westphalen gehörig   1807—1813
Georg III. (zum 2. Male), **König**
    12./8. 1815 . . . . .   1813—1820
Georg IV. (König von Großbritannien
    1820—1830) . . . . . .   1820—1830
Wilhelm IV. (König von Großbri-
    tannien 1830—1837) . . .   1830—1837
Adolf, Herzog von Cambridge,
    Verweser . . . . .   1831—1837
                  † 1850
Ernst August . . . . . .   1837—1851
Georg V. . . . . .   1851—1866, † 1878
    Hannover Preußen einverleibt 1866.

---

### 3. Wolffenbüttel.

Heinrich III. . . . . . . . .   1373—1416
Wilhelm III., der Ältere, Siegreiche in Calen-
    berg (erbt Göttingen 1463, Braunschweig 1473)   1416—1482
Heinrich IV., der Friedfertige, in Wolffenbüttel   1416—1473
Wilhelm IV. der Jüngere, in Wolffenbüttel  .   1482—1495
                         † 1503
Friedrich IV., der Unruhige, in Calenberg   1482—1485
                         † 1495
    Teilung unter den Söhnen Wilhelms IV. 1495.

| Wolffenbüttel. | | Calenberg. | |
|---|---|---|---|
| Heinrich VIII., der Ältere, Böse | 1495—1514 | Erich II., der Ältere . . . | 1495—1540 |
| Heinrich IX. der Jüngere (verjagt 1542—1547) . . . . | 1514—1568 | Erich III., der Jüngere . . . | 1540—1584 |
| Julius . . . . . . . | 1568—1589 | An Wolffenbüttel 1584. | |
| Heinrich Julius . . . . . | 1589—1613 | | |
| Friedrich Ulrich . . . . . | 1613—1634 | | |

    An August II. in Hitzacker 1634.

---

### b. Göttingen.

Ernst I. . . . . . . . .  (1318)  1345—1367
Otto VI., der Quade . . . . . .   1367—1394
Otto VII., der Einäugige  .   1394—1442, † 1463
    An Wilhelm III. in Wolffenbüttel 1442 (1463).

### III. Braunschweig.

Wilhelm . . . . . . . . . .   1279—1292
    An Grubenhagen und Göttingen 1292.

### B. Lüneburg.

Johann . . . . . . . . .   1252—1277
Otto II., der Strenge . . . . .   1277—1330
Otto IV. . . . . . . . . .   1330—1352
Wilhelm III. . . . . . . . .   1330—1369
    An Wolffenbüttel (endgültig 1389).

---

### 254. Hallermund.

Graf Wilbrand I. . . . . . . . .   um 1163
Wilbrand II. . . . . . . . . .   † 1191
Burkhard . . . . . . . . .   um 1191
Ludolf I. . . . . . . . . .   um 1191
Adelheid (Gem. Graf Günther IV. von Käfernburg)   um 1191
Ludolf II. (Bruder Günthers V. von Käfernburg
    und Heinrichs VII. (X.) von Schwarzburg)  .   1209—1255
Ludolf III. . . . . . . . . .   1255—1267
    Teilung unter seinen Söhnen 1267.

### A. Ältere Linie.

| | |
|---|---|
| Wilbrand III. . . . . . . . . . . | 1267—1326 |
| Gerhard II., der Jüngere . . . . . | um 1326 |
| Ludolf VI. . . . . . . . . . | nach 1326 |
| Wilbrand IV. . . . . . . . . . | nach 1326 |
| Otto III. . . . . . . . . . | nach 1326 |

### B. Jüngere Linie.

| | |
|---|---|
| Gerhard I., der Ältere . . . . . . | 1267—1326 |

Teilung unter seinen Söhnen 1326.

| | | | |
|---|---|---|---|
| Ludolf V. 1326— um 1361 | Heinrich . 1326— um 1387 | Otto II. . . 1326—1347 | Gerhard III. 1326—1345/6 |
| Ludolf VII. . 1361—1366 | | Otto IV. . . 1347—1388 | |
| Gerhard IV. . 1361—1366 | | Gerhard V. . 1347—1368 | |
| Otto V. . 1366—1410/1 | | | |

Wilbrand VI.
(Abt von Corvey
1398—1408, Bischof
von Minden 1406—
1436) . . . 1366—1436
An Braunschweig 1436—1707
An Platen 1707.

## 255. Platen.

| | | | |
|---|---|---|---|
| Henning . . . . . . . | um 1396 | Platen zu Linden, **Reichsgraf** | |
| Wilken I. von Granskewitz . . | um 1427 | 20./7. 1689 in **Hallermund** 1707 | 1635—1709 |
| Heinrich . . . . . . | um 1480 | Ernst August . . . . . . | 1709—1726 |
| Wilken II. von Ventz . . . | um 1535 | Georg Ludwig . . . . . . | 1726—1772 |
| Bernd von Granskewitz . . | um 1565 | Ernst Franz . . . . . . | 1772—1818 |
| Wilken III. . . . . . | † 1601 | Georg Wilhelm Friedrich . . . | 1818—1873 |
| Erasmus, **Reichsfreiherr** 1630 . | 1630—1635 | Karl Ernst Felix . . . . | 1873—1887 |
| Franz Ernst, Reichsfreiherr von | | Karl Julius Erasmus | 1887— |

## 256. Wernigerode.

| | | | |
|---|---|---|---|
| Graf Albrecht I. . . . . . | 1120—1146 | Konrad II. . . . . . . | 1254—1290 |
| Heinrich I. . . . . . . | um 1119 | Heinrich III. . . . . . | um 1285 |
| Albrecht II. . . . . . . | 1155—1202 | Friedrich II. . . . . . . | 1299, (†1323?) |
| Konrad I. . . . . . . | 1204—1224 | Gebhard II. . . . . . . | 1266—1315 |
| Berthold . . . . . . | 1217—1229 | Friedrich III. . . . | 1285—1342 |
| Hermann . . . . . . | 1198—1204 | Albrecht III. . . . | 1285—1342 |
| Heinrich II. . . . . . | 1200—1205 | Konrad III. . . . | 1285—1339, † 1339 |
| Burkhard . . . . . . | 1247—1254 | Konrad IV. . . . . . . | 1330—1381 |
| Gebhard I. . . . . . | 1235—1266 | Konrad V. . . . . . . | 1385—1407 |
| Friedrich I. . . . . . | 1258—1268 | Heinrich III. . . . | 1379—1429, † 1429 |

Wernigerode mit Stolberg vereinigt 1429.

## 257. Stolberg.

Übersicht über die Teilungen.

Teilung 1231.

|  |  |
|---|---|
| Stolberg. | Bockstädt. |
| Teilung 1538. | † 1346. |

| A. Stolberg. | B. Rochefort. | C. Wernigerode. | D. Königstein. |
|---|---|---|---|
| † 1631. | † 1574. | Teilung 1572. | † 1581. |

| | |
|---|---|
| Ortenberg. | Wernigerode. |
| † 1641 | Teilung 1638. |

| | |
|---|---|
| I. Wernigerode. | II. Stolberg. |
| Teilung 1672. | Teilung 1669. |

| | | | |
|---|---|---|---|
| Wernigerode. | Ilsenburg. | Ortenberg. | Stolberg. |
| Teilung 1710. | † 1710. | Teilung 1704. | † 1684. |

| Wernigerode. | Gedern. | Schwarza. | Stolberg, | Roßla, |
|---|---|---|---|---|
| Teilung 1824. | † 1804. | † 1748. | blüht als | blüht als |
| | | | **Stolberg-Stolberg.** | **Stolberg-Roßla.** |

| a. Wernigerode, | b. Apanagierte Äste zu |
|---|---|
| blüht als | Peterswaldau. Jannowitz. Kreppelhof. |
| **Stolberg-Wernigerode.** | |

Graf Heinrich I. (Bruder Dietrichs II. v. Hohnstein)    1210—<br>
um 1231

Teilung unter seinen Söhnen 1231.

| Stolberg. | | Bockstädt. | |
|---|---|---|---|
| Heinrich II. . . . . . . . . | 1231—1282 | Friedrich . . . . . . . . | 1231—1282 |
| Heinrich III. . . . . . . . | 1270—1303 | Ludwig . . . . . . . . | 1282—1337 |
| Heinrich V. . . . . . . . | 1303—1347 | Hermann . . . . . . . . | 1337—1346 |
| Heinrich VI. . . . . . . . | 1344—1368 | | An Stolberg 1346. |
| Heinrich VII. . . . . . . | 1347—1390 | | |
| Heinrich VIII. . . . . . . | 1390—1403 | | |
| Botho der Ältere . . . . | 1403—1455 | | |
| Heinrich IX. . . . . . . | 1455—1511 | | |
| Botho der Glückliche . . . | 1511—1538 | | |

Teilung unter seinen Söhnen 1538.

### A. Stolberg.

| Wolfgang . . . . . . . . | 1538—1552 |
|---|---|
| Wolfgang Ernst . . . . . . . | 1552—1606 |
| Botho IX. . . . . . . . | 1552—1577 |
| Johann . . . . . . . . | 1606—1612 |
| Heinrich XI. . . . . . . . | † 1615 |
| Wolfgang Georg . . . . . | 1612—1631 |

An Wernigerode 1631.

---

### B. Rochefort.

| Ludwig . . . . . . . . . | 1538—1574 |
|---|---|

An Löwenstein-Wertheim 1574.

---

### C. Wernigerode.

| Heinrich X. . . . . . . . . | 1538—1572 |
|---|---|

Teilung unter seinen Söhnen 1572.

| Ortenberg. | | Wernigerode. | |
|---|---|---|---|
| Ludwig Georg . . . . . | 1572—1618 | Botho X. . . . . . . | 1572—1583 |
| Heinrich Volrad . . . . | 1618—1641 | Christoph II. . . . . | 1583—1638 |
| An Wernigerode 1641. | | Teilung unter seinen Söhnen 1638. | |

### I. Wernigerode.

| Heinrich Ernst I. . . . . . . | 1638—1672 |
|---|---|

Teilung unter seinen Söhnen 1672.

| Wernigerode. | | Ilsenburg. | |
|---|---|---|---|
| Ludwig Christian . . . . . | 1672—1710 | Ernst . . . . . . . . | 1672—1710 |
| Teilung unter seinen Söhnen 1710. | | An Wernigerode 1710. | |

| Wernigerode. | | Gedern. | | Schwarza. | |
|---|---|---|---|---|---|
| Christian Ernst . . | 1710—1771 | Friedrich Karl, Reichsfürst | | Heinrich August . . . | 1710—1748 |
| Heinrich Ernst II. . . | 1771—1778 | 18./2. 1742 . . . | 1710—1767 | An Wernigerode 1748. | |
| Christian Friedrich . | 1778—1824 | Karl Heinrich . . . | 1767—1804 | | |
| Teilung unter seinen Söhnen 1824. | | An Wernigerode 1804. | | | |

### a. Stolberg-Wernigerode.

| Heinrich . . . . . . . . | 1824—1854 |
|---|---|
| Otto, Fürst 22./10. 1890 . . . . . | 1854—1896 |
| Christian-Ernst . . . . . . . . | 1896— |

---

### b. Apanagierte Äste zu

| Peterswaldau. | | Jannowitz. | | Kreppelhof. | |
|---|---|---|---|---|---|
| Ferdinand . . . . | 1824—1854 | Constantin . . . . | † 1817 | Anton . . . . . | 1824—1854 |
| Friedrich . . . . | 1854—1865 | Wilhelm . . . . | 1817—1898 | Eberhard . . . . | 1854—1872 |
| Franz . . . . | 1865—1888 | Constantin . . . . | 1898—1905 | Udo . . . . . | 1872— |
| Anton . . . . | 1888— | Eberhard . . . . | 1905— | | |

---

### II. Stolberg.

Johann Martin . . . . . . . . . 1638—1669

Teilung unter seinen Söhnen 1669.

| Ortenberg. | | Stolberg. | |
|---|---|---|---|
| Christoph Ludwig I. . . . . | 1669—1704 | Friedrich Wilhelm . . . . . | 1669—1684 |
| Teilung unter seinen Söhnen 1704. | | Mit Ortenberg vereinigt 1648. | |

| Stolberg-Stolberg. | | | Stolberg-Roßla. | |
|---|---|---|---|---|
| Christoph Friedrich . . . . 1704—1738 | | | Justus Christian . . 1704—1739 | |
| **Hauptlinie:** | | **Apanagierte Nebenlinie:** | Friedrich Botho . . . 1739—1768 | |
| Christoph Ludwig II. . | 1738—1761 | Christian Günther . . . † 1765 | Heinrich . . 1768—1776, † 1810 | |
| Karl Ludwig . . | 1761—1815 | Friedrich Leopold . . . † 1819 | Johann Wilhelm . . 1776—1826 | |
| Joseph . . . . . | 1815—1839 | Ernst . . . . . † 1846 | August . . . . . 1826—1846 | |
| Alfred, Fürst 22./3. 1893 | 1839—1903 | Günther . . . . . † 1895 | Karl . . . . . 1846—1870 | |
| Wolfgang . . . . . | 1903 | Friedrich Leopold | Botho, Fürst 22./3. 1893 1870—1893 | |
| Wolf Heinrich . . . | 1903— | | Jost Christian . . . 1893— | |

### D. Königstein.

Christoph I. . . . . . . . . . . 1538—1581

An Gedern 1581.

## 258. Querfurt.

Burkhard . . . . . . . . . um 968, † 982
Bruno II. . . . . . . . 950—1000, † um 1015
Gebhard I., Herr von Querfurt . . . † 982
Burkhard I., der Fromme . . . . 982—1035
Gebhard II. . . . . . . . . . . um 1070
Burkhard III., Burggraf von Magdeburg 1135 . 1120—1150
           † um 1156
Burkhard IV. . . . . . . . 1156—1170
Burkhard V. . . . . . . 1170—1188, † 1189
Gebhard V. . . . . . . . 1188—1213
Gebhard VI. . . . . . . . 1213—1260
Gebhard VIII. . . . . 1260—1289, † 1290

Teilung unter seinen Söhnen.

| Querfurt. | | Bayer-Naumburg. | |
|---|---|---|---|
| Gebhard IX. . . . . . | 1290—1316 | Bruno V. . . . 1316—1334, † um 1342 | |
| Gebhard X. . . . . . | 1316—1320 | Johann I. von Querfurt . . .} † um 1356 | |
| Bruno VI. von Schman . . .} | 1320—1333 | Gebhard XI. . . . . .} 1342—1383 | |
| Gebhard XIII. von Vitzenburg und} | | Bruno VII. von Bayer-Naumburg} 1342—1347 | |
|  Karsdorff . . . . .} | 1320—1358 | Gerhard III. von Querfurt . .} 1356—1372 | |
| Bruno VIII. . . . . . | 1358—1396 | Gebhard XV. . . . . . 1383—1400 | |
| Bernhard . . . . . . | 1396—1466 | Protze III. . . . . .} 1396—1448 | |
| | | Bruno X. . . . . .} 1396—1437 | |
| | | Bruno XI. . . . . 1448—1496 | |

An Mansfeld 1496.

## 259. Mansfeld.

Übersicht über die Teilungen.

Teilung 1244.

| Schraplau. | Mansfeld. |
|---|---|
| † 1364. | Teilung 1272. |

| Ältere Linie. | Jüngere Linie. |
|---|---|
| † 1307. | Teilung um 1392. |

| 1. Linie. | 2. Linie. | 3. Linie. |
|---|---|---|
| † 1492. | † 1499. | Teilung 1475. |

| A. Vorderortische Linie. | B. Hinterortische Linie. |
|---|---|
| Teilung 1531. | Teilung 1486. |

| I. Eisleben. | II. Arnstein. | III. Friedeburg. | IV. Heldrungen. | V. Bornstedt. | VI. Artern. | I. Mittelortische Linie zu Schraplau. † 1602 | II. Hinterortische Linie. |
|---|---|---|---|---|---|---|---|
| † 1710. | † 1615. | † 1626. | † 1572. | † 1780. | † 1631. | | † 1666. |

Burkhardt VI. (I.) (Bruder Gebhards VI. von Querfurt) . . . . . 1213—1244
Teilung unter seinen Söhnen 1244.

| **Schraplau.** | | **Mansfeld.** | |
|---|---|---|---|
| Burkhard VII. . . . | 1244—1273 | Burkhard VIII. (II.) . . . . | 1244—1273 |
| Burkhard X. Lappe . | 1273—1303 | Teilung unter seinen Söhnen 1273. | |
| Burkhard der Ältere .} | 1320—1364 | | |
| Burkhard der Jüngere .} | 1320—1358 | | |
| An Mansfeld 1364. | | | |

| **Ältere Linie.** | | **Jüngere Linie.** | |
|---|---|---|---|
| Gebhard XX. (Burggraf von Magdeburg) . . | 1273—1284 | Burkhard III. . . . | 1273—1331 |
| Burkhard XII. . . .} | 1284—1294 | Burkhard IV. . . . | 1331—1354 |
| Gebhard XXII. . . .} | 1284—1307 | Gebhard II. . . . . | 1354—1382 |
| | | Busso V. . . . . . | 1382—1392? |
| | | Teilung unter seinen Söhnen um 1392. | |

| **1. Linie.** | | **2. Linie.** | | **3. Linie.** | |
|---|---|---|---|---|---|
| Günther II. . . . . | 1392?—1413 | Volrad II. . . . . | 1392?—1450 | Albrecht IV. . . . . | 1392—1416 |
| Gebhard V. . . . .} | 1413—1438 | Volrad III. . . . | 1450—1499 | Günther III. . . . | 1416—1475 |
| Busso VIII. . . . .} | 1413—1423 | | | Teilung unter seinen Söhnen 1475. | |
| Gebhard VI. . . . | 1438—1492 | | | | |

### A. Vorderortische Linie.

| | |
|---|---|
| Albrecht V. . . . | 1475—1484 |
| Günther IV. . . .} | 1484—1526 |
| Hoyer IV. . . .} | 1484—1540 |
| Ernst II. . . .} | 1484—1531 |

Teilung unter seinen Söhnen 1531.

### I. Eisleben.

| | |
|---|---|
| Johann Georg I. . . . | 1531—1579 |
| Hoyer Christoph I. . .} | 1579—1587 |
| Ernst IV. . . .} | 1579—1609 |
| Jobst II. . . . | 1609—1619 |
| Johann Georg II. . . | 1619—1647 |
| Hoyer Christoph II. . . | 1647—1653 |
| Johann Georg III. . . | 1653—1710 |

### II. Arnstein.

| | |
|---|---|
| Johann Albrecht . . | 1531—1586 |
| Gebhard VIII. . . .} | 1586—1601 |
| Wilhelm V. . . .} | 1586—1615 |
| Johann Günther . .} | 1586—1602 |
| Otto II. . . .} | 1586—1599 |

### III. Friedeburg.

| | |
|---|---|
| Peter Ernst I., Reichsfürst 4./3. 1594 . . | 1531—1604 |
| Peter Ernst IV. (natürlicher Sohn) . . | 1604—1626 |

### IV. Heldrungen.

| | |
|---|---|
| Johann Ernst . . . | 1531—1572 |

### V. Bornstedt.

| | |
|---|---|
| Philipp II. . . . | 1531—1546 |
| Bruno II. . . . | 1546—1615 |

| | | | | | | | |
|---|---|---|---|---|---|---|---|
| Bruno III. . | 1615—1644 | Wolfgang III. . | 1615—1638 | Joachim Friedrich | 1615—1657 | Philipp V. . . | 1615—1657 |
| Franz Maximilian | 1644—1692 | Karl Adam . | 1638—1692 | | | Georg Albrecht | 1657—1697 |
| Heinrich Franz, Fürst v. Fondi, 1696 | 1644—1715 | | | | | Maximilian Philipp | 1657—1694 |
| Karl Franz . | 1692—1717 | | | | | | |
| Heinrich . . | 1717—1780 | | | | | | |
| Joseph Wenzel 15./2.—31./3. 1780 | | | | | | | |

Mansfeld mit Preußen vereinigt 1780.

### VI. Artern.

| | |
|---|---|
| Johann Hoyer III. . . | 1531—1585 |
| Johann Georg IV. . . | 1585—1615 |
| Volrad VI. . . . | 1615—1626 |
| Philipp Ernst . . . | 1626—1631 |

### B. Hinterortische Linie.

Ernst I. . . . . . . . . . . . . 1475—1486

Teilung unter seinen Söhnen 1486.

### I. Mittelortische Linie zu Schraplau.

Gebhard VII. . . . . . . . . . . 1486—1558
Christoph II. . . . . . . . . . . 1558—1591
Heinrich II. . . . . . . . . . . 1591—1602

—————

### II. Hinterortische Linie.

Albrecht VII. . . . . . . . . . . 1486—1560

| | | | | |
|---|---|---|---|---|
| Johann . . . . . 1560—1567 | Volrad V. . . . 1560—1578 | Karl . . . . . 1560—1590 |
| Ernst VI. . . . . 1567—1609 | Johann Kaspar . . 1578—1586 | |
| Christoph Friedrich . . 1609—1631 | Friedrich III. . . . 1586—1592 | |
| Ernst Ludwig . . . 1631—1632 | David . . . . . 1592—1628 | |
| Christian Friedrich . . 1632—1666 | | |

—————

## 260. Anhalt.

### Übersicht über die Teilungen.

Teilung 1252.

Aschersleben. † 1315.  —  Bernburg. † 1468.  —  Zerbst. Teilung 1396.

Zerbst → Dessau. Teilung 1471.  —  Köthen. † 1475.

Dessau → Dessau. Teilung 1944.  —  Köthen. — 1552, † 1566.

Dessau → Zerbst. Teilung 1603.  —  Plötzkau. † 1553.  —  Dessau. † 1561.

A. Dessau. blüht als Herzogtum Anhalt.

B. Bernburg. Teilung 1635.  —  Bernburg. Teilung 1718.  —  Harzgerode. † 1709.  —  Bernburg. † 1863.  —  Zeitz-Hoym. †1812 als A.-B.-Schaumburg-Hoym.

C. Plötzkau. Teilung 1765.  —  Köthen. † 1847.  —  Pleß. † 1840.

D. Zerbst. Teilung 1667.  —  Zerbst. † 1742.  —  Mühlingen. † 1714.

E. Köthen. † 1665.  —  Dornburg † 1793 als Anhalt-Zerbst.

Graf Heinrich I., Reichsfürst 1218 . . . 1212—1252

Teilung unter seinen Söhnen 1252.

| Aschersleben. | | Bernburg. | | Zerbst. | |
|---|---|---|---|---|---|
| Heinrich II. . . . . . | 1252—1267 | Bernhard I. . . . . | 1252—1286 | Siegfried . . . . . | 1252—1310 |
| Otto I. . . . . . | ⎱ 1267—1304 | Johann I. . . . . | ⎱ 1286—1291 | Albrecht I. . . . . | 1310—1316 |
| Heinrich III. . . . . | ⎰ 1267—1283 | Bernhard II. . . . | ⎰ 1286—1318 | Albrecht II. . . . . | ⎱ 1316—1362 |
| Otto II. . . . . . | 1304—1315 | Bernhard III. . . . | 1318—1348 | Waldemar I. . . . | ⎰ 1316—1367 |
| An Bernburg und Zerbst 1315. | | Bernhard IV. . . . | ⎱ 1348—1354 | Johann II. . . . . | ⎱ 1362—1382 |
| | | Heinrich IV. . . . | ⎰ 1348—1374 | Waldemar II. . . . | ⎰ 1367—1370 |
| | | Otto III. in Aschersleben . | 1354—1404 | Sigismund I. . . . | ⎱ 1382—1396 |
| | | Bernhard V. . . . . | 1374—1420 | Albrecht III. . . . | ⎰ 1382—1396 |
| | | Otto IV. . . . . | 1404—1415 | Waldemar III. . . . | 1382—1392 |
| | | Bernhard VI. . . . | 1404—1468 | Teilung unter den Brüdern 1396. | |
| | | An Zerbst 1468. | | | |

| Dessau. | | Köthen. | |
|---|---|---|---|
| Sigismund I. (1382) . | 1396—1405 | Albrecht III. . (1382) | 1396—1423 |
| Waldemar V. . . . | ⎱ 1405—v.1424 | Waldemar IV. . . . | ⎱ 1423—1435 |
| Sigismund II. . . . | 1405—1448 | Adolf . . . . . | ⎰ 1423—1473 |
| Albrecht VI. . . . | 1405—1448 | Albrecht IV. . . . | 1473—1475 |
| Georg I. . . . . | ⎰ 1405—1471 | An Dessau 1475. | |
| | † 1474 | | |
| Teilung unter Georgs I. Söhnen 1471. | | | |

| Dessau. | | Köthen. | |
|---|---|---|---|
| Ernst I. . . . . | ⎱ 1471—1516 | Waldemar VI. . . . | 1471—1508 |
| Georg II., der Starke . | 1471—1509 | Wolfgang . . | 1508—1552, † 1566 |
| Sigismund III. . . . | 1471—1487 | An Dessau 1552. | |
| Rudolf IV. . . . . | ⎰ 1471—1510 | | |

Johann V. . . . ⎫ 1516—1544
Georg III. . . . ⎬ 1516—1544
Joachim I. . . . ⎭ 1516—1544
    Teilung unter den Brüdern 1544.

| **Zerbst.** | | **Plötzkau.** | | **Dessau.** | |
|---|---|---|---|---|---|
| Johann V. . (1516) ·1544—1551 | | Georg III. . (1516) 1544—1553 | | Joachim I. . (1516) 1544—1561 | |
| Karl I. in Zerbst . . . 1551—1561 | | An Zerbst 1553. | | An Zerbst 1561. | |
| Joachim II. Ernst in Kos-  lau; in Plötzkau 1553, in  Dessau 1570 . . . 1551—1586 | | | | | |
| Bernhard VII. in Dessau 1551—1570 | | | | | |
| Johann Georg I. . . ⎫ 1586—1603 | | | | | |
| Christian I. . . . ⎬ 1586—1603 | | | | | |

Johann Georg I. . . ⎫ 1586—1603
Christian I. . . . ⎪ 1586—1603
August . . . . ⎬ 1586—1603
Rudolf . . . . ⎪ 1586—1603
Ludwig . . . . ⎭ 1586—1603
    Teilung unter den Brüdern 1603.

### A. Anhalt-Dessau.

Johann Georg I. . . . . . (1586) 1603—1618
Johann Kasimir . . . . . . . 1618—1660
Johann Georg II. . . . . . . 1660—1693
Leopold [„der alte Dessauer”] . . . . . 1793—1747
Leopold Maximilian . . . . . . 1747—1751
Leopold Friedrich Franz, **Herzog** 13./4. 1807 1751—1817
    Dietrich Regent . . . . . . . . 1751—1758
Leopold Friedrich . . . . . . . 1817—1871
Friedrich I. . . . . . . . . 1871—1904
Friedrich II. . . . . . . . . 1904—

### B. Anhalt-Bernburg.

Christian I. . . . . . . . (1586) 1603—1630
Christian II. . . . . . . . . 1630—1635
    Teilung unter den Brüdern 1635.

| **Bernburg.** | | **Harzgerode.** | |
|---|---|---|---|
| Christian II. . . . (1630) 1635—1656 | | Friedrich . . . . . . . 1635—1670 | |
| Victor Amadeus . . . . 1656—1718 | | Wilhelm . . . . . . . 1670—1709 | |
| Teilung unter seinen Söhnen 1718. | | An Bernburg 1709. | |

| **Bernburg.** | | **Zeitz-Hoym.** | |
|---|---|---|---|
| Karl Friedrich . . . . 1718—1721 | | Leberecht . . . . . . . 1718—1727 | |
| Victor Friedrich . . . . 1721—1765 | | Seit 1707: **Anhalt-Bernburg-Schaumburg-Hoym.** | |
| Friedrich Albrecht . . . . 1765—1796 | | Victor Amadeus Adolf . . . 1727—1772 | |
| Alexius Friedrich Christian, **Herzog**  18./4. 1807 . . . . . . 1796—1834 | | Karl Ludwig . . . . . 1772—1806 | |
| Alexander Karl . . . . 1834—1863 | | Victor Karl Friedrich . . . . 1806—1812 | |
| Friederike, Prinzessin v. Schles-  wig-Holstein-Sonderburg-Glücks-  burg, Mitregentin 1855—1863, † 1902 | | An Bernburg 1812. | |
| Mit Anhalt-Dessau vereinigt 1863. | | | |

### C. Anhalt-Plötzkau.

August . . . . . . . (1586) 1603—1953
Ernst Gottlieb . . . . . . . . 1653—1654
Leberecht . . . . . . . . . 1654—1669
    Seit 1665: **Anhalt-Köthen.**
Emanuel . . . . . . . . . 1669—1670
Emanuel Leberecht (Postumus) . . . . 1671—1704
Leopold . . . . . . . . . 1704—1728
August Ludwig . . . . . . . . 1728—1755
    Teilung unter seinen Söhnen 1765.

| **Anhalt-Köthen.** | | **Pleß.** | |
|---|---|---|---|
| Karl Georg Leberecht . . . . 1755—1789 | | Friedrich Erdmann . . . . 1765—1797 | |
| August Christian Friedrich, **Herzog**  18./4. 1807 . . . . . . 1789—1812 | | Ferdinand, in Köthen 1818 1797—1818, † 1830 | |
| Ludwig August Emil . . . 1812—1818 | | Heinrich, in Köthen 1830 1818—1820, † 1847 | |
| Ferdinand . . . . . . . 1818—1830 | | Ludwig . . . . . . . 1830—1840 | |
| Heinrich . . . . . . . 1830—1847 | | An Hochberg 1646 | |
| Mit Anhalt-Dessau vereinigt 1847. | | | |

### D. Anhalt-Zerbst.

| | |
|---|---|
| Rudolf . . . . . . . . . (1586) | 1603—1611 |
| Johann VI. . . . . . . . . . . | 1621—1667 |

Teilung unter seinen Söhnen 1667.

**Zerbst.**

| | |
|---|---|
| Karl Wilhelm . . . | 1667—1718 |
| Johann August . . . | 1718—1742 |

Mit Dornburg vereinigt 1742.

**Mühlingen.**

| | |
|---|---|
| Anton Günther . . . | 1667—1714 |

**Dornburg.**

| | |
|---|---|
| Johann Ludwig I. . . | 1667—1704 |
| Johann Ludwig II. . } | 1704—1846 |
| Christian August . . } | 1704—1747 |

Seit 1742: **Anhalt-Zerbst.**

| | |
|---|---|
| Friedrich August . . | 1747—1793 |
| Friederike August Sophie von Anhalt-Bernburg, Erbin von Jever, | 1793—1814, †1827 |

Mit Anhalt-Dessau vereinigt 1793.

---

### E. Anhalt-Köthen.

| | |
|---|---|
| Ludwig . . . . . . . . . (1586) | 1603—1649 |
| Wilhelm Ludwig . . . . . . . . . | 1649—1665 |

An Anhalt-Plötzkau 1665.

---

## 261. Barby.

| | |
|---|---|
| Walter I. von Arnstedt . . . . . . . | um 1060 |
| Walter II. . . . . . . . . . } | um 1120, † 1126 |
| Anno . . . . . . . . . . } | um 1122 |
| Walter III. (I.) von Arnstein . . . . . | 1135—1166 |
| Walter II. . . . . . . . . . . . | 1172—1199 |

Teilung unter seinen Söhnen.

### A. Barby.

| | |
|---|---|
| Walter I. von Arnstein . . . . . . . | 1213—1253 |
| Albrecht I. . . . . . . . . . . } | um 1268 |
| Günther I. . . . . . . . . . . } | † 1260 |
| Burkhard I. von Mühlingen . . . . . } | 1260—1271 |
| Walter III. . . . . . . . . . . } | 1260—1282 |
| Albrecht II. . . . . . . . . . . } | 1271—1314 |
| Albrecht III. . . . . . . . . . . } | 1271—1318 |
| Walter IV. von Rosenburg . . . . . } | 1281—1326 |
| Burkhard II. . . . . . . . . . . } | 1284—1308 |
| Albrecht IV. . . . . . . . . . . | 1318—1332 |
| Günther II. . . . . . . . . . . } | 1332—1404 |
| Albrecht V. . . . . . . . . . . } | 1332—1358 |
| Johann . . . . . . . . . . . } | 1404—1405 |
| Burkhard III. . . . . . . . . . } | 1404—1420 |
| Günther IV. . . . . . . . . . . | 1420—1493 |
| Burkhard IV., **Reichsgraf** 1497 . . . . | 1493—1506 |
| Justus I. . . . . . . . . . . . | 1506—1515 |
| Balthasar . . . . . . . . . . . | 1515—1535 |
| Wolfgang I. . . . . . . . . . . | 1535—1565 |

Teilung unter seinen Söhnen 1565.

**Barby.**

| | |
|---|---|
| Wolfgang II. . . . . . . . | 1565—1615 |
| Wolfgang Friedrich . . . . | 1615—1617 |
| Justus Günther . . . . . . | 1617—1651 |

An Mühlingen 1651.

**Mühlingen.**

| | |
|---|---|
| Justus III. . . . . . . . | 1565—1609 |
| Albrecht Friedrich . . . . . | 1609—1641 |
| August Ludwig . . . . . . | 1641—1659 |

An Sachsen-Weißenfels 1659.

---

### B. Arnstein.

| | |
|---|---|
| Albrecht . . . . . . . . . . . | 1209—1229 |
| Walter . . . . . . . . . . . | 1268—1284 |

An Barby.

---

### C. Lindow.

| | |
|---|---|
| Gebhard . . . . . . . . . . . | 1211—1256 |

Günther I. von Lindow und Mühlingen . . .⎫ 1256—1284
Walter . . . . . . . . . . . . .⎭ 1256—1279

Teilung unter den Söhnen Günthers I. 1284.

| 1. Linie. | | 2. Linie. | | 3. Linie. | |
|---|---|---|---|---|---|
| Albrecht | 1284—1290 | Burkhard | 1284—1311 | Ulrich I. | 1284—1316 |
| Adolf | ⎫ 1290—1346 | Günther II. | ⎫ 1311—1312 | Günther III. | ⎫ 1316—1334 |
| Christoph | ⎭ 1290—1302 | Johann I. | ⎭ 1311—1318 | Ulrich II. | ⎭ 1316—1360 |
| Waldemar | 1346—1360 | | | | |

Teilung unter seinen Söhnen 1360.

**Ruppin.**                                              **Lindow.**

Günther IV., der Schöne⎫ 1360—1377        Ulrich III. . 1360—1372, † 1377
Albrecht II. . . . .⎭ 1360—1391            An Anhalt verpfändet 1372.
Günther V. . . .⎫ 1391—um1413
Albrecht III. . . .⎭ 1391—1420
Albrecht IV. . . . . 1420—1460
Johann II. . . . . . 1460—1500
Joachim . . . . . 1500—1507
Wichmann . . . . 1507—1524

An Brandenburg 1524.

## 262. Mecklenburg.

Übersicht über die Teilungen.

Teilung im 13. Jahrh.

| A. Mecklenburg. | B. Werle. | C. Rostock. | D. Parchim. |
|---|---|---|---|
| Teilung 1392. | Teilung 1282. | † 1314. | † 1315. |

| Schwerin. | Stargard. | Güstrow. | Parchim. |
|---|---|---|---|
| Teilung 1592. | † 1471. | † 1307. | Teilung 1316. |

| Schwerin. | Güstrow. | Goldberg. | Güstrow. |
|---|---|---|---|
| Teilung 1658. | † 1695 | † 1375. | Teilung 1337. |

| 1. Schwerin. | 2. Mirow. | 3. Grabow. | 4. Strelitz. | Güstrow. | Waren. |
|---|---|---|---|---|---|
| † 1692. | † 1675. | blüht als | blüht als | † 1436. | † 1425. |
| | | **M.-Schwerin.** | **M.-Strelitz.** | | |

Niclot (Nicolaus I.), Fürst der Obotriten,
    Herr zu Schwerin . . . . . 1130/1—1160
Pribislaw, **Reichsfürst** 1170 . . . . . . 1160—1178
Heinrich Borwin I., Fürst zu Mecklenburg 1178—1219
                                        † 1228
Nicolaus II. zu Mecklenburg und Gadebusch . .⎫ 1219—1225
Heinrich Borwin II. zu Rostock . . . .⎭ 1219—1226
Teilung unter den Söhnen Heinrich Borwins II. 1226.

### A. Mecklenburg.

Johann I., der Theologe . . . . . . 1226—1264
Heinrich I., der Jerusalemer 1204—1275 und 1298—1302
Johann II. zu Gadebusch . . . . . . 1273—1299
    Nicolaus, Regent . . . . . 1275—1287, † 1289
Heinrich II., der Löwe, in Stargard 1304, in
    Rostock 1314 . . . . . . . 1287—1329
Johann III. in Wismar . . . . . . . 1287—1289
Albrecht I. der Große, **Herzog** 8./7. 1348⎫ 1329—1352
Johann IV., **Herzog** 8./7. 1348 . . . .⎭ 1329—1352
Teilung unter den Brüdern 1352.

| Schwerin. | | Stargard. | |
|---|---|---|---|
| Albrecht I., der Große (1329) | 1352—1379 | Johann I. (IV.) . . (1329) | 1352—1377 |
| Albrecht II. (König von Schweden | | Johann II. . . . . . . .⎫ | 1377—1417 |
| 1363—1389) . . . .⎫ | 1379—1412 | Ulrich I. . . . . . . .⎭ | 1377—1417 |
| Magnus I. . . . . . .⎫ | 1379—1385 | Johann III. in Wenden 1436 . .⎫ | 1417—1439 |
| Heinrich III. . . . . .⎭ | 1379—1383 | Heinrich, in Wenden 1436 . . .⎭ | 1417—1466 |
| Albrecht III. . . . . . | 1383—1388 | Johann IV. . . . . . . . | 1439—1455 |
| Johann IV. . . . 1385—1395, †1422 | | Ulrich II. . . . . . . . | 1466—1471 |
| Johann II. von Stargard 1390—1417. | | An Schwerin 1471. | |
| Albrecht IV. . . . . . | 1412—1423 | | |
| Johann V. . . . . . .⎫ | 1423—1442 | | |
| Heinrich IV., der Fette, **Herzog**⎭ | 1423—1477 | | |
| von ganz Mecklenburg 1471. | | | |

Albrecht V. in Werle und Güstrow          1464—1483
Johann VI. in Lowe und Güstrow            1464—1474
Magnus II. in Schwerin, in Güstrow
    1483 . . . . . . .                     1477—1503
    Balthasar (Bischof von Schwerin
    1473—1479), Mitregent . .             1480—1507
Heinrich V., der Friedfertige,
    in Schwerin . . . . . . .\            1503—1552
Albrecht VI., der Schöne, in Güstrow|     1503—1547
Johann Albrecht I., in Schwerin 1552      1547—1576
Johann VII. . . . . . .\                  1576—1592
Sigismund August in Ivenack . /           1576—1603
    Ulrich (Verweser d. Bist. Schwerin
    1550—1603; in Güstrow 1555—
    1603), Regent . . 1576—1585, † 1603
Adolf Friedrich I. . . . .\               1592—1610
Johann Albrecht II. . . . ./              1592—1610
    Ulrich, Regent (zum 2. Male)  1592—1603
    Karl (Bischof von Ratzeburg 1592—
    1610), Regent . . 1603—1608, † 1610
        Teilung unter den Brüdern 1610.

---

**Schwerin.**                                      **Güstrow.**

Adolf Friedrich I. (1592) 1610—1628 (1658)   Johann Albrecht II. (1592) 1610—1628 (1636)

Albrecht Wenzel Eusebius, Graf von Waldstein,
        Herzog von Friedland und Sagan . . 1628—1632
                                              † 1634

Adolf Friedrich I. (zum 2. Male)        Johann Albrecht II. (zum 2. Male)
    (1592, 1610) 1631—1658                  (1592, 1610) 1631—1636
    Teilung unter seinen Söhnen 1658.    Gustav Adolf . . . . . . 1636—1695
                                              An Schwerin 1695.


### 1. Schwerin.

        Christian (=Louis, seit 1663) . . . . . . . 1658—1692
                    An Grabow 1692.


### 2. Mirow.

        Karl . . . . . . . . . . .\         1658—1670
        Johann Georg . . . . . . . ./       1658—1675
                    An Grabow 1675.


### 3. Grabow.

        Friedrich I. . . . . . . . . . . . 1658—1688
        Friedrich Wilhelm . . . . . . . . 1688—1713
            Seit 1692: **Mecklenburg-Schwerin.**
        Karl Leopold . . . . . . 1713—1728, † 1747
        Christian Ludwig, Regent 1728—1747 (1728) 1747—1756
        Friedrich II. . . . . . . . . . 1756—1785
        Friedrich Franz I., **Großherzog** 14./6. 1815 . 1785—1837
        Paul Friedrich . . . . . . . . . 1837—1842
        Friedrich Franz II. . . . . . . . 1842—1883
        Friedrich Franz III. . . . . . . 1883—1897
        Friedrich Franz IV. . . . . . . . 1897—
            Johann Albrecht, Regent . . . 1897—1901


### 4. Strelitz.

        Adolf Friedrich II. . . . . . . . 1658—1708
        Adolf Friedrich III. . . . . . . 1708—1752
        Adolf Friedrich IV. . . . . . . . 1752—1794
        Karl, **Großherzog** 28./6. 1815 . . . 1794—1816
        Georg . . . . . . . . . . . . . . 1816—1860
        Friedrich Wilhelm . . . . . . . . 1860—1904
        Adolf Friedrich . . . . . . . . . 1904—1915


### B. Werle.

        Nicolaus III. (in Rostock 1227—1233), Fürst der
            Wenden in Güstrow und Werle . . . 1233—1277

Heinrich I. . . . . . . . . . . . .} 1277—1282
Johann I., der Friedfertige . . . . .} 1277—1282

Teilung unter den Brüdern 1282.

**Güstrow.**

Heinrich I. . . . (1277) 1282—1291
Heinrich II. in Penzlin . . . .} 1282—1307
Nicolaus in Güstrow . . . .} 1282—1292

Mit Parchim vereinigt.

**Parchim.**

Johann I., der Friedfertige, (1277) 1282—1283
Nicolaus IV. in Goldberg 1283—1316, in Parchim 1284, in Güstrow 1292, in Penzlin 1307 . . . . 1283—1316
Johann II., in Werle und Waren 1283—1337, in Güstrow 1316 . . 1283—1316 † 1337

Teilung unter Nicolaus IV. Sohn und Bruder 1315.

**Goldberg.**

Johann III. . . . . 1316—1352
Nicolaus VI. . . . . 1352—1354
Johann IV. . . . . 1354—1375

An Güstrow 1375.

**Güstrow.**

Johann II. . . . . (1283) 1316—1337

Teilung unter seinen Söhnen 1337.

**Güstrow.**

Nicolaus V. in Werle und Güstrow . . . . 1337—1360
Johann V. . . . . .] 1360—1377
Lorenz in Goldberg 1375 .] 1360—1400
Balthasar, Fürst der Wenden 1418 . .} 1400—1421
Johann VII. . . . .] 1400—1414
Wilhelm . . . . . 1421—1436

An Stargard 1436.

**Waren.**

Bernhard in Röbel u. Waren 1337—1378
Johann VI. . . . . 1378—1395
Nicolaus VII. . . .] 1395—1408
Christoph . . . . .} 1395—1425

An Güstrow 1425.

**C. Rostock.**

Heinrich Borwin III. . . . . . . . 1233—1278
Waldemar . . . . . . . . 1278—1282
Nicolaus das Kind . . . . .] 1282—1314
Heinrich Borwin IV. . . . . . .] 1282—1283

An Mecklenburg 1314.

**D. Parchim.**

Pribislaw I. . . . . . . . 1227—1270
Pribislaw II. . . . . . . . 1270—1315

An Werle 1315.

## 263. Holstein.

Übersicht über die Teilungen.

1) Dynastie Schauenburg.

Teilung 1238.

A. Kiel.
Teilung 1273.

B. Itzehoe.
Teilung 1290.

Segeberg.
† 1308.

Kiel.
—1316, † 1321.

I. Plön.
Teilung 1316.

II. Pinneberg u. Schauenburg.
† 1622.

III. Rendsburg.
† 1459.
An die Dynastie Oldenburg.

Segeberg.
† 1350.

Kiel.
† 1390.

2) Dynastie Oldenburg.

Teilung 1481.

A. Segeberg.
— 1546.

B. Gottorp.
Teilung 1533/44.

I. Glückstadt.
Teilung 1559.

II. Hadersleben.
† 1580.

III. Gottorp.
— 1773.
(Blüht in Rußland.)

Ältere Linie,
in Dänemark † 1863.

Jüngere Linie in Sonderburg.
Teilung 1622.

a. Arröe.
† 1633.

b. Sonderburg.
Teilung 1627.

c. Norburg.
— 1669, † 1722.

d. Glücksburg.
† 1779.

e. Plön.
Teilung 1671.

1. Franzhagen.
† 1708.

2. Kathol. Linie.
† 1727.

3. Augusten-
burg.

4. Beck.
Blüht als
Glücksburg.

5. Wiesenburg.
† 1744.

Plön.
† 1706.

Norburg.
† 1761.

Rethwisch.
† 1729.

Gottfried, Graf von Holstein . . . . . 1106—1110

### Dynastie Schauenburg.

Adolf I., Graf von Schauenburg . . . . 1110—1131
Adolf II. . . . . . . . . . . . . 1131—1164
Adolf III. . . . . . . . . . . . . 1164—1225
    Albrecht, Graf von Orlamünde, Gegner . 1201—1225
Adolf IV. . . . . . . . . . 1225—1238, † 1261
    Teilung unter seinen Söhnen 1238.

#### A. Kiel.

Johann I. . . . . . . . . . . . 1238—1263
Adolf V., der Pommer . . . . . . } 1263—1273
Johann II., der Einäugige . . . . . } 1263—1273
   Gerhard I. von Itzehoe, Vormund . . 1263—1273
    Teilung unter den Brüdern 1273.

| Segeberg. | Kiel. |
|---|---|
| Adolf V., der Pommer (1263) 1273—1308 | Johann II., der Einäugige (1263) 1273—1316 |
| Segeberg mit Plön vereinigt 1308. | † 1321 |
| | Kiel mit Plön vereinigt 1316. |

#### B. Itzehoe.

Gerhard I. . . . . . . . . . . 1238—1290
    Teilung unter seinen Söhnen 1290.

#### I. Plön.

Gerhard II., der Blinde . . . . . . 1290—1312
Gerhard IV. . . . . . . . . . } 1312—1316
                              † 1323
Johann III., der Milde, in Kiel 1316 . . } 1312—1316
                              † 1359
    Teilung unter den Brüdern 1316.

| Segeberg. | Kiel. |
|---|---|
| Gerhard IV. . . . (1312) 1316—1323 | Johann III., der Milde (1312) 1316—1359 |
| Gerhard V. . . . . . . 1323—1350 | Adolf VII. . . . . . . . . 1359—1390 |
| An Kiel 1350. | An Rendsburg 1390. |

#### II. Pinneberg und Schauenburg.

Adolf VI. . . . . . . . . . . . 1290—1315
Adolf VII. . . . . . . . . . . . 1315—1353
Adolf VIII. . . . . . . . . . . } 1353—1370
Otto I. . . . . . . . . . . . } 1353—1404
Simon . . . . . . . . . . . } 1353—1360
Adolf X. . . . . . . . . . . . 1404—1426
Otto II. . . . . . . . . . . . 1426—1464
Adolf XI. . . . . . . . . . . } 1464—1474
Erich . . . . . . . . . . . } 1464—1485
Otto III. . . . . . . . . . . } 1464—1510
Johann I. . . . . . . . . . . } 1464—1527
Anton . . . . . . . . . . . } 1464—1526
Jobst I. . . . . . . . . . . . 1526—1533
Adolf XII. in Pinneberg (Erzbischof von Köln 1546—1556) . . . . . . . . } 1533—1544 † 1556
Otto IV. in Schauenburg und Pinneberg (Bischof von Hildesheim 1531—1537) . . . . } 1533—1576
Johann II. in Bückeburg . . . . . } 1533—1560
Jobst II. in Schauenburg und Gehmen . . } 1533—1581
Adolf XIII. . . . . . . . . . . 1576—1601
Ernst (in Sachsenhagen und Vorkeloe seit 1595), **Fürst** 1620 . . . . . . . . 1601—1622
Heinrich in Schauenburg und Gehmen . . } 1581—1593
Georg Hermann . . . . . . . . } 1581—1616
Jobst Hermann . . . . . . . . . 1622—1635
Otto V. . . . . . . . . . . . 1635—1640
   Schauenburg an Lippe und Hessen-Kassel, Gehmen an Limburg-
      Styrum, Pinneberg an Dänemark 1640.

### III. Rendsburg.

| | |
|---|---|
| Heinrich I. . . . . . . . . . . . . | 1290—1304 |
| Gerhard III., der Große . . . . . . | 1304—1340 |
| Heinrich II., der Eiserne, in Segeberg . . | 1340—1381 |
| Nicolaus, in Rendsburg . . . . . . | 1340—1397 |
| Gerhard VI., Herzog von Schleswig 15./8. 1386 | 1381—1404 |
| Albrecht . . . . . . . . . . . | 1381—1403 |
| Heinrich III. . . . . . . . . . | 1404—1427 |
| Adolf VIII. . . . . . . . . . . | 1427—1459 |
| Gerhard VII. . . . . . . . . . | 1427—1433 |

### Dynastie Oldenburg.

Christian I. (König von Dänemark 1448—1481, von Norwegen 1450—1481, von Schweden 1458—1464), Herzog von Schleswig und Graf von Holstein 2./3. 1460, **Herzog von Schleswig-Holstein** 14./2. 1474 . . . . . . 1459—1481

Teilung unter seinen Söhnen 1481.

### A. Segeberg.

| | |
|---|---|
| Johann I. (König von Dänemark 1481—1513) . | 1481—1513 |
| Christian II. (König von Dänemark 1513—1523) | 1513—1546 † 1559 |

Segeberg mit Glückstadt vereinigt 1546.

---

### B. Gottorp.

| | |
|---|---|
| Friedrich I. (König von Dänemark 1523—1533) . | 1481—1533 |

Teilung unter seinen Söhnen 1533.

### I. Glückstadt.

| | |
|---|---|
| Christian III. (König von Dänemark 1533—1559) | 1533—1559 |

Teilung unter seinen Söhnen 1559.

---

**Ältere Linie in Dänemark,** (ausgestorben 1863) s. Dänemark.

**Jüngere Linie zu Sonderburg.**

Johann III., der Jüngere . . . 1559—1622

Teilung unter seinen Söhnen 1622.

### a. Arröe.

| | |
|---|---|
| Christian . . . . . . . . . . . | 1622—1633 |

An Dänemark 1633.

---

### b. Sonderburg.

| | |
|---|---|
| Alexander . . . . . . . . . . . | 1622—1627 |

Teilung unter seinen Söhnen 1627.

### 1. Franzhagen.

| | |
|---|---|
| Johann Christian . . . . . . . . | 1627—1653 |
| Christian Adolf . . . . . . . . | 1653—1702 |
| Leopold Christian . . . . . . . | 1702—1707 |
| Ludwig Karl . . . . . . . . . | 1707—1708 |

An Augustenburg 1708.

---

### 2. Katholische Linie (ohne Besitz).

| | |
|---|---|
| Alexander Heinrich . . . . . . . | † 1667 |
| Leopold Ferdinand . . . . . . . | † 1702 |
| Alexander Rudolf . . . . . . . | † 1727 |

---

### 3. Augustenburg.

| | |
|---|---|
| Ernst Günther . . . . . . . . | 1627—1689 |
| Friedrich . . . . . . . . . . | 1689—1692 |
| Ernst August . . . . . . . . | 1692—1731 |
| Christian August . . . . . . . | 1731—1754 |
| Friedrich Christian I. . . . . . . | 1754—1794 |
| Friedrich Christian II. . . . . . . | 1794—1814 |
| Christian, Herzog von Schleswig-Holstein 15./11. 1863 . . . . . . | 1814—1816, † 1869 |

Augustenburg mit Dänemark vereinigt 1816.

Friedrich . . . . . . . . . . . 1863—1880
Ernst Günther . . . . . . . . . 1880—

---

### 4. Beck.

August Philipp . . . . . . . . . 1627—1675
August . . . . . . . . . . . . 1675—1689
Friedrich Wilhelm 1. . . . . . . . 1689—1719
Friedrich Ludwig . . . . . . . . 1719—1728
Friedrich Wilhelm II. . . . . . . 1728—1749
Friedrich . . . . . . . . . . . 1749—1757
Karl Ludwig Friedrich . . . . . . 1757—1774
Peter August Friedrich . . . . . 1774—1775
Karl Friedrich August Ludwig . . 1775—1816, † 1816
Friedrich Wilhelm Paul Leopold . . . 1816—1831

Seit 1825:
**Schleswig-Holstein-Sonderburg-Glücksburg.**

Karl . . . . . . . . . . . . . 1831—1878
Friedrich . . . . . . . . . . . 1878—1885
Friedrich Ferdinand . . . . . . . 1885—

---

### 5. Wiesenburg.

Philipp Ludwig . . . . . . . . . 1627—1689
Friedrich . . . . . . . . . . . 1689—1724
Leopold . . . . . . . . . . . . 1724—1744

An Beck 1744.

---

### c. Norburg.

Johann Adolf . . . . . . . . . . 1622—1624
Friedrich . . . . . . . . . . . 1624—1658
Johann Bogislaw . . . . . . 1658—1669, † 1679

Norburg an Dänemark 1669, dann an Plön.

Rudolf Friedrich . . . . . . . . 1679—1688
Ernst Leopold . . . . . . . . . 1688—1722

---

### d. Glücksburg.

Philipp . . . . . . . . . . . . 1622—1663
Christian . . . . . . . . . . . 1663—1698
Philipp Ernst . . . . . . . . . 1698—1729
Friedrich in Glücksburg . . . . . } 1729—1766
Karl Ernst in Rendsburg . . . . . } 1729—1761
Friedrich Heinrich Wilhelm . . . . 1766—1779
An Dänemark . . . . . . . . . 1779—1825

An Beck 1825.

---

### e. Plön.

Joachim Ernst I. . . . . . . . . 1622—1671

Teilung unter seinen Söhnen 1671.

| Plön. | | Norburg. | | Rethwisch. | |
|---|---|---|---|---|---|
| Johann Adolf . . . | 1671—1704 | August . . . . . . | 1671—1699 | Joachim Ernst . . . | 1671—1700 |
| Leopold August . . | 1704—1706 | Joachim Friedrich . | 1699—1722 | Johann Ernst Ferdinand | 1700—1729 |
| An Norburg 1706. | | An Dänemark . . . | 1722—1729 | An Norburg 1729. | |
| | | Friedrich Karl (1722) | 1729—1761 | | |
| | | An Dänemark 1761. | | | |

### II. Hadersleben.

Johann II., der Ältere, in Rendsburg zu Hadersleben . . . . . . . . . 1533(44)—1580

An Plön 1580.

### III. Gottorp.

Adolf in Kiel und Gottorp . . . . . 1533(44)—1586
Friedrich II. . . . . . . . . . 1586—1587
Philipp . . . . . . . . . . . . 1287—1590
Johann Adolf (Erzbischof von Bremen 1585—1596,
Bischof von Lübeck 1586—1607) . . . . 1590—1616

Friedrich III. (souverän in Schleswig 1658) . . 1616—1659
Christian Albrecht (Bischof von Lübeck 1655—1666) 1659—1675
    An Dänemark . . . . . . . . . 1675—1679
Christian Albrecht (zum 2. Male) . . . . 1679—1683
    An Dänemark . . . . . . . . . 1683—1689
Christian Albrecht (zum 3. Male) . . . . 1689—1694
Friedrich IV. . . . . . . . . . 1694—1702
Karl Friedrich . . . . . . . . . 1702—1739
    Christian August (Coadjutor in Lübeck 1701,
      Bischof von Lübeck 1706—1726), Regent . . 1702—1717
                          † 1726

    Schleswig mit Dänemark vereinigt 1721.

Karl Peter Ulrich (Kaiser Peter III. von Rußland
    1762) . . . . . . . . . . . 1739—1762
Paul (Herzog von Oldenburg 1773—1774, Kaiser
    von Rußland 1796—1801) . . 1762—1773, † 1801

    Holstein-Gottorp mit Dänemark vereinigt 1773.
    Sämtliche schleswig-holsteinische Länder mit Preußen vereinigt 1866.

---

## 364. Schleswig.

(Unter nachgeborenen Söhnen der dänischen Könige).

| | |
|---|---|
| Bei Dänemark . . . . | bis 934 |
| An Deutschland . . . . | 934—1027 |
| Olaf (V., König von Dänemark 1086—1095, Sohn Swens III. Estrithson) | 1058—1095 |
| Schleswig Herzogtum 1115. | |
| Knut der Fromme (Sohn König Erichs III.) . . . . | 1119—1134 |
| Magnus (Sohn König Niels) . . | 1135—1136 |
| Waldemar I. (1. Sohn König Abels) | 1254—1257 |
| Erich I. (2. Sohn König Abels) . | 1261—1272 |
| Waldemar II. (1. Sohn Herzogs Erichs I.) . . . . . . | 1282—1312 |
| Erich II. Langbein (2. Sohn Herzog Erichs I.) . . . . . . | 1282—1312 |
| Erich III. (Sohn Herzog Waldemars II.) | 1312—1325 |
| Waldemar III. (Sohn Herzog Erichs III.) | 1325—1365 |
| Heinrich (Sohn Herzog Waldemars III.) | 1365—1375 |

    Mit Holstein-Rendsburg vereinigt 15./8. 1386.

---

## b. Nord-Europa.

## 265. Dänemark.

| | |
|---|---|
| König Gorm der Alte . . . . | † 936 |
| Harald VII. Blatand (Blauzahn) | 936—986 |
| Swen II. Otto Tweskägg (Gabelbart) . . . . . . | 986—1014 |
| Erich I. von Schweden . . | 987—1000 |
| Harald VIII. . . . . . . | 1014—1018 |
| Knut I., der Große . . . | 1014—1035 |
| Knut II., Hardiknut . . . . | 1035—1042 |
| Magnus der Gute von Norwegen . . . . . . . | 1042—1047 |
| Swen III. Estrithson . . . . | 1047—1076 |
| Harald IX. . . . . . . | 1076—1080 |
| Knut III., der Heilige . . . | 1080—1086 |
| Olaf V. . . . . . . . | 1086—1095 |
| Erich III., der Gute . . . . | 1095—1103 |
| Niels . . . . . . . . | 1104—1134 |
| Erich IV. Emund . . . . . | 1134—1137 |
| Erich V. Lamm . . . . . | 1137—1147 |
| Swen IV. . . . . . . . | 1147—1157 |
| Knut IV. . . . . . . . | 1147—1157 |
| Waldemar I. . . . . . . | 1157—1182 |
| Knut V. . . . . . . . | 1182—1202 |
| Waldemar II., der Sieger . . | 1202—1241 |
| Erich VI. Pflugpfennig . . . | 1241—1250 |
| Abel . . . . . . . . | 1250—1252 |
| Christoph I. . . . . . . | 1252—1259 |
| Erich VII. Glipping . . . . | 1259—1286 |
| Erich VIII. Menwed . . . . | 1186—1319 |
| Christoph II. . . . . . . | 1319—1334 |
| Erich IX. . . . . . . . | 1324—1332 |
| Waldemar von Schleswig, Gegenkg. 1326—1330, † 1365 | |
| Gerhard von Holstein, Verweser | 1326—1340 |
| Waldemar III. Atterdag . . . | 1340—1375 |
| Olaf VI. (König von Norwegen 1380) | 1376—1387 |
| Margaretha . . . . . . | 1387—1412 |
| Erich X. von Pommern 1412—1439, † 1459 | |
| Christoph III. von Bayern . . | 1440—1448 |
| Dynastie Oldenburg. 1448— | |
| Christian I. . . . . . . | 1448—1481 |
| Johann . . . . . . . | 1481—1513 |
| Christian II. . . . . 1513—1523, † 1559 | |
| Friedrich I. . . . . . . | 1523—1533 |
| Christian III. . . . . . . | 1533—1559 |
| Friedrich II. . . . . . . | 1559—1588 |
| Christian IV. . . . . . . | 1588—1648 |
| Friedrich III. (Bischof von Verden 1623—1629, Erzbischof von Bremen 1634—1648, Bischof von Verden, zum 2. Male, 1635—1648) . . | 1648—1670 |
| Christian V. . . . . . . | 1670—1699 |
| Friedrich IV. . . . . . . | 1699—1730 |
| Christian VI. . . . . . . | 1730—1746 |
| Friedrich V. . . . . . . | 1746—1766 |
| Christian VII. . . . . . . | 1766—1808 |
| Friedrich VI. . . . . . . | 1808—1839 |
| Christian VIII. . . . . . . | 1839—1848 |
| Friedrich VII. . . . . . . | 1848—1863 |
| (Haus Schleswig-Holstein-Sonderburg-Glücksburg.) | |
| Christian IX. . . . . . . | 1863—1906 |
| Friedrich VIII. . . . . . . | 1906— |

## 266. Norwegen.

| | |
|---|---|
| König Harald I. Harfager | 863—933, † 936 |
| Erich I. Blutart | 933—935 |
| Hakon I., der Gute | 935—951 |
| Harald II. Graufell | 951—962 |
| Hakon II., der Böse | 962—995 |
| Olaf I. Tongresson | 995—1000 |
| Erich II. | 1000—1017 |
| Knut der Große von Dänemark | 1014—1015, † 1035 |
| Hakon III. Erichson | 1015 |
| Olaf II., der Heilige | 1015—1030 |
| Unter dänischer Herrschaft | 1028—1031 |
| Magnus I., der Gute | 1035—1047 |
| Harald III., der Harte | 1047—1066 |
| Magnus II. | 1066—1068 |
| Olaf III., der Friedliche | 1066—1093 |
| Magnus III. Barfuß | 1093—1103 |
| Olaf IV. | 1103—1116 |
| Sigurd I. | 1103—1130 |
| Magnus IV. Harald, der Blinde | 1130—1135, † 1139 |
| Harald IV. | 1134—1136 |
| Sigurd II. Schiefmund | 1136—1155 |
| Ingo I. | 1136—1161 |

| | |
|---|---|
| Magnus V. | 1142 |
| Hakon Härdebred | 1161—1162 |
| Magnus VI. | 1161—1184 |
| Sigurd III. | 1162—1168 |
| Magnus VII. Swenar | 1184—1202 |
| Hakon IV. | 1202—1204 |
| Guttorm | 1204—1205 |
| Ingo II. | 1204—1217 |
| Hakon V., der Alte | 1217—1263 |
| Hakon, Mitregent | 1240—1257 |
| Magnus VIII., Mitregent 1257 | 1263—1280 |
| Erich III. Priesterhaderer | 1280—1299 |
| Hakon VI. | 1299—1319 |
| Magnus Smeck (König von Schweden 1319—1363) | 1319—1344, † 1374 |
| Hakon VII. | 1344—1380 |
| Olaf V. | 1380—1387 |
| Mit Dänemark vereinigt | 1387—1814 |

Norwegen durch Personalunion mit Schweden
vereinigt 1814—1905.

Haus Schleswig-Holstein-Sonderburg-
Glücksburg. 1905—

| | |
|---|---|
| Hakon VIII. | 1905—*1952* |
| *Olaf VI.* | *1952—* |

## 267. Schweden.

I. Dynastie der Ynglinger. 993—1060.

| | |
|---|---|
| König Olaf III. Schloßkönig | 993—1024 |
| Anund Jakob | 1024—1051 |
| Edmund der Alte | 1051—1060 |

II. Dynastie Stenkil. 1060—1130

| | |
|---|---|
| Stenkil Ragwaldsson | 1060—1066 |
| Erich VII. | 1066 |
| Erich VIII. | 1066 |
| Hastan | 1066—1067 |
| Hakon der Rote | 1067—1079 |
| Amunder | 1067—1068 |
| Jurl Hakon der Alte | 1068—1080 |
| Sunge I. | 1080—1112 |
| Blot Sween, Gegenkönig 1090—1099. | |
| Philipp | 1112—1118 |
| Sunge II. | 1118—1130 |

III. Dynastieen Blondel und Swerker.
1134—1250.

| | |
|---|---|
| Swerker I. | 1134—1155 |
| Erich IX., der Heilige | 1150—1160 |
| Karl VII. | 1158—1168 |
| Knut Eriksson | 1168—1195 |
| Swerker II. | 1195—1208, † 1210 |
| Erich X. Knutsson | 1208—1216 |
| Johann I. | 1216—1222 |
| Erich XI., der Stammler | 1222—1250 |

IV. Dynastie der Folkunger. 1250—1363.

| | |
|---|---|
| Waldemar | 1250—1278, † 1302 |
| Magnus I. Ladulås | 1278—1290 |
| Birger Jarl | 1290—1319, † 1321 |
| Magnus II. Smeck | 1319—1363, † 1374 |
| Erich XII., Mitregent | 1350—1360 |

V. Könige aus verschiedenen Häusern.

| | |
|---|---|
| Albrecht von Mecklenburg | 1363—1389, † 1412 |
| Margarethe von Dänemark | 1389—1412 |
| Erich XIII. von Pommern | 1412—1439, † 1459 |
| Christoph III. von Bayern | 1440—1448 |
| Karl VIII. Knutsson | 1448—1457 |
| Christian I. von Oldenburg | 1457—1464, † 1481 |

| | |
|---|---|
| Karl VIII. Knutsson (zum 2. Male) | 1463—1464 |
| Kettil Wasa, Reichsverweser | 1464—1466 |
| Erich Tott, Reichsverweser | 1466—1467 |
| Karl VIII. Knutsson (zum 3. Male) | 1467—1470 |
| Sten Sture I., Reichsverweser | 1471—1497 |
| Johann II. von Dänemark (1483) | 1497—1501, † 1513 |
| Sten Sture I., Reichsverw. (z. 2. M.) | 1501—1503 |
| Svante Sture II., Reichsverweser | 1504—1512 |
| Sten Sture III. Svantesson, Reichsverweser | 1512—1250 |
| Christian II. von Dänemark 1520—1523, † 1559 | |

VI. Dynastie Wasa. 1523—1654.

| | |
|---|---|
| Gustav I., Reichsverweser seit 1521 | 1523—1560 |
| Erich XIV., Mitreg. seit 1554 | 1560—1568, † 1578 |
| Johann III. | 1568—1592 |
| Sigismund von Polen | 1592—1600, † 1632 |
| Karl IX., Reichsverweser 1599—1604, König 22./3. 1604 | 1600—1611 |
| Gustav II. Adolf | 1611—1632 |
| Christine | 1632—1654, † 1689 |

VII. Dynastie Pfalz-Zweibrücken.
1654—1720.

| | |
|---|---|
| Karl X. Gustav | 1654—1660 |
| Karl XI. | 1660—1697 |
| Karl XII. | 1697—1718 |
| Ulrike Eleonore | 1719—1720, † 1741 |
| Friedrich von Hessen-Kassel | 1720—1751 |

VIII. Dynastie Holstein-Gottorp.
1751—1818.

| | |
|---|---|
| Adolf Friedrich | 1751—1771 |
| Gustav III. | 1771—1792 |
| Gustav IV. Adolf | 1792—1809, † 1837 |
| Karl XIII. | 1809—1818 |

XI. Dynastie Bernadotte. 1818—

| | |
|---|---|
| Karl XIV. Johann | 1818—1844 |
| Oskar I. | 1844—1859 |
| Karl XV. | 1859—1872 |
| Oskar II. | 1872— |

## c. Nordost=Europa.

### 268. Kent.

| Dynastie der Angelsachsen. 456?—823. | | Edric . . . . . . . . | 673—686 |
|---|---|---|---|
| König Hengist . . . . . | 456?—488 | Withred . . . . . . . | 686—725 |
| Oric . . . . . . . . | 488—512 | Edbert I. . . . . . . | 725—748 |
| Ochta . . . . . . . | 512—539 | Ethelbert II. . . . . . | 748—760 |
| Eormenric . . . . . . | 539—568 | Alric . . . . . . . | 760—794 |
| Ethelbert I. . . . . . | 568—616 | Egfried von Mercia . . . | 785—796 |
| Ethbald . . . . . . | 616—640 | Edbert II., der Prediger . . | 794—798 |
| Erkenbert . . . . . . | 640—664 | Luthred von Mercia . . . | 798—805 |
| Egbert . . . . . . . | 664—673 | Baldred von Mercia . . . | 805—823 |
| Lothar . . . . . . . | 673—685 | Kent mit Mercia vereinigt 774. | |

### 269. Suffex.

| Dynastie der Angelsachsen. 477—686. | | An Wessex . . . . . . | 590—648 |
|---|---|---|---|
| König Ella . . . . . . | 477—519 | Adelwalc . . . . . . . | 648—686 |
| Cissa . . . . . . . | 519—590 | Mit Wessex vereinigt. | |

### 270. Wessex.

| Dynastie der Angelsachsen. 494—827. | | Centwine . . . . . . | 676—685 |
|---|---|---|---|
| König Cerdric . . . . . | 494—534 | Ceadwalla . . . . 685—688, † 689 | |
| Cynric . . . . . . . | 534—560 | Ina . . . . . . . | 688—725 |
| Ceawlin . . . . . 560—591, † 593 | | Ingild . . . . . . . | 725—727 |
| Ceolric . . . . . . | 591—597 | Ethelwart . . . . . . | 727—739 |
| Ceowulf . . . . . . | 597—611 | Cuthred . . . . . . | 739—754 |
| Cynegisl . . . . . . | 611—643 | Cenwulf . . . . . . | 754—784 |
| Ceommwealh . . . . . . | 643—672 | Beorhtric . . . . . . | 784—800 |
| Cenfus . . . . . . | 672—674 | Egbert I., Oberkönig von England 800—827, †836 | |
| Ascwine . . . . . . | 674—676 | s. weiter England. | |

### 271. Essex.

| Dynastie der Angelsachsen. 527—746. | | Svithelm . . . . . . | 660—665 |
|---|---|---|---|
| König Erkenwin . . . . . | 527—587 | Sigher . . . . . . . | 664 |
| Sleda . . . . . . . | 587—599 | Sebbi . . . . . . . | 664—694 |
| Saebyrht . . . . . . | 599—616 | Sieghard . . . . . . | 694—705 |
| Seaxred . . . . . . | 616—617 | Offa . . . . . . . | 705—709 |
| Siegbert I. . . . . . | 616—617 | Selred . . . . . . . | 709—746 |
| Siegbert II., der Kleine . . | 617—653 | Essex mit Wessex vereinigt 746. | |
| Siegbert III., der Gute . . | 653—660 | | |

### 272. Bernicia.

| Dynastie der Angelsachsen. 547—867. | | Ceolwulf . . . . . . | 729—737 |
|---|---|---|---|
| König Ida . . . . . . | 547—559 | Edbert . . . . 737—758, † 768 | |
| Odda . . . . . . . | 559—567 | Oswulf . . . . . . . | 758—759 |
| Ethelric . . . . . . | 567?—575? | Adelwald . . . . . . | 759—765 |
| Theoderich . . . . . . | 575?—592 | Alchred . . . . . . | 765—774 |
| Ethelfried . . . . . . | 592—617 | Ethelred I. . . . . . | 774—779 |
| Afried . . . . . . . | 617—634 | Alfwald I. . . . . . | 779—789 |
| Oswald . . . . . . | 634—642 | Osred II. . . . . . . | 789—790 |
| Oswin . . . . . . . | 642—670 | Ethelred I. (zum 2. Male) . . | 790—796 |
| Seit 655: **Northumberland.** | | Erdulf . . . . . . . | 796—809 |
| Egfried . . . . . . | 670—685 | Alfwald II. . . . . . | 809—810 |
| Aldfried . . . . . . | 685—705 | Eanred . . . . . . | 810—840 |
| Osred I. . . . . . . | 705—716 | Ethelred II. . . . . . | 840—848 |
| Ceonred . . . . . . | 716—718 | Osbert . . . . . . | 848—867 |
| Osric . . . . . . . | 718—729 | Northumberland mit Wessex vereinigt 867. | |

## 273. Deïra.

| Dynastie der Angelsachsen. 559—655. | |
|---|---|
| Königin Ella . . . . . . . . . 559—598 | Oswald . . . . . . . . . 636—643 |
| Adelfried . . . . . . . . 598—617 | Oswin . . . . . . . . . 644—652 |
| Edwin . . . . . . . . 617—633 | Adelwald . . . . . . . . 652—655 |
| Osric . . . . . . . . 633—636 | Mit Bernicia zum Kgr. Northumberland vereinigt 655. |

## 274. Ostangeln.

| Dynastie der Angelsachsen. 571—792. | |
|---|---|
| König Offa . . . . . . 571—578 | Adelwald . . . . . . . 655—664 |
| Tytila . . . . . . . 578—590 | Aldulf . . . . . . . 664—713 |
| Redwald . . . . . . . 593—617 | Alfwald . . . . . . . 713—749 |
| Corpwald . . . . . . . 617—628 | Beorna . . . . . . . } 749—758 |
| Siegbert . . . . 631—634, † 635 | Ethelbert . . . . . . . } 749—757 |
| Egric . . . . . . . 634—635 | Ethelred . . . . . . . 757—790 |
| Anna . . . . . . . 635—654 | Ethelbert . . . . . . . . 790—792 |
| Adelher . . . . . . . 654—655 | Ostangeln von Mercia erobert 792. |

## 275. Mercia.

| Dynastie der Angelsachsen. 585—877. | |
|---|---|
| König Cridda . . . . . . 585—593 | Offa . . . . . . . . 757—796 |
| Wibba . . . . . . . 593—615 | Egfried . . . . . . . 796—798 |
| Ceorl . . . . . . . 616—626 | Ceonwulf . . . . . . . 798—819 |
| Penda . . . . . . . 626—655 | Cenelm . . . . . . . 819 |
| Oswin von Bernicia . 655—659, † 670 | Ceolwulf I. . . . . . . 819—821 |
| Wulfher . . . . . . . 656—675 | Beornwulf . . . . . . . 821—824 |
| Ethelred . . . . 675—704, † 706 | Ludican . . . . . . . 824—825 |
| Ceonred . . . . . . . 704—709 | Widglaf . . . . . . . 825—839 |
| Ceolred . . . . . . . 709—716 | Bertulf . . . . . . . 839—852 |
| Ethelbald . . . . . . . 716—757 | Burgred . . . . . . . 852—874 |
| Beonred . . . . . . . 757 | Ceolwulf II. . . . . . . 874—877 |
| | Mercia von Wessex unterworfen seit etwa 825. |

## 276. England.

| I. Dynastie der Angelsachsen. 827—1066. | |
|---|---|
| König Egbert von Wessex (800) 827—836 | **III. Dynastie Anjou-Plantagenet. 1154—1399.** |
| Ethelwulf . . . . . . . 836—857 | Heinrich II. (Herr von Irland 1171) 1154—1189 |
| Ethelbald . . . . . . . 857—862 | Richard I. Löwenherz . . . 1189—1199 |
| Ethelbert . . . . . . . 862—867 | Johann ohne Land . . . . 1199—1216 |
| Ethelred I. . . . . . . . 867—871 | Heinrich III. . . . . . . 1216—1272 |
| Alfred der Große . . . 871—901 | Eduard I. . . . . . . . 1272—1307 |
| Eduard I. . . . . . . . 901—924 | Eduard II. . . . . . . . 1307—1327 |
| Athelstan . . . . . . . 924—940 | Eduard III. . . . . . . . 1327—1377 |
| Edmund . . . . . . . 940—946 | Richard II. . . . . . . . 1377—1399 |
| Edred . . . . . . . 946—955 | |
| Edwin . . . . . . . 955—959, †? | **IV. Dynastie Lancaster. 1399—1461 (72).** |
| Edgar . . . . . . . 959—975 | Heinrich IV. . . . . . . 1399—1413 |
| Eduard II., der Märtyrer . . 975—978 | Heinrich V. . . . . . . 1413—1422 |
| Ethelred II. . . . . . . 978—1016 | Heinrich VI. . 1422—1461 u. 1470—1472 |
| Swen II. Otto Twesfägg von Dänemark . 1013—1014, † 1016 | **V. Dynastie York. 1461—1485.** |
| Edmund Eisenseite . . . . 1016 | Eduard IV. . . . . . . 1461—1483 |
| Knut I., der Große, von Dänemark . . . . 1016—1035 | Eduard V. . . . . . 9./4.—23./5. 1483 |
| Harald I. Hasenfuß . 1035—1039 | Richard III. . . . . . . 1483—1485 |
| Knut II., Hardiknut . . 1039—1042 | |
| Eduard III., der Bekenner . 1042—1066 | **VI. Dynastie Tudor. 1485—1603.** |
| Harald II. . . . . . . . 1066 | Heinrich VII. . . . . . . 1485—1509 |
| | Heinrich VIII. (König von Irland 23./1. 1541; „Verteidiger des Glaubens" 7./11. 1533) . . . 1509—1547 |
| **II. Dynastie der Normannen. 1066—1154.** | Eduard VI. . . . . . . 1547—1553 |
| Wilhelm I., der Eroberer . . 1066—1087 | Maria I., die Katholische 1553—1558 |
| Wilhelm II. . . . . . . 1087—1100 | Elisabeth . . . . . . . 1558—1603 |
| Heinrich I. . . . . . . 1100—1135 | |
| Stephan von Blois . . . 1135—1154 | |

**VII. Dynastie Stuart. 1603—1688 (1714).**

| | |
|---|---|
| Jakob I. (VI. von Schottland), **König von Großbritannien und Irland** | 1603—1625 |
| Karl I. | 1625—1648, † 1649 |
| Republik | 1648—1660 |
|    Oliver Cromwell, Protektor | 1653—1658 |
|    Richard Cromwell, Protektor | 1658—1659, † 1712 |
| Karl II. | 1660—1685 |
| Jakob II. | 1685—1688, † 1701 |
| (Maria II. | 1689—1695) |
| Wilhelm III. von Oranien | 1689—1702 |

| | |
|---|---|
| Anna | 1702—1714 |

**VIII. Dynastie der Welfen (Braunschweig-Lüneburg). 1714—**

| | |
|---|---|
| Georg I. | 1714—1727 |
| Georg II. | 1727—1760 |
| Georg III. | 1760—1820 |
| Georg IV. | 1820—1830 |
| Wilhelm IV. | 1830—1837 |
| Victoria, **Kaiserin von Indien** 28./4. 1876 (1./1. 1877) | 1837—1901 |
| Eduard VII. | 1901— |

---

## 277. Schottland.

**I. Dynastie der Pikten. ?—842.**

**II. Dynastie Kenneth. 842—1286.**

| | |
|---|---|
| König Donald VII. | 1034—1040 |
| Macbeth | 1040—1057 |
| Malcolm III. Canmore | 1057—1093 |
| Eduard | 1093 |
| Duncan II. | 1093—1094 |
| Donald VIII. | 1094—1098 |
| Edgar | 1094—1106 |
| Alexander I. | 1106—1124 |
| David I. | 1124—1153 |
| Malcolm IV. | 1153—1165 |
| Wilhelm der Löwe | 1165—1214 |
| Alexander II. | 1214—1249 |
| Alexander III. | 1249—1286 |

**III. Dynastie Balliol. 1292—1296.**

| | |
|---|---|
| Johann | (1285) 1292—1296, † 1305 |

**IV. Dynastie Bruce. 1296—1371.**

| | |
|---|---|
| Robert I. | 1296—1329 |
| David II. | 1329—1333 |
| Eduard Balliol | 1333—1342, † 1363 |
| David II. (zum 2. Male) | 1342—1371 |

**V. Dynastie Stuart. 1371—1603.**

| | |
|---|---|
| Robert II. | 1371—1390 |
| Robert III. | 1390—1406 |
| Jakob I. | 1406—1437 |
| Jakob II. | 1437—1460 |
| Jakob III. | 1460—1488 |
| Jakob IV. | 1488—1513 |
| Jakob V. | 1513—1542 |
| Maria | 1542—1567, † 1587 |
| Jakob VI. (König von Großbritannien 1603) | 1567—1603, † 1625 |

Schottland mit England vereinigt 1603.

---

### d. West-Europa.

## 278. Niederlande (Holland).

**Dynastie Oranien. 1674—**

| | |
|---|---|
| Wilhelm I., der Schweiger, Statthalter | 1559—1584 |
| Philipp Wilhelm | 1584—1618 |
| Moritz | 1618—1625 |
| Heinrich Friedrich | 1625—1647 |
| Wilhelm II. | 1647—1650 |
| Wilhelm III., Erbstatthalter 1674 (König von Großbritannien 1689—1702) | 1672—1702 |
| Johann Wilhelm Friso | 1702—1711 |
| Wilhelm IV. | 1711—1751 |

| | |
|---|---|
| Wilhelm V. Batavus | 1751—1795, † 1806 |
| Batavische Republik | 1795—1806 |
| König Ludwig Napoléon | 1806—1810, † 1846 |
| Zu Frankreich gehörig | 1810—1813 |
| Wilhelm VI. (I.), **Fürst** 6./12. 1813, **König** 16./3. 1815 | 1813—1840, † 1843 |
| Wilhelm II. | 1840—1849 |
| Wilhelm III. | 1849—1890 |
| Wilhelmine (Gem.: Prinz Heinrich von Mecklenburg) | 1890— |

---

## 279. Belgien.

**Dynastie Sachsen-Coburg und Gotha. 1830—**

| | |
|---|---|
| König Leopold I. | 1830—1865 |
| Leopold II. | 1865— |

---

## 280. Frankreich.

**I. Dynastie der Karolinger. 843—987.**

| | |
|---|---|
| Karl II., der Kahle | 843—877 |
| Ludwig II., der Stammler | 877—879 |
| Ludwig III. | 879—882 |
| Karlmann | 879—884 |
| Karl der Dicke von Deutschland | 884—887, † 888 |
| Graf Odo von Paris | 888—898 |
| Karl III., der Einfältige | 893—923, † 929 |
|    Robert Capet, Gegenkönig | 922—923 |
|    Rudolf von Burgund | 923—936 |
| Ludwig IV., der überseeische | 936—954 |
| Lothar | 954—986 |
| Ludwig V., der Faule | 986—987 |

II. Dynastie der Capetinger. 987—1328.

| | |
|---|---|
| Hugo Capet | 987—996 |
| Robert | 996—1031 |
| Heinrich I. | 1031—1060 |
| Philipp I. | 1060—1108 |
| Ludwig VI., der Dicke | 1108—1137 |
| Ludwig VII. | 1137—1180 |
| Philipp II. August | 1180—1223 |
| Ludwig VIII. | 1223—1226 |
| Ludwig IX., der Heilige | 1226—1270 |
| Philipp III., der Kühne | 1270—1285 |
| Philipp IV., der Schöne | 1285—1314 |
| Ludwig X. | 1314—1316 |
| Philipp V., der Lange | 1316—1322 |
| Karl IV., der Schöne | 1322—1328 |

III. Dynastie Valois. 1328—1498.

| | |
|---|---|
| Philipp VI. | 1328—1350 |
| Johann der Gute | 1350—1364 |
| Karl V., der Weise | 1364—1380 |
| Karl VI. | 1380—1422 |
| Karl VII. | 1422—1461 |
| Ludwig XI. | 1461—1483 |
| Karl VIII. | 1483—1498 |

IV. Dynastie Orléans und Angoulême.
1498—1589.

| | |
|---|---|
| Ludwig XII. | 1498—1515 |

| | |
|---|---|
| Franz I. | 1515—1547 |
| Heinrich II. | 1547—1559 |
| Franz II. | 1559—1560 |
| Karl IX. | 1560—1574 |
| Heinrich III. | 1574—1589 |

V. Dynastie Bourbon. 1589—1792;
1814—1830.

| | |
|---|---|
| Heinrich IV. | 1589—1610 |
| Ludwig XIII. | 1610—1643 |
| Ludwig XIV. | 1643—1715 |
| Ludwig XV. | 1715—1774 |
| Ludwig XVI. | 1774—1792, † 1793 |
| I. Republik | 1792—1804 |
| Kaiser Napoléon I. Bonaparte | 1804—1814, 15 † 1821 |
| Ludwig XVIII. | 1814—1824 |
| Karl X. | 1824—1830, † 1836 |

| | |
|---|---|
| Ludwig Philipp von Orléans | 1830—1848 † 1850 |
| II. Republik | 1848—1852 |
| Kaiser Napoléon III. Bonaparte | 1852—1870, † 1873 |
| III. Republik | 1870— |

## 281. Aquitanien (Guienne) und Poitou.

| | |
|---|---|
| Herzog Ebles, Graf von Poitou | 908—932 |
| Wilhelm III. Wergkopf | 932—963 |
| Wilhelm IV. | 963—990 |
| Wilhelm V. | 990—1029 |
| Wilhelm VI. | 1029—1038 |
| Odo | 1038—1039 |
| Wilhelm VII. | 1039—1058 |
| Gottfried | 1058—1087 |
| Guido | 1058—1087 |
| Wilhelm VIII. | 1058—1087 |
| Wilhelm IX. | 1087—1127 |
| Wilhelm X., der Heilige | 1127—1137 |
| Ludwig (VII.) von Frankreich | 1137—1152 |
| Heinrich (II.) von England | 1152—1169, † 1189 |
| Alfons (VIII.) von Castilien | 1170—1204 |
| Eleonore | 1199—1204 |

Poitou von Frankreich erobert 1204.

| | |
|---|---|
| Johann, König von England | 1199—1216 |
| Heinrich III., König von England | 1216—1272 |
| Eduard I., König von England | 1272—1307 |
| Eduard II., König von England | 1307—1326 † 1327 |
| Eduard III., König von England | 1326—1362 |
| Eduard, der schwarze Prinz | 1362—1372 |
| Eduard III., (zum 2. Male) | 1372—1377 |
| Richard II., König von England | 1377—1390 † 1399 |
| Johann von Lancaster | 1390—1399 |
| Heinrich IV., König von England | 1399—1413 |
| Heinrich V., König von England | 1413—1422 |
| Heinrich VI., König von England | 1422—1453 † 1472 |

Aquitanien (Guienne) von Frankreich erobert 1453.

## 282. Normandie.

| | |
|---|---|
| Herzog Robert I. | 911—927 |
| Wilhelm I. | 927—942 |
| Richard I. | 942—996 |
| Richard II. | 996—1026 |
| Richard III. | 1026—1028 |
| Robert II. | 1028—1035 |
| Wilhelm II., der Eroberer (König von England 1066—1087) | 1035—1087 |
| Robert III. | 1087—1106, † 1134 |
| Heinrich I. (König von England 1100—35) | 1106—1135 |

| | |
|---|---|
| Stephan von Blois (König von England 1135—1154) | 1135—1144, † 1154 |
| Gottfried Plantagenet, Graf von Anjou | 1144—1150, † 1151 |
| Heinrich II. (König von England 1154) | 1150—1153 |
| Wilhelm III. | 1153—1156 |
| Heinrich II. (zum 2. Male) | 1156—1189 |
| Richard Löwenherz (König v. England) | 1189—1199 |
| Johann ohne Land (König v. England) | 1199—1204, † 1216 |

Die Normandie von Frankreich erobert 1204.

## 283. Toulouse.

| | |
|---|---|
| Graf Raimund III. | 923—950 |
| Wilhelm III. Taillefer | 950—1037 |
| Pontius | 1037—1060 |

| | |
|---|---|
| Wilhelm IV. | 1060—1088 |
| Raimund IV. von St. Gilles (Graf von Tripolis 1097) | 1088—1105 |

Bertram . . . . . . . 1105—1112
Alfons I. Jordan . . . . . 1112—1148
Raimund V. . . . . . 1148—1194
Raimund VI. . . . . . . 1194—1222

Raimund VII. . . . . . 1222—1249
Alfons II. von Frankreich, Graf von Poitou . . . 1249—1271

Toulouse mit der Krone Frankreich vereinigt 1471.

## 284. Provence.

Graf Boso . . . . . 948—970?
Wilhelm I. . . . . . um 980
Wilhelm II. . . . . . † 1018
Gottfried . . . . . . † 1063
Bertram . . . . . . 1063—1093
Gerberga . . . . . . 1093—1112
Dulcia I. . . . . . 1112—1130
Raimund Berengar I. . . . 1130—1144
Raimund Berengar II. . . . 1144—1166
Dulcia II. . . . 1166—1167, † 1172
Alfons I. (II., König v. Aragon 1162) 1167—1196
Raimund Berengar III , Mitregent 1168—1181
Sancho, Mitregent . . 1181—1185, † 1221
Alfons II. . . . . 1185—1209
Raimund Berengar IV. . . . 1209—1245
Beatrix . . . . 1245—1346, † 1267

Dynastie Anjou. 1246—1481.
Karl I. (König von Neapel 1265; Gemahl der Beatrix) . . . 1246—1285
Karl II. (König von Neapel) . . 1285—1309
Robert (König von Neapel) . . . 1309—1343
Johanna (Königin von Neapel) . . 1343—1382
Ludwig I., Graf von Anjou (Sohn König Johanns des Guten von Frankreich) . . . . . 1382—1384
Ludwig II. . . . . . 1384—1417
Ludwig III. . . . . . 1417—1434
Renatus . . . . . . 1434—1480
Karl III. . . . . . . 1180—1481

Provence an Frankreich vererbt 1481.

## 285. Anjou.

Graf Gottfried I. Graujacke . . 958—987
Fulko I., der Schwarze . . . 987—1040
Gottfried II. Martell . . . 1040—1060
Gottfried III., der Bärtige 1060—1068, † 1097
Fulko IV., der Zänker . . . 1068—1109
Fulko V. (König von Jerusalem 1131) 1109—1129 † 1142
Gottfried IV. Plantagenet (Herzog von der Normandie 1144—1150) 1129—1151

Heinrich (II., König von England 1154) 1151—1189
Richard Löwenherz (König von England) . . . 1189—1199
Arthur von Bretagne . . . . 1199—1203
Johann ohne Land (König von England) 1203—1204

Anjou von Frankreich erobert 1204.

## 286. Champagne.

Graf Theobald I., der Betrüger ?—978
Odo I. . . . . . . 978—995
Theobald II. . . . . . 995—1004
Odo II. . . . . . . 1019—1037
Stephan I. . . . . . 1037—1048
Theobald III. (I.) . . . . 1048—1089
Stephan II. . . . . . } 1089—1102
Hugo . . . . . . } 1089—1125
Theobald IV. (II.), der Große . 1125—1152
Heinrich I., der Freigebige . . 1152—1181
Heinrich II. (König v. Jerusalem 1192) 1181—1197

Theobald III. . . . . 1197—1201
Theobald IV. (I.) Postumus, der Große (König von Navarra 1234) 1201—1253
Theobald V. (II. König von Navarra) 1253—1270
Heinrich III. (I.), der Dicke (König von Navarra) 1270—1274
Johanna I. (Königin von Navarra) 1274—1304
Ludwig (X.) von Frankreich 1304—1316
Johanna II. . . . 1316—1335, † 1349

Champagne von Frankreich abgetreten 1335.

## 287. Bretagne.

Conan I., Graf von Rennes . 987—992
Gottfried I., Herzog von Bretagne 992—1008
Alan I. . . . . . 1008—1040
Conan II. . . . . . 1040—1066
Harvoise . . . . . 1066—1084
Alan II. . . . . . 1084—1112
Conan III. . . . . . 1112—1148
Hoel . . . . . . 1148—1156
Odo, Graf von Porrhoet, Gegenherzog zu Rennes 1148—1158
Gottfried II. von Anjou, Gegenherzog zu Nantes 1156—1158
Conan IV. . . . 1158—1169, † 1171
Gottfried III. von Anjou . . 1169—1186
Constantia . . . . . 1186—1196
Arthur I. Plantagenet . . . 1196—1203

Guido von Thouars . . . . 1203—1206
Philipp August (König) von Frankreich . . . . 1206—1213, † 1223

Dynastie Dreux. 1213—1514.

Peter I. . . . . . 1213—1250
Johann I., der Rote . . . 1250—1286
Johann II. . . . . . 1286—1305
Arthur II. . . . . . 1305—1312
Johann III. . . . . . 1312—1341
Karl von Blois . . . 1341—1345, † 1364
Johann IV. . . . . . 1345—1364
Johann V. . . . . . 1364—1399
Johann VI. . . . . . 1399—1442
Franz I. . . . . . 1442—1450

| | | | |
|---|---|---|---|
| Peter II. | 1450—1457 | Franz III. (1., König) von Frankreich |
| Arthur III. | 1457—1458 | | 1514—1532, † 1547 |
| Franz II. | 1458—1488 | Bretagne mit Frankreich vereinigt 1532. |
| Anna | 1488—1514 | |

## 288. Burgund.

| I. Dynastie der Capetinger. 1032—1361. | | II. Dynastie Valois. 1363—1477. | |
|---|---|---|---|
| Herzog Robert I. | 1032—1075 | Philipp II., der Kühne | 1363—1404 |
| Hugo I. | 1075—1092 | Johann der Unerschrockene | 1404—1419 |
| Odo I. | 1092—1103 | Philipp III., der Gute | 1419—1467 |
| Hugo II. | 1103—1142 | Karl der Kühne | 1467—1477 |
| Odo II. | 1142—1162 | Bourgogne und Artois an Frankreich 1493; | |
| Hugo III | 1162—1191 | Die Freigrafschaft 1493 an Deutschland, 1678 an Frankreich; | |
| Odo III. | 1191—1218 | Die Niederlande an Deutschland 1493—1556. | |
| Hugo IV. | 1218—1272 | an Spanien 1556—1648. | |
| Robert II. | 1272—1305 | selbständig seit 1648, s. Niederlande. | |
| Hugo V. | 1305—1315 | Der südliche Teil bei Spanien bis 1714. | |
| Odo IV. | 1315—1349 | Maximilian Emanuel von Bayern, | |
| Philipp I. | 1349—1361 | Fürst der Niederlande 1711—1713, † 1726 | |
| | | An Österreich (österr. Niederlande) 1714—1795 | |
| Interregnum | 1361—1363 | Zur batavischen Republik gehörig 1795—1806 | |
| | | Zu Frankreich gehörig 1806—1814 | |
| | | An die Niederlande 1815—1830 | |
| | | Seit 1830: Königreich Belgien s. das. | |

## e. Südwest-Europa.

## 289. Navarra.

| I. Dynastie Arista. 820?—1234. | | | |
|---|---|---|---|
| Graf Enneco I. | 820?—829 | Johanna I. | 1274—1304 |
| Ximenes | 829—839 | Philipp (IV.), der Schöne | |
| Enneco II. | 839—842 | (König von Frankreich 1285) | 1294—1314 |
| Garcias I. | 842—858 | Ludwig (X.) (König von Frank- | |
| Garcias II. | 858—887 | reich 1314) | 1304—1316 |
| Fortunius | 887—905 | Johanna II. | 1316—1349 |
| Sancho I., König | 905—926 | Karl I., der Böse | 1349—1387 |
| Garcias III. | 926—969 | Karl II. | 1387—1425 |
| Sancho II. Abraca | 969—992 | Blanca | 1425—1441 |
| Garcias IV., der Zitternde | 992—1000 | Johann I. (König von Aragon) | 1425—1479 |
| Sancho III., der Große | 1000—1035 | | |
| Garcias V. | 1035—1054 | III. Dynastie Foix. 1479—1473. | |
| Sancho IV. | 1054—1076 | Franz Phöbus | 1479—1483 |
| Sancho V. (König von Aragon) | 1076—1094 | | |
| Peter (König von Aragon) | 1094—1104 | IV. Dynastie Albret. 1483—1516. | |
| Alfons (König von Aragon) | 1104—1134 | Johann II. | 1483—1516 |
| Garcias VI. | 1134—1150 | Ober-Navarra mit Spanien vereinigt 1512. | |
| Sancho VI., der Weise | 1150—1194 | | |
| Sancho VII., der Schwache | 1194—1234 | V. Dynastie Bourbon. 1516—1620. | |
| | | Heinrich II. | 1516—1555 |
| II. Dynastie Champagne. 1234—1441. | | Anton | 1555—1562 |
| Theobald I. | 1234—1253 | Johanna III. | 1562—1572 |
| Theobald II. | 1253—1270 | Heinrich III. (IV., König v. Frankreich) | 1572—1610 |
| Heinrich I., der Dicke | 1270—1274 | Ludwig (XIII., König von Frankreich) | 1610—1620 |
| | | | † 1643 |
| | | (Nieder-)Navarra mit Frankreich vereinigt 1620. | |

## 290. Aragon.

| | | | |
|---|---|---|---|
| König Ramiro I. | 1035—1063 | Jakob II. | 1291—1327 |
| Sancho | 1063—1094 | Alfons IV. | 1327—1336 |
| Peter I. | 1094—1104 | Peter IV. | 1336—1387 |
| Alfons I. | 1104—1134 | Johann I. | 1387—1395 |
| Ramiro II. | 1134—1137 | Martin | 1395—1412 |
| Raimund | 1137—1162 | Ferdinand der Gerechte | 1412—1416 |
| Alfons II. | 1162—1196 | Alfons V. | 1416—1458 |
| Peter II. | 1196—1213 | Johann II. | 1458—1479 |
| Jakob I., der Siegreiche | 1213—1276 | Ferdinand der Katholische 1479—1504, † 1516 |
| Peter III. | 1276—1285 | Aragon mit Castilien zum Königreich Spanien |
| Alfons III. | 1285—1291 | vereinigt 1504. |

## 291. Asturien-Leon, Castilien.

| | | | | |
|---|---|---|---|---|
| Pelajo, König in Asturien . . | 718—737 | Alfons IV., der Mönch . . . | 924—931 |
| Favila . . . . . . . . | 737—739 | Ramiro II. . . . . . . . | 931—950 |
| Alfons I., der Katholische . | 739—757 | Ordogno III. . . . . . | 950—955 |
| Froila I. . . . . . . . | 757—768 | Sancho I., der Dicke . . . | 955—966 |
| Aurelius . . . . . . . | 768—774 | Ramiro III. . . . . . . | 966—982 |
| Silo . . . . . . . | 774—783 | Bermuda II. . . . . . . | 982—999 |
| Mauregat . . . . . . | 783—788 | Alfons V. . . . . . . . | 999—1027 |
| Bermuda I. . . . . . . | 788—791 | Bermuda III. . . . . . | 1027—1028 |
| Alfons II., der Keusche . . | 791—842 | Sancho der Große von Navarra | 1028—1035 |
| Ramiro I. . . . . . . | 842—850 | Ferdinand I., der Große, **König** | |
| Ordogno I., **König von Leon** 855 | 850—866 | **von Castilien** | 1035—1067 |
| Alfons III. . . . . . | 866—911 | Sancho II. . . . . . . | 1067—1072 |
| Garcias von Leon . . . . | 911—914 | Alfons VI. . . . . . . | 1072—1109 |
| Ordogno II. von Galicien . . | 911—923 | Uraca . . . . . . . . | 1109—1112 |
| Froila II., der Grausame von Asturien . . . . . | 911—924 | Alfons VII. . . . . . . | 1112—1157 |

Teilung unter seinen Söhnen 1157.

| **Castilien.** | | **Leon.** | |
|---|---|---|---|
| Sancho III. . . . . . . | 1157—1158 | Ferdinand II. . . . . . . | 1157—1188 |
| Alfons VIII. . . . . . | 1158—1214 | Alfons IX. . . . . . . | 1188—1229 |
| Heinrich I. . . . . . | 1214—1217 | | |
| Ferdinand III., der Heilige, von Leon . . . | 1217—1229 (1252) | | |

| | |
|---|---|
| Ferdinand III., der Heilige . . . . | (1217) 1229—1252 |
| Alfons X., der Weise . . . . . . | 1252—1284 |
| Sancho IV. . . . . . . . | 1284—1295 |
| Ferdinand IV. . . . . . . | 1295—1312 |
| Alfons XI. . . . . . . . | 1312—1350 |
| Peter der Grausame . . . . . | 1350—1369 |
| Heinrich II. . . . . . . . | 1369—1379 |
| Johann I. . . . . . . . | 1379—1390 |
| Heinrich III. . . . . . . | 1390—1406 |
| Johann II. . . . . . . . | 1406—1454 |
| Heinrich IV. . . . . . . . | 1454—1474 |
| Isabella I. . . . . . . . | 1474—1504 |

Castilien mit Aragon zum Königreich Spanien vereinigt 1504.

## 292. Spanien.

| | | | |
|---|---|---|---|
| König Ferdinand V., der Katholische (von Aragon) . . (1479) | 1504—1516 | Karl III. (Herzog von Parma 1731—1735; König von Neapel 1734—1759) . . . | 1759—1788 |
| **Dynastie Habsburg. 1504—1700.** | | Karl IV. . . . . . 1788—1808, | † 1819 |
| Philipp I., der Schöne, König von Castilien . . . | 1504—1506 | Ferdinand VII. . . . . 19/3—6/5 1808 | |
| Karl I. (V., römischer Kaiser), König von ganz Spanien . 1516—1556, † 1558 | | Joseph Bonaparte (König von Neapel 1806—1808) 1808—1813, † 1844 | |
| Philipp II. . . . . . . | 1556—1598 | Ferdinand VII. (zum 2. Male) . | 1813—1833 |
| Philipp III. . . . . . . | 1598—1621 | Isabella II. (Gem.: König Franz von Assisi) | 1833—1868 (lebt) |
| Philipp IV. . . . . . . | 1621—1665 | Marie Christine, Prinzessin beider Sicilien, Regentin . 1833—1843, † 1878 | |
| Karl II. . . . . . . . | 1662—1700 | I. Republik . . . . . | 1868—1870 |
| **Dynastie Bourbon. 1700—** | | Amadeus von Italien 1870—1873, † 1890 | |
| Philipp V. . . . . . . | 1700—1724 | II. Republik . . . . . | 1873—1874 |
| Karl III. von Österreich (VI., römischer Kaiser), Gegenkönig . . . 1703—1713 | | Alfons XII. . . . . . | 1874—1885 |
| Ludwig . . . . . 6/1—31/8 1724 | | Alfons XIII. Postumus . . . | 1886— |
| Philipp V. (zum 2. Male) (1700) 1724—1746 | | Marie Christine von Österreich, Regentin . . . . 1885—1902 (lebt) | |
| Ferdinand VI. . . . . . . | 1746—1759 | | |

## 293. Cordova.

| | | | |
|---|---|---|---|
| **I. Dynastie der Ommajaden. 756—1038.** | | Abulassi al Hakam I. . . . . | 796—822 |
| Khalif Abdurrachman I. . . . | 756—788 | Abdurrachman II. . . . . . | 822—852 |
| Hescham I. . . . . . . | 788—796 | Mohammed I. . . . . . . | 852—886 |

Mondhir . . . . 886—888
Abdallah . . . 888
Abnuzir Ibn Mohammed . . 888—912
Abdurrachman III. . . . 912—961
Abul Abbal al Hakam II. . . 961—971
Hescham II. . . . 976—1007
Mohammed II. al Mahdi Billah 1007—1008
Suleiman Ibn Hakam . . 1008—1011
Hescham II. (zum 2. Male) . 1011—1013
N. N. Ibn Abdallah Mohadi . 1013—1014
Suleiman (zum 2. Male) . . 1014—1017
Ali Ibn Hamud Motawakkil,
   aus dem Hause der Edrisiden 1017—1018
Abdurrachman IV. . . . 1018
Ali Kasim Ibn Hamud, Edriside 1018—1019
Jahia Ibn Ali, Edriside . . 1019—1020
Ali Kasim Ibn Hamud (z. 2. M.) 1020—1021
Abdurrachman V. Ibn Moham-
   med al Motaki . . . } 1021—1022
Jahia Ibn Ali, Edriside (z. 2. M.) } 1021—1022

Hescham III. . . . . 1022—1026
Mehemed al Mustek-fi Billah . 1026—1027
Hescham IV. . . . . 1027—1038

(Zerstückelung des Khalifates in mehrere.)

Cordova unter

**II. Khalifen verschiedener Dynastieen**
**1038—1091.**

Muhamed II. von Sevilla . . . 1068— ?

**III. Dynastie der Morabethen.**
**1091—1146.**

Juffuf der Almoravide . . . 1091—1106

**IV. Dynastie der Almohaden.**
**1106—1269.**

Das Khalifat Cordova von Castilien erobert.

(Der Rest, das Khalifat von Granada, von Castilien
erobert 1492.)

## 294. Portugal.

**I. Dynastie der echten Burgunder.**
**1095—1383.**

Graf Heinrich, Erbgraf 1109 . 1095—1112
Alfons I., der Eroberer, **König**
25./7. 1139 . . . . 1112—1185
Sancho I., der Bevölkerer . 1185—1211
Alfons II., der Dicke . . . 1211—1223
Sancho II., die Kapuze . . 1223—1245
Alfons III., der Wiederhersteller 1245—1279
Dionysius der Gerechte . . 1279—1325
Alfons IV., der Kühne . . 1325—1357
Peter I., der Grausame . . 1357—1367
Ferdinand I., der Artige . . 1367—1383

**II. Dynastie der unechten Burgunder.**
**1383—1580.**

Johann I. . . . . 1383—1433
Eduard . . . . 1433—1438
Alfons V. . . . . 1438—1481
Johann II., der Vollkommene . 1481—1495
Emanuel der Große . . . 1495—1521
Johann III. . . . . 1521—1557
Sebastian . . . . 1557—1578
Heinrich . . . . 1578—1580
Unter spanischer Herrschaft . . 1580—1640

**III. Dynastie Bragança. 1640—1853.**

Johann IV. . . . . 1640—1656
Alfons VI. . . . . 1656—1683
Peter II., Regent 1667 . . . 1683—1706
Johann V. („Allergläubigster König"
23./12. 1748) . . . . 1706—1750
Joseph Emanuel . . . 1750—1777
Maria I. Franziska . . . } 1777—1816
Peter III. . . . . } 1777—1785
Johann VI., Regent 1792 (1799) 1816—1826
Peter IV. (I., Kaiser von Brasilien)
   10./3.—2./5. 1826, † 1834
Maria II. da Gloria . . 1826—1853
   Isabella Maria, Regentin . 1826—1828
Michael, Regent 26./2.—30./6. 1828,
   König . . . . 1828—1834, † 1866

**IV. Dynastie Bragança-Coburg.**
**1853—**

Peter V. . . . . . 1853—1861
Ferdinand II. (Prinz von Sachsen-
   Coburg u. Gotha, Gem. Marias II.),
   Regent . . . 1853—1855, † 1885
Ludwig . . . . 1861—1889
Karl . . . . 1889—

## f. Süd-Europa.

## 295. Savoyen.

Graf Berthold . . . . um 1000—1023
Humbert I. mit den weißen Händen } 1023—1048
Amadeus I. . . . . } 1036?—1047
Otto . . . . 1048—1060
Amadeus II. . . . 1060—1080
Humbert II. . . . 1080—1103
Amadeus III. . . . 1103—1149
Humbert III . . . 1149—1188
Thomas . . . . 1188—1233
Amadeus IV. . . . 1233—1253
Bonifacius . . . 1253—1263
Peter . . . . 1263—1268
Philipp I. . . . 1268—1285
Amadeus V., **Fürst und Reichsvicar**
11./6. 1313 . . . . 1285—1323
Eduard . . . . 1323—1329

Aimo . . . . 1329—1343
Amadeus VI., der grüne Graf . 1343—1383
Amadeus VII., der Rote . 1383—1391
Amadeus VIII. **Herzog** 19./2. 1417
   (Papst Felix V. 1439—1449) . 1391—1439
                    † 1449
Ludwig . . . . 1439—1465
Amadeus IX. . . . 1465—1472
Philibert I. . . . 1472—1482
Karl I. . . . . 1482—1490
Karl II. . . . . 1490—1496
Philipp II. . . . 1496—1497
Philibert II., der Schöne . . 1497—1504
Karl III. . . . 1504—1535, † 1553
   Unter französischer Herrschaft . 1535—1553
Emanuel Philibert . . . 1553—1580

Karl Emanuel I. . . . . . 1580—1630
Victor Amadeus I. . . . . 1630—1637
Franz Hyacinth . . . . . 1637—1638
Karl Emanuel II. . . . . 1638—1675
Victor Amadeus II. (König von Sicilien 1713—1718), **König 9./5. 1720** . . . 1675—1730, † 1732
Karl Emanuel III. . . . . 1730—1773

Victor Amadeus III. . . . . 1773—1796
Karl Emanuel IV. . . 1796—1802, † 1819
Victor Emanuel I. . . 1802—1821, † 1824
Karl Felix . . . 1821—1831
Karl Albert . . 1831—1849, † 1849
Victor Emanuel II. . 1849—1861, † 1878

Sardinien mit den andern Ländern der Halbinsel zum Königreich Italien vereinigt 1861.

## 296. Genevois.

Graf Aimo . . . . . . † 1152
Amadeus I. . . . . 1152— um 1178
Wilhelm I. . . . um 1178— um 1226
Humbert . . . . . † 1226
Wilhelm II. . . . 1226— um 1266
Rudolf . . . um 1266— um 1268
Aimo III . . . . 1268—1290
Amadeus II. . . . . 1290—1308
Wilhelm III. . . . . 1308—1320

Amadeus III. . . . . 1320—1367
Aimo IV. . . . . . . 1367
Amadeus IV. . . . . 1367—1368
Johann . . . . 1368—1370
Peter . . . . 1370—1394
Robert (Bischof von Cambrey) . . 1394
Humbert von Villars . . 1394—1400
Otto von Villars . . 1400—1401, †?

Genevois an Savoyen verkauft 1401.

## 297. Saluzzo.

Markgraf Otto . . . . . † 1084
Bonifacius . . . . 1084—1130
Manfred I. . . . . 1130—1175
Manfred II. . . . . 1175—1215
Manfred III. . . . . 1215—1244
Thomas I. . . . . 1244—1296
Manfred IV. . . . } 1296—1340
Friedrich I. . . . } 1296—1336
Thomas II. . . . . 1340—1357

Friedrich II. . . . . 1357—1391
Thomas III. . . . . 1391—1416
Ludwig I. . . . . 1416—1475
Ludwig II. . . . . 1475—1504
Anton Michael . . . . 1504—1528
Johann Ludwig . . . 1528—1529, † 1563
Franz . . . . 1529—1537
Gabriel Maria . . . 1537—1543, † 1548

An Frankreich; 1601 mit Savoyen vereinigt.

## 298. Monaco.

I. Dynastie Grimaldi. 1275—1731.

Rainer I. . . . . 1275—1300
Rainer II., Herr von Monaco . 1300—1330
Karl I. . . . . 1330—1363
Rainer III. . . . . 1363—1407
Johann . . . . 1407—1454
Catalano, **Fürst 1454** . . 1454—1457
Lambert . . . 1457—1505
Lucian . . . 1505—1523
Honoratus I. . . . 1523—1581
Karl II. . . . 1581—1589
Hercules . . . 1589—1605
Honoratus II. . . . 1605—1662

Ludwig . . . . . 1662—1701
Anton . . . . 1701—1731
Luise Hippolyta . . . 20./2.—29./12. 1731

II. Dynastie Goyon-Grimaldi. 1731—

Honoratus III. . . . 1731—1793, † 1795
  Unter französischer Herrschaft . . 1793—1814
Honoratus IV. . . . 1814—1819
Honoratus V. . . . 1819—1841
Florestan . . . 1841—1856
Karl III. . . . 1856—1889
Albert . . . . 1889—

## 299. Genua.

Doge Simon I. Boccanera . . 1339—1344
Johann I. von Murta . . 1344—1350
Johann II. von Valenti . . 1350—1353
  Johann Visconti, Herzog v. Mailand 1353—1354
  Barnabas, Herzog von Mailand } 1354—1356 † 1385
  Galeazzo II., Herzog von Mailand } 1354—1356 † 1378
Simon II. Boccanera . . 1356—1363
Gabriel Adorno . . 1363—1371
Dominicus Fregoso . . 1371—1378
Nicolaus I. Guasco . . 1378—1383
Bernhard Montalto . . 1383—1384
Anton I. Adorno . . 1384—1390
Jakob Fregoso . . 1390—1392
Anton II. Montalto . . 1392—1393
Franz Giustiniano . . 1393
Anton III. Montalto . . 1393—1394
Nicolaus II. Zoaglio . . 1394

Anton IV. Adorno . . 1394—1396
  Unter französischer Herrschaft 1396—1409
  Theodor II., Markgraf v. Montferrat 1409—1413 † 1418
Georg Adorno . . 1413—1415
Barnabas I. von Grano . . 1415
Thomas I. Campo-Fregoso . . 1415—1421
  Unter mailändischer Herrschaft . . 1421—1436
Isnard Guasco . . 1436
Thomas II. Fregoso . . 1436—1443
Raphael Adorno . . 1443—1447
Barnabas II. Adorno . . 1447
Johann III. Fregoso . . 1447—1448
Ludwig I. Fregoso . . 1448—1450
Peter Campo-Fregoso . . 1450—1458
  Unter französischer Herrschaft 1458—1460
Prosper Adorno . . 1460
Spinetto Fregoso . . 1460
Ludwig II. Fregoso . . 1460—1463

| | |
|---|---|
| Paul I. Campo=Fregoso . . . 1463—1464 | Octavian Fregoso . . . . . 1513—1515 |
|   Unter mailändischer Herrschaft . . 1464—1476 |   Franz I., König von Frankreich . 1515—1522 † 1547 |
| Johann IV. Baptist Fregoso . . 1476—1483 | Antonietto Adorno . . . . . 1522—1527 |
| Paul II. Fregoso . . . . 1483—1487 | Andreas Doria . . . . . 1528—1530 |
|   Johann Galeazzo Sforza, Herzog von Mailand 1487—1494 |   Dogen auf 2 Jahre gewählt . . 1530—1797 |
|   Ludwig Moro, Herzog von Mailand 1494—1499 † 1508 |   Ligurische Republik . . . . 1797—1805 |
|   Ludwig XII., König von Frankreich 1499—1512 |   Zu Frankreich gehörig . . . 1805—1814 |
| Johann V. Fregoso . . . 1512—1513 | Genua mit Sardinien vereinigt 1814. |

## 300. Montferrat.

| | |
|---|---|
| Markgraf Alram . . . . . um 980 | Otto II. (Secondotto) . . . 1372—1378 |
| Otto . . . . . † 991 | Johann III. . . . . . 1378—1381 |
| Wilhelm I. . . . . . 991—1040? | Theodor II. . . . . . 1381—1418 |
| Otto I., Markgraf von Montferrat 1040?—1084 | Johann Jakob . . . . . 1418—1445 |
| Wilhelm II. . . . . . um 1090 | Johann IV., **Reichsfürst und Reichsvicar** 8./1. 1463 1445—1464 |
| Reginar . . . . . 1111—1140 | Wilhelm VI. . . . . . 1464—1483 |
| Wilhelm III. . . . . . 1140—1183 | Bonifacius III. . . . . . 1483—1494 |
| Konrad . . . . . 1183—1192 | Wilhelm VII. . . . . . 1494—1518 |
| Bonifacius I. . . . . . 1192—1207 | Bonifacius IV. . . . . . 1518—1530 |
| Wilhelm IV. . . . . . 1207—1225 | Johann Georg . . . . . 1530—1533 |
| Bonifacius II. . . . . . 1225—1255 |   Unter Sequestration . . . 1533—1536 |
| Wilhelm V. . . . . . 1255—1292 | Margaretha (Gem.: Friedrichs II., Herzog von Mantua) . . 1536—1566 |
| Johann I. . . . . . 1292—1305 | Montferrat an Mantua 1566. |
| Theodor I. Paläologus . . 1305—1338 | |
| Johann II. . . . . . 1338—1372 | |

## 301. Dezana.

| | |
|---|---|
| Dynastie Tizzone. 1411—1439. | Philipp Tornielli, Graf von Briona, Verwalter . . 1517—1529 |
| Ludwig I. . . . . 1411—1439 | Johann Bartholomäus . . . 1529—1533 |
| Anton Maria I. . . . . 1439—1449 | Cajus Cäsar . . . . 1533—1551 |
| Franz . . . . . 1449—1483, †? | Gabriel . . . . 1551—1559 |
| Ludwig II., **Reichsvicar und Graf** 3./7. 1510 . . 1483—1515, † 1525 | Augustin . . . . 1559—1582 |
|   Unter französischer Herrschaft . . 1515—1529 | Delphinus . . . . 1582—1598 |
|   Franz von Mareuil, Herr von Montereau . . 1515—1516, † 1533 | Anton Maria II. . . . . 1598—1641 |
|   Peter von Berard, Herr von La Faucaudière . . 1526—1529 | Karl Joseph . . . . 1641—1676 |
| | Dezana mit Savoyen vereinigt 1676. |

## 302. Messerano.

| | |
|---|---|
| I. Dynastie Fiesco. 1394—1532. | Franz Philibert, **Fürst von Messerano und Markgraf von Crevacuore** 3./8. 1598 1584—1629 |
| Ludwig I. . . . . 1394— ? | Paul Besso . . . . 1629—1667 |
| Innocenz . . . . . } † 1492 | Franz Ludwig . . . . 1667—1685 |
| Peter Lucas I. . . . . } ? | Karl Besso . . . . 1685—1720 |
| Ludwig II., **Graf** 27./11. 1506 } 1492—1532 | Victor Amadeus . . . . 1720—1743 |
| Johann Georg . . . } † vor 1521 | Victor Philipp . . . 1743—1767, † 1777 |
| Peter Lucas II. . . . } ? —1528, † 1561 | Die Landeshoheit an Savoyen verkauft 1767. |
| II. Dynastie Ferrero=Fiesco. 1532—1767. | Karl Sebastian . . . . . . 1777—1826 |
| Philibert, **Markgraf** 5./8. 1547 1532—1559 | Karl Ludwig . . . . . . 1826—1833 |
| Besso . . . . . 1559—1584 | Beerbt von der jüngeren Linie, den Markgrafen von La Marmora 1833. |

## 303. Mailand.

| | |
|---|---|
| I. Dynastie Visconti. ?—1447. | Matthäus II. . . . . . } 1354—1355 |
| Hubert . . . . um 1267 | Barnabas . . . . . } 1354—1385 |
| Obizzo . . . . um 1270 | Galeazzo II. . . . . . } 1354—1378 |
| Theobald . . . . † 1276 | Johann Galeazzo I., Mitregent 1375, **Herzog** 2./5. 1395 1378—1402 |
| Otto . . . . 1277—1295 | Johann Maria . . . . 1402—1412 |
| Matthäus I. . . . . 1295—1322 | Hector . . . . 1412, † 1413 |
| Galeazzo I. . . . . 1322—1328 | Johann Karl . . . . 1412, † 1418 |
| Azzo . . . . 1328—1339 | Philipp Maria . . . 1412—1447 |
| Lucchino . . . . 1333—1349 | Republik . . . 1447—1450 |
| Johann . . . . 1349—1354 | |

**II. Dynastie Sforza. 1450—1535.**

| | |
|---|---|
| Franz I. | 1450—1465 |
| Galeazzo Maria | 1465—1476 |
| Blanca Maria, Regentin | 1466—1468 † 1469 |
| Johann Galeazzo II. | 1476—1494 |
| Bona von Savoyen, Regentin | 1476—1480, † 1494 |
| Ludwig Moro, Regent 1480 | 1494—1500 † 1508 |
| Ludwig XII., König von Frankreich | 1500—1512 † 1515 |
| Maximilian | 1512—1515, † 1530 |

| | |
|---|---|
| Franz I., König von Frankreich 1515—1521, † 1545 | |
| Franz II. | 1521—1535 |
| Unter deutscher Herrschaft | 1535—1556 |
| Unter spanischer Herrschaft | 1556—1706 |
| Unter österreichischer Herrschaft | 1706—1796 |
| Zur cispadanischen Republik gehörig | 1796—1797 |
| Zur cisalpinischen Republik gehörig | 1797—1802 |
| Zur italischen Republik gehörig | 1802—1805 |
| Zum Königreich Italien gehörig (unter Napoléon I. Bonaparte) | 1805—1814 |
| Zum lombardisch-venetischen Königreich gehörig (unter österreichischer Herrschaft) | 1804—1859 |

Mailand (Lombardei) mit Sardinien vereinigt 1859.

## 304. Venedig.

| | | | | |
|---|---|---|---|---|
| Doge Paul Lucas Anafesto | 697—717 | Martin Faliero | 1354—1355 |
| Marcellus Tegalliano | 717—726 | Johann Gradenigo | 1355—1356 |
| Ursus Tnato | 726—737 | Johann Delphino | 1356—1361 |
| Theodat Hüdave | 737—740 | Lorenz Celfi | 1361—1365 |
| Theodat Spato | 742—755 | Marcus Cornaro | 1365—1367 |
| Gvela Gaulo | 755—756 | Andreas Contarini | 1367—1382 |
| Dominicus Monegario | 756—764 | Michael Morofini | 1382 |
| Moritz Gallajo | 764—787 | Anton Veniero | 1382—1400 |
| Johann Gallajo | 787—804 | Michael Steno | 1400—1414 |
| Obelerio Antenorlo | 804—811 | Thomas Mocenigo | 1414—1423 |
| Agnello Partecipazio | 811—827 | Franz Fescari | 1423—1457 |
| Giuftano Partecipazio | 827—829 | Paschalis Maliperio | 1457—1462 |
| Johann Partecipazio I. | 829—836 | Christopherus Moro | 1462—1471 |
| Peter Tradonico | 836—864 | Nicolaus Trono | 1471—1473 |
| Ursus Partecipazio | 864—881 | Nicolaus Marcello | 1473—1474 |
| Johann Partecipazio II. | 881—887 | Peter Mocenigo | 1474—1476 |
| Peter Candiano I. | 887—888 | Andreas Vendramini | 1476—1478 |
| Peter Tribuno | 888—912 | Johann Mocenigo | 1478—1485 |
| Ursus Tribuno | 912—932 | Marcus Barbadigo | 1485—1486 |
| Peter Candiano II. | 932—939 | Augustin Barbadigo | 1486—1501 |
| Peter Partecipazio | 939—942 | Leonhard Loredano | 1501—1521 |
| Peter Candiano III. | 942—959 | Anton Grimano | 1521—1523 |
| Peter Candiano IV. | 959—976 | Andreas Gritto | 1523—1539 |
| Peter Orseolo I. | 976—978 | Peter Lando | 1539—1545 |
| Vitale Candiano | 978—979 | Franz Donato | 1545—1553 |
| Tribuno Memmo | 979—991 | Marcus Anton Trevifano | 1553—1554 |
| Peter Orseolo II. | 991—1008 | Franz Veniero | 1554—1556 |
| Otto Orseolo | 1008—1026 | Lorenz Priuli | 1556—1559 |
| Peter Barbolano | 1026—1032 | Johann Priuli | 1559—1567 |
| Dominicus Flabenico | 1032—1043 | Peter Loredano | 1567—1570 |
| Dominicus Contarini | 1043—1070 | Aloys Ludwig Mocenigo I. | 1570—1577 |
| Dominicus Selvo | 1070—1084 | Sebastian Veniero | 1577—1578 |
| Vitale Faliero | 1084—1096 | Nicolaus da Ponte | 1578—1585 |
| Vitale Michieli I. | 1096—1102 | Paschalis Cicognia | 1585—1595 |
| Ordelafo Faliero | 1102—1117 | Martin Grimano | 1595—1606 |
| Dominicus Michieli | 1117—1130 | Leonhard Donato | 1606—1612 |
| Peter Polani | 1130—1148 | Marcus Anton Memmo | 1612—1615 |
| Dominicus Morofini | 1148—1156 | Johann Bembo | 1615—1618 |
| Vitale Michieli II. | 1156—1172 | Nicolaus Donato | 1618 |
| Sebaftian Ziani | 1172—1178 | Anton Priuli | 1618—1623 |
| Orio Maliperio | 1178—1192 | Franz Contarini | 1623—1624 |
| Heinrich Dandolo | 1192—1205 | Johann Cornaro | 1624—1630 |
| Peter Ziani | 1205—1229 | Nicolaus Contarini | 1630—1631 |
| Jakob Tiepolo | 1229—1249 | Franz Erizzo | 1631—1646 |
| Martin Morofini | 1249—1252 | Franz Molino | 1646—1655 |
| Rainer Zeno | 1252—1268 | Karl Contarini | 1655—1656 |
| Lorenz Tiepolo | 1268—1274 | Franz Cornelio | 1656 |
| Jakob Contarini | 1274—1280 | Bertuerio Valiero | 1656—1658 |
| Johann Dandalo | 1280—1289 | Johann Pifaro | 1658—1659 |
| Peter Gradenigo | 1289—1310 | Dominicus Contarini | 1659—1675 |
| Martin Georgio | 1310—1312 | Nicolaus Sagredo | 1675—1676 |
| Johann Soranzo | 1312—1328 | Luigi Contarini | 1676—1684 |
| Franz Dandolo | 1328—1339 | Marcus Anton Giuftiniani | 1684—1688 |
| Bartholomäus Gradenigo | 1339—1343 | Franz Morofini | 1688—1694 |
| Andreas Dandolo | 1343—1354 | Sylvefter Valiero | 1694—1700 |

| | |
|---|---|
| Aloys Mocenigo II. . . . . | 1700—1709 |
| Johann Cornelio . . . . | 1709—1722 |
| Aloys Mocenigo III. . . . | 1722—1732 |
| Karl Ruzzini . . . . . | 1732—1735 |
| Luigi Pisani . . . . . | 1735—1741 |
| Peter Grimani . . . . . | 1741—1752 |
| Franz Loredano . . . . | 1752—1762 |
| Marcus Foscareni . . . . | 1762—1763 |
| Aloys Mocenigo IV. . . . | 1763—1779 |
| Paul Veniero . . . . . | 1779—1789 |

| | |
|---|---|
| Ludwig Manini . . . . . | 1789—1797 |
| Venetianische Republik . . . | 1797—1798 |
| Unter österreichischer Herrschaft . . | 1798—1805 |
| Zum Königreich Italien gehörig . | 1805—1814 |
| Zum lombardisch-venetischem König-<br>reich geh. (unter öster. Herrschaft) | 1814—1848 |
| Republik . . . . . . | 1848—1849 |
| Zum lombardisch-venetischem König-<br>reich geh. (unter öster. Herrschaft) | 1849—1866 |

Venetien mit Italien vereinigt 1866.

## 305. Mantua.

| I. Dynastie Gonzaga. 1318—1627. | |
|---|---|
| Ludwig I. . . . . . | 1318—1360 |
| Guido . . . . . . | 1360—1369 |
| Ludwig II., Reichsvicar . . | 1365—1382 |
| Franz I. . . . . . | 1382—1407 |
| Johann Franz, Markgraf 6./5. 1432 | 1407—1444 |
| Ludwig III. . . . . . | 1444—1478 |
| Friedrich I. . . . . . | 1478—1484 |
| Franz II. . . . . . | 1484—1519 |
| Friedrich II., Herzog 8./4. 1530 | 1519—1540 |
| Franz III. . . . . . | 1540—1550 |
| Wilhelm, Herzog von Montferrat 1573 | 1550—1587 |
| Vincenz I. . . . . . | 1587—1612 |
| Franz IV. . . . 9./2.—22./8. 1612 | |
| Ferdinand . . . . . | 1612—1626 |
| Vincenz II. . . . . . | 1626—1627 |

| II. Dynastie Nevers. 1627—1707. | |
|---|---|
| Karl I. . . . . . | 1627—1637 |
| Karl II. . . . . . | 1637—1665 |
| Maria v. Mantua, Regentin 1637—1647, †1660 | |
| Karl III. . . . 1665—1707, †1708 | |
| Unter österreichischer Herrschaft . . | 1707—1796 |
| Unter französischer Herrschaft . . | 1796—1799 |
| Unter österreichischer Herrschaft . . | 1799—1801 |
| Zur cisalpinischen Republik gehörig | 1801—1802 |
| Zur italischen Republik gehörig | 1802—1805 |
| Zum Königreich Italien gehörig (unter<br>Napoléon I. Bonaparte) . . | 1805—1814 |
| Zum lombardisch-venetischen König-<br>reich gehörig (unter österreichischer<br>Herrschaft) . . . . . | 1814—1866 |

Mantua mit Venetien dem Königreich Italien
einverleibt 1866.

## 306. Guastalla.

| Dynastie Gonzaga. 1539—1746. | |
|---|---|
| Ferdinand I. (Bruder Friedrichs II.,<br>Herzogs von Mantua), Graf von<br>Guastalla 3./10. 1539 . . | 1539—1557 |
| Cäsar I. . . . . . | 1557—1575 |
| Ferdinand II., Herzog 2./7. 1621 | 1575—1630 |
| Cäsar II. . . . . . | 1630—1632 |

| | |
|---|---|
| Ferdinand III. . . . . . | 1632—1678 |
| Unter Sequestration . . . | 1678—1693 |
| Vincenz . . . . . . | 1693—1714 |
| Anton Ferdinand . . . . | 1714—1729 |
| Joseph Maria . . . . | 1729—1746 |
| Unter österreichischer Herrschaft . . | 1746—1748 |

Guastalla mit Parma vereinigt 1748.

## 307. Parma.

| I. Dynastie Farnese. 1545—1731. | |
|---|---|
| Peter, Herzog von Parma u. Piacenza<br>26./8. 1545 . . . . | 1545—1547 |
| Octavius . . . . . . | 1547—1586 |
| Alexander . . . . . . | 1586—1592 |
| Rainutius I. . . . . . | 1592—1622 |
| Odoardo . . . . . . | 1622—1646 |
| Rainutius II. . . . . . | 1646—1694 |
| Franz . . . . . . | 1694—1727 |
| Anton . . . . . . | 1727—1731 |
| Karl I. von Anjou (König v. Neapel<br>1734—1759, v. Span. 1759—1788) | 1731—1735<br>† 1788 |

| | |
|---|---|
| Unter österreichischer Herrschaft . . | 1735—1748 |
| II Dynastie Bourbon. 1748—1859. | |
| Philipp . . . . . | 1748—1765 |
| Ferdinand . . . . . | 1765—1802 |
| Zu Frankreich gehörig . . . | 1802—1814 |
| Marie Luise von Österreich (Wittwe<br>Napoléons I. Bonaparte 1821) . | 1816—1847 |
| Karl II. Ludwig (in Lucca 1824—1847) | 1847—1849† |
| Karl III. . . . . . | 1849—1854 |
| Robert . . . . . 1854—1859 (lebt). | |
| Luise von Bourbon, Regentin . 1854—1859<br>† 1864 | |

Parma mit Sardinien vereinigt 1860.

## 308. Mirandola.

| Dynastie Pico. 1306?—1708. | |
|---|---|
| Franz I., Reichsvicar 25./1. 1311  1306?—1321, †? | |
| Prendiparte . . . . † 1331 | |
| Paul . . . . . † 1334 | |
| Franz II. (wiedereingesetzt 23./12. 1354) | 1354—1399 |
| Franz III. . . . . . } 1399—1461 | |
| Johann, Graf von Concordia 1432} † 1450 | |
| Johann Franz I. . . . . | 1461—1467 |
| Galeotto I. . . . . . | 1467—1499 |
| Johann Franz II. . . . . | 1499—1533 |

| | |
|---|---|
| Galeotto II. . . . . . | 1533—1550 |
| Ludwig . . . . . . | 1550—1568 |
| Galeotto III. . . 1568—1590, † 1592 | |
| Friedrich, Fürst von Mirandola und<br>Markgraf von Concordia 1596 | 1590—1602 |
| Alexander I., Herzog 1617 . . | 1602—1637 |
| Alexander II. . . . . | 1637—1691 |
| Franz Maria . . 1691—1708, † 1747 | |
| Brigitte, Regentin . . 1691—1704, † 1720 | |

Vom Kaiser an Modena verliehen 1711.

### 309. Modena.

| | |
|---|---|
| Azzo, Herr von Ferrara u. Modena | 1293—1306 |
| Republik . . . . . . | 1306—1336 |
| Reinhald, Herr von Ferrara . | 1317—1335 |
| Nicolaus I. . . . . . ) | 1336—1344 |
| Obizzo, Herr von Ferrara 1335 ∫ | 1336—1352 |
| Aldobrandino . . . . . | 1352—1361 |
| Nicolaus II. . . . . . | 1361—1388 |
| Albert . . . . . . | 1388—1393 |
| Nicolaus III. . . . . . | 1393—1441 |
| Lionel . . . . . . | 1441—1450 |

**Dynastie Este. 1450—1796.**

| | |
|---|---|
| Borso, Herzog von Modena 18./5. 1452, Herzog von Ferrara 15./4. 1459 . . . . | 1450—1471 |
| Hercules I. . . . . . | 1471—1505 |
| Alfons I. . . . . . . | 1505—1534 |
| Hercules II. . . . . . | 1534—1559 |

| | |
|---|---|
| Alfons II. . . . . . . . | 1559—1597 |

Ferrara dem Kirchenstaate einverleibt.

| | |
|---|---|
| Cäsar . . . . . . . | 1597—1628 |
| Alfons III. . . . 1628—1629, † 1644 |
| Franz I. . . . . . . | 1629—1658 |
| Alfons IV. . . . . . . | 1658—1662 |
| Franz II. . . . . . . | 1662—1694 |
| Reinhold . . . . . . | 1694—1737 |
| Franz III. . . . . . . | 1737—1780 |
| Hercules III. . . 1780—1796, † 1803 |
| Zur cispadanischen Republik gehörig 1796—1797 |
| Zur cisalpinischen Republik gehörig 1797—1802 |
| Zur italischen Republik gehörig . 1802—1805 |
| Zum Königreich Italien gehörig . 1805—1814 |

**Dynastie Österreich=Este. 1814—1860.**

| | |
|---|---|
| Franz IV. . . . . . . | 1814—1846 |
| Franz V. . . . . 1846—1860, † 1875 |

Modena mit Sardinien vereinigt 1860.

### 310. Massa und Carrara.

**I. Dynastie Malaspina.**

| | |
|---|---|
| Galeotte, Herr von Massa und Fosdinuovo . . . . | † 1365 |
| Spinetta . . . . . . | 1365—1398 |
| Anton Alberich, Markgraf von Fosdinuovo 26./9. 1404 | 1398—1445 |
| Jakob, Markgraf von Massa 1467 (kauft Carrara 1467) | 1445—? |
| Alberich, Markgraf von Massa und Carrara . . . . | ?—1519 |
| Richarda . . . . . . | 1519—? |

**II. Dynastie Cibo. 1530—1790.**

| | |
|---|---|
| Lorenz (Richardas Gemahl) . . | 1530—1546 |
| Alberich I., Fürst von Massa 1568 | 1546—1623 |
| Karl I. . . . . . . | 1623—1662 |

| | |
|---|---|
| Alberich II., Herzog von Massa und Fürst von Carrara 1664 . . | 1662—1690 |
| Karl II. . . . . . . | 1690—1710 |
| Alberich III. . . . . . | 1710—1715 |
| Alderano . . . . . . | 1715—1731 |
| Camillus . . . . . . | 1731—1743 |
| Maria Theresia (Gem.: Hercules III. von Modena, † 1803) . . | 1743—1790 |
| Maria Beatrix von Este-Cibo (Gem.: Ferdinand von Österreich, Herzog von Breisgau) . . | 1790—1797 |
| Mit Modena vereinigt 1797—1806, mit Lucca 1806—1816. |
| Maria Beatrix (zum 2. Male) . | 1816—1829 |

Mit Modena vereinigt 1829.

### 311. Toscana.

**I. Dynastie Medici. 1429—1737.**

| | |
|---|---|
| Herzog Cosmus I., . . . . | 1429—1433 |
| (zum 2. Male) | 1434—1464 |
| Peter I. . . . . . . | 1464—1469 |
| Lorenz I., der Erlauchte . . | 1469—1494 |
| Peter II. . . . 8/4—9/11 1494, † 1503 |
| Interregnum | 1494—1513 |
| Lorenz II. . . . . . | 1513—1519 |
| Alexander . . . . . | 1519—1527 |
| Interregnum | 1527—1530 |
| Alexander (zum 2. Male), Herzog zu Florenz 6./7. 1531 . | 1530—1537 |
| Cosmus II. (I.), der Große, Großherzog 27./8. 1569 . . | 1537—1574 |
| Franz, Mitregent 1564 | 1574—1587 |
| Ferdinand I. . . . . . | 1587—1609 |
| Cosmus II. . . . . . | 1609—1621 |
| Ferdinand II. . . . . . | 1621—1670 |
| Cosmus III. . . . . . | 1670—1723 |
| Johann Gaston . . . . | 1723—1737 |

**II. Dynastie Lothringen=Habsburg. 1737—1860.**

| | |
|---|---|
| Franz Stephan (vorher Herzog von Lothringen; römischer Kaiser) . | 1737—1765 |
| Leopold I. (II., römischer Kaiser) | 1765—1790 |
| | † 1792 |
| Ferdinand III. Joseph (Kurfürst v. Salzburg 1803—1806; Kurfürst, Großherzog von Würzburg 1806—1814) . . . . . | 1790—1801 |

Toscana verwandelt in das **Königreich Etrurien.**

| | |
|---|---|
| Ludwig von Parma . . . | 1801—1803 |
| Karl Ludwig (Hz. v. Parma 1847) 1803—1807, † |
| Marie Luise v. Spanien, Reg. 1803—1807 |
| | † 1824 |
| Zu Frankreich gehörig . . . | 1807—1814 |
| Großherzog Ferdinand III. Joseph von Toscana (zum 2. Male) | 1814—1824 |
| Leopold II. . . . | 1824—1859, † 1870 |
| Ferdinand IV. . . . 1859—1860, (lebt) |

Toscana mit Sardinien vereinigt 1860.

### 312. Lucca.

| | |
|---|---|
| Fürstin Elise Bonaparte .) 1805—1814, † 1820 |
| Felix Bacchiochi (ihr Gemahl)∫ 1805—1814, † 1841 |

**Dynastie Bourbon. 1815—1847.**

| | |
|---|---|
| Herzogin Marie Luise v. Spanien | |
| (Witwe König Ludwigs von Etrurien) . . . . . | 1815—1824 |
| Karl Ludwig (Herzog von Parma 1847) | 1824—1847, † |

An Toscana 1847.

## 313. Piombino.

**I. Dynastie d'Appiano. 1399—1624.**

| | |
|---|---|
| Jakob I. (Herr von Pisa 1392—1399), Herr von Piombino und der Insel Elba | 1399—? |
| Gerhard | † 1405 |
| Jakob II. | † 1441 |
| Emanuel | † 1457 |
| Jakob III. | † 1474 |
| Jakob IV., Fürst 8./11. 1509 | 1474—1511 |
| Jakob V. | 1511—1545 |
| Jakob VI | 1545—1585 |
| Alexander | 1585—1590 |
| Jakob VII. Cosmas | 1590—1603 |
| Isabella | 1611—1624, † 1661 |

**II. Dynastie Ludovisi. 1624—1733.**

| | |
|---|---|
| Nicolaus (Schwiegersohn Isabellas) | 1624—1664 |
| Johann Baptist | 1664—1699 |
| Anna Maria | 1699—1700 |
| Hippolyta | 1700—1733 |

**III. Dynastie Boncompagni-Ludovisi. 1701—**

| | |
|---|---|
| Gregor (Gemahl Hippolytas), Mitreg. | 1701—1707 |
| Maria Eleonore (Gem: ihr Oheim Anton, Gregors Bruder) | 1733—1745 |
| Cajetan | 1745—1777 |
| Anton I. | 1777—1802, † 1805 |
| Unter französischer Herrschaft | 1802—1805 |
| Elise Bonaparte | 1805—1814, † 1820 |
| Felix Bacchiochi | 1805—1814, † 1841 |
| Ludwig | 1815—1841 |
| Anton II | 1841—1883 |
| Rudolf | 1883— |

---

## 314. Urbino.

**I. Dynastie Montefeltro. ?—1508.**

| | |
|---|---|
| Anton, Reichsvicar 1155 | ? |
| Montefeltrino | ? |
| Bonconte, Graf von Urbino | um 1236 |
| Montefeltrano | † 1255 |
| Guido, Graf von Montefeltro | † 1298 |
| Friedrich | 1298—1322 (vertrieben) |
| Nolto | † 1359 |
| Friedrich | ? |
| Anton (wiedereingesetzt) | 1375—1404 |
| Guido Anton | 1404—1443 |
| Otto Anton, Herzog 26./4. 1443 | 1443—1444 |
| Friedrich | 1444—1482 |
| Guido Ubaldo I. | 1482—1508 |

**II. Dynastie Rovere. 1508—1624.**

| | |
|---|---|
| Franz Maria I. | 1508—1538 |
| Lorenz Medici v. Florenz, Gegenhz. 1516—1519 | |
| Guido Ubaldo II. | 1538—1574 |
| Franz Maria II. | 1574—1621 |
| Friedrich Ubaldo | 1621—1623 |
| Franz Maria II. (zum 2. Male) | 1623—1624 |
| | † 1631 |

Urbino an den Papst abgetreten 1624.

---

## 315. Neapel.

**I. Dynastie der Normannen. 1035—1194.**

| | |
|---|---|
| Graf Wilhelm Eisenarm | 1035—1046 |
| Drogo | 1046—1052 |
| Humfried | 1052—1057 |
| Robert Guiscard, Herzog von Apulien 1058 | 1057—1085 |
| Roger I. Bursa | 1085—1105 |
| Roger II., König von Neapel 25./12. 1130 | 1105—1154 |
| Wilhelm I., der Böse | 1154—1166 |
| Wilhelm II., der Gute | 1166—1189 |
| Tancred, Graf von Lecce | 1189—1194 |
| Wilhelm III. | 1194—1195 |
| Constanze | 1195—1198 |

**II. Dynastie der Hohenstaufen. 1194—1266.**

| | |
|---|---|
| Heinrich (Gem. der Constanze; VI. als römischer Kaiser) | 1194—1197 |
| Friedrich I. (II., römischer Kaiser) | 1198—1250 |
| Konrad (IV., römischer Kaiser) | 1250—1254 |
| Konradin | 1254—1258, † 1268 |
| Manfred | 1258—1266 |

**III. Dynastie Anjou. 1265—1442.**

| | |
|---|---|
| Karl I. | 1265—1285 |
| Karl II. | 1285—1309 |
| Robert | 1309—1343 |
| Johanna I. | 1343—1381, † 1382 |
| Karl III. | 1381—1386 |
| Ladislaw | 1386—1414 |
| Johanna II. | 1414—1435 |
| Renatus | 1435—1442 |

**IV. Dynastie Aragon. 1435—1501.**

| | |
|---|---|
| Alfons I. (V., König von Aragon) | (1435) 1442—1458 |
| Ferdinand I. | 1458—1494 |
| Alfons II. | 1494—1495, † 1495 |
| Ferdinand II. | 1495—1496 |
| Friedrich II. | 1496—1501 |
| Ferdinand III., der Katholische (König von Aragon) | 1501—1504, † 1516 |
| Ludwig XII., König von Frankreich | 1501—1504, † 1515 |
| Unter spanischer Herrschaft | 1504—1713 |
| Unter österreichischer Herrschaft | 1713—1738 |

Neapel mit Sicilien vereinigt zum **Königreich beider Sicilien.**

**V. Dynastie Bourbon. 1738—1860.**

| | |
|---|---|
| Karl IV. (König von Spanien 1759—1788) | 1738—1759, † 1788 |
| Ferdinand IV. (I.), „König beider Sicilien" 8./12. 1816 | 1759—1825 |
| Joseph Bonaparte, König von Neapel (König von Spanien 1808—1813) | 1806—1808, † 1844 |
| Joachim Murat, König von Neapel | 1808—1815, † 1815 |
| Franz I. | 1825—1830 |
| Ferdinand II. | 1830—1859 |
| Franz II. | 1859—1861, † 1894 |

Neapel mit Sardinien vereinigt 1861.

## 316. Sicilien.

I. Dynastie der Normannen.
1061—1194.

Herzog Roger I. von Neapel 1061—1101, † 1105
Roger II., König 25./12. 1130 . . 1101—1154
Wilhelm I., der Böse . . . 1154—1166
Wilhelm II., der Gute . . 1166—1189
Tancred, Graf von Lecce . . 1189—1194
Wilhelm III. . . . . . 1194—1195
Constanze . . . . . . 1195—1198

II. Dynastie der Hohenstaufen.
1195—1266.

Heinrich (Gem. der Constanze; VI. als
  römischer Kaiser) . . . . 1195—1197
Friedrich I. (II., römischer Kaiser) . 1198—1250
Konrad (IV., römischer Kaiser) . . 1250—1254
Konradin . . . . 1254—1258, † 1268
Manfred . . . . . . . 1258—1266

Karl von Anjou . . 1266—1282, † 1285

III. Dynastie Aragon. 1282—1409.

Peter I. (III., König von Aragon 1276) 1282—1285
Jakob (II., König von Aragon 1291)
  1285—1296, † 1327
Friedrich II. . . . . . . 1296—1337
Peter II. . . . . . . 1337—1342
Ludwig . . . . . . 1342—1355
Friedrich III. . . . . . 1355—1377
Maria . . . . . 1377—1386, † 1402
Martin . . . . . . 1386—1409
  Unter aragonischer Herrschaft . . 1409—1516
  Unter spanischer Herrschaft . . 1516—1713
  Victor Amadeus von Savoyen 1713—1718
    † 1732
  Unter spanischer Herrschaft . . 1718—1726
  Unter österreichischer Herrschaft . . 1726—1738
    Sicilien mit Neapel vereinigt 1738.

## 317. Italien.

Dynastie Savoyen. 1861—

Victor Emanuel II. (König von
  Sardinien 1849), König von

Italien 17./3. 1861 . . 1861—1878
Humbert . . . . . . 1878—1900
Victor Emanuel III. . . . . 1900—

## g. Südost=Europa.

## 318. Bosnien.

Fürst Nicolaus . . . . . um 1295
Paul Mladin . . . . 1302—1322
Stephan Kotromanowitsch . 1322—1357
Stephan Twertko I. Myrza,
  König 1374 . . . . 1357—1391
Stephan I. Dabischa . . 1371—1395
Stephan Twertko II. Tschura . 1395—1443
  Hoschtoja Christitsch, Gegenkönig 1397—1435

Stephan II. Ostoitsch Jablano=
  witsch, Gegenkönig . . . 1419—1423
Radiwoi Ostoitsch, Gegenkönig 1435
Stephan III. Thomas Christitsch 1443—1459
Stephan IV. Thomasowitsch . . 1459—1463
Nicolaus Ujlaki . . . . . 1470—1476
Lorenz Ujlaki, Herzog . . . 1476—1526
  Bosnien von den Türken erobert 1464.

## 319. Serbien.

Wlastimir, Fürst von Serbien . 836—843
Mutimir . . . . . . 843—890
Pribislaw . . . . . 890
Peter . . . . . . 891—917
Paul Brankowitsch . . . 917—920
Tscheslaw . . . . . 927—949

Interregnum . . . . 949—1040

Stephan Vojslaw . . . 1040—1050
Michael . . . . . 1051—1081
Radoslaw . . . . . 1081—1082
Constantin Bodin . . . 1082—1106
Dobroslaw . . . . . 1106
Wladimir . . . . . 1106—1115
Jirji . . . . . . 1115—1122

Dynastie der Nemanja. 1122—1371.

(Wulkan . . . . . 1089—1122)
Stephan Urosch Neman I. . . 1122—1136
Tichomil . . . . . 1136—1151?
Stephan (Simeon) Neman II.,
  Herzog 1189 . . 1151—1195, † 1199
Stephan Vencian Perwowitschanji,
  König 1217 . . . 1195—1228
Radoslaw . . . . . 1228—1234

Wladislaw . . . . . 1234—1240
Stephan Urosch I. . . . . 1240—1272
Stephan Dragutin . . 1272—1281, † 1317
Stephan Urosch II. Milutin . . 1281—1320
Stephan Urosch III. Deschanskij 1321—1331
Stephan Urosch IV. Duschan, der
  Starke, Kaiser 1347 . . .1321—1355
Stephan V. . . . . . 1355—1365
Simeon . . . . . 1365—1371
Wulkaschin Mernjantschewitsch,
  Gegenkönig . . . . 1366—1371

Dynastie der Lazarewitsch.
1372—1427.

Kaiser Lazar I. Gerbillanowitsch . 1372—1389
Stephan Lazarewitsch (Lazar II.),
  Kaiser 1403 . . . . 1389—1427

Dynastie der Brankowitsch.
1427—1502.

(Wuk I. . . . . . 1389—1398?)
König Georg I. . . . (1398) 1427—1456
Lazar III. . . . . . 1456—1458
Stephan . . . . . 1457—1471?
  Serbien von den Türken erobert 1459.
Wuck II. . . . . . 1471?—1485
Georg II. . . . . . 1485—1496

| | |
|---|---|
| Johann . . . . . . . 1496—1502 | Milosch (zum 2. Male) . . . . 1858—1860 |
|   Unter türkischer Herrschaft . . . 1459—1718 | Michael (zum 2. Male) . . . . 1860—1868 |
|   Unter österreichischer Herrschaft . 1718—1739 | Milan IV. (I.), **souveräner Fürst** |
|   Unter türkischer Herrschaft . . 1739—1817 |   3./3. 1878, **König** 6./3. 1882   1868—1889 |
|   Unter türkischer Hoheit . . . 1817—1878 | † 1901 |
| | Alexander . . . . . . . 1889—1903 |
| **Dynastie Obrenowitsch. 1817—1903.** | |
| Milosch, **Fürst** 6./11. 1817 . 1817—1839 | **Dynastie Karageorgewitsch.** |
| Milan III. . . . . . . 1839 | **1903—** |
| Michael . . . . . . 1839—1842 | |
|   Alexander Karageorgewitsch . 1842—1858 | Peter I. . . . . . . . 1903— |

---

## 320. Walachei.

| | |
|---|---|
| Fürst Radul . . . . . . 1241—? | Radul III. (zum 2. Male) . . . 1462—1473 |
| Tugomir Bessaraba . . . . um 1300 | Wladislaw III. (zum 2. Male) . 1473—1474 |
| Alexander Bessaraba . . . 1320—1360 | Radul III. (zum 3. Male) . . . 1474—1477 |
| Wladislaw I. . . . . 1360—1373 | Wladislaw IV. Tschepelusch (zum |
| Radul I., der Schwarze . . . 1373—1383 |   2. Male) . . . . . 1477—1479 |
| Marcus I. . . . . . 1383—1419 | Wladislaw V. . . . . 1479—1492 |
| Daniel I. . . . . . 1383—1393 |   Unter türkischer Herrschaft . . 1492—1544 |
| Marcus II. . . . . . 1419—1420 |   Unter türkischer Hoheit . . . 1544—1859 |
| Daniel II. . . . . . 1420—1424 | Radul IV., der Mönch . . . 1544—1546 |
| Radul II. . . . . 1424—1427, † 1431 | Marcus III. . . . . . 1546—1554 |
| Daniel III. (II., zum 2. Male) . . 1427—1430 | Michael I., der Tapfere . . . 1593—1601 |
| Wladislaw II. Drakul . . . 1430—1445 | Michael III. Radul . . . 1658—1659 |
| Daniel IV. . . . . . 1445—1452 | Constantin II. Brancovan . . 1688—1714 |
| Wladislaw III. . . . . 1452—1455 | Constantin III. Hangerli . . 1797—1799 |
| Radul III. . . . . . 1455—1456 | Alexander Ghika . . . 1834—1838 |
| Wladislaus IV. Tschepelusch . . 1456—1462 | Biluscu . . . . . . 1838—1848 |
| *Die Walachei von den Türken unterworfen.* | Stirbei . . . . . . 1849—1859 |
| | *Walachei mit Moldau zum Fürstentum Rumänien* |
| | *vereinigt 1859.* |

---

## 321. Moldau.

| | |
|---|---|
| Fürst Dragosch . . . . 1352—1354 | Sonarscha . . . . . 1572—1574 |
| Jas . . . . . . . 1354—1358 | Peter VII., der Lahme . . . 1574—1580 |
| Stephan I. . . . . . 1358—1359 | Johann . . . . . . 1580—1586 |
| Peter I. . . . . . . 1359—1365 | Peter VII., der Lahme (z. 2. Male) 1586—1591 |
| Bogdan I. . . . . . 1365—1369 | Aron der Tyrann . . . . 1591—1596 |
| Sazaw . . . . . . 1369—1373 | Jeremias Movila . . . . 1596—1607 |
| Peter II. Muschat . . . 1373—1390 | Simon Movila . . . . 1607—1608 |
| Stephan II. . . . . 1390—1392 | Constantin I. Movila . . . 1608—1612 |
| Roman I. . . . . . 1392—1395 | Stephan VII. Tomsche . . . 1612—1616 |
| Stephan II. (zum 2. Male) . . 1395—1399 | Rado Michael . . . . 1616—1618 |
| Peter III. . . . . . 1399—1400 | Kaspar Gratiani . . . . 1618—1620 |
| Roman I. (zum 2. Male) . . 1399—1400 | Alexander V. . . . . 1620—1621 |
| Jaga . . . . . . 1400—1401 | Stephan VII. Tomsche (z. 2. Male) 1621—1623 |
| Alexander I., der Gute . . . 1401—1433 | Rado Michael (zum 2. Male) . . 1623—1626 |
| Stephan Elias I. . . . . 1433—1448 | Miron Bernowski . . . . 1626—1630 |
| Roman II. . . . . . 1447—1448 | Moser Movila . . . . 1630—1631 |
| Peter IV. . . . . . 1448—1449 | Alexander VI. Rado . . . 1631—1632 |
| Bogdan II. . . . . . 1448—1455 | Alexander VII. Elias . . . 1632—1633 |
| Alexander II. . . . . 1448—1456 | Moser Movila (zum 2. Male) . . 1633—1639 |
| Peter V. Aron . . . . 1456—1458 | Basil der Wolf . . . . 1639—1653 |
| Stephan III., der Große . . 1456—1504 | Georg I. Stephan VIII. . . . 1653—1658 |
| Bogdan III., der Einäugige . 1504—1517 | Georg II. Ghika . . . . 1658—1659 |
| Stephan IV. Stephanitza . . 1517—1527 | Stephan IX., der Wolf . . . 1659—1662 |
| Peter VI. Raresch . . . 1527—1538 | Dabija . . . . . . 1662—1666 |
| Alexander III. . . . . 1538 | Duca . . . . . . 1666—1667 |
| Stephan V. . . . . . 1538—1541 | Elias III. . . . . . 1667—1669 |
| *Moldau von den Türken unterworfen.* | Duca (zum 2. Male) . . . 1669—1672 |
| Peter VI. Raresch (zum 2. Male) 1541—1546 | Stephan X. . . . . . 1672—1676 |
| Elias II. . . . . . 1546—1552 | Demeter I. Kantakuzenos . . 1676—1679 |
| Stephan VI. . . . . . 1552 | Anton Rosetti . . . . 1679—1683 |
| Alexander IV. . . . . 1552—1561 | Duca (zum 3. Male) . . . 1683—1684 |
| Heraklit . . . . . 1561—1563 | Demeter I. Kantakuzenos (z. 2. M.) 1684—1686 |
| Alexander IV. (zum 2. Male) . 1562—1566 | Constantin II. Duca . . . 1686—1693 |
| Bogdan IV. . . . . . 1566—1572 | Soliman . . . . . . 1693—1696 |

Constantin II. Duca (zum 2. Male) 1696—1700
Michael Rarowitza . . . . 1700—1704
Antioch Cantemir . . . 1704—1705
Michael Rarowitza (zum 2. Male) 1705—1707
Nicolaus Moorekordas . . 1707—1709

Demeter II. Cantemir . . . 1709—1710
Nicolaus Moorekordas (z. 2. M.) 1710—1712
Moldau mit Walachei zum Fürstentum
Rumänien vereinigt 1859.

## 322. Rumänien.

Unter türkischer Hoheit . . . 1859—1878
Fürst Alexander Johann Kuza . 1859—1866
† 1873

Dynastie Hohenzollern. 1866—
Karl I., **König** 14./3. 1881 . . 1866—

## 323. Bulgarien.

Fürst Kuvrat I. . . . . 634—641
Asparuch) . . . . . 641—702
Terbel . . . . . 702—720
Kormisosch) . . . . 753—760
Teletz . . . . . 760—763
Sabin . . . . . ?
Bajan . . . . . ?
Toktu . . . . . ?
Telerig (Cerig) . . . . ?—777
Kardam . . . . 777—802?
Krum . . . . . 802—815
Cok (Dukum) . . . ?
Diceng . . . . ?
Omortag (Mortagon) . 819?—829
Malomir (Presiam?) . . 829?—850?
Boris I. (Michael) (843) 852—888, † 907
Wladimir . . . . 888—893
Simeon . . . . 893—927
Peter I. . . . . 927—969
Boris II. . . . . 969—976
Samuel . . . . 976—1014
Gabriel Romanos . . . 1014
Johann Wladislaw . . 1015—1018
  Unter byzantinischer Hoheit . . 1018—1186
  Peter Deleanos . . . 1040—1041
  Tichomir . . . 1040
  Alusianos . . . 1040—1041
  Constantin Bodin . . 1073—1082
Peter II. . . . . ⎱ 1186—1196
Asan . . . . . ⎰ 1186—1196

Johannisa, **König** 8./11. 1203 . 1197—1207
Boris III. . . . . 1207—1218
Johann Asan II. . . . 1218—1241
Kaloman I. . . . . 1241—1246
Michael I. Asan . . . 1246—1257
Kaloman II. . . . . 1257—1258
Mytzes . . . . 1258—?
Constantin Asan Tech . . 1258—1277
Michael II. . . . . 1277—1279
Lachanas (Kordokubas) . 1277—1279
Johann Asan III. . . . 1277—1280
Georg I. Terter . . . 1280—1292
Smiltzes . . . . 1285—1293
Tzachas . . . . 1293—1295
Theodor Swetslaw . . 1295—1322
Georg II. Terter . . . 1322—1324
Boesilaw . . . . 1325—1330
Michael II. Statimirowitsch (Schisch-
  man I.) . . . . 1325—1330
Stephan (Schischman II.) . . 1330—1331
Johann Alexander . . . 1331—1365
Strascimir . . . 1361—?
Johann (Schischman III.) . . 1365—1393
  Unter türkischer Herrschaft . . 1393—1878

### Fürstentum unter türkischer Hoheit.

Alexander von Battenberg . 1879—1886, †
Ferdinand von Sachsen-Coburg-
  Kohary . . . . . 1887—

## 324. Türkei.

Ertoghrul . . . . 1231—1288
Osman I. . . . . 1288—1326
Orchan . . . . 1326—1359
**Großsultan** Murad I. . . 1359—1389
Bajazed I. Ilderim (der Blitz) . 1389—1403
Soliman I. . . . . 1403—1411
Musa . . . . . 1411—1413
Mohammed I. . . . 1413—1421
Murad II. . . . . 1421—1451
Mohammed II. . . . 1451—1481
Bajazed II. . . . . 1481—1512
Selim I. . . . . 1512—1520
Soliman II., der Prächtige . 1520—1566
Selim II. . . . . 1566—1574
Murad III. . . . . 1574—1595
Mohammed III. . . . 1595—1603
Achmed I. . . . . 1603—1617
Mustapha I. . . . . 1617—1618
Osman, II. . . . . 1618—1622

Mustapha I. (zum 2. Male) 1622—1623, † 1639
Murad IV. Ghasi . . . 1623—1640
Ibrahim . . . . 1640—1648
Mohammed IV. . . . 1648—1687
Soliman III. . . . . 1687—1691
Achmed II. . . . . 1691—1695
Mustapha II. . . . . 1695—1703
Achmed III. . . . . 1703—1730
Mahmud I. . . . . 1730—1754
Osman III. . . . . 1754—1757
Mustapha III. . . . 1757—1774
Abdul Hamid I. . . . 1774—1789
Selim III. . . . . 1789—1807
Mustapha IV. . . . . 1807—1808
Mahmud II. . . . . 1808—1839
Abdul Medschid . . . 1839—1861
Abdul Aziz . . . 1861—1876, † 1876
Murad V. . . 30./5.—30./8. 1876 (lebt)
Abdul Hamid II. . . . 1876—

### 325. Griechenland.

Unabhängig von der Türkei 1829.
Graf Kapodistrias, Reichsverweser 1830—1831
König Otto von Bayern 1832—1862, † 1867

Dynastie Schleswig-Holstein-Sonderburg-Glücksburg. 1863—
Georg I. von Dänemark . . . . 1863— *1913*
*Konstantin I. v. Griech 1913-1923*
*Georg II „ 1923-1947*
*Paul I „ 1947-1964*
*Konstantin II 1964-*

### 326. Montenegro.

Dynastie Petrowitsch-Njegosch. 1711—
Danilo I., erster souveräner Fürst
21./3. 1852 . . . . 1852—1860

Nicolaus . . . . . . . . . . 1860—

---

## h. Ost-Europa.

### 327. Ungarn.

**I. Dynastie der Arpaden. 886—1301.**

| | |
|---|---|
| König Arpad | 886—907 |
| Zoltan | 907—946 |
| Taksony | 947—972 |
| Geisa I. | 972—997 |
| Stephan I., der Heilige | 997—1038 |
| Peter | 1038—1041 |
| Samuel Aba | 1041—1044 |
| Peter (zum 2. Male) | 1044—1047 |
| Andreas I. | 1047—1061 |
| Bela I. | 1061—1063 |
| Salomo | 1063—1074, † 1088 |
| Geisa II. | 1074—1077 |
| Wladislaw (Ladislaus) I. | 1077—1095 |
| Kaloman | 1095—1114 |
| Stephan II. | 1114—1131 |
| Bela II., der Blinde | 1131—1141 |
| Geisa III. | 1141—1161 |
| Stephan III. | 1161 |
| Wladislaw II. | 1161—1162 |
| Stephan IV. | 1162—1163 |
| Stephan III. (zum 2. Male) | 1163—1173 |
| Bela III. | 1173—1196 |
| Emmerich | 1196—1204 |
| Wladislaw III. | 1204—1205 |
| Andreas II. | 1205—1235 |
| Bela IV., (Gegenherzog von Steiermark 1254—1260) | 1235—1270 |
| Stephan V. | 1270—1272 |
| Wladislaw IV. | 1272—1290 |
| Andreas III. | 1290—1301 |

**II. Wahlkönige.**

| | |
|---|---|
| Wenzel (III., König von Böhmen 1305) | 1301—1305 † 1306 |
| Otto (Herzog v. Niederbayern) | 1305—1308, † 1312 |
| Karl I. Robert (König von Neapel) | 1308—1342 |
| Ludwig I., der Große (König von Polen 1370—1382) | 1342—1382 |
| Maria | 1382—1385, † 1392 |
| Karl II. (III., König von Neapel 1381—1386) | 1385—1386 |
| Sigismund von Luxemburg (röm. Kaiser 1411) | 1386—1437 |
| Albrecht (II.) von Österreich (röm. Kaiser 1438) | 1437—1439 |
| Wladislaw V. (III., König von Polen 1434) | 1440—1444 |
| Wladislaw VI., Postumus (König von Böhmen 1440—1457) | 1444—1457 |
| Johann Hunyad, Verweser | 1445—1453 |
| Matthias Corvinus | 1458—1490 |
| Wladislaw VII. (König von Böhmen 1471) | 1490—1516 |
| Ludwig II. (König v. Böhmen 1516) | 1516—1526 |

**III. Dynastie Habsburg. 1527—**

| | |
|---|---|
| Ferdinand I. (König von Böhmen 1527, römischer Kaiser 1558) | 1527—1564 |
| Johann von Zapolya, Gegenkönig | 1526—1540 |

Die übrigen Könige sind d. röm. Kaiser,
dann Kaiser von Österreich.

---

### 328. Siebenbürgen.

| | |
|---|---|
| Fürst Johann I. von Zapolya, Graf von Zips (Gegenkg. von Ungarn 1526) | 1538—1540 |
| Johann II. Sigismund v. Zapolya | 1540—1550 |
| (zum 2. Male) | 1556—1571 |
| Stephan Bathory (Kg. v. Polen 1574) | 1571—1576 † 1586 |
| Christian Bathory | 1576—1585 |
| Sigismund Bathory | 1585—1597 |
| Rudolf (II., römischer Kaiser) | 1597—1602, † 1612 |
| Sigismund Bathory (zum 2. Male) | 1598—1602 † 1613 |
| Andreas Bathory | 18./2.—30./10. 1599 |
| Moses Szekely de Semenfalva | 1602—1603 |
| Stephan Bochkay | 1605—1606 |
| Sigismund Rakoczy | 1607—†1608 |
| Gabriel Bathory von Batho | 1608—1613, †? |
| Gabriel Bethlen Gabor, Reichsfürst 1621 (Gegenkönig von Ungarn 1621—1622) | 1613—1629 |
| Stephan Bethlen | 1629—1631 |
| Georg I. Rakoczy | 1631—1648 |
| Georg II. Rakoczy | 1648—1658, † 1660 |
| Franz I. Redey | 1658 |
| Achaz Barcsai | 1658—1662 |
| Johann Kemeny Sanos | 1661—1662 |
| Michael I. Apafi | 1661—1690 |
| Emmerich Tökely | 1682—1699, † 1705 |
| Michael II. Apafi | 1690—1699 |
| Franz II. Rakoczy | 1701—1705, † 1734 |

Siebenbürgen mit Ungarn vereinigt.

## 329. Polen.

### I. Dynastie der Piasten. 842—1386.

| | |
|---|---|
| Herzog Piast | 842—861 |
| Ziemowit | 861—892 |
| Lech IV. | 892—913 |
| Ziemoislaw | 913—964 |
| Mjecislaw I. | 964—992 |
| Boleslaw I. Chrobri (der Tapfere), **König** 1025 | 992—1025 |
| Mjecislaw II. | 1025—1034 |
| Kasimir I. | 1041—1058 |
| Boleslaw II., der Kühne, **König** 1076 | 1058—1079, † 1081 |
| Wladislaw I. | 1079—1102 |
| Boleslaw III., Krummmaul | 1102—1139 |
| Wladislaw II. in Krakau (Herzog von Schlesien) | 1139—1142 † 1159 |
| Boleslaw IV. Krauskopf in Masowien | 1139—1173 |
| Mjecislaw III., der Alte, in Groß-Polen | 1173—1202 |
| Heinrich in Sandomierz | 1139—1176 |
| Kasimir II., der Gerechte, in Klein-Polen | 1161—1194 |
| Lech V., der Weiße, in Krakau | 1194—1199 |
| Mjecislaw IV. | 1199—1207 |
| Lech V. (zum 2. Male) | 1207—1227 |
| Wladislaw III. Dünnbein | 1203—1232 |
| Boleslaw V., der Keusche | 1227—1279 |
| Lech VI., der Schwarze | 1279—1289 |
| Przemislaw (Herzog von Pomerellen 1295) | 1295—1296 |
| Wladislaw IV. (I.) **König** 26./1. 1319 | 1296—1333 |
| Wenzel (IV., König von Böhmen) Gegenkönig | 1300—1305, † 1306 |
| Kasimir III., der Große | 1333—1370 |
| Ludwig der Große von Ungarn | 1370—1382 |
| Hedwig | 1385—1386, † 1399 |

### II. Dynastie der Jagellonen. 1386—1574.

| | |
|---|---|
| Wladislaw II. (V.) Jagello, Großfürst v. Litthauen (Hedwigs Gem.) | 1386—1434 |
| Wladislaw III. (VI.) | 1434—1444 |
| Kasimir IV. | 1445—1492 |
| Johann I. Albrecht | 1492—1501 |
| Alexander | 1501—1506 |
| Sigismund I. | 1506—1548 |
| Sigismund II. August (I.) | 1548—1572 |

### III. Wahlkönige.

| | |
|---|---|
| Heinrich von Valois (König von Frankreich 1574) | 1573—1575, † 1589 |
| Stephan Bathory, Fürst v. Siebenbürgen | 1575—1586 |
| Sigismund III. Wasa | 1587—1632 |
| Wladislaw IV. (VII.) Wasa (Zar von Moskau 1610—1612) | 1632—1648 |
| Johann II. Kasimir Wasa 1648—1668, † 1672 | |
| Michael Thomas Wiesniowiecz | 1669—1673 |
| Johann III. Sobieski | 1674—1696 |
| August II. von Sachsen | 1697—1706 |
| Stanislaus Lesczinski, Gegenkönig | 1704—1709 |
| August II. von Sachsen (z. 2. Male) | 1709—1733 |
| Stanislaus Lesczinski (Herzog von Lothringen) | 1733—1734, † 1766 |
| August III. von Sachsen | 1733—1763 |
| Stanislaus August Poniatowski. | 1763—1795 † 1798 |

Polen unter Rußland, Österreich und Preußen geteilt 1772, 1793 und 1795.

| | |
|---|---|
| Friedrich August (König von Sachsen 1806), **Herzog von Warschau** | 1807—1813 † 1827 |
| Alexander (I. v. Rußland), König v. Polen) | 1815—1825 |
| Nicolaus (I. von Rußland, **Zar** von Polen 1832) | 1825—1855 |
| Republik | 1830—1831 |

Polen Rußland einverleibt.

---

## 330. Litthauen.

| | |
|---|---|
| Großfürst Witen | um 1282—1315 |
| Gedimin | 1315—1328 |
| Jawunt | 1328—1339 |
| Olgerd Alexander | 1330—1381 |
| Kjeystud | 1381—1392 |
| Witowd Alexander | 1392—1430 |
| Swidrigal Boleslaw | 1430—1432 |
| Koribut Sigismund | 1432—1440 |
| Kasimir (König von Polen 1445) | 1440—1492 |
| Alexander II. (König v. Polen 1501) | 1492—1506 |
| Sigismund (König von Polen 1506) | 1506—1544 † 1548 |
| Sigismund August (König v. Polen 1548) | 1544—1569, † 1572 |

Litthauen mit Polen vereinigt 1569.

---

## 331. Kiew.

### Dynastie Ruriks. 826—1206.

| | |
|---|---|
| Großfürst Rurik | 862—879 |
| Oleg, Regent in Nowgorod 879, in Kiew 882 | 879—913 |
| Ighor I., in Kiew 913 | 913—945 |
| Swjatoslaw I. | 945—972 |
| Olga, Regentin | 945—964 |
| Jaropolk I. | 972—980 |
| Wladimir I., der Heilige | 972—1015 |
| Swätopolk I. | 1015—1016 |
| Jaroslaw I. | 1016—1054 |
| Isjäslaw I. | 1054—1073 |
| Swjatoslaw II. | 1073—1076 |
| Wsewolod I. | 1076—1093 |
| Swätopolk II. | 1093—1113 |
| Wladimir II. | 1113—1126 |
| Mstislaw I. | 1126—1132 |
| Jaropolk II. | 1132—1139 |
| Wsewolod II. Olegowitsch | 1139—1146 |
| Ighor II. Olegowitsch | 1146—1147 |
| Isjäslaw II. | 1146—1154 |
| Rostislaw | 1154—1155 |
| Georg I. Dolgorucki | 1155—1157 |

Jsjäslaw III. . . . . . .] 1159—1169
Michael I. . . . . . .] 1159—1167
Mstislaw II. . . . 1167—1169, † 1170
Roman . . . . . . . 1170—1205
Daniel . . . . . . . 1205—1206

Kiew mit Wladimir vereinigt.

---

## 332. Wladimir.

Dynastie Ruriks. 1169—1252.

Großfürst (1157) Andreas (Sohn Georgs I. von Kiew) . . 1169—1174
Jaropolk . . . . . . 1174—1175
Michael II. . . . . . 1175—1176
Wsewolod III. . . . . . 1176—1212
Georg II. . . . . . . 1212—1216
Constantin . . . . . . 1216—1219
Georg II. (zum 2. Male) . . . 1219—1236

**Unter mongolischer Hoheit 1224—1477.**

Jaroslaw II. . . . . . 1238—1246
Swjätoslaw III. . . . . 1246—1250
Andreas I. . . . 1250—1252, † 1264

Wladimir mit Nowgorod vereinigt.

---

## 333. Nowgorod und Moskau.

Dynastie Ruriks. 1252—1477.

Unter mongolischer Hoheit . . . 1224—1477
Großfürst Alexander I. Newski, der Heilige, in Nowgorod (Sohn Jaroslaws II. von Wladimir) . 1252—1263
Jaroslaw III. von Twer . . . 1263—1272
Wasili I. von Kostroma . . . 1272—1276
Dimitri I. . . . . . . 1276—1294
Andreas II. . . . . . . 1294—1304
Michael III. von Twer . . . 1304—1319
Georg III. in Moskau . . . 1319—1325
Dimitri II. von Twer . . . 1325—1326
Alexander II. von Twer 1326—1328, † 1339

Iwan I. Danilowitsch, **Großfürst von Moskau** 1328 . . 1328—1340
Simeon . . . . . . 1340—1353
Iwan II. . . . . . 1353—1359
Dimitri III. von Susdal 1359—1362, † 1383
Dimitri IV. Donskoi . . . 1362—1389
Wasili II. Dimitriewitsch . . 1389—1425
Wasili III. Wasiljewitsch . . 1425—1462
Iwan III. (I.) Wasiljewitsch . . 1462—1477
† 1505

Nach der Vertreibung der Mongolen geht aus dem Großfürstentum Moskau das Kaiserreich Rußland hervor.

---

## 334. Rußland.

I. Dynastie Ruriks. 1477—1605.

Großfürst Iwan I. (III.) Wasiljewitsch von Moskau (1462) 1477—1505
Wasili IV. Iwanowitsch . . . 1505—1533
Iwan II. (IV.) Wasiljewitsch, der Schreckliche, **Zar zu Moskau, Nowgorod und Wladimir** 16./1. 1547 . . . 1533—1584
Feodor I. Iwanowitsch . . . 1584—1598
Boris Feodorowitsch Ghodunow . 1598—1605
Feodor II. Borissowitsch . 13./4.—10./6. 1605
Falscher Dimitri (1) . . 1605—1606
Wasili Iwanowitsch Schuiskoi 1606—1610 † 1613
Falscher Dimitri (1, z. 2. Male) 1606—1610
Falscher Dimitri (2) . . . 1611—1613
Wladislaw von Polen 1610—1612, † 1648
Falscher Dimitri (3) . . . 1613

II. Dynastie Romanow. 1613—1762.

Michael Feodorowitsch . . . 1613—1645
Alexei Michailowitsch . . . 1645—1676
Feodor III. Alexiewitsch . . . 1676—1682

Iwan III. Alexiewitsch 1682—1689, † 1696
Sophie, Mitregentin . . . . 1682—1689
Peter I. Alexiewitsch, der Große, **Zar und Selbstherrscher aller Reußen** 2./11. 1721 . . 1689—1725
Katharina I. Alexiewna Skawronska . . . . . 1725—1727
Peter II. Alexiewitsch . . . 1727—1730
Anna Iwanowna . . . . 1730—1740
Iwan IV. . . . 1740—1741, † 1764
Elisabeth Petrowna . . . . 1741—1762

III. Dynastie Holstein-Gottorp-Romanow. 1762—

Peter III. (Feodorowitsch) . 5./1.—9. 7. 1762 † 14./7. 1762
Katharina II. von Anhalt-Zerbst 1762—1796
Paul I. Petrowitsch . . . 1796—1801
Alexander I. Paulowitsch . . 1801—1825
Nicolaus I. Alexandrowitsch . 1825—1855
Alexander II. Nicolajewitsch . 1855—1881
Alexander III. Alexandrowitsch . 1881—1894
Nicolaus II. Alexandrowitsch . 1894—

---

## 335. Rjäsan.

Dynastie Ruriks. 1129—1517.

Fürst Rostislaw (Enkel Swjätoslaws II. von Kiew) 1129—1161
Gljeb I. . . . . . . 1161—1177
Ighor . . . . . . 1180—1194
Gljeb II. . . . . . 1237—1258
Roman . . . . . . . 1258—1270
Constantin . . . . . . 1270—1306
Jaroslaw . . . . . . 1307—1320
Iwan I. . . . . . 1320—1328
Iwan II. Korotopol . . . 1328—1343
Oleg . . . . . . 1343—1402

Feodor Olegowitsch . . . . 1402—1434
Iwan III. Feodorowitsch . . 1434—1456
Wasili Iwanowitsch . . . 1456—1483

Iwan IV. Wasiljewitsch . . . 1483—1500
Iwan V. Iwanowitsch . . 1500—1517, †?
Rjäsan mit Moskau vereinigt.

## 336. Galitsch.

Dynastie Ruriks. 1253—1336.
König Daniel (Sohn Romans von
Kiew) . . . (1205) 1253—1266
Leo . . . . . . 1266—1301

Georg I. . . . . . . 1301—1316
Andreas . . . . . 1316—1324
Georg II. . . . . . 1324—1336
Galitsch mit Polen vereinigt 1340.

## 337. Smolensk.

Dynastie Ruriks. 1155—1463.
Großfürst (1130) David I. (Sohn
Rostislaws von Kiew) 1155—1197
Mstislaw . . . . . 1197—1230
Rostislaw Mstislawowitsch . . 1230—1291
Feodor I. Rostislawowitsch . . 1291—1299
Alexander I. Gljebowitsch . . 1285—1303

David II. Feodorowitsch . . . 1303—1321
Wasili I. Dawidowitsch . . 1321—1345
Wasili II. Wasiljewitsch . . 1345—?
Iwan Wasiljewitsch . . . ?—1426
Feodor II. Iwanowitsch . . . 1426—1434
Alexander II. Feodorowitsch 1434—1463, †1471
Smolensk mit Moskau vereinigt.

## 338. Rostow.

Dynastie Ruriks. 1219—1380.
Fürst Waßilko (Sohn Constantins v.
Wladimir) . . . . 1219—1238
Boris . . . . . . 1238—1277
Dimitri . . . . . 1277—1294

Constantin . . . . . 1294—1307
Wasili . . . . . . 1316—1320
Feodor . . . . . . 1320—1331
Andreas . . . . . 1331—1380
Rostow mit Moskau vereinigt.

## 339. Jaroslawl.

Dynastie Ruriks. 1219—1249.
Fürst Wßewolod (Bruder Waßilkos
von Rostow) . . . . 1219—1238

Wasili . . . . . . 1238—1249
Jaroslaw (durch die Heirat der Erbin Maria
mit Feodor I. Rostislawowitsch) an Smolensk.

## 340. Susdal.

Dynastie Ruriks. 1264—1451.
Fürst Wasili I. (Sohn Andreas' I.
von Wladimir) . . . . 1264—?
Alexander . . . . . ?—1333
Constantin . . . . 1333—1354
Andreas . . . . 1354—1365

Dimitri (Großfürst von Nowgorod
1359—1362) . . . . 1365—1383
Wasili II. . . . 1383—1391, †1402
Boris . . . . . 1391—1446?
Daniel . . . . 1446—1451
Susdal mit Moskau vereinigt.

## 341. Twer.

Dynastie Rurik. 1263—1485.
Fürst Jaroslaw III. (Bruder Alexander Newskis von Nowgorod),
zugleich Großfürst von Nowgorod 1263—1272
Michael III. (Großfürst v. Nowgorod
1304) 1272—1319
Dimitri II. (Großf. v. Nowgorod 1325) 1319—1326
Alexander II. (Großfürst v. Nowgorod
1326) 1326—1339

Constantin . . . . . 1339—1346
Michael IV. Alexandrowitsch . . 1346—1399
Iwan Michailowitsch . . . 1399—1426
Alexander III. Iwanowitsch . . 1426
Boris Alexandrowitsch . . . 1426—1461
Michael V. Borissowitsch . . . 1461—1485
Twer mit Moskau vereinigt.

## 342. Kaschin.

Dynastie Ruriks. 1346—1408.
Fürst Wasili I. (Sohn Michaels III.
von Twer) . . . . 1346—1365
Michael Wasiljewitsch . . . 1365—1373

Wasili II. Michailowitsch . . . 1373—1407
Iwan Borissowitsch . . . . 1407—1408
Kaschin mit Moskau vereinigt.

## 343. Borowsk.

**Dynastie Rurik. 1340—1457.**

| | |
|---|---|
| Fürst Andreas (Bruder Iwans II. von Moskau) | 1340—1352 |
| Wladimir Andrejewitsch | 1352—1410 |
| Jaroslaw Wladimirowitsch | 1410—1426 |
| Wasili Jaroslawowitsch | 1426—1457 |

Borowsk mit Moskau vereinigt.

## 344. Kurland.

**I. Dynastie Kettler. 1561—1737.**

| | |
|---|---|
| Herzog Gotthard | 1561—1587 |
| Friedrich | 1587—1639 |
| Jakob | 1639—1682 |
| Friedrich Kasimir | 1682—1698 |
| Friedrich Wilhelm | 1698—1711 |
| Anna (Kaiserin von Rußland 1730) | 1711—1730 † 1740 |
| Ferdinand | 1730—1737 |

**II. Dynastie Biron. 1737—1795.**

| | |
|---|---|
| Ernst Johann | 1737—1740 |
| Karl, Prinz von Sachsen | 1758—1763 |
| Ernst Johann (zum 2. Male) | 1763—1769, † 1772 |
| Peter | 1769—1795, † 1800 |

Kurland vereinigt mit Rußland 1795.

# II. Geistliche Gebiete

## 1. Die Päpste.

### 345. Kirchenstaat.

Bem.: Seit Johann XII., 955, verändern die Päpste bei der Thronbesteigung den Namen. Der in Klammern hinzugesetzte ist der frühere, bezw. Familienname.

| | |
|---|---|
| Petrus | um 40?—64? |
| Linus | 64?—76? |
| Cletus | 76?—88? |
| Clemens I. | 88?—97? |
| [Anacletus?] | |
| Luaristus (Euaristus) | 97?—105? |
| Alexander I. | 105?—115? |
| Sixtus I. | 115?—125? |
| Telesphorus | 125?—136? |
| Hyginus | 136?—140? |
| Pius I. | 140?—155? |
| Anicetus | 155?—166? |
| Soter | 166?—174? |
| Eleutherus | 174?—189 |
| Victor I. | 189—199? |
| Zephyrinus | 199?—217 |
| Calixtus I. | 217—222 |
| Hippolytus, Gegenpapst | 217—235 |
| Urban I. | 222—230 |
| Pontianus | 230—235 |
| Antherus | 235—236 |
| Fabianus | 236—250 |
| Cornelius | 251—253 |
| Novatianus, Gegenpapst | 251?, † 253/8. |
| Lucius I. | 253—254? |
| Stephan I. | 254?—257 |
| Sixtus II. | 257—258 |
| Dionysius | 259—269 |
| Felix I. | 269—274 |
| Eutychianus | 275—283 |
| Cajus | 283—296 |
| Marcellinus | 296—304 |
| Marcellus I. | 307?—309 |
| Eusebius | 309 |
| Melchiades (Miltiades) | 310—314 |
| Sylvester I. | 314—335 |
| Marcus | 336 |
| Julius I. | 337—352 |
| Liberius | 352—366 |
| Felix II., Gegenpapst | 355—365 |
| Damasus I. | 366—384 |
| Ursinus, Gegenpapst | 366—367 |
| Siricius | 384—398 |
| Anastasius I. | 398—401 |
| Innocenz I. | 401?—417 |
| Zosimus | 417—418 |
| Bonifacius I. | 418—422 |
| Eulalius, Gegenpapst | 418—419 |
| Cölestin I. | 422—432 |
| Sixtus III. | 432—440 |
| Leo I. | 440—461 |
| Hilarius | 461—468 |
| Sulpicius (Simplicius) | 468—483 |
| Felix III. | 483—492 |
| Gelasius I. | 492—496 |
| Anastasius II. | 496—498 |
| Symmachus | 498—514 |
| Laurentius, Gegenpapst | 498— um 505 |
| Hormisdas | 514—523 |
| Johann I. | 523—526 |
| Felix IV. | 526—530 |
| Bonifacius II. | 530—532 |
| Dioscorus, Gegenpapst | 530 |
| Johann II. | 532—535 |
| Agapetus I. | 535—536 |
| Silverius | 536—537, † 538? |
| Vigilius | 537—555 |
| Pelagius I. | 555—560 |
| Johann III. | 560—573 |
| Benedict I. | 574—578 |
| Pelagius II. | 578—590 |
| Gregor I., der Große | 590—604 |
| Sabinianus | 604—606 |
| Bonifacius III. | 607 |
| Bonifacius IV. | 608—615 |
| Deodat (Deusdedit) | 615—618 |
| Bonifacius V. | 619—625 |
| Honorius I. | 625—638 |
| Severinus | 638?—640 |
| Johann IV. | 640—642 |
| Theodor I. | 642—649 |
| Martin I. | 649—653, † 655 |
| Eugen I. | 654—657 |
| Vitalianus | 657—672 |

Adeodat . . . 672—676
Donus . . . 676—678
Agatho . . . 678—681
Leo II. . . . 681—683
Benedict II. . . . 683?—685
Johann V. . . . 685—686
Conon . . . 686—687
Sergius I. . . . 686—701
    Paschalis, Gegenpapst . . . 687— um 692
    Theodorus, Gegenpapst . . . 687, †?
Johann VI. . . . 701—705
Johann VII. . . . 705—707
Sisinnius . . . 708
Konstantin I. . . . 708—715
Gregor II. . . . 715—731
Gregor III. . . . 731—741
Zacharias . . . 741—752
(Stephan [II.], nur gewählt . . . 752)
Stephan II. (III.) . . . 752—757
Paul I. . . . 757—767
Konstantin II. . . . 767—768
Philipp . . . 768
Stephan III. (IV.) . . . 768—772
Hadrian I. . . . 772—795
Leo III. . . . 795—816
Stephan IV. (V.) . . . 816—817
Paschalis I. . . . 817—824
Eugen II. . . . 824—827
Valentin . . . 827
Gregor IV. . . . 827—844
Sergius II. . . . 844—847
    Johann, Gegenpapst . . . 844
Leo IV. . . . 847—855
Benedict III. . . . 855—858
    Anastasius, Gegenpapst . . . 855
Nikolaus I. . . . 858—867
Hadrian II. . . . 867—872
Johann VIII. . . . 872—882
Marinus I. (Martin II.) . . . 882—884
Hadrian III. . . . 884—885
Stephan V. (VI.) . . . 885—891
Formosus . . . 891—896
Bonifacius VI. . . . 896
Stephan VI. (VII.) . . . 896—897
Romanus . . . 897
Theodor II. . . . 897
Johann IX. . . . 898—900
Benedict IV. . . . 900—903
Leo V. . . . 903
Christophorus . . . 903—904
Sergius III. . . . 904—911
Anastasius III. . . . 911—913
Lando . . . 913—914
Johann X. . . . 914—928, †929
Leo VI. . . . 928—929
Stephan VII. (VIII.) . . . 929—931
Johann XI. . . . 931—936
Leo VII. . . . 936—939
Stephan VIII. (IX.) . . . 939—942
Marinus II. (Martin III.) . . . 942—946
Agapetus II. . . . 946—955
Johann XII. . . . 955—963, †964
Leo VIII. . . . 963—965
Benedict V. . . . 964—965, †966
Johann XIII. . . . 965—972
Benedict VI. . . . 972—974
Bonifacius VII. . . . 974
Benedict VII. . . . 974—983
Johann XIV. . . . 983—984
Bonifacius VII. (zum 2. Male) . . . 984—985
Johann XV. . . . 986—996

Gregor V. (von Kärnthen) . . . 996—999
    Johann XVI., Gegenpapst . . . 997—998
Sylvester II. (Gerbert) . . . 999—1003
Johann XVII. (Sicco) . . . 1003
Johann XVIII. (Fasano) . . . 1003—1009
Sergius IV. . . . 1009—1012
Benedict VIII. . . . 1012—1024
    Gregor, Gegenpapst . . . 1012
Johann XIX. . . . 1024—1033
Benedict IX. . . . 1033—1045
Gregor VI. . . . 1045—1046, †1047
    Sylvester III., Gegenpapst . . . 1045—1046
Clemens II. (von Moorsleben) . . . 1046—1047
Benedict IX. (zum 2. Male) . . . 1047—1048
Damasus II. . . . 1048
Leo IX. (Graf von Egisheim) . . . 1048—1054
Viktor II. (Graf von Calw) . . . 1055—1057
Stephan IX. (X., von Niederlothringen) . . . 1057—1058
Benedict X. . . . 1058—1059
Nikolaus II. . . . 1059—1061
Alexander II. (von Badagio) . . . 1061—1073
    Honorius (Cadalus), Gegenpapst . . . 1061—1074
Gregor VII. (Hildebrand) . . . 1073—1085
    Clemens (Wibert), Gegenpapst . . . 1080—1100
Viktor III. (Herzog von Capua) . . . 1086—1087
Urban II. (von Lagery) . . . 1088—1099
Paschalis II. . . . 1099—1118
    Theoderich, Gegenpapst . . . 1100, †1102
    Albert, Gegenpapst . . . 1102
    Sylvester IV. (Maginulfus), Gegenp. . . . 1105—1111
Gelasius II. . . . 1118—1119
Calixtus II. (Guido, Gr. v. Burgund) . . . 1119—1124
    Gregor (Burdinus), Gegenpapst . . . 1119—1121
(Cölestin (Theobaldus Buccapecus) . . . 1124)
Honorius II. . . . 1124—1130
Innocenz II. . . . 1130—1143
    Anacletus, Gegenpapst . . . 1130—1138
    Viktor, Gegenpapst . . . 1138
Cölestin II. (Castelli) . . . 1143—1144
Lucius II. (de Caccianemici) . . . 1144—1145
Eugen III. . . . 1145—1153
Anastasius IV. . . . 1153—1154
Hadrian IV. (Breakspear) . . . 1154—1159
Alexander III. (de Bandinelli) . . . 1159—1181
    Viktor (Oktavianus), Gegenpapst . . . 1159—1164
    Paschalis (Guido v. Cremona), Ggpst. . . . 1164—1168
    Calixtus (Johann v. Struma), Ggpst. . . . 1168—1178
    Innocenz (Landus Sitinus), Ggpst. . . . 1179—1180
Lucius III. (Allincigoli) . . . 1181—1185
Urban III. (Crivelli) . . . 1185—1187
Gregor VIII. (von Morra) . . . 1187
Clemens III. (Scolari) . . . 1187—1191
Cölestin III. (Orsini) . . . 1191—1198
Innocenz III. (von Segni) . . . 1198—1216
Honorius III. (Savelli) . . . 1216—1227
Gregor IX. (von Segni) . . . 1227—1241
Cölestin IV. (von Castiglione) . . . 1241
Innocenz IV. (Fiesco) . . . 1243—1254
Alexander IV. (von Segni) . . . 1254—1261
Urban IV. (von Court-Palais) . . . 1261—1264
Clemens IV. (Fulcodi) . . . 1265—1268
Gregor X. (Visconti) . . . 1271—1276
Innocenz V. (aus Tarantaise) . . . 1276
Hadrian V. (Fiesco) . . . 1276
Johann XX. . . . 1276—1277
Nikolaus III. (Orsini) . . . 1277—1280
Martin IV. (von Brion) . . . 1281—1285
Honorius IV. (Savelli) . . . 1285—1287
Nikolaus IV. (Masci) . . . 1288—1292
Cölestin V. (aus Morrone) . . . 1294, †1296
Bonifacius VIII. (Gaetano) . . . 1294—1303
Benedict XI. (Bocasino) . . . 1303—1304

Clemens V. (von Goth) . . . 1305—1314

**Päpste zu Avignon. 1309—1376.**

Johann XXI. (von Vese) . . 1316—1334
 Nikolaus, Gegenpapst . . 1328—1330, †1333
Benedict XII. (Fournier) . . . 1334—1342
Clemens VI. (von Beaufort) . . 1342—1352
Innocenz VI. (von Albret) . . 1352—1362
Urban V. (von Grisac) . . . 1362—1370
Gregor XI. (von Beaufort) 1370—1376 (1378)

### Schisma der Kirche:

| Päpste zu Rom: | zu Avignon: | zu Pisa: |
| --- | --- | --- |
| Gregor XI. (von Beaufort) (1370) 1376—1378 | Clemens (VII., Roger, Gr. v. Genevois) 1378—1394 | |
| Urban VI. (Prignani) 1378—1389 | | |
| Bonifacius IX. (Tomaselli) 1389—1404 | Benedict (XIII., v. Luna) 1394—1416 †1423 | Alexander (V., Peter von Candia) 1409—1410 Johann (XXII., Balthasar) 1410—1415 †1419 |
| Innocenz VII. (v. Meliorati) 1404—1406 | | |
| Gregor XII. (Corrario) 1406—1415 †1419 | | |

Martin V. (Colonna) . . . 1417—1431
 Clemens Magnus, Gegenpapst . 1424—1429
Eugen IV. (Condolmieri) . . 1431—1447
Felix V. (Herzog Amadeus VIII. von Savoyen) . . . 1439—1449
Nikolaus V. (von Sarzana) . 1447—1455
Calixtus III. (Borgia) . . 1455—1458
Pius II. (Äneas Sylvius Piccolomini) . . . . . 1458—1464
Paul II. (Barbi) . . . . 1464—1471
Sixtus IV. (von La Rovere) . 1471—1484
Innocenz VIII. (Cibo) . . 1484—1492
Alexander VI. (Lenzuoli-Borgia) 1492—1503
Pius III. (Todeschini Piccolomini) 1503
Julius II. (von La Rovere) . 1503—1513
Leo X. (Medici) . . . . 1513—1521
Hadrian VI. (Schrevelius) . 1522—1523
Clemens VII. (Medici) . . 1523—1534

Paul III. (Farnese) . . . 1534—1549
Julius III. (Ciocchi dal Monte) 1550—1555
Marcellus II. (Cervino) . . 1555
Paul IV. (Caraffa) . . . 1555—1559
Pius IV. (Medigino) . . . 1559—1565
Pius V. (Ghislieri-Caraffa) . . 1566—1572
Gregor XIII. (Buoncompagno) . 1572—1585
Sixtus V. (Peretti aus Montalto) 1585—1590
Urban VII. (Castagna) . . . 1590
Gregor XIV. (Sfondrati) . . 1590—1591
Innocenz IX. (Fachinetti) . . 1591
Clemens VIII. (Aldobrandini) . 1592—1605
Leo XI. (Medici) . . . . 1605
Paul V. (Borghese) . . . 1605—1621
Gregor XV. (Ludovisi) . . 1621—1623
Urban VIII. (Barberini) . . 1623—1644
Innocenz X. (Pamfili) . . . 1644—1655
Alexander VII. (Chigi) . . . 1655—1667
Clemens IX. (Rospigliosi) . . 1667—1669
Clemens X. (Altieri) . . . 1670—1676
Innocenz XI. (Odescalchi) . . 1676—1689
Alexander VIII. Ottobuoni . . 1689—1691
Innocenz XII. (Pignatelli) . . 1691—1700
Clemens XI. (Albani) . . . 1700—1721
Innocenz XIII. (Conti) . . 1721—1724
Benedict XIII. (XIV., Orsini) . 1724—1730
Clemens XII. (Corsini) . . . 1730—1740
Benedict XIV. (XV., Lambertini) 1740—1758
Clemens XIII. (Rezzonico) . . 1758—1769
Clemens XIV. (Ganganelli) . . 1769—1774
Pius VI. (Braschi) . . 1775—1798, †1799
 Rom Republik . . . . 1798—1799
Pius VII. (Chiaramonti) . . 1800—1809
 Zum Kaiserreich Frankreich gehörig . . . . 1809—1814
Pius VII. (Chiaramonti, z. 2. Male) 1814—1823
Leo XII. (della Genga) . . 1823—1829
Pius VIII. (Castiglione) . . 1829—1830
Gregor XVI. (Capellari) . . 1831—1846
Pius IX. (Mastai-Ferretti) . . 1846—1878
 Rom Republik . . 1849

1870 Aufhören der weltlichen Herrschaft des Papstes: Teile des Kirchenstaats mit den andern Ländern der Halbinsel 1860 zum Königreich Italien vereinigt; Rom und das Patrimonium Petri 1870 Italien einverleibt.

Leo XIII. (Pecci) . . . . 1878—1903
Pius X. (Sarto) . . . . 1903—

---

## 2. Erzbistümer.

Bemerkung. Die mit * bezeichneten deutschen Prälaturen sind reichsunmittelbar gewesen. Die Zahl hinter dem Namen gibt den Rang an.

### 346. * Trier. (2)

Eucherius . . . . 50—73
Valerius . . . . 73—88
Maternus . . . 88—128
Auspicius . . . 129
Celsus . . . ?—142
Felix I. . . . 142
Mansuetus . . . um 164
Clemens . . . 173, †190
Moses . . . um 190
Martin I. . . . um 202
Anastasius . . . um 211
Andreas . . . um 227
Rusticus I. . . . um 235

Auctor I. . . . um 237
Moritz I. (Fabricius) . . . 243, †244
Fortunatus . . . um 247
Cassianus . . . um 257
Marcus I. . . . 262, †273
Navitus . . . 273—282
Marcellus . . . 282—287
[Metropolus]
Severinus . . . (287—308)
Florentius . . . (308—309)
Martin II. . . . (309—310)
Maximinus I. . . . (310—322)
Valentin . . . (322—327)

| | |
|---|---|
| Agritius (Agrippinus) | 314, † 335 |
| Maximinus II. | 335—352 |
| Paulinus | 353—358 |
| Bonosus | 359—365 |
| Britonius (Veteranius) | 365—384 |
| Felix II. | 384—398 |
| Moritz II. | 398—407 |
| Leontius | 407—409 |
| Auctor II. | 409—427 |
| Severus | 428—455 |
| Cyrillus | 455—457 |
| Himerius (Jamblichus) | 457—458 |
| Evemerus | 458—461 |
| Marcus II. | 461—465 |
| Volusianus | 465—469 |
| Miletius | 469—476 |
| Modestus | 476—479 |
| Maximianus | 479—499 |
| Fibicius | 500—526 |
| Aprunculus | 526—527 |
| Nicetius | 527—566 |
| Rusticus II. | 566—573 |
| Magnerich | 573—596 |
| Gundwich | 596—600 |
| Sibald (Sebaudus) | 600—626 |
| Modoald | 626—645 |
| Numerianus | 645—665 |
| Hildulf | 665—671, † 707 |
| Basinus | 671—697, † 706? |
| Ludwin | 697—718 |
| Milo | 718—758 |
| Wermad | 758—791 |
| Richbod | 791—804 |
| Wazo | 804—809 |
| Amalhar | 809—814 |
| Hetto | 814—847 |
| Dietgald (Dietgaud) | 847—868 |
| Hinkmar v. Rheims, Verweser | 864—869 |
| Bertulf | 869—883 |
| Radbod | 883—915 |
| Rutger | 915—930 |
| Ruprecht | 930—956 |
| Heinrich I. | 956—964 |
| Theoderich (Dietrich) I. | 965—977 |
| Egbert, Graf von Holland | 977—993 |
| Ludolf von Sachsen | 994—1008 |
| Adalbert v. Luxemburg, Verw. | 1008 |
| Maingald | 1008—1016 |
| Poppo von Babenberg | 1017—1047 |
| Eberhard von der Pfalz | 1047—1066 |
| Kuno I., Graf von Pfullingen | 1066 |
| Udo, Graf von Nellenburg | 1066—1078 |
| Engelbert, Graf von Rothenburg | 1079—1101 |
| Bruno, Graf von Lausen | 1102—1124 |
| Gottfried | 1124—1127 |
| Meginher, Graf von Vianden | 1127—1130 |
| Sedisvacanz | 1130—1132 |
| Adalbero von Montreuil | 1132—1152 |
| Hillin von Fallemaigne | 1152—1169 |
| Arnold I. von Valancourt | 1169—1183 |
| Vollmar | 1183—1189 |
| Rudolf, Graf von Wied, Gegenbischof | 1183—1189 |
| Johann I. | 1190—1212 |
| Theoderich (Dietrich) II., Graf von Wied | 1212—1242 |
| Arnold II., Graf von Isenburg | 1242—1259 |
| Heinrich II. von Vinstingen | 1260—1286 |
| Bernhard Castenette, Verw. | 1265—1272 |
| Sedisvacanz | 1286—1288 |
| Boemund I. von Warnsberg | 1288—1299 |
| Diether, Graf von Nassau | 1299—1307 |
| Balduin, Graf von Luxemburg | 1307—1354 |
| Boemund II., Graf v. Saarbrücken | 1354—1362 † 1367 |
| Kuno II. von Falkenstein | 1362—1388 |
| Werner von Falkenstein | 1388—1418 |
| Otto, Graf von Ziegenhain | 1418—1430 |
| Jakob I. von Sirk | 1430—1436 |
| Ulrich, Graf v. Manderscheid, Gegenb. | 1430—1436 |
| Rhabanus von Helmstädt | 1430—1439 |
| Jakob I. von Sirk (zum 2. Male) | 1439—1456 |
| Johann II., Markgraf von Baden | 1456—1503 |
| Jakob II., Markgraf von Baden | 1503—1511 |
| Richard von Greiffenklau zu Vollraths | 1511—1531 |
| Johann III. von Metzenhausen | 1531—1540 |
| Johann IV. Ludwig von Hagen | 1540—1547 |
| Johann V., Graf von Isenburg | 1547—1556 |
| Johann VI. von der Leyen | 1556—1567 |
| Jakob III. von Eltz | 1567—1581 |
| Johann VII. von Schönburg | 1581—1599 |
| Lothar von Metternich | 1599—1623 |
| Philipp Christoph von Sötern | 1623—1652 |
| Karl Kaspar von der Leyen | 1652—1676 |
| Johann Hugo, Freiherr von Orsbeck, Coadjutor 1650 | 1676—1711 |
| Karl Joseph, Herzog von Lothringen, Coadjutor 1710 | 1711—1715 |
| Franz Ludwig, Pfalzgraf von Neuburg | 1716—1729 |
| Franz Georg, Graf v. Schönborn | 1729—1756 |
| Johann Philipp, Freiherr von Walderdorf | 1756—1768 |
| Clemens Wenzel, Prinz v. Sachsen | 1768—1802 † 1812 |

Säkularisierung des Erzbistums: der linksrheinische Teil mit Frankreich, der rechtsrheinische mit Nassau vereinigt; 1813 das gesamte Gebiet Preußen einverleibt.

Bischöfe:

| | |
|---|---|
| Karl Manney | 1802—1816 |
| Sedisvacanz | 1816—1824 |
| Joseph von Hommer | 1824—1836 |
| Sedisvacanz | 1836—1842 |
| Wilhelm Arnoldi | 1842—1864 |
| Leopold Pelldram | 1864—1867 |
| Matthias Eberhard | 1867—1876 |
| Michael Felix Korum | 1881— |

### 347.* Mainz. (1)

| | |
|---|---|
| Bischof Crescens | (80—103) |
| Marinus | (103—109) |
| Crescentius | (109—127) |
| Cyriacus | (127—141) |
| Hilarius | (141—161) |
| Martin I. | (161—175) |
| Celsus | (175—197) |
| Lucius | (197—207) |
| Gotthard | (207—222) |
| Sophron | (222—230) |
| Heriger I. | (230—234) |
| Ruther | (234—254) |
| Avitus | (254—276) |
| Ignatius | (276—289) |
| Dionysius | (289—309) |
| Ruprecht (Rudbert) I. | (309—321) |
| Adalhard | (321—323) oder (321—325) |
| Lucius Annäus | (331—350) v. (325—343) |

Martin II. (Maximus) (350—374) v. (343—367)
Sidonius I. . . . (374—393) v. (367—386)
Sigismund . . . (393—398) v. (386—392)
Lupold . . . . (398—415) v. (392—409)
Nicetius . . . . (415—422) v. (409—417)
Marianus . . . (422—433) v. (417—427)
Aureus . . . . (433—454) v. (427—443)
Eutropius . . . (454—457) v. (443—467)
Adalbald (Adelbert I.)
[Rather]
Adalbert I. (II.)
Lantfried
Sidonius II. . . . . . . . .            —589
Siegbert I. (Wilbert) . . . .        589—610
Ludegast (Leonisius) . . . .        610—615
Rudwald (Ludwald) . . . .            615
Lubald (?) . . . . . .            um 625
Siegbert II. (Richbert)
Gerold . . . . . . . . .            —743
Gewielieb (Guinlegus) . . .        743—745
Bonifacius, Erzbischof . . . .      745—754
Lullus, Coadjutor 753 . . . .       755—786
Richolf . . . . . . . .            787—813
Aistulf (Adolf) . . . . .          813—826
Otgar . . . . . . . . .            826—847
Rhabanus Maurus . . . .            847—856
Karl von Aquitanien . . . .        856—863
Liutbert . . . . . . . .            863—889
Sunderold (Sunzo) . . . .          889—891
Hatto I. . . . . . . . .            891—913
Heriger II. . . . . . . .            913—927
Hildebert von Franken . . .        927—937
Friedrich von Lothringen . .        937—954
Wilhelm von Sachsen . . . .        954—968
Hatto II. . . . . . . . .            968—970
Ruprecht (Rudbert) II. . .          970—975
Willigis . . . . . . . .            975—1011
Erkenbold v. Sommereschebura .    1011—1021
Aribo von Hohenwarth . .          1021—1031
Bardo von Oppershofen . .          1031—1051
Liupold I., Graf von Bogen .       1051—1059
Siegfried I. von Eppstein .        1060—1084
Wezilo . . . . . . . . .          1084—1088
Ruthard . . . . . . . .            1088—1109
      Sedisvacanz . . . .        1109—1111
Adalbert II., Gr. v. Saarbrücken   1111—1137
Adalbert III., Gr. v. Saarbrücken  1138—1141
Markolf . . . . . . . .            1141—1142
Heinrich I. Felix aus Harburg .    1142—1153
Arnold aus Seelenhofen . .         1153—1160
Rudolf von Zähringen . . .          1160
Christian I., Graf von Buch .      1160—1161
Konrad I., Graf von Scheyern .     1162—1165
Christian I. (zum 2. Male) . .     1165—1183
Konrad I. (zum 2. Male) . .        1183—1200
Luitpold II. von Schönfeld .       1200—1208
Siegfried II. von Eppstein . .     1200—1230
Siegfried III. von Eppstein .      1230—1249
Christian II. von Bolanden .       1249—1251
Gerhard I., Wild= und Rheingraf    1251—1259
Werner von Eppstein . . . .        1259—1284
      Sedisvacanz . . . .        1284—1286
Heinrich II. Knoderer aus Isny     1286—1288
Gerhard II. von Eppstein . .       1289—1305
Peter Aichspalter . . . .          1306—1320
Matthias, Graf von Buchegg .       1321—1328
Balduin, Graf v. Luxemburg,
      Verweser . . . . .        1328—1337
Heinrich III., Graf v. Virneburg   1328—1346
                              † 1353

Gerlach, Graf von Nassau . .]      1346—1371
  Kuno v. Falkenstein, Coadjutor ] 1346—1353
Johann I., Graf von Luxemburg      1371—1373
Ludwig, Markgraf von Meißen .      1373—1381
Adolf I., Graf von Nassau . .      1381—1390
Konrad II. von Weinsberg . . .     1390—1396
Johann II., Graf von Nassau .      1397—1419
Konrad III., Wildgraf v. Dhaun     1419—1434
Dietrich, Graf von Erbach . .      1434—1459
Diether, Graf von Isenburg=
      Büdingen . . . . .          1459—1463
Adolf II., Gr. v. Nassau, Gegen=
      bischof 1461 . . . . .      1463—1475
Diether, Gr. v. Isenburg (z. 2. Male) 1475—1482
Albrecht I., Herzog von Sachsen    1482—1484
Berthold, Graf von Henneberg .     1484—1504
Jakob, Freiherr von Liebenstein .  1504—1508
Uriel von Gemmingen . . . .        1508—1514
Albrecht II., Markgraf v. Branden=
      burg . . . . . . . .        1514—1545
Sebastian von Heußenstamm . .      1545—1555
Daniel Brendel aus Homburg .       1555—1582
Wolfgang von Dalberg . . .         1582—1601
Johann Adam von Bicken . .         1601—1604
Johann III. Schweikhard von
      Kronberg . . . . . .        1604—1626
Georg Friedrich von Greiffenklau
      zu Vollraths . . . . .      1626—1629
Anselm Kasimir Wambold von
      Umstädt . . . . . .          1629—1647
Johann Philipp von Schönborn .     1647—1673
Lothar Friedrich von Metternich,
      Coadjutor . . . . .        1673—1675
Damian Hartard von der Leyen       1675—1678
Karl Heinrich, Gr. v. Metternich    1679
Anselm Franz von Ingelheim]        1679—1695
  Ludwig Anton, Pfalzgraf v.]
  Neuburg, Coadjutor . .]        1691—1694
Lothar Franz, Freiherr von Schön=
      born, Coadjutor 1694 . . .   1695—1729
Franz Ludwig, Pfalzgraf von Neu=
      burg, Coadjutor 1710 . . .   1729—1732
Philipp Karl, Freiherr von Eltz    1732—1743
Johann Friedrich Karl, Gr. v. Ostein 1743—1763
Emmerich Joseph, Freiherr von
      Breidbach zu Bürresheim .    1763—1774
Friedrich Karl Joseph, Freiherr
      zu Erthal . . . . .          1774—1802
Karl Theodor, Freiherr von Dal=
      berg, Coadjutor 1787 . . .   1802—1803
      Säkularisation des Erzbistums:
das linksrheinische Gebiet an Frankreich, das rechts=
rheinische 1803 zwischen Hessen=Darmstadt und Nassau
geteilt; 1813 Teilung des Ganzen zwischen
      Preußen, Hessen=Darmstadt und Nassau.

Karl Theodor, Freiherr von Dal=
      berg, Kurerzkanzler d. Reiches 1803—1806
Fürstprimas des Rheinbundes        1806—1810
Großherzog v. Frankfurt 1810—1813, † 1817
      Das Großherzogtum Frankfurt 1813 geteilt
      zwischen Bayern und Hessen=Kassel.

Bischöfe:

Joseph Ludwig Colmar . . . .       1802—1818
      Sedisvacanz . . . . .        1818—1829
Veit Burg . . . . . . .            1829—1833
Johann Jakob Humann . . .          1834—1835
Peter Leopold Kaiser . . . .       1835—1848
      Sedisvacanz . . . . .        1848—1850
Wilhelm Emanuel von Ketteler .     1850—1877
      Sedisvacanz . . . . .        1877—1885
Paulus Leopold Haffner . . .       1886—1899
Heinrich Brück . . . . .           1900—1903

## 348. * Köln. (4)

Bischof Maternus I. . . . . 88—128
Paulinus . . . . . . . 128—175?
Marcellinus (?) . . . . . 175?—200?
Aquilinus . . . . . . . 200?—248
Levoldus (?) . . . . . . 248—285
Maternus II. . . . . . 285—315
Euphrates . . . . . . 315—348
Severinus . . . . . . 348—403
Ebergisil I. (?) . 403—418 o. 403—440
Solatius . . . . . . . 440—470
Sunnoväus . . . . . . 470—500
Domitianus . . . . . . um 535
Charentinus . . . . . . um 570
Ebergisil (II.?) . . . . . 580—600?
Remedius . . . . . . . 600?—611?
Solatius . . . . . . . 611?—622
Kunibert, Erzbischof . . . 623—663
Bodatus, Bischof . . . . 663—674
Stephan . . . . . . . 674—680
Adelwin . . . . . . . 680—695
Giso . . . . . . . . 695—708
Anno I. . . . . . . . 708—710
Faramund . . . . . . 710—713
Agilolf . . . . . . . 713—717
Reginfried . . . . . . 718—747
Hildegar . . . . . . . 747—753
Bertholm . . . . . . . 753—763
Rikulf . . . . . . . 763—785
Hildebrand, Erzbischof . . 785—819
Hadebald . . . . . . 819—842
Hilduwin . . . . . . . 842—849?
  Heymian, Verweser . . 843?—849
Hildebert . . . . . . . 849—850
Günther . . . . . 850—864, † 873
  Sedisvacanz . . . . . 864—870
Willibert . . . . . . . 870—889
Hermann I. . . . . . . 890—925
Wigfried . . . . . . . 925—953
Bruno I. von Sachsen . . 953—965
Volkmar . . . . . . . 965—969
Gero (von der Lausitz?) . . 969—976
Warin . . . . . 976—984, † 985
Evergar . . . . . . . 984—999
Heribert, Graf von Rothenburg . 999—1021
Pilgrim . . . . . . . 1021—1036
Hermann II., Pfalzgraf bei Rhein 1036—1056
Anno II. von Steußlingen . . 1056—1075
Hildolf . . . . . . . 1076—1079
Sigewin . . . . . . . 1079—1089
Hermann III. von Nordheim . 1089—1099
Friedrich I. von Kärnthen . . 1099—1131
Bruno II., Graf von Berg . . 1131—1137
Hugo, Graf von Sponheim . . 1037
Arnold I. von Randerath . . 1137—1151
Arnold II., Graf von Wied . . 1151—1156
Friedrich II., Graf von Berg . 1156—1158
Reinald, Graf von Dassel . . 1159—1167
Philipp I., Graf von Heinsberg 1167—1191
Bruno III., Graf von Berg 1191—1193, † 1200
Adolf I., Graf von Altena . . 1193—1205

Bruno IV., Graf von Sayn . 1205—1208
Dietrich I., Gr. v. Heinsberg 1208—1212, † 1224
Adolf I., Graf von Altena, (zum 2. Male) . . . 1212—1215, † 1220
Engelbert I., Graf von Berg . 1216—1225
Heinrich I. von Molenark . 1225—1238
Konrad I., Graf von Hochstaden 1238—1261
Engelbert II., Graf von Falkenburg 1261—1274
Siegfried von Westerburg . . 1275—1297
Wigbold von Holte . . . 1297—1304
Heinrich II., Graf von Virneburg 1304—1332
Walram, Graf von Jülich . . 1332—1349
Wilhelm von Gennep . . . . 1349—1362
Johann, Graf von Virneburg .⎤ 1362—1363
Wilhelm von Schleiden . . .⎦ 1362—1363
Adolf II., Graf von der Mark . 1363—1364
Engelbert III., Graf von der Mark 1364—1369
Kuno von Falkenstein, Erzbischof von Trier, Verweser . . 1369—1370
Friedrich II., Graf v. Saarwerden 1370—1414
Dietrich II., Graf von Mörs . 1414—1463
Ruprecht, Pfalzgraf bei Rhein . 1463—1480
Hermann IV., Landgraf v. Hessen, Verweser 1473 . 1480—1508
Philipp II., Gr. v. Dhaun-Oberstein 1508—1515
Hermann V., Graf v. Wied 1515—1546 † 1552
Adolf III., Graf von Schauenburg, Coadjutor 1535 . . . 1546—1556
Anton, Graf von Schauenburg . 1456—1558
Johann Gebhard I., Graf von Mansfeld . . . 1558—1562
Friedrich IV., Gr. v. Wied 1562—1567, † 1568
Salentin, Gr. v. Isenburg 1567—1577, † 1610
Gebhard II., Truchseß von Waldburg . . . . 1577—1583, † 1601
Ernst, Herzog von Bayern . . 1583—1612
Ferdinand, Herzog von Bayern . 1612—1650
Maximilian Heinrich, Herzog von Bayern . . . . 1650—1688
Joseph Clemens, Herzog v. Bayern 1688—1723
Clemens August, Herzog v. Bayern, Coadjutor 1722 . . . 1723—1761
Maximilian Friedrich, Graf von Königsegg-Rothenfels . . 1761—1784
Maximilian Franz, Erzherzog von Österreich . . . 1784—1801
Anton Viktor, Erzherzog von Österreich (nur gewählt) . 1801—1802, † 1835
  Säkularisierung des Erzbistums:
Köln 1801 zwischen Frankreich, Nassau und Hessen-Darmstadt geteilt, 1814 ganz mit Preußen vereinigt.

### Erzbischöfe:

Sedisvacanz . . . . . 1801—1824
Ferdinand August, Graf von Spiegel zum Desenberg . . . . 1824—1835
Clemens August, Graf von Droste-Vischering . . . 1835—1845
Johann von Geißel, Coadjutor 1841 1845—1864
Paulus Melchers . . . . . 1866—1885
Philipp Krementz . . . . . 1885—1899
Hubert Simar . . . . . 1900—1902
Anton Fischer . . . . . 1902—

---

## 349. Aquileja (Aglei).

Patriarch Hilarius . . . . um 276
Chrysogonus I. . . . . . um 286
Chrysogonus II. . . . . . um 295
Theodor . . . . . . . um 308
Agapetus . . . . . . . um 319
Benedict (?) . . . . . . um 332
Fortunatian . . . . . . um 343

Valerian . . . . . . . 369—388?
Chromatius . . . . . . 388?—407?
Augustinus . . . . . . 407?—434?
Adelphus . . . . . . . 434—442
Maximus I. . . . . . . 442?
Januarius . . . . . . . 442?—447
Secundus . . . . . . . um 451

| | |
|---|---|
| Nicetas | 454—485 |
| Marcellian | 485?—500? |
| Marcellin (viell. = Marcellian?) | 500—503 |
| Stephan I. | um 515 |
| Macedonius | 539—? |
| Paulus | 557—569 |
| Probinus | 569—570 |
| Elias | 571—586? |
| Severus | 586—606/7 |
|    Johannes I., Gegenpatriarch | 606 |
| Candidianus | 606—612? |
| Epiphanius | 612 |
| Cyprian | 613—627? |
|    Marcianus, Gegenpatriarch | 623?—628? |
|    Fortunatus | 628 |
| Primogenius | 630—649? |
| Maximus II. | 649 |
|    Felix | 649—663? |
|    Johannes II. | 663 |
| Stephan II. | um 670 |
| Agatho | 679—680 |
|    Johannes III. | 680—685? |
| Christophorus | 685—698? |
| Petrus I. | 698—700? |
| Serenus | —726? |
| Callistus | um 730 |
| Siguald | 772—776? |
| Paulinus | 776—802 |
| Ursus I. | 802?—811 |
| Manentius | 811—833 |
| Andreas | 834—850? |
| Venantius | 850—855? |
| Theutmar | 855 |
| Lupo I. | 855—875? |
| Valpert | 875—899 |
| Friedrich I. | 901—922 |
| Leo | 922—927 |
| Ursus II. | 928—931 |
| Lupo II. | 932—944 |
| Engelfried | 944—963 |
| Rodoald (Rodolfus) | 963—983/4 |
| Johannes IV. | 984—1017, † 1019 |
| Poppo | 1017—1045 |
| Eberhard | 1045—1049 |
| Gotebold (Godwalt) | 1049—1063 |
| Ravenger | 1063—1068 |
| Sieghard, Graf von Beilstein | 1068—1077 |
| Heinrich | 1077—1084 |
| Friedrich II. (Swatobor) von Mähren | 1084—1085, † 1086 |
| Ulrich I. von Kärnthen | 1086—1121 |
| Gerhard Primiero | 1122—1129? |
|    Sedisvacanz | 1129—1130 |
| Pilgrim I. von Kärnthen | 1130—1161 |

| | |
|---|---|
| Ulrich II., Graf von Treven | 1161—1181 |
| Gottfried | 1182—1195 |
| Pilgrim II. | 1195—1204 |
| Wolfger von Leubrechtskirchen | 1204—1218 |
| Berthold, Herzog von Meran | 1218—1251 |
| Gregor von Montelongo | 1251—1269 |
| Philipp I., Herzog von Kärnthen | 1269—1273 |
| Raimund von Thurn | 1273—1299 |
| Petrus II. Gerra | 1299—1301 |
| Ottobonus von Razzi | 1302—1315 |
| Gaston von Thurn | 1316—1318 |
| Paganus von Thurn | 1319—1332 |
|    Sedisvacanz | 1332—1334 |
| Bertram von St. Genès | 1334—1350 |
| Nikolaus I. von Luxemburg | 1350—1358 |
| Ludwig I. von Thurn | 1359—1365 |
| Marquard von Randeck | 1365—1381 |
| Philipp II., Herzog von Alençon | 1381—1387 |
| Johannes V. Sobieslaw, Markgraf von Mähren | 1387—1394 |
| Anton I. Gaetano | 1394—1402 |
| Anton II. Panciera | 1402—1412 |
|    Anton III. da Ponte, Gegenpatriarch 1409—1418 | |
| Ludwig II., Herzog von Teck | 1412—1439 |

Säkularisierung des Patriarchats:
Aquileja 1420 von Venedig unterworfen, 1516 an Österreich abgetreten.

| | |
|---|---|
| Ludwig III. Scarampi-Mezzarota | 1439—1465 |
| Marcus I. Barbo | 1465—1491 |
| Hermolaus Barbaro | 1491—1493, † 1498? |
| Nikolaus II. Donati | 1493—1497 |
| Dominicus Grimani | 1498—1517, †? |
| Marinus Grimani | 1517—1529 |
| Marcus II. Grimani | 1529—1533, † 1544 |
| Marinus Grimani (zum 2. Male) | 1533—1545 |
| | † 1546 |
| Johannes VI. Grimani | 1545—1550 |
| Daniel I. Barbaro | 1550—1574 |
| Alois Giustiniani | 1574—1585 |
| Johannes VI. Grimani (z. 2. Male) | 1585—1593 |
| Franz Barbaro, Coadjutor 1585 | 1593—1616 |
| Ermolaus Barbaro, Coadjutor 1596 | 1616—1622 |
| Anton IV. Grimani, Coadjutor 1618 | 1622—1628 |
| Augustin Gradenigo | 1628—1629 |
| Marcus III. Gradenigo | 1629—1656 |
| Hieronymus Gradenigo | 1656—1658 |
| Johannes VII. Dolfin (Delfino) Coadjutor 1657 | 1658—1699 |
| Dionysius Dolfin (Delfino) | 1699—1734 |
| Daniel II. Dolfin (Delfino), Coadjutor 1714 | 1734—1752 |

Auflösung des Patriarchats.

Aus dem aufgelösten Patriarchat Aquileja werden die Erzbistümer Görz und Udine errichtet.

## 350. Görz.

Errichtung des Erzbistums 6./7. 1751.

| | |
|---|---|
| Karl Michael von Attems, Fürst 1766 | 1752—1774 |
| Rudolf Joseph von Edling (vertr.) | 1774—1784 † 1804 |
|    Sedisvacanz | 1784—1788 |

Das Erzbistum Görz zum Bistum Görz-Gradiska umgewandelt 8./3. 1787.

| | |
|---|---|
| Franz Philipp von Inzaghi | 1788—1816 |
| Joseph Walland, Erzbischof 27./8. 1830 | 1816—1834 |
| Franz Xaver Luschin | 1835—1854 |
| Andreas Gollmayr | 1855—1883 |
| Aloys Matthias Zorn | 1883— |

## 351. Udine.

Daniel Dolfin (Delfino), vorher
    Patriarch von Aquileja . . . 1752—1762
Bartholomäus Gradenigo, Coad=
    jutor in Aquileja 1734 . . 1762—1765
Johannes Hieronymus Gradenigo 1765—1786
Nikolaus Sagredo . . . . 1786—1792
Petrus Anton Zorzi . . . . 1792—1803
    Sedisvacanz . . . . 1803—1807
Balthasar Rasponi . . . . 1807—1814

Sedisvacanz . . . . . 1814—1818
    Umwandlung in ein Bistum 7./5. 1818.
Gualserius Ridolfi . . . . 1818
Emanuel Lodi . . . . . 1819—1845
Zacharius Bricito, Erzbischof 1846 1846—1851
Joseph Ludwig Trevisanato : . 1852—1862
Andreas Casasola . . . . 1863—1884
Johann Maria Berengo . . . 1884—

## 352. York.

Bischof Eborius . . . . um 314
Samson . . . . . . um 507
Piraunus . . . . . . um 522
Thadiacus . . . . . um 586
Paulinus . . . . . . 625—644
Wilfred I. . . . . . . 644
Ceadda . . . . 644—667, † 672
Wilfred II. . . . . . 667—678
Bosa . . . . . . 678—705
    Wilfred II. (z. 2. Male), Gegenb. 682—692, † 709
Johann von Beverley . . . 705—718
Wilfred III. . . . . . 718—732
Egbert, Erzbischof 735 . . . 732—766
Ethelbert . . . . . 767—780
Eanbald I. . . . . . 780—796
Eanbald II. . . . . . 796—?
Wulfius . . . . . . um 810
Wigmund . . . . . . um 830
Wulfher . . . . . 854—893
Ethelbald . . . . . . 895—?
Rodewald . . . . . um 910
Wulstan I. . . . . . 939—956
Oscytel . . . . . . 956—972
Ethelwald . . . . . . 972
Oswald . . . . . . 972—993
Eadulf . . . . . . 993—1002
Wulstan II. . . . . . 1002—1023
Alfric Puttuc . . . . 1023—1051
Kinsige . . . . . . 1051—1060
Eadred . . . . . . 1060—1069
Thomas I. . . . . . 1070—1100
Gerhard . . . . . . 1100—1108
Thomas II. . . . . . 1109—1114
Thurstan von Bayeux . . . 1114—1140
    Sedisvacanz . . . . 1140—1143
Wilhelm I. Fitzherbert . . . 1143
    Sedisvacanz . . . . 1143—1147
Heinrich I. Murdac . . . 1147—1153

Wilhelm I. Fitzherbert (z. 2. Male) 1153—1154
Roger du Pont l'Evêque . . 1154—1181
    Sedisvacanz . . . 1181—1191
Gottfried I. Plantagenet . . 1191—1212
    Sedisvacanz . . . 1212—1216
Walter I. Gray . . . . 1216—1255
Sewall de Boville . . . 1256—1258
Gottfried II. Ludham . . . 1258—1265
Walter II. Giffard . . . 1266—1279
Wilhelm II. Wigwane . . . 1279—1285
Johann I., der Römer . . 1286—1296
    Sedisvacanz . . . 1296—1298
Heinrich II. Newark . . . 1298—1299
Thomas III. von Cambridge . 1300—1304
    Sedisvacanz . . . 1304—1306
Wilhelm III. Greenfild . . 1306—1315
    Sedisvacanz . . . 1315—1317
Wilhelm IV. von Melton . . 1317—1340
    Sedisvacanz . . . 1340—1342
Wilhelm V. von La Zouche . 1342—1352
    Sedisvacanz . . . 1352—1354
Johann II. Thoresby . . . 1354—1373
Alexander Neville . . . 1374—1392
Thomas IV. Arundel . . . 1388—1396
Robert Waldby . . . . 1396—1398
Richard Lescrope . . . 1398—1405
    Sedisvacanz . . . 1405—1407
Heinrich III. Bowet . . . 1407—1423
    Sedisvacanz . . . 1423—1426
Johann III. Kemp . . . 1426—1452
Wilhelm VI. Bothe . . . 1452—1464
Georg Neville . . . . 1464—1476
Lorenz Bothe . . . . 1476—1480
Thomas V. Scott . . . 1480—1500
Thomas VI. Savage . . . 1501—1507
Cristophorus Bainbrigg . . 1508—1514
Thomas VII. Wolsey . . . 1514—1530
Eduard Lee . . . . . 1530—1544
Nikolaus Heath . . . 1545—1559, † 1579
    Aufhebung des Erzbistums 1559.

## 353. * Salzburg. (1)

Bischof Ruprecht . . . . 582—?
Vitalis
Erkenfried
Ansologus
Ottokar
Flobrigis . . . . . . um 730
Johann I. . . . . . . um 739
Virgilius . . . . . . um 780
Arno, Erzbischof 798 . . . 785—821
Adalram . . . . . . 821—836
Liutprand . . . . . . 836—859
Adalwin . . . . . . 859—873
Adalbert I. . . . . . 873
Dietmar I. . . . . . 873—907
Pilgrim I. . . . . . 907—923
Adalbert II. (Ludebert) . . . 923—935

Egilolf . . . . . . . 935—939
Herold, Graf von Scheyern 939—958, † 984
Friedrich I., Graf von Beilstein . 958—991
Hartwig, Graf von Ortenburg . 991—1023
Günther, Markgraf von Meißen . 1024—1025
Dietmar II. . . . . . . 1025—1041
Balduin . . . . . . . 1041—1060
Gebhard, Graf von Helffenstein . 1060—1088
    Sedisvacanz . . . 1088—1090
Thimo, Graf von Medling . . 1090—1101
    Sedisvacanz . . . 1101—1106
Konrad I., Graf von Abensperg 1106—1147
Eberhard I. v. Hilpoltstein=Biburg 1147—1164
Konrad II., Markgraf v. Österreich 1164—1168
Adalbert III., Herzog v. Böhmen 1168—1177
Konrad III., Graf v. Wittelsbach 1177—1183

| | |
|---|---|
| Adalbert III., Herzog von Böhmen (zum 2. Male) | 1183—1200 |
| Eberhard II. von Truchsen | 1200—1246 |
| Bernhard I., Graf von Ziegenhain | 1247 |
| Philipp, Herzog von Kärnthen | 1247—1256 |
| Ulrich von Seckau | 1256—1265, † 1268 |
| Wladislaw, Herzog von Schlesien-Liegnitz | 1265—1270 |
| Friedrich II. von Walchen | 1270—1284 |
| Rudolf von Hoheneck | 1284—1290 |
| Konrad IV. von Breitenfurt | 1291—1312 |
| Weikhard von Pollheim | 1312—1315 |
| Friedrich III. von Leibnitz | 1315—1338 |
| Heinrich Pyrnbrunner | 1338—1343 |
| Ordulf von Weißeneck | 1343—1365 |
| Pilgrim II. von Puchheim | 1365—1396 |
| Gregor Schenk von Osterwitz | 1396—1403 |
| Eberhard III. von Neuhaus | 1303—1427 |
| Eberhard IV. von Starhemberg | 1427—1429 |
| Johann II. von Reichensperg | 1429—1441 |
| Friedrich IV. Truchseß v. Emmerberg | 1441—1452 |
| Sigismund I. von Volkersdorf | 1452—1461 |
| Burkhard von Weißbrüch | 1461—1466 |
| Bernhard II. von Rohr | 1466—1482 |
| Bernhard III. Peckenschlager | 1482—1489 |
| Friedrich V., Graf v. Schauenburg | 1489—1494 |
| Sigismund II. von Holneck | 1494—1495 |
| Leonhard von Keutschach | 1495—1519 |
| Matthäus Lang von Wellenburg | 1519—1540 |
| Ernst, Herzog von Bayern | 1540—1554 |
| Michael, Graf von Khünburg | 1554—1560 |
| Johann Jakob Khün von Bellasy | 1560—1586 |
| Georg Graf von Khünburg | 1586—1587 |

| | |
|---|---|
| Wolfgang Dietrich von Raitenau | 1587—1612 † 1617 |
| Marcus Sittich, Graf v. Hohenems | 1612—1619 |
| Paris, Graf von Lodron | 1619—1653 |
| Guidobald, Graf von Thun | 1654—1668 |
| Maximilian Gandolf, Graf von Khünburg | 1668—1687 |
| Johann Ernst, Graf von Thun | 1687—1709 |
| Franz Anton, Graf von Harrach | 1709—1727 |
| Leopold Anton, Graf von Firmian | 1724—1744 |
| Jakob Ernst, Graf von Liechtenstein-Castelcorno | 1745—1747 |
| Andreas Jakob, Graf von Dietrichstein | 1747—1753 |
| Sigismund III., Graf v. Schrattenbach | 1753—1771 |
| Hieronymus, Graf von Colloredo | 1771—1803 |

Säkularisierung des Erzbistums: Salzburg weltliches Kurfürstentum.

| | |
|---|---|
| Ferdinand (vorher Großherzog von Toskana) | 1803—1806, † 1824 |
| Mit Österreich vereinigt | 1806—1810 |
| Mit Bayern vereinigt | 1810—1816 |
| An Österreich 1816. | |

### Erzbischöfe:

| | |
|---|---|
| Hieronymus, Graf von Colloredo | 1803—1812 |
| Sedisvacanz | 1812—1816 |
| Leopold Maximilian, Graf von Firmian | 1816—1822 † 1831 |
| Augustin Gruber | 1823—1835 |
| Friedrich, Prinz von Schwarzenberg | 1836—1850 † 1885 |
| Maximilian Joseph von Tarnoczy | 1851—1876 |
| Franz Albert Eder | 1876—1890 |
| Johann Evangelista Haller | 1890—1900 |
| Johann Katschthaler | 1901— |

---

## 354. Canterbury.

| | |
|---|---|
| Erzbischof Augustin | 596—604 |
| Laurentius | 604—619 |
| Mellitus | 619—624 |
| Justus | 624—627? |
| Honorius | 627?—653 |
| Adeodat | 655—664 |
| Theodor von Tarsus | 668—690 |
| Brectwald | 692—730 |
| Taetwin | 731—734 |
| Nothelm | 735—741 |
| Cudbert | 741—758 |
| Bregwin | 759—765 |
| Jaenberht | 766—790 |
| Ethelheard | 790—805 |
| Wulfred | 805—832 |
| Fleogild | 832 |
| Cerlnod | 833—870 |
| Äthelred | 870—889 |
| Plegemund | 891—914 |
| Äthelm | 914—923 |
| Wulfhelm | 923—942 |
| Odo | 942—958 |
| Alfsin | 959 |
| Dunstan | 959—988 |
| Athelgar | 988—989 |
| Sigeric | 990—994 |
| Älfric | 995—1005 |
| Godwin | 1006—1012 |
| Älfstan | 1013—1020 |
| Ethelnod | 1020—1038 |
| Eadsige | 1038—1050 |
| Robert I. von Jumièges | 1050—1052 |

| | |
|---|---|
| Stigand von Winton | 1052—1070 |
| Lanfranc | 1070—1089 |
| Sedisvacanz | 1089—1093 |
| Anselm | 1093—1109 |
| Sedisvacanz | 1109—1114 |
| Radulf von Turbine | 1114—1122 |
| Wilhelm I. von Curbville | 1123—1136 |
| Sedisvacanz | 1136—1139 |
| Theobald | 1139—1161 |
| Thomas I. Bekket | 1162—1170 |
| Sedisvacanz | 1170—1174 |
| Richard I. | 1174—1184 |
| Balduin | 1184—1190 |
| Reginald | 1191 |
| Sedisvacanz | 1191—1193 |
| Hubert Walter | 1193—1205 |
| Sedisvacanz | 1205—1207 |
| Stephan Langton | 1207—1228 |
| Richard II. Weatherfched | 1229—1231 |
| Sedisvacanz | 1231—1234 |
| Edmund von Abben(bing)don | 1234—1240 |
| Sedisvacanz | 1240—1245 |
| Bonifacius von Savoyen | 1245—1270 |
| Sedisvacanz | 1270—1272 |
| Robert II. Kilwardby | 1272—1279 |
| Johann I. Peckham | 1272—1292 |
| Robert III. Winchesley | 1293—1313 |
| Walter Reynolds | 1313—1327 |
| Simon I. von Mepham | 1327—1333 |
| Johann II. Stratford | 1333—1348 |
| Johann III. von Ufford | 1348—1349 |
| Thomas II. Bradwardin | 1349 |
| Simon II. Islib | 1349—1366 |
| Simon III. Langham | 1366—1368 |

Wilhelm II. Wittlesey . . . 1368—1374
Simon IV. Sudbury . . . 1375—1381
Wilhelm III. Courtenay . . 1381—1396
Thomas III. Arundel . . . 1396—1414
Heinrich I. Chilcheley . . . 1414—1443
Johann IV. Stafford . . . 1443—1452
Johann V. Kemp . . . . 1452—1454

Thomas IV. Bourchier . . . 1454—1486
Johann VI. Morton . . . . 1486—1500
Heinrich II. Deane . . . . 1501—1503
Wilhelm IV. Wareham . . . 1503—1532
Thomas V. Kranmer . . . . 1533—1556
Reginald II. Pole . . . . 1556—1558

Aufhebung des Erzbistums.

---

## 355. * Bremen.

Bischof Willehad . . . . 787—789
Willerich . . . . . 789—837
Landerich . . . . . 837—845
  Sedisvacanz 845—849
Ansgar, Erzbischof von Hamburg
  834, von Bremen 849 . . 849—865
Rembert . . . . . 865—888
Adalgar . . . . . 888—909
Hoger . . . . . 909—915
Reginwart 916
Ungi (Unno) . . . 916—936
Adaldag . . . . 936—988
Libentius I. . . . 988—1013
Unwan . . . 1013—1029
Libentius II. . . . 1029—1032
Hermann . . . 1032—1035
Bezelin (Alebrand) . . 1035—1045
Adalbert I., Markgraf v. Sachsen 1045—1072
Liemar (in Bremen) . . . 1072—1101
Humbert . . . 1101—1104
Friedrich I. . . . 1104—1123
Adalbert II. . . . 1123—1148
Hartwig I., Graf von Stade 1148—1168
Balduin I., Graf von Holland 1168—1178
Berthold . . . 1178—1179
Siegfried, Fürst von Anhalt . 1179—1184
Hartwig II. von Utlede . . 1184—1207
Burkhard I., Graf von Stumpenhausen . . . . . 1207—1210
  Waldemar, Prinz von Dänemark,
  Gegenbischof 1208—1212
Gerhard I., Graf v. Wildeshausen 1210—1219
Gerhard II., Graf zur Lippe 1219—1258
Hildebold, Graf von Wunstorf 1258—1273
Giselbert von Bronchorst . . 1273—1306
Heinrich I. von Goltern . . 1306—1307

Florenz von Bronchorst . . . 1307
Bernhard, Graf von Wölpe . . 1307
Jonas (Johann I.) Grand . . 1308—1327
Burkhard II. Grelle . . . 1327—1344
Otto I., Graf von Oldenburg . 1344—1348
Gottfried, Graf von Arnsberg . 1348—1359
Moritz, Graf von Oldenburg,
  Verweser . . . . 1348—1359
Albrecht, Herzog v. Braunschweig-
  Lüneburg . . . . . 1359—1395
Otto II., Herzog v. Braunschweig-
  Lüneburg . . . . . 1395—1406
Johann II. Schlamstorf . . 1406—1421
Nikolaus, Graf von Delmenhorst 1422—1435
Balduin II. von Wenden . . 1435—1441
Gerhard III., Graf von Hoya . 1442—1463
Heinrich II., Graf v. Schwarzburg 1463—1496
Johann III. Rode . . . 1496—1511
Christoph, Herzog v. Braunschweig-
  Lüneburg . . . . . 1511—1558

Evangelische Bischöfe:

Georg, Herzog von Braunschweig-
  Lüneburg . . . . . 1558—1566
Heinrich III., Herzog von Sachsen-
  Lauenburg . . . . . 1567—1585
Johann Adolf, Herzog von Holstein-Gottorp . . . . 1585—1596
Johann Friedrich, Herzog von
  Holstein-Gottorp . . . 1596—1634
Friedrich II., Prinz v. Dänemark 1634—1648
† 1670

Säkularisierung des Erzbistums: Bremen
als Herzogtum mit Schweden vereinigt 1648—1702,
mit Dänemark 1702—1704, mit Schweden 1704—1719,
mit Hannover 1719.

---

## 356. * Magdeburg.

Adalbert . . . . . . 968—981
Giselar . . . . . . 981—1004
Dagino . . . . . 1004—1012
Waltard (Dodico) . . . . 1012
Gero . . . . . 1012—1023
Humfried . . . 1023—1051
Engelhard . . . 1052—1063
Werner von Steußlingen . . 1064—1078
Hartwig, Graf von Ortenburg 1079—1102
  Hartwig (Abt v. Hersfeld), Gegenbisch. 1085—1088
Heinrich I., Graf von Assel . 1102—1107
Adalgod von Osterburg . . 1107—1119
Rudgar, Graf von Veltheim . 1119—1125
Norbert . . . 1126—1134
Konrad I. von Querfurt . . 1134—1142

Friedrich I., Graf von Wettin . 1142—1152
Wichmann, Graf von Seeburg,
  Verweser 1152 . . 1154—1192, † 1194
Ludolf von Koppenstedt . . . 1192—1205
Albrecht I. Graf von Käfernburg 1205—1232
Burkhard I., Graf v. Woldenberg 1232—1235
Wilbrand, Graf von Käfernburg 1235—1254
Rudolf von Dingelstädt . . 1254—1260
Ruprecht, Graf von Mansfeld . 1260—1266
Konrad II., Graf von Sternberg 1266—1277
Günther I., Graf von Schwalen-
  berg . . . . 1277—1279, †?
Bernhard, Graf von Wölpe . 1279—1282
  Sedisvacanz 1282—1283
Erich, Markgraf v. Brandenburg 1283—1295

Burkhard II., Graf v. Blankenburg 1295—1305
Heinrich II., Fürst von Anhalt . 1305—1307
Burkhard III., Graf von Mans=
 feld=Schrapelau . . . 1307—1325
Heidefe von Erffa (Erpitz) . . 1326—1327
Otto, Landgraf von Hessen . . 1327—1361
Dietrich Kagelwit . . . . 1361—1367
Albrecht II., Graf von Sternberg 1367—1372
Peter Gelyto . . . 1372—1381, † 1387
Ludwig, Markgraf von Meißen . 1381—1382
Friedrich II., Graf von Hoym 1382
Albrecht III. von Querfurt . 1382—1403
Günther II., Graf v. Schwarzburg 1403—1445
Friedrich III., Graf v. Beichlingen 1445—1464
Johann, Pfalzgraf von Simmern 1464—1475
Ernst, Herzog von Sachsen 1476—1513
Albrecht IV., Markgraf v. Branden=
 burg . . . . . . 1513—1545

Evangelische Administratoren:
Johann Albrecht, Markgraf von
 Brandenburg . . . . 1545—1551
Friedrich IV., Markgraf v. Branden=
 burg . . . . . 1551—1552
Sigismund, Markgraf v. Branden=
 burg . . . . . 1553—1566
Joachim Friedrich, Markgraf von
 Brandenburg . . 1566—1598, † 1608
Christian Wilhelm, Markgraf von
 Brandenburg . . 1598—1631, † 1665
(Leopold Wilhelm, Erzherzog von
 Österreich . . . . . 1631—1638)
August, Herzog v. Sachsen=Weißen=
 fels . . . . . . 1638—1680

Säkularisierung des Erzbistums: Magdeburg
mit Brandenburg vereinigt 1680 als Herzogtum.

## 3. Bistümer.

### 357. * Passau. (16)

Lorenz I., Bischof von Lorch (47?)
(Theodor I.)
Hermagoras
Lorenz II.
Syrus
Eventius (Inventius)
Florian . . . . † 230
Jerardus . . . . um 250
Eleutherius (Eutharius) . . um 268
Quirinus
Maximilian . . . . † 289
 Sedisvacanz . . . 289—427
Konstantin . . . 427?—487?
Theodor I. (II.) . . 487?—524?
Johann I. . . . 524?—570?
Erkenfried . . . 570?—615?
Philo . . . . 615?—659?
Otger . . . 659?—?
Bruno (I.) . . . ?—698?
Romanus . . . ?
(Bruno II.) . . . ?
Theodor II. . . . ?—722?
Vivilo, Bischof von Passau 722? o. 739—745
Beatus . . . 745—749
Sidonius . . . 749—756
Anthelm . . . 756—765
Wiferich . . . 765—774
Walderich . . . 774—804
Urolf . . . 804—806
Hatto . . . 806—817
Reginar (Reginher) I. . . 818—838
 Sedisvacanz . . . 838—840
Hartwig . . . 840—866
Hermanrich . . . 866—874
Engelmar . . . 874—897
Winerhind (Winechind, Wiching) 898—899
Richard . . . 899—903
Burkhard . . . 903—915
Gumbold . . . 915—931
Gerhard . . . 931—946
Adalbert . . . 946—970
Pilgrim von Pechlarn . . 970—991
Christian . . . 991—1013
Berengar (Bruno) . . 1013—1045
Engelbert . . . 1045—1065
Altmann . . . 1065—1091

Hermann, Herzog von Kärnthen,
 Gegenbischof . . . . 1078—1087
Thimo, Gegenbischof . . 1087—1089
Ulrich I. von Höft . . . 1092—1121
Reginar (Reginher) II. . . 1121—1138
Reginbert von Hagenau . . 1138—1148
Konrad I., Markgraf v. Österreich 1148—1164
Ruprecht I. . . . 1164—1166
Albero . . . 1166—1168
Heinrich, Graf von Berg . 1169—1172
Theobald (Diepold), Graf v. Berg 1172—1190
Wolfgar von Leubrechtskirchen . 1191—1204
Poppo . . . 1204—1206
Mangold, Graf von Berg . 1206—1215
Ulrich II. von Andechs=Dießen . 1215—1221
Gebhard I., Graf von Plaien=
 Hardeck . . . . 1222—1232, †?
Rüdiger von Radeck . . . 1233—1250
Konrad II. von Polen . . . 1250
Berthold, Graf von Sigmaringen 1250—1254
Otto von Lonstorf . . . 1254—1265
Wladislaw, Herzog von Schlesien 1265
Peter Wratislaw . . . 1265—1280
Wichard von Pollheim . . 1280—1282
Gottfried I. . . . . 1282—1285
Bernhard von Brambach . . 1285—1313
Gebhard II. Walser . . . } 1313—1315
Albrecht I., Erzherzog v. Österreich } 1313—1315
 Sedisvacanz . . . 1315—1320
Albrecht II., Herzog von Sachsen 1320—1342
Gottfried II. von Weißeneck . 1342—1362
Albrecht III. von Winkel . . 1363—1380
Johann II. von Scharffenberg . 1381—1387
Hermann Digni . . . } 1387—1388
Ruprecht II., Graf v. Jülich u. Berg } 1387—1390
Georg I., Graf von Hohenlohe . } 1387—1423
Leonhard von Laiming . . 1423—1451
Ulrich III. von Nußdorf . . 1451—1479
Georg II. Hasler . . . 1479—1482
Friedrich I. Mauerkirchner . 1482—1485
Friedrich II., Graf von Öttingen 1485—1490
Christoph Schachner . . . 1490—1500
Vigileus Fröschl . . . 1500—1516
Ernst, Herzog von Bayern . 1517—1540
Wolfgang I., Graf von Salm . 1540—1555
Wolfgang II. von Klosen . . 1555—1561

Urban von Trenbach . . . . 1561—1598
Maximilian Ernst, Erzherzog von
   Österreich 1598—1604
Leopold, Erzherzog von Österreich 1605—1625
Leopold Wilhelm, Erzherzog von
   Österreich 1625—1662
Karl Joseph, Erzherzog v. Österreich 1662—1664
Wenzel, Graf von Thun . . . 1664—1673
Sebastian von Pötting . . . 1673—1689
Johann Philipp, Graf v. Lamberg 1689—1712
Raimund Ferdinand, Graf von
   Rabatta . . . . . 1713—1722
Joseph Dominicus, Graf v. Lam-
   berg . . . . . . 1723—1761
Joseph Maria, Graf von Thun-
   Hohnstein . . . . 1761—1763

Leopold Ernst Joseph, Graf von
   Firmian 1763—1783
Joseph Franz Anton, Fürst von
   Auersperg . . . . 1783—1795
Thomas, Graf von Thun . . 1795—1796
Leopold, Graf v. Thun-Hohnstein 1797—1803

Säkularisierung des Bistums: Passau 1803 an
Bayern und Salzburg verteilt, 1805 mit Bayern vereinigt.

Bischöfe:
Sedisvacanz . . . . . 1803—1817
Leopold, Graf v. Thun-Hohnstein (z. 2. M.) 1817—1826
Karl Joseph Riccabona von Reichenfels 1827—1839
Heinrich von Hofstätter . . . 1840—1875
Joseph Franz Weckert . . . 1876—1889
Antonius von Thoma . . . 1889—1890
Michael von Rampf . . . . 1890—1901
Antonius von Henle . . . . 1901—

## 358. Trieft.

Hyacinth I. . . . . . . um 70
Primus . . . . . . . † 120
Martin . . . . . . . um 148
Sebastian . . . . . um 300
Frugiferus . . . . . um 546
Germinianus (?) . . . . um 568?
Severus I. . . . . . 580—601
Firmius . . . . . . um 602
Gaudentius . . . . . um 680
Johann I. . . . . . um 759
Mauritius . . . . . um 766
Fortunatus . . . . . 790?—802
Hildeger . . . . . . 802—814
Welderich . . . . . 814—?
Heimbert . . . . . ?—827
Severus II. . . . . 827—?
Taurinus . . . . . 909?—911
Radald . . . . . . um 929
Johann II. . . . . (944) 949—986
Richulf . . . . . ] 1006—1017
Johann III. Rudolf . . ] 1015—1017
Adalgar . . . . . 1031—1039
Heribert . . . . . 1050—1082
Herinicius . . . 1106—1114 (1118)
Hartwig . . . . . 1115
Dietmar . . . . . 1134—1141
Bernhard I. (Wernand) . 1141—1152
Bernhard II. (Werner) . 1152—1186
Heinrich I. . . . . 1186—1188
Leuthold . . . . . 1188—1190
Wolfgang (Voscalus) . 1190—1200
Heinrich II. Rapizza . 1200—1203
Wigbald (Ubald) . . . 1203—1209?
Gebhard I. . . . . 1209?—1211
Konrad Bojani von Pertica . 1212—1232
Leonhard I. . . . . 1232—1233
Bernhard III. von Cucagna . 1233—1234
Gebhard II. Arangone 1234—1236
Johann IV. . . . . 1236—1237
Ulrich von Portis . . 1237—1253
Leonhard II. . . . . 1253—1254
Aolenz von Wocisperch . 1254—1255
Gregor I. . . . . 1255—1259
Leonhard III. . . . . 1260—1261
Arlogno von Viscogni . 1261—1281
Volkwin (Alwin) von Portis . 1281—1286
Brissa di Topo . . . 1286—1299
Johann V. von Thurn . 1299—1300
Heinrich III. Rapizza . 1300—1303
Rudolf I. von Pedrazzano . 1303—1304

Rudolf II. Morandino de Castello
   Rebecco . . . . . 1304—1320
Justus . . . . . . ] 1320—1322
Guido von Villalto . . ] 1320—1322
Gregor II. v. Luca, Verweser 1322—1327
Wilhelm . . . . . 1328—1330
Paschalis von Vedano . . 1330—1341
(Johann aus Cremona, erwählt . 1341)
Franz I. Amerino . . . 1342—1346
Ludwig I. von Thurn . . 1347—1350
Anton I. Negri . . . 1350—1369
Angelus aus Chioggia . . 1369—1383
Heinrich IV. von Wildenstein . 1383—1396
Simon Saltarello . . . 1396—1408
Johann VI. Tripoli . . 1408—1409
Nikolaus I. von Carturi . 1409—1417
Jakob I. Bellardi . . . 1417—1424
Martin Coronini . . . 1424—1441
Nikolaus II. Aldegardi . 1441—1447
Aeneas Sylvius Piccolomini 1447—1450, †1464
Ludwig II. von Thurn . 1450—1451
Anton II. Goppo . . . 1451—1487
Achaz von Sebriach . 1487—1500
Lucas I. von Renaldio . 1500—1501
Peter Buonuomo . . . 1501—1546

Säkularisierung des Bistums:
Trieft 1516 mit Österreich vereinigt.

Franz II. Rizzanio . . . 1547—1549
Anton III. Pereguez . . . 1549—1558
Sedisvacanz . . . . 1558—1560
Johann VII. Betta . . . 1560—1565
Andreas Rapizza . . . 1566—1573
Hyacinth II. Frangipani . 1574
Nikolaus III. von Corret . 1575—1595
Johann VIII. Bogorino (Wagenring) . 1595—1597
Orsini von Berti . . . 1597—1621
Reinald Scarlichi . . . 1621—1630, †1640
Pompejus Coronini von Cronberg . 1631—1646
Anton IV. von Marenzi . 1646—1662
Franz III. Maximilian Vaccani . 1663—1672
Jakob II. Ferdinand Gorizutti 1672—1691
Johann IX. Franz Miller . 1692—1720
Wilhelm von Leslie, Coadjutor 1711—1718
Johann Joseph Anton del Mestri, Co-
   adjutor 1718 . . . 1720—1721
Sedisvacanz . . . . 1721—1723
Lucas II. Sertorius del Mestri 1723—1739
Joseph Leopold Hannibal von Petazzi 1740—1760
Anton V. Ferdinand von Herberstein 1760—1774
Franz IV. Philipp von Inzaghy . 1775—1791
Siegmund Anton von Hohenwart . 1791—1794
Sedisvacanz . . . . 1794—1796
Ignaz Cajetan von Busett-Feistenberg 1796—1803
Sedisvacanz . . . . 1803—1822
Anton VI. Leonardis . . 1822—1830

| | | | |
|---|---|---|---|
| Matthäus Raunicher | . . . . | 1832—1846 | Johann Glawina . . . . . 1882—1895, † 1899 |
| Bartholomäus Legat | . . . . | 1847—1875 | Andreas Maria Sterk . . . . 1896—1901 |
| Gregor Dobrila | . . . . . | 1875—1882 | Franz Xaver Nagl . . . . . 1902— |

### 359.* Conftanz (8).

| | | |
|---|---|---|
| Beatus . . . . . . . | um 82 |
| Patrius . . . . . . . | ? |
| Lando . . . . . . . | ? |
| Bubulcus . . . . . | 517—534 |
| Cromatius . . . . . | 534—552 |
| Maximus . . . . . | 552—583 |
| Rudolf I. (Rudilo) . . | 583—589 |
| Urfinus . . . . . | 589—606 |
| Gaudentius . . . . | 606—613 |
| Sedisvacanz . . . . . | 613—615 |
| Johann I. . . . . . | 615—632 |
| Martianus . . . . | 632—642 |
| Bofo . . . . . . | 642—676 |
| Gangulf . . . . . | 676—681? |
| Fidelis . . . . . | 681?—689? |
| Theobald (Theodor) . . | 689?—708 |
| Audoin . . . . . | 708—736 |
| Rudolf II. . . . . | 736—739 |
| Ehrenfried . . . . | 739—748 |
| Sidonius . . . . | 748—760 |
| Johann II. . . . . | 760—781 |
| Egino . . . . . | 781—811 |
| Wolfleoz . . . . | 811—839 |
| Salomo I. . . . . | 839—871 |
| Patecho . . . . . | 871—873 |
| Gebhard I. . . . . | 873—875 |
| Salomo II. . . . . | 875—890 |
| Salomo III. von Ramfchwag | 891—920 |
| Nothing von Veringen . . . | 920—934 |
| Konrad I. von Altorf . . | 935—975 |
| Gaminolf . . . . | 976—980 |
| Gebhard II., Graf von Bregenz | 980—995 |
| Lambert . . . . . | 996—1018 |
| Ruthard . . . . . | 1018—1022 |
| Haimo (Anno, Aloys) . . | 1022—1026 |
| Warmund, Graf von Dillingen . | 1026—1034 |
| Eberhard I., Graf von Kyburg=Dillingen . . . . . | 1034—1046 |
| Dietrich . . . . . | 1047—1051 |
| Rumold von Bonftetten . . | 1051—1069 |
| Karlmann, Landgraf v. Thüringen | 1069—1071 |
| Otto I. von Lierheim . | 1071—1080, † 1086 |
| Berthold I. . . . . | 1080—1084 |
| Ruprecht, Gegenbifchof | 1080—1084 |
| Gebhard III., Herzog v. Zähringen | 1082—1095 |
| Arnold, Graf von Heiligenberg . | 1086—1103 |
| Sedisvacanz | 1103—1105 |
| Gebhard III., Herzog von Zähringen (zum 2. Male) . . | 1105—1110 |
| Ulrich I., Graf von Kyburg=Dillingen . . . . . | 1110—1127 |
| Ulrich II., Graf von Caftell | 1127—1139, † 1140 |
| Hermann I. von Arbon . . | 1139—1166 |
| Otto II., Graf von Habsburg . | 1166—1174 |
| Berthold II. von Bußnang . | 1174—1183 |
| Hermann II. von Fridingen . | 1183—1189 |
| Diethelm von Krenkingen . . | 1190—1206 |
| Werner von Staufen . . | 1206—1209 |
| Konrad II. von Tegernfeld . | 1209—1233 |
| Eginolf von Urach, Gegenbifchof | 1232 |
| Heinrich I. von Waldburg=Thann | 1233—1248 |
| Eberhard II. v. Waldburg=Thann | 1248—1274 |
| Rudolf III., Graf von Habsburg=Laufenburg . . . . . | 1274—1293 |

| | | |
|---|---|---|
| Friedrich I., Graf von Hohenzollern | 1293. † ? |
| Heinrich II. von Klingenberg . | 1293—1306 |
| Gerhard von Benars . . . | 1306—1318 |
| Rudolf IV., Graf von Montfort=Feldkirch . . . . . | 1318—1333 |
| Otto, Gegenbifchof . . . | 1323 |
| Nikolaus I. von Krentzingen . . | 1334—1344 |
| Ulrich III. Pfefferhart . . | 1344—1351 |
| Johann III. von Windeck . . | 1351—1356 |
| Ulrich IV. von Fridingen . . | 1356 |
| Heinrich III. von Brandis . . | 1356—1383 |
| Leopold v. Bebenburg, Gegenbifchof | 1356—1357 |
| Mangold von Nellenburg . | 1384 |
| Nikolaus II. von Riefenburg . | 1384—1387 |
| Burkhard I. von Höwen . . . | 1387—1398 |
| Friedrich II., Graf v. Nellenburg | 1398, † 1399 |
| Marquard von Randeck . . | 1398—1407 |
| Heinrich, Gegenbifchof . . . | 1400—1407 |
| Adalbert Blarer von Giersperg . | 1407—1411 † 1441 |
| Otto III., Markgraf von Baden=Hachberg=Röteln . . . | 1411—1434 |
| Friedrich III., Graf von Hohenzollern . . . . . | 1434—1436 |
| Heinrich IV. von Höwen . . | 1436—1462 |
| Burkhard II. von Randeck . | 1462—1466 |
| Hermann III. v. Breitenlandenberg | 1466—1474 |
| Ludwig von Freiberg, Gegenb. 1472 | 1474—1479 † 1484 |
| Otto IV., Graf von Sonnenberg, Gegenbifchof 1475 | 1479—1490 |
| Thomas Berlower . . . | 1490—1496 |
| Hugo von Hohenlandenberg . | 1496—1529 |
| Balthafar Merklin . . . | 1530—1531 |
| Hugo v. Hohenlandenberg (z. 2. Male) | 1531—1532 |
| Johann IV., Graf von Lupfen | 1532—1537, † ? |
| Johann V. von Weza . . . | 1537—1548 |
| Chriftoph Metzler von Andelberg | 1548—1561 |
| Marcus Sittich, Graf v. Hohenems | 1561—1589 † 1595 |
| Andreas, Erzherzog v. Öfterreich=Burgau . . . . . | 1589—1600 |
| Johann Georg von Hallwyl . | 1601—1604 |
| Jakob, Graf von Fugger . . | 1604—1626 |
| Sixtus Werner von Praßberg und Alten=Summerau . . . | 1626—1627 |
| Johann VI., Truchfeß v. Waldburg | 1628—1644 |
| Johann Franz I. von Praßberg und Alten=Summerau . . | 1645—1689 |
| Marquard Rudolf von Rodt . | 1689—1704 |
| Johann Franz II. Schenk von Stauffenberg . . . . | 1704—1740 |
| Damian Hugo, Graf v. Schönborn | 1740—1743 |
| Kafimir Anton von Sickingen . | 1743—1750 |
| Franz Konrad von Rodt . . | 1750—1775 |
| Maximilian Chriftoph von Rodt | 1775—1800 |
| Karl Theodor, Freiherr v. Dalberg | 1800—1803 |

Säkularifierung des Bistums: Conftanz
mit Baden vereinigt 1803.

#### Bifchöfe:

| | |
|---|---|
| Karl Theodor, Freiherr von Dalberg . | 1803—1817 |
| Ignaz Heinrich von Weffenberg=Ampringen, Verwefer . . . | 1817—1827 |

**Erzbischöfe von Freiburg:**

| | | | |
|---|---|---|---|
| Bernhard Johann Heinrich Boll | 1827—1836 | Johann Baptist Orbin | 1882—1886 |
| Ignaz Anton Demeter | 1836—1842 | Johann Christian Roos | 1886—1896 |
| Hermann von Vicari | 1842—1868 | Georg Ignaz Komp | 1898 |
| Sedisvacanz | 1868—1882 | Thomas Nörber | 1898— |

## 360. Besançon.

| | | | |
|---|---|---|---|
| Ferreolus | 180?—211? | Walter II. | 1162—1163 |
| Linus | ? | Herbert (Schismatiker) | 1163—1170 |
| Antidius I. | um 267 | Eberhard | 1171—1180 |
| Germanus | ? | Theoderich II. von Montfaucon | 1180—1191 |
| Maximinus | † vor 304 | Stephan von Vienne | † 1193 |
| Paulinus | † um 310 | Amadeus von Dramelay | 1197—1220, †? |
| Eusebius | ? | Gerhard I. von Rougemont | 1221—1225 |
| Hilarius | ? | Johann I. Allegrin | 1225—1227 |
| Pancratius | † um 353 | Nikolaus von Flavigny | 1227—1235 |
| Justus | um 362 | Gottfried II. | 1236—1241 |
| Aignanus | † um 374 | Johann II. | 1242—1244, †? |
| Sylvester I. | 376—396? | Wilhelm II. von La Tour | 1245—1268 |
| Fronimius | ? | Odo von Rougemont | 1269—1301 |
| Desideratus | ? | Hugo V. von Châlons | 1301—1312 |
| Leontius | ?—443, †? | Vitalis II. von Vienne | 1312—1333 |
| Chelidonius | † 451? | Hugo VI. von Vienne | 1334—1355 |
| Antidius II. | ? | Johann III. von Vienne | 1355—1361 |
| Chelmegisel | ? | Ludwig von Montfaucon | 1361—1362 |
| Claudius I. | um 517 | Aimo von Villersexel | 1362—1370 |
| Urbicus | um 549 | Wilhelm III. von Vergy | 1371—1391, † 1404 |
| Tetradius I. | um 560 | Gerhard II. von Athies | 1391—1404 |
| Sylvester II. | um 580 | Theobald | 1405—1429 |
| Vitalis I. (?) | ? | Johann IV. von La Rochetaillé | 1429—1437 |
| Nicetius | † um 611 | Franz I. Condolmer | 1437—1438, † 1453 |
| Protadius | 614?—624? | Johann V. von Norry | 1438 |
| Donatus | † 660 | Quentin Ménart | 1438—1462 |
| Migetius | ? | Karl von Neufchâtel | 1463—1498 |
| Ternatius | † um 680 | Franz II. von Busleiden | 1498—1502 |
| Gervasius | um 680—? | Anton I. von Vergy | 1502—1541 |
| Claudius II. | † 693? | Peter von La Baume | 1542—1544 |
| Felix | um 710 | Claudius III. von La Beaume | 1544—1584 |
| Tetradius II. | † 732 | Anton II. von Perrenot | 1584—1586 |
| Albo | um 742 | Ferdinand von Rye | 1586—1636 |
| Wandelbert | ? | Franz von Rye, Coadjutor | 1636—1637 |
| Evrald | ? | Claudius IV. von Achey | 1637—1654 |
| Arnoul | ? | Karl Emanuel von Gorrevot | 1654—1659 |
| Herväus | ? | Johann Jacob Fauche | 1659—1662 |
| Gedeon | † 796 | Anton Peter I. von Gramont | 1662—1698 |
| Bernoin | † 829 | Franz Joseph von Gramont | 1698—1717 |
| Amalwin | um 840 | Renatus v. Mornay-Montchevrieul | 1717—1721 |
| Arduicus | um 872 | Honoratus Franz von Grimaldi | 1724—1731 |
| Theoderich I. | † nach 894 | Anton Franz von Bliterswick-Moncley | 1732—1734 |
| Berengar | um 927 | Anton Peter II. von Gramont | 1735—1754 |
| Gottfried I. | um 953 | Anton Clairou v. Choiseul-Beaupré | 1755—1774 |
| Guido | um 983 | Raimund Durfort | 1774—1791, † 1792 |
| Guichard | ? | Claudius V. Lecoz | 1802—1815 |
| Leutald | 990?—? | Gabriel Cortois von Pressigny | 1817—1823 |
| Hektor | 1010?—? | Paul Ambrosius Frère von Villafrancon | 1823—1828 |
| Walter I. | † um 1031 | Ludwig Franz August von Rohan-Chabot | 1828—1833 |
| Hugo I. von Salins | † 1066 | Valtin Dubourg | 1833 |
| Hugo II. von Montfaucon | † 1085 | Joseph Maria Hadrian Mathieu | 1834—1875 |
| Hugo III. von Burgund | 1085—1101 | Peter Anton Justin Paulinier | 1875—1881 |
| Hugo IV. | 1102—1107 | Joseph Alfreg Foulon | 1882— |
| Wilhelm I. von Arguel | 1109?—1117, †? | | |
| Anserich von Montréal | 1117—1134 | | |
| Humbert | 1134—1162, † 1162 | | |

## 361.* Augsburg (9).

| | |
|---|---|
| Narcissus | 304—305 |
| Dionysius | 305—? |

Infolge der Eroberung Augsburgs durch die Alemannen (361), dann durch die Franken Eingehen des Bistums. Wiedereröffnung im 6. Jahrhundert.

| | |
|---|---|
| Zosimus | 582—600 |
| Beowulf | 600—614 |
| Dagobert | 614—629 |
| Manno | 629—649 |
| Wicho | 649—667 |
| Bricho | 667—687 |
| Zeiso | 687—708 |
| Markmann | 708—738 |
| Wigbert | 738—755 |
| Thosso | 755—778 |
| Simpert, Herzog von Bayern | 778—809 |
| Hanto (Hatto) | 809—815 |
| Nidgar (Nerdegar) | 815—830 |
| Udalmann | 830—840 |
| Lanto | 840—858 |
| Witgar | 858—887 |
| Adalbero, Graf von Dillingen | 887—909 |
| Hiltin | 909—923 |
| Ulrich I., Graf von Dillingen | 923—973 |
| Heinrich I., Graf von Geisenhausen | 973—982 |
| Eticho der Welfe | 982—987 |
| Ludolf (Luitold), Gr. v. Hohenlohe | 987—996 |
| Gebhard von Ammerthal | 996—1000 |
| Siegfried I. | 1000—1006 |
| Bruno, Herzog von Bayern | 1006—1029 |
| Eberhard I. (Eppo) | 1029—1047 |
| Heinrich II. | 1047—1063 |
| Emicho (Emmerich), Graf von Leiningen | 1064—1077 |
| Siegfried II. von Dornberg | 1077—1096 |
|  Wighold, Gegenbischof | 1077—1088 |
|  Werner, Gegenbischof | 1088 |
|  Eckard, Gegenbischof | 1088 |
|  Eberhard, Gegenbischof | 1093—1094 |
| Hermann, Graf von Wittelsbach | 1096—1133 |
| Walter I., Graf v. Dillingen | 1133—1150, †1154 |
| Konrad von Hirscheck | 1150—1167 |
| Hartwig I. von Lierheim | 1167—1184 |
| Udalschalk, Graf von Eschenlohe | 1184—1202 |
| Hartwig II. von Hürnheim | 1202—1208 |
| Siegfried III. von Rechberg | 1208—1227 |
| Sibod von Seefeld | 1227—1249, † 1262 |
| Hartmann, Graf von Dillingen | 1250—1286 |
| Siegfried IV. von Algishausen | 1286—1288 |
| Wolfhard von Roth-Wackerwitz | 1288—1302 |
| Degenhard von Hellenstein | 1302—1307 |
|  Sedisvacanz | 1307—1309 |
| Friedrich I. Späth von Vaihingen | 1309—1331 |
| Ulrich II. von Schöneck | 1331—1337 |
| Heinrich III. v. Schöneck | 1337—1348, † 1368 |
| Marquard I. von Randeck | 1348—1365 |
| Walter II. von Hochschlitz | 1366—1369 |
|  Sedisvacanz | 1369—1371 |
| Johann I. Schadland | 1371—1373 |
| Burkhard von Ellerbach | 1373—1404 |
| Eberhard II., Graf von Kirchberg | 1404—1413 |
| Anselm von Nemingen | 1413—1423 } |
| | † 1428 |
| Friedrich II. von Grafeneck | 1414—1423 } |
| Peter, Graf von Schauenburg | 1424—1469 |
| Johann II., Graf von Werdenberg | 1469—1486 |
| Friedrich III., Graf von Hohenzollern | 1486—1505 |
| Heinrich IV. von Lichtenau | 1505—1517 |
| Christoph, Graf von Stadion | 1517—1543 |
| Otto, Truchseß von Waldburg | 1543—1573 |
| Johann Egolf von Knörringen | 1573—1575 |
| Marquard II. von Berg | 1575—1591 |
| Johann Otto von Gemmingen | 1591—1598 |
| Heinrich V. von Knörringen | 1598—1646 |
| Sigismund Franz, Erzherzog von Österreich | 1646—1665 |
| Johann Christoph von Freyberg | 1665—1690 |
| Alexander Sigismund, Pfalzgraf von Neuburg | 1690—1737 |
| Johann Franz, Schenk von Staufenberg, Coadjutor 1713 | 1737—1740 |
| Joseph, Landgraf von Hessen-Darmstadt | 1740—1768 |
| Clemens Wenzel, Prinz v. Sachsen | 1768—1803 |
| | † 1812 |

Säkularisierung des Bistums: Augsburg 1803 mit Bayern vereinigt.

Bischöfe:

| | |
|---|---|
|  Sedisvacanz | 1803—1816 |
| Karl Franz, Prinz von Hohenlohe-Schillingsfürst | 1816—1819 |
|  Sedisvacanz | 1819—1821 |
| Joseph Maria, Frhr. von Frauenberg | 1819—1824 † |
| Ignaz Albert von Riegg | 1824—1836 |
| Peter Richarz | 1836—1855 |
| Michael Ignaz Deinlein | 1856—1858 † |
| Pancratius Dinkel | 1858—1894 |
| Petrus von Hötzl | 1895—1902 |
| Maximilian von Lingg | 1902— |

## 362.* Lüttich (20).

| | |
|---|---|
| Maternus | um 313 |
| Servatius | um 338 |
| Falko | um 500 |
| Domitian | 535—549 |
| Monulf | um 558 |
| Gondulf | um 590 |
| Betulf | 614—623 |
| Johann I. | 627?—647? |
| Amandus | 647?—650? |
| Remaclus | 652?—662? |
| Theod(o)ard | 662?—669? |
| Lambert | 669?—708 |
| Hubert | 708—727 |
| Floribert I. | 727—746 |
| Fulcherus | 747?—765 |
| Agilfried | 765—784? |
| Gerobald | 784?—809 |
| Walkand | 810—836 |
| Pirard | 836—840 |
| Hirchar | 841—855 |
| Franco | 856—903 |
| Stephan | 903—920 |
| Richhar (Richard) | 920—945 |
|  Hildewin, Gegenbischof | 920—922 |
| Hugo I. | 945—947 |
| Florebert II. | 947—953 |
| Ratherius | 954—956 |
| Balderich I. | 956—959 |
| E(u)raclius | 959—971 |
| Rotger | 972—1007 |
| Balderich II., Graf von Looz | 1007—1018 |
| Walbod | 1018—1021 |
| Durand | 1021—1025 |
| Reginard | 1025—1038 |

Nithard . . . . . . . 1039—1042
Azzo . . . . . . . . 1042—1048
Dietrich von Bayern . . . 1048—1075
Heinrich I., Graf von Tull . . 1075—1091
Otbert . . . . . . . 1092—1119?
Friedrich, Graf von Namur . . 1119—1121
Albero I., Graf von Löwen . . 1121—1128
Alexander I., Graf von Jülich . 1128—1135
Albero II., Graf von Namur . 1135—1145
Heinrich II. von der Leyen . . 1145—1164
Alexander II. von Orle . . . 1165—1167
Rudolf, Herzog von Zähringen . 1167—1191
Albrecht I., Graf von Brabant . 1191—1192
Lothar, Graf von Hochstaden . 1192—1193
Simon, Graf von Limburg . . 1193—1195
Otto, Graf von Heinsberg . . 1195
Albrecht II., Graf von Cuyk . 1195—1200
Hugo II. Pierrepont . . . . 1200—1229
Johann II. von Rumigny . . 1229—1238
Wilhelm I., Graf von Savoyen 1238—1239
Robert I. Thorote . . . . 1240—1246
Heinrich III., Graf von Geldern 1247—1274
Johann III. von Enghien . . 1274—1281
Wilhelm II., Graf von Auvergne 1282
Johann IV., Graf von Flandern 1282—1292
Guido, Graf von Hennegau,
   Verweser . . . . . . 1282—1296
Hugo III. von Châlons . . . 1296—1301
Adolf I., Graf von Waldeck . . 1301—1302
Theobald, Graf von Bar . . . 1303—1312
Adolf II., Graf von der Marck . 1313—1344
Engelbert, Graf von der Marck 1345—1364
Johann V. von Arkel . . . 1364—1378
Arnold von Horn . . 1378—1389, † 1425
Johann VI., Herzog von Bayern-
   Hennegau . . . . . 1389—1418

Johann VII. von Wallenrodt . 1418—1419
Johann VIII. von Heinsberg . 1419—1455
Ludwig von Bourbon . . . 1456—1482
Johann IX. von Horn . . . 1482—1506
Wilhelm, Graf von der Marck-
   Lumain, Verweser . . . 1482—1483
Eberhard, Graf von der Marck-
   Sédans . . . . . . 1506—1538
Cornelius von Berghes 1538—1544, † 1565
Georg d'Austria . . . . 1544—1557
Robert II. von Berghes 1557—1563, † 1565
Gerhard von Groesbeck . . 1563—1580
Ernst, Herzog von Bayern . . 1581—1612
Ferdinand, Herzog von Bayern . 1612—1650
Maximilian Heinrich, Herzog von
   Bayern . . . . . . 1650—1688
Johann Ludwig von Elderen . 1688—1694
Joseph Clemens, Herzog v. Bayern 1694—1723
Georg Ludwig von Berghes . . 1724—1743
Johann Theodor, Herzog v. Bayern 1744—1763
Karl, Graf von Outremont . 1763—1771
Franz Karl, Graf von Welbrück . 1772—1784
Cäsar Constantin Franz, Graf
   von Hoensbroeck . . . 1784—1792
Franz Anton, Graf von Mecheln 1792—1793
              † 1795

Säkularisierung des Bistums: Lüttich
1793 Frankreich einverleibt, 1814 mit den
Niederlanden vereinigt.

Bischöfe:
Sedisvacanz . . . . . . 1793—1829
Richard Anton van Bommel . . . 1829—1852
Theodor Joseph Montpellier . . 1852—1879
Victor Joseph Doutrelour, Coadjutor 1875 1879—

---

## 363. Tull.

Mansuetus . . . . . . 338—375
Amon . . . . . . . um 400?
Alchas . . . . . . . um 423?
Celsinus . . . . . . um 455?
Auspicius . . . . . . um 478?
Ursus . . . . . . . 490—?
Aper . . . . . . . 500—507
Aladius . . . . . . . 508—525?
Trifforich . . . . . . 525—532
Dulcitius . . . . . . 532?—549
Alodius . . . . . . . 549—?
Premon . . . . . . . ?
Antimund . . . . . . ?
Eudolius . . . . . . 602—?
Theofried . . . . . . 640—653
Bodo . . . . . . . um 660
Eborinus . . . . . . 664—?
Leudinus . . . . . . 667?—669
Adeodat . . . . . . 679—680
Ermentheus . . . . . um 690?
Magnald . . . . . . um 695?
Dodo . . . . . . . um 705
Griboald . . . . . . 706—739?
Godo . . . . . . . 739?—756
Jakob . . . . . . . 756—767
Borno . . . . . . . 775—794
Wannich . . . . . . 794?—813
Frotar . . . . . . . 814—846
Arnulf . . . . . . . 847—871
Arnald . . . . . . . 872—894
Ludhelm . . . . . . 895—905

Drogo . . . . . . . 907—922
Gosselin . . . . . . 922—962
Gerhard I. . . . . . . 963—994
Stephan . . . . . . 994—995
Robert . . . . . . . 995—996
Berthold . . . . . . 996—1019
Hermann . . . . . . 1020—1026
Bruno, Graf von Egisheim . . 1026—1051
              † 1054
Odo . . . . . . . . 1052—1069
Poppo . . . . . . . 1070—1107
Richwin von Commercy . . 1108—1126
Konrad I., Graf von Schwarzburg,
   Gegenbischof . . . . . 1118—1124
Heinrich I., Herzog von Lothringen 1127—1167
Peter I. von Brixey . . . 1168—1192
Otto I., Graf von Vaudemont . 1192—1197
Matthias, Herzog von Lothringen 1197—1206
              † 1217
Sedisvacanz . . . . . 1206—1210
Reinald von Chantilly . . . . 1210—1217
Gerhard II., Graf v. Vaudemont 1218—1219
Otto II. von Sorcy . . . 1219—1228
Garinus . . . . . . . 1228—1230
Roger von Marcey . . . . 1231—1251
Giles von Sorcy . . . . 1253—1271
Konrad II. von Tubinghen . . 1272—1296
Johann I. von Sirck . . . 1296—1305
Vitus Venosa . . . . . 1305—1306
Otto III. von Granson . . . 1306—1308
Jakob Otto IV. Colonna . . 1308—1309

| | |
|---|---|
| Johann II. von Arzillières | 1309—1320 |
| Amatus, Graf von Genevois | 1320—1330 |
| Thomas von Bourlemont | 1330—1353 |
| Bertram von La Tour | 1353—1361 |
| Peter II. von La Barreria | 1361—1363 |
| Johann III., Graf von Hoya | 1363—1372 |
| Johann IV. von Neuenburg | 1373—1384 |
| Savin von Florence | 1384—1398 |
| Johann IV. von Neuenburg, (zum 2. Male), Verweser | 1385—1398 |
| Philipp II. von La-Ville-sur-Jllon | 1399—1409 |
| Heinrich II. von La-Ville-sur-Jllon | 1409—1436 |
| Ludwig von Haraucourt | 1437—1449 |
| Wilhelm Filastre | 1449—1460 |
| Johann V. von Chevrot | 1460 |
| Anton I. von Neuenburg | 1461—1495 |
| Ulrich, Graf von Blankenberg | 1495—1506 |
| Hugo von Hazards | 1506—1517 |
| Johann VI., Herzog v. Lothringen | 1517—1524 |
| Hektor von Ailly-Rochefort | 1526—1532 |
| Johann VI., Herzog v. Lothringen (zum 2. Male) | 1532—1537 |
| Anton II. Pellegrin | 1537—1542 |
| Johann VI., Herzog v. Lothringen (zum 3. Male) | 1542—1543 |
| Toussaint von Hossey | 1543—1565 |
| Peter III. von Châtelet | 1565—1580 |
| Karl, Herzog von Lothringen-Mercoeur | 1580—1587 |
| Christoph von La Vallée | 1589—1607 |
| Johann VII. von Porcelet de Maillane | 1609—1624 |
| Nikolaus Franz, Herzog von Lothringen | 1625—1634 |
| Karl Christian von Gournay | 1634—1637 |
| Paul Fiesco | 1643—1645 |
| Jakob Lebret | 1645 |

Säkularisierung des Bistums: Tull
1648 von Deutschland an Frankreich abgetreten.

## 364. Metz.

| | |
|---|---|
| Clemens | 4. Jahrh. |
| Victor I. | 344—346 |
| Victor II. | 4. Jahrh. |
| Rufus | 4. Jahrh. |
| Adelphus | 4./5. Jahrh. |
| Auctor | um 451 |
| Romanus | um 486 |
| Phronimius | ?—497 |
| Grammatius | 497?—512 |
| Agatimber | 512?—525 |
| Hesperius | 525—542 |
| Villicus | 542—568 |
| Petrus | 568?—578 |
| Aigulf | um 590 |
| Arnoald | 599—607 |
| Pappolus | 607?—614 |
| Arnulf | 615—626 |
| Goericus | um 641 |
| Godo | 641?—652? |
| Klodulf | 652?—693? |
| Albo | 693—? |
| Aptatus | um 696? |
| Felix | um 700? |
| Sigibald | 708—740? |
| Chrodegang | 742—766 |
| Angilram | 768—791 |
| Gondulf | 819—822, † 824 |
| Drogo | 823—855 |
| Adventius | 858—875 |
| Wala | 876—882 |
| Robert I. | 883—916 |
| Wigerich | 917—927 |
| Benno | 927—929, † 940 |
| Adalbero I., Graf von Bar | 929—964 |
| Theoderich I., Graf von Franken | 964—984 |
| Adalbero II. von Ober-Lothringen | 984—1005 |
| Theoderich II., Graf von Luxemburg | 1006—1047 |
| Adalbero III., Graf v. Luxemburg | 1047—1072 |
| Hermann | 1073—1090 |
| Bruno, Graf von Calw | 1088—1089 |
| Burkhard | 1090 |
| Poppo von Burgund | 1090—1103 |
| Adalbero IV. | 1090—1117 |
| Theotger | 1118—1120 |
| Stephan, Graf von Bar | 1120—1163 |
| Theoderich III., Graf von Bar | 1164—1171 |
| Friedrich von Pluvoise | 1171—1173, † 1179 |
| Theoderich IV., Herzog v. Lothringen | 1173—1179 |
| Bertram | 1180—1211 |
| Konrad I. von Scharfeneck | 1211—1224 |
| Johann I. von Aspremont | 1224—1238 |
| Jakob, Herzog von Lothringen | 1239—1260 |
| Philipp, Herzog von Lothringen-Florenges | 1261—1264, † 1297 |
| Wilhelm von Traisnel | 1264—1269 |
| Lorenz von Leistenberg | 1270—1279 |
| Johann II., Graf von Flandern | 1280—1282 |
| Burkhard von Avênes, Graf von Hennegau | 1282—1296 |
| Gerhard von Rehlingen | 1297—1302 |
| Reginald, Graf von Bar | 1302—1316 |
| Heinrich I., Dauphin v. Viennois | 1316—1324 |
| Ludwig I. von Poitiers, Graf von Valentinois | 1325—1327 |
| Ademar von Monteil | 1327—1361 |
| Johann III. von Vienne | 1361—1365 |
| Theoderich V. Bayer v. Boppard | 1365—1384 |
| Peter, Graf von Luxemburg | 1384—1387 |
| Radolf von Coucy | 1388—1415, † 1424 |
| Konrad II. Bayer von Boppard | 1416—1459 |
| Georg, Markgraf von Baden | 1459—1484 |
| Heinrich II., Herzog v. Lothringen-Vaudemont | 1484—1505 |
| Johann IV., Herzog v. Lothringen | 1505—1550 |
| Vormundschaft des Kapitels | 1505—1519 |
| Nikolaus, Herzog v. Lothringen-Mercoeur, Verweser | 1529—1548 |
| Karl I., Herzog von Lothringen-Guise | 1550—1551 |
| Robert II. v. Lenoncourt | 1551—1553, † 1562 |
| Franz von Beauquerre de Peguillon | 1555—1568, † 1591 |
| Ludwig II., Herzog v. Lothringen-Guise | 1568—1578 |
| Karl II., Herzog von Lothringen | 1578—1607 |
| Annas von Peruffe d'Escars | 1608—1612 |
| Heinrich III., Marquis v. Verneuil | 1612—1652, † 1682 |
| Vormundschaft des Kapitels | 1612—1621 |

Säkularisierung des Bistums: Metz
1648 von Deutschland an Frankreich abgetreten.

### 365. *Straßburg (7).

| | |
|---|---|
| Amandus | um 345 |
| Justus | um 370 |
| Maximinus | um 385 |
| Valentin | um 530 |
| Solarius | um 555 |
| Arbogast | um 570 |
| Florenz | um 590 |
| Ansoald | um 614 |
| Biulf | im 7. Jahrh. |
| Magnus | im 7. Jahrh. |
| Aldo (?) | im 7. Jahrh. |
| Gavinus | im 7. Jahrh. |
| Landebert | im 7. Jahrh. |
| Rothar | 660?—678? |
| Rodobald | um 680 |
| Magnebert | im 7. Jahrh. |
| Labiolus | im 8. Jahrh. |
| Gundoald | im 8. Jahrh. |
| Gando | im 8. Jahrh. |
| Udo I. | im 8. Jahrh. |
| Witgern | 728—? |
| Wandalfried | um 735? |
| Heddo | 739—765 |
| Ailidulf | 765? |
| Remigius | 765—783 |
| Ratho | 783—815 |
| Udo II. | 815 |
| Erlehard | 815?—817? |
| Adalog | 817—822 |
| Bernald | 822—840 |
| Udo III. | 840 |
| Rathold | 840—875 |
| Reginhard | 876—888 |
| Walram | 888—906 |
| Otbert | 906—913 |
| Gottfried | 913 |
| Richwin | 914—933 |
| Ruthard | 933—950 |
| Udo IV. | 950—965 |
| Ethrambald | 965—991 |
| Widerold | 991—999 |
| Altwig | 999—1001 |
| Werner I., Graf von Habsburg | 1001—1028 |
| Wilhelm I., Herzog von Kärnthen | 1029—1047 |
| Wizelin (Hezilo) | 1048—1065 |
| Werner II., Graf von Achalm | 1065—1079 |
| Theobald | 1079—1084 |
| Otto von Hohenstaufen | 1085—1100 |
| Balduin | 1100 |
| Kuno | 1100—1123 |
| Bruno von Hochberg | 1123—1126 |
| Eberhard | 1126—1127 |
| Bruno von Hochberg (z. 2. Male) | 1129—1131 |
| Gebhard, Graf von Urach | 1131—1141 |
| Burkhard I. | 1141—1162 |
| Rudolf | 1162—1179 |
| Konrad I. | 1179—1180 |
| Heinrich I. von Hasenburg | 1181—1190 |
| Konrad II. von Hünenburg | 1190—1202 |
| Heinrich II., Graf von Veringen | 1202—1223 |
| Berthold I., Herzog von Teck | 1223—1244 |
| Heinrich III., Graf von Stahleck | 1243—1260 |
| Walter von Geroldseck | 1260—1263 |
| Heinrich IV. von Geroldseck | 1263—1273 |
| Konrad III. von Lichtenberg | 1273—1299 |
| Friedrich I. von Lichtenberg | 1299—1306 |
| Johann I. von Dürpheim (Diepenheim) | 1307—1328 |
| Berthold II., Graf von Bucheck | 1328—1353 |
| Johann II. von Lichtenberg | 1353—1365 |
| Johann III., Graf v. Luxemburg-burg-Ligny | 1366—1371 |
| Lambert von Buren | 1371—1374 |
| Friedrich II., Graf v. Blankenheim | 1375—1393 |
| Ludwig von Thierstein | 1393 |
| Burkhard II., Graf von Lützelstein | 1393—1394 |
| Wilhelm II. von Diest | 1394—1439 |
| Konrad IV. v. Busnang | 1439—1440, † 1471 |
| Ruprecht, Pfalzgraf von Simmern | 1440—1478 |
| Albrecht, Pfalzgraf von Mosbach | 1478—1506 |
| Wilhelm III., Graf von Hohnstein | 1506—1541 |
| Erasmus, Schenk von Limburg | 1541—1568 |
| Johann IV., Graf von Manderscheid | 1568—1592 |
| Johann Georg, Markgraf von Brandenburg | 1592—1604 |
| Karl, Herzog von Lothringen | 1592—1607 |
| Leopold, Erzherzog von Österreich | 1607—1626 |
| Leopold Wilhelm, Erzherzog von Österreich | 1626—1662 |
| Franz Egon, Fürst von Fürstenberg | 1663—1682 |
| Wilhelm Egon, Fürst von Fürstenberg | 1682—1704 |
| Wilhelm Gaston I., Fürst von Rohan-Soubise | 1704—1749 |
| Wilhelm Gaston II., Fürst von Rohan-Soubise | 1749—1756 |
| Ludwig Constantin, Fürst von Rohan-Guemené | 1756—1779 |
| Ludwig Renatus, Fürst von Rohan-Guemené | 1779—1801, † 1803 |

Säkularisierung des Bistums: Straßburg
1803 mit Baden vereinigt.

Bischöfe:

| | |
|---|---|
| Johann Peter Saurine | 1802—1813 |
| Sedisvacanz | 1813—1820 |
| Gustav Max, Prinz von Croy | 1820—1823, † 1844 |
| Claudius Maria Paul Tharin | 1823—1826 |
| Johann Franz Lepape von Trevern | 1826—1842 |
| Andreas Raeß, Coadjutor 1840 | 1842—1887 |
| Peter Paul Stumpf, Coadjutor 1881 | 1887—1890 |
| Adolf Fritzen | 1891— |

---

### 366. *Worms (4).

| | |
|---|---|
| Victor | um 347 |
| Krotold | um 551 |
| Rupert | 577—600 |
| Berchtulf | um 614 |
| Amandus | † 659 |
| Erembert | 770—803 |
| Bernhard | 803—823 |
| Fulko (Volkwin) | 823—841 |
| Samuel | 841—856 |
| Gunzo | 856—872 |
| Adelhelm | 872—890 |
| Dietlach) | 890—914 |
| Richowo | 914—950 |
| Hanno aus Hessen | 950—978 |
| Hildebold | 978—998 |
| Franko aus Hessen | 998—999 |
| Erfo | 999 |
| Razo | 999 |

| | |
|---|---|
| Burkhard I. | 1000—1025 |
| Azecho | 1025—1044 |
| Adalgar | 1044 |
| Arnold I. (Arnulf) | 1044—1065 |
| Adalbert I. von Rheinfelden | 1065—1070 |
| Adalbert II. von Sachsen | 1070—1107 |
|     Winther, Gegenbischof | 1077 |
|     Eppo, Gegenbischof | 1090—1105 |
|     Kuno, Gegenbischof | 1099—1105 |
| Ezzo | 1107—1115? |
| Arnold II. | 1110?—1131? |
| Burkhard II. von Asorn | 1120?—1149 |
| Konrad I. von Steinbach | 1150—1171 |
| Konrad II. von Sternberg | 1171—1192 |
| Heinrich I. von Maastrich | 1192—1195 |
| Luitpold von Schönfeld | 1196—1217 |
| Heinrich II., Graf von Saarbrücken | 1217—1234 |
| Landolf von Hoheneck | 1234—1247 |
| Konrad III. von Dürkheim | 1247 |
| Richard, Graf von Dhaun | 1247—1257 |
| Eberhard I., Rheingraf v. Baumburg | 1257—1277 |
| Friedrich I., Rheingraf v. Baumburg | 1277—1283 |
| Simon von Schöneck | 1283—1291 |
| Eberhard II. von Strahlenberg | 1291—1293 |
| Emicho, Rheingraf von Baumburg | 1294—1299 |
| Eberwin von Kronenberg | 1300—1308 |
|     Balduin von Trier, Verweser | 1309—1310 |
| Emmerich von Schöneck | 1310—1318 |
| Heinrich III., Graf von Dhaun | 1318—1319 |
| Konrad IV. von Schöneck | 1319—1329 |
| Gerlach von Erbach | 1329—1332 |
| Salomon Waldbott, gen. Clemann | 1332—1350 |
| Theoderich I. Bayer von Boppard | 1350—1365 |
| Johann I. Schadland | 1365—1370 |
| Eckard von Dersch | 1370—1405 |
| Matthäus | 1405—1410 |
| Johann II. von Fleckenstein | 1410—1426 |
| Eberhard III. von Sternberg | 1426—1427 |
| Friedrich II. von Domneck | 1427—1445 |
| Ludwig von Ast | 1445, †? |
| Reinhard I. von Sickingen | 1445—1482 |
| Johann III. von Dalberg | 1482—1503 |
| Reinhard II. von Rippur | 1503—1523 |
| Heinrich IV., Pfalzgraf bei Rhein | 1523—1552 |
| Theoderich II. von Plettendorf | 1552—1580 |
| Georg von Schönenburg | 1580—1595 |
| Philipp I. von Rothenstein | 1595—1604 |
| Philipp II. Kratz von Scharfenstein | 1604 |
| Wilhelm von Effern | 1604—1616 |
| Georg Friedrich von Greiffenklau zu Vollraths | 1616—1629 |
| Georg Anton von Rothenstein | 1629—1652 |
|     Sedisvacanz | 1652—1654 |
| Hugo Eberhard Kratz von Scharfenstein | 1654—1663 |
| Johann Philipp I., Graf von Schönborn | 1663—1673 |
| Lothar Friedrich von Metternich | 1673—1675 |
| Damian Hartard von der Leyen | 1675—1678 |
| Karl Heinrich von Metternich | 1679 |
| Franz Emmerich Kaspar Waldbott von Bassenheim | 1679—1683 |
| Johann Karl von Frankenstein | 1683—1691 |
| Ludwig Anton, Pfalzgraf von Neuburg | 1691—1694 |
| Franz Ludwig, Pfalzgraf von Neuburg | 1694—1732 |
| Franz Georg, Graf von Schönborn | 1732—1756 |
| Johann Friedrich Karl, Graf von Ostein | 1756—1763 |
| Johann Philipp II., Freiherr von Walderdorf | 1763—1768 |
| Emmerich Joseph, Freiherr von Breidbach zu Bürresheim | 1768—1774 |
| Friedrich Karl Joseph, Freiherr von Erthal | 1774—1802 |
| Karl Theodor, Freiherr von Dalberg, Coadjutor 1787   1802—1803, † 1817 | |

Säkularisierung des Bistums: Worms 1803 mit Hessen-Darmstadt vereinigt.

## 367. Verdun.

| | |
|---|---|
| Sanctinus | um 346 |
| Maurus | 356?—383 |
| Salvinus | ?—420? |
| Arator | um 440 |
| Pulchronius | 454?—470 |
| Possessor | 470?—486? |
| Freminus | 486?—502? |
| Vitonus | 502?—529? |
| Desideratus | 529?—554? |
| Agericus | 554—591 |
| Charimeres | um 595 |
| Harimeris | um 614 |
| Ermenfried | ?—621? |
| Godo | 623?—626? |
| Paulus | 641—648 |
| Gisloald | 648—665 |
| Gerebert | 665—689 |
| Armonius | 689?—701? |
| Agrebert | 701?—710? |
| Bertalamius | 711—715 |
| Abbo | 716 |
| Pepo | 716—722 |
| Volchisus | 722—730? |
| Agronius | 730?—732? |
| Madalveus | 753—776? |
| Petrus | 776—813 |
| Austram | 813—818 |
| Heviland | 818—824 |
| Hilduin | 824—847 |
| Aldo (Hatto) | 847—870 |
| Bernhard | 870—879 |
| Dado | 880—923 |
| Hugo I. | 923—925, † 926 |
| Bernuin | 925—939 |
| Berengar | 940—960 |
| Wicyfried | 962—983 |
| Hugo II. | 984 |
| Adalbero I. | 984 |
| Adalbero II., Graf von Verdun | 985—990 |
| Haimo | 990—1024 |
| Reginbert | 1024—1039 |
| Nithart | 1039—1046 |
| Theoderich | 1046—1089 |
| Richard I. von Brie | 1089—1107 |
| Richard II., Graf von Grandpré | 1107—1114 |
|     Mazo, Verweser | 1114—1117 |
| Heinrich I. von Blois | 1117—1129 |
| Ursio | 1129—1131, † 1149 |
| Adalbero III., Graf von Chiny | 1131—1156, † 1158 |

| | |
|---|---|
| Albrecht I. von Marcey . . . | 1156—1162 |
| Richard III. von Crissey . . | 1163—1171 |
| Arnulf, Graf von Chiny . . | 1172—1181 |
| Heinrich II., Graf von Castell | 1181—1186 |
| Albrecht II. von Hirgis . . . | 1186—1208 |
| Robert I., Graf von Grandpré | 1208—1216 |
| Johann I. von Aspremont . | 1217—1224 |
| Radulf von Torote . . . | 1224—1245 |
| Guido I. von Traignel . . | 1245 |
| Guido II. von Mello . . . | 1245—1247 |
| Johann II. von Aix . . . | 1247—1252 |
| Jakob I. Pantaleon von Court-Palais . . . | 1252—1255, † 1264 |
| Robert II. von Milan . . | 1255—1271 |
| Ulrich von Sarnay . . . | 1271—1273 |
| Sedisvacanz | 1273—1275 |
| Gerhard von Granson . | 1275—1278 |
| Heinrich III. von Granson . | 1278—1286 |
| Sedisvacanz | 1286—1289 |
| Jakob II. von Ruvigny . | 1289—1296 |
| Johann III. von Richericourt . | 1297—1302 |
| Thomas, Graf von Blankenberg | 1303—1305 |
| Nicolaus I. von Neufville . | 1305—1312 |
| Heinrich IV. von Aspremont . | 1312—1349 |
| Otto von Poitiers . . . | 1349—1351 |
| Hugo III., Graf von Bar . . | 1352—1361 |
| Johann IV. von Bourbon-Montperoux . . . . | 1362—1371 |
| Johann V. von Dampierre-St. Dizier . . . . | 1371—1375 |
| Guido III. von Roye . | 1375—1379, † 1380 |
| Leobald von Cousance . . . . | 1379—1403 |
| Johann VI., Graf von Saarbrücken | 1403—1420 |
| Ludwig I., Herzog von Bar . . | 1420—1430 |
| Ludwig II. von Haraucourt . | 1430—1437 |
| Wilhelm I. Filastre . . . . | 1437—1449 |
| Ludwig II. von Haraucourt (zum 2. Male) | 1449—1456 |
| Wilhelm II. von Haraucourt . | 1456—1500 |
| Warich von Dompmartin . . | 1500—1508 |
| Ludwig III., Herzog von Lothringen . . . . | 1508—1522 |
| Johann VII., Herzog von Lothringen . . . . | 1523—1544 |
| Nikolaus II., Herzog von Lothringen-Mercoeur | 1544—1548 |
| Nikolaus III. Pfeaulme . . . | 1548—1575 |
| Nikolaus IV. Bousmard . . . | 1575—1584 |
| Karl I., Herzog von Lothringen-Mercoeur | 1585—1587 |
| Nikolaus V. Boucher . . . . | 1587—1593 |
| Erich, Herzog von Lothringen-Mercoeur | 1593—1611 |
| Karl II., Herzog von Lothringen-Mercoeur . . . . | 1611—1622 |
| Franz, Herzog von Lothringen-Mercoeur . . . | 1622—1648, † 1661 |

Säkularisierung des Bistums: Verdun 1648 von Deutschland an Frankreich abgetreten.

---

### 368. *Speyer (6).

| | |
|---|---|
| Jesse (Jasimus) . . . . | um 348, † 410 |
| Athanasius . . . . . | 610—650 |
| Principius . . . . . | 650—659 |
| Dragbodo . . . . . | 659—700 |
| Otto . . . . . . | 700—709 |
| Siegwin I. . . . . . | 709—725 |
| Luido . . . . . . | 725—743 |
| David . . . . . . | 743—760 |
| Basinus . . . . . | 760—775 |
| Siegwin II. . . . . . | 775—802 |
| Otto I. . . . . . | 802—810 |
| Fraido . . . . . . | 810—814 |
| Benedict . . . . . | 814—828? |
| Hertinus (Bertin) . . . | 828?—845? |
| Gebhard I. . . . . . | 845?—880 |
| Gottdank . . . . . | 881—898 |
| Eginhard (Einhard) I. . . | 898—913 |
| Amalrich . . . . . | 913—943 |
| Reginhard I. . . . . . | 943—950 |
| Gottfried I. . . . . . | 950—960 |
| Otgar . . . . . . | 960—970 |
| Balderich . . . . . | 970—987 |
| Ruprecht . . . . . | 987—1004 |
| Walter . . . . . . | 1004—1031 |
| Siegfried I. . . . . . | 1031—1032 |
| Reinher (Reginher) . . . . | 1032—1033 |
| Reginhard II. von Dillingen | 1033—1039 |
| Siegbodo I. . . . . . | 1039—1051 |
| Arnold I. von Falkenberg . . | 1051—1056 |
| Konrad I. . . . . . | 1056—1060 |
| Eginhard II. v. Katzenellenbogen | 1060—1067 |
| Heinrich I. von Scharfeneck . | 1067—1073 |
| Rüdiger von Hußmann . . . | 1073—1090 |
| Johann I. von Kraichgau . . | 1090—1104 |
| Gebhard II., Graf v. Urach | 1105—1107, † 1110 |
| Bruno, Graf von Saarbrücken . | 1107—1123 |
| Arnold II., Graf von Leiningen . | 1124—1126 |
| Siegfried II., Graf v. Wolfsölden | 1127—1146 |
| Günther, Graf von Henneberg . | 1146—1161 |
| Ulrich I. von Dürmenz . . . | 1161—1163 |
| Gottfried II. . . . . . | 1164—1167 |
| Rabodo, Graf von Lobdaburg . | 1167—1176 |
| Konrad II. . . . . . | 1176—1178 |
| Ulrich II. von Rechberg . . . | 1178—1187 |
| Otto II., Graf von Henneberg . | 1187—1200 |
| Konrad III. von Scharfeneck . | 1200—1224 |
| Beringer von Entringen . . | 1224—1232 |
| Konrad IV. von Dahn . . . | 1233—1236 |
| Konrad V., Graf von Eberstein . | 1237—1245 |
| Heinrich II., Graf von Leiningen | 1245—1272 |
| Friedrich von Bolanden . . | 1272—1302 |
| Siegbodo II. von Lichtenberg . | 1302—1314 |
| Emicho, Graf von Leiningen . | 1314—1328 |
| Berthold, Graf von Bucheck | 1328 |
| Walram, Graf von Veldenz . | 1328—1336 |
| Balduin, Graf von Luxemburg, Verweser | 1332—1336 |
| Gerhard von Ehrenberg . . | 1336—1363 |
| Lambert von Brunn . . . | 1364—1371 |
| Adolf, Graf von Nassau . . | 1372—1390 |
| Nikolaus, aus Wiesbaden . . | 1390—1396 |
| Rhabanus von Helmstädt . . | 1396—1438 |
| Reinhard von Helmstädt . . | 1438—1456 |
| Siegfried III. von Venningen . | 1456—1459 |
| Johann II. Nix von Hoheneck, gen. Enzenberger | 1459—1464 |
| Matthias von Rammingen . . | 1464—1478 |
| Ludwig von Helmstädt . . . | 1478—1504 |
| Philipp I. von Rosenberg . . | 1504—1513 |
| Georg, Pfalzgraf bei Rhein . . | 1513—1529 |
| Philipp II. von Flörsheim . . | 1529—1552 |
| Rudolf von Frankenstein . . | 1552—1560 |

| | |
|---|---|
| Marquard von Hartstein | 1560—1581 |
| Eberhard von Dienheim | 1581—1610 |
| Philipp Christoph von Sötern | 1610—1652 |
| Lothar Friedrich von Metternich | 1652—1675 |
| Johann Hugo von Orsbeck | 1675—1711 |
| Heinrich Hartard von Rollingen | 1711—1719 |
| Damian Hugo, Graf von Schön-born, Coadjutor 1716 | 1719—1743 |
| Franz Christoph von Hutten zu Stolzenberg | 1743—1770 |
| Damian August Philipp, Graf von Limburg-Vehlen-Styrum | 1770—1797 |

| | |
|---|---|
| Philipp Franz Wilderich, Graf von Walderdorf | 1797—1802, † 1810 |

Säkularisierung des Bistums: Speyer 1802
zwischen Frankreich und Baden,
1814 zwischen Bayern und Baden geteilt.

### Bischöfe:

| | |
|---|---|
| Sedisvacanz | 1803—1818 |
| Malthäus von Candelle | 1818—1826 |
| Johann Martin von Maul | 1826—1835 |
| Peter Richarz | 1835—1836 |
| Johann von Geißel | 1836—1842, † 1864 |
| Nikolaus Weiß | 1842—1869 |
| Konrad Reither | 1870—1871 |
| Daniel Bonifacius Haneberg | 1872—1876 |
| Joseph Georg Ehrler | 1878—1905 |

## 369. *Brixen (18).

| | |
|---|---|
| Cassianus | um 350, † 365 |
| Ingenuinus | um 595 |
| Constantin | um 645 |
| Präconius (Präcopius) | nach 645 |
| Ursus | um 650 |
| Pigentius (Piennius) | ? |
| Präjectus (Prochejus) | um 700 |
| Maternius (Marcianus) | ? |
| Marcellus | ? |
| Valerianus | ? |
| Agnellus | ? |
| Aurichanus (Aurelianus) | ? |
| Anton I. | ? |
| Lorenz | ? |
| Johann I. | ? |
| Mastulo | ? |
| Almus (Alim), Bischof v. Säben (764) | 769—800/3 |
| Heinrich I. | 803, 816 |
| Aribo | 828—842 |
| Lantfried | 843—875? |
| Zevito (Zento) | 875?—885? |
| Zacharias | 885?—907 |
| Meginbert | 907—926 |
| Nithardt | 927—938 |
| Wisumbert (Wisunt) | 938—955 |
| Sedisvacanz | 955—957 |
| Riprecht | 957—976 |
| Albuin | 976—1006 |
| Adalbero | 1006—1016 |
| Herward | 1016—1020 |
| Hartwig v. Hainfels, in Brixen 1027 | 1020—1046 |
| Poppo | 1046—1048 |
| Altwin | 1048—1097 |
| Hugo | 1097—1125 |
| Reimpert | 1125—1142 |
| Hartmann | 1142—1164 |
| Otto von Andechs | 1164—1170 |
| Heinrich II. Gratuno von Fügen | 1170—1174 |
| Richer von Hochenburg | 1174—1178 |
| Heinrich III. | 1178—1196 |
| Eberhard, Truchseß v. Waldburg | 1196—1200 |
| Konrad I. von Rodneck | 1250—1217 |
| Berthold I. von Neiffen | 1217—1224 |
| Heinrich IV. von Tauffers | 1224—1239 |
| Egino von Ulten und Eppau | 1239—1249 |
| Bruno von Bülenstätten-Kirchberg | 1249—1288 |
| Heinrich V. von Villach | 1288—1295 |
| Landolf | 1296—1300 |
| Sedisvacanz | 1300—1302 |
| Arnold | 1302 |
| Johann II. | 1303—1306 |
| Johann III. von Güttingen | 1306—1324 |
| Albrecht I. Alberti von Enno | 1324—1336 |

| | |
|---|---|
| Konrad II. von Klingenberg | 1336 |
| Sedisvacanz | 1336—1338 |
| Georg I. | 1338 |
| Matthäus Conzmann | 1339—1360 |
| Lambert von Brunn | 1360—1363 |
| Johann IV. von Plazhaim | 1363—1374 |
| Albrecht II. Alberti von Enno | 1374—1377 |
| Johann V. Schaldemann | 1377 |
| Friedrich v. Erdingen (Mentzingen) | 1377—1396 |
| Ulrich I. | 1396—1417 |
| Sebastian I. Stämpfel | 1417—1418 |
| Berthold II. | 1418—1427 |
| Ulrich II. Putsch | 1427—1437 |
| Georg II. von Stubenthal | 1437—1443 |
| Georg III. | 1443—1444 |
| Johann VI. Röttl | 1445—1450 |
| Nikolaus von Cus | 1450—1464 |
| Georg IV. Gosler | 1464—1489 |
| Melchior von Meckau | 1489—1509 |
| Christoph I. von Schroffenstein | 1509—1521 |
| Sebastian II. Speranzi | 1521—1525 |
| Georg V. d'Austria | 1525—1539 |
| Bernhard von Glöß, Verweser | 1539 |
| Christoph II. Fuchs von Fuchsheim | 1539—1542 |
| Christoph III. von Madruzzi | 1542—1578 |
| Johann Thomas von Spaur | 1578—1591 |
| Andreas, Erzherzog von Österreich-Burgau | 1591—1600 |
| Christoph Andreas von Spaur | 1601—1613 |
| Karl, Erzherzog von Österreich | 1613—1624 |
| Hieronymus Otto Agricola | 1625—1627 |
| Daniel Zeno | 1627—1628 |
| Wilhelm von Welsperg | 1628—1641 |
| Johann VII. Platzgumer | 1641—1647 |
| Anton II. Crusino | 1647—1663 |
| Siegmund Alfons von Thun | 1663—1677 |
| Paulinus Mayr | 1677—1685 |
| Johann Franz Kuon von Auer und Bellasi | 1685—1702 |
| Kaspar Ignaz von Künigl | 1702—1747 |
| Leopold Maria Joseph v. Spaur | 1747—1778 |
| Ignaz von Spaur | 1778—1779 |
| Joseph Philipp von Spaur | 1779—1791 |
| Franz Karl von Lodron | 1791—1803 |

Säkularisierung des Bistums: Brixen 1803
mit Österreich vereinigt.

### Bischöfe:

| | |
|---|---|
| Karl Franz, Graf von Lodron | (1791) 1803—1828 |
| Bernhard Galura | 1828—1856 |
| Vincenz Gasser | 1856—1879 |
| Johann von Leiss zu Laimburg | 1879—1884 |
| Simon Aichner | 1884— |

### 370. * Trient (17).

| | |
|---|---|
| Abundantius | um 381 |
| Claudianus (Claudius) | |
| Majorianus I. (Magnosus) | |
| Aspides | |
| Sambatius | |
| Valentin | |
| Genialis | |
| Fidelis (Felix) | |
| Valerius | |
| Quarinus (Quartus) | |
| Majorianus II. (Magroninus) | |
| Theodor I. (Theodotus, Adeodat) | |
| Probus | |
| Montanus | |
| Cyriacus | |
| Asterius | (378) 383—387 |
| Vigilius | 387—400 |
| Regippus (Eugippus) | |
| Quartinus | |
| Peregrinus | um 470 |
| Gratismus (Gratiosus) | |
| Theodor II. | |
| Agnellus | um 595? |
| Verecundus | |
| Manasses I. | |
| Vitalis I. | |
| Stablisianus | |
| Dominicus | |
| Rusticus | |
| Romanus | |
| Vitalis II. | |
| Correntianus | |
| Sidesicus | |
| Johann I. | |
| Maximinus | |
| Mammo | |
| Marianus | |
| Dominator | |
| Ursus | |
| Clementianus | |
| Amator | |
| Hildegar | 802—805 |
| Wolderich | um 814 |
| Daniel | |
| Heimpert | 827—845 |
| Udalschalk | 854—864 |
| Adelchis | 874—881 |
| Friedebert | |
| Gisulf | |
| Berthold | |
| Jakob | um 900 |
| Konrad I. | ? |
| Johann II. | (926)—927 |
| Bernhard I. | 927—932 |
| Manasses II. von Arles | 932—957 |
| Lantram | 957—963 |
| Arnold I. von Pavia | 963—971 |
| Arimond | 971—992 |
| Raimund von Caldore | 992—1004 |
| Sedisvacanz | 1004—1006 |
| Ulrich I. von Flavon | 1006—1022 |
| Ulrich II. | 1022—1053 |
| Sedisvacanz | 1053—1055 |
| Azzo (Harton) | 1055—1068 |
| Heinrich I. | 1068—1082 |
| Bernhard II. | 1082—1084 |
| Adalbero | 1084—1101 |
| Sedisvacanz | 1101—1106 |
| Gebhard | 1106—1120 |

| | |
|---|---|
| Adalbert I. | 1120—1124 |
| Altmann | 1124—1149 |
| Arnold II. | 1149—1154 |
| Eberhard | 1154—1156 |
| Adalbert II. von Madruzzi | 1156—1177 |
| Salomon | 1177—1183 |
| Albrecht I. | 1183—1188 |
| Konrad II. von Beseno | 1188—1205 |
| Sedisvacanz | 1205—1207 |
| Friedrich von Wangen | 1207—1218 |
| Adalbert III. von Rauenstein | 1219—1223 |
| Gerhard I. | 1223—1232 |
| Aldrighetto von Castel-Campo | 1232—1247 |
| Egino von Ulten und Eppau | 1248—1273 |
| Johann de la Porta, Gegenbischof | 1252—1255 |
| Heinrich II. | 1274—1289 |
| Philipp Bonaccolfi | 1289—1303 |
| Bartholomäus Quirini | 1303—1307 |
| Sedisvacanz | 1307—1310 |
| Heinrich III. von Metz | 1310—1336 |
| Sedisvacanz | 1336—1338 |
| Nikolaus Alreim | 1338—1347 |
| Gerhard II. | 1347—1348 |
| Johann III. | 1348—1349 |
| Meinhard von Neuhaus | 1349—1362 |
| Albrecht II. von Ortenburg | 1363—1390 |
| Georg I. von Lichtenstein | 1390—1419 |
| Johann IV. d' Isnina | 1419—1422 |
| Ernst Auer | 1422 |
| Heinrich IV. Flechtel | 1422—1423 |
| Alexander von Masovien | 1423—1444 |
| Theobald von Wolkenstein | 1444—1446 |
| Benedict | 1444—1446 |
| Georg II. Haak, v. Thomaswaldau | 1446—1465 |
| Johann V. Hinderbach | 1465—1486 |
| Ulrich III. von Frundsberg | 1486—1493 |
| Ulrich IV. von Lichtenstein | 1493—1505 |
| Georg III. von Neideck | 1505—1514 |
| Bernhard III. von Glöß (Clesius) | 1514—1539 |
| Christoph I. von Madruzzi | 1539—1578 |
| Ludwig von Madruzzi | 1578—1600 |
| Karl Gaudenz von Madruzzi | 1600—1629 |
| Karl Emanuel von Madruzzi | 1629—1658 |
| Siegmund Franz, Erzherzog von Österreich | 1659—1665 |
| Ernst Albrecht, Graf von Harrach | 1665—1667 |
| Siegmund Alfons, Graf v. Thun | 1668—1677 |
| Franz Alberti von Poja | 1677—1689 |
| Joseph Victor Alberti von Enno | 1689—1695 |
| Johann Michael von Spaur | 1696—1725 |
| Johann Benedict Gentilotti von Engelsbrunn | 1725 |
| Anton Dominicus I., Graf von Wolkenstein | 1725—1730 |
| Anton Dominikus II., Gr. v. Thun | 1730—1748 |
| Leopold, Graf von Firmian | 1748—1758 |
| Franz Felix, Graf von Alberti de Enno | 1758—1762 |
| Christoph II. Sizzo von Noris | 1773—1776 |
| Peter Vigilius, Graf von Thun-Hohnstein | 1776—1800 |
| Emanuel Joseph Maria, Graf von Thun | 1800—1803 |

Säkularisierung des Bistums: Trient 1803<br>mit Österreich vereinigt.

#### Bischöfe:

| | |
|---|---|
| Emanuel Joseph Maria, Graf von Thun | (1800) 1803—1818 |
| Sedisvacanz | 1818—1824 |

Franz Xaver Luschin . . . . 1824—1834, † 1854
Johann Nepomuk Tschiderer von Gleis=
    heim . . . . . . 1834—1860
Benedict Riccabona von Reichenfels . 1861—1879
Johann Jakob della Bona . . . 1880—1885
Eugen Karl Valussi . . . . . 1886—

### 371. *Chur (21).

Asimo . . . . . . 452—455
Pruritius . . . . . um 460
Claudian . . . . . um 470
Ursicin I . . . . . um 485
Sidonius . . . . . um 495
Eddo . . . . . . um 520
Valenti(ni)anus . . . 530—546
Paulinus . . . . . 548—?
Theodor . . . . . um 590
Victor I. . . . . . um 614
Verendarius (?) . . . ?
Ruthard . . . . . ?—681
Paschalis . . . . . 681—696
Victor II. . . . . 696?—712
Vigilius . . . . . 712—735
Adalbert . . . . . um 740
Ursicin II. . . . . 754—760
Tello . . . . . . 760—773
Constantius . . . . 773—800?
Remigius . . . . . 800—820
Victor III. . . . . 820—833
Verendarius . . . . 833—844
Gerbrach . . . . . 844—849
Hesso . . . . . . 849—879
Rothar . . . . . . 879—887
Dietholf . . . . . 887—914
Waldo I. . . . . . 914—949
Hartbert . . . . . 949—968
Hiltibold . . . . . 969—995
Waldo II. . . . . 995—1002
Ulrich I. . . . . . 1002—1026
Hartmann I. . . . . 1026—1039
Dietmar . . . . . 1039—1070
Heinrich I. . . . . 1070—1078
Norbert . . . . . 1079—1088
Ulrich II. von Tarasp . . 1089—1095
Guido . . . . . . 1095—1122
Konrad I. von Biberegg . . 1122—1142
Konrad II. . . . . 1142—1150
Adalgod . . . . . 1150—1160
Egino von Ehrenfels . . . 1160—1170
Ulrich III. von Tegernfeld . 1170—1179
Bruno von Ehrenfels . . . 1179—1180
Heinrich II. von Arbon . . 1180—1193
Arnold I. von Mätsch . . 1194—1200
Rainer . . . . . . 1200—1209
Walter . . . . . . 1209
Arnold II. von Mätsch . . 1209—1221
Heinrich III. von Realte . . } 1221—1222
Albrecht von Güttingen . . } 1221—1222
Rudolf I. von Güttingen . . 1222—1226
Berthold I, Graf von Helffenstein 1226—1233

Ulrich IV., Graf von Kyburg . 1233—1237
Volkhard von Neuenburg . . 1237—1251
Heinrich IV., Graf von Montfort 1251—1272
Konrad III. von Belmont . . 1272—1282
Friedrich I., Graf von Montfort 1282—1290
Berthold II., Graf v. Heiligenberg 1290—1298
Hugo, Graf von Montfort . . 1298
Siegfried von Geilnhausen . . 1298—1321
Rudolf II., Graf von Montfort 1321—1324
Hermann von Eschenbach . . 1324—1325
Johann I. Pfefferhart . . 1325—1331
Ulrich V. von Lenzburg . . 1331—1355
Peter I. Gelyto . . . . 1355—1368
Friedrich II. von Erdingen (Ment=
    zingen) . . . . . 1368—1376
Johann II. von Ehingen . . 1376—1388
Bartholomäus . . . . 1388—1390
Hartmann II., Graf von Werden=
    berg=Sargans . . . 1390—1416
Johann III. Ambundi . . . 1416—1417
Johann IV. Naso . . . 1417—1440
Konrad IV. von Rechberg . 1440—1441
Heinrich V. von Höwen . . 1441—1452
Leonhard Wyßmayer . . . 1453—1458
Ortlieb von Brandis . . . 1458—1491
Heinrich VI. von Höwen 1491—1503, † 1509
Paul Ziegler von Ziegelberg . 1503—1541
Lucius Iter . . . . 1541—1548
Thomas Planta . . . . 1548—1565
Beatus von Porta . . . 1565—1581
Peter II. Rascher . . . 1581—1601
Johann V. Flugi von Aspermont 1601—1627
Joseph Mohr von Zernetz . . 1627—1635
Johann VI. Flugi von Aspermont 1636—1661
Ulrich VI. von Monte=Villa . . 1661—1692
Ulrich VII., Freiherr v. Federspiel 1692—1728
Joseph Benedict, Freiherr v. Rost 1728—1754
Johann Anton, Freiherr von
    Federspiel . . . . 1755—1777
Franz Dionysius, Graf von Rost 1777—1793
Karl Rudolf, Graf von Buol=
    Schauenstein . . . . 1794—1798

Säkularisierung des Bistums 1798.

Bischöfe:
Karl Rudolf, Graf v. Buol=Schauenstein 1798—1833
    Sedisvacanz . . . . 1833—1835
Johann Georg Bossi . . . 1835—1844
Kaspar Karl von Hohenbalken . 1844—1859
Nikolaus Franz Florentini . 1859—1876, † 1881
Kaspar Willi . . . . 1877—1879
Franz Constantin Rampa . . 1879—1888
Johann Fidelis Battaglia . . 1889—

### 372. Wien.

Mamertinus, Landbischof zu
    Fabiana . . . . . um 466
Ratfried . . . . . um 824
Anno . . . . . . um 836
Alberich (?) . . . . . um 860 (?)
Madelwin . . . . . um 882 (?)
Eberhard, Pfarrherr z. St. Stephan 1144—1170
Sieghard . . . . . zw. 1204 u. 1220

Heinrich I. . . . . . um 1225
Leopold I. . . . . . ?—1252
Gerhard . . . . . 1252—1271
Ulrich Monk . . . . 1271—1276
Bernhard von Brambach . . 1275—1285
Gottfried I. . . . . . 1285—1295
Gottfried II. . . . . . ?
(Peter Aichspalter . . . . 1301)

| | |
|---|---|
| Nikolaus Kramer . . . . . | ? |
| (Konrad Greiffenstein?) | |
| Albrecht I., Herzog von Sachsen | 1308?—1320 |
| Heinrich II. von Luzern . . | 1320—1326 |
| Albrecht II. von Hohenberg . | 1326—1350 |
| Leopold II. von Sachsengang . | 1350—1364 |
| Johann Mayerhofer, **gefürsteter Probst** | 1365—1376 |
| Berthold von Weching . . . | 1377—1381 |
| Georg von Lichtenstein . . | 1381—1390 |
| Anton Wachinger . . . | 1390—1406 |
| Wilhelm Thurzo von Asparn . | 1406—1439 |
| Konrad Zeideler . . . | 1440—1442 |
| Alexander von Masovien . . | 1442—1444 |
| Albrecht III. von Schaumberg . | 1444—1471 |
| Leo von Spaur, **Bischof** . . | 1471—1481 |
| Johann, Erzbischof von Gran, Verweser | 1481—1482 |
| Bernhard I. von Rohr . . . | 1482—1487 |
| Urban I. Doczi . . . | 1487—1490 |
| Johann I. Vitez . . . | 1490—1499 |
| Bernhard II. . . . | 1499—1504 |
| Franz Bakacs, Verweser . | 1504—1509 |
| Sedisvacanz . . . | 1509—1513 |
| Georg von Slatkonia . . . | 1513—1522 |
| Johann II. von Revellis . . | 1523—1530 |
| Johann III. Faber . . . | 1539—1541 |
| Friedrich Nausea . . . | 1541—1552 |
| Christoph Wertwein . . . | 1552 |
| Peter Canisius, Verweser . . | 1552—1558 |
| Anton I. Brus aus Müglitz . | 1558—1560 |
| Urban II. von Gurk . . . | 1560—1573 |
| Kaspar Neubeck . . . | 1573—1594 |
| Sedisvacanz | 1594—1598 |
| Melchior von Khlesl . . . | 1598—1628 |
| Anton II. v. Wolfrath, **Fürst** 1631 | 1628—1639 |
| Philipp Friedrich von Breuner . | 1639—1669 |
| Wilderich von Walderdorff . . | 1669—1680 |
| Emmerich Sinelli . . . | 1680—1683 |
| Ernst von Trautson . . . | 1683—1702 |
| Franz Anton, Graf von Harrach . | 1702—1706 |
| Franz Ferdinand von Rummel . | 1706—1716 |
| Siegmund von Kollonicz, **Erzbischof** 1722 | 1716—1751 |
| Johann Joseph von Trautson . | 1751—1757 |
| Christoph Anton Bartholomäus v. Migazzi zu Waal u. Sonnenthurm | 1757—1803 |
| Siegmund Anton, Graf v. Hohenwart zu Gerlachstein . | 1803—1820 |
| Sedisvacanz | 1820—1822 |
| Leopold Maximilian, Graf von Firmian . | 1822—1831 |
| Vincenz Eduard von Milde . . | 1832—1853 |
| Joseph Othmar von Rauscher . | 1853—1875 |
| Johann Baptist Kutschker . . | 1876—1881 |
| Cölestin Ganglbauer . . . | 1881—1889 |
| Anton Joseph Gruscha . . . | 1890— |

## 373. Biben.

| | |
|---|---|
| Nicephorus . . . . . | ? |
| Marcianus . . . . | um 579 |
| Ursinianus . . . . | um 679 |
| Fredebert . . . . | 961—967 |
| Stephan . . . . | um 1015 |
| Wolderich . . . . | um 1031 |
| Ezzo . . . . | 1079—1083 |
| Friedrich . . . . | um 1163 |
| Peter I. (Poppo) . . . . | 1180—1188 |
| Bodo . . . . | um 1231 |
| Otto . . . . | 1254—1255 |
| Bernhard . . . . | um 1282 |
| Oderich Bertrami . . . | 1307—1310 |
| Enoch . . . . | um 1318 |
| Demetrius I. . . . . | † 1325 |
| Wilhelm . . . . | † 1343 |
| Amantius . . . . | 1343 |
| Stanislaus aus Krakau . . . | 1343—1348 |
| Demetrius II. . . . | 1348—1352 |
| Nikolaus I. Cervicensis . . | 1353—? |
| Lorenz . . . . | ?—1382 |
| Paul I. von Urbino . . . | ?—1390 |
| Heinrich von Wildenstein . . | 1390—1394 |
| Andreas Crapulanus . . . | 1394—1396 |
| Paul II. von Rostero . . . | 1396—? |
| Johann I. . . . . | ?—1418 |
| Gregor . . . . | 1418 |
| Paul III. aus Steiermark . . | 1418—? |
| Nikolaus II. . . . . | ?—1434 |
| Peter II. Giustiniani . . . | 1434—1464 |
| Konrad . . . . | 1464—1467 |
| Michael . . . . | 1467—1478 |
| Paschalis . . . . | 1478—1492? |
| Georg I. von Kirchberg . . | 1492?—1501 |
| Georg II. Schlachogna . . | 1501—1523 |
| Nikolaus III. Kreutzer . . . | 1523—1525 |
| Johann II. Barbo v. Wachsenstein | 1525—1547 |
| Zacharias Johannes . . . | 1547—1561 |
| Sedisvacanz | 1561—1563 |
| Daniel Barbo . . . | 1563—1570 |
| Georg III. Reutgartler . . | 1570—1600 |
| Anton I. Zara . . . | 1601—1621 |
| Karl Weinsberger . . . | 1622—1627 |
| Pompejus Coronini von Cronberg | 1627—1631 |
| Sedisvacanz | 1631—1633 |
| Kaspar Bobeck . . . | 1633—1641 |
| Anton II. Marenzi . . . | 1641—1646 |
| Franz Maximilian Vaccano . . | 1646—1663 |
| Paul IV. Janschitz von Tauris . | 1663—1667 |
| Paul V. Bludimir . . . | 1667—1671 |
| Andreas Daniel von Raunach . | 1671—1686 |
| Johann Marcus Rosetti . . . | 1686—1691 |
| Anton III. Peter Paul Gaus von Honberg . | 1691—1713 |
| Georg Xaver von Marotti . . | 1713—1741 |
| Johann Joseph Bonifacius Zecotti | 1741—1766 |
| Aldrag Anton von Picardi . . | 1766—1783 |
| | † 1789 |

Aufhebung des Bistums und Vereinigung mit Triest 1783.

## 374. *Basel (19).

| | |
|---|---|
| Ragnachar . . . . | um 630—650 |
| Walanus . . . . | um 731—741 |
| Waldebert . . . . | um 751 |
| Hatto . . . . | 802—823, † 836 |
| Ulrich I. . . . . | 823—835 |
| Wighard I. . . . . | 844?—859 |
| Fredebert . . . . | 859—860 |
| Adalwin . . . . | um 875 |

| | |
|---|---|
| Rudolf I. | ?—892 |
| Iring | 892—895 |
| Adalbert I. | 895?—916 |
| Landeolus | um 917 |
| Wilhelm | 917—921? |
| Wighard II. | um 930 |
| Rudolf II. | 950?—974 |
| Gebizo, Graf von Altenburg | um 984 |
| Adalbert II. | 999—1021 |
| Rudolf III. | 1021—1025 |
| Adalbert III. | 1025 |
| Ulrich II. | 1025—1040 |
| Bruno (?) | 1040 |
| Theoderich | 1041—1055 |
| Berengar | 1055—1072 |
| Burkhard von Hasenburg | 1072—1105 |
| Rudolf IV. von Homburg | 1107—1122 |
| Berthold I. von Neuenburg | 1122—1133 |
| Adalbert IV. von Froburg | 1133—1137 |
| Ortlieb von Froburg | 1138—1164 |
| Ludwig Garewart | 1164—1179 |
| Hugo von Hasenburg | 1180 |
| Heinrich I. von Horburg | 1180—1191 |
| Leuthold I. von Rötheln | 1192—1213 |
| Walter von Rötheln | 1213—1215 |
| Heinrich II. von Thun | 1216—1238 |
| Leuthold II. von Arburg | 1238—1249 |
| Berthold II., Graf von Pfirt | 1250—1262 |
| Heinrich III., Graf von Neuenburg-Erguel | 1262—1274 |
| Heinrich IV. Knoderer | 1275—1286 |
| Peter I. Reich von Reichenstein | 1286—1296 |
| Peter II. Aichspalter | 1297—1306 |
| Otto von Granson | 1306—1309 |
| Gerhard von Wippingen | 1309—1325 |
| Hartmann I. Münch | 1325—1332 |
| Johann I. Arley | 1325—1335 |
| Johann II. von Munsingen | 1335—1365 |
| Johann III. von Vienne | 1365—1382 |
| Imer von Ramstein | 1382—1391 |
| Friedrich von Blankenheim, Verweser | 1391—1393 |
| Konrad Münch von Landskron | 1393—1395 |
| Dippold v. Neuenburg, Verw. | 1395—1399 |
| Humbert von Neuenburg | 1399—1418 |
| Hartmann II. Münch v. Münchenstein | 1418—1423 |
| Johann IV. von Fleckenstein | 1423—1436 |
| Friedrich, Pfalzgraf bei Rhein | 1437—1451 |
| Arnold von Rothberg | 1451—1458 |
| Johann V. von Venningen | 1458—1478 |
| Kaspar von Mühlhausen | 1479—1502 |
| Christoph von Utenheim | 1502—1527 |
| Philipp von Gundelsheim | 1527—1553 |
| Melchior von Lichtenfels | 1554—1575 |
| Jakob Christoph Blarer v. Wartensee | 1575—1608 |
| Wilhelm Rink von Baldenstein | 1608—1628 |
| Johann Heinrich von Ostheim | 1628—1646 |
| Beatus Albert von Ramstein | 1646—1651 |
| Johann Franz von Schönau-Zell | 1651—1656 |
| Johann Konrad I. von Roggenbach | 1656—1693 |
| Wilhelm Jakob Rink von Baldenstein | 1693—1705 |
| Johann Konrad II. von Reinach-Hirtzbach | 1705—1737 |
| Jakob Sigismund von Reinach-Steinbrunn | 1737—1743 |
| Joseph Wilhelm Rink von Baldenstein | 1744—1762 |
| Simon Nikolaus, Graf v. Froburg | 1762—1775 |
| Ludwig von Wangen-Geroldseck | 1775—1782 |
| Joseph von Roggenbach | 1783—1794 |
| Franz Xaver von Neveu | 1794—1802 |

Säkularisierung des Bistums: Basel 1802 mit Baden vereinigt.

Bischöfe:

| | |
|---|---|
| Franz Xaver von Neveu | (1794) 1802—1828 |
| Joseph Anton Salzmann | 1829—1854 |
| Karl Arnold | 1854—1865 |
| Eugen Lachat | 1863—1885, † 1886 |
| Friedrich Fiala | 1885—1888 |
| Leonhard Haas | 1888— |

## 375. Utrecht.

| | |
|---|---|
| Willibrod | 696—739 |
| Bonifacius | 739—755 |
| Gregor | 755—780 |
| Aelbric | 780—784? |
| Theodard | 785—791 |
| Harmakar | 791—804 |
| Richfried | 804—827 |
| Friedrich I. | 828—838 |
| Alfrich | 838—845 |
| Eginhard | 845—847 |
| Lüdeger | 847—856 |
| Hungar | 856—866 |
| Odilbald | 870—900 |
| Egibold | 900—901 |
| Radbod | 901—918 |
| Baldrich | 918—976 |
| Volkmar | 976—990 |
| Balduin I. | 991—995 |
| Ansfried | 995—1010 |
| Adelbold | 1010—1027 |
| Bernald | 1027—1054 |
| Wilhelm I. von Ponte | 1054—1076 |
| Konrad | 1076—1099 |
| Burkhard, Graf von Lechsgemund | 1099—1112 |
| Godebald | 1112—1127 |
| Andreas, Graf von Cuyk | 1127—1138 |
| Heribert | 1138—1150 |
| Hermann von Horn | 1150—1156 |
| Gottfried von Rhenen | 1156—1178 |
| Balduin II., Graf von Holland | 1178—1196 |
| Arnold I., Graf von Isenburg | 1196—1197 |
| Theoderich I., Graf von Holland | 1196—1198 |
| Theoderich II., Graf v. Neuenahr | 1198—1212 |
| Otto I., Graf von Geldern | 1213—1215 |
| Otto II., Graf zur Lippe | 1215—1227 |
| Wilbrand, Graf v. Wildeshausen | 1227—1234 |
| Otto III., Graf von Holland | 1234—1249 |
| Godwin von Amstel | 1249—1250 |
| Heinrich I. von Vianen | 1250—1267 |
| Johann I., Graf von Nassau | 1267—1288 |
| Johann II. von Sirck | 1288—1296 |
| Wilhelm II. von Mecheln | 1296—1301 |
| Guido, Graf von Hennegau | 1301—1317 |
| Friedrich II. von Sirck | 1317—1322 |
| Jakob von Flämingen | 1322 |
| Johann III. von Diest | 1322—1340 |
| Nikolaus von Capucci | 1340—1341 |
| Johann IV. von Arkel | 1341—1364 |
| Johann V., Graf von Virneburg | 1364—1371 |
| Arnold II. von Horn | 1371—1378 |

| | |
|---|---|
| Florenz von Wevelinghofen . . | 1379—1393 |
| Friedrich III. von Blankenheim . | 1393—1423 |
| Sedisvacanz . . . . | 1423—1425 |
| Sveder von Culemburg . . | 1425—1433 |
| Rudolf von Diepholz . . . | 1433—1455 |
| Gisbert von Brederode . . | 1455—1457 †? |
| David von Burgund . . . | 1457—1496 |
| Friedrich IV., Markgraf v. Baden | 1496—1516 |
| | † 1517 |
| Philipp von Burgund . . . | 1516—1524 |
| Heinrich II., Pfalzgraf bei Rhein | 1524—1528 |

Säkularisierung des Bistums: Utrecht
an Burgund abgetreten 1528.

| | |
|---|---|
| Wilhelm III. von Enkefort . . . | 1529—1534 |
| Georg, Graf von Egmont . . . | 1534—1559 |

**Erzbistum 12./5. 1559.**

| | |
|---|---|
| Sedisvacanz . . . . | 1559—1561 |
| Friedrich V., Schenk von Tautenburg . | 1561—1580 |
| Konrad . . . . | 1580—1592 |
| Johann Bruhesen . . . . | 1593—1600 |

**Apostolische Vicare:**

| | |
|---|---|
| Sasbold Vosmer . . . . . | 1602—1614 |
| Philipp Rovenius . . . . . | 1614—1651 |
| Jakob de la Torre, Coadjutor . . | 1647—1661 |
| Balduin von Catz . . . . | 1662—1663 |
| Johann Neerkassel . . . . | 1662—1686 |
| Peter Codde . . . . | 1688—1704, † 1710 |
| Theodor van Cock . . . . | 1702—1704 |
| Gerhard Potkamp . . . . . | 1705 |
| Adam Dalmen . . . . . | 1707—1717 |
| Johann von Byleveld . . | 1717—1718, † 1727 |
| Archipresbyter . . . . | 1718—1853 |
| Johann Zwyhsen, Erzbischof 1853 . | 1853—1868 |
| Andreas Ignaz Schäpmann . . | 1868—1882 |
| Peter Matthias Snickers . . . . | 1883— |

---

## 376. * Regensburg (15).

| | |
|---|---|
| Paulinus . . . . . | 470—480(?) |
| Lupus . . . . . | 480—489(?) |
| Rather . . . | um 540 |
| Ruprecht I. . . . . | ?—582 |
| Emmeran . . . . | 712—715 |
| Wigbert . . . . | ?—739 |
| Garibald (Gaubald) . . | 739—752 |
| Sigerich . . . . | 752—772 |
| Sigubert (Simpert) . . | 772—791 |
| Adalwin . . . . | 791—817 |
| Baderich . . . . | 817—847 |
| Erkenfried . . . | 847—864 |
| Emmerich (Embricho) . | 864—891 |
| Aspert . . . . | 891—893 |
| Tuto . . . . | 893—930 |
| Isengrim . . . . | 930—941 |
| Günther . . . . | 941 |
| Michael . . . . | 941—972 |
| Wolfgang I. von Pfullingen . | 972—994 |
| Gebhard I. von Schwaben . | 994—1023 |
| Gebhard II., Graf von Hohenwart | 1023—1036 |
| Gebhard III., Herzog v. Franken | 1036—1060 |
| Otto, Graf von Rietenburg . | 1060—1089 |
| Gebhard IV., Graf von Hohenlohe | 1089—1106 |
| Hartwig I., Graf von Ortenburg | 1106—1126 |
| Konrad I. (Kuno) . . . | 1126—1132 |
| Heinrich I., Graf von Wolfraths=hausen . . . | 1132—1155 |
| Hartwig II., Graf von Ortenburg | 1155—1164 |
| Eberhard von Schwaben . . | 1164—1167 |
| Konrad II. von Raitenbuch . | 1167—1185 |
| Gottfried . . . | 1185—1186 |
| Konrad III. von Laichlingen . | 1186—1204 |
| Konrad IV., Graf von Trisbach=Frontenhausen . . . | 1204—1227 |
| Siegfried, Rheingraf . . | 1227—1246 |
| Albrecht I., Graf von Pitengau . | 1247—1260 |
| Albrecht II. Magnus v. Bollstädt | 1260—1262 |
| | † 1280 |
| Leo Thundorfer . . . . | 1262—1277 |
| Heinrich II., Graf von Rotheneck | 1277—1296 |
| Konrad V. von Luppurg . . | 1296—1313 |
| Nikolaus von Stachowitz . . | 1313—1340 |
| Heinrich III. von Stein . . | 1340—1345 |
| Friedrich I., Burggraf v. Nürnberg | 1345—1368 |
| Konrad VI. von Haimberg . . | 1368—1381 |
| Dietrich von Abensberg . . | 1381—1483 |
| Johann I. von Moosburg . . | 1384—1409 |
| Maximilian, Gegenbischof | 1387—1388 |
| Albrecht III., Stauff v. Stauffen=berg . . . | 1409—1421 |

| | |
|---|---|
| Johann II. von Streitberg . . | 1421—1428 |
| Konrad VII. von Rehlingen aus Soest . . . . | 1428—1437 |
| Friedrich II. von Parsberg . . | 1437—1450 |
| Friedrich III. von Blankenfels . | 1450—1457 |
| Ruprecht II., Pfalzgraf v. Mosbach | 1457—1465 |
| Heinrich IV. von Abensberg . . | 1465—1492 |
| Ruprecht III., Pfalzgraf von Simmern . . . . | 1482—1507 |
| Johann III., Pfalzgraf bei Rhein | 1507—1538 |
| Pancratius Sinzenhofer . . | 1538—1548 |
| Georg von Pappenheim . . | 1548—1563 |
| Veit von Frauenberg . . . | 1563—1567 |
| David Kölderer aus Burgstall . | 1567—1579 |
| Philipp Wilhelm, Herzog v. Bayern | 1579—1598 |
| Sigismund Friedrich, Graf von Fugger . . . . | 1598—1600 |
| Wolfgang II. von Hausen . . | 1600—1613 |
| Albrecht IV. von Törring . . | 1613—1649 |
| Franz Wilhelm, Graf von Warten=berg . . . . | 1649—1661 |
| Johann Georg, Graf v. Herberstein | 1661—1663 |
| Adam Lorenz, Graf von Törring | 1663—1666 |
| Guidobald, Graf von Thun . . | 1666—1668 |
| Albert Sigismund, Herzog von Bayern . . . . | 1668—1685 |
| Joseph Clemens, Herzog von Bayern . . . | 1685—1716, † 1723 |
| August Clemens, Herzog v. Bayern | 1716—1719 |
| Johann Theodor, Herzog v. Bayern | 1719—1763 |
| Clemens Wenzel, Pr. v. Sachsen | 1763—1769 |
| | † 1802 |
| Anton Ignaz Joseph, Graf von Fugger=Glött . . . . | 1769—1787 |
| Maximilian Procop, Graf von Törring=Jettenbach . . . | 1787—1789 |
| Joseph Konrad, Graf von Schrof=fenberg=Mös . . . . | 1789—1803 |
| Karl Theodor, Freiherr von Dal=berg, Erzbischof 2./2. 1805 . | 1804—1810 |
| | † 1817 |

Säkularisierung des Bistums: Regensburg
1810 mit Bayern vereinigt.

**Bischöfe:**

| | |
|---|---|
| Sedisvacanz . . . | 1817—1821 |
| Johann Nepomuk von Wolff . . | 1821—1829 |
| Johann Michael von Sailer . . | 1829—1832 |
| Georg Michael Wittmann . . | 1832—1833 |
| Franz Xaver von Schwäbl . . | 1833—1841 |
| Valentin von Riedel . . . | 1842—1857 |
| Ignaz von Senestrey . . . | 1858— |

## 377. * Freisingen (14).

| | |
|---|---|
| Corbinian | 724—730 |
| Erimbert | 730—747 |
| Joseph | 747—764 |
| Aribo | 764—784 |
| Otto I. von Kienberg | 784—810 |
| Hitto von Möring | 810—834 |
| Erkenberg von Möring | 835—854 |
| Anno | 854—875 |
| Arnulf | 875—883 |
| Waldo von Hohenlohe | 883—906 |
| Udo (Otto II.) von Andechs | 906—907 |
| Drakulf von Humblen | 907—926 |
| Wolfram von Burghausen | 926—938 |
| Lambert | 938—957 |
| Abraham, Graf von Görz | 957—993 |
| Gottschalk von Hagenau | 993—1006 |
| Egilbert, Graf von Moosburg | 1006—1039 |
| Nitger | 1039—1052 |
| Engelhard, Graf von Meran | 1052—1078 |
| Meginward | 1078—1098 |
| Heinrich I. von Eberstein-Peilstein | 1098—1137 |
| Matthäus | 1138 |
| Otto III., Markgraf von Öster-reich | 1138—1158 |
| Adalbert, Graf von Sigmaringen | 1158—1184 |
| Otto IV., Graf von Berg | 1184—1220 |
| Gerold von Reichersdorf | 1220—1230 |
| Konrad I. von Tölz-Hohenburg | 1230—1258 |
| Konrad II., Graf von Wittelsbach | 1258—1278 |
| Friedrich, Graf von Montauban | 1279—1282 |
| Emicho, Wildgraf | 1283—1311 |
| Gottfried von Greiffenberg | 1311—1314 |
| Konrad III. Sendlinger | 1314—1322 |
| Johann I. von Güttingen | 1322—1324 |
| Konrad IV. von Klingenberg | 1324—1340 |
| Johann II. Gryse von Zesterfleth | 1340—1349 |
|   Ludwig von Chamstein, Gegenb. | 1341—1342 |
|   Luitold von Schaumburg, Gegen-bischof | 1342—1349, † 1355 |
| Albrecht, Graf von Hohenburg-Haigerloch | 1349—1359 |
| Paul von Harrach | 1359—1377 |
| Leopold von Sturmberg | 1377—1381 |
| Berthold von Vaihingen | 1381—1410 |
| Degenhard von Weichs | 1410—1411, † 1425 |
| Konrad V. von Hebenstreit | 1411—1412 |
| Hermann, Graf von Cilly | 1412—1421 |
| Nikodemus della Scala | 1421—1443 |
| Heinrich II., Graf von Schlick | 1443—1448 |
| Johann III. Grünwalder | 1448—1452 |
| Johann IV. Tulbeck | 1453—1473 |
| Sixtus von Tannenberg | 1473—1495 |
| Ruprecht, Pfalzgraf bei Rhein | 1495—1498 |
| Philipp, Pfalzgraf bei Rhein | 1499—1541 |
| Heinrich III., Pfalzgraf bei Rhein | 1541—1551 |
| Leo Lösch von Hilkershausen | 1552—1559 |
| Moritz von Sandizell | 1559—1566 |
| Ernst, Herzog von Bayern | 1566—1612 |
| Stephan von Seiboltsdorf | 1612—1618 |
| Veit Adam von Gebeck | 1618—1651 |
| Albrecht Sigismund, Herzog von Bayern | 1652—1685 |
| Joseph Clemens, Herzog von Bayern | 1685—1694, † 1723 |
| Johann Franz Ecker von Kapfing-Lichteneck | 1695—1727 |
| Johann Theodor, Herzog v. Bayern | 1727—1763 |
| Clemens Wenzel, Pr. v. Sachsen | 1763—1768, † 1802 |
| Ludwig Joseph von Welden | 1769—1788 |
| Maximilian Procop, Graf von Törring-Jettenbach | 1788—1789 |
| Joseph Konrad, Graf von Schrof-fenberg-Mös | 1790—1803, † 1803 |

Säkularisierung des Bistums: Freisingen
1803 mit Bayern vereinigt.

### Bischöfe:

| | |
|---|---|
| Sedisvacanz | 1803—1821 |

### Erzbischöfe von München-Freising.

| | |
|---|---|
| Lothar Anselm, Freiherr von Gebsattel | 1821—1846 |
| Karl August, Graf von Reisach | 1847—1855, † 1869 |
| Gregor Scherr | 1856—1877 |
| Anton Steichele | 1878—1889 |
| Anton von Thoma | 1889—1897 |
| Franz-Joseph von Stein | 1898— |

## 378. Neuburg a. Donau.

| | |
|---|---|
| Weggo | 740—765 |
| Memmo | 765—773 |
| Heligaud | 773—789 |
| Liutpert | 789—802 |

Aufhebung des Bistums: Neuburg 802
mit Augsburg vereinigt.

## 379. * Eichstädt (5).

| | |
|---|---|
| Willibald | 741—786 |
| Geroch | 786—801 |
| Aganus | 801—819 |
| Adalung | 820—841 |
| Altun | 841—858 |
| Ottokar (Otger) | 858—881 |
| Gottschalk | 881—884 |
| Erkenbald | 884—916 |
| Udalfried | 916—933 |
| Starchand | 933—966 |
| Reginald (Reginbald) | 966—989 |
| Megingoz (Meingod), Graf von Lechsgemünd | 989—1014 |
| Gundackar (Gunzo) I. | 1014—1019 |
| Walter | 1020—1021 |
| Heribert (Hubert), Graf v. Rothen-burg | 1022—1042 |
| Guzmann, Graf von Rothenburg | 1042 |
| Gebhard I., Graf v. Calw | 1042—1055, † 1057 |
| Gundackar II. | 1057—1075 |
| Ulrich I. | 1075—1099 |
| Eberhard I., Graf von Vohburg-Schweinfurt | 1100—1112 |
| Ulrich II., Graf von Bogen | 1112—1125 |
| Gebhard II., Graf von Hirschberg | 1125—1149 |
| Burkhard von Memlem | 1149—1153 |
| Konrad I. von Mörsberg | 1153—1171 |
| Egilolf | 1171—1182 |
| Otto | 1182—1195 |
| Hartwich, Graf von Hirschberg | 1195—1223 |

Friedrich I. von Hauenstadt . . 1223—1225
Heinrich I. von Ziplingen . . 1225—1229
Heinrich II. von Tischlingen . . 1229—1234
Heinrich III. von Ravensberg . 1234—1237
Friedrich II. von Parsberg . . 1237—1246
Heinrich IV., Graf v. Württemberg 1246—1259
Engelhard . . . . . . 1159—1261
Hildebrand von Mörn . . 1261—1279
Reimbrecht von Mülenhard . . 1279—1297
Konrad II. von Pfaffenhausen . 1297—1305
Johann I. von Dürbheim (Die-
  penheim) . . . . 1305—1306
Philipp von Rathsamhausen . . 1306—1322
Marquard I. von Hageln . 1322—1324
Gebhard III. von Graisbach . 1324—1327
Friedrich III., Landgraf von
  Leuchtenberg . . . . } 1328—1329
Friedrich IV., Burggraf von Nürn-
  berg } 1328—1329
Heinrich V. Schenk von Reicheneck 1329—1344
Albrecht I. von Hohenfels . . 1344—1353
  Sedisvacanz        1353—1355
Berthold, Burggraf von Nürnberg 1355—1365
Rhabanus Schenk von Wildburg-
  stetten . . . . 1365—1383
Friedrich V., Graf von Öttingen 1383—1415
Johann II. von Heideck . . 1415—1429
Albrecht II. von Rechberg . . 1429—1445
Johann III. von Eich . . 1445—1464
Wilhelm von Reichenau . . 1464—1496
Gabriel von Eyb . . . . 1496—1535
Christoph von Pappenheim-Stäh-
  lingen . . . . 1535—1539

Moritz von Hutten . . . . 1539—1552
Eberhard II. von Hirnheim . . 1552—1560
Martin von Schaumburg . . 1560—1590
Kaspar von Seckendorf . . 1590—1595
Johann Konrad von Gemmingen 1595—1612
Johann Christoph von Wester-
  stetten . . . 1612—1636, † 1637
Marquard II. Schenk von Castell 1637—1685
Johann Eucharius Schenk von
  Castell . . . . . 1685—1697
Johann Martin von Eyb . . 1697—1704
Johann Anton I. Knebel von
  Katzenellenbogen . . . . 1705—1725
Ludwig Franz Schenk von Castell 1725—1736
Johann Anton II. von Freiberg-
  Hopferau . . . . . 1736—1757
Raimund Anton, Graf v. Strasoldo 1757—1781
Johann Anton III. von Zehmen 1781—1790
Joseph, Graf von Stubenberg . 1790—1802
                         † 1824

Säkularisierung des Bistums: Eichstädt 1803
weltliches Fürstentum.

Ferdinand von Toskana . . . 1803—1805

Mit Bayern vereinigt 1806—1817,
mit Leuchtenberg seit 1817.

Bischöfe:

Sedisvacanz . . . . . 1802—1824
Peter Pustett . . . . 1824—1825
Johann Friedrich Östreicher . . . 1825—1835
Johann Martin von Mamb . . . 1835
Karl August, Graf von Reischach . 1835—1846
Georg von Öttl . . . . 1846—1866
Franz Leopold, Freiherr von Leonrod 1867—1905
Leo Mergel . . . . 1905—

---

## 380. * Würzburg (3).

Burkhard I. . . . . 741—752, † 754
Megingold von Rothenburg . . 752—785
Bernulf (Bernwolf) . . 785—800
Luderich . . . . . 801—804
Egilward . . . . . 804—810
Wolfgar . . . . . 810—832
Hubert (Kunibert) . . . 832—842
Godwald von Henneberg . . 842—855
Arno (Anno) von Endsee . . 855—892
Rudolf I., Graf von Rothenburg 892—908
Dietho (Theodo), Graf v. Rothen-
  burg . . . . 908—931
Burkhard II. von Henneberg (?) 931—941
Poppo I. von Henneberg (?) 941—961
Poppo II. (von Henneberg? von
  Babenberg?) . . 961—984
Hugo, Graf von Rothenburg . 984—990
Bernward, Graf von Rothenburg 990—995
Heinrich I., Graf von Rothenburg 995—1018
Meinhard I., Graf von Rothen-
  burg . . . . 1018—1034
Bruno, Herzog von Kärnthen . 1034—1045
Adalbero, Graf von Lambach-
  Pütten . . 1045—1085, † 1090
Meinhard II., Graf von Rothen-
  burg . . . . 1085—1088
Einhard, Graf von Rothenburg . 1088—1104
Ruprecht von Tundorf . . 1104—1106
Erlong, Graf von Calw . . 1106—1121
Rüdiger von Vaihingen . . } 1122—1125
Gebhard I. von Henneberg . } 1122—1127
Emicho, Graf von Leiningen . 1125—1146
Siegfried von Querfurt . . 1147—1150
Gebhard II., Graf von Henneberg 1150—1159

Heinrich II., Graf von Leiningen 1159—1165
Herold von Hochheim . . . 1165—1171
Reinhold, Graf von Abensberg . 1171—1184
Gottfried I., Graf von Pisenberg 1184—1190
Heinrich III., Graf von Berg . 1190—1197
Gottfried II., Graf von Hohenlohe 1197—1198
Konrad I. von Querfurt . . 1198—1202
Heinrich IV. von Käßburg . 1202—1207
Otto I. von Lobdaburg . . 1207—1223
Dietrich, Graf von Homburg . 1223—1225
Hermann I. von Lobdaburg . 1225—1254
Iring von Rheinstein . . 1254—1266
Konrad II. von Trimberg . . 1266—1267
  Berthold I., Graf von Henneberg,
  Gegenbischof,        1266—1274
Berthold II., Graf von Sternberg 1267—1287
Mangold von Neuenburg . . 1287—1303
Andreas von Gundelfingen . . 1303—1314
Gottfried III., Graf von Hohenlohe 1314—1322
Wolfram von Grumbach . . 1322—1333
Hermann II. von Lichtenberg . } 1333—1335
Otto II. von Wolfskehl . . } 1333—1345
Albrecht I., Graf von Hohenberg-
  Haigerloch } 1345—1349
Albrecht II., Graf von Hohenlohe. 1345—1372
Gerhard, Graf von Schwarzburg 1372—1400
  Albrecht III. v. Heßberg, Gegenb. 1372—1373
Johann I. von Egloffstein . . 1400—1411
Johann II. von Brunn . . 1411—1440
Sigismund, Herzog von Sachsen 1440—1443
Gottfried IV., Graf von Limburg 1443—1455
Johann III. von Grumbach . . 1455—1466
Rudolf von Scherenberg . . 1466—1495
Lorenz von Bibra . . . . 1495—1519

| | |
|---|---|
| Konrad III. von Thüngen | 1519—1540 |
| Konrad IV. von Bibra | 1540—1544 |
| Melchior Zobel von Giebelstadt | 1544—1558 |
| Friedrich von Wirsberg | 1558—1573 |
| Julius Echter von Mespelbrunn | 1573—1617 |
| Johann Gottfried I. v. Aschhausen | 1617—1622 |
| Philipp Adolf von Ehrenberg | 1623—1631 |
| Franz, Graf von Hatzfeld und Gleichen | 1631—1642 |
| Johann Philipp I., Graf von Schönborn | 1642—1673 |
| Johann Hartmann von Rosenbach | 1673—1675 |
| Peter Philipp von Dernbach | 1675—1683 |
| Konrad Wilhelm von Wernau | 1683—1684 |
| Johann Gottfried II. von Guttenberg | 1684—1698 |
| Johann Philipp II. von Greiffenklau zu Vollraths | 1699—1719 |
| Johann Philipp III. Franz, Graf von Schönborn | 1719—1724 |
| Christoph Franz v. Hutten-Stolzenberg | 1724—1729 |

| | |
|---|---|
| Friedrich Karl, Graf v. Schönborn | 1729—1746 |
| Anselm Franz, Graf v. Ingelheim | 1746—1749 |
| Karl Philipp Heinrich v. Greiffenklau zu Vollraths | 1749—1754 |
| Adam Friedrich, Gr. v. Seinsheim | 1755—1779 |
| Franz Ludwig, Freiherr v. Erthal | 1779—1795 |
| Georg Karl von Fechenbach | 1795—1802, † 1808 |

Säkularisierung des Bistums: Würzburg mit Bayern vereinigt 1802—1806.

| | |
|---|---|
| Ferdinand von Toskana, Kurfürst 1./2., Großherzog 15./9. 1806 | 1806—1814, † 1824 |

Mit Bayern vereinigt 1814.

Bischöfe:

| | |
|---|---|
| Sedisvacanz | 1803—1821 |
| Adam Friedrich Gottfried Lothar Joseph Maria Groß von und zu Trockau | 1821—1840 |
| Georg Anton von Stahl | 1840—1870 |
| Johann Valentin Reißmann | 1871—1875 |
| Sedisvacanz | 1875—1879 |
| Franz Joseph von Stein | 1879—1898 |
| Ferdinand von Schlör | 1898— |

## 381. Verden.

| | |
|---|---|
| Schwibrecht in Kuhfelde | 775—785 |
| Patto | 785—788 |
| Tanko | 788—808 |
| Haruth (Haruch) | 809—830 |
| Haligad (Heligaud) | 830—841 |
| Walter (Waldegar) | 841—865 |
| Herluf | 865—874 |
| Wigbert | 874—908 |
| Bernhard I. | 908—913 |
| Adelward | 913—933 |
| Amelung (Erlung) von Sachsen | 933—962 |
| Bruno I. von Sachsen | 962—976 |
| Herpo | 976—993 |
| Bernhard II. | 993—1013 |
| Wicher | 1013—1031 |
| Dietmar I. | 1031—1034 |
| Bruno II., Graf von Walbeck | 1034—1049 |
| Siegbert | 1049—1060 |
| Richbert | 1060—1084 |
| Hartwig | 1085—1097 |
| Mazo | 1097—1116 |
| Dietmar II. | 1116—1148 |
| Hermann | 1149—1167 |
| Hugo | 1167—1180 |
| Tammo | 1180—1188 |
| Rudolf I. | 1189—1205 |
| Iso, Graf von Wölpe | 1205—1231 |
| Lüder (Lothar) von Berg | 1231—1251 |
| Gerhard I., Graf von Hoya | 1251—1269 |
| Konrad I., Herzog von Braunschweig-Lüneburg | 1269—1300 |
| Friedrich I. Man von Honstädt | 1300—1312 |
| Nikolaus von Kettelhodt | 1312—1332 |
| Johann I. Gryse von Zesterfleth | 1332—1340 |
| Sedisvacanz | 1340—1342 |

| | |
|---|---|
| Daniel von Wichtrich | 1342—1363 |
| Gerhard II. von Berg | 1363—1365 |
| Rudolf II. Rühle | 1365—1367 |
| Heinrich I. von Langeln | 1367—1381 |
| Johann II. Gryse von Zesterfleth | 1381—1388 |
| Otto, Herzog von Braunschweig-Lüneburg | 1388—1395 |
| Dietrich von Niem | 1395—1398 |
| Konrad II. von Vechta | 1398—1399, † 1408 |
| Konrad III. von Soltow | 1400—1407 |
| Ulrich von Albeck | 1407 |
| Heinrich II., Graf v. Hoya | 1407—1426, † 1441 |
| Johann III. von Asel | 1426—1470 |
| Berthold von Landsberg | 1470—1502 |
| Christoph, Herzog v. Braunschweig-Lüneburg | 1502—1558 |
| Georg, Herzog von Braunschweig-Lüneburg | 1558—1566 |

Evangelische Bischöfe:

| | |
|---|---|
| Eberhard von Holle | 1566—1586 |
| Philipp Sigismund, Herzog von Braunschweig-Lüneburg | 1586—1623 |
| Friedrich II., Prinz v. Dänemark | 1623—1629 |
| Franz Wilhelm, Graf v. Wartenberg (kathol. Bischof) | 1630—1631, † 1661 |
| Johann Friedrich, Herzog von Holstein-Gottorp | 1631—1634 |
| Friedrich II., Prinz von Dänemark (zum 2. Male) | 1634—1644, (1648) |

Säkularisierung des Bistums: Verden 1648 als Herzogtum von Deutschland an Schweden abgetreten.

| | |
|---|---|
| Mit Dänemark vereinigt | 1702—1704 |
| Mit Schweden vereinigt | 1704—1719 |

An Hannover abgetreten 1719.

## 382. Sitten.

| | |
|---|---|
| Althäus | um 780 |
| Adalong | um 820 |
| Haimenius | um 830 |
| Konrad | um 840 |
| Aimo I. | um 857 |
| Walter I. | 877?—888? |
| Calinus | um 900 |

| | |
|---|---|
| Villencus I. | um 930 |
| Amadeus I. | 932—944 |
| Wilphin | † 942 |
| Manfred | um 960 |
| Amizo | um 983 |
| Villencus II. | um 995 |
| Hugo | um 1000 |

Eberhard von Burgund . . . 1000?—1036?
Aimo II., Graf von Savoyen . 1036?—1053
Hermanfried . . . . . . 1055—1086?
Gosbert . . . . . . . um 1090
Udo . . . . . . . . um 1100
Willencus III. . . . . . 1106?—1122?
Edmund . . . . . . . 1122?—1125?
Boso I. . . . . . . . 1125?—1138?
Warin . . . . . . . . 1138?—1150
Ludwig . . . . . . . 1151?—1157
Amadeus II. von Thun . . 1157?—1170?
Kuno . . . . . . . . 1170?—1187?
Wilhelm I. . . . . . . 1188—1194?
Ranthelm von Ecublens . . 1196?—1198
Wilhelm II. von Saillon . 1203?—1205?
Landrich von Mont . . . 1206?—1237
Boso II. von Granges . . 1237—1243
Heinrich I. von Rarogne . 1243—1271
Rudolf von Val-Pellina . 1271—1273
Peter von Ehringen . . . 1273—1287
Bonifacius von Challant . 1290—1308
Aimo III. von Châtillon . 1308—1323
Aimo IV. von Thurn. . . 1323—1338
Philibert von Gastons . . 1338—1342
Guiscard Tavel . . . . 1342—1375
Eduard, Fürst v. Savoyen-Achaja 1375—1386
Wilhelm III. von La Beaume . 1386—1387
Humbert von Billens . . . 1388—1392
Heinrich II. v. Blanches-de Vellate 1392—1393
Wilhelm IV. von Rarogne . 1393—1402
Wilhelm V. von Rarogne . 1402—1417
Andreas von Gualdo . . . 1418—1437
Wilhelm VI. von Rarogne . 1437—1451

Wilhelm VII. von Etaing . . 1451—1454
Heinrich III. von Asperling . 1454—1457
Walter II. Supersaxo v. der Flühe 1457—1482
Jobst von Silinon . . . . 1482—1496
Nikolaus Schiener . . . . 1496—1499
Matthäus Schiener . . . . 1499—1522
Philipp von Platten . . . 1522—1529
Hadrian I. von Riedmatten . . 1529—1548
Johann Jordan . . . . . 1548—1565
Hildebrand I. von Riedmatten . 1565—1604
Hadrian II. von Riedmatten . . 1604—1613
Hildebrand II. Jost . . . . 1613—1638
Bartholomäus Supersaxo von der
    Flühe . . . . . . 1638—1640
Hadrian III. von Riedmatten . 1640—1646
Hadrian IV. von Riedmatten . 1646—1672
Hadrian V. von Riedmatten . . 1672—1701
Franz I. Joseph Supersaxo von
    der Flühe . . . . . 1701—1734
Johann Jakob Blatter . . . 1734—1752
Johann Hildebrand Roten . . 1752—1760
Franz II. Friedrich am Bühl . 1760—1780
Franz III. Melchior zen-Ruffinen 1780—1790
Joseph Anton Blatter . . . 1790—1798

Säkularisierung des Bistums 1798.

Bischöfe:

Joseph Anton Blatter . . . . (1790) 1798—1807
Joseph Xaver von Preux . . . 1807—1817
Augustin Sulpiz zen-Ruffinen . . 1817—1829
Franz Moritz Roten . . . . 1830—1843
Peter Joseph von Preux . . . 1843—1875
Hadrian Jardinier . . . . . 1875—

## 383. * Osnabrück (12).

Wiho I. (Wicho) . . . . 783—809
Meginhard . . . . . 810—829
Goswin . . . . . . 829—845
Gosbert . . . . . . 845—860
Eckbert . . . . . . 860—887
Egilmar . . . . . . 887—906
Bernhard I. . . . . . 906—918
Dodo I. . . . . . . 918—949
Drogo . . . . . . 949—969
Ludolf . . . . . . 970—978
Dodo II. . . . . . . 978—996
    Kuno, Gegenbischof (?) . . 978—980
Günther . . . . . . 996—1000
Wodilulf (Wacholf) . . . 1000—1003
Dietmar . . . . . . 1003—1022
Meginher (Meinher) . . . 1023—1027
Gozmar . . . . . . 1028—1036
Alberich . . . . . . 1036—1052
Benno I. (Werner) . . . 1052—1067
Benno II. (Bernhard) . . . 1067—1088
Marquard . . . . . 1088—1093
Wiho II. . . . . . . 1093—1101
Johann I. . . . . . . 1101—1109
Gottschalk von Diepholz . . 1109—1119
Diethard . . . . . . 1119—1137
    Konrad, Gegenbischof . . . 1119—1125
Udo von Steinfurt . . . . 1137—1141
Philipp, Graf von Katzenellenbogen 1141—1173
    Wezel, Gegenbischof . . . 1141
Arno, Graf von Altena . . . 1173—1191
Gerhard, Graf von Wildeshausen 1192—1216
    † 1219
Adolf, Graf von Tecklenburg . 1216—1224
Engelbert I., Graf von Isenburg 1224—1226

Wilbrand, Graf v. Wildeshausen,
    Bischof von Paderborn, Verweser 1226
Otto I. . . . . . . . 1226—1227
Konrad I., Graf von Veltberg . 1227—1238
Engelbert I., Graf von Isenburg
    (zum 2. Male) . . . . 1239—1250
Bruno, Graf von Isenburg . 1250—1258
Balduin von Rüssel . . . 1259—1264
Engelbert, Graf v. der Mark,
    Verweser . . . . . 1264—1265
Wittekind, Graf von Waldeck . 1265—1268
Konrad II., Graf von Rietberg . 1269—1297
Ludwig, Graf von Ravensberg . 1297—1308
Engelbert von Weihe . . . 1309—1321
Gottfried, Graf von Arnsberg . 1321—1348
Johann II. Hud . . . . 1349—1366
Melchior, Herzog v. Braunschweig-
    Grubenhagen . . . . 1366—1376
Dietrich von Horn . . . 1376—1402
Heinrich I., Graf von Holstein 1402—1404
    † 1421
Otto II., Graf von Hoya . . 1402—1424
Johann III. von Diepholz . 1424—1437
Erich I., Graf von Hoya . 1437—1441, †?
Heinrich II., Graf v. Mörs,
    Verweser . . . . . 1441—1450
Albrecht, Graf von Hoya . 1450—1453
Rudolf von Diepholz . . 1453—1455
Konrad III. von Diepholz . 1455—1482
Konrad IV., Graf von Rietberg 1482—1508
Erich II., Herzog v. Braunschweig-
    Lüneburg . . . . 1508—1532
Franz, Graf von Waldeck . . 1532—1553
Johann IV., Graf von Hoya . 1553—1574

Evangelische Bischöfe:

| | |
|---|---|
| Heinrich III., Herzog von Sachsen=Lauenburg | 1574—1585 |
| Wilhelm von Schenking | 1585 |
| Bernhard II., Graf von Waldeck | 1585—1591 |
| Philipp Sigismund, Herzog von Braunschweig=Lüneburg | 1591—1623 |
| Eitel Friedrich, Graf von Hohenzollern | 1623—1625 |

Katholische und evangelische Bischöfe abwechselnd:

| | |
|---|---|
| Franz Wilhelm, Graf von Wartenberg | 1625—1634 |
| Gustav Gustavson, Graf von Wasaburg | 1634—1648 |
| Franz Wilhelm, Graf von Wartenberg (zum 2. Male) | 1648—1661 |
| Ernst August I., Herzog von Braunschweig=Lüneburg | 1662—1698 |
| Karl Joseph Ignaz, Herzog von Lothringen | 1698—1715 |
| Ernst August II., Herzog von Braunschweig=Lüneburg | 1716—1728 |
| Clemens August, Herzog v. Bayern | 1728—1761 |
| Georg, Herzog v. Braunschweig=Lüneburg, Verweser | 1761—1764 |
| Friedrich, Prinz v. Großbritannien, Herzog von York u. Albany | 1764—1802 † 1827 |

Säkularisierung des Bistums: Osnabrück 1803 mit Hannover vereinigt.

Bischöfe:

| | |
|---|---|
| Karl von Gruben, apostolischer Vicar seit 1796, Verweser | 1803—1827 |
| Karl Anton Lüpke | 1830—1855 |
| Mit Hildesheim vereinigt 1855—1857. | |
| Paulus Melchers | 1855—1866, † 1895 |
| Johann Heinrich Beckmann | 1866—1878 |
| Sedisvacanz | 1878—1882 |
| Bernhard Höting | 1882—1898 |
| Hubert Voß | 1899— |

## 384. Kammerich (Cambrai).

| | |
|---|---|
| Hildwart | 790—816 |
| Halitgar | 817—831 |
| Dietrich | 831—863 |
| Hildwin | 863—866 |
| Johann I. | 866—879 |
| Ruthard I. | 879—886 |
| Dodilo | 887—901 |
| Stephan | 901—933 |
| Fulbert | 933—956 |
| Berengar | 956—957 |
| Engelram I. | 957—960 |
| Ansbert | 960—965 |
| Wibald | 965—966 |
| Dedo | 972?—976? |
| Ruthard II. | 976?—995 |
| Erlwin | 995—1012 |
| Gerhard I. v. Rumigny=Florines | 1013—1048 |
| Leutbert | 1049—1076 |
| Gerhard II. | 1076—1092 |
| Walter | 1092—1095 |
| Manasse | 1095—1105 |
| Odo | 1105—1113 |
| Burkhard | 1115—1131 |
| Ludhard | 1131—1137 |
| Nikolaus I. von Chièvres | 1137—1166 |
| Peter I., Graf von Flandern | 1167—1174 |
| Robert I. | 1174 |
| Alhard | 1175—1178 |
| Rüdiger von Waurin | 1179—1191 |
| Johann II. von Bethune | 1192—1196 |
| Nikolaus II. von Roeux | 1197 |
| Hugo von Oisy | 1197—1199 |
| Peter von Corbeil | 1199—1200 |
| Johann III. von Bethune | 1200—1219 |
| Gottfried von Condé | 1219—1337 |
| Wilhelm I. | 1237 |
| Guido I. von Laon | 1237—1247 |
| Nikolaus III. von Fontaines | 1248—1273 |
| Engelram II. von Créqui | 1273—1292 |
| Wilhelm II., Graf von Hennegau | 1292—1296 |
| Guido II. von Collemède | 1297—1306 |
| Philipp von Marigny | 1306—1309 |
| Peter III. von Mirepoix | 1309—1323 |
| Guido III. von Auvergne | 1326—1336 |
| Wilhelm III. von Auxonne | 1336—1342 |
| Guido IV. von Ventadour | 1342—1347 |
| Peter IV. von André | 1349—1368 |
| Robert II., Graf von Genevois | 1368—1372 |
| Gerhard III. von Dainville | 1372—1378 |
| Johann IV. Tserklas | 1378—1389 |
| Ando, Graf v. Luxemburg=Ligny | 1389—1396 |
| Peter V. von Ailly | 1398—1411 |
| Johann, Herzog von Bayern=Hennegau, Bisch. v. Lüttich, Verw. | 1411—1414 |
| Johann V. von Gaveren | 1414—1438 |
| Johann VI. von Burgund | 1440—1479 |
| Heinrich von Berghes | 1480—1502 |
| Jakob von Croy | 1502—1516 |
| Wilhelm III. von Croy | 1516—1519 |
| Robert III. von Croy | 1519—1556 |
| Maximilian von Berghes, Erzbischof 1559 | 1556—1570 |
| Ludwig von Berlaimont | 1570—1596 |

Säkularisierung des Bistums 1595.

Unter spanischer Herrschaft 1595—1677.

Kammerich (Cambrai) von Spanien an Frankreich abgetreten 1678.

## 385. * Münster (13).

| | |
|---|---|
| Ludger | 791—809 |
| Gerfried | 809—839 |
| Altfried | 839—849 |
| Luitbert | 849—871 |
| Hodulf (Berthold) | 872—875 |
| Wolfhelm | 875—900 |
| Richard (Rithard) | 900?—922 |
| Rumold | 922?—941 |
| Hildebold | 942?—967 |
| Dodo | 967—993 |
| Suitger (Sweder) | 933—1011 |
| Dietrich I. | 1011—1022 |
| Siegfried, Graf von Walbeck | 1022—1032 |
| Hermann I. | 1032—1042 |
| Rudbert von Greven | 1042—1063 |
| Friedrich I., Graf von Wettin | 1064—1084 |

| | |
|---|---|
| Erfo | 1085—1097 |
| Burkhard von Holte | 1097—1118 |
| Dietrich II., Graf von Zütphen | 1118—1127 |
| Eckbert | 1127—1132 |
| Werner | 1132—1151 |
| Friedrich II, Graf von Ahr | 1152—1168 |
| Ludwig I., Graf von Tecklenburg | 1169—1173 |
| Hermann II, Graf von Katzenellenbogen | 1174—1203 |
| Otto I., Graf von Wildeshausen | 1204—1218 |
| Dietrich III., Graf von Isenburg | 1218—1226 |
| Ludolf von Holte | 1226—1247 |
| Otto II., Graf zur Lippe | 1247—1259 |
| Wilhelm I. von Holte | 1259—1260 |
| Gerhard, Graf von der Mark | 1261—1272 |
| Sedisvacanz | 1272—1275 |
| Eberhard von Diest | 1275—1301 |
| Otto III., Graf von Rietberg | 1301—1306 |
| Konrad I., Graf von Berg | 1306—1310 |
| Ludwig II, Landgraf v. Hessen | 1310—1357 |
| Adolf, Graf von der Mark | 1357—1363 |
| Johann I., Graf von Virneburg | 1363—1364 |
| Florenz von Wevelinghofen | 1364—1379 |
| Johann II. Potho von Pothenstein | 1379—1381 |
| Heidenreich Wolf v. Lüdinghausen | 1381—1392 |
| Otto IV., Graf von Hoya | 1392—1424 |
| Heinrich I., Graf von Mörs | 1424—1450 |
| Walram, Graf von Mörs, Bischof in Cösfeld | 1450—1456 |
| Johann, Graf von Hoya, Verweser in Münster | 1450—1457 |
| Erich, Graf von Hoya, Gegenbischof in Wolbeck | 1450—1457 |
| Johann III., Pfalzgraf von Simmern | 1457—1466 |
| Heinrich II., Graf v. Schwarzburg | 1466—1496 |
| Konrad II., Graf von Rietberg | 1497—1508 |
| Erich I., Herzog von Sachsen-Lauenburg | 1508—1522 |

| | |
|---|---|
| Friedrich III., Graf v. Wied 1542—1532, † 1551 | |
| Erich II., Herzog v. Braunschweig-Grubenhagen | 1532 |
| Franz, Graf von Waldeck | 1532—1553 |
| Wilhelm II. von Ketteler | 1553—1557 |
| Bernhard von Räsfeld | 1557—1566 |
| Johann IV., Graf von Hoya | 1566—1574 |
| Johann Wilhelm, Herzog v. Jülich-Cleve, Coadjutor 1571 | 1574—1585, †1609 |
| Ernst, Herzog von Bayern | 1585—1612 |
| Ferdinand I., Herzog von Bayern | 1612—1650 |
| Bernhard Christoph von Galen | 1650—1678 |
| Ferdinand II., Graf von Fürstenberg | 1678—1683 |
| Maximilian Heinrich, Herzog von Bayern | 1683—1688 |
| Friedrich Christian von Plettenberg-Lenhausen | 1688—1706 |
| Franz Arnold Joseph Wolf, Freiherr v. Metternich zu Gracht | 1706—1718 |
| Clemens August, Herzog v. Bayern | 1719—1761 |
| Maximilian Friedrich, Graf zu Königseck-Rothenfels | 1761—1784 |
| Maximilian, Erzherzog v. Österreich | 1784—1801 |
| Friedrich Wilhelm, Freiherr v. Westphalen, Verweser | 1784—1789 |

Mit Preußen und Hannover vereinigt 1802—1807.

Mit Frankreich vereinigt 1807—1814.

Mit Preußen vereinigt 1814.

Bischöfe:

| | |
|---|---|
| Sedisvacanz | 1801—1817 |
| Ferdinand von Lüninck | 1817—1825 |
| Kaspar Maximilian v. Droste-Bischering | 1826—1846 |
| Georg Kellermann | 1846—1847 |
| Johann Georg Müller | 1847—1870 |
| Johann Bernhard Brinkmann | 1870—1889 |
| Hermann Dingelstad | 1890— |

## 386. *Paderborn (11).

| | |
|---|---|
| Hathumar | 795—815 |
| Badurad | 815—852 |
| Luthard | 852—886 |
| Biso | 886—907 |
| Dietrich I. | 907—916 |
| Unwan | 917—935 |
| Dodo | 935—960 |
| Volkmar | 960—981 |
| Rothar | 981—1009 |
| Meinwart | 1009—1036 |
| Ruthard (Rudolf) von Büren | 1036—1051 |
| Immico (Imad) | 1051—1076 |
| Poppo von Holte | 1076—1084 |
| Heinrich I. von Assel | 1084—1090 |
| Heinrich II., Graf von Waldeck | 1084—1127 |
| Bernhard I. von Osede | 1127—1160 |
| Ebergisl | 1160—1178 |
| Siegfried | 1178—1186 |
| Bernhard II. von Osede | 1186—1203 |
| Bernhard III. | 1203—1223 |
| Thomas Oliver | 1224—1225 |
| Wilbrand, Graf von Wildeshausen | 1225—1227 |
| Bernhard IV., Graf zur Lippe | 1227—1247 |
| Simon I., Graf zur Lippe | 1247—1277 |
| Otto, Graf von Rietberg | 1277—1307 |
| Günther, Graf von Schwalenberg | 1307—1310 |
| Dietrich II. von Itter | 1310—1321 |
| Bernhard V., Graf zur Lippe | 1321—1341 |

| | |
|---|---|
| Balduin von Steinfurt | 1341—1361 |
| Heinrich III. Spiegel v. Desenberg | 1361—1380 |
| Simon II., Graf von Sternberg | 1380—1389 |
| Ruprecht, Herzog von Jülich-Berg | 1390—1394 |
| Johann I., Graf von Hoya | 1394—1398 |
| Bertram Arvassani | 1399—1401 |
| Wilhelm, Herzog von Jülich-Berg | 1401—1415 |
| Dietrich III., Graf zu Mörs | 1415—1463 |
| Simon III., Graf zur Lippe | 1463—1498 |
| Hermann I., Landgraf v. Hessen | 1498—1508 |
| Erich, Herzog von Braunschweig-Lüneburg | 1508—1532 |
| Hermann II., Graf von Wied | 1532—1547 |
| Rembert von Kerßenbroich | 1547—1568 |
| Johann II., Graf von Hoya | 1568—1574 |
| Salentin, Graf von Isenburg | 1574—1577 |
| Heinrich IV., Herzog von Sachsen-Lauenburg | 1577—1585 |
| Theodor, Freiherr v. Fürstenberg | 1585—1618 |
| Ferdinand I., Herzog von Bayern | 1618—1650 |
| Theodor Adolf von der Recke | 1650—1661 |
| Ferdinand II., Freiherr von Fürstenberg | 1661—1683 |
| Hermann Werner Wolf, Freiherr von Metternich zu Gracht | 1683—1704 |
| Franz Arnold Wolf, Freiherr von Metternich zu Gracht | 1704—1718 |
| Clemens August, Herzog v. Bayern | 1719—1761 |

Sedisvacanz . . . 1761—1763
Wilhelm Anton, Graf von der Asseburg . . . 1763—1782
Friedrich Wilhelm, Freiherr von Westphalen . . . 1782—1789
Franz Egon, Prinz v. Fürstenberg 1789—1802
Mit Preußen vereinigt 1803—1807.
An das Königreich Westphalen 1807—1815.
Mit Preußen vereinigt 1815.

Bischöfe:
Franz Egon, Prinz v. Fürstenberg (1789) 1802—1825
Friedrich Clemens von Ledebur . 1825—1841
Richard Dammers . . . 1841—1844
Franz Drepper . . . 1844—1855
Konrad Martin . . . 1855—1879
Sedisvacanz 1879—1882
Franz Kaspar Drobe . 1882—1891
Hubert Simar . . . 1882—1899, † 1902
Wilhelm Schneider . . . 1900—

## 387. Lausanne.

Ulrich . . . 800?—813
Friedhar . . . 813—817
Paschalis . . . 817
David . . . 827—850
Hartmann . . . 851—878
Hieronymus . . . 878—892
Boso . . . 892—927
Libo . . . 928—932
Burkhard I., Prinz von Burgund 932—947
Meinhard . . . 947—968
Egilolf, Graf von Kyburg . . 968—985
Heinrich I. von Schänis . . 985—1019
Hugo, Prinz von Burgund . 1019—1036
Heinrich II. . . . 1038—1039?
Burkhard II., Graf v. Oltingen 1039?—1057?
Burkhard III. . . . 1057?—1089
Lambert von Granson . . 1089—1093?
Kuno, Graf von Hasenburg-Vinelz 1093?—1103
Gerhard I. von Faucigny . 1103—1130?
Guido I. von Martinach . . 1130—1143
Amadeus I. von Hauterive . 1144—1157
Sedisvacanz 1157—1159
Landrich von Dornach . . 1159—1177
Roger I. . . . 1177—1212
Berthold von Neuenburg . . 1212—1220
Gerhard II. von Rothenberg . 1220—1221
Wilhelm I. von Ecublens . . 1221—1229
Sedisvacanz 1229—1231

Bonifacius . . . 1231—1239
Johann I. von Cossonay . . . 1240—1273
Wilhelm II. von Champvent . . 1274—1302
Gerhard III. von Wippingen . 1302—1309
Otto von Champvent . . . 1310—1312
Peter von Oron . . . 1313—1323
Johann II. von Arcillou . . 1323—1341
Johann III. Bertrand . . . 1341—1342
Gottfried von Lucigne . . 1343—1346
Franz von Montfaucon . . . 1347—1354
Amadeus II., Graf von Savoyen 1354, †1376
Aimo I. von Cossonay . . 1355—1475
Guido II. von Prange . . 1375—1379
Sedisvacanz 1379—1393
Johann Münch von Landskron, Verweser . . . } 1393—1405
Wilhelm III. von Monthonay } 1394—1405
Wilhelm IV. von Challant . 1405—1431
Ludwig von La Pallude . . 1432—1440
Johann IV. von Prange . . 1440—1461
Wilhelm V. von Varax . . 1462—1466
Johann V. Michaelis, Verweser 1466—1468
Sedisvacanz 1468—1472
Julian della Rovere . . . 1472—1476
Benedict von Montferrand . 1476—1491
Aimo II. von Montfaucon . . 1491—1517
Sebastian von Montfaucon 1517—1536, † 1560
Aufhebung des Bistums 1536.

## 388. Minden.

Harumbert (Erkenbert) . . . 803—813
Hartward . . . 813—853
Dietrich I. aus Bayern . . 853—880
Wulfar (Wolfher) . . . 880—886
Drogo . . . 886—902
Adalbert . . . 902—905
Bernhard . . . 905—914
Lothar . . . 914—927
Ebergisl . . . 927—950
Helmward . . . 950—958
Landward . . . 958—969
Milo . . . 969—996
Ramward . . . 996—1092
Dietrich II. . . . 1002—1022
Siegbert . . . 1022—1036
Bruno, Graf von Walbeck . 1037—1055
Egilbert aus Bayern . . 1055—1080
Reinward (Reinhard) . . . 1080—1089
Volkmar, Gegenbischof . . 1080—1096
Ulrich . . . 1089—1097
Gottschalk . . . 1097—1112
Widelo, Gegenbischof seit 1097 . 1112—1119
Siegward . . . 1120—1140
Heinrich I. . . . 1140—1153
Werner aus Bückeburg . . 1153—1170
Anno von Landsburg . . 1170—1185
Dietmar . . . 1185—1206

Heinrich II. . . . 1206—1209
Konrad I. von Diepholz . . 1209—1236
Wilhelm I. . . . 1236—1242
Johann von Diepholz . . 1242—1253
Wittekind I., Graf von Hoya . 1253—1261
Kuno von Diepholz . . . 1261—1266
Otto I. aus Stendal . . . 1266—1275
Volkwin, Graf von Schwalenberg . . . 1275—1293
Konrad II. von Wardenberg . 1293—1295
Ludolf von Rostorf . . 1295—1304
Gottfried, Graf von Waldeck . 1304—1324
Ludwig, Herzog von Braunschweig Lüneburg . . . 1324—1346
Gerhard I., Graf von Schauenburg 1346—1353
Dietrich III. Kagelwit, a. Stendal 1353—1361
Gerhard II., Graf v. Schauenburg 1361—1366
Otto II., Burggraf von Wettin . 1366—1368
Wittekind II. von Schalksberg . 1369—1383
Otto III. von Schalksberg . . 1384—1397
Gerhard III., Graf von Hoya . 1397—1398
Marquard von Randeck . . 1398
Wilhelm II. von Büschen . . 1398—1402
Otto IV., Graf von Rietberg . 1402—1406
Wilbrand, Graf von Hallermund 1406—1436
Albrecht, Graf von Hoya . . 1436—1473
Heinrich III., Graf v. Schauenburg 1473—1508

Franz I., Herzog von Braun-
schweig-Lüneburg . . . 1508—1529
Franz II., Graf von Waldeck . 1530—1553
Julius, Herzog von Braunschweig-
Lüneburg . . . . . 1553—1554

Evangelische Bischöfe:
Georg, Herzog von Braunschweig-
Lüneburg . . . . . 1554—1566
Hermann, Graf von Schauenburg 1566—1582
† 1592

Heinrich Julius, Herzog von
Braunschweig-Lüneburg . . 1582—1585
   Sedisvacanz          1585—1587
Anton, Graf von Schauenburg . 1587—1599
Christian, Herzog von Braun-
schweig-Lüneburg . 1599—1625, † 1633
   Sedisvacanz          1625—1631
Franz Wilhelm, Graf von Warten-
berg (kathol. Bischof) 1631—1648, † 1661
Säkularisierung des Bistums: Minden 1648
als Fürstentum mit Brandenburg vereinigt.

---

## 389. Halberstadt.

Hildegrim I. . . . . . . 804—827
Dietgrim . . . . . . . 827—840
Haimo (Hagino) . . . . 840—853
Hildegrim II. . . . . . 853—888
Agilolf . . . . . . . 888—894
Sigismund I. . . . . . 894—923
Bernhard von Hadmersleben . . 923—968
Hildebrand (Hildeward), Graf
von Werl . . . . 968—996
Arnulf . . . . . . . 996—1023
Brantho . . . . . . 1023—1036
Burkhard I. (von Nappurg?) . 1036—1059
Burkhard II., Graf von Veltheim 1059—1088
Dietmar, Graf von Supplinburg 1089
Herrand (Stephan) . . . 1089—1102
Friedrich I. . . . . . . 1090—1105
Reinhard, Graf von Blankenburg 1106—1123
Otto von Kuditz . . . . 1123—1135
Rudolf I. . . . . . . 1136—1149
Ulrich, Graf von Regenstein (?) . 1149—1180
   Gero von Schermke, Gegenbischof 1160—1177
Dietrich von Krosigk . . . 1180—1193
Berthold (Gardolf) von Harbke . 1193—1201
Konrad von Krosigk . 1201—1208, † 1225
Friedrich II., Burggraf von Kirch-
berg . . . . . . 1209—1236
Ludolf I., Graf von Schladen . 1236—1241
Meinhard von Kranichfeld 1241—1253, † 1254
Ludolf II., Graf v. Schladen 1253—1255, † 1287
Volrad von Kranichfeld 1255—1296, † 1297
Hermann, Graf von Blankenburg 1296—1303
Albrecht I., Fürst von Anhalt . 1303—1324
Albrecht II., Herzog von Braun-
schweig-Lüneburg . . 1324—1357
   Albrecht, Graf von Mansfeld,
   Gegenbischof . . . . 1346—1356

Ludwig, Markgraf von Meißen . 1357—1366
Albrecht III. von Berg . . 1366—1390
Ernst I., Graf von Hohnstein . 1390—1398
† 1399
Rudolf II., Fürst von Anhalt . 1399—1406
Heinrich von Warburg . . 1406—1411
Albrecht IV., Graf v. Wernigerode 1411—1419
Johann von Hoym . . . 1419—1436
Burkhard III. von Warburg . . 1436—1458
Gebhard von Hoym . . . 1458—1480
Ernst II., Herzog von Sachsen . 1480—1513
Albrecht V., Markgraf von Bran-
denburg . . . . . 1513—1545
Johann Albrecht, Markgraf von
Brandenburg . . . . 1545—1550
Friedrich III., Markgraf von
Brandenburg . . . . 1550—1552
Sigismund II., Markgraf von
Brandenburg . . . . 1552—1566

Evangelische Bischöfe:
Heinrich Julius, Herzog v. Braun-
schweig-Lüneburg . . . 1566—1613
Heinrich Karl, Herzog von Braun-
schweig-Lüneburg . . . 1613—1615
Rudolf III., Herzog von Braun-
schweig-Lüneburg . . . 1615—1616
Christian, Herzog v. Braunschweig-
Lüneburg . . . 1616—1623, † 1633
   Sedisvacanz . . . . . 1623—1625
Christian Wilhelm, Markgraf von
Brandenburg . . . . 1625—1627
Leopold Wilhelm, Erzherzog von
Österreich (katholischer Bischof) 1627—1648
† 1662
Säkularisierung des Bistums: Halberstadt 1648
als Fürstentum mit Brandenburg vereinigt.

---

## 390. * Hildesheim (10).

Günther (in Elze seit 795?) . . 815—834
Rembert . . . . . . 834—835
Ebbo . . . . . . 835—847, † 851
Altfried . . . . . . 847—874
Ludolf . . . . . . 874
Marquard . . . . . 874—880
Wigbert (Agius) . . . . 880—903
Walbert . . . . . . 903—919
Sehard (Sieghard) . . . 919—928
Diethard . . . . . . 928—954
Ottwin . . . . . . 954—984
Osdag . . . . . . 985—989
Gerdag . . . . . . 990—992
Bernhard I. (Bernward) von
Sommerescheburg . . . 993—1022
Gotthard, aus Ritenbach . . 1022—1038

Dietmar . . . . . . 1038—1044
Azelin (Anselm) . . . . 1044—1054
Hezilo aus Sachsen . . . 1054—1079
Udo, Graf von Gleichen-Rein-
hausen . . . . . 1079—1114
Bruning . . . . . . 1115—1118
Berthold I. von Alvensleben . 1118—1130
Bernhard II., Graf von Rothen-
burg . . . . 1130—1153, † 1154
Bruno . . . . . . 1153—1162
Hermann von Wennerde . . 1162—1170
Adalog von Dorstadt . . . 1171—1190
Berno . . . . . . 1190—1194
Konrad I. von Querfurt . . 1194—1198
Heribert von Dahlem . . . 1199—1216
Siegfried I. . . . . 1216—1221, † 1227

Konrad II. v. Riesenberg   1221—1246, † 1249
Heinrich I., Graf v. Wernigerode   1247—1257
Johann I. von Brakel   1257—1260
Otto I., Herzog von Braunschweig-Lüneburg   1260—1279
Siegfried II. von Querfurt   1279—1310
Heinrich II, Graf von Woldenberg   1310—1318
Otto II., Graf von Woldenberg   1318—1331
Heinrich III., Herzog von Braunschweig-Lüneburg   1331—1363
 Erich I., Graf von Schauenburg, Gegenbischof   1332—1349
Johann II. Schadland   1363—1365
Gerhard von Berg   1365—1398
Johann III., Graf von Hoya   1398—1424
Magnus, Herzog von Sachsen-Lauenburg   1424—1452
Bernhard III., Herzog von Braunschweig-Lüneburg   1452—1458
Ernst I., Graf von Schauenburg   1458—1471
Henning von Haus   1471—1481
Berthold II. von Landsberg   1481—1502
Erich II., Herzog von Sachsen-Lauenburg   1503—1504
Johann IV., Herzog von Sachsen-Lauenburg   1504—1527, † 1547
Balthasar Merklin   1527—1531
Otto III., Graf von Schauenburg   1531—1537 † 1576

Valentin von Teutleben   1537—1551
Friedrich, Prinz von Dänemark   1551—1556
Burkhard von Oberg   1557—1573
Ernst II., Herzog von Bayern   1573—1612
Ferdinand, Herzog von Bayern   1612—1650
Maximilian Heinrich, Herzog von Bayern, Coadjutor 1642   1650—1688
Jost Edmund von Brabeck (ohne Besitz seit 1694)   1688—1702
Joseph Clemens, Herzog v. Bayern (im Besitz seit 1714)   1702—1723
Clemens August, Herzog von Bayern (ohne Besitz)   1723—1761
 Sedisvacanz   1761—1763
Friedrich Wilhelm, Freiherr von Westphalen   1763—1789
Franz Egon, Prinz von Fürstenberg, Coadjutor 1786   1789—1802

Säkularisierung des Bistums:
Hildesheim mit Preußen vereinigt 1803—1807.
An das Königreich Westphalen 1807—1813.
Mit Hannover vereinigt 1813.

### Bischöfe:

Franz Egon, Prinz von Fürstenberg   (1789) 1802—1825
Karl von Gruben, Verweser   1825—1829
Gotthard Joseph Osthaus   1829—1835
Franz Ferdinand Friedrich Fritz   1836—1840
Jakob Joseph Wandt   1842—1849
Eduard Jakob Wedekin   1850—1870
Wilhelm Sommerwerck, gen. Jakobi   1871—1905

## 391. Olmütz.

Privinna   854—879
Methodius   879—914
Johann I.   914—932
 Sedisvacanz   932—942
Sylvester   942—947, † 961
 Mit Regensburg vereinigt 947—976.
Wratislaw   976—981
 Mit Regensburg vereinigt 981—991.
 Mit Prag vereinigt 991—1063.
Johann II. von Brenau   1063—1086
 Mit Prag vereinigt 1086—1088.
Wenzel I.   1088—1091
Andreas von Dubrawatz   1091—1096
Heinrich I.   1096—1099
Peter I.   1099—1104
Johann III. (der Dickbauch)   1104—1126
Heinrich II. Zdik, Prinz v. Böhmen   1126—1151
Johann IV., aus Leitomischl   1151—1157
Johann V. (der Kahle)   1157—1172
Detlef, Prinz von Böhmen   1172—1182
Pilgrim   1182—1184
Kaim, Prinz von Böhmen   1184—1194
Engelbert aus Brabant   1194—1199
Johann VI., Bawor v. Strakonitz   1199—1201
Robert aus England   1201—1240
Friedrich)   1240—1241 (1245)
 Wilhelm von Mähren, Gegenb.   1241—1245
 Konrad v. Friedberg, Gegenbischof 1241—1245
Bruno, Graf von Schauenburg   1245—1281
Dietrich von Neuhaus   1281—1302
Johann VII. Holy von Waldstein   1302—1311
Peter II. Brabawice   1311—1316
Konrad I. aus Bayern   1316—1326
Heinrich III. Berka von Duba   1327—1333
Johann VIII. Wolfo   1333—1351
Johann IX. Oeko von Wlasim   1351—1364
Johann X. von Neumarkt   1364—1380

Peter III. Gelito   1381—1387
Johann XI. Sobieslaw v. Mähren   1387
Nikolaus von Riesenburg   1388—1397
Johann XII. Mraz   1398—1403
Wladislaw Lazek aus Krawarz   1403—1408
Konrad II. von Vechta   1409—1412
Wenzel II. Braby v. Burenic, gen. Kralik, Verweser   1412—1416
Johann XIII. von Bucka (der Eiserne)   1416—1430
 Aljo (Slawatzki), utraquistischer Bischof (Gegenbischof)   1416—1448
Konrad III. Kunko von Zwola   1430—1434
Paul von Miliczin und Talmberg   1434—1450
Johann XIV. Haz   1450—1454
Bohuslaw von Zwola   1454—1457
Protasius von Boskowitz und Czernahora   1457—1482
 Johann Viticz, Verweser   1482—1492
Johann XV. Borgia   1492—1497
Stanislaus I., Graf Thurzo   1497—1540
Bernhard Zubeko aus Zdietin   1540—1541
Johann XVI. Dubraw   1541—1553
Markus Khün   1553—1565
Wilhelm Prusinowsky v. Wiczkow   1565—1572
Johann XVII. Grodetzki   1572—1574
Thomas Albin von Helffenberg   1574—1575
Johann XVIII. Mezon von Telcz   1576—1578
Stanislaus II. Paulowsky von Paulowitz   1579—1598
Franz, Fürst von Dietrichstein   1598—1636
Johann XIX. Ernst Plateis von Plattenstein   1636—1637
Leopold I. Wilhelm, Erzherzog v. Österreich)   1637—1662
Karl I. Joseph, Erzherzog von Österreich)   1663—1664

Karl II., Graf von Liechtenstein=Castelcorno ... 1664—1695
Karl III. Joseph, Herzog von Lothringen ... 1695—1711, † 1715
Wolfgang Hannibal, Graf von Schrattenbach ... 1711—1738
Jakob Ernst, Graf von Liechtenstein=Castelcorno ... 1738—1745
Ferdinand Julius, Graf v. Troyer ... 1745—1758
Leopold II. Friedrich, Graf von Egkh=Hungersbach ... 1758—1760
Maximilian, Graf von Hamilton ... 1761—1776
Anton Theodor, Graf von Colloredo=Waldsee, **Erzbischof** 9./7. 1777 ... 1777—1811

Maria Thaddäus, Graf v. Trauttmannsdorf ... 1811—1819
Rudolf · Johann, Erzherzog von Österreich ... 1819—1831
Ferdinand Maria, Graf Chotek von Chotkowa ... 1832—1836
Maximilian Joseph, Freiherr von Sommerau=Beckh ... 1837—1853

Entziehung der Regalien 1848.

Friedrich Egon, Landgraf von Fürstenberg ... 1853—1892
Theodor Kohn ... 1893—1904
Franz Salentin Bauer ... 1904—

## 392. Havelberg.

Udo ... 946—983
Sedisvacanz ... 983—991
Hilderich ... 991—1008
Erich ... 1008—1024?
Gottschalk ... 1024?—1085
Wichmann ... 1085— n. 1089
Hezilo ... v. 1096—1110?
Bernhard ... 1110?—1118
Haimo ... 1118—1120
Gumbert (Gumprecht) ... 1120—1125
Anselm ... 1126—1155, † 1158
Walo ... 1155—1176
Hugibert (Hubert) ... 1176—1191
Helmbert (Lambert) ... 1191—1206
Sibodo, aus Stendal ... 1206—1219
Wilhelm ... 1219—1244
Heinrich I. von der Schulenburg (von Kerkow?) ... 1244—1270
Heinrich II. von Sternberg ... 1270—1290
Hermann, Markgraf v. Brandenburg ... 1290—1291
Johann I., Markgr. v. Brandenburg ... 1291—1292
Johann II. ... 1292—1304
Arnold ... 1304—1312
Rainer ... 1312—1319, † 1322?

Heinrich III. ... 1319—1324
Dietrich I. Kothe ... 1325—1341
Burkhard I. von Bardeleben ... 1341—1348
Burkhard II., Gr. v. Lindow=Ruppin ... 1348—1370
Dietrich II. ... 1370—1385
Johann III. Wepelitz ... 1385—1401
Otto I. von Rohr ... 1401—1427
Friedrich I. Krüger ... 1427
Johann IV. von Beust ... 1427
Konrad von Lintorf ... 1427—1460
Witticho Gans Edler von Putlitz ... 1461—1487
Busso I. von Alvensleben ... 1487—1493
Otto II. von Königsmarck ... 1493—1501
Johann V. von Schlabrendorf ... 1501—1520
Hieronymus Schulz ... 1520—1522
Busso II. von Alvensleben ... 1522—1548

Evangelische Bischöfe:

Friedrich II., Markgraf von Brandenburg ... 1548—1552
Sedisvacanz ... 1552—1554
Joachim Friedrich, Markgraf von Brandenburg, Verw. 1552 ... 1554—1598 † 1608

Aufhebung des Bistums 1571, des Domkapitals 1810; mit Brandenburg vereinigt.

## 393. Meißen.

Burkhard ... 948/70—972
Volkrad (Volkold) ... 972—992
Ido I. (Eido, Ägidius) v. Rochlitz ... 992—1015
Agilward (Hildward) ... 1016—1023
Hukprecht (Hubert) ... 1023—1024
Dietrich I. ... 1024—1046
Ido II., Gegenbischof ... um 1040
Meinward ... 1046—1051
Bruno I., Gegenbischof ... 1046—1064
Rainer ... 1051—1066
Krafto ... 1066
Benno von Woldenberg ... 1066—1106
Sedisvacanz ... 1106—1108
Hartwig (Herwig) ... 1108—1118
Grambert ... 1118—1125
Godebald (Gotthold) ... 1125—1140
Reinward ... 1140—1146
Berthold ... 1146—1149
Albrecht I. ... 1149—1152
Bruno I. (II.) ... 1152—1154
Gerung ... 1154—1170
Martin ... 1170—1190
Dietrich II. von Kittlitz ... 1191—1208
Bruno II. (III.) v. Borsendorf ... 1209—1228 †?

Heinrich ... 1228—1240
Konrad I. ... 1240—1258
Albrecht II. von Motzschen ... 1258—1266
Witticho I. von Kamenz ... 1266—1293
Bernhard von Kamenz ... 1293—1296
Albrecht III., Burggraf v. Leißnig ... 1297—1312
Witticho II. von Koldjtz ... 1312—1341
Wilhelm, Gegenbischof ... 1312—1314
Johann I. von Eisenberg ... 1341—1370
Konrad II. von Kirchberg=Wallhausen ... 1370—1375
Dietrich III., Gegenbischof ... 1370—1373
Johann II. von Genzenstein ... 1375—1379
Nikolaus I. Ziegenbock ... 1379—1392
Johann III. von Kittlitz ... 1393—1398
Thimo von Koldjtz ... 1399—1410
Rudolf von der Planitz ... 1411—1427
Johann IV. Hoffmann ... 1427—1451
Kaspar von Schönberg ... 1451—1463
Dietrich III. (IV.) von Schönberg ... 1463—1476
Johann V. von Weißenbach ... 1476—1487
Johann VI. von Saalhausen ... 1487—1518
Johann VII. von Schleinitz ... 1518—1537

Johann VIII. von Maltitz . . 1538—1549   in Wurzen 1559—1595, † 1595.
Nikolaus II. von Karlowitz . . 1550—1555   Aufhebung des Bistums 1559; Meißen mit
Johann IX. von Haugwitz . . 1555—1559   Kursachsen vereinigt.

## 394. Brandenburg.

Dietmar . . . . . . . 949—968
Dodilo . . . . . . . 968—980
Volkmar I. . . . . . . 980—992
Wigo (Guido) . . . . . 992—1018
Ezilo . . . . . . . 1018—1022
Busko (Lusso, Luizo) . . . 1022—1032
Rudolf . . . . . . . 1032, 1048
Dankwart . . . . . . um 1051
Dietrich I. (Thiedo) . . 1068?—1080
Volkmar II. . . . . . 1080—1100?
Hartbert . . . . . . 1100?—1123
Ludolf . . . . . . . 1123—1137
Lambert von Ilsenburg . . . 1137—1138
Wigger . . . . . . . 1138—1160
Wilmar . . . . . . . 1160—1173
Siegfried I., Markgraf v. Branden=
  burg . . . . . 1173—1179, † 1184
Balderam . . . . . . 1180—1190
Alexius . . . . . . . 1190—1192
Norbert . . . . . . . 1192—1207
Balduin . . . . . . . 1207—1217
Siegfried II. . . . . . 1217—1221
Gernold (Gerhard) . . . . 1221—1241
Rutger . . . . . . . 1241—1251
Otto . . . . . . . 1251—1261
Heinrich I. von Ostheren . . . 1261—1277
Gebhard . . . . . . . 1277—1287

Heidenreich . . . . . . 1287—1296
Volrad von Krempa . . . 1296—1302
Friedrich von Plötzke . . . 1303—1316
Johann I. von Tuchen . . . 1316—1324
Heinrich II., Graf v. Barby 1325—1327, † 1351
Ludwig von Neuendorf . . . 1327—1347
Dietrich II. Kothe . . . 1347—1365
Dietrich III. von der Schulenburg 1366—1393
Heinrich III. von Bodendiek . . 1393—1406
Henning von Bredow . . . 1406—1413
Johann II. von Waldow . . 1414—1421
Stephan Bödecker . . . . 1421—1459
Dietrich IV. von Stechow . 1459—1472
Arnold von Burgsdorf . . . 1472—1485
Joachim I. von Bredow . . 1485—1507
Hieronymus Schulz . 1507—1520, † 1522

Evangelische Bischöfe:

Dietrich IV. (V.) von Hardenberg 1520—1526
Matthias von Jagow . . . 1526—1544
  Sedisvacanz . . . . 1544—1546
Joachim II. von Münsterberg
  (katholischer Bischof) 1546—1560, † 1562
Johann Georg, Kurprinz von
  Brandenburg, Verweser 1560—1569, † 1598
  Aufhebung des Bistums 1569;
  Brandenburg mit Kur-Brandenburg vereinigt.

## 395. * Lübeck (22).

Marcus von Oldenburg . . . 952—968
Ekward (Eduard), Bischof von
  Wagrien . . . . . 968—974
Wago . . . . . . . 974—983/8
Egizo (Ezifo, Ezo I.) . . . 983/8—988
Volkward . . . . . . 989—990
  Sedisvacanz . . . 990—992
Reginbert . . . . . . 992—1013
Bernhard (Benno) . . . 1013—1023
Reinhold . . . . . . 1023—1030
Meinher . . . . . . . 1030—1038
Abelin . . . . . . . 1038—1048
  Sedisvacanz . . . 1048—1051
Ehrenfried (Ezo II.) . 1051—1066, † 1074
  Sedisvacanz . . . 1066—1149
Vizelin . . . . . . . 1149—1154
Gerold, in Lübeck 1163 . . 1155—1163
Konrad I., von Riddagshausen 1164—1172
Heinrich I., aus Brüssel . . 1172—1182
Konrad II. von Querfurt . . 1183—1184
  Sedisvacanz . . . 1184—1186
Dietrich I. . . . . . 1186—1210
Berthold . . . . . . 1210—1230
Johann I. . . . . . . 1231—1247
Albrecht Suurbeer, Erzbischof v.
  Riga, Verweser . . 1247—1254
Johann II. von Diest . . . 1254—1259
Johann III. von Tralau . . 1260—1276
Burkhard von Serkem . . 1276—1315
Heinrich II. von Bockholt . . 1315—1341
Johann IV. Muel . . . 1341—1350
Bertram Cremon . . . . 1350—1377
Nikolaus I. Ziegenbock . . 1377—1379
Konrad III. von Geisenheim . . 1379—1386

Johann V. Klenedenst . . . 1386—1387
Eberhard I. Attendorn . . . 1387—1399
(Heinrich Wolter, nur erwählt . . 1399)
Johann VI. von Dülmen . . 1399—1420
Johann VII. Schele . . . 1420—1439
Nikolaus II. Sachow . . . 1439—1449
Arnold Westphal . . . . 1450—1466
Albrecht Krummendyk . . . 1466—1489
Thomas Grote . . 1489—1492, † 1501
Dietrich II. Arndes . . . 1492—1506
Wilhelm Westphal . . . . 1506—1509
Johann VIII. Grimholt . . 1510—1523
Heinrich III. Bockholt . . 1523—1535
Detlef von Reventlow . . . 1535—1536
Balthasar von Rantzau . . 1536—1547
Jobst Hutfilter . . . . 1547—1553
Dietrich III. von Rheden . . 1553—1555
Andreas, Graf von Barby . . 1555—1559
Johann IX. Tiedemann . . 1559—1561
Evangelische Bischöfe:
Eberhard II. Holle . . . . 1561—1586
Johann Adolf, Herzog v. Holstein=
  Gottorp . . . . . 1586—1607
Johann Friedrich, Herzog von Hol=
  stein-Gottorp . . . . 1607—1634
Johann X., Herzog von Holstein=
  Gottorp, Coadjutor 1631 . 1634—1655
Johann Georg, Herzog von Hol=
  stein-Gottorp . . . . 1655
Christian Albrecht, Herzog von
  Holstein-Gottorp . 1655—1666, † 1694
August Friedrich, Herzog von Hol=
  stein-Gottorp . . . . 1666—1705

Christian August, Herzog von Hol-
  stein=Gottorp, Coadjutor 1701  1706—1726
Karl, Prinz von Dänemark,
  Gegenbischof . . . . . 1705—1706
Karl, Herzog v. Holstein=Gottorp  1726—1727
Adolf Friedrich, Herzog von Hol-
  stein=Gottorp . . 1727—1750, † 1771

Friedrich August, Herzog von Hol-
  stein=Gottorp . . . . . 1750—1785
Peter Friedrich Ludwig, Herzog
  v. Holstein=Gottorp  1785—1802, † 1829

Aufhebung des Bistums;
Lübeck als Fürstentum 1803 mit Oldenburg vereinigt.

## 396. Breslau.

Gottfried, Bischof in Smogra . 965—983
Urban . . . . . . . 983—1005
Clemens . . . . . . 1005—1027
Lucilius . . . . . . 1027—1036
Leonhard . . . . . . 1036—1045
Timotheus (Przemislaw) . . 1045—1051
Hieronymus, Bischof in Ryczen . 1051—1062
Johann I. Jastrzembiec, Bischof
  in Breslau 1062 . . 1062—1072
  Sedisvacanz . . . 1072—1074
Peter I. . . . . . 1074—1111
Ziroslaw I. . . . . 1112—1120
Haymo (Imislaw) Leßczyc . 1120—1126
Robert . . . 1127—1140, † 1165
Magnus Zaremba . . . 1141—1146
Johann II. Janick . . . 1146—1149
Walter Zadora, aus Landskron . 1149—1169
Ziroslaw II. Rose . . . 1170—1198
Swanko Prawdita . . . 1198
Jaroslaw, Herzog von Schlesien=
  Neisse . . . . 1198—1201
Cyprian . . . . 1201—1206
Lorenz Doliveta . . . 1207—1232
Thomas I. Kozlowaroga . 1232—1268
Wladislaw, Herzog v. Schlesien=
  Liegnitz, Erzbischof v. Salzburg,
  Verweser . 1268—1270
Thomas II. Zaremba . . 1270—1292
Johann III. Romka v. Szulnata  1292—1301
Heinrich von Würben . . . 1302—1319
Veit Habdank . . . 1319—1326
  Luitold Wirso, Gegenbischof . 1319—1326
Nanker Oxa von Brodacicka . 1326—1341
Precislaw von Pogarella, Herzog
  von Grottkau seit 1345 . 1341—1376
(Dietrich, erwählt, nicht anerkannt . 1376—1382)
Nikolaus, Verweser . 1376—1382
  Johann v. Neumark, Gegenbischof 1382
Wenzel, Herzog von Schlesien=
  Liegnitz . . . 1382—1417, † 1420
Konrad, Herzog von Schlesien=Öls 1417—1447

Peter II. Nowak . . . . 1447—1456
Jobst von Rosenberg . . . 1456—1467
Rudolf, aus Rüdesheim . . 1468—1482
Johann IV. Roth, Coadjutor 1468  1482—1506
Johann V. Thurzo von Bethlen-
  falva, Coadjutor 1502 . 1506—1520
Jakob von Salza=Schreibersdorf  1520—1539
Balthasar von Promnitz . . 1539—1562
Kaspar von Logau . . . 1562—1574
Martin Gerstmann . . . 1574—1585
Andreas Jerin . . . . 1585—1596
(Bonaventura Hahn, nicht anerkannt 1596—1599)
Christoph Gerstmann, Verweser 1596—1598
Paul Adalbert . . . . 1599—1600
Johann VI. von Sitsch . . 1600—1608
Karl Erzherzog von Österreich . 1608—1624
Karl Ferdinand, Prinz von Polen  1625—1655
Leopold Wilhelm, Erzherzog von
  Österreich . . . 1655—1662
Karl Joseph, Erzherzog v. Österreich 1663—1664
Sebastian Rostock, Coadjutor 1655 1664—1671
Friedrich, Landgraf von Hessen=
  Darmstadt . . . 1671—1682
Franz Ludwig, Pfalzgraf v. Neu-
  burg . . . . . 1683—1732
Philipp Ludwig, Graf v. Sinzendorf 1732—1747
Philipp Gotthard, Graf v. Schaff-
  gotsch . . . . 1748—1795
Joseph Christian, Prinz v. Hohen-
  lohe=Waldenburg=Bartenstein 1795—1817
Entziehung der Regalien 1811.

Fürstbischöfe:

  Sedisvacanz . . . 1817—1824
Emanuel von Schimonsky . . 1824—1832
  Sedisvacanz . . . 1832—1836
Leopold von Sedlnitzky . 1836—1840, † 1871
  Sedisvacanz . . . 1840—1843
Joseph Knauer . . . 1843—1844
Melchior von Diepenbrock . 1845—1853
Heinrich Förster . . . 1853—1881
Robert Herzog . . . 1882—1886
Georg Kopp . . . . 1887—

## 397. Posen=Gnesen.

Jordan(es) . . . 968—1001
Unger(us) . . . ?—1012
Timotheus
Paulinus
Benedict I.
Marcellus
Theodor I.
Dionysius
Laurentius
Martin
Boguphalus I. . 1147—1156, o. † 1146
Peanus (Peano Wloch) . . † 1152
Stephan I. Dobrogost . † um 1156 o. 1159
Bernhard . . . † 1164
Cherubin . . . † 1172
Raduan . . . um 1174

Swentoslaw (?)
Gerward Brog (?)
Arnold Dolega . . . † 1186 o. 1209
Mrokotha . . . † 1196
Philipp
Petrus I. . . . 1211—?
Paul I. Grzymala . . 1231?—1240
Boguphalus II. . . 1240—1253
Petrus II. Prawdzic . . 1253—1254
Boguphalus III. von Cirznelm . 1255—1265
Nikolaus I. Lis . . 1167/8—1273
Johann (Jan) Wyscowiec . 1273—1286
Johann II. Gerbisch . 1286—1298
Andreas I. Jedrzei . 1298—1311
Domarat (Domanka) Grzymala . † 1320
Johann III. Doliwa . . 1325—1335

| | |
|---|---|
| Johann IV. Lodza . . . . . | 1335—1346 |
| Andreas II. . . . . . . . | 1347—1348 |
| Adalbert I. (Woiciech) Paluka . | 1348—1355 |
| Johann V. Doliwa . . . . | 1356—1374 |
| Nikolaus II. Kornik . . . | 1375—1382 |
| Nikolaus III. von Bnin . . . | 1382 |
|   Johann VI. Kropidlo, Verweser | 1382—1384 |
| Dobrogost Nowodworski . . | 1384—1394 |
| Nikolaus IV. Kurowski . . | 1394—1398 |
| Adalbert II. Jastrzembiec . . | 1399—1412 |
| Petrus III. (Radolinski) Wiß . | 1412—1414 |
| Andreas III. Lascary Goslawicki | 1414—1426 |
| Miroslaw von Brudzewa . . | 1427 |
| Stanislaus I. Ciolek . . . | 1428—1438 |
| Andreas IV. Opalinski von Bnin | 1439—1479 |
| Uriel Gorka . . . . . | 1479—1498 |
| Johann VII. Lubranski . . | 1498—1520 |
| Peter IV. Tomicki . . . | 1520—1522 |
| Johann VIII. Lataiski . . | 1523—1536 |
| Johann IX. von Litewski . . | 1536—1538 |
| Stanislaus II. Olesnicki . . | 1538—1539 |
| Sebastian Bromicki-Korczak . | 1540—1544 |
| Paul II. Dunin Wolski . . | 1544—1546 |
| Benedict II. Izbienski . . | 1546—1553 |
| Andreas V. Czarnkowski . . | 1553—1562 |
| Adam 1. Konarski . . . | 1562—1574 |
| Lucas Koscielecki . . . | 1577—1597 |
| Johann X. Tarnowski . . . | 1597—1600 |
| Lorenz Goslicki . . . . | 1600—1607 |
| Andreas VI. Opalinski . . | 1607—1623 |
| Johann XI. Wezyk . . . | 1623—1626 |
| Matthias Lubienski . . . . | 1626—1631 |
| Adam II. Nowodworski . . . | 1631—1634 |
| Heinrich Firley | 1635 |
| Andreas VII. Sczoldrski . . | 1636—1650 |
| Florian Kasimir von Czartoryski | 1650—1654 |
| Albert Tholibowski . . . | 1654—1663 |
| Stephan II. Wierzbowski . . | 1663—1687 |
| Stanislaus III. Witwicki . . | 1687—1697 |
| Nikolaus V. Swiecicki . . . | 1699—1709 |
| Bartholomäus Tarlo . . . | 1709—1716 |
| Christoph Anton Szembeck . | 1716—1720 |
| Peter V. Tarlo . . . . | 1720—1722 |
| Johann XII. Tarlo . . . | 1723—1732 |
| Stanislaus IV. Hosius . . . | 1732—1738 |
| Theodor II. von Czartoryski . | 1738—1768 |
| Andreas Stanislaus Mlodziejowski | 1768—1780 |
| Anton Anufrius Olecki . . . | 1780—1790 |
|   Sedisvacanz . . . . . | 1790—1794 |
| Ignaz Raczynski . . . | 1794—1806 |
|   Sedisvacanz . . . . | 1806—1809 |
| Timotheus Gorzenski, **Erzbischof** 1821 . . . . . | 1809—1825 |
|   Sedisvacanz . . . | 1825—1828 |
| Theophilus Wolicki . . . . | 1828—1829 |
| Martin von Dunin . . . | 1830—1842 |
|   Sedisvacanz . . . | 1842—1845 |
| Leo von Przyluski . . . | 1845—1865 |
| Miescislaw Halko, Graf v. Ledo=chowski . . . | 1866—1875, † 1902 |
|   Sedisvacanz . . . | 1875—1886 |
| Julius Dinder . . . . . | 1886—1890 |
| Florian Stablewski . . . | 1892— |

## 398. Merseburg.

| | |
|---|---|
| Boso . . . . . . . . | 968—970 |
| Giselar . . . . . . | 971—981 |
|   Aufhebung des Bistums 981, Wiedereinrichtung 1004. | |
| Wigbert . . . . . | 1004—1009 |
| Dietmar, Graf von Walbeck . . | 1009—1019 |
| Bruno aus Bayern . . . . | 1020—1036 |
| Hunold . . . . . . | 1036—1050 |
| Alberich . . . . . | 1050—1053 |
| (Winther . . . . . | 1053) |
| Ezzelin I. aus Bayern . . . | 1053—1057 |
| Offo (Uffo, Onuphrius) . . | 1057—1062 |
| Günther (Winithar) . . . | 1062—1063 |
| Werner von Wolkenburg . . | 1063—1093 |
|   Eberhard (Eggo), Gegenbischof | 1075—1075 |
|   Sedisvacanz . . | 1093—1097 |
| Albin aus Bayern . . . | 1097—1112 |
| Gerhard . . . . . | 1112—1120 |
| Arnold . . . . | 1120—1126 |
| Megingoz (Meingod) . . . | 1126—1140 |
| Heinrich I. . . . . | 1140 |
| Ezzelin II. (Eckhelm) . . . | 1140—1143 |
| Reinhard von Querfurt . . | 1143—1151 |
| Johann I. . . . . . | 1151—1170 |
| Eberhard, Graf von Seeburg . | 1171—1201 |
| Dietrich, Markgraf von Meißen . | 1201—1215 |
| Eckhard (Engelhard) . . . | 1215—1240 |
| Rudolf von Webau . . . | 1240—1244 |
| Heinrich II. von Waren . . . | 1244—1265 |
| Albrecht I., Truchseß von Borna | 1265 |
| Friedrich I. von Torgau . . | 1265—1283 |
| Heinrich III. von Ammendorf . | 1283—1300 |
| Heinrich IV. Kindt . . . | 1300—1319 |
| Gebhard von Schrapelau . . . | 1320—1340 |
| Heinrich V., Graf von Stolberg | 1341—1357 |
| Friedrich II. von Hoym . . . | 1357—1382 |
| Burkhard von Querfurt . . . | 1382—1384 |
|   Andreas von Duba, Gegenbischof | 1382—1385 |
| Heinrich VI., Graf von Stolberg | 1384—1393 |
| Heinrich VII. Schatzmeister, aus Orlamünde . . . . | 1393—1403 †? |
| Otto, Graf von Hohnstein . . | 1403—1406 |
|   Heinrich, Gr. v. Stolberg, Gegenb. | 1406 |
| Walter von Köckeritz . . . | 1407—1411 |
| Nikolaus von Lübeke . . . | 1411—1431 |
| Johann II. Bose von Ammendorf und Ermtitz . . . . | 1431—1463 |
| Johann III. von Werder . . | 1464—1466 |
| Thilo von Trotha . . . . | 1466—1514 |
|   Johann Fischer von Bodenhofen, Coadjutor . . . | 1494—1507 |
| Adolf, Fürst von Anhalt, Coad=jutor 1507 . . . . | 1514—1526 |
| Vincenz von Schleinitz-Eulau . | 1526—1535 |
| Sigismund von Lindenau . . | 1535—1544 |
|   August, Herzog von Sachsen, Verweser . . . | 1544—1548 |
| Georg, Fürst von Anhalt, Coadj. | 1545—1550 |
| Michael Sidonius Helding . . | 1548—1561 |
|   Alexander, Herzog von Sachsen, Verweser . . . | 1561—1565 |

Verwaltung des Bistums durch Kursachsen
1565—1656, durch Sachsen=Merseburg 1656—1728;

Aufhebung und Vereinigung mit Kursachsen 1728,
mit Preußen 1815.

## 399. Zeitz-Naumburg.

| | |
|---|---|
| Hugo I., Bischof in Zeitz | 968—979 |
| Friedrich | 980—990 |
| Hugo II. | 991—1002 |
| Hildeward von Gleißberg, Bischof in Naumburg 1029 | 1003—1032 |
| Kazzo (Cadalous) | 1032—1045 |
| Eberhard (Eppo) von Wippra | 1045—1078 |
| Günther I., Graf von Brena | 1078—1089 |
| Walram (von Schwarzburg) | 1089—1111 |
| Dietrich I., Graf von Brena-Landsberg | 1111—1123 |
| Richwin aus Thüringen | 1123—1125 |
| Udo (Otto) I., Landgraf von Thüringen | 1125—1148 |
| Günther II. | 1148—1150 |
| Wichmann, Graf von Seeburg | 1150—1154 † 1194 |
| Berthold I. von Bubelitz | 1154—1161 |
| Udo (Otto) II. von Querfurt | 1161—1186 |
| Berthold II. von Meißen | 1186—1206 |
| Engelhard von Meißen | 1207—1242 |
| Dietrich II., Markgraf v. Meißen | 1243—1272 |
| Meinher, Graf von Osterfeld-Meißen | 1273—1280 |
| Ludolf von Schlotheim-Mila | 1280—1285 |
| Bruno Edler von Langenbogen | 1285—1304 |
| Ulrich I. von Kolditz-Wolkenburg | 1304—1316 |
| Heinrich I. von Grünenberg | 1317—1334 |
| Witticho I. von Ostrau | 1335—1348 |
| Johann I. von Miltitz | 1348—1352 |
| Rudolf Schenk von Saaleck-Nebra | 1352—1362 |
| Gerhard I., Graf von Schwarzburg | 1362—1372 |
| Witticho II. von Wolframsdorf | 1372—1381 |
| Christian von Witzleben | 1382—1394 |
| Ulrich II. von Rodenfeld | 1394—1409 |
| Gerhard II. von Goch | 1409—1422 |
| Johann II. von Schleinitz | 1422—1434 |
| Peter von Haugwitz | 1435—1463 |
| Georg von Haugwitz | 1463 |
| Dietrich III. von Burgsdorf | 1463—1466 |
| Heinrich II. von Stammer | 1466—1480 |
| Dietrich IV. von Schönberg | 1480—1492 |
| Johann III. von Schönberg, Coadjutor 1483 | 1492—1517 |
| Philipp, Pfalzgraf bei Rhein, Coadjutor 1512 | 1517—1541 |
| Julius Pflugk | 1541—1564 |
| Nikolaus von Amsdorf, Gegenb. | 1542—1546 |
| Alexander, Herzog v. Sachsen, Verweser | 1564—1565 |

Mit Kursachsen vereinigt 1565—1591.

| | |
|---|---|
| August, Herzog von Sachsen, Verweser | 1591—1615 |

Aufhebung des Bistums:
Naumburg mit Sachsen-Naumburg vereinigt 1615—1720,
mit Kursachsen 1720—1815;
an Preußen abgetreten 1815.

## 400. Prag.

| | |
|---|---|
| Dietmar | 973—982 |
| Adalbert | 982—997 |
| Thiddag | 997—1017 |
| Eckhard (Hetikard) | 1017—1023 |
| Hizzo | 1023—1030 |
| Severus | 1030—1067 |
| Jaromir (Gebhard) von Böhmen | 1068—1090 |
| Cosmas | 1090—1098 |
| Hermann aus Utrecht | 1099—1122 |
| Meinhard | 1122—1134 |
| Johann I. | 1134—1139 |
| Sylvester | 1139—1140 |
| Otto | 1140—1158 |
| Daniel I. | 1148—1168 |
| Friedrich I., Pfalzgraf v. Sachsen | 1168—1179 |
| Valentin Wolist | 1180—1182 |
| Brzetislaw (Heinrich) v. Böhmen | 1182—1197 |
| Daniel II. Milico von Palmberg | 1197—1214 |
| Andreas von Guttenstein | 1214—1224 |
| Pilgrim | 1224—1225 |
| Ludislaw (Budigovius) | 1226 |
| Johann II. | 1227—1236 |
| Burkhard | 1236—1240 |
| Nikolaus I. (Heinrich) von Augezd | 1241—1258 |
| Johann III. von Draschitz | 1258—1278 |
| Tobias von Beschin | 1278—1295 |
| Gregor | 1295—1301 |
| Johann IV. von Draschitz | 1301—1343 |
| Ernst von Pardubitz und Malowetz, Erzbischof 1344 | 1343—1364 |
| Johann V. Očko von Wlaffin | 1364—1379 |
| Johann VI. von Jenstein | 1379—1396 |
| Wolfram von Skworec | 1396—1402 |
| Nikolaus II. von Puchnik | 1402 |
| Zbinko I. Zajic von Hasenburg | 1402—1411 |
| Alwig Berkowski von Unitow | 1411—1413 |
| Konrad von Vechta | 1413—1431 |
| Johann VII. Rokyczana | 1431—1432, † 1471 |
| Sedisvacanz | 1432—1561 |
| Anton Brus aus Müglitz | 1561—1580 |
| Martin Medek | 1581—1590 |
| Zbinko II. von Berka | 1592—1606 |
| Karl von Lemberg | 1606—1612 |
| Johann VIII. Lohel | 1612—1622 |
| Ernst Albrecht von Harrach | 1622—1667 |
| Johann Wilhelm von Kolowrath-Liebsteinsky | 1667—1668 |
| Matthäus Ferdinand v. Bilenberg | 1668—1675 |
| Johann Friedrich von Waldstein | 1675—1694 |
| Johann Joseph von Breuner | 1695—1710 |
| Friedrich II. von Khünburg | 1711—1731 |
| Daniel Joseph Mayer von Mayern | 1731—1734 |
| Johann Moritz Gustav, Graf von Manderscheid-Blankenheim | 1733—1763 |
| Anton Peter von Przichowsky-Prizichowitz | 1763—1793 |
| Wilhelm Florentin, Prinz von Salm-Salm | 1794—1810 |
| Sedisvacanz | 1810—1815 |
| Wenzel Leopold v. Chlumczomsky zu Przestawlk u. Chlumczan | 1815—1830 |
| Aloys Joseph von Kolowrath-Krakowsky | 1831—1833 |
| Andreas Aloys von Skarbek-Ankwicz zu Poslawice | 1834—1838 |
| Aloys Joseph von Schrenk | 1838—1849 |
| Friedrich Johann Joseph Cölestin, Prinz von Schwarzenberg | 1850—1885 |
| Franz, Graf v. Schönborn-Buchheim | 1885—1899 |
| Leo von Skrbensky | 1900— |

## 401. Kolberg.

Reimbern . . . . . . . 1000—1014

Auflösung des Bistums 1014.

---

## 402. * Bamberg (2).

| | |
|---|---|
| Eberhard I. . . . . . . | 1007—1040 |
| Suidger von Moorsleben | 1040—1046, † 1047 |
| Hartwig, Graf von Bogen . . | 1047—1053 |
| Adalbert, Herzog von Kärnthen . | 1054—1057 |
| Günther . . . . . . . | 1057—1065 |
| Hermann I., Graf von Formbach | 1065—1075 |
| | † 1084 |
| Ruprecht . . . . . . . | 1075—1102 |
| Otto I. von Mistelbach . . . | 1102—1139 |
| Egilbert . . . . . . . | 1139—1146 |
| Eberhard II., Herzog v. Bayern | 1146—1172 |
| Hermann II. von Aurach . . | 1172—1177 |
| Otto II., Graf von Andechs . | 1177—1196 |
| Thimo von Lyskirch . . . | 1196—1202 |
| Konrad I., Herzog von Schlesien-Breslau | 1202—1203 |
| Eckbert, Graf von Meran . | 1203—1237 |
| Siegfried, Graf von Öttingen . | 1237—1238 |
| Poppo, Graf von Meran . . | 1238—1242 |
| Heinrich I. von Schmiedefeld . | 1242—1258 |
| Berthold, Graf von Leiningen . | 1258—1285 |
|    Wrideslaw von Plassenburg, Gegenbischof . | 1258—1259 |
| Mangold von Neuenburg . . | 1285 |
| Arnold, Graf von Solms . . | 1286—1296 |
| Leopold I. von Grundlach . . | 1296—1303 |
| Wulfing von Stubenberg . . . | 1304—1319 |
| Ulrich von Schlüsselburg . . . | 1319 |
| Konrad II. von Giech . . . | 1319—1322 |
| Johann von Güttingen . . . | 1322—1324 |
| Heinrich II. von Sternberg . . | 1324—1328 |
| Werntho Schenk von Reicheneck . | 1328—1335 |
| Leopold II. von Egloffstein . | 1335—1343 |
| Friedrich I., Graf von Hohenlohe | 1343—1352 |
| Leopold III. von Bebenburg . | 1353—1363 |
| Friedrich II., Graf von Truhendingen . . . . . | 1363—1366 |
| Ludwig, Markgraf von Meißen . | 1366—1373 |
| Lambert von Brunn . . . | 1374—1398 |
| Albrecht, Graf von Wertheim . | 1398—1421 |
| Friedrich III. von Aufseß . | 1421—1431 |
|    Wilhelm, Graf v. Henneberg, Verweser . . . . . | 1431 |
| Anton von Rotenhan . . . | 1431—1459 |
| Georg I. von Schaumberg . . | 1459—1475 |
| Philipp, Graf von Henneberg . | 1475—1487 |
| Heinrich III. Groß von Trockau | 1487—1501 |
| Veit I. Truchseß von Pommersfelden | 1501—1503 |
| Georg II. Marschall von Ebnet | 1503—1505 |
| Georg III. Schenk von Limpurg | 1505—1522 |
| Wigand von Redwitz | 1522—1556 |
| Georg IV. Fuchs von Rügheim | 1556—1561 |
| Veit II. von Würzburg | 1561—1577 |
| Johann Georg I. Zobel v. Giebelstadt . . . . . | 1577—1580 |
| Martin von Eyb . . . | 1580—1583 |
| Ernst von Mengersdorf . . . | 1583—1591 |
| Nithard von Thüngen . . . | 1591—1598 |
| Johann Philipp von Gebsattel . | 1598—1609 |
| Johann Gottfried von Aschhausen | 1609—1622 |
| Johann Georg II. Fuchs v. Dornheim . . . . . | 1622—1633 |
| Franz, Graf von Hatzfeld | 1633—1642 |
| Melchior Otto Voit von Salzburg | 1642—1653 |
| Philipp Valentin Voit von Rieneck | 1653—1672 |
| Peter Philipp von Dernbach . | 1672—1683 |
| Marquard Sebastian Schenk von Stauffenberg . . . . | 1683—1693 |
| Lothar Franz, Graf v. Schönborn | 1693—1729 |
| Friedrich Karl, Graf von Schönborn, Coadjutor 1695 . . . | 1729—1746 |
| Johann Philipp Anton von Frankenstein . . . . . . | 1746—1753 |
| Franz Konrad, Graf von Stadion-Thannhausen . . . . | 1753—1757 |
| Adam Friedrich, Graf von Seinsheim . . . . . . | 1757—1779 |
| Franz Ludwig, Freiherr v. Erthal | 1779—1795 |
| Christoph Franz von Buseck . . | 1795—1802 |
| | † 1805 |

Säkularisierung des Bistums: Bamberg
1803 mit Bayern vereinigt.

### Bischöfe:

Sedisvacanz . . . . 1803—1821

### Erzbischöfe:

| | |
|---|---|
| Joseph Graf von Stubenberg . . . | 1821—1824 |
| Joseph Maria Freiherr von Frauenberg . | 1824—1842 |
| Bonifacius Kaspar von Urban . . | 1842—1858 |
| Michael Deinlein . . . . . | 1858—1875 |
| Friedrich Schreiber . . . . | 1875—1890 |
| Joseph von Schork . . . . . | 1890—1905 |

---

## 403. Ratzeburg.

| | |
|---|---|
| Aristo . . . . . . . | um 1051 |
| Evermod . . . . . . . | 1158—1178 |
|   Sedisvacanz . . . . | 1178—1180 |
| Isfried . . . . . . . | 1180—1204 |
| Philipp . . . . . . . | 1204—1215 |
| Heinrich I. . . . . . . | 1215—1228 |
| Lambert von Barmstede . . . | 1228 |
| Gottschalk . . . . . . | 1229—1235 |
| Peter . . . . . . . | 1236 |
| Ludolf I. . . . . . . . | 1236—1250 |
| Friedrich . . . . . . . | 1250—1257 |
| Ulrich von Blücher . . . . | 1257—1284 |
| Konrad . . . . . . . | 1284—1291 |
| Hermann von Blücher . . . | 1291—1309 |
| Marquard von Jossow . . . | 1309—1335 |
| Volrad von dem Dorne . . . | 1335—1355 |
| Otto von Gronow . . . | 1355—1356 |
| Wiprecht von Blücher . . . | 1356—1367 |
| Heinrich II. von Wittorf . . . | 1367—1388 |
| Gerhard Holtorp . . . . | 1388—1395 |
| Detlev von Verkentin . . . | 1395—1419 |
| Johann I. von Trempe . . . | 1419—1431 |
| Paridam von dem Knesebeck . . | 1431—1440 |
| Johann II. Prohl . . . . | 1440—1454 |
| Johann III. von Preen . . . | 1454—1461 |
| Ludolf II. aus Ratzeburg . . | 1461—1466 |

Johann IV. Stalkoper . . . 1166—1479
Johann V. von Berkentin . . 1479—1511
Heinrich III. Bergmeier . . . 1511—1524
Georg von Blumenthal . . . 1524—1550
Christoph I. von der Schulenburg 1550—1554
Christoph II., Herzog von Meck-
lenburg . . . . . . 1554—1592
Karl, Herzog von Mecklenburg,
Coadjutor 1575 . . . . 1592—1610

August, Herzog von Braunschweig-
Lüneburg . . . . . 1610—1636
Bernhard v. Mallinkrodt, Gegenb. 1629—1630, † 1664
Gustav Adolf, Herzog von Meck-
lenburg, Coadjutor 1615 . . 1636—1648
Säkularisierung des Bistums: Ratzeburg 1648
als Fürstentum mit Mecklenburg vereinigt.

## 404. Schwerin.

Johann I. Scotus, Bischof von
Mecklenburg . . . . 1053—1066
Auflösung des Bistums 1066, Wiedererrichtung 1148.
Eberhard . . . . . . 1148—1162
Berno, Bischof in Schwerin 1165 1162—1191
Sedisvacanz . . . . 1191—1194
Hermann, Graf von Schwerin,
Gegenbischof . . . 1191—1195
Brunward (Bernhard) . . 1194—1238
Friedrich I., Graf von Schwerin 1238—1239
Dietrich . . . . . . 1239—1247
Wilhelm . . . . . . 1247—1249
Rudolf I. . . . . . . 1249—1262
Hermann I., Graf von Schladen 1262—1492
Gottfried I. von Bülow . . 1292—1314
Hermann II. von Maltzahn . 1314—1322
Johann II. Gans zu Putlitz . 1322—1331
Ludolf von Bülow . . . . 1331—1339
Heinrich I. von Bülow . . 1339—1347
Andreas . . . . . . 1347—1356
Albrecht von Sternberg . . 1356—1363
Rudolf II., Fürst v. Anhalt-Zerbst 1363—1365
Friedrich II. von Bülow . . . 1365—1375
Marquard Beermann . . . . 1375—1376
Melchior, Herzog v. Braunschweig-
Duderstadt . . . . . 1376—1381
Johann III. Potho von Pothenstein 1381—1383
Johann IV. Junghe . . . . 1383—1388
Rudolf III., Herzog von Mecklen-
burg-Stargard . . . . 1388—1416

Heinrich II. von Nauen . . . 1416—1418
Heinrich III. von Wangelin . . 1419—1429
Hermann III. Köppen . . . 1429—1444
Nikolaus I. Böddecker . . . 1444—1457
Gottfried II. Lange . . . . 1457—1458
Werner Wolmers . . . . 1458—1473
Balthasar, Herzog von Mecklen-
burg . . . . . 1473—1479, † 1507
Nikolaus II. von Pentz . . . 1479—1482
Konrad Loste . . . 1482—1503
Johann V. von Thun . . . 1504—1506
Reimar von Hahn, Gegenbischof 1504.
Ulrich v. Malchow, Verweser 1506—1508
Peter Walkow . . . . 1508—1516
Magnus, Herzog v. Mecklen-
burg, evangelischer Verweser 1516—1550
Ulrich I., Herzog v. Mecklen-
burg, evangelischer Verweser 1550—1603

Evangelische Bischöfe:
Ulrich II., Prinz von Dänemark 1603—1624
Ulrich III., Prinz von Dänemark,
Coadjutor 1590 . . . . 1624—1633
Adolf Friedrich, Herzog von
Mecklenburg, Verweser 1634—1648, † 1658
Säkularisierung des Bistums: Schwerin 1648
als Fürstentum mit Mecklenburg vereinigt.

## 405. Gurk.

Günther von Krapfeld . . . 1071—1090
Berthold . . . . . . 1090—1105
Hildebold . . . . . . 1105—1132
Romanus I. . . . . . 1132—1167
Heinrich I. . . . . . 1167—1174
Romanus II. . . . . . 1175—1179
(Hermann, Graf von Ortenburg . 1179—1180)
Dietrich I. von Kellnitz . . 1180—1194
Werner . . . . . . 1194—1196
Eckhard de Solio . . . 1196—1200
Walter, Truchseß v. Waldburg 1200—1209 (13)
Otto I. . . . . . 1209 (13)—1215
Heinrich II. . . . . . 1215—1217
Udalschalk . . . . . 1217—1221
Ulrich I. . . . . . 1219—1231
Paul I. . . . . . 1231—1250
Ulrich II., Graf von Ortenburg . 1250—1253
Dietrich II. . . . . 1253—1278
Johann I. von Ennsthal . . 1279—1281
Hartnid von Wildon . . 1281—1298
Heinrich III. von Helfenberg . 1298—1326
Gerold von Friesach . . 1326—1334
Lorenz I. von Grimming . . 1334—1336
Konrad I. . . . . . 1336—1344

Ulrich III. v. Willerhausen (Wald-
hausen) . . . . . 1344—1352
Paul II. von Harrach . . . 1352—1359
Johann II. von Platzheim . 1359—1360
Johann III. von Töckheim . 1360—1376
Johann IV. Mayerhofer . 1376—1402
Konrad II. von Hebenstreit . 1402—1411
Ernst Auer . . . 1411—1432
Lorenz II. von Lichtenberg . 1432—1436
Johann V. Schallermann . 1436—1453
Ulrich IV. von Sonnenberg . 1453—1469
Sixtus von Thannberg . 1469—1474
Lorenz III. von Freyberg . 1474—1487
Raimund von Bertrand . 1487—1505
Matthäus Lang von Wellenburg 1505—1519
Hieronymus I. Balbi . . 1519—1526
Anton von Hoyos . . . 1526—1551
Johann VI. von Schönburg . 1551—1555
Urban . . . 1556—1560
Christoph Andreas von Spaur . 1560—1601
Sedisvacanz 1601—1603
Johann Jakob von Lamberg . 1603—1630
Sebastian von Lodron . . 1630—1643
Franz von Lodron . . . 1643—1652

Sigismund Franz, Erzherzog von
    Österreich      1652—1665
Wenzel, Graf von Thun-Hohnstein      1665—1673
Polycarp Wilhelm von Khünburg      1674—1675
Johann VII. von Goes      1675—1696
Otto II. de la Bourde      1696—1708
Jakob Max, Graf von Thun-
    Hohnstein      1709—1741
Joseph Maria, Graf von Thun-
    Hohnstein      1741—1761
Hieronymus II., Graf von Collo-
    redo      1761—1772

Joseph Franz Anton, Graf von
    Auersperg      1772—1783, † 1795
Franz Xaver, Graf von Salm-
    Reifferscheid-Krautheim      1783—1822
    Sedisvacanz      1822—1824
Jakob Paulitsch      1824—1827
Georg Mayer      1827—1841
Franz Anton Gindl      1841
Adalbert Joseph Lidmansky      1842—1858
Valentin Wiery      1858—1880
Petrus Funder      1881—1886
Joseph Kahn      1887—

---

## 406. Lebus.

Bernhard      1133—1147
Stephan I.      1147—?
Gaudentius      ?—1180
Przeslaw      1180—1189
Cyprian      1189?—1201
Lorenz von Görz      1201?—1233
Heinrich I.      1233—1244
Nanker von der Schulenburg      1245?—1252?
Wilhelm von Bredow      1252—1282
Wladimir      1282—1284
Konrad I. von Sternberg      1284—1299
Johann I.      1300—1303?
Friedrich I.      v. 1305— n. 1311
Stephan II.      v. 1317—1345
Apezko (Albrecht) v. Frankenstein      1345—1352
    Sedisvacanz      1352—1354
Heinrich II. von Brandt (Banz)      1354—1365
Peter I. von Oppen      1365—1375
    Sedisvacanz      1375—1377
Wenzel, Herzog von Schlesien-
    Liegnitz      1377—1382, † 1420

Johann II. von Kittlitz      1382—1391, † 1408
Johann III. Mraz      1391—1397, † 1403
Johann IV. von Borschitz      1397—1420
Johann V. von Waldow      1420—1423
Johann VI. von Waldow      1423—1424
Christoph von Rotenhan      1425—1436
Peter II. von Burgsdorf      1437—1439
Konrad II. Korn      1439—1443
Johann VII. Deher (von Dyhrn)      1443—1455
Friedrich II. Sesselmann      1455—1483
Liborius von Schlieben      1483—1486
Ludwig von Burgsdorf      1486—1490
Dietrich von Bülow      1490—1523
Georg von Blumenthal      1523—1550
Wolfgang Rebdorfer      1550—1551
Johann VIII. Hornburg      1551—1555
Joachim Friedrich, Markgraf
    v. Brandenburg, Verweser      1555—1598
         † 1608
Aufhebung des Bistums: Lebus 1598 mit
    Brandenburg vereinigt.

---

## 407. Kammin.

Adalbert, Bischof in Julin      1139—1162
Konrad I., Bischof in Kammin      1163—1185
Siegfried I.      1185—1202
Siegwin (Sigismund)      1202—1219
Konrad II. von Demmin      1219—1223
Konrad III., Graf von Gützkow      1223—1245
Wilhelm I.      1245—1252
Hermann, Graf von Gleichen      1252—1288
Jaromar, Fürst von Rügen      1288—1298
Heinrich Wachholz      1299—1317?
Konrad IV.      1317?—1324
Wilhelm II.      1324—1329
    Otto, Gegenbischof      1324—1326
    Arnold, Gegenbischof      1326—1329
Friedrich von Eckstede      1329—1343
Johann I., Herzog von Sachsen-
    Lauenburg      1344—1372
Philipp Lumpach von Rechenberg      1372—1385
Johann II. Wilcken von Kosselyn      1386—1394
Bogislaw (VIII.), Herzog v.
    Pommern, Verweser      1386—1392
Johann III. Kropidlo, Herzog v.
    Schlesien-Oppeln      1394—1398
Nikolaus Bock, gen. Schlippenbeil      1398—1410
Magnus, Herzog von Sachsen-
    Lauenburg      1410—1424
Siegfried II. Bock      1424—1449

Henning Iwen      1449—1469
    Sedisvacanz      1469—1471
Ludwig, Graf von Eberstein-
    Naugard      1471—1479
Marinus Fregeno      1480—1486
Benedict von Waldstein      1486—1498
Nikolaus Westphal, Verweser      1486—1488
Martin I. Karith      1499—1521
Erasmus von Manteuffel-Arn-
    hausen      1522—1544

Evangelische Bischöfe und Verweser:

Bartholomäus Swawe      1544—1549
Martin II. Weiher von Leba      1549—1556
Johann Friedrich, Herzog von
    Pommern      1556—1574
Kasimir, Herzog von Pommern      1574—1602
         † 1605
Franz, Herzog von Pommern      1602—1618
Ulrich, Herzog von Pommern      1618—1622
Bogislaw (XIV.), Herzog von
    Pommern      1623—1637
Ernst Bogislaw, Herzog von Croy      1637—1648
         † 1684
Aufhebung des Bistums: Kammin 1648
    mit Brandenburg vereinigt.

---

## 408. Riga.

| | |
|---|---|
| Meinhard | 1190—1196 |
| Berthold | 1196—1198 |
| Albrecht von Apeldern | 1198—1229 |
| Nikolaus | 1229—1253 |
| Albrecht Suurbeer, **Erzbischof** | 1253—1274 |
| Johann I. von Lünen | 1274—1286 |
| Johann II. von Vechta | 1287—1295 |
| Johann III., Graf von Schwerin | 1295—1300 |
| Isarno Tacconi | 1300—1303 |
| Friedrich Banner | 1304—1340 |
| Engelbert von Dolen | 1342—1347 |
| Fromhold von Vyfhusen | 1348—1369 |
| Siegfried von Blomberg | 1370—1374 |
| Johann IV. von Sinten | 1374—1393 |
| Johann V. von Wallenrodt | 1395—1418 |
| Johann VI. Ambundi | 1418—1424 |
| Henning Scharffenberg | 1424—1448 |
| Sylvester Stodenwäscher | 1448—1479 |
| Stephan Grube | 1480—1483 |
| Michael Hildebrand | 1484—1509 |
| Kaspar Linde | 1509—1524 |
| Johann VII. Blankenfeld | 1524—1527 |
| Thomas Schöning | 1527—1539 |
| Wilhelm, Markgraf von Branden= burg | 1539—1563 |
| Christoph, Herzog v. Mecklen= lenburg, evangelischer Verweser | 1563—1566 |
| | † 1569 |

Aufhebung des Bistums 1566.

## 409. Kulm.

| | |
|---|---|
| Christian von Preußen | 1215/31—1241 |
| Johann I. | 1241—1245 |
| Heidenreich | 1245—1264 |
| Friedrich von Hausen | 1264—1274 |
| Werner | 1274—1291 |
| Heinrich | 1291—1301 |
| Hermann | 1301—1311 |
| Sedisvacanz | 1311—1320 |
| Nikolaus I. | 1320—1323 |
| Otto | 1323—1349 |
| Jakob I. | 1349—1359 |
| Johann II. Schadland | 1359—1362 |
| Wibold | 1362—1385 |
| Reinhard, Graf von Sayn | 1385—1390 |
| Martin | 1390 |
| Nikolaus II. Bock, gen. Schippen= beil | 1391—1398 |
| Johann III. Kropidlo, Herzog v. Schlesien=Oppeln | 1398—1401 |
| Arnold Stapil | 1401—1416 |
| Johann IV. Margenau | 1416—1457 |
| Berthold (Bartholomäus) | 1457—1459 |
| Johann V. Kroska Taranowski | 1459—1462 |
| Vincenz Kielbassa | 1462—1479 |
| Stephan von Heideburg | 1480—1495 |
| Nikolaus III. Krapitz | 1495—1509, † 1514 |
| Nikolaus IV. Coszczylecki | 1509—1512 |
| Johann VI. Konopacki | 1512—1530 |
| Johann VII. Flachsbinder | 1530—1537 |
| Tiedemann Giese | 1537—1549 |
| Stanislaus I. Hosius | 1549—1551 |
| Johann VIII. Lubodzieski | 1551—1562 |
| Stanislaus II. von Sislaw | 1562—1571 |
| Sedisvacanz | 1571—1574 |
| Paul Kostka von Starenberg | 1574—1477 |
| Peter Tylicki | 1577—1599 |
| Nikolaus V. Kostka v. Starenberg | 1599—1600 |
| Lorenz Gembicki | 1600—1610 |
| Matthäus Konopacki | 1610—1613 |
| Johann IX. Kuczborski | 1613—1624 |
| Jakob II. Zadzik | 1624—1635 |
| Johann X. Lipski | 1635—1639 |
| Kaspar von Dzialye=Dzialynski | 1639—1646 |
| Andreas I. Leszczynski | 1646—1652 |
| Johann XI. Gembicki | 1652—1655 |
| Johann XII. Leszczynski | 1655—1657 |
| Adam I. Koß | 1657—1661 |
| Georg Olszowski | 1661—1676 |
| Johann XIII. Malachowski | 1676—1682 |
| Kasimir I. Johann Opalinski | 1682—1693 |
| Kasimir II. Johann Szczuka | 1693—1694 |
| Theodor I. Potocki | 1694—1712 |
| Theodor II. Wolf v. Lüdinghausen | 1712—1713 |
| Johann XIV. Kasimir Bokum | 1713—1722 |
| Felix Kretkowski | 1722—1730 |
| Franz I. Czapski | 1730—1733 |
| Adam II. Stanislaus Grabowski | 1733—1739 |
| Andreas II. Stanislaus Kostka Jaluski | 1739—1747 |
| Albrecht Leski | 1747—1758 |
| Andreas III. Ignaz von Bronie= wice=Baier | 1758—1784 |
| Johann XV. Karl, Prinz von Hohenzollern=Hechingen | 1784—1795 |
| Franz II. Xaver von Verbno=Ryd= zinski | 1795—1816 |
| Ignaz Stanisl. Vincenz v. Mathy | 1816—1832 |
| Anastasius Sedlag | 1832—1856 |
| Johann Nepomuk von der Marwitz | 1857—1886 |
| Leo Redner | 1887—1898 |
| Augustin Rosentreter | 1899— |

## 410. Dorpat.

| | |
|---|---|
| Hermann I. von Buxhöwden | 1219—1245 |
| Bernhard I. | 1245—1250? |
| Alexander | 1250?—1268 |
| Friedrich von Haseldorf | 1268—1285 |
| Bernhard II. | 1285—1302? |
| Dietrich I. Vischhusen | 1302?—1314 |
| Nikolaus | 1314—1322 |
| Engelbert von Dolen | 1322—1342 |
| Wescelus | 1342—? |
| Johann I. | nm 1350 |
| Heinrich I. von der Velde | 1355—1357 |
| Johann II. Vischhusen | 1357—1369 |
| Sedisvacanz | 1369—1376 |
| Heinrich II. von der Velde | 1376—1378 |
| Dietrich II. Damerau | 1378—1400 |
| Heinrich III. Wrangel | 1400—1403 |
| Bernhard III. von Bülow | 1403—1413 |
| Dietrich III. Reßler | 1413—1438 |
| Dietrich IV. Gronov | 1438—1444 |
| Bartholomäus Sawijerwe | 1444—1457 |
| Helmich | 1457—1471 |
| Andreas | 1471—1473 |

Johann III. Bertkow . . . . 1473—1485
Dietrich V. Hake . . . . . 1485—1496
    Sedisvacanz . . . . . . . 1496—1499
Johann IV. Buxhöwden . . . 1499—1505
Gerhard . . . . . . . . 1505—1513
Johann V. Duisburg . . . 1513—1514
Bernhard IV. . . . . . . 1515—1516
Christian Bomhower . . . 1516—1518

Johann VI. Blankenfeld . . . 1518—1527
Johann VII. Bey . . . . . 1527—1528
Johann VIII. Gellingshausen . 1529—1543
Hermann II. Bey . . . . . 1543—1545
Jobst von der Recke . 1545—1552, † 1567
Hermann III. Wessall . . . 1552—1558
Dorpat von Moskau erobert: Aufhebung
des Bistums 1558.

## 411. Seckau und Leoben.

Karl, Bischof in Seckau . . . 1218—1230
Heinrich I. von Zwetl . . . . 1232—1243
Ulrich I. von Salzburg 1244—1266, † 1268
Bernhard . . . . . . . . 1268—1283
Leopold . . . . . . . . 1283—1291
Heinrich II. . . . . . . . 1292—1297
Ulrich II. von Paldau . . . 1297—1308
Friedrich I. von Mitterkirchen . 1308—1318
Wocho . . . . . . . . . 1318—1334
Heinrich III. von Burghausen . 1334—1337
Rudmar Haider von Haideck . 1338—1350
Ulrich III. von Weißeneck . 1351—1371
Augustin . . . . . . . . 1371—1380
Johann I. von Neidperg . . . 1380—1399
Friedrich II. von Perneck . . 1399—1414
Siegmar von Holneck . . . 1415—1417
Ulrich IV., Graf von Albeck . 1417—1431
Kuno von Reisberg . . . . 1432—1443
Georg I. Lembacher . . . 1443—1446
Friedrich III. Gren . . . . 1446—1452
Georg II. überacker von Sieghart=
    stein . . . . . . . . 1452—1477
Christoph I. von Trauttmansdorff 1477—1480
Johann II. Serlinger . . . 1480—1481
Matthias Scheidt . . 1482—1503, † 1512
Christoph II. Zach . . . . 1503—1508
Christoph III. Rauber . . . 1509—1536
Georg III. von Tessingen . . 1536—1541
Christoph IV., Freiherr von Lam=
    berg . . . . 1542—1546, † 1579
Johann III. von Malentheim . 1546—1550
Peter Perfikus . . . . . 1550—1572
Georg IV. Agricola . . . 1572—1584
Siegmund von Arzt . . . . 1584
Martin I. Prenner . 1585—1615, † 1616
Jakob Eberlein von Rottenbach . 1615—1683
Johann IV. Marcus, Graf von
    Altringen . . . . . . 1633—1664

Max Gandolf, Graf v. Khünburg 1665—1668
                  † 1687
Wenzel Wilhelm, Graf v. Hoffirch 1668—1679
Johann V. Ernst, Graf v. Thun 1679—1687
                  † 1709
Rudolf Joseph, Graf von Thun 1687—1698
                  † 1702
Martin II. Pregkowitz . . . 1698—1702
Franz Anton Rudolf, Graf von
    Wagensperg . . 1702—1712, † 1723
Joseph I. Dominicus, Graf von
    Lamberg . . . 1712—1722, † 1761
Karl Joseph, Graf von Khünburg 1722—1724
Leopold Anton Eleutherius, Graf
    von Firmian . . 1724—1727, † 1744
Jakob Ernst, Graf von Liechten=
    stein=Castelcorno . 1728—1738, † 1747
Leopold Ernst, Graf v. Firmian 1739—1763
Joseph II. Philipp, Graf v. Spaur 1763—1779
                  † 1791
Joseph III. Adam von Arco . . 1780—1802
Alexander Franz Joseph Adam von
    Engl und Wagrain, Bischof in
    Leoben (Leoben vacat 1800—1808,
    durch Seckau verw. seit 1808) . 1785—1800
Johann VI. Friedrich, Graf von
    Waldstein . . . . . 1802—1812
    Sedisvacanz . . . . . 1812—1824
Romanus Sebastian Zängerle . 1824—1848
    Johann Krammer, Verweser 1848—1849
Joseph Othmar von Rauscher . 1849—1853
                  † 1875
Ottokar Maria, Graf v. Attems 1853—1867
Johann Baptist Zwerger . . . 1867—1893
Leopold Schuster . . . . 1893—

## 412. Chiemsee.

Rüdiger von Radeck . . . . 1220—1233
Albrecht I. . . . . . . . 1233—1245
Heinrich I. . . . . . . . 1245—1266
Heinrich II. . . . . . . . 1266—1274
Johann I. von Ermsthal . . 1274—1278
Konrad I. von Hindsberg . . 1279—1292
Friedrich I. von Fronhofen . 1292—1294
Albrecht II. von Fonstorf . . 1294—1322
Ulrich I. von Monpreis . . . 1322—1329
Konrad II. von Liechtenstein . 1329—1354
Gerhous von Waldeck . . . 1354—1359
Hugo von Schärffenberg . . 1359—1360
Ludwig I. Kalkofer (Wisler) . 1360—1366
Friedrich II. . . . . . . 1366—1387
Georg I. von Nidberg . . . 1387—1395
Eberhard von Perneck . . . 1395—1399
Ortulf Thalheimer . . . . 1399—1411
Gregor Stoper . . . . . 1407—1411

Friedrich III. Theiß v. Thesingen 1411—1418
Engelmar Krall . . . . . 1418—1430
Johann II. Ebsler . . . . . 1430—1439
Sylvester Flieger . . . . 1439—1454
Ulrich II. von Blankenfels . . 1454—1466
Bernhard von Kraiburg . . . 1466—1477
Georg II. Altdorffer . . . 1477—1495
Ludwig II. Ebner . . . . 1495—1502
Christoph Mandel . . . . 1502—1508
Berthold Pirschinger . . . 1508—1520
Ägidius Rem . . . . . . 1520—1536
Hieronymus Meuttinger . . 1536—1558
Christoph II. Schlate . . . 1558—1588
Sebastian Cattaneo . . . . 1588—1609
Johann Ehrenfried von Khünburg 1610—1618
Nikolaus v. Wolkenstein=Rodenegg 1618—1624
Johann Christoph, Graf v. Liechten=
    stein=Castelcorno . . . . 1624—1643

| | |
|---|---|
| Franz Vigilius von Spaur . . | 1644—1670 |
| Johann Franz von Preisnig . . | 1670—1687 |
| Siegmund Ignaz von Wolkenstein | 1689—1696 |
| Karl von Castelbarco . . . | 1696—1708 |
| Johann Siegmund von Khünburg | 1708—1712 |
| Franz Anton Adolf von Wagens=perg . . . | 1712—1723 |
| Karl Joseph von Khünburg . | 1724—1735 |
| Johann Franz Valerian von Arco | 1735—1742 |
| Franz Karl Eusebius, Truchseß von Waldburg=Trauchburg . | 1742—1772 |
| Ferdinand Christoph, Truchseß von Waldburg=Zeil | 1772—1786 |
| Franz Xaver Ludwig von Breuer | 1786—1797 |
| Siegmund Christoph Ferdinand, Truchseß von Waldburg=Zeil | 1797—1803 † 1814 |

Säkularisierung des Bistums: Chiemsee 1803 an Salzburg und Bayern verteilt.

## 413. St. Andrä in Lavant.

| | |
|---|---|
| Ulrich I. von Hauß . . . | 1228—1255 |
| Karl von Friesach . . . | 1256—1264/5 |
| Amalrich Grafendorfer . . . | 1265—1267 |
| Herbord . . . . . | 1267—1275 |
| Gerhard von Ensthal . . . | 1275—1284 |
| Konrad I. von Fonstorf und Preitenfurt . . . | 1284—1291 |
| Heinrich I. von Hauß . . . | 1291—1305 |
| Werner . . . . . | 1305—1317 |
| Dietrich Wolffhauer . . . | 1317—1332 |
| Heinrich II. Mer von Apolda | 1332—1342 |
| Heinrich III. . . . . | 1342—1356 |
| Peter I. . . . . . | 1356—1362 |
| Heinrich IV. Krapff . . . | 1363—1387 |
| Konrad II. Torer von Törlein . | 1387—1408 |
| Ulrich II. . . . . | 1408—1411 |
| Wolfhard von Ehrenfels . . | 1411—1421 |
| Friedrich Theiß von Thesingen | 1421—1424 |
| Lorenz von Lichtenberg . . | 1424—1433 |
| Hermann von Gnas . . . | 1433—1438 |
| Lorenz von Lichtenberg (zum 2. Male), Verweser . . | 1438—1446 |
| Theobald Schweinpöck . . | 1446—1463 |
| Rudolf aus Rüdesheim . . | 1463—1468 |
| Johann Roth . . . . | 1468—1482 |
| Georg I. . . . . . | 1482—1486 |
| Erhard Baumgärtner . . | 1486—1508 |
| Leonhard I. von Pawel . . | 1508—1536 |
| Philipp von Renner . . . | 1536—1555 |
| Martin Hercules Rettinger von Wispach) . . . | 1555—1570 |
| Georg II. Agricola . . . | 1570—1572 |
| Georg III. Stobäus von Palm=burg . . . | 1572—1618 |
| Leonhard II. Götze . . . | 1619—1640 |
| Albert von Priamis . . . | 1640—1654 |
| Max Gandolf von Khünburg . | 1654—1665 |
| Sebastian von Pötting . . | 1665—1673 |
| Franz Kaspar, Graf von Stadion | 1673—1704 |
| Johann Siegmund von Khünburg | 1704—1708 |
| Karl Philipp, Graf v. Fürstenberg | 1708—1718 |
| Leopold Anton Eleutherius, Graf von Firmian . . . | 1718—1724 |
| Joseph Oswald von Attems . . | 1724—1744 |
| Vigilius Maria Augustin, Graf von Firmian . . . | 1744—1753 |
| Johann Baptist von Thurn=Valsassina . . . | 1753—1762 |
| Johann Joseph Franz Anton, Graf von Auersperg . | 1763—1772, † 1795 |
| Peter Vigilius, Graf von Thun=Hohnstein . . . | 1772—1773 |
| Franz Xaver Ludwig von Breuer | 1773—1777 |
| Vincenz Joseph, Graf von Schrat=tenbach . . . | 1777—1790 |
| Gandolf Ernst von Khünburg . | 1790—1793 |
| Sedisvacanz . . . | 1793—1795 |
| Vincenz Joseph, Graf v. Schrat=tenbach (zum 2. Male) . | 1795—1800 |
| Leopold Max, Graf von Firmian | 1800—1822 |
| Sedisvacanz . . . | 1822—1824 |
| Ignaz Franz Zimmermann . . | 1824—1843 |
| Franz Xaver Kuttner . . . | 1843—1846 |
| Anton Maria Slomschek . . | 1846—1862 |
| Jakob Max Stepischnegg . . | 1862—1889 |
| Michael Napotnik . . . | 1889— |

## 414. Ermland.

| | |
|---|---|
| Heinrich I. von Strateich (1244) | 1249—1250 |
| Anselm aus Meißen . . . | 1250—1264 |
| Heinrich II. . . . . | 1264— n. 1298 |
| Eberhard . . . . | v. 1304—1326 |
| Jordan . . . . . | 1326—1328 |
| Heinrich III. aus Königsberg . | 1329—1334 |
| Hermann von Liebenstein . . | 1334—1350 |
| Johann I. aus Meißen . . | 1350—1355 |
| Johann II. Steifrock . . . | 1355—1373 |
| Heinrich IV. Sorbaum . . | 1373—1401 |
| Heinrich V. Vogelsang . . | 1401—1415 |
| Johann III. Abezier . . . | 1415—1424 |
| Franz Kuhschmalz . . . | 1424—1457 |
| Äneas Sylvius Piccolomini | 1457—1458, † 1464 |
| Paul von Logendorf . . . | 1458—1467 |
| Vincenz Kielbassa . . . | 1467 |
| Nikolaus I. von Thüngen . | 1467—1489 |
| Lucas Waisselrodt . . . | 1489—1512 |
| Fabian von Lusian . . . | 1512—1523 |
| Moritz Ferber . . . . | 1523—1527 |
| Johann IV. Flachsbinder . . | 1527—1548 |
| Tiedemann Giese . . . | 1549—1550 |
| Stanislaus Hosius . . . | 1551—1579 |
| Martin Cromer . . . . | 1579—1589 |
| Andreas I. Bathory . . . | 1589—1599 |
| Peter Tilicki . . . . | 1599—1603 |
| Simon Rudnicki . . . . | 1603—1621 |
| Johann V. Albrecht, Prinz von Polen . . . | 1621—1633 |
| Nikolaus II. Szyszkowsky . . | 1633—1643 |
| Johann VI. Karl Konopacki . . | 1643 |
| Wazlaw Leszczynski . . . | 1643—1659 |
| Johann VII. Wydzga . . . | 1659—1680 |
| Michael Radziekowski . . . | 1680—1687 |
| Johann VIII. Zbaski . . . | 1687—1696 |
| Andreas II. Johann Chrysostomus Zaluski . . . | 1696—1711 |
| Theodor Potocki . . . . | 1712—1723 |

Christoph Andreas Johann von Slupow-Szembek . . . 1724—1740
Adam Stanislaus Grabowski . 1740—1765
Ignaz Krasicki . . . 1766—1795, † 1801
Johann Karl, Prinz von Hohenzollern-Hechingen . . . 1795—1803
Andreas Stanislaus von Hatten, Verweser . . . 1803—1818

Joseph Wilhelm Friedrich, Prinz von Hohenzollern-Hechingen 1818—1836
Andreas Stanislaus von Hatten 1838—1841
Joseph Ambrosius Geritz . . . 1842—1867
Philipp Krementz . . 1868—1886, † 1899
Andreas Thiel . . . . . 1886—

## 415. Pomesanien (Samland).

Dietrich I. (Theoderich) . . 1252—1254/5
Heinrich I. von Streittberg . . 1254—1274
Hermann von Köln . 1274—1276, † 1287
Christian von Mühlhausen . . 1276—1295
Siegfried von Reinstein . . 1295—1318
Sedisvacanz . . . 1318—1320
Johann I. . . . . . 1320—1344
Jakob von Kulm . . . 1344—1354
Bartholomäus . . . 1354—1378
Thilo (Dietrich) von Marburg . 1378—1386
Kuwal . . . . . 1387—1395
Heinrich II. von Seefeld . . 1395—1414
Heinrich III., Graf von Schauenburg . . . . . 1415—1416

Johann II. Saalfeld . . . 1416—1425
Michael Jung . . . 1425—1442, † 1443
Nikolaus I. Schlotterkopf (Schöneck) 1442—1470
Dietrich II. von Kulm . 1470—1474, † 1477
Johann III. Rehewinkel . . 1474—1497
Nikolaus II. Kreuder . . . 1497—1503
Paul von Watt . . . . 1503—1505
Günther von Bünau . . . 1505—1518
Georg von Polenz . . . 1518—1550
Sedisvacanz . . . 1550—1568
Joachim Mörlin . . . 1568—1571
Tilemann Heßhusius . . 1571—1577

*Aufhebung des Bistums 1577; mit Preußen vereinigt.*

## 416. Leitomischl.

Johann I. . . . . . 1350—1365
Peter Gelyto . . . . 1365—1371
Albrecht von Sternberg . . 1371—1375
Johann II. von Mähren . . 1375—1387

Johann III. Bucca . . . 1387—1418
Sedisvacanz . . . 1418—1460
Paul Zideck . . . . . 1460

*Auflösung des Bistums 1460.*

## 417. Laibach.

Siegmund von Lamberg . . . 1463—1488
Georg v. Kirchberg, Verweser 1488—1497
Christoph Rauber, Fürst 1533 . 1497—1536
Franz Katzianer von Katzenstein . 1536—1544
Urban Textor . . . . 1544—1558
Peter von Seebach . . . 1559—1570
Konrad Adam Gluschitz . . 1570—1578
Balthasar Radlitz . . . 1578—1579
Johann Tautscher . . . 1580—1597
Thomas Chrön . . . 1597—1630
Reinald Scarlichi . . . 1630—1640
Otto Friedrich von Buchheim . 1641—1664
Joseph von Rabatta . . . 1664—1683
Siegmund Christoph von Hetberstein . . . 1683—1701, † 1711
Ferdinand Karl von Khünburg . 1701—1711 † 1731
Franz Karl, Graf von Kaunitz . 1711—1717
Wilhelm von Leslie . . . 1718—1727

Felix Siegmund Hannibal, Graf von Schrattenbach . . 1728—1742
Ernst Amadeus von Attems . . 1742—1757
Sedisvacanz . . . 1757—1760
Leopold Joseph Hannibal von Petazzi . . . . . 1760—1772
Karl Joseph von Herberstein . . 1772—1787
Michael Freiherr von Brigido zu Mohrenfels und Bresoviz, Erzbischof 1788 . . . 1788—1806
Anton Kautschitsch, Bischof . . 1807—1814
Augustin Gruber . . 1816—1824, † 1835
Vincenz Anton Aloys Wolf, Fürstbischof 12./1. 1826 . . 1824—1859
Bartholomäus Widmer 1860—1875, † 1883
Johann Chrysostomus Pogacar . 1875—1884
Jakob Missia . . 1884—1898, † 1902
Anton Bonaventura Jeglic . . 1898—

## 418. St. Pölten (Wienerisch-Neustadt).

Peter Engelbert, Bischof in Wienerisch-Neustadt . . . 1477—1491
Augustin Giebinger von Kumbsee 1491—1495
Sedisvacanz . . . 1495—1520
Dietrich . . . . . 1520—1530
Gregor Angerer . . . 1530—1548
Heinrich . . . . . 1548—1550
Christoph Wertwein . . . 1550—1553
Sedisvacanz . . . 1553—1555
Franz Abstemius . . . 1555—1558
Sedisvacanz . . . 1558—1560
Kaspar Lagus . . . 1560—1564
Johann I. Ropponäus . . 1564—1571
Sedisvacanz . . . 1571—1574

Lambert Gruterus . . . . 1574—1586
Martin Radwiger . . . . 1586—1588
Melchior Khlesl . . . . 1588—1630
Matthias Geisler . . . . 1631—1639
Johann II. Thuanus . . . 1639—1666
Lorenz Aidinger . . . . 1666—1669
Leopold von Kollonicz . . . 1669—1686
Christoph Rojas Spinola . . 1686—1695
Anton von Buchhaim . . . 1696—1718
Ignaz von Lovina . . . . 1718—1720
Moritz Gustav, Graf von Manderscheid-Blankenheim . 1721—1734

Johann Franz Anton, Graf von Khevenhüller, Bischof i. St. Pölten . . . . . 1734—1741
Ferdinand von Hallwyl . . . 1741—1773
Heinrich Johann von Kerenz . 1773—1792
   Sedisvacanz . . . . . 1792—1794
Sigismund Anton, Graf v. Hohenwart=Gerlachstein . . . 1794—1803
   Gottfried Grütz v. Creitz, Verw. 1803—1806
           Bischof 1806—1815

Johann Nepomuk v. Dankesreither 1816—1823
Joseph Chrysosthomus Pauer . 1824—1826
Jakob Frint . . . . . 1827—1834
Johann Michael Leonhard . 1835—1836
Michael Johann Wagner . 1836—1842
Anton Buchmayr . . . . 1843—1851
Ignaz Feigerle . . . . . 1851—1863
Joseph Feßler . . . . . 1865—1872
Matthäus Binder . . . . 1873—1893
Johannes Rößler . . . . 1894—

### 419. Leitmeritz.

Max Rudolf von Schleinitz . . 1655—1675
Jaroslaw Franz von Sternberg . 1675—1709
Hugo Franz, Graf von Königseck 1710—1720
Johann Adam von Wratislaw=Mitrowitz . . . . . 1720—1733
Moritz Karl, Herzog von Sachsen=Zeitz . . . . . 1733—1759
Emanuel Ernst, Graf von Waldstein . . . . . 1759—1790
Ferdinand Kindermann v. Schulstein . . . . . 1790—1801

Wenzel Leopold v. Chlumczomsky 1801—1815
                † 1830
Joseph Franz Hurdalek 1816—1822, † 1833
   Sedisvacanz . . . . . 1822—1823
Vincenz Eduard Milde 1823—1832, † 1853
Augustin Bartholomäus Hille . 1832—1865
Augustin Paul Wahala . . 1866—1877
   Sedisvacanz . . . . 1877—1879
Anton Ludwig Frind . . . 1879—1881
Emanuel Johann Schöbel . . 1882—

### 420. Königingrätz.

Johann Caramuel von Lobkowitz 1659
Matthias Ferdinand v. Bilenberg 1660—1668
   Sedisvacanz . . . . . 1668—1673
Johann Friedrich, Gr. v. Waldstein 1673—1676
Johann Franz Christoph v. Talmberg . . . . . 1676—1698
Gottfried Kapaun v. Swoykow 1698—1701
Tobias Johann Becker . . . 1701—1710
Johann Anton von Wratislaw . 1710—1721
Wenzel Franz Karl Konsinsky von Koschin . . . . . 1721—1731
Moritz Karl, Herzog von Sachsen=Zeitz . . . 1731—1733, † 1759
Johann Joseph von Wratislaw . 1733—1753
Anton Peter Przichowsky von Przichowitz . . . . . 1753—1763

Hermann Hannibal von Blümegen 1763—1774
Johann Andreas Kaiser . . . 1775—1776
Joseph Anton Johann . . . 1776—1780
Johann Leopold von Hay . . 1780—1794
Maria Thaddäus, Graf von Trauttmannsdorff 1794—1811, † 1819
   Sedisvacanz . . . . 1811—1815
Aloys Joseph von Kolowrath=Krakowsky . . . 1815—1831, † 1833
   Sedisvacanz . . . . 1831—1832
Karl Borromäus Hanl . . . 1832—1874
Joseph Johann Hais . . . 1875—1892
Eduard Johann Nepomuk Brynych 1893—1902
Joseph Donbrava . . . . 1903—

### 421. Brünn.

Matthias Franz, Graf v. Chorinsky=Ledske . . . . . 1778—1786
Johann Baptist Lachenbauer' . 1787—1799
Vincenz Joseph Franz Sales, Graf von Schrattenbach . . . 1800—1816
Wenzel Urban von Stuffler . . 1817—1831

Franz Anton Gindl . 1832—1841, † 1841
Anton Ernst, Graf v. Schaffgotsch 1842—1870
Karl Nöttig . . . . . 1871—1882
Franz Salentin Bauer . 1882—1904, †
Paul, Graf von Huyn . . . 1904—

### 422. Linz.

Ernst Johann Nepomuk Leopold, Graf von Herberstein . . 1785—1788
Johann Anton Gall . . . 1788—1807
   Sedisvacanz . . . . 1807—1815
Siegmund Ernst von Hohenwart (erwählt 1809) . . 1815—1825
   Sedisvacanz . . . . 1825—1827

Gregor Thomas Ziegler . . . 1827—1852
Franz Joseph Rudigier . . . 1853—1884
Ernst Maria Müller . . . 1885—1888
Franz Maria Doppelbauer . 1889—

### 423. Budweis.

Johann Procop, Graf v. Schaffgotsch . . . . . 1786—1815
Ernst Ruciczka . . . . . 1816—1845
Joseph Franz Lindauer . . . 1845—1850

Johann Valerian Tirsit . . . 1851—1883
Franz, Graf v. Schönborn=Buchheim . . . . . 1883—1885, † 1899
Martin Joseph Riha . . . . 1885—

## 424. Aachen.

| | | | |
|---|---|---|---|
| Marcantonius Berdollet | 1795—1809 | Johann Dionysius Franz Camus | 1810—1814 |
| | | Auflösung des Bistums 1814. | |

## 425. Rottenburg.

| | | | |
|---|---|---|---|
| Johann Baptist von Keller | 1828—1845 | Wilhelm Keiser | 1893—1898 |
| Joseph Lipp | 1848—1869 | Franz Xaver Linsenmann | 1898 |
| Karl Joseph Hefele | 1869—1893 | Paul Wilhelm Keppeler | 1899— |

## 426. Limburg.

| | | | |
|---|---|---|---|
| Jakob Brand | 1827—1833 | Peter Joseph Blum | 1842—1884 |
| Sedisvacanz | 1833—1835 | Johann Christian Roos | 1885—1886 |
| Johann Wilhelm Bausch | 1835—1840 | Karl Klein | 1886—1898 |
| Sedisvacanz | 1840—1842 | Dominicus Willi | 1898— |

## 4. Abteien.

Bem. Bei den Abteien bedeutet ein dem Namen nachgesetztes „G. A." „Gefürstete Abtei",
ein „S." oder „R." „Reichsprälat der schwäbischen oder rheinischen Bank." Die dazu gesetzte Zahl gibt den Rang an,
den der Prälat bei der Auflösung des Reiches 1806 inne hatte.

### 427. St. Maximin in Trier.

| | | | |
|---|---|---|---|
| Johann von Antiochien | um 327 | Siger | 1143—1165 |
| Fibicius I. | ?—342 | Arnold | 1169 |
| Odilard | 342—352 | Konrad | 1177—1200? |
| Tranquillus | 352 | Anselm | 1200?—1216 |
| Emerentus | ?—363 | Bartholomäus | 1216—1229? |
| Aurelianus | 363—383 | Heinrich III. von Bruch | 1230?—1257 |
| Hordestas | 383—387 | Heinrich IV. von Dhaun | 1257—1284 |
| Remigius | um 406 | Anton I. | 1284 |
| Fibicius II. | ?—498 | Gottfried von Hohenfels | 1284—1303 |
| Volmar | 498—502 | Dietrich II. von Braunshorn | 1303—1352 |
| Roding | um 562 | | † 1358 |
| Gundiland | um 600 | | |
| Amilian (Memilian) | um 633 | Otto I. von Geneppe | 1352—1367 |
| Bernhard (Gerward) | um 670 | Rorich von Eppelborn | 1367—1411 |
| Herwin | ? | Heinrich V., Graf von Sayn | 1411 |
| Basinus (Bischof 680) | 671—698 | Lambert von Sachsenhausen | 1411—1449 |
| Utilard | um 766 | Heinrich VI. Mull v. Neufchâteau | 1411—1419 |
| Wiomad | ?—768 | Johann I. Vorst | 1449—1453 |
| Eberhard | 768—770 | Anton II. Tubelius | 1453—1482 |
| Werinolf | 770—806 | Dietrich III. von Selem | 1482—1483 |
| Dietbold | um 812 | Otto II. von Elten | 1483—1502 |
| Reinfried | ?—814 | Thomas von Heusden | 1502—1514 |
| Helisachar | 814—837 | Vincenz von Kochem | 1514—1525 |
| Wilher I. | um 870 | Johann II. aus Zell | 1525—1548 |
| Haltobald | ? | Johann III., Graf von Isenburg, | |
| Waldo | ?—888 | Coadjutor 1541 | 1548—1556 |
| Erkenbert | 888—897? | Peter I. Reck | 1556—1568 |
| Hugo | 942?—945 | Matthias von Saarburg | 1568—1581 |
| Wilher II. | 945—957 | Rainer Biwer | 1581—1613 |
| Wigger | 957—966 | Nikolaus I. Hontheim, Coadj. 1609 | 1613—1621 |
| Adolf | 966—967 | Peter II. Freudenberg | 1621—1623 |
| Theodefried | 967—979 | Johann IV. Agritius | 1623—1655 |
| Odo | 979—987 | Maximin von Gülich | 1655—1679 |
| Volkmar I. (Volkhard) | 987—998? | Alexander Henn | 1679—1698 |
| Otfrad | 998?—1000? | Nicetius Andreä | 1698—1719 |
| Winrich | 1000?—n. 1018 | Nicolaus II. Paccius | 1719—1731 |
| Haricho | v. 1022—1024? | Martin Bewer | 1731—1738 |
| Poppo | 1024?—1029 | Willibrand I. Scheffer | 1738—1762 |
| Johann | 1029—1035 | Willibrand II. Wittmann | 1762—1796 |
| Bernhard | 1035—1037 | Benedict Kirchner | 1796—1803, † 1813 |
| Poppo (zum 2. Male) | 1037—1048 | | |
| Dietrich I. | 1048—1080? | Säkularisierung der Abtei 1802. | |
| Heinrich I. | 1080?—1097 | Mit Frankreich vereinigt 1803—1814. | |
| Heinrich II. | 1097—1100? | Mit Preußen vereinigt 1814. | |
| Volkmar II. | 1100?—1105 | | |
| Beringoz | 1105— n. 1127 | | |
| Gerhard | ?—1143 | | |

## 428. * Stablo-Malmedy (G. A. 6).

| | |
|---|---|
| Remaclus | 657—669 (675) |
| Papolin (Babolin) I. | 669—670 |
| Sigolin | 670—676 (687) |
| Godoin | 676—685 (696) |
| Papolin II. | 685—? |
| Rabangar I. | um 720 |
| [Abolin] | |
| [Crodmar] | |
| [Amalger] | |
| [Aminger (Floribert)] | |
| Anglin | 727—746 |
| Agilolf | 746—770 |
| Alberich | 770—779 |
| Sighard | 779—791 |
| Witand | 791—815 |
| Absalon | 815—816 |
| Ando (Audo, Odo) | 816—836 |
| Ratold (Ratbold) | 836—840 |
| Harond (Harwid) | 840—844 |
| Ebbo I. | 844—845 |
| Ebbo II. | 845—867 |
| Hartgar | 867—880 |
| Adelhard I. | 880—890 |
| Linfried | 890—898 |
| Richar | 898—905 |
| Raginer | 905—913 |
| Eberhard | 913—? |
| Giselbert | ?—939 |
| Konrad I. | 939—952 |
| Odilo | 952—954 |
| Werinfried (Werner) | 954—986 |
| Rabangar (Rabinger) II. | 986—1008 |
| Bertram | 1008—1020 |
| Poppo I. | 1020—1048 |
| Dietrich | 1048—1080 |
| Rudolf | 1080—1097 |
| Volmar | 1097—1105 |
| Poppo II. von Beaumont | 1105—1119 |
| Konrad (Kuno) II. | 1119—1128 |
| Johann I. von Reulant | 1128—1130 |
| Wibald von Pré | 1130—1158 |
| Erlebald (Aldebard) | 1158—1193 |
| Gerhard I. | 1193—1209 |
| Adelhard II. | 1209—1222 |
| Friedrich von dem Stein | 1222—1244 |
| Nikolaus I. | 1244—1248 |
| Heinrich I. von Geldern | 1248—1274 |
| Johann II. von Enghien | 1274—1281 |
| Ägidius, Graf von Falkenstein | 1281—1307 |
| Heinrich II. von Bolanden | 1307—1334 |
| Winrich de Pomerio | 1334—1343 |
| Hugo von Auvergne | 1343—1373 |
| Werner von Ockiers | 1373—1393 |
| Walram von Schleiden | 1393—1410 |
| Heinrich III. von Visé | 1410—1417 |
| Johann III. Gottschald v. Geuzaine | 1417—1438 |
| Heinrich IV. von Merode | 1438—1460 |
| Kaspar Poncin | 1460—1499 |
| Wilhelm I., Graf v. Manderscheid-Kayl | 1499—1546 |
| Christoph, Graf v. Manderscheid-Kayl | 1546—1576 |
| Gerhard II. von Groesbeck | 1576—1580 |
| Ernst, Herzog von Bayern | 1580—1612 |
| Ferdinand, Herzog von Bayern | 1612—1650 |
| Wilhelm II., Herzog von Bayern | 1650—1657 |
| Maximilian Heinrich, Herzog von Bayern | 1657 |
| Franz I. Egon, Graf v. Fürstenberg | 1657—1682 |
| Wilhelm III. Egon, Graf von Fürstenberg | 1682—1704 |
| Franz II. Joseph, Herzog von Lothringen | 1704—1715 |
| Johann IV. Ernst, Graf von Löwenstein-Rochefort | 1715—1731 |
| Nikolaus II. Massin | 1731—1737 |
| Deodatus Drion | 1737—1741 |
| Joseph von Nollet-Bourdon | 1741—1753 |
| Alexander Delmotte | 1753—1766 |
| Jakob Hubin | 1766—1786 |
| Cölestin Thys | 1786—1794, † 1796 |

Säkularisierung der Abtei 1794.

Mit Frankreich vereinigt 1794—1814.

Stablo mit Belgien, Malmedy mit Preußen vereinigt 1814.

---

## 429. St. Emmeran in Regensburg (R. 5).

| | |
|---|---|
| Apollonius | 697—710 |
| Sandratus | 710—735 |
| Alabold | 735—752 |
| Babo I. | 752—778 |
| Sigismund | 778—796 |
| Richbald | 796—822 |
| Siegfried | 822—830 |

Mit Augsburg vereinigt 830—975.

| | |
|---|---|
| Rudold | 889 |
| Ramoald | 975—1001 |
| Wolfram | 1001—1006 |
| Richolf | 1006—1028 |
| Hartwig | 1028—1030 |
| Burkhard | 1030—1037 |
| Ulrich I. | 1037—1040 |
| Erkenbert | 1040—1044 |
| Beringer I. | 1044—1048 |
| Re(g)inhard I. | 1049—1059 |
| Eberhard I. | 1059—1070, † 1091 |
| Ruprecht | 1070—1094 |
| Babo II. | 1094—1106? |
| Reinhard II. | 1106— n. 1110 |
| Theoderich | n. 1110—1129 |
| Engelfried | 1129— v. 1141 |
| Babo III. | (1141)—1143 |
| Berthold I. | 1143—1149 |
| Albert I. (Adalbert) | 1149—1177 |
| Beringer II. | 1177—1201 |
| Eberhard II. | 1201—1217 |
| Ulrich II. | 1217—1220 |
| Berthold II. | 1220—1235 |
| Wulfing | 1235—1247 |
| Ulrich III. | 1247—1263 |
| Friedrich I. von Teurn | 1263—1271 |
| Ulrich IV. von Brün | 1271 |
| Haimo | 1271—1275 |
| Wolfgang I. | 1275—1280 |
| Werner | 1281—1292 |
| Karl | 1292—1305 |
| Heinrich von Wintzer | 1305—1312 |
| Balduin | 1312—1324 |
| Albert II. von Schmidmühlen | 1324—1358 |
| Altus Tannsteiner | 1358—1385 |
| Friedrich II. von Weydenberg | 1385—1395 |

| | | |
|---|---|---|
| Johann I. Hauner | 1395—1402 | Hieronymus II. Feuri ... 1609—1623 |
| Ulrich V. Pettendorfer | 1402—1423 | Johann III. Nablaß ... 1623—1639 |
| Wolfhard Strauß | 1423—1454 | Placidus Judmann ... 1639—1655 |
| Hartung Pfersfelder | 1454—1458 | Cölestin I. Vogel ... 1655—1691 |
| Konrad Pebenhauser | 1458—1465 | Ignaz von Trauner ... 1691—1694 |
| Michael Teyer | 1465—1471 | Johann Baptist I. Hemm ... 1694—1719 |
| Johann II. Tegenbeck | 1471—1493 | Wolfgang II. Mohr ... 1719—1725 |
| Erasmus I. Münzer | 1493—1517 | Anselm Godin de Tampezzo ... 1725—1742 |
| Ambrosius I. Münzer | 1517—1535 | Johann Baptist II. Kraus ... 1742—1762 |
| Leonhard Pfennigmann | 1535—1540 | Froben Forster ... 1762—1791 |
| Erasmus II. Rittenauer | 1540—1561 | Cölestin II. Steiglehner 1791—1803, † 1819 |
| Blasius Baumgartner | 1561—1575 | |
| Ambrosius II. Meierhofer | 1575—1581 | |
| Hieronymus I. Weiß | 1581—1609 | |

Säkularisierung der Abtei 1803.<br>
Mit Regensburg vereinigt 1803—1814.<br>
Mit Bayern vereinigt 1814.

## 430. Reichenau.

| | | |
|---|---|---|
| Pirmin | 724—727, † 754 | Ulrich II. von Lupfen ... 1088—1122 |
| Hetto I. von Elsaß | 727—732 | Rudolf I. von Rottenstein ... 1122—1131 |
| Keba | 732—736 | Ludwig von Pfullendorf ... 1131—1135 |
| Ermenfried | 736—746 | Ulrich III., Graf v. Hohenzollern 1135—1136 |
| Sidonius | 746—760 | Otto von Rottenstein ... 1136—1139 |
| Johann I. | 760—781 | Frideloch von Heideck ... 1139—1159 |
| Peter | 781—786 | Ulrich IV. von Heideck ... 1159—1174 |
| Waldo | 786—806 | Diethelm I. von Kremhingen ... 1174—1206 |
| Hetto II. (Hatto I.) | 806—823, † 836 | Hermann von Speichingen ... 1206—1207 |
| Erlebald | 823—838 | Heinrich I., Graf von Calw ... 1207—1234 |
| Ruadhelm | 838—842 | Sedisvacanz ... 1234—1237 |
| Walafried Strabo | 842—849 | Konrad von Zimmern ... 1237—1255 |
| Volkwin (Calcionius) | 849—858 | Burkhard von Höwen ... 1255—1258 |
| Walter | 858—864 | Sedisvacanz ... 1258—1260 |
| Hatto II. | 864—871 | Albert von Ramstein ... 1260—1296 |
| Ruodo (Rudolf I.) | 871—888 | Heinrich II. von Klingenberg ... 1296—1306 |
| Hatto III. | 888—913 | Diethelm II., Graf von Castell ... 1306—1342 |
| Hugo | 913—914 | Eberhard von Brandis ... 1342—1379 |
| Dieting | 914—917 | Heinrich III. von Stoffeln ... 1379—1383 |
| Heribert | 917—926 | Mangold von Brandis ... 1383—1384 |
| Liuthard | 926—934 | Werner von Roseneck ... 1384—1402 |
| Alwig I., Graf von Sulz | 934—958 | Friedrich I., Graf von Zollern-Schalksberg ... 1402—1427 |
| Eckhard I. | 958—972 | Heinrich IV. von Hornberg ... 1427 |
| Rudimann | 972—984 | Friedrich II. von Wartenberg-Wildenstein ... 1427—1453 |
| Witegowo | 984—996 | Johann II. von Hunwill ... 1453—1464 |
| Alwig II., Graf von Sulz | 996—1000 | Johann III. Pfuser von Nordstetten ... 1464—1492 |
| Werner | 1000—1006 | Martin von Weißenburg ... 1492—1508 |
| Heinrich | 1006 | Marcus von Knörringen ... 1508—1540 |
| Immo | 1006—1008 | Johann IV. von Weza, Bischof von Konstanz ... 1540—1548 |
| Bernhard (Berno) | 1008—1048 | |
| Ulrich I. | 1048—1070 | |
| Meinhard | 1070 | |
| Rupert | 1070—1072 | |
| Eckhard II. von Nellenburg | 1072—1088 | |

Aufhebung der Abtei 1548: Reichenau<br>
mit Konstanz vereinigt.

## 431. Gengenbach (S. 14).

| | | |
|---|---|---|
| Rusterno | 740? | Alfram (Adalhalm?) ... ? |
| Burkhard | ? | Reginbold ... um 1007 |
| Leutfried | ? | Thomas ... ? |
| Gozmann | ? | Willo ... ? |
| Anselm | ? | Alberich ... ? |
| Walter | ? | Bruning ... (?—1065) |
| Volkmar | ? | Ruprecht ... (1065—1077) |
| Otto | ? | Poppo ... (1077—1085) |
| Benno | ? | Marquard ... 1089—1106 |
| Rado | ? | Hugo I. ... 1108—1118 |
| Germund (Gerward) | um 830 | Friedrich I. ... 1118—1120 |
| Amilo | ? | Gottfried I. ... 1120—1162 |
| Ligido | ? | Friedrich II. ... 1162—1173 |
| Lando | ? | Gottfried II. ... um 1186 |

| | |
|---|---|
| Lautfried . . . . . . . | (?—1196) |
| Gerbold . . . . . . . | (1196—1200) |
| Salomon . . . . . . . | (1200—1208) |
| Eginhard . . . . . . . | (1208—1218) |
| Gottfried III. . . . . . | 1218— n. 1237 |
| Walter I. . . . . . | um 1242 |
| Dietrich I. . . . . . | † 1248 |
| Hugo II. . . . . . | 1248—1269 |
| Gottfried IV. . . . . | 1269—1277? |
| Berthold I. . . . . | 1277?—1294? |
| Dietrich II. . . . . | 1295— n. 1297 |
| Dietrich III. . . . . | 1300, † 1323 |
| Albego . . . . . . | 1323—1329 |
| Walter II. . . . . . | 1329—1345? |
| Berthold II. . . . . | um 1349 |
| Lambert von Büren . . | (1357)—1378 |
| Stephan von Wilsperg . | 1378—1398 |
| Konrad I. von Blumenberg . | 1398—1415 |
| Berthold III. Mangold . . | 1415—1424 |
| Eginolf I. von Wartenberg . | 1424—1455 |
|   Wilhelm von Metz, Verweser | 1455—1459 |
| Eginolf II. von Wartenberg . | 1457—1461 |
| Siegmund von Neuenhausen . | 1461—1475 |

| | |
|---|---|
| Jakob I. von Bern . . . . | 1475—1493 |
| Beatus, Graf von Schauenburg . | 1493—1500 |
| Konrad II. von Mülheim . . | 1500—1507 |
| Philipp von Eselsberg . . | 1507—1531 |
| Melchior von Horneck . . | 1531—1540 |
| Friedrich III. von Keppenbach . | 1540—1555 |
| Gisbert Agricola von Alven . | 1555—1586 |
| Johann Ludwig Sorg . . . | 1586—1605 |
| Georg Breuning . . . . | 1605—1617 |
| Johann Dencler . . . . | 1617—1626 |
| Jakob II. Petri . . . . | 1626—1636 |
| Erhard Marx . . . . | 1636—1638 |
| Columban Meyer . . . | 1638—1660 |
| Romanus Sutter . . . | 1660—1680 |
| Placidus Thalmann . . | 1680—1696 |
| Augustin Müller . . . | 1696—1726 |
| Paul Seger . . . . | 1726—1743 |
| Benedict Reischer . . . | 1743—1763 |
| Jakob III. Maria Trautwein . | 1763—1792 |
| Bernhard Maria Schwerer . . | 1792—1803 |

Säkularisierung der Abtei 1803: Gengenbach mit Baden vereinigt.

## 432. *Fulda (Bischöfe 23, vorher G. A.).

| | |
|---|---|
| Sturm . . . . . . | 744—779 |
| Vaugulf . . . . . | 780—802 |
| Radgar . . . . . | 803—817 |
| Ägil . . . . . | 818—822 |
| Rhabanus Maurus . . . | 822—842 |
| Hatto I. . . . . | 842—856 |
| Dietho (Thioto) . . . | 856—869 |
| Sieghard . . . . | 869—891 |
| Hugo . . . . . | 891—915 |
| Helmfried . . . . | 915—916 |
| Haigo . . . . . | 917—923 |
| Hildebert . . . . | 923—927 |
| Hadamar . . . . | 927—956 |
| Hatto II. . . . . | 956—968 |
| Werner . . . . . | 968—982 |
| Brantho I. . . . . | 983—991 |
| Hatto III. . . . . | 991—997 |
| Erkenbald . . . . | 997—1011 |
| Brantho II. . . . . | 1012—1014 |
| Poppo . . . . . | 1014—1018 |
| Richard . . . . . | 1018—1039 |
| Siegward . . . . | 1039—1043 |
| Rohing . . . . . | 1043—1047 |
| Egbert (Eppo) . . . | 1048—1058 |
| Siegfried von Eppstein . . | 1058—1060 |
| Widerad von Eppstein . . | 1060—1075 |
| Rudhard . . . . | 1075—1096 |
| Gottfried . . . . | 1096—1109 |
| Wolfhelm . . . . | 1109—1114 |
| Erlolf . . . . . | 1114—1122 |
| Ulrich von Kemnade . . | 1122—1127 |
| Heinrich I. von Kemnade . | 1127—1133 |
| Berthold I. von Schlitz . . | 1133—1134 |
| Konrad I. . . . . | 1134—1140 |
| Adolf . . . . . | 1140—1148 |
| Rüdiger (Rutger) I. . . | 1148 |
| Heinrich II. . . . . | 1148—1149 |
| Marquard I. . . . . | 1150—1165 |
| Gernot . . . . . | 1165 |
| Hermann I. . . . . | 1165—1168 |
| Burkhard . . . . | 1168—1176 |
| Rüdiger (Rutger) II. . . | 1176—1177 |
| Konrad II. . . . . | 1177—1192 |
| Heinrich III. von Kronenburg . | 1192—1216 |

| | |
|---|---|
| Hartmann I. . . . . | 1216 |
| Konrad III. . . . . | 1216—1222 |
| Konrad IV. von Malkos . . | 1222—1249 |
| Heinrich IV. von Erthal . . | 1249—1261 |
| Berthold II. von Leipholz . | 1261—1271 |
| Berthold III. von Mackenzell . | 1271—1274 |
| Berthold IV. von Bimbach . | 1274—1286 |
| Marquard II. von Bickenbach . | 1286—1288 |
| Heinrich V., Graf von Weilnau | 1288—1313 |
| Eberhard von Rothenstein . | 1313—1315 |
| Heinrich VI. von Hohenburg . | 1315—1353 |
| Heinrich VII. von Kraluck . | 1353—1372 |
| Konrad IV., Graf von Hanau . | 1372—1383 |
| Friedrich von Romrod . . . | 1383—1395 |
| Johann I. von Merlau . . | 1395—1440 |
| Hermann II. von Buchenau . | 1440—1449 |
| Reinhard, Graf von Weilnau . | 1449—1472 |
| | † 1476 |
| Johann II., Graf von Henneberg | 1472—1507 |
| Hartmann II., Burggraf von Kirchberg . . . . | 1507—1529 |
| Johann III., Graf von Henneberg | 1529—1541 |
| Philipp Schenk von Schweinsberg | 1541—1550 |
| Wolfgang Dietrich v. Fusigkheim | 1550—1558 |
| Wolfgang Schutzbar gen. Milchling . . . . | 1558—1567 |
| Georg Schenk von Schweinsberg | 1568 |
| Wilhelm Hartmann von Klauer . | 1568—1570 |
| Balthasar von Dernbach . . | 1570—1576 |

An den deutschen Orden 1576—1602.

| | |
|---|---|
| Balthasar v. Dernbach (z. 2. Male) | 1602—1606 |
| Johann Friedrich v. Schwalbach . | 1606—1622 |
| Johann Bernhard Schenk von Schweinsberg . . . . | 1623—1632 |
| Johann Adolf von Hoheneck . | 1632—1635 |
| Hermann Georg von Neuhoff . | 1635—1644 |
| Joachim von Gravenegg . . | 1644—1671 |
| Bernhard Gustav, Markgraf von Baden . . . . | 1671—1677 |
| Placidus von Droste . . . | 1678—1700 |
| Adalbert I. von Schleiffras . | 1700—1714 |
| Konstantin von Buttlar . . | 1714—1726 |
| Adolf von Dalberg . . . . | 1726—1737 |

| | |
|---|---|
| Amandus von Buseck, **Bischof** 5./10. 1772 | 1737—1756 |
| Adalbert II., Freiherr von Walderdorf | 1757—1759 |
| Heinrich VIII. von Bibra | 1759—1788 |
| Adalbert III. von Herstall | 1788—1802 † 1814 |

Säkularisierung des Bistums 1803: Fulda an Oranien-Nassau.

| | |
|---|---|
| Wilhelm I. | 1803—1806 |
| Wilhelm II. | 1806—1807 |

Mit dem Königreich Westphalen vereinigt 1807—1813.
Mit Hessen-Kassel vereinigt 1813.

Bischöfe:

| | |
|---|---|
| Adalbert von Herstall | (1788) 1802—1814 |
| Sedisvacanz | 1814—1829 |
| Johann Adam Rieger | 1829—1831 |
| Johann Leonhard Pfaff | 1832—1848 |
| Christoph Florenz Kött | 1849—1873 |
| Sedisvacanz | 1873—1881 |
| Georg Kopp | 1881—1887 |
| Joseph Weyland | 1888—1894 |
| Georg Ignaz Komp | 1894—1898 |
| Adalbert Endert | 1898— |

## 433. Weingarten (S. 4).

| | |
|---|---|
| Alto, in Altmünster | um 750— um 770 |
| Marinus | ? |
| Etto | (um 780) |
| Gelzo | († 792) |
| Rudolf, in Altorf | um 1000—1025 |
| Eberhard | um 1025— um 1040 |
| Heinrich I., in Weingarten 1055 | 1040— um 1070 |
| Beringer | um 1070— um 1080 |
| Adilhelm v. Luxemburg | um 1080— um 1088 |
| Walicho | um 1088— um 1108 |
| Kuno, Truchseß von Waldburg-Thann | um 1109—1132 |
| Arnold | um 1133— um 1140 |
| Gerhard, Truchseß von Waldburg-Thann | um 1141— um 1149 |
| Burkhard von Matsch | um 1149— um 1160 |
| Dietmar von Triberg | um 1160— um 1180 |
| Marquard v. Dorndorff | um 1180— um 1181 |
| Werner von Markdorff | um 1181— um 1188 |
| Meingoz, Graf v. Lechsgemünd | um 1188—1200 |
| Berthold von Heimburg | 1200—1232 |
| Hugo von Montfort | 1232—1242 |
| Konrad I. von Wagenbach | 1242—1265 |
| Hermann von Biechtenweiler | 1265—1299 |
| Friedrich Heller von Hellerstein | 1300—1315 |
| Konrad II. von Jbach | 1315—1336 |
| Konrad III. von Überlingen | 1336—1346 |
| Heinrich II. von Jbach | 1346—1363 |
| Ludwig von Jbach-Heldenberg | 1363—1393 |
| Johann I. von Essendorf | 1393—1418 |
| Johann II. Blaarer von Güttingen und Wartensee | 1418—1437 |
| Erhard von Freydank | 1437—1455, † 1462 |
| Jobst Penthelin von Ravensburg | 1455—1477 |
| Kaspar Schieck | 1477—1491 |
| Hartmann v. Knorringen-Burgau | 1491—1520 |
| Gerwig Blaarer von Görsperg | 1520—1567 |
| Johann III. Halblizel | 1567—1575 |
| Johann Christoph Raitner von Zellersberg | 1575—1586, † 1590 |
| Georg Wegelin | 1586—1627 |
| Franz Dietrich | 1627—1637 |
| Dominicus I. Laymann von Liebenau | 1637—1673 |
| Alfons I. Stadelmayer | 1673—1683 |
| Willibald Kobold | 1683—1697 |
| Sebastian Hiller | 1697—1730 |
| Alfons II. Jobst | 1730—1738 |
| Placidus Renz | 1738—1745, † 1748 |
| Dominicus II. Schnitzer | 1746—1784 |
| Anselm Ritter | 1784—1803, † 1804 |

Säkularisierung der Abtei 1803:
Weingarten mit Oranien-Holland vereinigt 1803—1810,
mit Württemberg 1810.

## 434. Amorbach.

| | |
|---|---|
| Amor | um 755—767 |
| Suitbert | 767—775 |
| Patto | 775—785 |
| Danko | 785—788 |
| (Kortila) | |
| (Jsinger) | |
| Haruch | ?—808 |
| Helingaud | 808—830 |
| Hertulf | 830—841 |
| Spatto | 841—861 |
| Dietrich I. | 861—870 |
| Godebold | 940?—960 |
| Giselher | 960—989 |
| Otto I. | 990—1012 |
| Richard I. | 1012—1039 |
| Walter | 1039 |
| Ezzelin | 1039 |
| Bruno | 1039—1085 |
| Johann, Usurpator | 1085 |
| Leonhard | 1103—1110 |
| ? | ? |
| Bodebald | um 1138 |
| Adelhelm | 1140—1150 |
| Otto II. | 1157, † um 1162 |
| Ludwig | 1162—1168 |
| Richard II. | um 1197 |
| ? | ? |
| ? | ?—1234 |
| Gottfried I. | 1234—1256 |
| Wipert | 1256—1264? |
| Heinrich I. von Hepffingen | ?—1284 |
| Konrad von Schweinberg | 1284—1298 |
| Friedrich I. | 1298—1307 |
| Hermann | 1308—1312 |
| Gerhard | 1312—1316 |
| Otto III. | 1316—1318 |
| Eberhard Rüdt von Callenberg | 1318—1341 |
| Gottfried II. von Lurcz | 1341—1373 |
| Friedrich II. Feyser | 1373—1397 |
| Boppo von Allezheim | 1397—1406 |
| Dietrich II. von Kunnich | 1406—1428 |
| Heinrich II. von Kunnich | 1428—1456 |
| Jobst I. von Wilnbach | 1456—1466 |
| Johann I. von Babenhausen | 1466—1484 |
| Johann II. Schwab | 1484—1503 |
| Peter Winter | 1503—1517 |
| Jakob Zweiffel | 1517—1532 |
| Valentin Eschwing | 1532—1542 |

| | |
|---|---|
| Matthäus Hamen | 1542—1546 |
| Jobst II. Stromenger | 1546—1556 |
| Theobald Gramblich | 1556—1584 |
| Johann III. Bauman | 1584—1617 |
| Erhard Leyendecker | 1617—1635 |
| Kraft Brucher | 1635—1639 |
| Placidus Fleck | 1639—1674 |
| Cölestin Mann | 1674—1713 |
| Sanderad Breunig | 1713—1725 |
| Joseph Haberkorn | 1725—1727 |
| Engelbert Kinbacher | 1727—1753 |
| Hyacinth Brener | 1753—1778, † 1794 |
| Benedict Külsheimer | 1778—1803 |

Säkularisierung der Abtei 1803: Amorbach mit Leiningen vereinigt 1803.

### 435. * Ellwangen (G. A. 2).

| | |
|---|---|
| Hariolf | 764—780 |
| Wikterp | 780—800 |
| Grimoald | 800—808 |
| Othald | 808—? |
| Adelgar I. | ?—830 |
| Ganderad (Sunderad) | 830—844 |
| Hermanrich | 844—862 |
| Benno | 862—870 |
| Astericius | 870—874 |
| Liutbert von Mainz | 874—889 |
| Salomo | 889—896 |
| Hatto von Mainz | 896—913 |
| Adalbero, Graf von Dillingen | 913—922 |
| Gerbert | 922—944 |
| Hermann | 944—965 |
| Milo | 965—968 |
| Hardobert | 968—974 |
| Winithar | 974—982 |
| Gebhard von Ammerthal | 982—998 |
| Hartmann | 998—1011 |
| Beringer | 1011—1026 |
| Odenbert | 1026—1035 |
| Richard I. | 1035—1040 |
| Aaron | 1040—1060 |
| Regingar | 1060—1076 |
| Udo | 1076—1090 |
| Adelgar II. | 1094—1102 |
| Ebbo | 1102—1113 |
| Richard II. | 1113—1118 |
| Helmerich von Öttingen | 1118—1136 |
| Albrecht I. von Ramsberg | 1136—1173 |
| Albrecht II. von Königsberg | 1173—1188 |
| Kuno I. | 1188—1218 |
| Godebald I. | 1219—1228 |
| Albrecht III. | 1228—1240 |
| Siegfried I. | 1240—1242 |
| Rutger | 1242—1246 |
| Godebald II. (Gotthold) | 1246—1249 |
| Rudolf I. | 1250—1256 |
| Otto I. von Schwabsberg | 1256—1269 |
| Konrad | 1269—1278 |
| Eckhard von Schwabsberg | 1278—1309 |
| Ehrenfried von Vollberg | 1309—1311 |
| Rudolph II. von Pfahlheim | 1311—1333 |
| Kuno II. von Gundelfingen | 1333—1367 |
| Albrecht IV. Haack von Wöllstein | 1367—1401, † 1404 |
| Siegfried II. Gerlacher | 1401—1427 |
| Johann I. von Holzingen | 1427—1452 |
| Johann II. von Hirnheim | 1452—1461, † 1480 |
| Albrecht V. von Rechberg | 1461—1502 |
| Albrecht VI. Thun von Neuenburg | 1503—1521 |
| Heinrich, Pfalzgraf bei Rhein | 1521—1552 |
| Otto II. Truchseß von Waldburg | 1552—1573 |
| Christoph von Freyberg-Eisenberg | 1573—1584 |
| Wolfgang von Hausen | 1584—1600, † 1613 |
| Johann Christoph I. von Westerstetten | 1600—1612, † 1637 |
| Johann Christoph II. von Freyberg-Eisenberg | 1612—1621 |
| Johann Jakob Blaarer v. Wartensee | 1621—1654 |
| Johann Rudolf von Rechberg | 1654—1660 |
| Johann Christoph III. von Freyberg-Eisenberg | 1660—1674 |
| Johann Christoph IV. Adelmann von Adelmannsfelden | 1674—1687 |
| Heinrich Christoph von Wolframsdorf | 1687—1689 |
| Ludwig Anton, Pfalzgraf bei Rhein | 1689—1694 |
| Franz Ludwig, Pfalzgraf bei Rhein | 1694—1732 |
| Franz Georg, Graf v. Schönborn | 1732—1756 |
| Anton Ignaz Joseph, Graf von Fugger-Glött | 1756—1787 |
| Clemens Wenzel, Prinz v. Sachsen | 1787—1803, † 1812 |

Säkularisierung der Abtei 1803: Ellwangen mit Württemberg vereinigt.

### 436. Lorsch.

| | |
|---|---|
| Rutgang | 764—765 |
| Gundeland | 765—778 |
| Helmerich | 778—785 |
| Richbodo | 785—803 |
| Adelung | 803—837 |
| Samuel | 837—856 |
| Eigelbert | 856—863 |
| Thiodroch | 863—875 |
| Drutmar | 875—876 |
| Babo | 876—881 |
| Walter | 881—883 |
| Gerhard | 883—892 |
| Kunzingo | 892—893 |
| Adalbero von Augsburg | 893—898 |
| Hatto von Mainz | 898—913 |
| Liuthar | 913—921 |
| Ebergis | 921—948 |
| Bruno von Köln | 948—950 |
| Gerbodo | 950—970 |
| Salemon | 970—998 |
| Werner I. | 998—1000 |
| Werner II. | 1000 |
| Gerold I. | 1000—1005 |
| Boppo | 1005—1017 |
| Reginbald | 1017—1032 |
| Hubert | 1032—1037 |
| Bruning | 1037—1043 |
| Hugo I. | 1043—1051 |
| Arnold | 1051—1056 |
| Ulrich | 1056—1076 |
| Adalbert | 1076—1078 |
| Winther von Saarbrücken | 1078—1089 |

| | |
|---|---|
| Anselm | 1089—1103 |
| Gerold II. | 1103—1106 |
| Hugo II. | 1106—1107 |
| Gebhard von Urach | 1107—1110 |
| Ermenold | 1110 |
| Benno | 1110—1119 |
| Heidolf | 1119 |
|    Sedisvacanz | 1119—1125 |
| Hermann | 1125 |
| Diemo | 1125—1139 |
|    Sedisvacanz | 1139—1141 |
| Baldemar | 1141—1142 |
| Folknand | 1142—1150 |
| Hildebert | 1150 |
| Marquard | 1150—1151 |
|    Sedisvacanz | 1151—1153 |
| Heinrich | 1153—1167 |
| Sieghard | 1167— n. 1198 |
| Konrad | v. 1216—1229 |

(Gegner bis 1232.)
Lorsch mit Mainz 1229 vereinigt. Dafür

**Pröpste:**

| | |
|---|---|
| Heinrich I. | 1239 |
| Konrad I. | 1256, 1257 |
| Burkhard | 1265 |
| Heinrich II. | 1283 |
| Nikolaus I. | 1327 |
| Peter I. | 1327—1328 |
| Julius von Erbach | 1328, 1332 |
| Nycholas | 1338 |

| | |
|---|---|
| Konrad II. von Dalsheim | 1345, 1347 |
| Johann I., Graf von Sponheim | 1380 |
| Friedrich I. | um 1390 |
| Anton I. | 1403, 1412 |
| Ulrich Echter von Mespelbrunn | 1417, 1420 |
| Jakob I. | 1423 |
| Konrad III. von Habern | 1427, 1432 |
| Friedrich II. | um 1438 |
| Anton II. | 1443, 1445 |
| Johann II. Eckel von Gernsheim | 1459 |
| Eberhard I. | 1463 |
| Johann III. | 1467, 1470 |
| Nikolaus II. von Obernhain | † 1478 |
| Eberhard II. von Wasen | 1478, 1480 |
| Gerlach | ? |
| Johann IV. Muhrer von Speyer | † 1497 |
| Lucas Eindoniensis | 1497, 1505 |
| Anton III. Coci | ? |
| Heinrich III. Schwarzenberger | (1512)—1513 |
| Anton IV. Bocheler | 1519, 1523 |
| Eberhard III. Schabel von Boben=hausen | † 1526 |
| Johann V. Seßler | 1526 |
| Anton V. | 1540 |
| Jakob II. Zentner | (1548)—1555 |
| Johann VI. Carpentarius (evange=lischer Probst) | 1555—1566 |

Säkularisierung der Probstei 1566: Lorsch
zwischen Pfalz und Mainz geteilt
1566—1803,
mit Hessen=Darmstadt vereinigt 1803.

---

### 437. * Prüm (G. A. 5).

| | |
|---|---|
| Affuerus | 765—810 |
| Dankrad | 810—829 |
| Marquard (von Bouillon) | 829—853 |
| Egilo | 853—860 |
| Ansbald (von Luxemburg) | 860—886 |
| Farabert I. | 886—893 |
| Regino von Hauterive | 893—899, † 915 |
| Richar von Hennegau | 899—921 |
| Ruotfried | 921—935 |
| Farabert II. von St. Paul | 935—947 |
| Ingelram (von Limburg) | 947—976 |
| Eberhard, Graf von Salm | 976—986 |
| Childerich | 986—993 |
| Stephan (von Saffenberg) | 993—1001 |
| Udo von Namur | 1001—1003 |
| Immo (von Sponheim) | 1003—1006 |
| Urolb (von Dhaun) | 1006—1018 |
| Hilderad aus Burgund | 1018—1026 |
| Ruprecht von Arberg (Arrecastro) | 1026—1068 |
| Rizo aus Jülich | 1068—1077 |
| Wolfram von Bettingen | 1077—1103 |
| Poppo von Beaumont | 1103—1119 |
| Lantfried aus Hessen | 1119—1131 |
| Adalbero | 1131—1136 |
| Gottfried I., Graf v. Hochstaden | 1136—1155 |

| | |
|---|---|
| Rother von Malberg | 1155— n. 1162 |
| Robert I. (von Cleve) | (1170)—1174 |
| Gregor I. aus Geldern | 1174—1184 |
| Gerhard I. von Vianden | 1184—1212 |
| Cäsarius von Mylendonck | 1212—1216 |
| Kuno, Graf von Ahr | 1216—1220 |
| Friedrich I. von Fels | 1220—1245 |
| Gottfried II., Graf v. Blankenheim | 1245—1274 |
| Walter (Graf von Blankenheim) | 1274— n. 1312 |
| Heinrich I. von Schönecken | (1322)—1342 |
| Diether, Graf von Katzenellenbogen | 1342—1350 |
| Johann I. Zandt von Merl | 1350—1354 |
| Dietrich von Kerpen | 1354—1397 |
| Friedrich II. von Schleiden | 1397—1427 |
| Heinrich II. von Are=Hirstorff | 1427—1433 |
| Johann II. von Esche | 1433—1476 |
| Robert II., Graf von Virneburg | 1476—1513 |
| Gregor II. von Homburg | 1513 |
| Wilhelm, Graf von Manderscheid=Kayl | 1513—1546 |
| Christoph, Graf v. Manderscheid=Kayl | 1546—1576 |

Aufhebung der Abtei: Prüm 1576
mit Trier vereinigt.

---

### 438. Ottobeuren (S. 15).

| | |
|---|---|
| Totto (Toto) | 767—815 |
| Reodgar (Ritgar) | 816—832 |
| Milo | 832—856 |
| Witgar (Wigger) | 856—887 |
| Birtilo | 887—941 |
| Adalbero, Graf von Dillingen | 941—972 |
| Ulrich I., Bischof von Augsburg | 972—973 |

| | |
|---|---|
| Rudungus | 973—1000 |
| Dangolf | 1000—1012 |
| Siegebert | 1012—1028 |
| Embriko | 1028—1050 |
| Eberhard | 1050—1064, † 1091 |
| Razelin (Ratgo) | 1064—1082 |
| Adalhalm | 1028—1094 |

| | |
|---|---|
| Gebhard | 1094—1100 |
| Heinrich I. | 1100—1102 |
| Ruprecht I. | 1102—1145 |
| Isengrim | 1145—1180 |
| Bernold | 1180—1194 |
| Konrad I. | 1194—1229 |
| Berthold | 1229—1248 |
| Walter | 1248—1252 |
| Heinrich II. | 1252—1258 |
| Siegfried | 1258—1266 |
| Heinrich III. von Bregenz | 1266—1296 |
| Konrad II. | 1296—1312 |
| Heinrich IV. | 1312—1322 |
| Heinrich V. von Nordholz | 1322—1353 |
| Johann I. von Altmannshofen | 1353—1371 |
| Ulrich II. von Knörringen | 1371—1378 |
| Johann II. Hocherer | 1378—1390 |
| Heinrich VI. | 1390—1399 |
| Johann III. von Affstetten | 1399—1400 |
| Johann IV. Rußlinger | 1400—1404 |
| Egon von Schwabeck | 1404—1416 |
| Johann V. Schedler | 1416—1443 |

| | |
|---|---|
| Jodocus Niderhoff | 1443—1453 |
| Johann VI. Grauß | 1453—1460, † 1475 |
| Wilhelm von Lustenau | 1460—1479 |
| Nikolaus Rößlein | 1479—1492 |
| Matthäus Ackermann | 1492—1508, † 1512 |
| Leonhard Widemann | 1508—1547 |
| Kaspar Kindelmann | 1547—1584 |
| Gallus Memminger | 1584—1600 |
| Alexander Sauter | 1600—1612 |
| Gregor Reubi | 1612—1628 |
| Andreas Vogt | 1628—1633 |
| Marcus Schmied | 1633—1655 |
| Peter Kimmicher | 1655—1672 |
| Benedict Hornstein | 1672—1688 |
| Gordian Scherrich | 1688—1710 |
| Ruprecht II. Neſt | 1710—1740 |
| Anselm Erb | 1740—1767 |
| Honoratus Göhl | 1767—1802 |
| Paul Alt | 1802—1803, † 1807 |

Säkulariſierung der Abtei 1803: Ottobeuren
mit Bayern vereinigt.

## 439. Hersfeld.

| | |
|---|---|
| Lullus | 769—786 |
| Bruno I. | 786—796 |
| Balthaſar | 796—798 |
| Richolf | v. 802 (798?)—813 |
| Bruno II. (Brumward, Bunus) | 814—820 |
| Hartrad I. | 820?—830 |
| Bruno III. | 830—846 |
| Brunward | 846—875 |
| Drogo | 875—892 |
| Hartrad II. | 892—901 |
| Otto | 901—908 |
| Diethard I. | 908—927 |
| Diethard II. | 927—928 |
| Burkhard | 928—932 |
| Megingod (Meingoz) | 932—936 |
| Hagano | 936—959 |
| Günther I. | 959—962 |
| Egilolf | 962—970 |
| Gosbert | 970—985, † 987 |
| Bernhard | 985—1005 |
| Gotthard | 1005—1012 |
| Arnold (Hrawo) | 1012—1031 |
| Bardo von Oppershofen | 1031 |
| Rudolf (Rotho, Rudhard) | 1031—1036 |
| Meginhar | 1036—1059 |
| Rudhard | 1059—1072 |
| Hartwig | 1072—1088 |
| Friedrich, Pfalzgraf von Sachsen | 1088—1098 |
| Günther II., Graf v. Käfernburg | 1098—1102 |
| Reinhard I. | 1102—1114 |
| Adelmann | 1114—1127 |
| Heinrich I. von Biengarten | 1127—1155 |
| Willibald | 1155—1162 |
| Hermann I. | 1162—1165 |
| Burkhard II. | 1166—1168 |
| Willibald (zum 2. Male) | 1168—1175 |
| Adolf | 1175—1180 |
| Siegfried | 1180—1200 |
| Johann I. | 1201—1213 |
| Heinrich II. | 1213—1216 |
| Ludwig I. | 1217—1239 |
| Werner v. Schweinsburg | 1239—1252? (1255) |

| | |
|---|---|
| Heinrich III. von Erthal | 1252—1263 |
| Heinrich IV. | 1264—1267 |
| Sedisvacanz | 1267—1270 |
| Heinrich V. von Brineburg | 1270—1292 |
| Sedisvacanz | 1292—1296 |
| Heinrich VI. von Swinrode | 1296—1300 |
| Berthold I. von Elben | 1301—1302 |
| Simon von Buchenau | 1303—1315 |
| Heinrich VII. von Molsleben | 1315—1316 |
| Andreas von Gemmingen | 1316—1320 |
| Heinrich VIII. von Romrod | 1320—1325 |
| Ludwig II. von Mansbach | 1325—1343 |
| Johann II. von Elben | 1343—1366 |
| Berthold II. von Völkershauſen | 1367—1388 |
| Reinhard II. von Boineburg-Hohenstein | 1388—1398 |
| Hermann II. von Altenburg | 1398—1417 |
| Albrecht von Buchenau | 1417—1438 |
| Konrad von Herzenrod | 1438—1452 |
| Ludwig III. Vitzthum v. Beringen | 1452—1481 |
| Damian Knoblauch | 1481—1483 |
| Wilhelm von Völkershauſen | 1483—1493 |
| Volpert Riedesel von Bellersheim | 1493—1513 |
| Hartmann, Burggraf von Kirchberg | 1513—1516 |
| Ludwig IV. von Hanstein | 1513—1516 |
| Kraft I. Weles, aus Hungen | 1516—1556 |
| Michael Landgraf | 1556—1571 |
| Ludwig V. Landau | 1571—1588 |
| Kraft II. Weiffenbach | 1588—1591 |
| Joachim Ruhl | 1591—1606 |
| Otto, Landgraf von Hessen-Kassel, Verweser | 1606—1617 |
| Wilhelm, Landgraf v. Hessen-Kassel, Verweser | 1617—1627 |
| Österreichische Occupation: Leopold, Erzherzog von Österreich-Tirol | 1627—1631 |
| Wilhelm v. Hessen-Kassel (z. 2. Male) | 1631—1637 |
| Hermann III., Landgraf von Hessen-Kassel | 1637—1648 |

Säkulariſierung der Abtei 1648: Hersfeld
mit Hessen-Kassel vereinigt.

## 440. * Kempten (G. A. 1).

| | |
|---|---|
| Audogar I. | 773—796 |
| Theothun | 796—8? |
| Agapetus (von Harthorn) | 8?—817 |
| Totto I. | 817—840 |
| Erkenbert (Möringer) | 840—854 |
| Konrad I. (von Kalbsangst) | 854—857 |
| Gerung (Amberger) | 857—862 |
| Ringrim | 862—865 |
| Caroman | 865—867 |
| Lantfried I. (von Hattenweil) | 867—876 |
| Salomon | 876—888 |
| Waldo | 889—892 |
| Friedrich I. (Gremlich von Ochsenbach) | 892—910 |
| Burkhard I. (Rizner von Hattenhofen) | 910—927 |
| Theobald I. (Preitfelder von Aichstetten) | 927—928 |
| Adalbert I. (Landfuhrer v. Sulgau) | 928—930 |
| Irminhard | 930 |
| Agilolf | 930—940 |
| Ludwig (Friedsamer von Rauns) | 940—941 |
| Egilbert (von Richfluß) | 941 |
| Ulrich I., Graf von Dillingen | 941—962 |
| Alexander (Jordreffer von Eck) | 962—972 |
| Giselfried I. | 972—983 |
| Rudolf I. | 983—993 |
| Stephan (Taradur von Erbach) | 993—1012 |
| Eberhard I. (Hartensteiner von Wineden) | 1012—1013 |
| Burkhard II. | 1013—1026 |
| Eberhard I. (zum 2. Male) | 1026—1044 |
| Giselfried II. (Preitblath v. Mühlhausen) | 1044—1048 |
| Landolf (Reinstetter von Hoheneck) | 1048—1049 |
| Berthold I. von Tannenfels | 1049—1061 |
| Otenus | 1061—1064 |
| Heinrich I. Dornstich von Alt-Ravensburg | 1064—1073 |
| Konrad II. Neubrunner | 1073—1075 |
| Adalbert II. | 1075—1078 |
| Audogar II. von Hochholz | 1078—1089? |
| Eberhard II. | 1089—1092 |
| Ulrich II. Lindagrun von Ochsenbach | 1092—1094 |
| Eberhard III. | 1094—1105? |
| Mangold | 1105?—1109|? |
| Hartmann I. | 1109?—1114 |
| Sedisvacanz | 1114—1125 |
| Totto II. von Erisheim | 1125—1127 |
| Friedrich II. Festenberger | 1127—1138 |
| Friedrich III. von Klingenstein | 1138—1142 |
| Robert Konrad von Scheideck | 1142—1144? |
| Eberhard IV. | 1144?—1147 |
| (Fredeloch Vorbürger von Helmstorff | 1147—[1185?].) |
| Friedrich IV. von Helmishofen | 1150—1155 |
| Adalbert III. | 1155—1164 |
| Hartmann II. | 1164—(1166) |
| Lantfried II. | 1170?—1185 |
| Berthold II. Hochberger | 1185—1197 |
| Heinrich II. | 1197—? |
| Werner von Kalbsangst | ?—1208 |
| Rudolf II. Wolfgang v. Königseck | 1208—1210? |
| Heinrich III. von Burtenbach | (1213)—1224 |
| Heinrich IV. von Sömmerau | 1224—? |
| Arnold | (1234)—1235 |
| Gebhard Orteck von Maiburg | 1235—1237 |
| Friedrich V. von Münster | (1232)—1239 |
| Theothun II. Birkh von Felsburg | 1239—1240 |
| Dverger Randecker | 1240—1242 |
| Hartmann III. Mulegg | 1242—1251 |
| Hugo | 1251—1253 |
| Ulrich III. Nördlinger | 1253—1255 |
| Ruprecht I. | 1255—1268 |
| Eberhard IV. Burgberger | 1268—1270 |
| Rudolf III. von Hoheneck | 1270—1284 |
| Guido Ritzner | 1284—1286? |
| Konrad III. von Gundelfingen | 1286?—1302 |
| Hartmann IV. von Rauns | 1302—1315 |
| Wilhelm | 1315—1320 |
| Heinrich V. Unrein v. Hirsendorf | 1320—1331 |
| Burckhard III. Bürck von Hasenweiler | 1331—1346 |
| Konrad IV. | 1333—1343 |
| Gerwig I. von Helmshofen | 1333—1336 |
| Heinrich VI. von Oberhofen | 1346—1347 |
| Randger Feldeck von Roggenfurt | 1347—1356 |
| Heinrich VII. von Mittelsburg | 1356—1382 |
| Friedrich VI. von Hirsdorf | 1382—1405 |
| Pilgrim I. von Nordholz | 1382—1386 |
| Friedrich VII. von Laubenberg | 1405—1434 |
| Pilgrim II. von Wernau | 1434—1451 |
| Gerwig II. von Sulmentingen | 1451—1460 |
| Johann I. von Wernau | 1460—1481 |
| Johann II. von Rietheim | 1481—1507 |
| Johann Rudolf von Raitenau | 1507—1523 |
| Sebastian von Breitenstein | 1523—1536 |
| Wolfgang von Grünenstein | 1536—1557 |
| Georg von Gravenegg-Burchberg | 1557—1571 |
| Eberhard V. von Stein | 1571—1584 |
| Adalbert IV. von Hoheneck | 1584—1587 |
| Johann Eberhard Blaarer von Wartensee | 1587—1594 |
| Johann Adam Renner von Almendingen | 1594—1607 |
| Heinrich VIII. von Ulm-Langenrhein | 1607—1616 |
| Johann Eucharius von Wolffarth | 1616—1631 |
| Johann Willibald Schenk v. Castell | 1631—1639 |
| Romanus Bernhard Christoph Giel von Gielsperg | 1639—1673 |
| Bernhard Gustav Adolf, Markgraf von Baden-Durlach | 1673—1677 |
| Ruprecht II. von Bodnau | 1678—1728 |
| Anselm Reichlin von Meldegg | 1728—1747 |
| Engelbert von Sorgenstein | 1747—1760 |
| Honorius Roth von Schreckenstein | 1760—1785 |
| Ruprecht III. von Neuenstein | 1785—1793 |
| Castolus Reichlin von Meldegg-Amtezell | 1793—1803 |

Säkularisierung der Abtei 1803: Kempten mit Bayern vereinigt.

---

## 441. Neustadt am Main.

| | |
|---|---|
| Megingod | 782—794 |
| Walfrich | 794 |
| Hatto | 817 († 840?) |
| Gozbald | (842)—855 |

Mit Würzburg vereinigt 855— um 900.

| | |
|---|---|
| Dietho | um 900—908 |
| Bernhard (?) | 1000 |
| Adalgar | 1100 |

| | |
|---|---|
| Richard . . . . . 1150 | Valentin, Verweser . . . 1615—? |
| Bernhard I. . . . . 1167 | Bernhard II. . . . . . 1680 |
| Wolfram . . . . (1343)—1352 | Maurus . . . . . (1687)—1703 |
| Gottfried . . . . 1352—1365 | Bernhard III. . . . . . 1703—1728 |
| Johann I. von Rodenhausen . 1455 | Kilian . . . . . 1728—1733 |
| Johann II. Mayer . . . . 1470 | Placidus Reich . . . 1733—1763, † 1764 |
| Heinrich von Jestetten . . . (1556)—1561 | Benedict Lurtz . . . . 1763—1788 |
| Kilian . . . . . 1561—(1567) | Johann Baptist Weigand . . . 1788—1803 |
| Christoph . . . . . ?—1586 | |
| Martin . . . . . 1586—1615 | |

Säkularisierung der Abtei 1803: Neustadt<br>mit Löwenstein vereinigt.

## 442. Werden-Helmstädt (R. 1).

| | |
|---|---|
| Ludger . . . . . 793—809 | Heribert I. (Graf v. Berg) 1183—1198, † 1199 |
| Hildegrim I. . . . . 809—827 | Heribert II. (von Büren) . . 1198—1230 |
| Gerfried . . . . . 827—839 | Gerhard (von Grafschaft) . . 1230—1255 |
| Dietgrim . . . . . 839—841 | Albrecht I. (von Goer) . . 1255—1258 |
| Altfried . . . . . 841—849 | Albrecht II. (Graf v. Tecklenburg) 1258—1277 |
| Hildegrim II. . . . . 849—886 | Otto II. (von Warberg) . . 1277—1288 |
| Adolf I. (Audolf) . . . . 886—887 | Heinrich I. (von Wildenberg) . 1288—1310 |
| Hembilis . . . . . 888—890 | Wilhelm II. (von Hardenberg) . 1310—1330 |
| Adeldag . . . . . 890—? | Johann I. (von Heverle) . . 1330—1344 |
| Odo . . . . . ?—898 | Johann II. (von Aerschot) . . 1344—1360 |
| Hoger (Hoyer) . . . . 898—902 | Heinrich II. (von Wildenberg) . 1360—1382 |
| Hildebrand aus Brabant . . . 902—912 | Johann III. (von Spiegelberg) . 1382—1387 |
| Adelbrand . . . . . 912—918 | Bruno (von Renneberg) . . 1387—1399 |
| Weris . . . . . 918—930 | Adolf IV., Graf von Spiegelberg 1399—1438 |
| Wigger . . . . . 931—943 | Johann IV. Stecke aus dem Möllen- |
| Wigo aus Friesland . . . 943—945 | brock . . . 1438—1474 |
| Rainer . . . . . 945—962 | Konrad I., Graf von Gleichen . 1474, † 1478 |
| Engelbert aus Sachsen . . . 962—971 | Adam von Eschweiler, Verw. 1474—1477 |
| Volkmar . . . . . 971—974 | Dietrich Hagedorn . . . . 1477—1484 |
| Ludolf . . . . . 974—983 | Anton Grimhold . . . . 1484—1517 |
| Werinbert I. . . . . 983—1001 | Johann V. von Gröningen . . 1517—1540 |
| Radbold (Ratbrand) . . . 1001—1022 | Hermann von Holte . . . 1540—1572 |
| Heidenreich (von Aldenburg) . . 1022—1028 | Heinrich III. Duden . . . 1573—1601 |
| Bardo (von Oppershofen) . . 1028—1031 | Konrad II. Klot . . . 1601—1614 |
| Gerold (Graf von Limburg) . . 1031—1059 | Hugo Preutäus . . . . 1614—1646 |
| Gero (von Friemersheim) . . 1059—1063 | Heinrich IV. Dücker . . . 1646—1667 |
| Giselbert (von Plesse) . . 1063—1066 | Adolf IV. von Vorken . . 1667—1670 |
| Adalwig (Adelung) . . . 1066—1081 | Ferdinand von Erwitte-Welschen- |
| Otto I. (von Sappenheim) . . 1081—1105 | beck . . . . . 1670—1706 |
| Adolf II. (Graf von der Mark) . 1105 | Cölestin von Geismar . . . 1707—1719 |
| Rudolf (Graf von Helffenstein) . 1105—1113 | Theodor Thier . . . . 1719—1727 |
| Luitbert (Graf von Isenburg) . 1113—1120 | Simon von Bischopinck . . 1727—1728 |
| Berngod (Graf von Westerburg) 1120—1125 | Benedict von Geismar . . 1728—1757 |
| Bernhard I. (von Wevelinghofen) 1125—1141 | Anselm Sonius . . . . 1757—1774 |
| Werinbert II. (Gr. v. Schauenburg) 1141—1146 | Johann VI. Hellersberg . . 1775—1780 |
| Vollmar (von Bilstein) . . . 1147 | Bernhard II. Birnbaum . . 1780—1797 |
| Lambert (von Gennep) . . 1147—1152 | Beda Cornelius Savels . . . 1798—1802 |
| Wilhelm I. (Graf von Mörs) . 1152—1160 | |
| Adolf III. (Graf von Berg) . 1160—1174 | |
| Wolfram (Graf von Kyrburg) . 1175—1183 | |

Säkularisierung der Abteien 1803:<br>Werden und Helmstädt mit Preußen vereinigt.

## 443. St. Cornelismünster.

| | |
|---|---|
| Benedict von Aniane . . . 815—821 | Heinrich I. (24 Jahre) . . . 978—988 |
| Wikard (10 Jahre) . . . 821, † 842 | Lantfried (6 Jahre) . . . 997 |
| Adelang . . . 843—851 (860) | Libertus (8 Jahre) |
| Syfort (30? Jahre) | Winrich I. (40 Jahre) . . . 1064—? |
| Odelin (4 Jahre) | Richard (33 Jahre) . . . † 1144? |
| Rodoard . . . . . † 881 | (Gerhard 20 Jahre) |
| Revelong (4 Jahre) . . . 881—887 | (Dietrich 15 Jahre) |
| Egilhard (2 Jahre) . . . 892 | (Rudolf 5 Jahre) |
| Adagrin (13 Jahre) . . . 914 | Anno (20 Jahre) . . . 1135—1155 |
| Erich (10 Jahre) . . . † 920 | Werner (10 Jahre) |
| Erenbald (11 Jahre) . . . 920—931 | Florenz I. (34 Jahre) . . . 1212—1215 |
| Balderich (7 Jahre) . . . 931—938 | Florenz II. . . . . 1220—1247 |
| Berthold I. (44? Jahre) . . 948 | Albert (7 Jahre) . . . 1248 |
| Rikard (40 Jahre) . . . † 978 | Wilhelm I. (20 Jahre) . . . 1257—1258 |

|  |  |
|---|---|
| Siger | 1263 |
| Johann I. (20 Jahre) | 1263—1271 |
| Reinhold (8 Jahre) | 1278—1309 |
| Arnold I. von Molenark (14 J.) | 1310 |
| Reimar | 1319—1321 |
| Arnold II. | 1324—1333 |
| Richard oder Richald | 1340—1355 |
| Johann II. von Löwendael | 1355—1380 |
| Winrich II. von Kintsweiler | 1380—1392 |
| Bawin Barm von Metzenhausen | 1342—1400 |
| Peter von Roden | 1400—1407 |
| Winand von Rohr | 1407—1434 |
| Heinrich II. von Gertzen | 1434—1450 |
| Herbert von Lulsdorf | 1450—1481 |
| Wilhelm II. von Ghoer | 1481—1491 |
| Heinrich III. von Binsfeldt | 1491—1531 |
| Johann III. Polonius von Wachtendonck | 1531—1534 |
| Rutger von Amstel | 1534—1548 |
| Albrecht von Wachtendonck | 1548—1573 |
| Nikolaus von Vorsheim | 1573—1582 |
| Johann IV. von Hammerstein | 1582 |
| Johann Heinrich von Gertzen | 1582—1620 |
| Hermann von Eynatten | 1620—1645 |
| Franz Heinrich von Fraimerstorff | 1645—1652 |
| Isaak von Hirsch | 1652—1675 |
| Johann Balderich von Durffendael | 1675 |
| Johann Theodor von Hoen von Cartyelz | 1675—1686 |
| Bertrand Goswin von Gevertzhagen | 1686—1699 |
| Rutger Stephan von Neuhoff-Ley | 1699—1713 |
| Hyacinth Alfons von Sluyf | 1713—1744 |
| Karl Ludwig v. Sickingen-Ebernburg | 1745—1764 |
| Matthias Ludwig von Plettenberg-Engsfeld | 1764—1803 |

Säkularisierung der Abtei 1803:
St. Cornelismünster mit Frankreich vereinigt 1803—1813,
mit Preußen vereinigt 1813.

### 444. *Herford (R. 9).

|  |  |
|---|---|
| Theodrada (Tetta) | 819—840 |
| Abila | 844—853 (856) |
| Hedwig | (854) 860—888 |
| Mathilde I. | 908—911 |
| Imma I. (von Ringelheim) | (927—935) |
| Agnes (?) | um 955 |
| Imma II. (Gräfin von Sponheim) | 974—995 |
| Godesta von Sachsen | 1002—1040 |
| Eilika I. von Hirschberg | 1040?—1050? |
| Schwanhilde | 1050?—1076 |
| Beatrix | ?—1137? |
| Gertrud I. | 1138—1139 |
| Jutta (Judith), Gräfin v. Arnsberg | 1146—1162 |
| Luitgard I. | 1163—1170 |
| Eilika II. | um 1212 |
| Gertrud II., Gräfin zur Lippe | 1217—1244 |
| Ida (Ada) | 1254?—1264 |
| Pinnosa | 1265—1276 |
| Mathilde II. | 1277?—1288 |
| Irmgard, Gräfin von Wittgenstein | 1290—1323 |
| Luitgard II. von Bickenem | 1324—1360 |
| Elisabeth I. von Schalksberg | 1360—1374 |
| Hildegunde von Otgenbach | 1374—1409 |
| Mathilde III., Gräfin v. Waldeck | 1409—1442 |
| Margarethe I., Gräfin v. Gleichen | 1442—1484 |
| Anna I. von Hunoldstein, Coadjutrix 1476 | 1484—1494 |
| Bonitas (Bonisetta), Gräfin von Limburg-Styrum | 1494—1520 |

Evangelische Äbtissinnen:

|  |  |
|---|---|
| Anna II., Gräfin von Limburg | 1520—1565 |
| Margarethe II., Gräfin zur Lippe | 1565—1578 |
| Felicitas I., Gräfin von Eberstein | 1578—1586 |
| Magdalena I., Gräfin zur Lippe | 1586—1604 |
| Felicitas II., Gräfin v. Eberstein | 1604—1621 |
| Magdalena II., Gräfin zur Lippe | 1621—1640 |
| Sidonia, Gräfin von Oldenburg | 1640—1649 † 1650 |
| Elisabeth II. Luise, Pfalzgräfin von Zweibrücken | 1649—1667 |
| Elisabeth III., Pfalzgräfin bei Rhein, Coadjutrix 1661 | 1667—1680 |
| Elisabeth IV. Albertine, Fürstin v. Anhalt-Dessau, Coadj. 1678 | 1680—1686 |
| Elisabeth V., Landgräfin von Hessen-Kassel | 1686—1688 |
| Charlotte Sophie, Herzogin von Kurland | 1688—1728 |
| Johanna Charlotte, Markgräfin von Brandenburg-Schwedt, geb. Fürstin v. Anhalt-Dessau | 1729—1750 |
| Sophie, Herzogin von Holstein-Gottorp | 1750—1764 |
| Friederike, Markgräfin von Brandenburg-Schwedt, Coadj. 1755 | 1764—1803 † 1808 |
| Henriette Amalie, Fürstin v. Anhalt-Dessau, Coadjutrix | 1777—1794 |
| Friederike Luise Dorothea, Prinzessin v. Preußen, Coadjutrix | 1794—1796 |
| Auguste Maria Karoline, Fürstin v. Nassau-Weilburg, Coadj. | 1796—1803 |

Säkularisierung der Abtei 1803: Herford
mit Preußen vereinigt.

### 445. *Corvey (G. A. 7).

|  |  |
|---|---|
| Adelhard | 822—826 |
| Warin I. von Sachsen | 826—856 |
| Adalgar | 856—877 |
| Thankmar | 877 |
| Avo | 877—879 |
| Bowo I. | 879—890 |
| Gottschalk | 890—900 |
| Bowo II. | 900—916 |
| Volkmar I. | 916—942 |
| Bowo III. | 942—948 |
| Gerbern | 949—965 |
| Ludolf (Landulf) | 965—983 |
| Dietmar I., Graf von Walbeck | 983—1001 |
| Hosed | 1001—1010 |
| Walo | 1011—1015 |
| Drutmar | 1015—1046 |
| Rudhard (Rotho, Rudolf) | 1046—1050 |
| Arnold I. von Falkenberg | 1051—1055 |
| Saracho von Roßdorf | 1056—1071 |
| Warin II. (Werner) | 1071—1079 |

| | |
|---|---|
| Friedrich, Graf von Hoya | 1080—1082 |
| Marquard | 1082—1106 |
| Erkenbert von Homburg | 1106—1128 |
| Volkmar II. von Bömeneburg | 1129—1138 |
| Adalbert, Herzog von Bayern | 1138—1144 |
| Heinrich I. v. Bömeneburg-Nordheim | 1144—1146 |
| Heinrich II. | 1146 |
| Wibald de Pré | 1146—1174 |
| Konrad | 1174—1189 |
| Wittekind von Spiegel zum Desenberg | 1189—1205 |
| Dietmar II. von Stockhausen | 1206—1216 |
| Hippold (Hugold) von Lüdhorst | 1216—1223 |
| Hermann I. von Holte | 1223—1254 |
| Thimo | 1254—1275 |
| Heinrich III. von Homburg | 1275—1306 |
| Ruprecht von Horhausen | 1306—1336 |
| Dietrich I. von Dalwigk | 1336—1359 |
| Heinrich IV. von Spiegel zum Desenberg | 1359—1360 |
| Reinhard I. von Dalwigk | 1360—1369 |
| Ernst, Herzog von Braunschweig | 1369—1371 |
| Bodo, Graf von Pyrmont | 1371—1395 |
| Dietrich II. von Runst | 1395—1396 |
| Arnold II. von Wolf | 1396—1398 |
| Wilbrand, Graf von Hallermund | 1398—1408, † 1436 |
| Dietrich III. von Runst | 1408—1417 |
| Moritz, Graf von Spiegelberg | 1417—1435 |
| Arnold III. von der Malsburg | 1435—1463 |
| Hermann II. von Stockhausen | 1463—1479 |
| Hermann III. von Bömelberg | 1479—1504 |
| Franz Ketteler | 1504—1547 |
| Kaspar I. von Hörsel | 1547—1555 |
| Reinhard II. von Buchholtz | 1555—1585 |
| Dietrich IV. von Beringhausen | 1585—1616 |
| Heinrich V. von Aschenbrock | 1616—1624 |
| Johann Christoph von Brambach | 1624—1638 |
| Arnold IV. von Valdois | 1638—1661 |
| Bernhard Christoph von Galen | 1661—1678 |
| Christoph von Bellinghausen | 1678—1696 |
| Florenz v. Velden (von der Velde) | 1696—1714 |
| Maximilian von Horrich | 1714—1721 |
| Karl von Plittersdorf | 1722—1737 |
| Kasper II. von Böselager-Hohneburg | 1737—1758 |
| Philipp v. Spiegel zum Desenberg | 1758—1776 |
| Theodor von Brabeck, Bischof 6./8. 1783 | 1776—1794 |
| Ferdinand von Lüning | 1794—1802, † 1825 |

Auflösung der Abtei 1803: Corvey an

| | |
|---|---|
| Wilhelm von Oranien-Holland | 1803—1806 |
| Wilhelm Friedrich von Oranien-Holland | 1806—1807 |
| An das Königreich Westphalen | 1807—1813 |
| An Preußen | 1813—1822 |
| An Hessen-Rheinfels-Rothenburg | 1822—1834 |
| An Hohenlohe-Schillingsfürst | 1834. |

## 446. Seligenstadt.

| | |
|---|---|
| Eginhard | um 830— um 848 |
| Rathlarth | um 848— um 851 |
| Sibold | 880 |
| Burkhard | 890 |
| Johann I. | um 930 |
| Otto I. | zw. 970 u. 974 |
| Beringer | † 1019 |
| Otto II. | 1019—1045 |
| Luitfried | 1147—1150 |
| Anselm | 1157 |
| Gottfried I. | 1200—1206 |
| Gebeno | 1219 |
| Starkrad I. | 1221 |
| Gottfried II. | 1230 |
| Arnold | 1247 |
| Starkrad II. | 1255—1264 |
| Hermann | 1260—1268 |
| Konrad | um 1276 |
| Gottfried III. | zw. 1278 u. 1308 |
| Heinrich | zw. 1279 u. 1294 |
| Theoderich | zw. 1297 u. 1318 |
| Walpert | zw. 1310 u. 1323 |
| Tilmann | zw. 1323 u. 1338 |
| Peter I. | zw. 1326 u. 1354 |
| Guntram (I.) | († 1352?) |
| Kuno I. | 1352 |
| Guntram (II.) | (1352?) 1356—1362 |
| Volkmar | 1374—1386 |
| Winther | 1389—1397 |
| Lumpho | 1403—1422 |
| Kuno II. von Beldersheim | 1424—1457 |
| Reinhard von Mosbach | 1457—1468, † 1483 |
| Jakob von Stetz, Verweser | 1468—1483 |
| Johann II. v. Colnhausen | 1483—1492, † 1495 |
| Sedisvacanz | 1492—1495 |
| Thomas | 1495—1509 |
| Marcellin I. | 1509—1518 |
| Georg | 1518—1525 |
| Ludwig | 1525—1531 |
| Hugo | 1531—1532 |
| Nikolaus I. Scheidwerk | 1532—1537 |
| Ignaz Fackel | 1537—1548 |
| Paul Orhl | 1548—1557 |
| Philipp Merkel | 1557—1590 |
| Johann III. Orth | 1591—1599 |
| Martin Krays | 1599—1625 |
| Jakob Walz, Coadjutor | 1621—1625 |
| Leonhard I. Colchen | 1626—1653 |
| Leonhard II. Walz | 1653—1666 |
| Sedisvacanz | 1666—1668 |
| Nikolaus II. Petermann | 1668—1674, † 1676 |
| Franz I. Hoffmann | 1674—1695 |
| Franz II. Blöchinger | 1695—1715 |
| Peter II. Schultheiß | 1715—1730 |
| Bonifacius I. Heller | 1730—1738 |
| Hyacinth Buchner | 1738—1753 |
| Bonifacius II. Merget | 1753—1792 |
| Marcellin II. Molitor | 1792—1803, † 1815 |

Säkularisierung der Abtei 1803: Seligenstadt mit Hessen-Darmstadt vereinigt.

## 447. *Essen (R. 6).

| | |
|---|---|
| Gerswida I. | 837—? |
| Adalana (Adelwyf) | ?—877 |
| Gerswida II. | 877—896 |
| Pinnosa | 896?—898 |
| Wichburg (Wilburg) | 898—906 |
| Mathilde I. von Ringelberg | 906—? |
| Hagina I. von Sachsen | ? |
| Gerberga I. von Sachsen | ?—945 |

| | |
|---|---|
| Hedwig I. von Sachsen | 945/6—947 |
| Luitgard I. von Sachsen | 947—? |
| Ida I. | ?—971? |
| Adelheid I. von Sachsen | 971?—974 |
| Mathilde II. von Sachsen | 974—999 |
| Mathilde III. von Sachsen | 999—1011 |
| Sophie I. von Sachsen | 1011—1039 (1029?) |
| Gerberga II. von Sachsen (?) | 1029—1038 (?) |
| Theophano, Pfalzgräfin von Loth=ringen bei Rhein | 1039—1054 |
| Adelheid II. | 1054—1072? |
| Schwanhilde | 1072?—1087? |
| Ida II. aus Bayern | ? |
| Gerberga III. | ? |
| Mathilde IV. aus Bayern | um 1108 |
| Luitgard II. von Schweden | ?—1118 |
| Ida III., Pfalzgräfin bei Rhein | um 1122 |
| Emma | ? |
| Irmtrud I. | 1140?—1148 |
| Hedwig II., Gräfin von Wied | 1148—1156? |
| Irmtrud II. | 1156?—1163? |
| Hedwig III., Gräfin von Wied | 1163?—1176? |
| Hidentrut (Hedegunde) | nach 1170 |
| Kunigunde I. von Windeck | ? |
| Beatrix I. von Lennep | ? |
| Judith von Mühlheim | ? |
| Elisabeth I. | 1196?—1211? |
| Adelheid III. von Wildenberg | 1211?—1230? |
| Elisabeth II. | 1230?—1246? |
| Bertha I. von Holte ⌉ | 1246—1262 |
| Sophie II. von Grafschaft ⌈ | 1253—? |
| Hagina II. von Hardenberg ⌋ | ?—1260 |
| Mathilde V. von Hardenberg | 1262—1278 |
| Bertha II., Gräfin von Arnsberg | 1278—1292 |
| Beatrix II. von Holte ⌉ | 1292—1327 |
| Irmgard I., Gräfin von Wittgen=stein ⌋ | 1292—1298 |
| Kunigunde II., Gräfin von Berg | 1328—1336 |
| Katharina I., Gräfin von der Mark | 1336—1360 |
| Irmgard II. von Bruch | 1360—1370 |
| Elisabeth III., Gräfin von Naſſau | 1370—1412 |
| Margarethe I., Gräfin von der Mark | 1413—1425 |
| Margarethe II., Gräfin von Lim=burg | 1425—1426 |
| Elisabeth IV. von Beeck | 1426—1445 |
| Sophie III. von Stein | 1445—1447 |
| Elisabeth V. von Saffenberg | 1447—1459 |
| Sophie IV., Gräfin von Gleichen | 1459—1489 |
| Irmgard III. von Diepholz ⌉ | 1489—1495 |
| Amöna von Dhaun=Oberstein ⌋ | 1489—1521 |
| Margarethe III , Gräfin v. Beich=lingen | 1521—1534 |
| Sibylla, Gräfin von Montfort | 1534—1551 |
| Katharina II., Gräfin von Teck=lenburg | 1551—1560 |
| Maria, Gräfin von Spiegelberg | 1560—1561 |
| Irmgard IV. von Diepholz | 1561—1575 |
| Elisabeth VI., Gräfin von Man=derscheid=Blankenheim | 1575—1578 |
| Elisabeth VII., Gräfin von Sayn | 1578—1588 |
| Elisabeth VIII., Gräfin von Man=derscheid=Blankenheim | 1588—1598 |
| Margarethe Elisabeth, Gräfin von Manderscheid=Geroldstein | 1598—1604 |
| Elisabeth IX. von Berg | 1605—1614 |
| Maria Klara, Gräfin von Spaur | 1614—1644 |
| Anna Eleonore, Gräfin v. Stauffen | 1645—1646 |
| Anna Salome I., Gräfin v. Salm=Reifferscheid=Dyk | 1646—1688 |
| Anna Salome II., Gräfin von Manderscheid=Blankenheim | 1688—1691 |
| Bernhardine Sophie, Gräfin von Ostfriesland=Rietberg | 1691—1726 |
| Franziska Christine, Pfalzgräfin von Sulzbach | 1726—1776 |
| Maria Kunigunde, Herzogin von Sachsen | 1776—1803, † 1826 |

Säkularisierung der Abtei 1803: Essen
mit Preußen vereinigt.

---

## 448. Hirſau.

| | |
|---|---|
| Luitbert | 838—853 |
| Gerung | 853—884 |
| Reginbodo I. | 884—890 |
| Harderad | 890—918 |
| Rudolf | 918—926 |
| Dietmar | 926—952 |
| Sigerus | 952—982 |
| Lupold | 982—986 |
| Hartfried | 986—989 |
| Konrad I. | 989—990 |
| Eberhard I. | 990—992 |
| Konrad I. (zum 2. Male) | 992—1001 |
| Sedisvacanz | 1001—1066 |
| Friedrich I. | 1066—1069 |
| Wilhelm | 1069—1091 |
| Gerhard I. von Urach | 1091—1105 |
| Bruno von Württemberg | 1105—1120 |
| Volmar | 1120—1157 |
| Hartwig | 1157 |
| Mangold | 1157—1165 |
| Ruprecht | 1165—1176 |
| Konrad II. von Kirchberg | 1176—1188 |
| Heinrich I. | 1188—1196 |
| Marquard von Sennenberg | 1196—1205 |
| Luitfried | 1205—1216 |
| Eberhard II. von Urach | 1216—1231 |
| Reginbodo II. | um 1234 |
| Ernst | (1231)—1245 |
| Berthold | um 1258 |
| Volpold | (1245—1265) |
| Heinrich II. | um 1264 |
| Johann I. | (1265)—1276 |
| Voland | (1276—1280) |
| Kraft | 1280—1293 |
| Gottfried I. von Münchingen | 1293—1300 |
| Heinrich III. | 1300—1317 |
| Gerhard II. | 1317—1341 |
| Wichard I. | 1341—1354 |
| Wichard II. | 1354—1369 |
| Wigand | 1369—1380 |
| Gottfried II. | 1380—1389 |
| Wichard III. | 1389—1400 |
| Friedrich II. | 1400—1428 |
| Wolfram | 1428—1460 |
| Bernhard | 1460—1482 |
| Georg | 1482—1484 |
| Blasius | 1484—1503 |
| Johann II. Hasmann | 1503—1524 |
| Johann III. Trithemius | 1525—1556 |
| Ludwig Volderer | 1556—1560 |

Mit Württemberg vereinigt 1560—1629.

Johann Adolf von Hohenegg . 1629—1630
Andreas Geist . . . . . 1630—1637

Wunibald Zürcher . . 1637—1648, † 1664
Säkularisierung der Abtei 1648: Hirsau
mit Württemberg vereinigt.

## 449. Gandersheim (R. 13).

Hathumoda von Sachsen . . . (856—874)
Gerberga I. . . . . . . 875—897
Christine I. . . . . . . 897—919
Hroswitha von Sachsen . . 919—927
Wendelgardis . . . . . 927—959
Gerberga II. von Bayern . . 959—1001
Sophie I. von Sachsen . . 1002—1039
Adelheid I. von Sachsen . . 1039—1044?
Beatrix von Franken . . 1044—1061?
Adelheid II. von Franken . 1061?—1095?
Adelheid III. 1095?—1124 (1101?)
(Adelheid IV., Gräfin v. Gleichen 1101—1124)
Agnes I. . . . . . . 1124—1126
Bertha I. . . . . . . 1126—1130?
Luitgard I. . . . . . 1130?—1151
Adelheid IV. v. Sommerescheburg 1151—1184
Adelheid V. von Hessen . 1184—1195
Mathilde I. von Woldenberg 1195—1223
Bertha II. von Rienburg . . 1223—1251
Margarethe I. von Plesse . 1251—1304
Mathilde II. von Woldenberg 1304—1316
Sophie, Herzogin v. Braunschweig 1316—1332
Judith von Schwalenberg . . 1332—1357
Irmgard von Spiegelberg . . 1357—1359
Luitgard II., Gräfin v. Eberstein 1359—1400
Sophie III., Herzogin von Braun-
schweig . . . . 1400—1412
Agnes II., Herzogin von Braun-
schweig . . . . 1412—1439
Elisabeth I., Herzogin v. Braun-
schweig . . . . 1439—1454
Walpurgis von Spiegelberg . } 1454—1468
Sophie IV., Herzogin von Braun-
schweig } 1454—1481

Agnes III., Fürstin von Anhalt 1481—1504
Katharina von Hohnstein . . } 1504—1530
Gertrud, Gräfin von Regenstein . } 1504—1531
Maria I., Herzogin von Braun-
schweig 1531—1539
Klara, Herzogin v. Braunschweig 1539—1547
Magdalena von Clumen 1547—1577
Margarethe II. von Clumen . 1577
Elisabeth II., Herzogin v. Braun-
schweig 1577—1582
Margarethe III. von Warberg . 1582—1587
Margarethe II. v. Clumen (z. 2. Male) 1587—1589
Anna Erika, Gräfin von Waldeck 1589—1611
Dorothea Auguste, Herzogin von
Braunschweig 1611—1625
Katharina Elisabeth, Gräfin von
Oldenburg 1625—1649
Maria II., Gräfin von Solms . 1649—1665
Dorothea Hedwig, Herzogin von
Holstein-Norburg . . . 1665—1678
Christine Sophie, Herzogin von
Braunschweig 1678—1681
Christine II., Herzogin v. Mecklen-
burg-Schwerin . . . 1681—1693
Henriette Christine, Herzogin von
Braunschweig 1693—1713
Elisabeth Christine Antonie, Her-
zogin von Sachsen-Meiningen 1713—1766
Therese Natalie, Herzogin von
Braunschweig . . 1766—1777, † 1778
Auguste Dorothea, Herzogin von
Braunschweig . . 1777—1803, † 1810
Säkularisierung der Abtei 1803: Gandersheim
mit Braunschweig vereinigt.

## 450. Buchau (R. 7).

Adelinde von Kesselsberg . . . 880, 901
Irmentrud . . . . . . † 1021
Absarillis . . . . . 1021—1027
Hildegard . . . . . 1027—1043
Uta . . . . . . 1043—1051
Gertrud von Bindhaldt 1051
G . ? . . . . . ?
L . . . . . . um 1216
Mathilde von Bubenberg . . 1223—1247
Bechthild . . . . . 1247—?
Adelheid I. von Mastorff . ?—1303
Katharina I. von Stoffeln 1303—1329
Anna I. von Winberg . 1329—1353
Adelheid II. von Lupfen . 1353—?
Anna II. von Ruseck . . ?—1402
Anna III. von Gundelfingen 1402—1410
Agnes von Thengen . . 1410—1426
Klara, Gräfin von Montfort . 1426—1449
Margarethe I. von Werdenberg . 1449—1496
Anna II. von Werdenberg . 1496—1497
Barbara von Gundelfingen . 1497—1523

Elisabeth von Hohengeroldseck . 1523—1540
Margarethe II., Gräfin v. Montfort 1540—1559
Margarethe III., Gräfin von
Schwarzenberg . . . 1559—1566
Maria Jakoba Greyin . . 1566—1610
Katharina II. Grezlin . 1610—1650
Maria Franziska I., Gräfin von
Montfort . . . . 1650—1669
Maria Theresia I., Gräfin von
Sulz . . . . . . 1669—1692
Maria Franziska II. v. Waldburg-
Zeil 1692—1693
Maria Theresia II. Felicitas,
Gräfin von Montfort . . 1693—1742
Maria Karolina, Gräfin v. Königs-
eck-Rothenfels 1742—1774
Maria Maximiliane Esther, Gräfin
v. Stadion-Tannhausen 1775—1803, † 1813
Säkularisierung der Abtei 1803: Buchau
an den Fürsten von Thurn und Taxis.

## 451. Niedermünster in Regensburg (R. 10).

Wildrade von Lernberg . . . 900—928
Tutta I. von Reidenburg . . 928—942

Himetrade von Hohenburg . . 942— v. 974
Judith . . . . . . . . (974)—990

Richenza I. von Limburg . . . (990—994)
Kunigunde I. von Kirchberg . . (994—1002)
Uda I. von Kirchberg . . . . (1002—1025)
Heilka I. von Rothenburg . . (1025—1052)
Gertrud I. von Hals . . . . (1052—1065)
Mathilde I. von Luppurg . . . (1065—1070)
Heilka II. von Franken . . . (1070—1089)
Uda II. von Marburg . . (1089—1103)
Richenza II. von Zolling . . . (1103—1109)
Mathilde II. von Kirchberg . (1109—1116)
Richenza III. von Abensberg . (1116—1126)
Richenza IV. von Dornburg . (1126—1130)
Heilka III. von Kirchberg . (1130—1136)
Kunigunde II. von Kirchberg . (1136—1177)
Tutta II., Gräfin v. Falkenstein (1177—1180) 1216
Adelheid I. von Wolffershausen (1180—1190)
Bertha von Frontenhausen . (1190—1197)
Heilka IV. von Rotheneck . (1197—1218)
Heilka V. von Wittelsbach . (1218—1224)
Frideruna, Gräfin von Falkenstein (1224—1229)
Mathilde III. von Henffenfeld . (1229—1239)
Tutta III. von Dalmässing . . (1239—1242)
Irmgard I. von Scheyern . . (1242—1245)
Hildegard von Kirchberg . . (1245—1249)
Kunigunde III. von Stein . (1249)—1257
Kühnheit Pinzingerin . . . 1257—1259?
Wilburg von Lobfingen . . 1259?—1261
Tutta IV. von Putingen . . 1261—1264
Gertrud II. von Stein . . . 1264—1271
Wilburg von Lobfingen (z. 2. Male) 1271—1273
Elisabeth I. Stauffin v. Stauffenburg 1273—1276
Hedwig Kropflin . . . 1276—1285
Kunigunde IV. Hainkhoverin . 1285—1300
Adelheid II. von Treidenberg . 1300—1304
Irmgard II. von Köfering . 1304—1314
Euphemia von Winzer . . . 1314—1333
Elisabeth II. von Eschen . . 1333—1340
Petrissa von Weidenberg . . 1340—1353
Margarethe I. Gößlin v. Altenburg 1353—1361

Margarethe II. Pinzingerin . . 1361—1365
Elisabeth III. vom Rhein . . . 1365—1391
Sophia von Daching . . . 1391—1410
Katharina I. von Egloffstein . . 1410—1413
Barbara I. Höfferin . . . . 1413—1417
Herzenleid von Wildenwarth . . 1417—1422
Anna I. von Streitberg . . . 1422—1427
Beatrix von Rotheneck . . . . 1427
Osanna von Streitberg . . 1427—1444
Ursula von Tauffkirchen-Hohenrain
   und Höchlenbach . . . 1444—1448
Ottilia von Abensberg . . . ] 1448—1475
Margarethe III. von Paulstorff ∫ 1469—1475
Agnes von Nothafft . . . 1475—1520
Barbara II. von Aham . . . 1520—1569
Anna II. von Kirmbreith . . . 1569—1598
Katharina II. Scheifflin . . . 1598—1605
Eva von Uhrhausen . . . 1605—1616
Anna Maria von Salis . . . 1616—1652
Maria Margarethe v. Sigertshofen 1652—1675
Maria Theresia von Muggenthal,
   Fürstin . . . . . . 1675—1693
Regina Recordin von Rein und
   Hamberg . . . . . 1693—1697
Johanna Franziska Sibylla von
   Muggenthal . . . 1697—1723
Maria Katharina Helena v. Aham-
   Neuhauß . . . . 1723—1757
Anna Katharina v. Dücker-Haß-
   len-Urstein-Winkel . . . 1757—1768
Anna Febronia Elisabeth v. Speth-
   Zwyfalten . . . . 1769—1789
Maria Franziska Xaveria v. Königfeld 1789—1793
Maria Violanta von Lerchenfeld-
   Premberg . . . . . 1793—1801
Maria Helena v. Freien-Seiboltsdorf 1801—1803

Säkularisierung der Abtei 1803: Niedermünster
mit dem Fürstentum Regensburg vereinigt 1803—1814.
Mit Bayern vereinigt 1814.

## 452. Obermünster in Regensburg (R. 11).

Mathilde . . . . . ?
Irmgard . . . . . ?
Salome . . . . . ?
Wikpurg . . . . 1020—1029
Willa . . . . 1052—1089
Hazecha . . . . 1089
Hadamuda . . . . 1117
Hadwiga . . . 1142—1177
Euphemia, Gräfin von Helffenstein 1193
Gertrud I. . . . . 1216
Jutta . . . . . 1259
Gertrud II. . . . . 1265
Wilburg von Leuchtenberg . 1272
Ryza I. von Leuchtenberg . 1286—1292
Ryza II. von Dornberg . . 1299
Bertha Walterin . . † 1325
Adelheid von Arenbach . . ?
Katharina von Murach . . ?
Agnes I. von Wunebach . † 1374
Elisabeth I. von Parsberg . 1374—1400
Elisabeth II. von Murach . 1400—(1402)

Margarethe I. Sattelbogerin . . † 1435
Barbara von Absberg . . . 1435—1456
Kunigunde von Egloffstein . . 1456—1479
Sibylla von Paulsdorff . . 1479—1500
Agnes II. von Paulsdorff . 1500—?
Katharina II. v. Redwitz (1533)—1536, †1560
Wandula von Schaumberg . . 1536—1542
Barbara II. von Sandizell . † 1564
Barbara III. Ratzin . . 1564—1579
Magdalena von Gleißenthal . 1579—1594
Margaretha II. Mufflin . . 1594—1608
Katharina Praxedis v. Perckhausen 1608—1649
Maria Elisabeth von Salis . 1649—1683
Maria Theresia von Sandizell . 1683—1719
Anna Magdalena Franziska von
   Dondorff . . . . 1719—1765
Maria Franziska von Freudenberg 1765—1775
Maria Josepha von Neuenstein-
   Hubacker . . . . 1775—1803

Säkularisierung der Abtei 1803: Obermünster
mit dem Fürstentum Regensburg vereinigt 1803—1814.
Mit Bayern vereinigt 1814.

## 453. St. Blasien.

Beringer von Hohenschwanden . 945—974
Izo . . . . . 974— um 983
Siegfried, Prior . . . ?—1021
(Bernhard, Prior . . . 1021—1045)
Werner I. . . . . 1045, †1068

Giselbert . . . . 1068—1086
Udo von Kyburg . . 1086—1108
Rustenus . . . . 1108—1125
Berthold I. . . . . 1125—1141
Günther von Andlau . . . 1141—1170

Werner II. von Küssaberg . . 1170—1174
Dietbert . . . . . . 1174—1186
Mangold . . . . . . . 1186—1204
Hermann I. von Leoben . . 1204—1222
Otto I. . . . . . . . 1222—1223
Hermann II. . . . . . . 1223—1237
Heinrich I. . . . . . 1237—1240
Arnold I. von Berow . . . 1240—1247
Arnold II. von Hohenschwanden . 1247—1276
Heinrich II. . . . . . 1276—1294
Berthold II. . . . . . 1294—1308
Heinrich III. . . . . . 1308—1314
Ulrich . . . . . . . 1314—1334
Peter I. von Thüngen . . 1334—1348
Heinrich IV. von Eschenz . . } 1348—1391
Konrad Goldast . . . . } 1385—1391
Johann I. . . . . . . 1391—1413
Johann II. . . . . . . 1413—1429
Nikolaus von Schocker . . . 1429—1460
Peter II. . . . . . . 1460—1461
Christoph von Grüt . . . 1461—1482
Ebhard von Reischach . . . 1482—1491
Blasius I. Wampach) . . . 1491—1493

Georg Eberhard . . . . . 1493—1519
Johann III. . . . . . . 1519—1532
Gallus . . . . . . . 1532—1540
Johann IV. . . . . . . 1540—1541
Kaspar I. Müller von Schöneck . 1541—1571
Kaspar II. Thomä . . . 1571—1596
Martin I. Meister . . . 1596—1625
Blasius II. Münster . . . 1625—1638
Franz I. Chullots . . . 1638—1664
Otto II. . . . . . . 1664—1672
Romanus . . . . . . 1672—1695
Augustin Finck . . . . 1695—1720
Blasius III. Bender . . . 1720—1727
Franz II. Schächtelin . . 1727—1747
Cölestin Vogler . . . . 1747—1749
Meinrad Troger . . . . 1749—1764
Martin II. Gerbert . . . 1764—1793
Moritz Rippell . . . . 1793—1801
Berthold III. Rottler . . . 1801—1803

An das Großpriorat des Johanniter-Ordens
1803—1806.

Säkularisierung der Abtei 1806: St. Blasien
mit Baden vereinigt.

## 454. Gernrode.

Hedwig I. von der Lausitz . . 961—1016
Adelheid I. von der Lausitz 1016—1036(1043)
Heilicka von Ballenstädt 1036—1056 (44—63)
Hedwig II. von Stade . . . 1056—(1118?)
Hedwig III. . . . . . . (1118)—?
N. N. . . . . . . . ?
Richenza . . . . . . (1205)—1206
Adelheid II. von Büren . . 1206—1221
Sophia, Gräfin von Anhalt . 1221—1244?
Irmgard I. . . . . . . 1244?—1249
Oda I. . . . . . . 1249—1267?
Mathilde I., Herzogin v. Braun-
   schweig . . . . . 1267?—1296
Irmgard II. . . . . . 1296—1305
Hedwig IV. . . . . . 1305— n. 1311
Gertrud I. von Bowenden . . (1315)—1324
Jutta von Osde . . . . 1324—1336
Gertrud II., Gräfin v. Eberstein 1336—1344
Gertrud III. von Heßnem . . 1344—1348
Adelheid III., Gräfin von Anhalt 1348—1374

Adelheid IV. von Walde . . . 1374—1400
Bertrade von Schnaudit . . . 1400—1425
Agnes Schenk von Landsberg . 1425—1445?
Mathilde II., Gräfin von Anhalt 1445?—1463
Margarethe von Merwitz . . 1463—1469
Scholastika, Fürstin von Anhalt . 1469—1504
Elisabeth I. von Weida . . 1504—1532
Anna I. Reuß von Meißen . . 1532—1548
Anna II. von Kittlitz . . . 1548—1558
Elisabeth II., Gräfin von Gleichen 1558—1564
Elisabeth III., Fürstin von Anhalt 1565—1569
Anna Maria, Fürstin von Anhalt 1570—1577
Sibylla, Fürstin von Anhalt . . 1578—1581
Agnes Hedwig, Fürstin v. Anhalt 1581—1586
Dorothea Maria, Fürstin von
   Anhalt . . . . . . 1586—1593
Sophia Elisabeth, Fürstin von
   Anhalt . . . . . . 1593—1610

Säkularisierung der Abtei 1610: Gernrode
mit Anhalt-Bernburg vereinigt.

## 455. * Quedlinburg (N. 8).

Mathilde I. von Sachsen . . . 966—999
Adelheid I. von Sachsen . . . 999
Mathilde II. von Sachsen . . 999—1045
Beatrix I. von Franken . . . 1046—1062
Adelheid II. von Franken . . 1063—1095
Agnes I. (von Polen?) . . . um 1100
Gerberga (Gerburg) . . . 1113?—1137
Beatrix II. von Schwaben . . 1138—1160
Meregard . . . . . . 1160—1161
Adelheid III., Pfalzgräfin von
   Sachsen . . . . . 1161—1184
Agnes II., Markgräfin v. Meißen 1184—1203
Sophia I., Gräfin v. Brena 1203—1224, † 1227
Bertrade I. von Krosigk . . 1224—1329
Kunigunde von Kranichfeld . . 1229—1231
Osterlinde, Gräfin v. Falkenstein 1231—1233?
Gertrud von Querfurt . . . 1233—1270
Bertrade II. . . . . . 1270—1286
Bertrade III. . . . . . 1286—1308
Jutta von Kranichfeld . . . 1308—1347
Irmgard I., Gräfin von Stolberg 1347—1348

Luitgard, Gräfin von Stolberg . 1348—1353
Agnes III. von Schrapelau . . 1354—1362
Elisabeth I. von Hakeborn . . 1362—1375
Margarethe von Schrapelau . 1375?—1379
Irmgard II., Burggräfin v. Kirch-
   berg . . . . . . . 1380—1405
Adelheid IV., Gräfin v. Isenburg 1405—1435
Anna I., Gräfin Reuß v. Plauen 1435—1458
Hedwig, Herzogin von Sachsen 1458—1511
                              † 1519
Magdalena, Fürstin von Anhalt-
   Köthen . . . . . . 1511—1514

Evangelische Äbtissinnen:

Anna II., Gräfin von Stolberg 1515—1574
Elisabeth II., Gräfin von Regen-
   stein . . . . . . 1574—1584
Anna III., Gräfin von Stolberg 1584—1601
Maria, Herzogin von Sachsen-
   Weimar . . . . 1601—1610
Dorothea, Herzogin von Sachsen 1610—1617

Dorothea Sophie, Herzogin von Sachsen=Altenburg . . . 1618—1645
Anna Sophie I., Pfalzgräfin von Birkenfeld . . . 1645—1680
Anna Sophie II., Landgräfin von Hessen=Darmstadt . . . 1681—1683
Anna Dorothea, Herzogin von Sachsen=Weimar . . . 1684—1704
Aurora, Gräfin v. Königsmarck Coadjutrix . . . . . 1704
Magdalena Sibylle, Herzogin v. Sachsen=Weißenfels, Verw. 1704—1710

Maria Elisabeth, Herzogin von Holstein=Gottorp . . . 1710—1755
Anna Amalie, Prinzessin v. Preußen · 1755—1787
Sophie-Albertine, Prinzessin von Schweden . . . 1787—1803, † 1829

Säkularisierung der Abtei 1803: Quedlinburg mit Preußen vereinigt 1803—1807.
Zum Königreich Westphalen gehörig 1807—1814.
Mit Preußen vereinigt 1814.

## 456. Burtscheid (R. 12).

### Äbte:

Gregor von Byzanz . . . . 973—?
Wolfram . . . . . . . ?
Arnold I. . . . . . . . ?
Benedikt . . . . . . . 1018—1040
Widrich . . . . . . . 1056
Azelin . . . . . . . 1091, † v. 1107
Burkhard . . . . . . . 1133
Volkhard . . . . . . . 1138
Onulf . . . . . . . 1151
Arnold II. . . . . . . 1179—1192
Johann . . . . . . . 1218
Walter . . . . . . . 1222—1223

### Äbtissinnen:

Helswinda I. v. Gimmenich 1222—1243, † u. 54
Helswinda II. . . . . . 1256—1269
Sophia . . . . . . . 1272
Irmgard . . . . . . . 1275—1292
Helswinda III. (Helsmunda) . . 1294
Jutta (Judith) . . . . . 1300—1312
Elisabeth . . . . . . . 1319—1324
Adelheid I. von Molenark . . 1325—1336
Mathilde I. v. Schonau 1338—1351, † u. 53
Mathilde II. von Bongardt . . 1354—1358
Richardis von Ülpenich 1361—1380, † u. 90
Adelheid II. von Molenark . . 1390—1392
Richmondis von Schellart zu Obbendorf . . . . . 1395—1400

Katharina von Efferen . . . 1414—1425
Barbara von Merode=Frankenberg 1446
Johanna I. von Frankenberg 1471—1480
Hellenberga von Harff . . . 1497
Kunigunde von Irnich (Vernich) . 1516—1518
Maria I. von Gülpen=Bern · 1519—1522
Petronella I. von Voß . . . 1541
Maria II. von Birgeln . . . 1564—1576
Margarethe von Voß . . . 1576—1579
Petronella II. von Voß . . . 1579—1614
Maria III. Raitz von Frentz . . 1614—1616
Anna I. Raitz von Frentz . . 1616—1639
Henriette Raitz von Frentz . . 1639—1674
Johanna II. Raitz von Frentz . 1674—1676
Maria IV. von Reede . . . 1676—1680
Maria Anna von Bergh=Trips . 1680—1703
Engelbertina de l'Yve de Soye . 1703—1707
Anna II. de l'Yve de Soye . . 1707—1713
Anna Karoline von Renesse zu Eldern . . . . . . 1713—1750
Johanna Theodora Therese von Hamm . . . . . . 1750—1775
Anna Franziska d'Amans de Lonchin . . . . . . 1775—1788
Maria Jakobina von Eys, gen. von Beusdael . . 1788—1803, † 1805

Säkularisierung der Abtei 1803: Burtscheid mit Frankreich vereinigt 1803—1813.
Mit Preußen vereinigt 1813.

## 457. Elten.

Luitgard I. von Ameland. 973, † 980 (993)
Luitgard II. . . . . . 993—997
Richardis . . . . . . . ?
Riklindis . . . . . . . 1056
Irmgard I. . . . . . . . ?
Giltrud . . . . . . . ?
Irmgard II. . . . . . † um 1229
Adelheid I. . . . . . . ?
Guda . . . . . . . . ?
Adelheid II. . . . . . 1241
Godela . . . . 1273—1280, † u. 01
Mabilia von Batenburg . . . 1301—1328
Irmgard III., Gräfin von Berg 1340—1365
Elisabeth I. von Holzate . . . 1365—1402
Lucia von Kerpin . . . 1402—1443
Agnes I. von Bronchorst . . . 1443—1475
Elisabeth II., Gräfin von Dhaun 1475—1513
Veronica von Rickesteyn . . . 1513—1544
Magdalena, Gräfin von Wied . 1544—1572
Margarethe, Gräfin von Mander=scheid . . . . . 1572—1603
Agnes II., Gräfin von Limpurg=Styrum . . . . . 1603—1645
Maria Sophie, Gräfin von Salm=

Reifferscheid . . . . . 1645—1674
Maria Franziska I., Gräfin von Manderscheid . . . . 1674—1708
Anna Juliane, Gräfin von Manderscheid . . . . 1708—1717
Maria Eugenie, Gräfin von Manderscheid . . . . 1717—1727
Maria Elenore Ernstine, Gräfin Manderscheid . . . . 1727—1740
Maria Franziska II., Gräfin von Manderscheid . . . . 1740—1784
Maria Walpurgis Truchseß von Waldburg=Zeil . . . . 1784—1789
Maria Josepha, Gräfin v. Salm=Reifferscheid . . . · 1789—1796
Maximiliane, Gräfin von Salm=Reifferscheid . . . . 1796—1805
Luise Wilhelmine Friderike, Fürstin von Radziwill . . . 1805
Sedisvacanz . . . . . 1805—1808
Lätitia Murat . . . . . 1808—1811

Säkularisierung der Abtei 1811: Elten mit Holland vereinigt 1811—1813.
Mit Preußen vereinigt 1813.

## 458. Wettenhausen (S. 13).

| | |
|---|---|
| (Augustin I. | 985—1015) |
| (Johann | 1015—1035) |
| (Bernhard | 1035—1058) |
| (Gregor | 1058—1096) |
| (Anton | 1096—1112) |
| Heinrich I. | 1113—1140 |
| Egolf | 1140—1160, † 1163 |
| Wortwin von Hohenwang | 1160—1185 |
| Peter I. | 1185—1225 |
| Siegfried von Münster | 1226—1245 |
| Gerwig von Sachsenhausen | 1245—1288 |
| Berthold I. von Zimmern | 1288—1324 |
| Konrad | 1324—1334 |
| Rudolf | 1334—1343 |
| Johann Greck | 1343—1361 |
| Heinrich II. von Roth | 1361—1374 |
| Berthold II. Bauer | 1374—1395 |
| Heinrich III. Rauner | 1395—1408, † 1432 |
| Peter II. Biermann | 1408—1430 |
| Stephan von Berg | 1430—1455 |
| Werner Mack | 1455—1477 |
| Ludwig Franck | 1477—1505 |
| Ulrich I. Hieber | 1505—1532 |
| Georg I. Frey | 1532—1551 |
| Georg II. Fritz | 1551—1559 |
| Bartholomäus I. Sutor | 1559—1562 |
| Michael Fabri | 1562—1571, † 1576 |
| Georg III. Mennhofer | 1571—1575, † 1577 |
| Hieronymus von Roth | 1575—1605 |
| Jakob Flechslin | 1605—1628, † 1640 |
| Ulrich II. Mack | 1628—1632 |
| Eberhard Spegele | 1632—1652, † 1658 |
| Gottfried Rehler | 1652—1658, † 1680 |
| Dionysius von Rehlingen | 1658—1692 |
| Friedrich I. Vogl | 1692—1704 |
| Bartholomäus II. Koppenhofer | 1704—1740 |
| Melchior Gast | 1740—1755 |
| Augustin (II.) Bauhof | 1755—1776 |
| Ambrosius Zesch | 1776—1789 |
| Friedrich II. | 1789—1803 |

Säkularisierung der Abtei 1803:
Wettenhausen mit Bayern vereinigt 1803—1805.

Mit Württemberg vereinigt 1805.

## 459. St. Burkhard in Würzburg (Probstei).

| | |
|---|---|
| Arnold | 986—(1001) |
| Heinrich I. | 1022 |
| Willemod | 1033—1042 |
| Heinrich II. | † 1088 |
| Pilgrim | 1130, † 1156 |
| Poppo | 1156—1168 |
| Engelhard | 1168 |
| Erkenbold | 1212 |
| Waldewero | 1217 |
| Gottfried | 1236 |
| Konrad | 1241 |
| Johann I. | 1300 |
| Anselm | 1311—1316 |
| Siegfried | 1341 |
| Johann II. von Bloach | 1355 |
| Wilhelm I. von Wagenheim | 1386 |
| Johann III. von Waldenfels | 1410 |
| Eberhard | 1424—1429 |
| Johann IV. von Altendorf (1455) | 1464—1496 |
| Philipp Voit von Salzburg | 1496—1515 |
| Johann V. von Grumbach | 1515—1516 |
| Gumbert von Brandenburg | 1516—1528 |
| Eucharius von Thüngen | 1528—1540 |
| Andreas von Thüngen | 1540—1565 |
| Albrecht von Limpurg | 1565—1576 |
| Wilhelm II. Schutzbar von Milchling | 1576—1591 |
| Nithard von Thüngen | 1591—1598 |
| Erhard von Lichtenstein | 1599—1632 |
| Sedisvacanz | 1632—1635 |
| Johann Philipp, Graf von Schönborn | 1635—1645 |
| Veit Gottfried von Werdenau | 1645—1649 |
| Ludwig Faust von Stromberg | 1650—1673 |
| Johann Richard von Frankenstein | 1673—1675 |
| Anton von Wildberg | 1675—1691 |
| Karl Friedrich Voit von Rieneck | 1691—1703 |
| Christoph Heinrich von Greiffenklau zu Vollraths | 1703—1727 |
| Ignaz Hermann Theobald von Reinach | 1727 |
| Johann Franz Wolfgang, Graf von Ostein | 1727—1778 |
| Lothar Franz Philipp von Greiffenklau zu Vollraths | 1778—1803 |

Säkularisierung der Abtei 1803: St. Burkhard
in Würzburg mit Bayern vereinigt.

## 460. Thoren (R. 14).

| | |
|---|---|
| Jerswinda (Hierswinda, Hildeward von Tegen) | 992—? |
| Benedicta | 1010 |
| Godehild | nach 1010 |
| Adelheid | ? |
| Elisabeth | ?—1217 |
| Jutta | 1217—(1218) |
| Hildegunde von Born | 1231—1262 |
| Guda von Rennenberg | 1273—1304 |
| Margaretha I. von Boutershem (Pietersheim) | 1310—1337 |
| Isande, Gräfin von Wied | 1337 |
| Margarethe II., Gräfin von Heinsberg | 1337—1378 |
| Margarethe III. v. Hornes-Perweys | 1389—1404? |
| Mathilde von Hornes | 1404?—1446, † 1459 |
| Jakoba, Gräfin von Heinsberg | 1446—1454 |
| Elsa von Büren | 1454—1473 |
| Gertrud von Sombreffe | 1473—1486 |
| Eva, Gräfin von Isenburg | 1486—1531 |
| Margarethe IV., Gräfin v. Brederode | 1531—1577 |
| Josina, Gräfin von Mark-Lumain | 1577—1604 |
| Anna, Gräfin von Mark-Lumain | 1604—1631 |
| Anna Eleonore von Stauffen | 1631—1646 |
| Anna Katharina, Gräfin v. Salm | 1646—1647 |
| Anna Salome, Gräfin von Manderscheid-Blankenheim | 1647—1688 |

Eleonore, Gräfin von Löwenstein-Rochefort . . . . . 1690—1706
Anna Juliane Helene, Gräfin von Manderscheid-Blankenheim . 1706—1717
Franziska Christine, Pfalzgräfin von Sulzbach . . . . 1717—1776

Maria Kunigunde, Prinzessin von Sachsen . . . 1776—1795, † 1826

Säkularisierung der Abtei 1795:
Thoren mit Frankreich vereinigt 1795—1813.
Mit Preußen vereinigt 1813.

## 461. Petershausen (S. 7).

| | |
|---|---|
| Bezelin | 996 |
| Beringer | ? |
| Erlenbold | 1007 |
| Walter | 1021 |
| Erkenbold | ? |
| Volmar | ? |
| Albrecht | ? |
| Meinrad | ? |
| Luitold | ? |
| Dietrich | 1087, † 1111 |
| Berthold | 1111 |
| Konrad I. | 1135 |
| Gebhard I. | 1159 |
| Konrad II. | 1162 |
| Heinrich I. | 1170 |
| Eberhard | ? |
| Ulrich | ? |
| Heinrich II. | ? |
| Heinrich III. | 1276—1289 |
| Diethelm I. von Castell | 1296—1306, † 1342 |
| Ulrich II. | 1320 |
| Konrad III. | ? |
| Burkhard I. Litzler | 1381 |
| Johann I. | ? |
| Johann II. | ? |
| Heinrich IV. | ? |
| Burkhard II. | ? |
| Heinrich V. | ? |
| Johann III. Frey | 1415, † 1426 |
| Johann IV. Amfeldt | 1426—1427 |
| Diethelm II. Albing | 1427—1444 |
| Johann V. Hyruß | 1444—1479 |
| Nikolaus Roschach | 1479—1488 |
| Martin Brunlin | 1488—1513, † 1518 |
| Johann VI. Merck | 1513—1524 |
| Andreas I. Berlin | 1524—1526 |
| Gebhard II. Dornsperger | 1526—1556 |
| Christoph Funck | 1556—1585 |
| Andreas II. Öchslin | 1585—1605, † 1610 |
| Johann VII. Stephani | 1605—1608, † 1631 |
| Jakob Rentz | 1608—1621, † 1623 |
| Benedict Pfeiffer | 1621—1639, † 1650 |
| Wilhelm Rothbach | 1639—1671 |
| Wunibald Saur | 1671—1685 |
| Franz Öberlin | 1685—1714 |
| Placidus Weltin | 1714—1737 |
| Alfons Strobel | 1737—1750 |
| Michael Sauter | 1750—1761 |
| Georg Strobel | 1761—1786 |
| Joseph Keller | 1786—1803, † 1808 |

Säkularisierung der Abtei 1803: Petershausen mit Baden vereinigt.

## 462. St. Ulrich und Afra in Augsburg (R. 2).

| | |
|---|---|
| Reginbald von Dillingen | 1012—1015, † 1039 |
| Dego | 1015—1018 |
| Gotisgen | 1018—1020 |
| Friedebold | 1020—1030 |
| Heinrich I. | 1030—1044 |
| Theodo I. | 1044—1050 |
| Adalbero | 1050—1065 |
| Theodemar | 1065—1080 |
| Sieghart | 1080—1094 |
| Hartmann | 1094—1096 |
| Berengar | 1096—1107 |
| Günther | 1107—1109 |
| Egino | 1109—1122 |
| Volmar | 1122—1126 |
| Udalschalk | 1126—1151 |
| Hezilo | 1151—1164 |
| Ulrich I. von Biberbach | 1164—1174 |
| Heinrich II. von Meysach | 1174—1179 |
| Mangold | 1179—1184 |
| Heinrich III. | 1184—1190 |
| Erkenbold | 1190—1200 |
| Ulrich II. | 1200—1204, † 1211 |
| Heinrich IV. von Velsheim | 1204—1216 |
| Theodo II. | 1216—1225 |
| Luitfried | 1225—1230, † 1232 |
| Hildebrand | 1230—1243 |
| Gebwin von Thürheim | 1243—1266, † 1267 |
| Theoderich von Roth | 1266—1288 |
| Siboto Stolzhirsch | 1288—1292, † 1315 |
| Heinrich V. von Hagnach | 1292—1315, † 1316 |
| Marquard von Hageln | 1315—1334 |
| Konrad I. Winkler | 1334—1355 |
| Johann I. von Bischach | 1355—1366 |
| Friedrich von Gummeringen | 1366—1379 |
| Heinrich VI. von Gabelbach | 1379—1397 |
| Johann II. Laupinger | 1397—1403 |
| Johann III. Küssinger | 1403—1428 |
| Heinrich VII. Heutter | 1428—1439 |
| Johann IV. v. Hohenstein | 1439—1458, † 1478 |
| Melchior von Stamham | 1459—1474 |
| Heinrich VIII. Fries | 1474—1482 |
| Johann V. von Giltlingen | 1482—1496 |
| Konrad II. Mörlin | 1496—1510 |
| Johann VI. Schrott | 1510—1527, † 1534 |
| Johann VII. Könlin | 1527—1539, † 1540 |
| Simon Goll | 1540—1548 |
| Jakob Köpplin | 1548—1600 |
| Johann VIII. Merk | 1600—1632 |
| Bernhard Hertfelder | 1632—1664 |
| Gregor I. Jos | 1664—1674 |
| Romanus Daniel | 1674—1690 |
| Willibald Popp | 1690—1735 |
| Cölestin Mayr | 1735—1753 |
| Joseph Maria von Langemantel | 1753—1790 |
| Wikterp Grundner | 1790—1795 |
| Gregor II. Schäfler | 1796—1803, † 1806 |

Säkularisierung der Abtei 1803:
St. Ulrich und Afra in Augsburg mit Bayern vereinigt.

## 463. Lindau (S. 17).

| | |
|---|---|
| Utta von Landenberg | 1043—1050 |
| Alberada von Urach | 1130—1150 |
| Sigena von Schellenberg | 1270 |
| Jutta von Tryſen | 1276 |
| Klara I. | 1347 |
| Katharina I. | 1360, † 1364 |
| Agnes von Wolffurt | 1364—1390 |
| Klara II. von Wolffurt | 1392—1410 |
| Urſula I. von Siegberg | 1410—(1460) |
| Urſula II. von Praßberg | 14..—1491 |
| Amalie von Reiſchach | 1491—1531 |
| Katharina II. von Bodmann | 1531—1578 |
| Barbara von Breiten-Landenberg | 1578—1614 |
| Suſanna von Bubenhofen | 1614—1634 |
| Anna Chriſtine Hundpiſſin von Waltrams | 1634—(1656) |
| Maria Roſine Brymſin von Herb= lingen | (1680)—1689 |
| Maria Magdalena von Hallwyl | 1689—1720 |
| Maria Franziska Hundpiſſin von Waltrams | 1720—1730 |
| Anna Margarethe v. Gemmingen | 1730—1743 |
| Thereſe Wilhelmine von Pollheim= Winkelhſe | 1743—1757 |
| Maria Anna Margarethe von Gemmingen | 1757—1771 |
| Maria Joſepha Agathe von Ulm= Langenrhein | 1771—1781 |
| Friederike von Bretzenheim | 1781—1796 |
| Maria Anna Franziska Suſanne Klara Ferdinande von Ulm= Langenrhein | 1796—1800 |
| Sedisvacanz | 1800—1803 |

Säkulariſierung der Abtei 1803: Lindau
mit Bayern vereinigt.

## 464. Grafſchaft.

| | |
|---|---|
| Luitfried | 1072 |
| Wigbert | † 1122 |
| Uffo | † 1176 |
| Otto | 1176 |
| Adolf | † 1214 |
| Wittekind von Wittgenſtein | † 1272 |
| Gottfried I. von Bilſtein | 1272—1289 |
| Lubert von Rödinghauſen | 1289—1290 |
| Gottfried II. von Padberg | ? |
| Dietrich von Schnellenberg | † 1391 |
| Arnold von Beringhauſen | ? |
| Rötger I. von Schade | † 1469 |
| Hermann von Visbeck | 1469—1489 |
| Peter von Dörenbach | 1489—1507, † 1524 |
| Albrecht von Köln | 1507—1525 |
| Jakob von Aelboem | 1525—1548 |
| Matthäus von Arpe | 1548—1551 |
| Rötger II. Lindanus | 1551—1584 |
| Heinrich Steinhoep | 1585—1609, † 1611 |
| Gottſchalk von Dael | 1609—1612 |
| Gabelus Schaffelius | 1612—1633, † 1650 |
| Johann Worth | 1633—1671 |
| Gottfried III. Richardi | 1671—1682 |
| Emmerich Quinkenius | 1682—1707 |
| Beda Weller | 1707—1711 |
| Cöleſtin Hoyak | 1711—1727 |
| Ambroſius Bruns | 1727—1730 |
| Joſias Poolmann | 1730—1742 |
| Ludwig Grona | 1742—1765 |
| Friedrich Kreilmann | 1765—1786 |
| Edmund Ruſtige | 1786—1803, † 1816 |

Säkulariſierung der Abtei 1803: Grafſchaft
mit Heſſen-Darmſtadt vereinigt 1803—1813.

Mit Preußen vereinigt 1813.

## 465. Saalfeld.

| | |
|---|---|
| Adalbert | 1075 |
| Konrad | 1100 |
| Ezzo | ? |
| Walter | 1126 |
| Gottſchalk | um 1200 |
| Thimo | 1225 |
| Dietrich I. | 1237—1242 |
| Heinrich I. | 1252 |
| Günther | 1270—1272 |
| Konrad II. von Griesheim | 1280 |
| Gottfried von Hagen | um 1286 |
| Dietrich II. | 1289 |
| Otto | 1298—1337 |
| Dietrich III. | 1338 |
| Heinrich II. | 1350 |
| Ludwig | 1352—1388 |
| Witticho von Brandenſtein | 1399—1408 |
| Heinrich III. | 1416 |
| Liutold | 1424 |
| Gerhard | 1435 |
| Heinrich IV. | 1440—1449 |
| Rüdiger von Hain | 1452—1457 |
| Georg I. Knittel von Geilsdorf | 1466—1477 |
| Balthaſar von Stein | 1495, † 1496 |
| Georg II. von Thun | 1496—1526, † 1527 |

Säkulariſierung der Abtei 1526: Saalfeld
mit Sachſen vereinigt.

## 466. Comburg (Probſtei).

| | |
|---|---|
| Bernold (?) | ? |
| Hammo | 1078—1088 |
| Günther | 1088—(1102) |
| Adelram | ? |
| Hartwig | 1108—1139 |
| Adalbert | 1145—1149 |
| Gernot | (1156)—1165 |
| (Engelhard Leo | ?) |
| Werner (Wernicher) | ? |
| Rüdiger (Beringer) | ? |
| Volkhard (Volker) | ? |
| Walter | ? |
| Konrad I. Prenſius | 1216 |
| Konrad II. von Entenſebe | 1236 |
| Eberhard Philipp Eltershov | ? |
| Embrico von Bebenburg | ? |
| Heinrich I. von Scheffau | 1241—1258 |
| Berthold von Hohenſtein | 1263 |

| | |
|---|---|
| Siegfried I. von Morstein . . | 1268 |
| Simon . . . . . . . . | 1281—1287 |
| Siegfried II. . . . . . . | 1298—1304 |
| Heinrich II. von Brenzing . | ?— v. 1307, † ? |
| Beringer . . . . . . . | 1307—1314 |
| (Konrad Hohus, von Chausen . | ? ) |
| (Wolfram von Bibelrieth . . . | ? ) |
| Konrad III. von Munckheim . | 1319, † u. 1359 |
| Heinrich III. Sieder . . . u. | 1359—1370 |
| Rudolf v. Gundelshoven (Munck-heim) . . . . . . | 1370— u. 1376 |
| Erchinger Feldener . . . u. | 1376—1401 |
| Ernfried I. von Velberg . . . | 1401—1421 |
| Gottfried I. von Stetten . . . | 1421—1448 |
| Ernfried II. von Velberg . . | 1448—1473 |
| Andreas . . . . 1473—1480, | † 1484 |
| Hildebrand von Crailsheim . | 1480—1485 |
| Siegfried III. von Holz, **Ritter-probst** 1488 . . . . . | 1485—1504 |
| Peter von Auffeß . . . . . | 1504—1522 |
| Gumbert von Brandenburg . . | 1522—1528 |

| | |
|---|---|
| Philipp von Limpurg . . . . | 1528—1545 |
| Daniel Stibar von Rabeneck . . | 1545—1555 |
| Ulrich Hölein . . . . . . | 1555 |
| Richard von Kehre . . . . | 1555—1583 |
| Erasmus Neustetter (Stunner) | 1583—1594 |
| Wolfgang Albertus . . . . | 1594—1610 |
| Gottfried II. von Aschhausen . | 1610—? |
| Philipp Adolf von Ehrenberg . | ?—1623 |
| Heinrich IV. von Steineck . . | 1623—1628 |
| Johann Heinrich von Weiler . . | 1628—? |
| Johann Philipp, Graf von Schön-born . . . . . . . | ?—1642 |
| Franz Konrad, Graf v. Stadion | 1642—1685 |
| Georg Heinrich, Graf v. Stadion | 1685—1716 |
| Johann Voit von Würzburg . . | 1716—1756 |
| Philipp Rudolf von Rotenhan . | 1756—1775 |
| Otto Philipp Groß von Trockau | 1775—1780 |
| Max Johann Christoph v. Sickingen | 1780—1798 |
| Anselm Philipp Groß von Trockau | 1798—1803 |

Säkularisierung der Probstei 1803: Comburg
mit Württemberg vereinigt.

---

### 467. Zwyfalten (S. 16).

| | |
|---|---|
| Wezilo, Prior . . . . . | 1088—1091 |
| Notger, **Abt** . . . . . . | 1091—1095 |
| Ulrich I. von Hirzpühl . . . | 1095—1139 |
| Pilgrim von Rieden . . . | 1139 |
| Berthold I. von Gröningen . | 1139—1141 |
| Ernst von Steußlingen . . | 1141—1146 |
| Berthold I. von Gröningen (zum 2. Male) . . . . . . | 1146—1152 |
| Werner I. . . . . . . | 1152—1156 |
| Gottfried, Graf von Calw . . | 1156—1158 |
| Berthold I. von Gröningen (zum 3. Male) . . . . . . | 1158—1169 |
| Konrad I. . . . . . . | 1169—1193 |
| Werner II. . . . . . . | 1193—1196 |
| Hermann Bosso . . . . . | 1196—1208 |
| Konrad II. . . . . . . | 1208—1209 |
| Konrad III. . . . . . . | 1209—1217 |
| Heinrich von Hausen . . . | 1217—1218 |
| Luitold I. . . . . . . | 1218—1232 |
| Reinhard von Munderkingen . . | 1232—1234 |
| Friedrich Bosso . . . . . | 1234—1239 |
| Luitold II. Arnold . . . . | 1239—1244 |
| Werner III. . . . . . . | 1244—1250 |
| Konrad IV. von Gandertingen . | 1250—1251 |
| Reinhard von Munderkingen (zum 2. Male) . . . . . . | 1251—1253 |
| Berthold II. von Weildegg . . | 1253—1259 |
| Peter von Pflummern . . . | 1259—1269 |
| Ulrich II. . . . . . . | 1269—1282 |
| Eberhard von Stein . . . . | 1282—1327 |

| | |
|---|---|
| Ulrich III. von Hasenweiler . . | 1327—1336 |
| Walter Knebel . . . . . | 1336—1346 |
| Johann I. von Pischingen . . | 1346—1366 |
| Anselm von Ehrenfels . . . | 1366—1385 |
| Konrad IV. von Stein . . | 1385—1393 |
| Johann II. Ruperti . . . . | 1393—1398 |
| Wolfhard von Stein . . . | 1398—1421 |
| Georg I. Eger . . . . . | 1421—1436 |
| Johann III. von Stein . . . | 1436—1474 |
| Georg II. Piscatoris . . . . | 1474—1513 |
| Sebastian Molitor . . . . | 1513—1537 |
| Nikolaus I. Büchner . . . | 1537—1549 |
| Sebastian Molitor (zum 2. Male) . | 1549—1555 |
| Nikolaus I. Büchner (zum 2. Male) | 1555—1567 |
| Johann IV. Lager . . . . | 1567—1577 |
| Georg III. Rauch . . 1577—1598, | † 1608 |
| Michael Molitor . . . . | 1598—1628 |
| Balthasar Mader . . . . | 1628—1635 |
| Ulrich IV. Glentz . . . . | 1635—1658 |
| Christoph Raßler . . . . | 1658—1675 |
| Johann Martin Glentz . . . | 1675—1692 |
| Ulrich V. Rotheußler . . . | 1692—1699 |
| Wolfgang Schmidt . . . . | 1699—1715 |
| Beda Summerberger . . . . | 1715—1725 |
| Augustin Steegmüller . . . | 1725—1744 |
| Benedict . . . . . . | 1744—1765 |
| Nikolaus II. Schmidlin . . . | 1765—1787 |
| Gregor aus Leinstetten . . . | 1787—1803 |

Säkularisierung der Abtei 1803: Zwyfalten
mit Württemberg vereinigt.

---

### 468. Rastedt.

| | |
|---|---|
| Thetmar . . . . . . u. | 1091— u. 1120 |
| Sweder . . . . . 1124, | † v. 1126 |
| Simon . . . . . . . | 1130, 1134 |
| Siward, Bischof von Upsala . | 1142— u. 1157 |
| Donatianus . . . . . | 1158— u. 1180 |
| Meinrich . . . . . . u. | 1180— u. 1231 |
| Konrad . . . . . u. | 1231—1238 |
| Lambert . . . . . . | 1238—1266 |
| Wilhelm von Mercele . . . | 1266— n. 1267 |
| Otto I., Graf von Oldenburg . | 1270—1281 † u. 1285 |
| Albert . . . . . . . | 1281—1290 |

| | |
|---|---|
| Gottschalk . . . . . . . | 1292—1295? |
| Heinrich I. . . . . . . | 1295—1302 |
| Arnold . . . . . . . | 1302—1317 |
| Johann I. . . . . . . | 1317—1347 |
| Helmerich . . . . . . | 1347—1374 |
| Oltmann . . . . . . | 1374—1380 |
| Otto II. Schepel . . . . | 1386—1397? |
| Heinrich II. . . . . . | 1397?—1401 |
| Rainer . . . . . . . | 1401—1437 |
| Johann II. . . . . . . | 1437—1444 |
| Johann III. von Gropelingen . | 1444—1472 |
| Erpo Hippeken . . . . . | 1472—1477 |

| | |
|---|---|
| Andreas . . . . . . . . 1477—1489 | Johann IV. Heſſe . . . . . 1504—1509 |
| Gerwin . . . . . . . . 1489—1499 | Säkulariſierung der Abtei 1509: Raſtedt |
| Bernhard . . . . . . . 1499—1504 | mit Oldenburg vereinigt. |

---

## 469. St. Peter im Schwarzwalde.

| | |
|---|---|
| Siegfried . . . . . . . . 1093 | Konrad von Hoffen . . . . . 1443—1448 |
| Adalbero . . . . . . . . 1093—1100? | Burkhard von Marsberg . . . 1448—1453 |
| Hugo I. . . . . . . . 1100—1111 | Johann V. von Kuſſenberg . . 1453—1472 |
| Eppo . . . . . . . . 1111—1132 | Peter II. Einhard von Wilhelm 1472—1492 |
| Gerward . . . . . . . . 1132—1137 | Simon Budner . . . . . 1492—1496 |
| Gozmann . . . . . . . . 1137—1154 | Peter III. Gremelspacher . . . 1496—1512 |
| Marquard . . . . . . . 1154—1183 | Jobſt Keiſer . . . . . . 1512—1531 |
| Rudolf von Reutenhalden . . 1183—1191 | Adam Guldlin . . . . . 1531—1544 |
| Berthold I. . . . . . . 1191—1220 | Magnus Thüringer, Verweſer 1544—1553 |
| Heinrich I. . . . . . . 1220—1255 | Johann VI. . . . . . . 1553—1566 |
| Arnold . . . . . . . . 1255—1277 | Daniel Wehinger . . . . . 1566—1580 |
| Walter I. . . . . . . . 1277—1291 | Johann Joachim Münſinger von |
| Eberhard . . . . . . . 1291—1295 | Frundeck . . . . . 1580—1588 |
| Gottfried von Letſchbach . . 1295—1322 | Gallus Vögelin . . 1588—1597, † 1604 |
| Berthold II. . . . . . . 1322—1349 | Michael Stocklin . . . . 1597—1601 |
| Walter II. . . . . . . 1349—1353 | Johann Jakob Pfeiffer . . . 1601—1609 |
| Johann I. . . . . . . . 1353—1372 | Johann VII. aus Waldau 1609—1612, † 1635 |
| Peter I. von Thannheim . . 1372—1375 | Johann VIII. Held . . . 1612—1614 |
| Jakob I. von Stähelin . . 1375—1380 | Peter IV. Münſinger . . . 1614—1637 |
| Hugo II. . . . . . . . 1380—1382 | Matthäus Welzenmüller . . 1637—1644? |
| Heinrich II. von Stein . . 1382—1392 | Placidus Röſch . . . . 1644—1670 |
| Heinrich III. Salati von Freiburg 1392 | Paul Paſtor . . . . . . 1670—1699 |
| Johann . . . . . . . . 1392—1393 | Maurus Heß . . . . . . 1699—1719 |
| Erhard . . . . . . . . 1393—1400 | Ulrich Burgi . . . . . . 1719—1739 |
| Benedict I. von Thannheim . 1400—1402? | Benedict II. Wulperz . . . 1739—1749 |
| Johann III. Canzler . . 1402?—1409? | Philipp Jakob Steyrer . . . 1749—1803 |
| Heinrich IV., Graf von Öttingen 1409?—1414 | Säkulariſierung der Abtei 1803: St. Peter |
| Heinrich V. von Homburg . . 1414—1427 | im Schwarzwalde mit Württemberg |
| Johann IV. . . . . . . 1427—1439 | vereinigt. |
| Jakob II. Vogt v. Alten-Summerau 1439—1443 | |

---

## 470. Neresheim.

| | |
|---|---|
| Ernſt, Graf von Dillingen . . 1095—1096 | Heinrich IV. von Stain . . . 1423—1446 |
| Sedisvacanz . . . . . 1096—1101 | Rudolf Jäger . . . . . 1446—1465 |
| Hugo, Graf von Eberstein . . 1101 | Georg I. von Renningen . . . 1465—1476 |
| Dietrich I. von Großlingen . . 1101—1118 | Eberhard von Emertshoven . 1476—1494 |
| Heinrich I. von Berriedten . 1119—1125 | Johann I. von Waiblingen . 1494—1507 |
| Pilgrim von Berriedten . . 1125—1137 | Simon von Bernſtatt . . . 1507—1510 |
| Sedisvacanz . . . 1137—1141 | Johann II. Vinſternau . . . 1510—1529 |
| Ortlieb . . . . . . . 1141—1164 | Matthias Guttermann . . . 1529—1545 |
| Sedisvacanz . . . . 1164—1166 | Johann III. Schweickhofer 1545—1566, † 1570 |
| Heinrich II. von Ramſtein . . 1166—1199 | Georg II. Gerſtmayer 1566—1584, † 1587 |
| Degenhard . . . . . . 1199—1219 | Melchior Hänlin . . . . 1584—1616 |
| Godebald von Ehingen . . 1219—1249 | Benedict I. Rohrer . . . . 1616—1647 |
| Rugger . . . . . . . 1249—1257 | Mainrad Denich . . 1647—1664, † 1670 |
| Ulrich I. von Ehingen . 1257—1261, † 1277 | Benedict II. Liebhart . . . 1664—1669 |
| Walter I. . . . . . . 1261—1262 | Christoph Weiler . . 1669—1682, † 1684 |
| Dietrich II. . . . . . . 1262—1287 | Simpert Niggel . . 1682—1706, † 1711 |
| Friedrich von Zipplingen . . 1287—1308 | Magnus Hel . . . . 1706—1711 |
| Heinrich III. von Merkingen . 1308—1329 | Amandus Fiſcher . . 1711—1728, † 1730 |
| Koloman . . . . . . . 1329 | Edmund Heiſer . . . . 1729—1739 |
| Ulrich II. von Hächſtätten . 1329—1349 | Aurelius Braiſch . . 1739—1755, † 1757 |
| Walter II. von Bopfingen . 1349—1368 | Benedict III. Maria Angern . 1755—1787 |
| Konrad . . . . . . . 1368—1372 | Michael Dobler . . 1787—1803, † 1815 |
| Wolfhard von Steinhein . . 1372—1380 | Säkulariſierung der Abtei 1803: Neresheim |
| Wilhelm von Almensmuer . . 1380—1392, † 1394 | zwiſchen Öttingen und Thurn und Taxis geteilt. |
| Nikolaus von Elchingen . . 1380—1405 | |
| Ulrich III. von Roden . . . 1405—1423 | |

## 471. Pegau.

| | | | | |
|---|---|---|---|---|
| Bero | 1096—1100 | (Johann (?) | um 1375) |
| Windolf von Padberg | 1100—1150, † 1157 | Gottschalk von Hagenest | 1365?—1402 |
| Heinrich I. | 1150—1168, † 1170 | Konrad III. | 1402—1417 |
| Radbot | 1168—1181 | Heinrich IV. v. Mangsdorf, Verw. | 1418—1426 |
| Eckelin | 1181—1183 | Nikolaus | 1426?—1432 |
| Rudolf | 1183—1185 | Heinrich V. | 1432—1452 |
| Siegfried von Recken | 1185—1224 | Stephan | 1452—1479 |
| Heinrich II. von Frohburg | 1224—1226 | Georg I. | 1479—1484 |
| Thimo von Kolditz | 1226—1239 | Johann | 1484 |
| Heinrich III. von Posern | 1239—1263 | Thomas | 1485—1494 |
| Thammo | 1264—1267 | Konrad IV. | 1494—1506 |
| Konrad I. von Liebenhain | 1267—1311 | Eucharius | 1506—1513 |
| Konrad II. von Rabebitz | 1311 | Georg II. von Kronach | 1513—1514 |
| Sedisvacanz | 1311—1313 | Simon Blich | 1514—1559 |
| Albrecht von Langendorf | 1313—1334? | | |
| Friedrich von Schönberg | um 1357 | | |

Säkularisierung der Abtei 1559: Pegau
mit Sachsen vereinigt.

## 472. St. Georg zu Isny (N. 3).

| | | | |
|---|---|---|---|
| Mangold von Veringen | 1096—1100 | Philipp von Stein | 1501—1532 |
| Landold | 1100—1123 | Ambrosius Horn | 1532—1538 |
| Werner I. | 1123—1166 | Elias Frey | 1538—1548 |
| Marquard von Veringen | 1166—1194 | Ulrich Todt | 1548—1557 |
| Burkhard | 1194—1215 | Balthasar Zacharias | 1557—1573 |
| Albrecht | 1215—1228 | Stephan Mayer | 1573—1593 |
| Berthold I. | 1228—1240 | Johann V. Rauch | 1593 |
| Berthold II. | 1240—1250 | Jakob I. Gull | 1594—1602 |
| Konrad I. | 1250—1261 | Kaspar Mayer | 1602—1605 |
| Rudolf I. | 1261—1265 | Jakob II. Raff | 1605—1617, † 1634 |
| Heinrich I. | 1265—1267 | Wolfgang Schmidt, Verweser 1607 | 1617—1638 |
| Hermann | 1267—1269 | | † 1648 |
| Berthold III. Becher | 1269—1291 | Johann VI. Füßli | 1638—1650 |
| Heinrich II. Absburg | 1291—1321 | Dominicus Arzt | 1650—1661, † 1669 |
| Konrad II. Mennet | 1321—1336 | Dietrich Locher | 1661—1676 |
| Konrad III. Kusseret | 1336—1350 | Ildefons Rem | 1676—1689 |
| Johann I. Ministri | 1350—1363 | Michael Graff | 1689—1701, † 1716 |
| Berthold IV. | 1363—1380 | Alfons I. Torelli | 1701—1746 |
| Nikolaus Steinegger | 1380—1382 | Wunibald Rotach | 1746—1757 |
| Johann II. Bolsternang | 1382—1398 | Basilius Sinner | 1757—1777 |
| Johann III. Asnanck | 1398—1406 | Alfons II. Pfaudler | 1777—1784 |
| Werner II. von Stein | 1406—1425 | Ruprecht Ehrmann | 1784—1803 |
| Rudolf II. | 1425—1430 | | |
| Johann IV. Mangoldt v. Sandeck | 1430—1459 | | |
| Georg I. Weber | 1459—1475, † 1476 | | |
| Georg II. Steublin | 1475—1501 | | |

Säkularisierung der Abtei 1803:
St. Georg in Isny mit Quadt-Wykradt
vereinigt.

## 473. Berchtesgaden (Probstei, G. A. 4).

| | | | |
|---|---|---|---|
| Eberwin | 1111—1142 | Heinrich IV. von Inzing | 1333—1351 |
| Hugo I. | 1142—1148 | Reinhold Zeller | 1351—1355 |
| Heinrich I. | 1148—1174 | Otto Tanner | 1355—1357 |
| Dietrich | 1174—1178 | Peter I. Pfäffinger | 1357—1362 |
| Friedrich I. | 1178—1188 | Jakob I. von Vansdorf | 1362—1368 |
| Bernhard I. von Schönstätten | 1188—1201 | Greimold Wulp | 1368—1377 |
| Gerhard | 1201 | Ulrich I. Wulp | 1377—1384 |
| Hugo II. | 1201—1210 | Sieghard Waller | 1381—1384 |
| Konrad I. Garrer | 1210—1211 | Konrad V. Thorer von Thörlein | 1384—1393 |
| Friedrich II. Ellinger | 1211—1217 | Mit Salzburg vereinigt 1393—1404. | |
| Heinrich II. | 1217—1231 | Peter II. Pienzenauer | 1404—1432 |
| Friedrich III., Graf v. Ortenburg | 1231—1239 | Johann II. Praun | 1432—1446 |
| Bernhard II. (Werner) | 1239—1252 | Bernhard III. Leuprechtinger | 1446—1473 |
| Konrad II. | 1252 | Erasmus Pretschlaiffer | 1473—1486 |
| Heinrich III. | 1252—1257 | Ulrich II. Pernauer | 1486—1496 |
| Konrad III. von Medling | 1257—1283 | Balthasar Hirschauer | 1496—1508 |
| Johann I. Sachs von Sachsenau | 1283—1303 | Gregor Rainer | 1508—1522 |
| Hartnig (von Wildon) | 1303—1306 | Wolfgang I. Lenberger | 1523—1541 |
| Eberhard Sachs von Sachsenau | 1306—1316 | Wolfgang II. Griesstätter | 1541—1567 |
| Konrad IV. Tanner | 1316—1333 | Jakob II. Pütrich | 1567—1594 |

Ferdinand, Herzog von Bayern . 1594—1650
Maximilian Heinrich, Herzog von
  Bayern . . . . . . 1650—1688
Joseph Clemens, Herzog v. Bayern 1688—1723
  Sedisvacanz . . . . 1723—1728
Julius Heinrich von Rehlingen=
  Radau . . . . . 1728—1732
Cajetan Anton von Notthaft . . 1732—1752
Michael Balthasar, Graf von
  Christalnigg . . . . . 1752—1768

Franz Anton Joseph von Hausen=
  Gleichenstorff . . . . . 1768—1780
Joseph Konrad, Graf v. Schroffen=
  berg-Mös . . . . . 1780—1803

Säkularisierung der Abtei 1803: Berchtesgaden
mit Salzburg vereinigt . . . 1803—1805
mit Österreich vereinigt . . . 1805—1809

Mit Bayern vereinigt 1809.

---

## 474. Ilbenstadt.

Anton, Probst . . . . . 1123—1150
Hartmann . . . . . . 1150, 1167
Girmand . . . . . . 1167
Heinrich I. . . . . . 1168
Wezelin . . . . . . ?
Arnold . . . . . 1192, 1196
Marquard . . . . . 1229
Walter . . . . . . ?
Gerlach . . . . . 1250
Hermann I. . . . . 1259, 1262
Johann I. . . . . . 1275, † 1294
Werner I. . . . . . 1294—1302
Eberhard I. von Assenheim . . 1302—1330
Gozold (Gozilo, Gerold) . . 1330—1343
  Berthold, Gegenprobst . . 1333
  Franko, Gegenprobst . . 1341
Werner II. . . . . 1350—1352
Konrad von Carben . 1352—1394, † 1394
Eberhard II. Russe . . . 1394—1404
Richard Lesche . . . . 1412—1419
Kuno Halber . . . . 1420
Werner III. Resche . . . 1429, † 1439
Heinrich II. von Michelbach . . (1445)—1464
Johann II. Heiderich . . . 1464—1480

Heinrich III. von Obernhain . . 1480, 1481
Ruprecht von Dürnheim . . 1491, † 1502
Philipp von Carben . . . 1502—1521
Johann III. Gewener . . . 1521—1536
Servatius Feyhe von Södel . . 1536—1538
Matthias Wolnstatt . . . 1538—1540?
Heilmann Wennecker . 1540—1555, † 1562
Matthias II. Schäfer . 1555—1562, † 1568
Sebastian I. Weißbrodt . . . 1562—1570
Johann IV. Bickel . . . 1571—1587
Theodor Werner . . . . 1587—1605
Wendelin Falter . . . . 1605—1611
Georg I. Conradi . . . 1611—1635
Georg II. Laurenzi, Abt 1657 . 1635—1662
Christoph Born . . . 1662—1667
Leonhard Pfreundschick . . 1667—1681
Hermann II. Heising . . . 1681
Andreas Brandt . . . . 1681—1725
Jakob Münch . . . . . 1725—1750
Sebastian II. Englerth . . . 1750—1789
Kaspar Lauer . . . . 1789—1803

Säkularisierung der Abtei 1803: Ilbenstadt mit
Leiningen=Westerburg vereinigt.

---

## 475. Ursperg (S. 8).

Ulrich I., Probst . . . . 1125—1131
Grimo . . . . . . 1131—1173
  Walter, Verweser . . . 1173—1178
Dietrich I. . . . . . 1178—1182
Ulrich II. von Hesperg . . 1182—1203
Ulrich III. . . . . 1203—1208
Friedrich I. . . . . 1208—1215
Burkhard aus Biberach . . 1215—1226
Konrad I. von Lichtenau . . 1226—1240
Berthold I. . . . . 1240—1245
Konrad II. von Winzeren . . 1245—1248
Friedrich II. . . . . 1248—1257
Heinrich I. von Knöringen . . 1257—1262
Hermann . . . . . 1262—1268
Dietrich II. . . . . 1268—1275
Hermann (zum 2. Male) . . 1275—1283
Ludwig I. . . . . . 1283—1294
Heinrich II. von Knöringen . 1294—1300
Albrecht I. von Etzlingen . . 1300
Berthold II. . . . . 1300—1301
Ludwig II. . . . . 1301—1318
Heinrich III. von Kirchen . . 1318—1325
Konrad III. Hütlin . . . 1325—1326
Heinrich IV. Ziegenbock . . 1326—1333
Berthold IV. . . . . 1333—1341
Heinrich V. . . . . 1341—1349
Heinrich VI., von Rain, Abt . 1349—1374

Albrecht II. . . . . 1374—1395
Heinrich VII. aus Pfaffenhofen 1395—1407
Balthasar . . . . 1407—1412
Wilhelm I. von Tannhausen . 1412—1452
Jobst . . . . 1452—1461, † 1471
Ulrich IV. Seckler . . . . 1461—1472
Johann I. Gerngroß . . . 1472—1479
Johann II. Riebler . . . 1479—1503
Wilhelm II. Henselmann . . 1503—1523
Thomas Mang . . . . 1523—1569
Georg I. Lechler . . . . 1569—1575
Georg II. Lock . . 1575—1589, † 1607
Michael Amman . . . . 1589—1592
Jakob Miller . . . . 1592—1595
Johann III. Sausenthaler . . 1595—1617
Veit Schönheinz . . 1617—1628, † 1633
Matthäus Hohenrieder . . 1628—1672
Maximilian Endgrueber 1672—1681, † 1686
Joseph I. Dürr . . . . 1681—1708
Joseph II. Held . . . . 1708—1747?
Placidus . . . . . 1747?—1753?
Joseph III. . . . . . 1753?—1762
Joseph IV. . . . . 1762—1771
Wilhelm III. Schöllhorn . . 1771—1790
Aloys . . . . . 1790—1803

Säkularisierung der Abtei 1803: Ursperg
mit Bayern vereinigt.

### 476. Roggenburg (S. 10).

| | |
|---|---|
| Gerung, Probst | 1126—1170 |
| Berthold I. von Eßlingen | 1170—1207/8 |
| Meinfried | 1207/8—1215, † 1220 |
| Marquard | 1215—1218 |
| Ludwig I. | 1218—1265 |
| Ulrich I. Winkelhever | 1267—1280 |
| Ludwig II. | 1280—? |
| Rudolf | um 1294 |
| Dietrich I. | ? |
| Konrad der Werder | 1329—1336 |
| Berthold II. von Gunzögg | † 1348 |
| Dietrich II. | 1348—1362 |
| Heinrich Schyrlin | 1368—1394 |
| Johann I. Keller | 1398—1405? |
| Ulrich II. Hörner | 1411—1430 |
| Johann II. Ellrang | 1430—1436? |
| Ulrich III. Schwarz | 1436?—1440 |
| Johann I. Deyringer, Abt | 1440—1474 |
| Ulrich Pöller | 1474—1482, † 1484 |
| Georg I. Mahler | 1482—1505 |
| Johann II. Miller | 1505—1507 |
| Jobst Treher | 1507—1528 |
| Johann III. Mayer | 1528—1543 |
| Georg II. Ermann | 1543—1554 |
| Johann IV. Mayer | 1554—1566, † 1570 |
| Georg III. Hieber | 1566—1572 |
| Johann V. Schifelin | 1572—1580 |
| Johann VI. Mayer | 1580—1581 |
| Vitus Breg | 1581—1589 |
| Jakob Wergmann | 1589—1610 |
| Michael Probst | 1610—1639, † 1640 |
| Friedrich Rommelius | 1639—1656 |
| Bonaventura Schalk | 1656—1661 |
| Franz Döser | 1661—1677, † 1678 |
| Adalbert Rauscher | 1677—1694, † 1711 |
| Hugo Lindhover | 1694—1713, † 1722 |
| Dominicus Schwaninger | 1713—1735 |
| Kaspar Geisler | 1735—1753 |
| Georg IV. Lienhardt | 1753—1783 |
| Gilbert Schierle | 1783—1789 |
| Thaddäus aus Günzburg | 1789—1803 |

Säkularisierung der Abtei 1803: Roggenburg
mit Bayern vereinigt.

### 477. Eberach.

| | |
|---|---|
| Adam | 1127—1163 |
| Rapoto von Abensberg | 1163—(1170) † n. 80 |
| Konrad I. | um 1178 |
| Burkhard I. | 1182, 1187 |
| Hermann I. | 1193, 1200 |
| Meingod | 1204, † 1215 |
| Eberhard | 1215—(1219) |
| Engelbert | 1230, 1235 |
| Alhard | 1240, 1243 |
| Heinrich I. | 1244, 1252 |
| Berthold | 1252—1262 |
| Nikolaus I. | 1262—1271 |
| Berengar | 1271—1276 |
| Winrich | 1276—1290 |
| Hermann II. | 1290—1306 |
| Friedrich von Leuchtenberg | 1306—1328 |
| Albert von Anfeld | 1328—1344 |
| Heinrich II. | 1344—1349 |
| Otto | 1349—1385 |
| Peter I. | 1385—1404 |
| Heinrich III. Heppe | 1404—1426 |
| Bartholomäus Fröwein | 1426—1430 |
| Hermann III. v. Rottenheim | 1430—1437, † 1447 |
| Heinrich IV. Wild | 1437—1447, † 1454 |
| Heinrich V. Blumenfrost | 1447—1455 |
| Burkhard II. Schul | 1455—1474 |
| Johann I. Kaufmann | 1474—1489 |
| Nikolaus II. Angeli | 1489—1495, † 1509 |
| Vitus Wendt | 1495—1503 |
| Johann II. Leiterbach | 1503—1529, † 1533 |
| Johann III. Lupi | 1529—1540 |
| Konrad II. Hartmann | 1540—1550 |
| Johann IV. Pistor | 1550—1562 |
| Paul I. Zeller | 1562—1563 |
| Leonhard Rosen | 1563—1591 |
| Hieronymus I. Holein | 1591—1615 |
| Kaspar Brack | 1615—1618 |
| Johann V. Dressel | 1618—1637 |
| Johann VI. Pfister | 1637—1641 |
| Heinrich VI. Pfortner | 1641—1646 |
| Peter II. Scherenberger | 1646—1658 |
| Alberich Degen | 1658—1686 |
| Ludwig Ludovici | 1686—1696 |
| Candidus Pfister | 1696—1702, † 1704 |
| Paul II. Baumann | 1702—1714, † 1725 |
| Wilhelm I. Selner | 1714—1741 |
| Hieronymus II. Held | 1741—1773 |
| Wilhelm II. Roßhirt | 1773—1791 |
| Eugen Montag | 1791—1803, † 1811 |

Säkularisierung der Abtei 1803: Eberach
mit Bayern vereinigt.

### 478. Kappenberg (Probstei).

| | |
|---|---|
| Norbert | 1120?—1136 |
| Otto I. | 1136—1156 |
| Otto II., Graf von Kappenberg | 1156—1171 |
| Hermann I. von Are | 1171—1210 |
| Andreas | 1210—1232 |
| Hugo von Werne | 1232—1257 |
| Arnold I. | 1257—1270 |
| Bruno | 1270—1273 |
| Erich | 1273—1275 |
| Hartleb | 1275—1294 |
| Otto III. | 1294—1296 |
| Warmund | 1296—1301 |
| Johann I. von Culen | 1301—1307 |
| Wennemar I. | 1307—1310 |
| Dietrich I. von Ahlen | 1310—1321 |
| Ludwig | 1321 |
| Dietrich II. | 1321?—1343 |
| Wilhelm von Landsberg | 1343—1344 |
| Hermann II. von Ringelinghoven | 1344—1369 |
| Adolf von der Recke | 1369—1385, † 1397 |
| Eberhard von Frydag | 1385—1390 |
| Bernhard I. von Holte | 1390—1407 |
| Arnold II. von Bönen | 1407—1417 |
| Friedrich Rogge | 1417—1447 |
| Hermann III. von Königsberg | 1447—1455 |
| Lubert von Diepenbroick | 1455—1470 |
| Bernhard II. von Galen | 1470—? |
| Ludolf von Bönen | ?—1492 |

Dietrich III. Keppel von Olden . 1492—1511
Gottfried I. von Hone . . . . 1511—1522
Johann II. von Kettler . . . 1522—1538
Johann III. von Hammen . . 1538—1546
Hermann IV. von Kettler . . 1546—1556
Konrad von Nagel . . . . 1556—1572
Gottfried II. von Velmede . . 1572—1583
Wennemar II. von Holte . . . 1583—1613
Theodor von Hone . . . . . 1613—1624
Johann Bernhard Schade . . 1624—1664
Franz Dietrich von Westrum . 1664—1671
Bertram Dietrich von Westrum . 1671—1686
Alexander Johann Hermann von
  Kettler . . . . . . 1686—1695

Hermann Stephan Dietrich von
  Nagel                1696—1711
Gottfried Reinhard Heinrich von
  Ascheberg            1711—1713
Johann Engelbert v. Kettler-Bolen 1713—1739
Ferdinand Moritz Goswin von
  Kettler-Harkotten    1739—1789
Konrad Heinrich von Berswordt 1789—1796
Ferdinand v. Kleinsorgen 1796—1803, † 1814

Säkularisierung der Probstei 1803: Kappenberg
mit Preußen vereinigt.

## 479. Walkenried.

Heinrich I. . . . . . . . 1127—1178
Dietmar I. . . . . . . . 1178—1183
Ekbert . . . . . . . . 1183—1188
Dietmar I. (zum 2. Male) . . 1188—1198
Heinrich II. (Heidenreich) . . 1198—1199
Berthold I. . . . . . . 1199—1204
Heinrich III. . . . . . . 1204—1216
Friedrich . . . . . . . 1216—1223
Heinrich IV. . . . . . . 1223—1225
Berthold II., Graf v. Klettenberg 1225—1237
Dietrich I. . . . . . . 1237—1255
Bernhard . . . . . . . 1255—1267
Dietmar II. . . . . . . 1267—1285
Hermann I. . . . . . . 1285—1309
Lothar . . . . . . . . 1309—1317
Heinrich V. . . . . . . 1317—1319
Konrad I. . . . . . . . 1319—1322
Johann I. . . . . . . . 1322—1323
Konrad II. . . . . . . . 1323—1332
Eckard . . . . . . . . 1332—1345
Konrad III. . . . . . . 1345—1353
Nikolaus I. . . . . . . 1353—1376
Heinrich VI. . . . . . . 1376—1377
Johann II. . . . . . . . 1377—1378
Konrad IV. . . . . . . 1378—1386
Dietrich II. Kranich . . . 1386—1387
Hermann II. . . . . . . 1387—1389

Johann III. . . . . . . 1389—1409
Johann IV. von Duderstadt . . 1409—1419
Johann V. von Oldendorf . . 1419—1423
Konrad V. Baler . . . . 1423—1431
Nikolaus II. von Frankenhausen 1431—1446
Johann VI. Brakel . . . . 1446—1466
Matthias . . . . . . . 1466—1479
Johann VII., der Rote . . . 1479—1485
Heinrich VII. von Grafenstein . 1485—1506
Eberhard . . . . . . . 1506—1509
Georg I. Plesse . . . . . 1509—1520
Paul von Göttingen . . . . 1520—1536
Johann VIII. Holtegel . . . 1536—1559
Hermann III. Lubeck . . . 1559—1564
Jakob Marsilius . . . . . 1564—1567
Adam Goldhorn . . . . . 1567—1569
Georg II. Kreite . . . . . 1569—1578
Ernst, Graf von Hohnstein,
  Verweser            1578—1592
Heinrich Julius, Herzog v. Braun-
  schweig-Wolffenbüttel . . 1593—1613
Friedrich Ulrich, Herzog v. Braun-
  schweig-Wolffenbüttel . . 1613—1634
Christian Ludwig, Herzog von
  Braunschweig-Celle 1634—1648, † 1665

Säkularisierung der Abtei 1648: Walkenried
mit Braunschweig-Wolffenbüttel vereinigt.

## 480. Elchingen (S. 2).

Andreas von Aichaim . . . 1128—1138
Wilhelm . . . . . . . 1138—1150
Hermann aus Zwyfalten . . 1150—1180
Adalbert aus Ursperg . . . 1180—1215
Berthold . . . . . . . 1215—1240
Heinrich . . . . . . . 1240—?

Lücke.

Konrad I. von Roth . . . 1326—1340
Hildebrand . . . . . . 1340—1360
Konrad II. Klotzer . . . . 1360—1385
Ulrich von Liechtenstein . . 1386—1424
Marx von Roth . . . . . 1424—1426
Jakob Gossolt . . . . . 1426—1431
Friedrich Zwirner . 1431—1461, † 1465
Paul I. Kast . . . . . . 1461—1498
Johann I. Kirchlin . 1498—1519, † 1521
Hieronymus Herzog . . . 1519—1541
Andreas Dirlin . . . . . 1541—1547

Thomas I. Clauß . . . . . 1547
Sylvester Gottfried . . 1547—1553, † 1573
Leonhard Mayer . . . . 1553—1555
Sebastian Eberlin . . 1555—1565, † 1570
Erhard Wassermann . . . 1564—1581
Gallus Keppeler . . . . . 1581—1602
Thomas II. Holl . . . . . 1602—1619
Johann II. Speigelin . . . 1620—1638
Johann III. Treu . . 1639—1657, † 1662
Anselm Bauser . . . . . 1657—1685
Meinrad Hummel . . . . 1685—1706
Cölestin Riederer . . . . 1706—1740
Amandus Schindele . 1740—1763, † 1764
Gregor Pfeifer . . . . . 1763—1766
Robert I. Kolb . . . . . 1766—1793
Paul II. Gröbl . . . . . 1793—1801
Robert II. Plersch . . 1801—1803, † 1810

Säkularisierung der Abtei 1803: Elchingen
mit Bayern vereinigt.

## 481. Kaisersheim (S. 21).

| | |
|---|---|
| Udalrich | 1133—1155 |
| Konrad I. | 1155—1165 |
| Diethelm | 1165—1174 |
| Albert | 1174—1194 |
| Ebbo | 1194—1210 |
| Konrad II. | 1210—1228 |
| Heinrich I. | 1228—1239 |
| Richard | 1239—1251 |
| Wolvich | 1251—1262 |
| Heinrich II. | 1262—1266, † 1293 |
| Trutwin | 1266—1287 |
| Heinrich III. | 1287—1302 |
| Johann I. Chonold | 1302—1320 |
| Ulrich I. Zoller | 1320—1339 |
| Ulrich II. Nubling | 1339—1360 |
| Johann II. Zauer | 1360—1379 |
| Johann III. Molitor | 1379—1400 |
| Johann IV. Scherb | 1400—1422 |
| Kraft von Hochstadt | 1422—1427 |
| Leonhard Weinmaher | 1427—1440 |
| Nikolaus Kolb | 1440—1458 |
| Georg I. | 1458—1479 |
| Johann V. Vister | 1479—1490 |
| Georg II. Kastner | 1490—1509 |
| Konrad III. Reutter | 1509—1540 |
| Johann VI. Zauer | 1540—1575 |
| Ulrich III. | 1575—1586 |
| Georg III. | 1586—1589 |
| Dominicus | 1589—1594 |
| Sebastian | 1594—1608 |
| Johann VII. | 1608—1626 |
| Jakob | 1626—1637 |
| Georg IV. | 1637—1667 |
| Benedict | 1667—1674 |
| Hieronymus | 1675—1681 |
| Elias | 1681—1696 |
| Judas Thaddäus | 1696—1698 |
| Roger von Rölz | 1698—1739 |
| Cölestin I. Meermols | 1739—1771 |
| Cölestin II. Angelsprucker | 1771—1783 |
| Franz Xaver Müller | 1783—1803 |

Säkularisierung der Abtei 1803: Kaisersheim mit Bayern vereinigt.

## 482. Frauenalb.

| | |
|---|---|
| Utta I. von Eberstein | 1134—? |
| Utta II. | 1193 |
| Gertrud I. von Weingarten | ? |
| Margarethe I. von Eberstein | † 1404 |
| Margarethe II. Truchsessin von Waldburg | 1404—? |
| Elisabeth von Weingarten | † 1414 |
| Gertrud II. (Erlinda) von Weingarten | 1414—n. 1431 |
| Margarethe III. von Weingarten | † 1443 |
| Agnes von Gertringen | 1443—1474 |
| Margarethe IV. von Weingarten | 1474—1495 |
| Margarethe V. von Zorn | 1495—1502 |
| Margarethe VI. von Hoheneck-Enzberg | 1502—1507 |
| Scholastika Göler von Ravensberg | 1507—1537 |
| Katharina I. von Weingarten | 1537—1549 |
| Katharina II. von Remchingen | 1549—1554 |
| Katharina III. Hagenbuchin von Wittstadt | 1554—1574 |
| Paula v. Weitershausen | 1574—1597, † 1609 |

Mit Württemberg vereinigt 1597—1629.

| | |
|---|---|
| Sedisvacanz | 1629—1631 |
| Johanna Maria von Mandach | 1631—1642 |
| Maria Margarethe von Greith | 1642—1684 |
| Maria Salome von Breiten-Landenberg | 1684—1715 |
| Maria Gertrud von Ichtersheim | 1715—1761 |
| Maria Abundantia von Stotzing | 1761—1775 |
| Maria Antonie von Beroldingen | 1775—1793 |
| Maria Victoria Thekla v. Wrede | 1793—1803 |

Säkularisierung der Abtei 1803: Frauenalb mit Württemberg vereinigt.

## 483. Roth (S. 9).

| | |
|---|---|
| Burkhard, Probst | 1137—1140 |
| Otteno von Waldburg | 1140—1182 |
| Berthold I. | ? |
| Volmar | ? |
| Albert | 1217, 1220 |
| Heinrich I. | 1222 |
| Werner | ? |
| Reinhold | ? |
| Berthold II. von Kellmünz | 1264, † u. 1273 |
| Heinrich II. von Vellheim | 1273?—1307? |
| Konrad I. von Au | 1307?—1346? |
| Eglolf von Lütrach | 1346?—1369 |
| Heinrich III. von Kruchenweis | 1369—1381 |
| Konrad II. Fruwenbis | 1381—1391 |
| Johann I. Barner | 1391—1397 |
| Peter I. Recubitus | 1397—1400 |
| Lucius | 1400—1403 |
| Gerung, Abt v. Weißenau, Verw. | 1403—1405 |
| Heinrich v. Eisenburg, Verweser | 1405—1406 |
| Eitel von Erolzheim, Verweser | 1405—1406 |
| Johann Rupp, Verweser | 1405—1406 |
| Peter II. Städelin | 1406—1407 |
| Friedrich I. Biedermann | 1407 |
| Johann II. Gelderich | 1407—1413 |
| Jobst aus Ursperg | 1413—1414 |
| Leonhard v. Waldburg, Verw. | 1414—1417 |
| Heinrich IV. Merck | 1417—1422 |
| Martin I. Hesser | 1422—1457 |
| Georg von Iggenau | 1457—1470 |
| Johann III. Mosheim | 1470—1475 |
| Heinrich IV. Hünlein | 1475—1501 |
| Konrad III. Ermann | 1501—1520 |
| Johann IV. Lauginger | 1520—1533 |
| Konrad IV. Ermann | 1533—1543 |
| Konrad V. Spleiß | 1543—1549 |
| Veit Weber | 1549—1556 |
| Dominicus Freyberger | 1556—1560 |
| Martin II. Ermann | 1560—1589 |
| Martin III. Schleich | 1589—1591 |
| Balthasar Held | 1591—1611 |
| Joachim Gieteler | 1611—1630, † 1631 |
| Ludwig Locher von Haselburg | 1630—1667 |

| | |
|---|---|
| Friedrich II. Remel . . . . | 1667—1672 |
| Martin IV. Ertle . . | 1672—1711, † 1712 |
| Hermann Vogler . . . . . | 1711—174? |
| Ignaz . . . . . . . . | 174?—1758 |
| Benedict Stadelhofer . . . | 1758—1760 |
| Mauritius Moritz . . . . | 1760—1782 |

| | |
|---|---|
| Willibald Held . . . . . | 1782—1789 |
| Nikolaus Betscher . . . . | 1789—1803 |

Säkularisierung der Abtei 1803:
Roth mit Wartenberg vereinigt 1803—1818.
Mit Erbach vereinigt 1818.

---

### 484. Salmannsweiler (S. 3).

| | |
|---|---|
| Frowin . . . . . . . | 1137—1165 |
| Gottfried . . . . . . | 1165—1168 |
| Erenbert . . . . . . | 1168—1175 |
| Christian I. . . . . . | 1175—1190 |
| Eberhard I. von Rohrdorf . . | 1190—1240 |
| Berthold I. von Urach . . | 1240—1241 |
| Eberhard II. von Wolmentingen | 1241—1276 † 1284 |
| Ulrich I. Gretter . . . | 1276—1282 |
| Ulrich II. von Seelfingen . . | 1282—1311 |
| Konrad von Eßlingen . . . | 1311—1337 |
| Ulrich III. von Sargans . . | 1337—1358 |
| Berthold II. Tutz . . . . | 1358—1373 |
| Wilhelm Schrailck . . . . | 1373—1395 |
| Jobst I. Senner . . | 1395—1417, † 1429 |
| Peter I. Ochser . . . . | 1417—1441 |
| Georg I. Münch . . . . | 1441—1459 |
| Ludwig Oswald . . . . | 1459—1471 |
| Johann I. Stantenat . . . | 1471—1496 |
| Johann II. Scharpfer . . . | 1496—1510 |
| Jobst II. Necker . . . . | 1510—1529 |
| Armand Scheffer . . . . | 1529—1534 |

| | |
|---|---|
| Johann III. Fischer . . . . | 1534—1543 |
| Johann IV. Appenzeller v. Precht | 1543—1553 |
| Johann V. Michel . . . . | 1553—1558 |
| Georg II. Kaisersperger . . | 1558—1575 |
| Matthäus Roth . . . . . | 1575—1583 |
| Veit Necker . . . . . | 1583—1587 |
| Johann VI. Büchler . . . | 1587—1588 |
| Christian II. Fürst . . | 1588—1593, † 1605 |
| Peter II. Miller . . . . | 1593—1614 |
| Thomas I. Wunn . . . . | 1614—1647 |
| Thomas II. Schwab . . . | 1647—1664 |
| Anselm I. Muotelsee . . . | 1664—1680 |
| Emanuel Sulger . . . . | 1680—1698 |
| Stephan I. Jung . . . . | 1698—1725 |
| Konstantin Müller . . . | 1725—1745 |
| Stephan II. Enroth . . . | 1745 |
| Anselm II. . . . . . . | 1746—1778 |
| Robert Schlecht . . . . | 1778—1802 |
| Kaspar Öchslin . . . . | 1802—1803 |

Säkularisierung der Abtei 1803: Salmannsweiler
an Baden und Thurn und Taxis verteilt.

---

### 485. Weißenau (S. 11).

| | |
|---|---|
| Hermann I., Probst . . . . | 1145—1175 |
| Ortulf von Wisemberg . . . | 1175—1180 |
| Albert . . . . . . . | 1180—1183 |
| Ulrich I. von Waldburg-Thann . | 1183—1191 |
| Ortulf von Wisemberg (z. 2. Male) | 1191—1203 |
| Konrad . . . . . . . | 1203—1220 |
| Ulrich II. . . . . . . | 1220—1237 |
| Hermann II. . . . . . | 1237—1257 |
| Heinrich I., Abt . . . . | 1257—1266 |
| Walter . . . . . . . | 1266—1270 |
| Heinrich II. . . . . . | 1270—1279 |
| Heinrich III. von Ankenrutte . | 1279—1284 |
| Heinrich IV. . . . . . | 1284—1294 |
| Rudolf I. . . . . . . | 1294—1297 |
| Johann I. . . . . . . | 1297—1303 |
| Werner I. . . . . . . | 1303—1308 |
| Johann II. . . . . . . | 1308—1350 |
| Burkhard Holbein . . . . | 1350—1361 |
| Heinrich V. . . . . . | 1361—1369 |
| Werner II. Ruch . . . . | 1369—1391 |
| Rudolf II. von Kupfenberg . . | 1391—1396 |
| Gerung . . . . . . . | 1396—1423 |
| Johann III. Fuchs v. Marckdorff | 1423—1470 |
| Nikolaus Huglin . . . . | 1470—1474 |
| Johann IV. Schütz . . . . | 1474—1483 |
| Johann V. Geßler . . . . | 1483—1495 |
| Johann VI. Mayer von Ummendorf . . . . . . | 1495—1523 |

| | |
|---|---|
| Jakob I. Murer . . . . . | 1523—1533 |
| Ulrich III. Sattler . . . . | 1533—1549 |
| Andreas Rietmann . . . . | 1549—1556 |
| Jakob II. Häblin . . . . | 1556—1563 |
| Michael I. Hablizel . . . | 1563—1575 |
| Martin Schroff . . . . | 1575—1577 |
| Leonhard Sutter . . . . | 1577—1582 |
| Matthias Isenbach . . . . | 1582—1595 |
| Christoph Hablizel . . . . | 1595—1599 |
| Jakob III. Mayer . . . . | 1599—1616 |
| Johann Christoph I. Hertlin . | 1616—1654 |
| Bartholomäus Eberlin . . . | 1654—1681 |
| Norbert Schadler . . . . | 1681—1684 |
| Michael II. Müsacker . . . | 1684—1696 |
| Johann Christoph II. Korros | 1696—1704 † 1709 |
| Leopold Mauch . . . . . | 1704—1722 |
| Michael III. Helmling . . . | 1722—1724 |
| Anton I. Unold von Wolfegg . | 1724—1765 |
| Ambrosius . . . . . . | 1765—1773 |
| Anton II. . . . . . . | 1773—1784 |
| Karl Unnenhofer . . . . | 1784—1794 |
| Bonaventura Brem . . . . | 1794—1803 |

Säkularisierung der Abtei 1803: Weißenau
im Besitz der Grafen von Sternberg 1803—1830.
An Salm-Dyck abgetreten 1830.

---

## 486. Brombach.

Reinhard von Frauenberg . . 1157—1166
Wigand I. Belleri . . 1166—1180?, † 1185
Eberold (Werolf?) von Abensberg (1182)—1188
Konrad I. von Dennstatt . . . 1188—1203
Rugger Heß . . . . . . . 1203—1206
Burkhard von Romrod . . 1206—1225
Goswin von Dennstatt . . 1225—1229
Gottschalk von Steinach . . 1229—1245
Ludwig . . . . . . . 1245—1251?
Heinrich I. von Eckersperg . 1251?—1256
Konrad II. Hauck . . . . 1256—1261
Heinrich I. v. Eckersperg (z. 2. M.) 1261—1282
Hildebrand von Gamburg . . 1282—1288
Winther von Lehenstein . . 1288—1291
Wilhelm von Otterlein . . 1291—1304
Eberhard Wesselin . . . 1304—1315
Herold von Blankenfels 1315—1320, † 1322
Heinrich II. v. Heyger (Heiningen) 1320—1324
Johann I. von Miler . 1324—1330, † 1331
Heinrich III. von Nieteck 1330—1337, † 1338
Johann II. Thieme . . 1337—1338
Siegfried Dutz . . . . 1338—1340
Diether von Neuenstein (Alfingen) 1340—1353
Konrad III. Fuchs von Lardenberg . . . 1353, † 1354
Billung von Hornstein . . 1353—1358
Heinrich IV. . . . . . 1358—1360
Ulrich von Essingen . . . 1360—1361
Berthold Kuring . . 1361—1373, † 1374

Rudolf Hunk von Wenckheim . 1373—1404
Johann III. Hildenbrand . . 1404—1416
Johann IV. Sigemann . . . 1416—1452
Johann V. Altzen . . . . 1452—1459
Peter Igstatt . . . . . 1459—1461
Konrad IV. Vogel . . . . 1461—1491
Michael Keller . . . . . 1491—1501
Johann VI. von Bolzheim . 1501—1526
Konrad V. von Nauff . . 1526, † 1530
Marcus Hauck . . . . 1526—1548
Clemens Leußer . . 1548—1556, † 1570
  Sedisvacanz . . . . 1556—1560
Johann VII. Bleittner . . . 1560—1563
Johann VIII. Knoll . 1563—1578, † 1582
Wigand II. Mayer . . . 1578—1602
Sebastian Udalrici . . . 1602—1615
  Jakob Höffer, Verweser . 1615—1618
Johann IX. Feißer . . . 1618—1637
Johann X. Thierlauf . . . 1637—1641
Friedrich Groß . . 1641—1647, † 1656
Valentin Mummel . . 1647—1670, † 1672
Franz Wundert . . . 1670—1699
Joseph Hartmann . . . 1699—1724
Engelbert Schäffner . . . 1724—1752
Ambrosius Balbus . . . 1752—1783
Heinrich V. Göbhardt . . . 1783—1803
Säkularisierung der Abtei 1803: Brombach
mit Löwenstein vereinigt.

## 487. Schönthal.

Hernig . . . . . 1157—(1172) 1176
Heinrich I. . . . . . (1172—1186)
Siboto . . . . . (1186—1200)
Albrecht I. . . . . . (1200—1216)
Richelm . . . . . (1216—1219)
Gottfried . . . (1219)—1230(22), † 1232
Johann I. . . . . . (1222—1226)
Siegfried (Abt?) . . . (1226—1230)
Arnold . . . . . 1230—1238
Ruprecht (Abt?) . . . (1236—1238)
Albrecht II. . . . . 1238—1240
Heinrich II. . . . . 1240—1248
Hildebrand . . . . 1248—(1269)
Siegfried . . . . . 1268
Thomas . . . . . (1270—1284)
Dietrich . . . . . 1272, 1273
Heinrich III. . (1285—1294) 1277— v. 1289
Walchun von Crailsheim . . (1289)—1304
Gottfried II. . . . . 1304
Friedrich . . . . . 1304—1306?
Walter . . . . . 1306?—1318
Konrad I. Kübel . . . 1318—1319
Albrecht III. . . . . 1319—1320
Reinhold . . . 1320—1364, † 1372
Konrad II. . . . . 1365—1371
Werner . . . . . 1371—1373
Marquard . . . . 1373—1377

Rhabanus . . . . 1377—1390
Burkhard von Sindringen . . 1390—1400
Heinrich IV. Hirsch . . 1400—1407
Heinrich V. Rosenkeim . . 1407—1425
Heinrich VI. Höffling . . 1425—1445
Simon von Marbach . . . 1445—1465
Johann II. Hübner . . 1465—1468
Bernhard . . . . . 1468—1486
Johann III. Hoffmann 1486—1492, † 1514
Georg Hertlin . . 1492—1511, † 1517
Erhard Öser . . . . 1511—1535
Elias Wurst . . . . 1535—1537
Sebastian I. Statmüller . . 1537—1557
Sebastian II. Schanzenbach . 1557—1583
Johann IV. Lurtz . . . 1583—1607
Theobald I. Koch . . . 1607—1611
Theobald II. Fuchs . . 1611—1626
Siegmund Fichtlin . . . 1626—1633
Johann V. Leonhard . . 1633—1636
Christoph Haan . . . 1636—1675
Franz Kraf . . . 1675—1683
Benedict Knüttel . . 1683—1732
Angelus Münch . . 1732—1761, † 1762
Augustin Brunquell . . . 1761—1784
Maurus Schreiner . . . 1784—1803
Säkularisierung der Abtei 1803: Schönthal
mit Württemberg vereinigt.

## 488. Ochsenhausen (S. 5).

Konrad, Probst . . . . . 1164
Heinrich . . . . . 1238—1242
Rainer . . . . . 1262
Nikolaus Schmid, Abt 1392 . . 1392—1422
Heinrich Schmid . . . . 1422—1439

Michael Rüssel . . . . 1439—1468
Johann I. Knauß . . . . 1468—1476
Jobst Bruder . . . . 1476—1482
Simon Lengenberger . . . 1482—1498
Hieronymus I. Biechelberger . 1498—1508

Andreas I. Kinscher .... 1508—1541
Georg Müller ..... 1541—1547
Gerwig Blaarer von Görsperg,
　Abt von Weingarten 1547—1567
Andreas II. Sonntag ... 1567—1585
Johann II. Ernst ... 1585—1592
Christoph Spieß . 1592—1605
Urban Meyer ... 1605—1613
Johann III. Lang ... 1613—1619
Bartholomäus Ehinger ... 1619—1632
Wunibald Waibel .... 1632—1658
Alfons Kleinhans .... 1658—1671

Balthasar Büllamer .... 1671—1681
Placidus Koboldt .... 1681—1689
Franz Clesin . .... 1689—1708
Hieronymus Lindau ... 1708—1719
Beda Werner .... 1719—1725
Cölestin Frener .... 1725—1737
Benedict Denzl ... 1737—1767
Romuald Weltin - .... 1767—1803

Säkularisierung der Abtei 1803: Ochsenhausen
im Besitze der Fürsten von Metternich 1803—1825.
An Württemberg abgetreten 1825.

## 489. Marchthal (S. 1).

Eberhard von Wolfegg ... 1171—1179
Ulrich I. .... 1179—1189
Gerlach .... 1189—1201
Mangold .... 1201—1204
Meinhard .... 1204—1208
Heinrich I. von Suping .. 1208—1209
Walter I. von Westernach . 1209—1216
Rüdiger ..... 1216—1217
Rudolf .... 1217—1229
Walter II. von Schmalstetten . 1229—1245?
Dietrich von Wettenhausen . 1245?—1248?
Friedrich .... 1248?—1249?
Heinrich II. von Munderkingen . 1249—1268?
Konrad I. von Taugendorf . (1268—1274)
Werner I. (1½ J.) ... (1274—1275)
Engelher (1 J.) .... (1275—1276)
Berthold I. (10 J.) ... (1276—1286)
Heinrich III. von Datthausen . (1286—1299)
Burkhard I. ..... (1299—1303)
Siegfried .... (1303—1308)
Werner II. .... (1308—1314)
Burkhard II. Volck .. 1297 (1314—1318)
Burkhard III. Steiner ... (1318)—1327
Konrad II. Gager von Roth . 1327—(1343)
Hermann Hutter .... (1343—1347)
Heinrich IV. Walch .. (1347—1355)
Eberhard Gryphius .. (1355—1361)
Berthold II. .... (1361)—1369
Ludwig Leo .... 1369—1399
Stephan Wucherer ... 1399—1401

Jakob I. Kupferschmied .. 1401—1409
Jakob II. Klingler ... 1409—1425
Albrecht I. Pfluger .... 1425—1435
Heinrich V. Morstetter .. 1436—1460
Jobst Planck .... 1461—1482
Simon Goz von Ehingen ... 1482—1514
Johann I. Haberkalt ... 1514—1518
Heinrich VI. Stolzlin ... 1518—1538
Johann II. Gudin . 1538—1551, † 1552
Christoph I. Boner .... 1551—1558
Christoph II. Scheaz . 1558—1571, † 1589
Konrad III. Frey .... 1571—1591
Johann III. Riedgasser .. 1591—1601
Jakob III. Heß .... 1601—1614
Johann IV. Engler ... 1614—1637
Konrad IV. Kneer .... 1637—1661
Gottfried Dornez .... 1661
Nikolaus Wiereth .... 1661—1691
Albrecht II. von Wunderkingen . 1691—1705
　　　　　　　　　　† 1706
Friedrich Herlin .... 1705—1711
Edmund I. Dilzer .... 1711—1719
Ulrich II. Planck .... 1719—1746
Edmund II. .... 1746—1768
Ignaz Stein von Rothenburg . 1768—1772
Paul Schmidt .... 1772—1796
Bernhard Kemter .... 1796—1803

Säkularisierung der Abtei 1803: Marchthal
an Thurn und Taxis.

## 490. Arnsburg.

Ruthard ..... 1174—?
Meingoz ..... ?
Heinrich I. .... ?—1183
Hubert .... 1183—1188
Konrad I. .... 1188—1193?
Gelwin .... 1193?—1214?
Mefried .... 1214?—1234
Albert .... 1234—1240
Heinrich II. .... 1240—1244
Wilhelm I. .... 1244—1248
Werner I. .... 1248—1257
Friedrich .... 1257—1270
Heinrich III. .... 1270—1274?
Helwig .... 1274?—1290
Wittekind .... 1290—1296
Wilhelm II. .... ?
Otto .... 1299, 1304
Heinrich IV. .... 1312, † 1316
Johann I. .... 1316—1326
Gerlach .... 1326, 1339

Konrad II. .... 1349, 1361
Heinrich V. Schorn v. Dauernheim 1361—1390
Gerhard .... 1390—1406
Rudolf .... 1406—1422
Bernhard I. .... 1422—1433
Johann II. .... 1433—1435
Volpert .... 1435, 1437
Johann III. von Reichelsheim . ?
Johann IV. von Wickstadt . 1450, † 1467
Johann Kuno von Grünberg . 1467—1480
Johann V. von Grüningen . 1480, 1490
Jakob I. von Grüningen .. † 1508
Tilmann von Reichelsheim . 1508—1521
Adam von Grüningen ... 1521—1525
Siegfried aus Münzenberg . 1525—1547
Kaspar Geißel .... 1547—1554
Valentin Strauß .... 1554—1565
Konrad III. aus Lich ... 1565—1575
Konrad IV. Weber .... 1575—1590
Werner II. Molitor .... 1590—1605

| | |
|---|---|
| Peter I. Beck . . . . . 1605—1615 | Konrad V. Eiff . . . . . . 1708—1714 |
| Jakob II. aus Wetzlar . . . 1616 | Anton Antoni . . . . . . 1714—1745 |
| Wendelin Fabri . . . . . 1616—1631 | Peter II. Schmidt . . . . 1746—1772 |
| Johann Adam Güll . . . 1631—1661 | Bernhard II. Birkenstock . . 1772—1799 |
| Georg Heil . . . . . . 1661—1669 | Alexander Weizel . . . . 1799—1803 |
| Christian Degenhard . . . 1669—1673 | *Säkularisierung der Abtei 1803: Arnsburg* |
| Robert I. Kolb . . . . . 1673—1701 | *mit Solms vereinigt.* |
| Robert II. Kolb . . . . . 1701—1708 | |

## 491. Wengen (Probstei).

| | |
|---|---|
| N. N. . . . . . . . 1183—1190 | Vitus Tösel . . . . . . 1489—1497 |
| N. N. . . . . . . . 1190—1201? | Johann II. Mann . . 1497—1509, † 1514 |
| Seyfried . . . . . 1201?—1227 | Michael I. Otterlin . . . 1509—1521 |
| Diebold . . . . . . 1227—1236 | Ambrosius Kauth . . . 1521—1552 |
| Lutho . . . . . . 1236—1248 | Wolfgang von Besserer . . 1552—1559 |
| Heinrich . . . . . . 1248—1249 | Sebastian Salzmann . . . 1560—1585 |
| Otto Arelopusig . . . . 1249—1270? | Matthias Übelacker . . . 1585—1600 |
| Martin . . . . . . 1270—1288? | Johann III. Simonis . . . 1600—1610 |
| Konrad I. . . . . . 1288?—1312 | Georg I. Boner . . . . 1610—1635 |
| Johann I. Strauß . . . 1312—1328 | Jakob Mickius . . 1635—1653, † 1659 |
| Berthold I. . . . . . 1328—1337 | Michael II. Beck . 1653—1682, † 1683 |
| Trubelin . . . . . 1337—1342? | Johann IV. Dürr . 1682—1693, † 1715 |
| Berthold I. (zum 2. Male) . . 1342?—1367 | Augustin Erath von Erathsberg . 1693—1736 |
| Konrad II. . . . . . 1367—1384? | Joseph Braunmüller . . . 1736—1754 |
| Peter Neger . . . . . 1384?—1405 | Michael III. Kuen . . . 1754—1765 |
| Berthold II. Neger . 1405—1425, † 1427 | Georg II. Trautwein von Asch . 1765—1785 |
| Ulrich I. Strobel . . . 1425—1445 | Nikolaus Bucher . . . 1785—1803 |
| Konrad III. von Blindthaim . 1445—1464 | *Säkularisierung der Probstei 1803: Wengen* |
| Sigismund Ehinger . . . 1464—1468 | *mit Bayern vereinigt 1803—1810.* |
| Ulrich II. Krafft . . . 1468—1480 | *Mit Württemberg vereinigt 1810.* |
| Matthäus Zimmermann . . 1480—1489 | |

## 492. Irrsee (S. 6).

| | |
|---|---|
| Kuno . . . . . . 1185—1188 | Ottmar . . . . . . 1490—1502 |
| Rudolf . . . . . . 1188—? | Peter III. Fend . . . . 1502—1533 |
| Gebold . . . . . . ? | Paul Necharus . . . . 1533—1549 |
| Albert . . . . . . ?—1228 | Sebastian I. Steiger . . . 1549—1565 |
| Konrad I. . . . . . 1228—1267 | Thomas Hoffmann . . . 1565—1596 |
| Ulrich . . . . . . ? | Adam Leberwurst . . . 1596 |
| Heinrich I. . . . . . ? | Sebastian II. Mayr . . . 1596—1610 |
| Hartmann . . . . . 14 Jahre | Karl Endres . . . . . 1610—1627 |
| Heinrich II. . . . . 1332, † 1339 | Maurus Keuslin . . 1627—1664, † 1666 |
| Konrad II. . . . . . 1339—? | Johann Schammius . . . 1664—1665 |
| Schwicker, Usurpator . . . ? | Placidus Lindenbaur . 1665—1667, † 1692 |
| Heinrich III. Zerrer . . . ¼ Jahr | Ämilian I. Mayr . . . 1667—1692 |
| Ulrich II. von Altenstadt . . . ? | Romanus Köpfle . . . . 1692—1704 |
| Heinrich IV. . . . . . ? | Willibald Grindl . . . 1704—1731 |
| Albinus . . . . . — um 1398 | Bernhard . . . . . 1731—1765 |
| Peter I. von Baysweil . . um 1398—1399 | Ämilian II. Mock . . . 1765—1784 |
| Konrad III. . . . . . 1399—1422 | Honorius Grieninger . . . 1784—1803 |
| Heinrich V. . . . . . 1422—1459 | *Säkularisierung der Abtei 1803: Irrsee* |
| Peter II. . . . . . 1459—1476 | *mit Bayern vereinigt.* |
| Matthias Steinbrucker . . 1476—1490 | |

## 493. Schüssenried (S. 12).

| | |
|---|---|
| Friedrich, Probst . . . 1188—1199? | Rudolf II. Schenk von Winter- |
| Mangold . . . . 1199?—1203? | stetten . . . . . 1260—1285 |
| Sedisvacanz . . . . 1203?—1205 | Ortulf I. Wielin v. Michelwinaden 1285—1304 |
| Meinfried . . . . . 1205—1207 | Heinrich I. . . . . 1304—1330 |
| Luther . . . . . 1207—1208 | Ortulf II. Scharp von Meerspurg 1330—1345 |
| Burkhard . . . . . 1208—1215 | Heinrich II. . . . . 1345—1360 |
| Konrad I. . . . . . 1215—1218 | Berthold von Althaimb . . 1360—1365 |
| Meinfried (zum 2. Male) . . 1218—1220 | Johann I. Veser . . 1366— v. 1372 |
| Rudolf I. . . . . . 1220—1222 | Reinhard von Roth . . . (1372)—1382 |
| Konrad II. . . . . . 1222—1260? | Albrecht . . . . . 1382—1391 |

| | | | | |
|---|---|---|---|---|
| Hildebrand I. Wolischorp | 1391—1415 | Matthias Binder | 1653—1656 |
| Johann II. Rottmundt | 1415—1435 | Augustin Arzel | 1656—1666 |
| Hildebrand II. Wielin | 1435—1441 | Bernhard Henlin | 1666—1673 |
| Konrad III. Reuter, Abt | 1441—1475 | Vincenz Schwab | 1673—1683, † 1704 |
| Peter Fuchs | 1475—1480 | Tibericus Mangoldt | 1683—1710, † 1716 |
| Heinrich III. Österreicher | 1480—1505 | Innocenz Faber | 1710—1719 |
| Johann III. Wittmayer | 1505—1544, † 1546 | Didacus Ströbele | 1719—1733 |
| Gallus Müller | 1544—1545 | Siard I. Frick | 1733—1742? |
| Jakob Renger | 1545—1552 | Magnus | 1742?—1756 |
| Benedict Wahl | 1552—1575 | Nikolaus Cloos | 1756—1775 |
| Oswald Archer | 1575—1577 | Joseph | 1775—1791 |
| Ludwig Mangoldt | 1577—1604 | Siard II. Berchtold | 1791—1803 |
| Christoph Müller | 1604—1605 | | |
| Martin Dietrich | 1605—1621, † 1629 | | |
| Matthäus Rover | 1621—1653, † 1654 | | |

Säkularisierung der Abtei 1803: Schüssenried<br>im Besitze der Grafen von Sternberg 1803—1830;<br>an Salm-Dyck abgetreten 1830

## 494. Baindt (S. 20).

| | | | | |
|---|---|---|---|---|
| Tudecha I. | 1227—1232 | Fides II. Kircherin | 1421—? |
| Anna I. von Frankenhofen | 1232—1244 | Christina III. Schindelin | † 1434 |
| Adelheid I. Apostreuterin | 1253—1255 | Adelheid III. Apostreuterin | 1434—1446 |
| Tudecha II. von Reumspurg | ? | Anna IV. Schenkin | 1446—1450 |
| Margaretha I. Selinin | um 1275 | Wandelberga Wielin | 1450—1456 |
| Bertha Seufflin | ? | Walpurgis Aiglerin | 1456—1472 |
| Jutta von Gundelfingen | ? | Anna V. von Rumbs | 1472 |
| Mathilde von Blüningen | ? | Margaretha V. Amfeldt | 1472—1504 |
| Elisabeth I. von Reiffen | ? | Verena Amfeldt | 1504—1520 |
| Elisabeth II. Schenkin | ? | Anna VI. Schleybeghin | 1520—1529 |
| Anna II., Gräfin von Königseck | ? | Margaretha VI. Brockin | 1529—1555 |
| Katharina I., Gräfin von Werden=berg | ? | Anna VII. Wittmayerin | 1555—1588 |
| Adelheid II. Holbainin | ? | Ursula II. Steinhauerin | 1588—1595 |
| Anna III. von Hummerstriedt | ? | Elisabeth IV. Hartmannin | 1595—1625 |
| Engeltrud I. von Gommeringen | ? | Julie Remboldin | 1625—1629 |
| Hildeltrud, Gräfin von Königseck | † 1358 | Katharina III. Rueffin | 1629—1643 |
| Christina I. von Stegen | 1358—? | Barbara III. Weglinin | 1643—1645 |
| Elisabeth III. Großtin | ? | Scholastica Klockhlerin | 1645—1671 |
| Margaretha II. Saltzlin | ? | Barbara IV. Sauterin | 1671—1688 |
| Katharina II. Ledermannin | ? | Marianna I. Tannerin | 1688—1722 |
| Engeltrud II. Marthin | ? | Marianna II. Haugin | 1722—1723 |
| Margaretha III. Wielin | ? | Maria Magdalena v. Deirheimb | 1723—1751 |
| Margaretha IV. Hundbissin von Walrams | † 1401 | Maria Cäcilia | 1751—1768 |
| Fides I. Hundbissin von Walrams | 1401—? | Maria Bernharda | 1768—1801 |
| Christina II. Holbainin | ? | Maria Xaveria | 1801—1803 |
| Ursula I. von Praßberg | † 1421 | | |

Säkularisierung der Abtei 1803: Baindt<br>mit Aspremont vereinigt.

## 495. Guttenzell (S. 19).

| | | | | |
|---|---|---|---|---|
| Mathilde | 1238—(1240) | Maria II. | (1598)—(1603) |
| Ida | ? | Anna I. | ?—1613 |
| Hiltrud | ? | Maria III. | 1613—? |
| Luitgard | 1283 | Anna II. | ?—1620 |
| Gertrud | 1299 | Maria IV. | 1620—? |
| Haylga | ? | Anna Margaretha | 1641 |
| Guota | ? | Maria Barbara Thun von Neu=burg | 1650, 1654 |
| Elisabeth Freyin | ? | Maria Franziska I. | (1682)—1715 |
| Ottilie Durlacherin | † 1491 | Bernharda von Donnersberg | 1715—1747 |
| Walpurgis I. Gretenna | 1491—1504 | Maria Franziska II. von Gall | 1747—1750 |
| Walpurgis II. Bruglenin | 1504—1516 | Maria Alexia | 1750—1776 |
| Katharina Bechtin | 1516—1526 | Maria Justina von Erolzheim | 1776—1803 |
| Barbara von Stotzingen | 1526—1528 | | |
| Magdalena von Freyberg | 1528—1542 | | |
| Maria I. von Landenberg | 1542—(1551) | | |

Säkularisierung der Abtei 1803: Guttenzell<br>mit Törring vereinigt.

## 496. St. Johanniskloster in Lübeck.

| | | | | |
|---|---|---|---|---|
| Clementia | 1245—1268 | Katharina I. Wufferdes | 1569—? |
| Gertrud | 1274 | Agneta Plömies | 1577 |
| Eva | ? | Meta II. Plömies | ?—1584 |
| Albergis Helle | † 1290 | Magdalena Tegetmayers | 1584—1619 |
| Windelburgis I. van der Brügge | 1290—1310 | Margaretha II. Wachtelowen | 1619—1626 |
| Adelheid I. Morum | 1310—1335 | Elisabeth III. Harders | 1626—1651 |
| Kunigunde von Bremen | 1335—1347 | Herdecke Hennings | 1652—1667 |
| Ida Vorrades | 1347—1348 | Elisabeth IV. Rendtorfen | 1667—1670 |
| Hildegund Güstrowen | 1348—1370 | Elisabeth V. Clements | 1670—1678 |
| Margarethe I. Mornewech | 1370, 1379 | Katharina II. von Dorne | 1679—1702 |
| Gertrud I. (von Attendorn?) | 1391 | Elisabeth VI. Blacks | 1702—1704 |
| Mathilde Wulves | ?—1401 | Katharina III. Hinzen | 1704—1725 |
| Gertrud II. Safferans | 1401—1404 | Maria Elisabeth Spangenbergs | 1726—1728 |
| Windelburgis II. Pleskowen | 1404—1417 | Elisabeth VII. Hasenharts | 1728—1740 |
| Wermtrud Slüters | 1417—1449 | Gertrud Katharina Kochs | 1740—1748 |
| Elisabeth I. Kröpelins | 1449—1475 | Katharina Maria Ellermanns | 1748—1768 |
| Meta I. | 1475—1500 | Anna Elisabeth Schauben | 1768—1772 |
| Heilwig Salige | 1501—1504 | Anna Sophia Ribbern | 1772—1778 |
| Nella | 1504—? | Dorothea Göbeln | 1778—1804, † 1804 |
| Gertrud III. Hovemanns | ?—1516 | | |
| Adelheid II. Brömsen | 1516—1538 | | |
| Christina von Kempen | 1538—1552 | | |
| Elisabeth Salige | 1552—1569 | | |

Säkularisierung der Abtei 1804: das
St. Johanniskloster mit der freien Reichsstadt
Lübeck vereinigt.

---

## 497. Hegbach (S. 18).

| | | | | |
|---|---|---|---|---|
| Irmgard | 1280 | Veronica Kröllin | 1539—(1541) |
| Elisabeth I. Hoffmannin | † 1350 | Ursula | (1598)—(1603) |
| Clara Ströhlin | 1350—1364 | Barbara II. | 1613 |
| Katharina, Gräfin von Stadion | 1390 | Scholastica | (1641)—(1654) |
| Agathe I. Gretterin | † 1438 | Maria Cäcilia I. | (1684)—1687 |
| Agathe II., Gräfin von Stadion | 1438—1454 | Maria Barbara | 1687—1721 |
| Elisabeth II. Kröllin | 1454—1480 | Maria Cäcilia II. von Chamb | 1721—1742 |
| Anna I. Suterin | 1480—1509 | Maria Adelheid | 1742—1773 |
| Anna II. Koboldtin | 1509—1515 | Maria Juliane | 1773—1792 |
| Barbara I. Ellenbogin | 1515—1526 | Maria Anna Voglin | 1792—1803 |
| Walpurgis Bitterlerin | 1526—1532 | | |
| Margaretha Hauptmannin | 1532—1539 | | |

Säkularisierung der Abtei 1803: Hegbach mit
Waldbott-Bassenheim vereinigt.

---

## 498. Käppel.

| | | | | |
|---|---|---|---|---|
| Gertrud von Heiger | 1390—1400 | Ernstine Claudine Margaretha Felicitas, Gräfin von Nassau-Siegen | 1654 |
| N. N. von Westerburg | ? | Katharina Elisabeth von Ottenstein, Coadjutrix | 1654 |
| Katharina von Holdinghausen | ? | Johanna Stephanie v. d. Heese | 1654—1659 |
| Kunigunde von Lünen | 1453 | Eleonora Theodora Voigt v. Elspe | 1660—1663 |
| N. N. von Heiger | 1465 | Johanna Maria v. Holdinghausen | 1663—1685 |
| Elisabeth I. von Willensdorf | 1466—1485 | Agathe Juliane von Steprod | 1685—1692 |
| Bela von dem Bruch | 1488—1495 | Anna Elisabeth von der Heese | 1692—1718 |
| Elisabeth II. Rode von Willensdorf | 1495—1517 | Sophie Charlotte Kessel von Bottlenberg | 1718—1748 |
| Elisabeth III. von der Heese | 1517—1523 | Sedisvacanz | 1748—1753 |
| Anna I. von Schellenberg | 1523—1565 | Johanna Dorothea von Syberg | 1753—1780 |
| Elisabeth IV. Lohn von Selbach | 1565—1574 | Marianne Antonia von Donop | 1780—1803 |
| Magdalena von der Heese | 1574—1612 | | |
| Anna II., Gräfin von Nassau-Siegen | 1612—1619 | | |
| Maria Hall von Efferen | 1619—1654 | | |
| Sophie Margaretha, Gräfin von Nassau-Siegen | 1654 | | |

Säkularisierung der Abtei 1803: Käppel
mit Nassau vereinigt.

---

## 5. Geistliche Ritterorden.

### 499. Johanniter-Orden.

**(Ritter des Spitals des heiligen Johannes zu Jerusalem.)**

Sitz des Ordens: Jerusalem.

| | |
|---|---|
| Gerhard, Procurator d. Hospitals | 1099—1120 |
| Raimund I. du Puy, Meister | 1120—1160 |
| Otgar von Balben | 1160—1161 |
| Gisbert von Assaly | 1161—1169 |
| Gaston | 1169—1170 |
| Gosbert | 1170—1177 |
| Roger I. von Moulin | 1177—1187 |
| Werner | 1187—1192 |
| Gottfried I. von Donion | 1193—1202 |
| Alfons | 1202—1204 |
| Gottfried II. Lerat | 1204—1207 |
| Warin I. | 1208—1230 |
| Bertram von Texis | 1230—1231 |
| Warin II. | 1231—1236 |
| Bertram II. von Comps | 1236—1241 |
| Peter I. von Veillebride | 1241—1244 |

Nach der Eroberung Jerusalems durch die Chowaresmier (im Dienste des Sultans von Ägypten) 1244 Verlegung des Sitzes nach Accon.

| | |
|---|---|
| Wilhelm I. von Châteauneuf | 1244—1259 |
| Hugo I. v. Revel, Großmeister 1267 | 1259—1278 |
| Nikolaus I. von L'Orgue | 1278—1289 |
| Johann I. von Villiers | 1289—1294 |

Nach dem Verluste Accons 1291 an die Mameluffen Verlegung des Sitzes nach Limisso auf Cypern.

| | |
|---|---|
| Odo von Pins | 1294—1300 |
| Wilhelm II. von Villaret | 1300—1307 |
| Fulko von Villaret | 1307—1319 |

Infolge der Eroberung Cyperns durch die Türken 1310 Verlegung des Sitzes nach Rhodus.

**(Rhodiser-Ritter.)**

| | |
|---|---|
| Hélion von Villeneuve | 1319—1346 |
| Dieudonné von Gozon | 1346—1353 |
| Peter II. Cornilliari | 1353—1355 |
| Roger II. von Pins | 1355—1365 |
| Raimund II. Berengar | 1365—1374 |
| Robert von Juillac | 1374—1376 |
| Johann Ferdinang von Erdia | 1376—1396 |
| Richard Caracciolo | 1381—1395 |
| Philibert Naillac | 1396—1421 |
| Anton I. Fluviano | 1421—1437 |
| Johann II. von Lestic | 1437—1454 |
| Jakob von Milly | 1454—1461 |

| | |
|---|---|
| Peter Raimund Zacosta | 1461—1467 |
| Johann Baptist Orsini | 1467—1476 |
| Peter I. von Aubusson | 1476—1503 |
| Emmerich von Amboise | 1503—1512 |
| Guido von Blanchefort | 1512—1513 |
| Fabricius von Caretto-Finale | 1513—1521 |
| Philipp v. Villiers de l'Isle-Adam | 1521—1534 |

Rhodus an die Türken verloren 1522; übersiedelung nach Malta 1526 (Geschenk Kaiser Karl des V.).

**(Malteser-Ritter.)**

| | |
|---|---|
| Peter II. del Ponte | 1534—1535 |
| Dietrich von Saint-Jaille | 1535—1536 |
| Johann III. Omedes | 1536—1553 |
| Claudius von La Sangle | 1553—1557 |
| Johann IV. von Valette-Parisot | 1557—1568 |
| Peter III. Guidalotti del Monte | 1568—1572 |
| Johann V. l'Evêque de la Cassiera | 1572—1581 |
| Hugo II. de Loubeux-Verdal | 1582—1595 |
| Martin I. Garcias | 1595—1601 |
| Alofius von Vignacourt | 1601—1622 |
| Ludwig Mendes v. Vasconcelhos | 1622—1623 |
| Anton II. von Paula | 1623—1636 |
| Johann Paul Lascaris v. Castellar | 1636—1657 |
| Martin II. von Redin | 1657—1660 |
| Annetus von Clermont de Chatte-Gessoms | 1660 |
| Raphael Cotoner | 1660—1663 |
| Nikolaus II. Cotoner | 1663—1680 |
| Gregor Caraffa | 1680—1690 |
| Hadrian von Vignacourt | 1690—1697 |
| Raimund III. Percellos von Roccaful | 1697—1720 |
| Marcus Anton Zondodari | 1720—1722 |
| Anton Emanuel von Vilhena | 1722—1736 |
| Raimund IV. Despugy | 1736—1741 |
| Emanuel I. Pinto von Fonseca | 1741—1773 |
| Franz Ximenes von Texada | 1773—1774 |
| Emanuel II. von Rohan | 1775—1797 |
| Ferdinand von Hompesch | 1797—1798 |
| Thomas von Contara | 1798, † 1805 |

Aufhebung des Ordens: Malta 1798 von den Franzosen, 1800 von den Engländern erobert. — Seit 1834 befindet sich das Kapitel des souveränen Ordens in Rom.

### 500. Großprioren des Johanniter-Ordens zu Heitersheim (G. A. 3).

| | |
|---|---|
| Heinrich I. von Toggenburg | 1251—1272 |
| Heinrich II. von Fürstenberg | 1272—1289 |
| Johann I. von Lupfen | 1289—1295 |
| Gottfried von Klingenfels | 1295—1299 |
| Heltwig von Randersack | 1299—1322 |
| Albrecht, Graf von Schwarzburg | 1322—1327 |
| Berthold, Graf von Henneberg | 1327—1331 |
| Rudolf I. von Maßmünster | 1331—1353 |
| Herdegen von Rechberg | 1353—1368 |
| Eberhard von Rosenberg | 1368—1384 |
| Konrad von Braunsberg | 1384—1394 |
| Friedrich I., Graf von Zollern | 1394—1408 |
| Amandus zu Rhein | 1408—1414 |
| Hugo, Graf von Montfort | 1414—1452 |
| Johann II. Lessel | 1452—1459 |

| | |
|---|---|
| Johann III. Schlegelholz | 1459—1466 |
| Richard von Bulach | 1466—1469 |
| Johann IV. von Au | 1469—1486 |
| Rudolf II. von Werdenberg | 1486—1500 |
| Johann V. Kerkenzer | 1500—1512 |
| Johann VI. von Hattstein | 1512—1546 |
| Georg I. Schilling von Cannstatt | 1546—1553 |
| Georg II. Bombast v. Hohenheim | 1553—1567 |
| Adam von Schwalbach | 1567—1573 |
| Philipp I. Flach | 1573—1594 |
| Philipp II. Riedesel von Camberg | 1594—1598 |
| Bernhard von Angeloh | 1598—1599 |
| Philipp III. von Lesch | 1599—1601 |
| Wippert von Rosenberg | 1601—1607 |
| Arbogast von Andlau | 1607—1612 |

Johann Friedrich Hund v. Saul-
heim . . . . . . . . . 1612—1635
Hermann I. von der Tanne . . 1635—1647
Friedrich II., Landgraf von Hessen 1647—1682
Franz I. von Sonnenberg . 1682—1683
Franz II. von Droste-Vischering. 1683
Hermann II. von Wachtendonk . 1683—1703
Bernhard Wilhelm von der Rhede 1703—1721
Goswin Hermann Otto v. Merveldt 1721—1728
Philipp Wilhelm von Nesselrode 1728—1754
Philipp Joachim Vogt von Praß-
berg . . . . . . . 1754—1755

Johann Baptist von Sonnenburg-
Herlesheim . . . . . 1755—1773
Franz Christoph Sebastian von
Remchingen-Apfeltrang . . . 1775—1777
Johann Joseph Benedict von Rei-
nach zu Foussemaigne und
Rappach . . . . . 1777—1796
Ignaz Balthasar Willibald Rink
von Baldenstein . 1796—1806, † 1807

Säkularisierung des Großpriorats 1806:
Heitersheim mit Baden vereinigt.

## 501. Heermeister des Johanniter-Ordens in Sonnenburg.

Gebhard von Bortfeld . . . 1327—1349?
Hermann von Warberg . . 1350—1371
Bernhard von der Schulenburg . 1372—1397
Dietrich von Walmede . . . 1397—1399
Vacanz . . . . . . 1399—1401
Reimar von Güntersberg . . 1401—1419
Busso von Alvensleben . . 1420—1424
Balthasar von Schlieben . . 1424—1437
Nikolaus von Thierbach . . 1437—1459
Heinrich von Reder . . . . 1459—1460
Liborius von Schlieben . . 1460—1472
Kaspar von Güntersberg . . 1472—1474
Richard von der Schulenburg . 1475—1491
Georg von Schlabrendorf . . 1491—1526
Veit von Thümen . . . 1527—1544
Joachim von Arnim . . . 1544—1545
Thomas Runge . . . . . 1545—1564
Franz Neumann . . . . 1564—1569
Martin, Graf von Hohnstein . 1569—1609
Friedrich, Markgraf von Branden-
burg . . . . . . . 1610—1611
Ernst, Markgraf von Brandenburg 1611—1613
Georg Albrecht, Markgraf von
Brandenburg . . . . . 1614—1615
Johann Georg, Markgraf von
Brandenburg . . . . 1616—1623

Joachim Sigismund, Markgraf
von Brandenburg . . 1624—1625
Adam von Schwarzenberg . . 1625—1642
Vacanz . . . . . . 1642—1652
Johann Moritz, Graf von Nassau-
Siegen . . . . . 1652—1679
Georg Friedrich, Graf v. Waldeck 1679—1692
Karl Philipp, Markgraf v. Bran-
denburg . . . . . 1693—1695
Albrecht Friedrich, Markgraf von
Brandenburg . . . . 1695—1731
Friedrich Karl Albrecht, Markgraf
von Brandenburg . . . 1731—1762
August Ferdinand, Prinz von
Preußen . . . 1762—1811, † 1813

Coadjutoren:

Christian Friedrich Heinrich Ludwig,
Prinz von Preußen . . . . † 1790
Ludwig Friedrich Karl, Prinz von
Preußen . . . . . 1795, † 1796
Friedrich Heinrich Karl, Prinz von
Preußen . . . . . 1800—1810

An Preußen 1810.

Prinz Heinrich von Preußen, Herren-
meister (Coadj. 1800—1811) 1810—1813, † 1846
Prinz Karl von Preußen . . . 1852—1883
Prinz Albrecht von Preußen . . 1883—

## 502. Deutscher Ritter-Orden (Bist. 1a).

### (Ritter und Brüder des deutschen Hauses Unserer Lieben Frau zu Jerusalem.)

Sitz des Ordens: Accon.

Heinrich I. Walpot von Bassen-
heim, Hochmeister . . . 1191—1200
Otto von Kerpen . . . 1200—1206
Hermann I. Barth . . . 1206—1210
Hermann II. von Salza . . 1210—1239
Konrad I., Landgraf von Thü-
ringen . . . . . 1239—1240
Gerhard von Malberg . . . 1241—1244
Heinrich II., Graf von Hohenlohe 1244—1249
Günther, Graf von Schwarzburg 1249—1253
Poppo von Osterna, Graf von
Wertheim . . . . 1253—1257
Hanno von Sangershausen . 1257—1274
Hartmann von Heldrungen . 1274—1283
Burkhard von Schwanden . 1283—1290
Konrad II. von Feuchtwangen . 1290—1297

Sitz des Ordens seit 1291: Venedig.

Gottfried, Graf von Hohenlohe 1297—1302(09)
Siegfried von Feuchtwangen . 1302(09)—1310
† 1311

Sitz des Ordens seit 1309: Marienburg in Preußen.

Karl Beffart, aus Trier . . . 1311—1324
Werner von Orselen . . . 1324—1330
Luderus (Lothar), Herzog von
Braunschweig . . . . . 1331—1335
Dietrich, Burggraf von Altenburg 1335—1341
Ludolf König von Waitzau . . 1342—1345
Heinrich III. Dusener von Arfberg 1345—1351
Winrich von Kniprode . . . 1351—1382
Konrad III. Zöllner von Rothen-
stein . . . . . . 1382—1390
Konrad IV. von Wallenrode . 1391—1393
Konrad V. von Jungingen . 1393—1407
Ulrich von Jungingen . . . 1407—1410
Heinrich IV. Reuß, Graf von
Plauen . . . . 1410—1413, † 1429
Michael Küchenmeister von Stern-
berg . . . . . . 1414—1422
Paul Belenzer von Rußdorf . 1423—1440
Konrad VI. von Erlichshausen . 1441—1449
Ludwig von Erlichshausen . 1450—1467

Sitz des Ordens seit 1457: Königsberg in Preußen.

| | |
|---|---|
| Heinrich V. Reuß, Graf v. Plauen | |
|     Statthalter | 1467—1469 |
|     Hochmeister | 1469—1470 |
| Heinrich VI. Reffle von Richten-berg . . . . . . | 1470—1477 |
| Martin Truchseß von Wetzhausen | 1477—1489 |
| Johann von Tieffen . . . . | 1489—1497 |
| Friedrich, Herzog von Sachsen . | 1498—1510 |
| Albrecht, Markgraf von Branden-burg-Culmbach . | 1511—1525, † 1568 |

Säkularisierung des Ordenslandes 1525:
Preußen Herzogtum unter polnischer Lehnshoheit,
seit 1660 souverän (s. bes.).
Die katholisch bleibenden Ritter siedeln über nach
Mergentheim a. d. Tauber.

| | |
|---|---|
| Sedisvacanz . . . . . | 1525—1527 |
| Walter v. Cronberg, Verweser 1526, Hoch- und Deutsch-meister . . . . | 1527—1543 |
| Wolfgang Schutzbar, gen. von Milchling . . . . | 1543—1566 |
| Georg Hund von Wenckheim . | 1566—1572 |
| Heinrich VII. von Bobenhausen . | 1572—1590 † 1595 |
| Maximilian, Erzherzog von Öster-reich . . . . . | 1590—1618 |
| Karl I., Erzherzog von Österreich | 1619—1624 |
| Johann Eustach von Westernach . | 1625—1627 |
| Johann Kaspar I., Graf v. Stadion | 1627—1641 |
| Leopold Wilhelm, Erzherzog von Österreich . . | 1641—1662 |
| Karl Joseph, Erzherzog v. Öster-reich . . | 1662—1664 |
| Johann Kaspar II. von Ampringen | 1664—1684 |
| Ludwig Anton, Pfalzgraf v. Neu-burg . . . . | 1685—1694 |
| Ludwig Franz, Pfalzgraf v. Neu-burg . . . . | 1694—1732 |
| Clemens August, Herzog v. Bayern | 1732—1761 |
| Karl Alexander, Herzog von Loth-ringen . . . | 1761—1780 |
| Maximilian Franz, Erzherzog von Österreich . . . . | 1780—1801 |
| Karl II., Erzherzog von Österreich | 1801—1804 |
| Anton Victor, Erzherzog von Österreich . . . . | 1804—1809 |

Aufhebung des Ordens 1809.

Hoch- und Deutschmeister in Österreich:

| | |
|---|---|
| Anton Victor, Erzherz. v. Österreich | (1804) 1809—1835 |
| Maximilian, Erzherzog v. Österreich-Este | 1835— |
| Wilhelm, Erzherzog von Österreich . . | — |

---

## 503. Deutschmeister in Alemannien.

| | |
|---|---|
| Hermann von Balk . . . . | 1219—1227 |
| Dietrich . . . . . . | 1231 |
| Heinrich, Graf von Hohenlohe . | 1232—1242 |
| Berthold von Tannenrode . | 1243—1245 |
| Albrecht von Bastheim . . | 1245—1247 |
| Albrecht von Hallenberg . . | 1248 |
| Eberhard, Graf von Sayn . | 1250—1254 |
| Dietrich von Grüningen . | 1254—1256 |
| Konrad von Nürnberg . | 1257—1264 |
| Werner von Battenberg . | 1271—1273 |
| Gerhard von Hirzberg . | 1273—1277 |
| Matthias . . . . | 1281—1283 |
| Konrad von Feuchtwangen . | 1284—1290 |
| Gottfried, Graf von Hohenlohe . | 1294—1297 |
| Heinrich von Nesselrode . | 1297—1298 |
| Siegfried von Feuchtwangen . | 1298—1302? |
| Winrich von Bosweiler . | 1302?—1303 |
| Eberhard von Sulzberg . . | 1305—1323 |
| Arnold v. Gunnisheim, Land-comthur in Mergentheim . | 1313 |
| Konrad von Gundelfingen, in Mer-gentheim 1311—1319 . . | 1323—1329 |
| Zürich von Stetten, in Mergen-theim 1320 . . . . | 1329—1330 |
| Wolfrad von Nellenburg . . | 1331—1361 |
| Philipp von Bickenbach . . | 1361—1375 |
| Gottfried von Hanau . . | 1375—1376 |
| Johann von Heyn . . | 1376—1379 |
| Konrad von Rude . . | 1379—1382 |
| Siegfried von Venningen | 1382—1393, † 1395 |
| Johann von Ketze . . | 1393—1396 |
| Konrad von Egloffstein . | 1396—1416 |
| Dietrich von Wittershausen . | 1416—1420 |
| Eberhard von Seinsheim . | 1420—1443 |
| Eberhard von Stetten . | 1443—1447 |
| Jobst von Venningen . | 1447—1454 |
| Ulrich von Lentersheim | 1454—1479, † 1481 |
| Reinhard von Neipperg . | 1479—1489 |
| Andreas von Grumbach . | 1489—1499 |
| Hartmann von Stockheim . | 1499—1510 |
| Johann Adelmann v. Adelmanns-felden . . . . | 1510—1515 |
| Dietrich von Cleen . | 1515—1526, † 1531 |

An die Hochmeister des Ordens
zu Mergentheim 1526.

---

## 504. Landmeister des Deutschen Ordens in Preußen.

| | |
|---|---|
| Hermann von Balk . . . | 1232—1239 |
| Dietrich von Grüningen . . | 1239—1257 |
| *Vertreter:* | |
| Heinrich von Wida . . | 1239—1244 |
| Poppo von Osterna . . | 1244—1247 |
| Heinrich v. Wida (z. 2. Male) | 1247—1250 |
| Ludwig von Queden . | 1250—1255 |
| Burkhard von Hornhausen . | 1255—1257 |
| Gerhard von Hirzberg . | 1257—1259 |
| Hartmuth von Grumbach . . | 1259—1262 |
| Helmerich von Rechenberg . | 1262—1263 |
| Johann v. Wegeleben, Vertr. | 1263 |
| Ludwig von Baldersheim . . | 1263—1269 |
| Konrad v. Thierberg, Vertr. | 1269—1271 |
| Dietrich von Gadersleben . | 1271—1273 |
| Konrad von Thierbach I. . . | 1273—1279 |
| Konrad von Feuchtwangen . | 1279—1280 |
| Mangold von Sternberg . | 1280—1283 |
| Konrad von Thierberg II. . | 1283—1288 |
| Meinhard von Querfurt . . | 1288—1299 |

Konrad von Babenberg . . . 1299—1300
Ludwig von Schippen . . . 1300
   Berthold Brühan, Vertreter . 1300
Helwig von Goldbach . . . 1300—1302

Konrad von Sack . . . . 1302—1306
Sieghard von Schwarzburg . . 1306
Heinrich von Plötzke . 1307—1309, † 1320
   An die Hochmeister 1309.

## 505. Landcomthure des Deutschen Ordens in der Ballei Koblenz.

Ludwig . . . . 1231
Walter . . . . 1248—1269
Matthias . . . . 1274—1294
(Anselm von Witzellembach, Haus-
   comthur . . . 1281)
Dietrich von Holland . . . 1298—1303
Winrich von Bosweiler . . 1315—1318
Berthold von Buchegg . . . 1324
   Alexander, Statthalter . 1331
Jakob . . . . 1331—1338
Eberhard von Monheim . . 1343
Johann von Langenreuth . . . 1343—1344
(Werner Schenhatz, Hauscomthur . 1344)
Christian von Binzfeld . . 1354—1356
Rüdiger von Frimersheim . . 1361—1374
Gottfried von Bicken . . . 1379
Berthold Kirskorb . . . 1383—1386
Adolf von Brügneys . . . 1388
Adolf von Frymen . . . 1392
Winrich von Rheindorf . . . 1400
Albrecht von Thüna . . 1409—1410
Wilhelm von Wynningen . . . 1410
Gerhard von Benesis . . . 1420—1427
Philipp von Kendenich . . . 1430—1435
Eberhard von Nasheim . . . 1435—1442
Eberhard Thyn von Schlender-
   han . . . . (1433) 1442—1447
Nikolaus von Geilsdorf . . . 1447—1461
(Eberhard von der Wegge, Haus-
   comthur . . . . 1451)
(Eberhard von der Warhaus, Haus-
   comthur . . . . 1451)
Heitgin von Mile . . . . 1463
Werner Overstolz . . . . 1463—1479
Philipp, Graf von Solms . . 1480—1500
Johann Scherffchen . . . 1486—1491
(Adolf von Hall, Hauscomthur . ?)
Philipp Blick von Lichtenberg . 1498—1499
Werner Spies von Büllesheim . 1486—1518

Ludwig von Seinsheim . . . 1502—1524
Wilhelm, Graf von Eisenberg . 1524
Erich, Herzog von Braunschweig 1527—1532
Georg von Eltz . . . . 1532
Walter von Heußenstamm . . 1531—1548
Werner Forstmeister v. Gelnhausen 1536
Wilhelm Halber von Hergern, Coad-
   jutor 1545 . . . 1547—1557
Anton von Weyr zu Nickenich . 1548—1558
Gerhard von Boyneburg, genannt
   Honstein . . . 1560—1573
Otto von Güns, Hauscomthur 1552 1574—1577
Reinhard Scheiffart von Merode 1570—1589
Adolf von Bongard . . . . 1584—1628
Heinrich von Eltz . . . . ?
(Johann Werner von Bongard,
   Hauscomthur . . . 1626)
Werner Spies von Büllesheim . 1641
Goswin Scheiffart von Merode . 1650—1687
Heinrich von Reuschenberg . . 1662—1671
Karl Otto von Koppenstein . um 1670
Johann Heinrich von Metternich . † 1678
Johann Wilhelm v. Metzenhausen-
   Linster . . . . 1678—1698
Johann Friedrich Mohr von Wald 1703—1704
Heinrich Wilhelm von Mirbach . 1706—1721
Karl Gottfried von Loe . . . 1715—1721
Jobst Moritz von Droste . . . 1720—1752
Friedrich Christian von Mengersen 1752—1753
Ignaz, Graf von Wurmbrand . 1753—1761
Ignaz Felix von Roll-Bernau . 1761—1794
Karl Friedrich Forstmeister von
   Gelnhausen, Coadjutor 1784 . 1795—1805
Wenzel Johann Nepomuk Franz,
   Graf von Colloredo . . 1805
Karl Anton v. Kerpen ⎫
Ferdinand Kaspar v. ⎬ Statthalt. 1803—1805
Kleist . . . . ⎭
   Aufgelöst 1805.

## 506. Landcomthure des Deutschen Ordens in der Ballei Etsch.

Friedrich . . . . 1234—1247
Alochus . . . . 1257
Heinrich von Velsenburg . . . 1263
Konrad von Tellinpach . . 1274
Dietrich . . . . 1278
Gottfried . . . . 1287
Konrad von Schlierstatt . . 1303
Leopold (Ludwig) von Windnigen
   (Wending) . . . 1305—1309
Egon von Tübingen I. . . . 1319
Dietrich von Trier . . . . 1320—1323
Gottfried von Hayenberg . . 1333
Egon von Tübingen II. . . 1350—1363
Johann von Rothafft . . . 1350—1357
Johann Graw . . . 1386
Marquard Zöllner von Rothenstein 1386
Johann von Hochschlitz . . . 1405—1409
Konrad Seveler . . . 1415
Friedrich von Wickerau . . 1416—1417

Georg Eglinger . . . . 1419—1420
Gottfried von Niederhaus . . 1420—1439
Ludwig von Lanse . . . . 1437—1451
   Johann Mosenauer, Statthalter 1438—1456
Vincenz von Wirsberg . . . 1439—1440
Heinrich von Freiberg . . . 1456—1463
Johann von Remchingen . . . 1457
   Konrad von Liechtenstein,
   Statthalter . . 1478
Heinrich von Freiberg (z. 2. Male) 1469—1484
   Dominicus von Holstein, Statt-
   halter . . 1486
Ludwig von Hürnheim . . . 1486—1494
   Johann von Schellenberg, Statt-
   halter 1488
Melchior von Schwandorf . . 1488
Wolfgang von Clingenberg . . 1495
Wolfgang von Neuenhaus . . 1498—1503
Heinrich von Knörringen . . . 1503—1330
Bartholomäus von Körringen . 1539

| | | | | |
|---|---|---|---|---|
| Engelhard von Rust | 1543—1559 | | Johann Jakob, Graf von Thun | 1662—1694 |
| Lucas Römer zu Maretsch | 1566—1572 | | Anton Ignaz Recordin von Stein | 1761 |
| Andreas Joseph von Spaur | 1572—1584 | | Johann Baptist von Ulm | 1764—1786 |
| Georg Mörl | 1601—1606 | | Johann Theodor von Belderbusch | 1791—1798 |
| Johann Gaudenz von Wolkenstein | 1627—1628 | | Ignaz Judas Thaddäus v. Brandis | 1801—1805 |
| Georg Nikolaus Vintler | 1655 | | | Aufgelöst 1805. |

---

## 507. Landcomthure des Deutschen Ordens in der Ballei Österreich.

| | | | | |
|---|---|---|---|---|
| Konrad von Osterna | 1247—1249 | | Konrad Hölzel, Statthalter | 1466 |
| Konrad von Immerlohe | 1250—1272 | | Albrecht von Hardeck | 1470—1485 |
| Otto von Haslau | 1260? | | Konrad von Strauchwitz | 1487—1500 |
| Konrad von Feuchtwangen | 1259 | | Andreas von Moshaim | 1501—1504 |
| Ortulf von Fraiskirchen | ? | | Konrad von Kotwitz | 1505—1513 |
| Gottfried Lesche | 1282—1285 | | Philipp Waidecker, Statthalter | 1513 |
| Konrad von Tettelbach | 1286 | | Christoph Auer von Herrenkirchen | 1513—1524 |
| Heinrich von Mannstock | 1291 | | Jobst Truchseß von Wetzhausen | 1524—1536 |
| Heinrich von Gleina | 1298—1299 | | Jordan von Berchenrode | 1522? |
| Hermann Lesche | 1305—1306 | | Erasmus von Thurn, Coadjutor | 1534 |
| Heinrich von Göldelin | 1316 | | Gabriel Creutzer | 1542—1568 |
| Otto von Wolchenmark (Völker= | | | Leonhard Formentin zu Thulwein | 1566—1585 |
| markt) | ? | | Volpert von Schwalbach | 1569 |
| Jeske von Matschau | ? | | Marquard von Egkh | 1596—1606 |
| Hermann Küdorfer | 1335 | | Maximilian Ernst, Erzherzog von | |
| Johann von Rinkenberg | 1342—1346 | | Österreich | 1615—1618 |
| Johann von Rumpenheim | 1358—1368 | | Johann Rudolf von Gemmingen | 1618, 1628 |
| Friedrich von Wabarth | 1378 | | Johann, Graf von Schrattenbach | 1637 |
| Werner von Übelsheim | 1382 | | Johann Jakob von Dhaun | 1642—1660 |
| Ulrich von Gravenberg | 1386 | | Johann Kaspar von Ampringen | 1662 |
| Stephan Ströbein (Strewein) | 1388—1389 | | Georg Gottfried von Lamberg | 1664—1665 |
| Walrab von Schärffenberg | 1393—1399 | | Christoph von Hüniken | 1672—1687 |
| Jobst von Sachsenhausen | 1402 | | Siegfried von Saurau | 1685, 1700 |
| Peter Lyntzer | 1407 | | Theobald Heinrich von Golt= | |
| Johann von Lenz | 1413—1414 | | stein, Coadjutor 1694 | 1700—1719 |
| Heinrich von Narrenberg | 1414—1418 | | Guidobald, Graf von Starhemberg | 1719—1737 |
| Sigismund von Ramung | 1418—1424 | | Karl, Graf von Colloredo | 1761—1786 |
| Johann von Anweil | 1424—1438 | | Aloys Leonhard, Graf v. Harrach | 1786—1800 |
| Johann von Stetten | 1443—1444 | | Karl, Graf von Zinzendorf | 1800—1805 |
| Johann von Pommersheim | 1438—1454 | | | |
| Otto von Königsfeld | 1461 | | | Aufgelöst 1805. |

---

## 508. Landcomthure des Deutschen Ordens in der Ballei Elsaß und Burgund.

| | | | | |
|---|---|---|---|---|
| Rudolf von Schaffhausen | 1272 | | Georg Dietrich von Eltz | 1518—1523(?) |
| Berthold von Gebzenstein | 1288 | | Philipp von Ehingen | 1537 |
| Engelhard | 1296 | | Johann Werner von Reischach | 1543—1549 |
| Wolfrad von Rellenburg | ? | | Siegmund von Hornstein | 1549—1577 |
| Mangold von Brandis | 1350—1357 | | Dietrich von Hohenlandsberg | 1578—1600 |
| Heinrich von Ringenberg | 1351—1359 | | Christoph Thun von Neuburg | 1606—1626 |
| Ulrich von Tettingen | 1360—1362 | | Johann Kaspar, Graf von Stadion | 1626—1627 |
| Regke von Hegi | 1364 | | (Johann Jakob?) von Stein | 1649 |
| Dietrich von Verningen | 1371 | | N. N. Schenk von Castell | 1651 |
| Vincenz von Bubenberg | 1379 | | Johann Eitel Hundbiß v. Walrams | 1651—1658 |
| Arnold Schaler | 1383 | | Philipp Albrecht von Berndorf | 1660—1666 |
| Heinrich von Schletten | 1384 | | Johann Hartmann v. Roggenbach | 1666—1685 |
| Rudolf von Randeck | 1386—1392 | | Franz Wilhelm, Graf von Fürsten= | |
| Marquard von Baden, Statt= | | | berg | 1671 |
| halter | 1394 | | Johann Friedrich von Baden | 1684—1688 |
| Johann von Schletten | 1402 | | Franz Benedict von Baden | 1694—1707 |
| Marquard von Königseck | 1411—1437 | | N. N. von Grandmont Statt= | |
| Ludwig von Lanse | 1436—1443 | | halter | ? |
| Burkhard von Schellenberg | 1443—1457 | | N. N. von Falkenstein | 1719 |
| Rudolf v. Rechberg-Hohenrechberg | 1468—1476 | | Philipp Joseph Anton Eusebius | |
| Hermann von Lutternau | 1476—1481 | | von Frohberg | 1736—1743 |
| Wolfgang von Clingenberg | 1481—1517 | | Christian Moritz Franz Eugen, | |
| Rudolf von Fridingen | 1518—1536 | | Graf von Königseck | 1761—1778 |

Beatus Konrad Philipp Friedrich
Reutner von Weyl . . . 1778—1801

Karl Friedrich Forstmeister von
Gelnhausen . . . . . . 1801—1805

Aufgelöst 1805.

## 509. Livländischer Orden der Schwertbrüder.

Wimo von Rohrbach, Meister des
Schwertbrüder-Ordens . . 1202—1208
Volkwin von Winterstätten . . 1208—1236

### Deutscher Orden in Livland.
(Abhängig vom Deutschen Ritter-Orden.)

Hermann I. Balk, Heermeister . 1237—1238
Dietrich I. von Grüningen . . 1238—1241
Andreas I. von Velven . . 1241—1244
Heinrich I. von Heimburg . 1244—1245
Dietrich II. von Grüningen . 1245—1247
Andreas II. von Stirland . 1247—1253
Eberhard I. von Seine . 1253—1254
Hanno von Sangerhausen . . 1254—1257
Burkhard I. von Hornhausen . 1257—1261
Georg von Eichstädt . . . 1261
Werner von Breithausen . . 1261—1263
Konrad I. von Manstädt . . 1263—1266
Otto von Lutterberg . . . 1266—1270
Andreas III. von Westphalen, Vice-
Meister . . . . 1271
Walter I. von Nordeck . . . 1271—1273
Ernst von Ratzeburg . . 1273—1279
Gerhard I., Graf von Katzen-
ellenbogen, Vice-Meister . 1279—1280
Konrad II. von Feuchtwangen . 1280—1282
Mangold von Sternberg . . 1282
Wilhelm I., Graf v. Schauenburg 1282—1288
Konrad III. von Herzogenstein . 1288—1290
Balthasar Holte . . . 1290—1293
Heinrich II. von Dumpeshagen . 1294—1295
Bruno . . . . . . 1296—1298
Gottfried von Rogga . . . 1298—1305
Wennemar I. . . . . . 1305—1306
Gerhard II. von Jocke . . . 1307—1326

Reimar . . . . . . . 1326—1328
Eberhard II. von Monheim . 1328—1341
Burkhard II. von Dreileben . 1341—1345
Golwin von Hericke . . . 1345—1360
Arnold von Vietinghoff . . 1360—1365
Wilhelm II. von Frimersheim . 1365—1383
Robin von Eltz . . . . 1383—1391
Wennemar II. von Bruggenei . 1391—1401
Konrad III. von Vietinghoff . 1401—1413
Dietrich III. Tork . . . 1413—1415
Siegfried Lander von Spanheim 1415—1424
Cysse von Rutenberg . . . 1424—1433
Frank von Kersdorf . . . 1433—1435
Heinrich III. von Buckenvorde
gen. Schungel . . . 1435—1437
Heinrich IV. Vincke v. Oberbergen 1438—1450
Johann I. v. Mengden gen. Osthof 1450—1469
Johann II. Wolthusen von Heerse 1470—1471
Bernhard von der Borch . . 1471—1483
Johann III. Freitag v. Loringhof 1483—1494
Walter II. von Plettenberg . . 1494—1535

Das Heermeistertum in Livland vom Hoch-
meistertum unabhängig 1525.

Hermann II. Bruggenei gen. Hasen-
kamp . . . . . . 1535—1549
Johann IV. von der Recke . 1549—1551
Heinrich V. von Galen . . 1551—1557
Wilhelm III., Graf von Fürsten-
berg . . . . 1557—1559, † 1568
Gotthard Ketteler, Coadjutor 1558 1559—1561
† 1587

Säkularisierung des Ordenslandes: Kurland
Herzogtum unter polnischer Lehnshoheit (s. bes.),
Livland an Polen abgetreten.

# B. Asien.

## 510. China.

I. Dynastie Hia . . 2205—1766 v. Chr.
II. Dynastie Chang . 1766—1123
III. Dynastie Tschen . 1123—255
IV. Dynastie Tsin . 255—206
V. Dynastie Han . 206 v.—220 n. Chr.
VI. Dynastie Mingti . 58—75 n. Chr.
VII.—XVII. Dynastie 220—990
XVIII. Dynastie . . 960—1279
XIX. Dynastie . . 1279—1368
XX. Dynastie . . 1368—1644

XXI. Dynastie Tsing (Mandschu) 1644—
Tschum-tschi . . . . . 1644—1662
Kang-hi . . . . . . 1662—1722
Kien-long . . . . . . 1722—1796
Kia-king . . . . . . 1796—1820
Tao-kuang . . . . . . 1820—1850
Hien-fong . . . . . . 1850—1861
Tung-chin . . . . . . 1861—1875
Kuang-sü . . . . . . 1875—

## 511. Die Khalifen.

Residenz: Medina.

Abu Bekr . . . . . . 632—634
Omar . . . . . . 634—644
Osman . . . . . . 644—656
Ali . . . . . . . 656—661

Dynastie der Ommaijaden 661—750.

Residenz: Damaskus.

Moawija I. . . . . . . 661—680
Jezid I. . . . . . . . 680—683
Moawija II. . . . . . . 683

Merwan I. . . . . . . . . 683—684
Abd el Malek . . . . . . 684—693
Malek . . . . . . . . 693—705
Walid I. . . . . . . . 705—714
Suleiman . . . . . . . 714—717
Omar . . . . . . . . 717—719
Jezid II. . . . . . . . 719—723
Hescham . . . . . . . 723—742
Walid II. . . . . . . . 742—743
Jezid III. . . . . . . . 743—744
Ibrahim . . . . . . . . 744
Merwan II. . . . . . . 744—750

### Dynastie der Abassiden 750—1258.

#### Residenz: Bagdad.

Abul Abbas Abdallah al Saffah  750—754
Abu dschiafar Al Mansur . . 754—774
El Mohadi Mohamed . . . 774—785
Musa al Hadi . . . . . 785—786
Abu Mohamed, Harun al Raschid Abu Dschiafar  786—809
Abu Musa Mohamed El Amun Abu Abdallah  809—813
Abu Dschiafar Abdallah al Ma-mun Abul Abbas . . 813—833
Motassem Billah Abu Ischak Mo-hamed  833—842
Watek Billah Abu Dschiafar, Harun  842—846
Motawakil al Allah Abul Fahdl Dschiafar  846—861
Montassen Billah Abu Dschiafar Mohamed  861—862
Mostain Billah Abul Abbas Ach-med  862—865
Motaz Billah Abu Abdallah Mo-hamed . . . . 865—869
Mohadi  869
Motamend al Allah Abul Abbas Achmed . . . . 869—892
Moaffek, Mitregent  871—891
Mothadad Billah Abul Abbas Achmed . . . . 892—902
Moktafir Billah Abu Mohamed Ali . . . . 902—909
Mohtadar Billah Abdul Fahdl Dschiafar . . . . 909—931

Kaher Billah Abul Mansur Mo-hamed  931—934
Radhi Billah Abul Abbas Ach-med  934—940

Die weltliche Macht reißen 935 die Emire al Omra an sich; die Khalifen behalten nur die
**geistliche Herrschaft.**

Motaki Billah Abu Ischak Ibra-him  940—944
Mostakfi Billah Abul Kasem Ab-dallah  944—946
Mothi Billah Abul Kasem Abul Abbas al Fahdl . . . 946—974
Thaii Billah Abu Bekr Abdul Kerim . . . . 974—991
Radher Billah Abul Abbas Ach-med  991—1031
Kaim Hamrillah Abu Dschiafar Abdallah . . . . 1031—1075
Mokdadi Billah Abul Kasem Ab-dallah  1075—1094
Mosthader Billah Abul Abbas Achmed . . . . 1094—1118
Mostarsched Billah Abu Mansur  1118—1135
Raschid Billah Abu Dschiafar al Mansur  1135—1136
Moktafi Lamrillah Abu Abdallah Mohamed  1136—1160
Mostandsched Billah Abu Mod-hafer Jussuf  1160—1170
Mosthadi Binur Allah Abu Mo-hamed al Hassan . . . 1170—1180
Nasr eddin Allah Abul Abbas Achmed  1180—1225
Dhaher Billah Abbat eddin Abu Nasr Mohamed  1225—1226
Monstanser Billah Abu Dschiafar al Mansur  1226—1242
Mostasem Billah Abdallah Abu Achmed  1242—1258

Zerstörung des Khalifats durch die Mongolen 1258.

### Emire al Omra:

### Dynastie der Bujiden. 935—1055.

### Dynastie der Seldschucken.

Zerstückelung des Reiches in fünf Sultanate (Nr. 512—516).

---

## 512. Kerman.

Dynastie der Seldschucken 1039—?
Sultan Kadera . . . . . 1039—1073
Mohamed Schah . . . . 1073—1091

Malek Dinan . . . . . 1091—?
Kerman durch die Chowaresmier (Perser) zerstört.

---

## 513. Iran-Bagdad.

Dynastie der Seldschucken 1055—1194:
Sultan Togrul Beg . . 1055—1063
Arp Arslan . . . . . 1063—1072
Malek Schah I. . . . 1072—1092
Mahmud I. . . . . . 1092
Barkijark . . . . . 1092—1104
Malek Schah II. . . . 1104

Mohamed Schah . . . . 1105—1117
Mahmud II. . . . . . 1118—1130
Sandschar . . . . . 1118—1157
Suleiman Schah . . . . 1157—1160
Arslan Schah . . . . 1160—1175
Togrul Schah . . . . 1175—1194
Iran-Bagdad von den Türken zerstört 1194.

## 514. Ikonium (Rum).

| | |
|---|---|
| **Dynastie der Seldschucken 1075—1307.** | |
| Sultan Suleiman ben Kutulmisch | 1075—1086 |
| Kilidsch Arslan I. | 1092—1107 |
| Malek Schah (Saïsan) | 1107—1116 |
| Masud I. | 1116—1156 |
| Iseddin Kilidsch Arslan II. | 1156—1193 |
| Ghajasseddin Kaichosrew I. Jathatine | } 1193—1211 |
| Rukn eddin Suleiman | } 1193—1202 |
| Iseddin Kilidsch Arslan III. | 1202 |
| Iseddin Kaikaus I. | 1211—1220 |
| Alaeddin I. Keikobad | 1220—1237 |
| Ghajasseddin Kaichosrew II. | 1237—1247 |
| Iseddin Kaikaus II. | } 1247—1266 |
| Rukn eddin Kilidsch Arslan IV. | } 1247—1267 |
| Ghajasseddin Kaichosrew III. | 1267—1283 |
| Masud II. | 1283—1297 |
| Alaeddin II. | 1297—1307 |

Ikonium (Rum) von den Mongolen zerstört 1307.

## 515. Aleppo.

| | |
|---|---|
| **Dynastie der Seldschucken 1079—1114** | |
| Sultan Tutursch | 1079—1096 |
| Reschran | 1096—1114 |

Aleppo von Ägypten erobert 1114.

## 516. Damaskus.

| | |
|---|---|
| **Dynastie der Seldschucken 1096—1132.** | |
| Sultan Dekkar | 1096—1104 |
| Tagterin | 1104—1128 |
| Tabsch el Muruk Kur | 1128—1132 |

Damaskus von Ägypten erobert 1132.

## 517. Persien.

Unter der Herrschaft der Khalifen . . . . 642—1258

Statthalter:

| **Südwest-Persien.** | | **Süd-Persien.** | | **Nord-Persien.** | |
|---|---|---|---|---|---|
| Bujiden | ?—1055 | Chowaresmier | 1079—1203 | I. Thahiriden. | |
| | | | | II. Saffariden. | |
| | | | | III. Samaniden. | |
| | | | | IV. Ghasnawiden. | |
| | | | | V. Ghuriden | ?—1203 |

Unter der Herrschaft der Seldschucken . . . ?—1258
Unter der Herrschaft der Mongolen . . . 1258—1405
Unter der Herrschaft der Turkmenen . . . 1405—1502

Selbständig unter der

| I. Dynastie der Sofiden 1502—1736. | | II. Schahs verschiedener Dynastieen 1736—1779. | |
|---|---|---|---|
| Schah Ismael I. Sofi | 1502—1523 | Schah Nadir | 1736—1747 |
| Thamasp | 1523—1576 | Verschiedene Herrscher neben einander | 1747—1759 |
| Ismael II. | 1576—1577 | Kerim-Khan | 1759—1779 |
| Chodabend | 1577—1585 | | |
| Emir Hemse | 1585 | **III. Dynastie der Kadscharen 1769—** | |
| Ismael III. | 1585 | Aga Muhamed | 1779—1797 |
| Abbas I., der Große | 1585—1628 | Feth Ali | 1797—1834 |
| Sofi I. | 1628—1642 | Mehmed | 1834—1848 |
| Abbas II. | 1642—1666 | Nasr eddin | 1848—1896 |
| Sofi II. Suleimann | 1666—1694 | Muzaffer eddin | 1896— |
| Hussein Mirza | 1694—1732 | | |
| Abbas III. | 1732—1736 | | |

## 518. Mongolenreich.

| | | | |
|---|---|---|---|
| Khan Temudschin (Dschingiskhan) | 1203—1227 | Kublai | 1259—1294 |
| Oktai | 1227—1241 | | |
| Kajuk | 1241—1257 | | |
| Mangu | 1257—1259 | | |

Das Mongolenreich, das sich seit 1259 in viele kleine Staaten auflöste, zerfiel 1294 für immer.

## 519. Hindustan.

| | | | |
|---|---|---|---|
| Großmogul Akbar (zu Delhi) | 1556—1605 | Aureng-Zeb | 1658—1707 |
| Dscheschanghir | 1605—1627 | Hindustan von den Engländern erobert. | |
| Dschehan | 1627—1658 | | |

## 520. Afghanistan.

| I. Dynastie Abdalli 1747—1830. | | II. Dynastie Burucksi 1830— | |
|---|---|---|---|
| Emir Achmed | 1747—1773 | Dost Muhamed | 1830—1863 |
| Timur | 1773—1793 | Afzul Khan | 1863—1867 |
| Zeman | 1793—1800 | Azim Khan | 1867—1868 |
| Mahmud | 1800—1804 | Schir Ali | 1868—1879 |
| Mudschah al Mulk | 1804—1809 | Jakub | 1879—1880 |
| Mahmud (zum 2. Male) | 1809—1818 | Abdurrahman | 1880—1901 |
| Ejub | 1818—1830 | Halib Ullah | 1901— |

## 521. Birma.

| | | | |
|---|---|---|---|
| König Alompra | 1752—1780 | Tharawaddy | 1837—1845 |
| Padunmang | 1780—1819 | Prinz von Paghan | 1845—1853 |
| Phaggi-Gan | 1819—1837 | Munglon | 1853— |

## 522. Siam.

| | | | |
|---|---|---|---|
| König Phaza-Tak | 1767—1782 | Chram Chiat | ?—1851 |
| | | Chan Fa Mongkut | 1851—1852 |
| Dynastie Chakkris 1782— | | Maha Mongkut | 1852—1868 |
| Chakkri | 1782—? | Chulalongkorn | 1868— |

## 523. Annam.

| Dynastie Ngnyen 1782—1825. | | Tüdük | 1847—1883 |
|---|---|---|---|
| König Ngnyen Aah | 1782—1825 | Diep Hoa | 1883 |
| Dynastie Yuen 1820— | | Yu-Dok | 1883—1889 |
| Minh-Meuh | 1820—1841 | Seit 1884 unter französischer Schutzherrschaft. | |
| Yuen Justinen Thientri | 1841—1847 | Tham Thai | 1889— |

## C. Afrika.

### 524. Marokko.

| I. Dynastie der Meriniden ?— um 1490. | | Muley Ismael | 1672—1727 |
|---|---|---|---|
| II. Dynastie der Sanditen um 1490—1546. | | Sidi Muhamed | 1747—1770 |
| III. Dynastie der Scherife von Tafilelt 1546—1658. | | Muley Suleiman | 1794—1822 |
| | | Muley Abdurrahman | 1822—1859 |
| Sultan Muley Muhamed | 1546?—1578 | Sidi Muhamed | 1859—1873 |
| IV. Dynastie der Aliden 1650— | | Muley Hassan | 1873—1894 |
| Muley | 1650—1672 | Muley Abdul Asis | 1894— |

### 525. Zanzibar.

| | | | |
|---|---|---|---|
| Sultan Said-Said von Maskat | ?—1858 | Hamed ben Thwain | 1893—1896 |
| Said-Medschid | 1858—1870 | Said ben Hamond | 1896—1902 |
| Bargasch ben Said | 1870—1890 | Said Ali ben Hamond | 1902— |
| Said Ali ben Said | 1890—1893 | | |
| Seit 1890 unter englischer Schutzherrschaft. | | | |

## 526. Abessynien.

| | | | |
|---|---|---|---|
| Negus (Kaiser) Theodor . . . | 1855—1868 | Johannes II. . . . . . . | 1880—1889 |
| Johannes I. . . . . . . | 1868—1880 | Menelik von Schoa . . . . | 1889— |

## 527. Madagaskar.

| | | | |
|---|---|---|---|
| König Radowa I. . . . . . | ?—1818 | Königin Ranavalo II. . . . | 1868—1883 |
| Königin Ranavalo I. | | Ranavalo III. Manjaka . | 1883—1896 (lebt) |
| Radowa II. . . . . . . . | —1863 | Madagaskar französische Kolonie. | |
| Rabodo . . . . . . . . | 1863—1868 | | |

## 528. Zulu.

| | | | |
|---|---|---|---|
| Tschakas Familie 1818—1879. | | Panda . . . . . . . . | 1839—1873 |
| Tschaka . . . . . . . | 1818—1828 | Ketschwayo . . . . . | 1873—1879 |
| Dingaan . . . . . . . | 1828—1839 | Das Land englische Kolonie 1879. | |

# D. Amerika.

## 529. Mexiko.

1822 Trennung der Kolonie Mexiko vom Mutterlande Spanien.

| | | | |
|---|---|---|---|
| Kaiser Augustin Iturbide . . . | 1822—1823 | Kaiser Maximilian von Österreich | 1863—1867 |
| I. Republik . . . . . | 1823—1863 | II. Republik . . . . . | 1867— |

## 530. Brasilien.

1822 Trennung der Kolonie Brasilien vom Mutterlande Portugal.

| | | | |
|---|---|---|---|
| Dynastie Bragança-Koburg 1822—1889. | | Pedro II. . . . . . | 1831—1889, † 1891 |
| Kaiser Pedro I. . . . | 1822—1831, † 1834 | Republik . . . . . . . | 1889— |

# E. Australien.

## 531. Hawaii (Sandwich-Inseln).

| | | | |
|---|---|---|---|
| Dynastie Kamehameas 1779—1893. | | Kamehamea V. . . . . . . | 1863—1873 |
| König Kamehamea I. . . . . | 1779—1819 | Lunalipo . . . . . . . | 1873—1874 |
| Kamehamea II. . . . . . | 1819—1823 | Kalakaua . . . . . . . | 1874—1891 |
| Kamehamea III. . . . . . | 1823—1854 | Königin Liliuokalani . . | 1891—1893 (lebt) |
| Kamehamea IV. . . . . . | 1854—1863 | Republik . . . . . . . | 1893— |

# Anhang.

## 532. Häuptlinge von Rüstringen und Jever.

Sibeth I. Wimken Papinga in Hove
   und Oldenbrügge . 1330—1341, † 1359?
Edo Wimken I., Häuptling in Jever 1353—1414
Sibeth II. Papinga in Jever . . 1414—1433
Haylo Harles in Jever . . 1433—1442
Tanne Düren . . . . . 1442—1468
Edo Wimken II. . . . . } 1468—1511
Sibeth III. in Sibethsburg . . } 1468
Christoph . . . . . . 1511—1517
Anna . . . . . . . 1517—1536

Maria . . . . . . . 1536—1575
   An Oldenburg . . . . . 1575—1667
   An Anhalt-Zerbst . . . . . 1667—1793
   An Rußland . . . . . . 1793—1807
Friederike Auguste Sophie von
   Anhalt-Zerbst, Verw. 1793—1807, † 1827
   An Holland . . . . . 1807—1813
   An Rußland . . . . . 1813—1818
   An Oldenburg . . . . . 1818.

## 533. Kölnische Landmarschälle von Westphalen.

Adolf von Dassel . . . . 1180
(Hermann von Osede . . . um 1195)
Simon von Tecklenburg I. . . 1207
Richwin von Erwitte . . . 1220
Heinrich . . . . . . (1198) 1221
Johann von Erwitte . . . 1226
Richwin von Erwitte (zum 2. Male) 1227—1230
Albert von Störmede . . . 1231—1248
Heinrich Schultheiß von Soest . 1232 (1253?)
Arnold von Honstaden . . . 1238
Gottfried . . . . . . 1240, † 1290
Albert von Störmede (zum 2. Male) 1248—1256
Hunold von Plettenberg . 1256—1260; 1267
Arnold v. Honstaden (zum 2. Male) 1250; 1266
Konrad von Elverfeld . . . 1276
Goswin (Gerwin) . . . . 1281—1282
Johann von Bilstein . 1284—1290, † 1300
Otto von Everstein-Polle . . 1290—1292
Johann von Plettenberg (I.) . 1293—1300
Simon von Tecklenburg II. . . 1300—1305
Johann von Plettenberg (II.) . 1305—1318
Robert von Virneburg . . . 1318—1331
Konrad von Hüsten . . . 1331—1332
Berthold von Büren . . . 1333—1335
Heinrich von Löwenberg . . 1336—1339
Gottfried von Arnsberg . . 1339—1344
Johann von Reifferscheid I. . . 1344—1349
Hermann von Plettenberg . . 1352
Engelbert von der Mark . . 1366
Gottfried v. Arnsberg (zum 2. Male) 1368—1370
Heinrich Spiegel von Desenberg
   (Bischof v. Paderborn 1361—1380) 1370—1377
Gotthard von Wevelinghoven . 1377—1381
Heidenreich von Ör . . . 1381
Simon von Sternberg (Bischof von
   Paderborn 1380—1389) . . 1381—1382
Rütger von Brempt . . . 1382—1385

Johann v. Plettenberg gen. Heyde-
   mole . . . . . . . (1386)—1388
Theodor von Kettler . . . 1388—1406
Adolf von Berg . . . . 1406
Engelbert von Nassau . . . 1406—1407
Johann von Hatzfeldt I. . . 1407—1441
Heinrich von Alinghoven gen. Laar 1441—1446
Heinrich von Mörs (Bischof von
   Münster 1424—1450) . . 1446—1450
Johann von Nassau . . . 1450—1454
Konrad von Wrede . . . 1454—1458
Bernhard von Lippe . . . 1461—1473
Goswin Kettler, Landdrost . 1473—1475
Johann von Salm-Reifferscheid II. 1475—1480?

Landdrosten:

Theodor von Laer . . . . 1480—1490
Philipp von Hörde . . . 1490—1496
Kaspar von Ör . . . . 1496—1518
Johann von Böckenvörde, gen.
   Schlüngel . . . . 1519—1531
Johann von Quadt . . . 1531—1540
Bernhard von Nassau . . . 1540—1541
Henning von Schlüngel . . 1541—1559
Johann von Hatzfeldt II. . . 1559—1561
Eberhard von Solms . . . 1561—1600
   Vacat . . . . 1600—1613
Kaspar von Fürstenberg . . 1613—1618
Wilhelm a Bavaria v. Höllinghoven 1618—1624
Friedrich von Fürstenberg . 1624—1646
   Vacat . . . . 1646—1649
Theodor von Landsberg . . 1649—1683
Ferdinand von Wrede-Melschede 1684—1685
Georg Ernst von Böckenforde gen.
   Schlüngel von Echthausen . 1686—1719
Kaspar Ferdinand von Droste-
   Erwitte . . . . . . 1719—1728

Ernst Dietrich Anton von Droste-Füchten . . . . . 1728—1731

Engelbert Dietrich Ludwig von Droste-Erwitte . . . 1731—1758

Hermann Theodor von Spiegel zum Desenberg . . . 1758—1779

Franz Wilhelm von Spiegel zum Desenberg . . . . . 1779—1786

Clemens August von Weichs zur Wenne . . . 1786—1803, † 1815

Das Herzogtum Westphalen unter der Herrschaft der Landgrafen, dann Großherzöge von Hessen-Darmstadt 1803—1815.
An Preußen 1815.

---

### 534. Landvögte von Rügen.

Stoislav von Putbus . . . . . 1326
Johann von Putbus . . . . 1334—1338
Henning von Jasmund . . . 1432
Magnus von Platen . . . 1443
Raven Barnekow I. . . . . 1448—1452
Erich von Kahlenden-Rentz I. . 1471—1476
Raven Barnekow II. . . . . 1476—1481
Degenher von Buggenhagen . . 1481—1490
Kurt von Krackwitz . . . . 1490—1496
Waldemar von Putbus . . . 1496—1517
Degenher v. Buggenhagen (z. 2. M.) 1517—1524
Balthasar Kaspar von Jasmund 1524—1525
Wilken von Platen . . . . 1525—1536
Jaroslaw von Kahlenden . . . 1536—1554
Matthäus von Normann . . . 1554—1558
Erich von Kahlenden II. . . . 1558—1560
Georg Joachim von Platen-Ventz 1560—1573
Heinrich von Normann . . . 1573—1584
Gutzlaf von Rotermund-Boldewitz 1584—1595
Balthasar von Jasmund-Spykert 1595—1602
Christoph von der Lancken I. . 1602—1604
Johann von Krackwitz-Postlitz . 1604—1611
Christoph von der Lancken-Woldewitz II. . . . . . . . 1611—1628

Nicolaus von Ahnen-Natzwitz . 1628—1630
Arend von Bohlen-Glasitz . . 1630—1632
Eckard von Usedom . . . . 1632—1642
Ernst v. Berglasen-Teschwitz 1642—1664, † 1666
Wilken von Berglasen-Teschwitz . 1664—1694
Johann Karl von der Lancken-Zürkwitz . . . . . . 1694—1698
Jakob von Wewezer . . . . 1698—1706
Arend Christoph von Bohlen-Bohlendorf . . . . . . 1706—1711
Hermann Alexander von Wolfradt 1711—1716
Johann Jansson von Silverstern 1716—1718
Christoph August von John . . 1718—1721
Hermann Alexander von Wolfradt (zum 2. Male) . . . . . 1721—1734
Vacat . . . . . . . 1734—1736
Bogislaw Georg von Platen . 1736—1759
Karl Gustav von Wolfradt . . 1760—1785
Karl Friedrich von Usedom . . 1785—1805
Karl Ludwig Adolf von Bohlen 1805—1815

An Preußen 1815.

---

### 535. Schwedische Statthalter in Pommern.

Claes Graf Horn . . . . . 1631—1632
Sten Freiherr Bjelke . . . . 1633—1638
Johann Graf Baner . . . . 1638—1641
Leonhard Graf Torstenson von Forstena-Slägten . 1641—1646, † 1651
Axel Graf Lillie . . 1646—1648, † 1662
Karl Gustav Graf Wrangel . . 1648—1676
Otto Wilhelm Graf Königsmark von Stegeholm und Westerwik . . . . . 1676—1687, † 1688
Niels Graf Bjelke . . 1687—1698, † 1716
Göran Graf Mellin . 1698—1711, † 1713
Johann August Graf Meyerfeldt 1713—1748
† 1749

Axel Graf Löwen . . 1748—1766, † 1772
Johann Heinrich Graf Lieven . 1766—1772
† 1781
Friedrich Karl Graf Sinclair . 1772—1776
Friedrich Wilhelm Fürst v. Hessenstein . . . . . . . 1776—1791
Erich Graf Ruuth . . . . . 1792—1796
Philipp Bernhard Julius Freiherr von Platen . . 1796—1800, † 1805
Johann Heinrich Graf Essen . 1800—1807
An Frankreich . . . . . 1807—1809
Johann Heinrich Graf Essen (zum 2. Male) . . . . . . . 1809—1815
An Preußen 1815.

---

### 536. Schwedische Statthalter in Preußen.

Hermann Graf Wrangel . . . 1632—1635, † 1643
Peter Brahe . . . . . . . 1635—1660, † 1680

## 537. Präsidenten der Vereinigten Staaten von Nord=Amerika.

| | | | | |
|---|---|---|---|---|
| Georg Washington | 1789—1797 | | Franklin Pierce | 1853—1857 |
| John Adams | 1797—1801 | | James Buchanan | 1857—1861 |
| Thomas Jefferson | 1801—1809 | | Abraham Lincoln | 1861—14./4. 1865 |
| James Madison | 1809—1817 | | Andreas Johnson | 1865—1869 |
| James Monroe | 1817—1825 | | Ulysses Simpson Grant | 1869—1877 |
| John Quincy Adams | 1825—1829 | | Rutherford Hayes | 1877—1881 |
| Andrew Jackson | 1829—1837 | | James Abraham Garfield | 4. 3.—20./9. 1881 |
| Martin van Buren | 1837—1841 | | Chester Arthur | 1881—1885 |
| William Henry Harrison | 4./3.—4./4. 1841 | | Stephen Grover Cleveland | 1885—1889 |
| John Tyler | 1841—1845 | | Benjamin Harrison | 1889—1893 |
| James Knox Polk | 1845—1849 | | Stephen Grover Cleveland | 1893—1897 |
| Zacharias Taylor | 1849—9./7. 1850 | | Mac Kinley | 1897—14./9.1901 |
| Millard Fillmore | 1850—1853 | | Theodor Roosevelt | 1901— |

## 538. Präsidenten der Republiken in Frankreich.

II. Republik 1848—1852.

Prinz Napoléon Bonaparte (Kaiser Napoléon III.)
1848—1852, † 1873.

III. Republik 1870—

| | |
|---|---|
| Adolf Thiers | 1870—1873 |
| Moritz von Mac=Mahon, Herzog v. Magenta | 1873—1879 |
| Julius Grévy | 1879—1887 |
| Sadi Carnot | 1887—1894 |
| Casimir Périer | 1894 (lebt) |
| Felix Faure | 1894—1899, † 1899 |
| Emil Loubet | 1899—1906 (lebt) |
| Armand Fallières | 1906— |

# I.

# Verzeichnis der Länder und Gebiete.

Bem.: 1. Die Namen der durch Teilung hervorgegangenen Gebiete (z. B. Sachsen-Weißenfels) sind unter den Teilnamen (Weißenfels) zu suchen.

2. Ein † vor einem Namen bezeichnet ein geistliches Fürstentum.

## A.

Aachen, s. Pfalzgrafen.
† Aachen 280.
Abensperg und Traun 104.
Abessynien 322.
Achaja 16.
Adelshofen 112.
Adendorf 91.
Aerschot 32.
Afghanistan 321.
† Afra, s. St. Ulrich und Afra.
† Aglei, s. Aquileja.
Ägypten 1.
Ahr 28.
Aichelberg-Frankenburg 140.
Aichen 109, 110.
Albeck 96.
Albrechtsberg 138
Aldringen, s. Clary.
† Alemannien (Deutschm.) 315.
Aleppo 320.
Aletzheim 118.
Allersberg 121.
Almeloo 122.
Alpheim 28.
Alt-Bruchhausen 36.
Alt-Eberstein 87.
Altenburg 175, 176.
Altenkirchen 52.
Alt-Katzenellenbogen 55.
Alt-Leiningen 62.
Altortenburg 144.
Alt-Puch 69.
Altschloß-Burgstall 135.
Alverdissen 38, 39.
Amberg 48.
Amerang 142, 143.
† Amorbach 284.
† St. Andrä in Lavant 277.
Anem 123.
Angern, s. Matzen.
Anhalt 200.
Anjou 215.
Annam 321.
Ansbach 86.
Antiochia 15.
Appeltern 123.
† Aquileja (Aglei) 237.
Aquitanien 214.
Aragon 216.
Archipelagos, s. Naxos.

Arelatisches Königreich 18.
Aremberg 31.
Argen 94.
Argos und Nauplia 17.
Armenien 15.
Arnau 157.
Arnfels 57.
† Arnsburg 309.
Arnstadt 185, 186.
Arnstein (Barby) 202.
       (Mansfeld) 199.
Arröe 207.
Artern 199.
Asberg 98.
Aschach (Henneberg) 85.
       (Starhemberg) 138.
Aschersleben 200.
Assenheim 69.
Assyrien 3.
Asturien 217.
Athen 16.
Au 119.
Auersperg 132.
† Augsburg 246.
    s. a. St. Ulrich und Afra in
    Augsburg.
Augustenburg 207.
Aulendorf 108.
Auschwitz 161, 162.
Austrasien 13.
† Avignon, s. Kirchenstaat.

## B.

Baar 92.
Babenhausen (Fugger) 114.
       (Hanau) 56.
       (Rechberg) 110.
Babylonien 3.
Baden 89.
Badenweiler 23.
Bagdad 319.
    s. a. Iran-Bagdad.
    o. Khalifen.
† Baindt 311.
Baktrien 7.
Baldern 104.
Ballenstädt 179.
Balzheim 152.
† Bamberg 272.
Bar 20.
Barby 202.

Barchfeld 54.
Bartenstein 80, 81.
Barth 170.
Baruth 69, 70.
Bärwalde 106.
† Basel 255.
Bassenheim, s. Waldbott-Bassenheim.
Batthyani 152.
Bayern 114.
Bayer-Naumburg 198.
Bayreuth 86.
Beaucignies 34.
Beck 208.
Beckach 95.
Bedbur 24.
Beichlingen 190.
Beide Sicilien 224.
Beilstein (Metternich) 45.
       (Nassau) 66.
Belgien 213.
Benevent 14.
Bentheim 30.
Bentinck 36.
† Berchtesgaden 302.
Berditschew 168.
Berg (Grafschaft) 29.
       (Großherzogtum) 29.
       (Herzogtum) 49.
Bergedorf, s. Mölln.
Bergheim 40.
Berleburg 52.
Bernburg 200, 201.
Bernicia 211
Bernstadt 161, 164.
† Besançon 245.
Bestendorf 106.
Bettingen 27.
Beuthen 162.
    s. a. Carolath.
Bevern 194.
† Biben 255.
Bielin 156.
Bielitz 168.
Biesterfeld 38.
Billigheim 61.
Birkenfeld 49.
Birma 321.
Birnstein (Dietz) 55.
       (Isenburg) 58.
Bisanz 14.

Bischweiler 49.
Bithynien 7.
Bitsch 50.
Blankenberg 23.
Blankenburg (Regenstein) 192.
       (Schwarzburg) 184, 185.
Blankenhain 189.
Blankenheim 27.
† St. Blasien 294.
Blaubeuren 108.
Blomberg 92.
Böblingen 98.
Bockenheim 61.
Bockstädt 197.
Böhmen 153.
Bolanden (Falkenstein a. D.) 63.
       (Spomheim) 51.
Boos 114.
Borkeloe 43.
Bornstedt 199.
Borowsk 232.
Bosnien 225.
Bosporanisches Reich, s. Pontus.
Brabant 25.
Braine 20.
Bräke 38.
Brandenburg 171.
    s. a. Dietenheim-Brandenburg.
† Brandenburg 268.
Brasilien 322.
Brauneck 82.
Braunfels 68.
Braunschweig 193.
Breda 66.
Bregenz 93, 94, 95.
Breisgau 98.
† Bremen 241.
Brena 186.
Brenz 101.
Breslau 158, 159, 160.
† Breslau 269.
Bretagne 215.
Bretzenheim 51.
Breuberg (Erbach) 74.
       (Wertheim) 83.
Brieg 159.
† Brixen 252.
Broglie 152.
† Brombach 308.
Bronchorst 43.
Bruchhausen 36.

Grumbach 22.
Grünberg 160.
Grunenbach 113.
Gschwendt 139.
Guastalla 222.
Guienne 214.
Gundelfingen (Helffenstein) 108
  (Palm) 152.
Guntersblum 61.
† Gurk 273.
Güstrow 204, 205.
Guttenberg, f. Stein-Guttenberg.
† Guttenzell 311.
Güttler 157

**H.**

Haaßenstein 87.
Hachberg 89, 90.
Hachenburg 52.
Hadamar 67.
Hadersleben 208.
Haigerloch 102, 103.
Hainau 159.
Hainburg 192.
Hainsbach 24.
† Halberstadt 265.
Hallermund 195.
Hals 121.
Haltenbergstetten 82.
† Hamburg, f. Bremen.
Hanau 55.
Hannover 194.
Harburg 194.
Hartelstein 91.
Hartenberg 85.
Hartenburg 61.
Hartenstein 187.
Harzgerode 201.
Haslach 92.
Hatzfeldt 72.
† Havelberg 267.
Havré 32, 33.
Hawaii (Sandwichs-Inseln)
Hechingen 102.  [322.
† Hegbach 312.
Heidesheim 61.
Heiligenberg (Fürstenberg) 93.
  (Werdenberg) 95.
† Heitersheim (Großpriore des Johanniter-Ordens) 313.
Heldrungen 199.
Helffenstein 107.
† Helmstädt, f. Werden.
Henneberg 85.
Hennegau 24.
Herck 26.
† Herford 290.
Heringen 191.
Hermsdorf 165.
Herrenberg 97.
Herrenzimmern 99.
† Hersfeld 287.
Herstal 34.
Hessen 53.
Heußenstamm 71.
Hildburghausen 176.
† Hildesheim 265.
Hilpoltstein 49.
Hindustan 321.
Hinterglauchau 188.
† Hirsau 292.

Hirschberg (Schlesien) 160.
  (Vogtland) 182.
Hochberg-Pleß 164.
Hoch-Burgund 18.
Hochstaden 28.
Hof 180.
Hohenberg 102.
Hohenburg 88.
Hoheneck 113.
Hohenems 96.
  (Waldburg), f. Lustenau-Hohenems.
Hohenfels 63.
Hohengeroldseck 90.
Hohen-Königsburg 88.
Hohenlandsberg 84.
Hohenlimburg 42.
Hohenlohe 79.
Hohen-Osterwitz-Metsch 140.
Hohenrechberg 109, 110.
Hohensolms 68.
Hohenwaldeck 117.
Hohenzollern 101, 102, 103.
Hohnstein 190.
  (Sayn) 53.
Holland 25.
  f. a. Niederlande.
Hollenburg 131.
Holstein 205.
Holzapfel 63.
Homburg (Hessen) 54.
  (Sayn) 52, 53.
Hongrie, f. Croy-Chanel.
Honstädt 71.
Hoogstraten 22.
Horb 97.
Horn 34.
Hoya 37.
Hoym, f. Zeitz-Hoym.
Hungen 68.

**J.**

Jdstein 64, 65.
Jkonium 320.
† Jlbenstadt 303.
Jlleraichheim 43.
Jlsenburg 197.
Jngelfingen 80.
Jngolstadt 116.
Jn= und Knyphausen 36.
Jran-Bagdad 319.
Jrland 212.
† Jrrsee 310.
Jsenburg 57.
† Jsny, f. St. Georg in Jsny.
Jsrael 4.
Jstrien 129.
Jtalien (Königreich) 225.
  (römische Kaiser) 18.
Jtzehoe 206

**J.**

Jagstberg 81.
Jägerndorf 163.
Jannowitz 197.
Jaroslawl 231.
Jauer 160.
Jena 176.
Jennelt 36.
Jerusalem 15.
Jettenbach 118, 119, 120.

Jever 323.
† St. Johanniskloster in Lübeck 312.
† Johanniter-Orden 313.
Juda 4.
Juden (Hohepriester) 5.
  (Könige) 4.
Jülich 28.
Juliusburg 164.

**K.** (f. a. C.)

Käfernburg 184.
† Kaisersheim 306.
† Kammerich 262.
† Kammin 274.
† Kappenberg 304.
† Käppel 312.
Karlsburg 52.
Kärnthen 129.
Kaschin 231.
Kassel 53, 54.
Katzenellenbogen 55.
Katzenstein 104.
Kaunitz 153.
Kayl 27.
Kelbra 191.
Kempenich 59.
† Kempten 288.
Kent 211.
Kerman 319.
Kessenich 34.
Keula 185.
Khalifen 318
Khevenhüller 139.
Kiel 206.
Kiew 229.
Kinsky 155.
Kirchberg (Burggrafen) 41.
  (Fugger) 112.
  (Hohenlohe) 80.
  am Wald 134.
† Kirchenstaat 232.
Kirchheim 113.
Kitzbühel 142.
Kleck 167.
Kleeburg 49.
Klettenberg 190.
Klettgau (Schwarzenberg) 84.
  (Sulz) 99.
Kleve 28, 29.
Klingenberg 84.
Knyphausen 36.
† Koblenz (Landcomthure des deutschen Ordens) 316.
† Kolberg 272.
† Köln 237.
† Königgrätz 279.
Königsegg 108.
Königshof 93.
Königstein (Eppstein) 56.
  (Falkenstein a. D.)  [63.
  (Stolberg) 198.
Kosel 161, 162.
Köstritz 182.
Köthen 200, 201, 202.
Kotiz 62.
Krautheim 24.
Kreppelhof 197.
Kreuz 134.

Kreuznach 51.
Krimmitzschau 187.
Kromau 97.
Kronburg 110.
Kröttendorf 124, 125.
Krumau (Eggenberg) 151.
  (Schwarzenberg) 84.
Kuefstein 127.
† Kulm 275.
Kulmbach 86.
Kunstadt 142.
Künzelsau 80.
Kurland 232.
Kurpfalz 48.
Kursachsen 177.
Kurzwitz 69.
Kyrburg (Salm) 23.
  (Wildgrafen) 46.

**L.**

Lahr 90.
† Laibach 278.
Lamberg 141.
Landau 40.
Landsberg 49.
Landscron-Velden 131.
Landshut 116.
Landskron 44.
Landstuhl 88.
Langenburg 80.
Langobarden 14.
Lateinisches Kaiserreich 11.
Laubach 69, 70.
Lauenburg 178.
Lauenstein 179.
† Lausanne 264.
Lausitz 173.
Lautereck 50.
† Lavant, f. St. Andrä in Lavant.
Lebus 160.
† Lebus 274.
Leiningen 60.
Leiningen-Westerburg 62.
† Leitmeritz 279.
Leitomischl 157.
† Leitomischl 278.
Lenhausen 41.
† Leoben, f. Seckau.
Leobschütz 163.
Leon 217.
Lesbos 12.
Leuchtenberg 121.
Leutenberg 184.
Leuthen 139.
Leuze 22.
Leyen 91.
Lich (Falkenstein a. D.) 63.
  (Solms) 68.
Lichtenberg (Hanau) 56.
  (Veldenz) 50.
  =Magdala 179.
Lichtenkamm 179.
Lichtenstein 187.
Lichtenwald 142.
Liebenscheid 66.
Liechtenstein 97.
Liegnitz 159.
Ligne 33.
Limburg 25.
  (Jsenburg) 57.
  =Styrum 42.

# II.

# Verzeichnis der Familien.

Bem.: Hier nicht aufgeführte Familien-Namen sind zugleich Länder-Namen und daher im ersten Verzeichnis zu suchen.

## A.

Aaciden, Kge. v. Epirus 7.
Abassiden, Khalifen v. Bagdad 319.
Abdalli, Emire v. Afghanistan 321.
Achämeniden, Kge. v. Persien 5, Kge. v. Pontus u. Bosporus 6.
Agilolfinger, Hze. v. Bayern 114.
Aktyaden, Kge. v. Lydien 4.
Albertinische Linie in Sachsen 177.
Albret, Kge. v. Navarra 216.
Aldenburg, Herren v. Jn- u. Knyphausen 36.
Aliden, Sultane v. Marokko 321.
Almohaden, Khalifen v. Cordova 218.
Angelsachsen, Kge. v. Bernicia 211, v. Deïra 212, v. England 212, v. Essex 211, v. Kent 211, v. Mercia 212, v. Northumberland 211, v. Ostangeln 211, v. Suffex 211, v. Wessex 211.
Angelus, Ksr. v. Ostrom 11, Ksr. v. Thessalonich 11.
Angoulême, Kge. v. Frankreich 214.
Anjou, Kge. v. Neapel 224, Gfn. v. Provence 215.
Anjou-Plantagenet, Kge. v. England 212, Hze. der Normandie 214.
Antoniuslinie der Fugger 112.
d'Appiano, Herren u. Fürsten v. Piombino 224.
Aragon, Kge. v. Neapel 224, Kge. v. Sicilien 225.
Arista, Kge. v. Navarra 216.
Arpaden, Kge. v. Ungarn 228.
Arsaciden, Kge. v. Parthien 5.
Askanier, Fstn. und Hze. v. Anhalt 200, Markgfn. v. Brandenburg 171, Hze. v. Sachsen 174.

## B.

Babenberger, Hze. v. Österreich 128, Hze. v. Ostfranken 73.
Balliol, Kge. v. Schottland 213.
Beauharnais, Hze. v. Leuchtenberg 121.
Bernadotte, Kge. v. Schweden 210.
Billunger, Hze. v. Sachsen 174.
Biron, Hze. v. Kurland 232, Hze. v. Sagan 166, in Wartenberg 166.
Blondel, Kge. v. Schweden 210.
Bonaparte, Ksr. v. Frankreich 214.
Boncompagni-Ludovisi, Fstn. v. Piombino 224.
Bourbon, Kge. v. Frankreich 214, Hze. v. Lucca 223, Kge. v. Navarra 216, Hze. v. Parma 222, Kge. beid. Sicilien 224, Kge. v. Spanien 217.

Brabant, Landgfn., Kurfstn. u. Großhze. v. Hessen 53.
Bragança, Kge. v. Portugal 218.
Bragança-Coburg, Ksr. v. Brasilien 322, Kge. v. Portugal 218.
Brandis, Hrn. v. Vaduz 96.
Brankowitsch, Kge. v. Serbien 225.
Braunschweig-Lüneburg (Welfen), Kge. v. Großbritannien u. Irland 213.
Bruce, Kge. v. Schottland 213.
Bujiden, Emire al Omra 319, Statthalter in Persien 320.
Burgunder, echte, Kge. v. Portugal 218, unechte, Kge. v. Portugal 218.
Buruckfi, Emire v. Afghanistan 321.

## C. (f. a. K.)

Capetinger, Kge. v. Frankreich 214, Hze. v. Burgund 216.
Chakkris Dynastie, Kge. v. Siam 321.
Champagne, Kge. v. Navarra 216.
Chang, Ksr. v. China 318.
Chowaresmier, Statthalter in Persien 320.
Cibo, Fstn. und Hze. v. Massa, Fstn. v. Carrara 223.
Cilly, Gfn. v. Ortenburg in Kärnthen 145.
Claudier, f. Julisch-Claudische Familie.
Clervaux, f. Lannoy-Clervaux.
Coburg, f. Bragança-Coburg, v. Sachsen-Coburg u. Gotha.
Cronberg, Hr. v. Hohengeroldseck 91.

## D.

Dreux, Gfn. v. Bretagne 215.
Ducas, Ksr. v. Ostrom 10.

## E.

Ejubiden, Sultane v. Ägypten 3.
Eppenstein, Hze. v. Kärnthen 129.
Ernstinische Linie in Sachsen 175.
Este, Hze. v. Ferrara u. Modena 223. f. a. Österreich-Este.
Este-Cibo, Herzogin v. Massa 223.

## F.

Farnese, Hze. v. Parma 222.
Fatimiden, Sultane v. Ägypten 3.
Ferrero-Fiesco, Markgfn. u. Fstn. v. Messerano 220.
Fiesco, Herrn u. Gfn. v. Messerano 220.
Flavier, Ksr. v. Rom 8.
Foix, Kge. v. Navarra 216.

Folkunger, Kge. v. Schweden 210.
Franken (Salier), Kge. v. Deutschland 17.

## G.

Ghasnawiden, Statthalter in Persien, 320.
Ghuriden, Statthalter in Persien 320.
Gonzaga, Gfn. u. Hze. v. Guastalla 222, Herren, Gfn. u. Hze. v. Mantua 222.
Goyon-Grimaldi, Fstn. v. Monaco 219.
Grimaldi, Fstn. v. Monaco 219.
Götterswyk, Gfn. u. Fstn. v. Bentheim 31.

## H.

Habsburg, Kge. v. Böhmen 153, Kge. v. Deutschland 17, Hze., Erzhze., Ksr. v. Österreich 128, Kge. v. Ungarn 228.
Han, Ksr. v. China 318.
Hasmonäer, f. Makkabäer.
Heraclius' Familie, Ksr. v. Ostrom 10.
Hia, Ksr. von China 318.
Hohenstaufen, Kge. v. Deutschland 17, Kge. v. Neapel 224, Hze. v. Schwaben 87, Kge. v. Sicilien 225.
Holstein-Gottorp, Kge. v. Schweden 210.
Holstein-Gottorp-Romanow, Zaren von Rußland 320.
Hohenzollern, Markgfn. v. Ansbach 86, Markgfn. v. Bayreuth 86, Markgfn. v. Brandenburg 172, deutsche Kaiser 18, Gfn. u. Fstn. v. Haigerloch, Hechingen, Hohenberg, Sigmaringen 103, Markgfn. v. Kulmbach 86, Hze. in Preußen 168, Fstn. u. Kge. v. Rumänien 227.

## J.

Jagellonen, Kge. v. Polen 229.
Idumäer, Kge. der Juden 5.
Iktschiden, Sultane v. Ägypten 3.
Julisch-Claudische Familie, Ksr. v. Rom 8.

## K. (f. a. C.)

Kadscharen, Schahs v. Persien 320.
Kamehamehas Familie, Kge. v. Hawaii 322.
Karageorgewitsch, Kge. v. Serbien 226.
Karolinger, Hze. v. Bayern 114, Kge. v. Deutschland 17, Kge. v. Frankreich 213, Kge. v. Italien u. röm. Ksr. 18.
Kappenberg, Hze. v. Ostfranken 73.
Kenneth, Kge. v. Schottland 213.
Kettler, Hze. v. Kurland 232.
Kolb, Herren, Gfn. v. Wartenberg 75.
Komnenen, Ksr. v. Ostrom 10, Ksr. v. Trapezunt 11.

# Nachträge und Berichtigungen.

S. 36, Z. 1 von oben ist hinzuzufügen: (zum 2. Male).
       Z. 14 von unten und Z. 16 v. u. lies: „Aldenburg" statt „Oldenburg".

S. 45, Z. 1 v. u. lies:
       Paul (Fürst von Metternich-Winneburg) . . . 1895—1906
       Klemens . . . . . . . . . . . 1906—

S. 58, Z. 19 v. u. lies:
       Bruno (Fürst zu Isenburg-Büdingen) . . . . 1861—1906
       Wolfgang . . . . . . . . . . . 1906—

S. 93, Z. 12 v. o. lies:
Pürglitz.

       Maximilian Egon I. . . . . . . . . . 1854—187„3"
       Maximilian Egon II., in Schwaben 1896 . . 1873—

S. 104, Z. 18 v. u. lies:
       Karl I. (Fürst zu Öttingen-Wallerstein) . . . 1842—1905
       Karl II. . . . . . . . . . . . 1905—

S. 107, Z. 13 v. u. lies:
       Wilhelm (Fürst von Waldburg-Zeil-Trauchburg) . 1862—1906
       Georg . . . . . . . . . . . . 1906—

S. 114, Z. 26 v. o. lies:
       Karl I. (Fürst Fugger von Babenhausen) . . . 1885—1906
       Karl II. . . . . . . . . . . . 1906—

S. 118, Z. 27 v. u. lies:
       Ludwig (Graf zu Pappenheim) . . . . . . 1890—1906
       Ludwig . . . . . . . . . . . . 1906—

S. 138, Z. 5 v. o. ist hinzuzufügen: **zu Eschelberg.**

S. 169, Z. 23 v. o. lies: **„Wolgast"** statt „Wollgast".

S. 177, Z. 14 v. o. lies:
       Ernst, Erbprinz von Hohenlohe-Langenburg,
         Regent . . . . . . . . . 1900—1905 (lebt).

S. 186, Z. 1 v. o. lies: **„Arnstadt"** statt „Arenstadt".

S. 211, Z. 1. v. o. lies: c. **„Nordwest-Europa"** statt „Nordost-Europa".

S. 213, Z. 13 v. u. ist hinzuzufügen:
       Emma von Waldeck, Regentin . . . . . 1890—1898 (lebt).